湖北省农村统计年鉴

2011

《湖北农村统计年鉴》编辑委员会编

中国统计出版社
China Statistics Press

（京）新登字041号

图书在版编目（CIP）数据

湖北农村统计年鉴. 2011 / 《湖北农村统计年鉴》编辑委员会编. -- 北京 : 中国统计出版社，2011.11

ISBN 978-7-5037-6425-7

Ⅰ. ①湖… Ⅱ. ①湖… Ⅲ. ①农业统计－统计资料－湖北省－2011－年鉴 Ⅳ. ①F327.63-66

中国版本图书馆CIP数据核字(2011)第227346号

湖北农村统计年鉴-2011

作　　者/《湖北农村统计年鉴》编辑委员会
责任编辑/ 佘竞雄
责任校对/ 周克莉　韩立友
封面设计/ 韩立友
出版发行/ 中国统计出版社
通信地址/ 北京市西城区月坛南街57号　邮编 100826
办公地址/ 北京市丰台区西三环南路甲6号
电　　话/ (010)63376907
E-mail / yearbook@gj.stats.cn
印　　刷/ 武汉市委印刷厂
经　　销/ 新华书店
开　　本/ 890×1240 毫米　1/16
字　　数/ 1100 千字
印　　张/ 34.5
版　　别/ 2011 年 11 月第 1 版
版　　次/ 2011 年 11 月第 1 次印刷
书　　号/ ISBN 978-7-5037-6425-7/F·3075
定　　价/ 178.00 元

编 辑 说 明

一、《湖北农村统计年鉴》(2011)由湖北省统计局、农业厅、水利厅、林业厅、水产局、畜牧局、农机局、农垦总公司、监狱管理局等部门共同编辑。

本年鉴营林统计资料由省林业厅提供;畜食品种改良、畜牧兽医组织、国营种畜、草地建设及饲料利用情况统计资料,由省畜牧局提供;水产统计资料由省水产局提供;农业机械统计资料由省农机局提供;水利建设资料由省水利厅提供;农业技术推广、应用和种植业、生猪的成本收益调查资料由省农业厅提供;农垦和监狱系统农场资料由省农垦总公司和省监狱管理局提供;其余资料由省统计局提供。

二、2011年湖北农村统计年鉴,增加了文字资料,主要反映"十一五"期间湖北省及各市州农业发展的成就。

三、"#"表示其中数。

四、本年鉴由于组稿、资料整理和编辑时间紧迫,难免有失误之处,敬请广大读者谅解,并欢迎指正。

《湖北农村统计年鉴》编辑委员会

目　　录

一、文字篇

一、数据篇

1.农村基本情况

2.农业产值

3.种植业

4.林业和土特产

5.畜牧业

6.渔业

7.农业机械化

8.农村用电及化肥施用

9.农业技术推行及应用

10.水利建设

11.农垦和监狱系统农场

湖北省“十一五”时期农业与农村发展情况分析

“十一五”以来，在省委、省政府的正确领导下，各地坚持科学发展观，统筹城乡发展，以提高农业综合生产能力为基础，以农民增收、农业增效、农村发展为重点，实施农产品加工“四个一批”工程，促进农业产业化和农产品加工业发展，加快村镇建设和农村劳动力转移，稳步推进脱贫奔小康工作，不断改善农民生产生活条件。五年来，全省农业发展保持持续较快增长，农业、农村各项事业发展取得全面进步。

一、“十一五”发展成就

(一)农业持续较快增长

2010年，湖北农林牧渔业增加值(现价)达到2147亿元，扣除价格因素，比上年增长4.6%,是“十五”末的1.97倍(现价)。“十一五”期间,全省农林牧渔业增加值平均增速达5.1%,高出“十五”期间的平均增速1个百分点。五年来，全省农业持续保持4%以上的较快发展速度，相比“十五”明显提速。

(二) 主要农产品生产能力进一步增强。

“十一五”期间，湖北主要农产品产量全面增长，生产能力进一步增强。

1.粮食

五年来，中央出台的强农惠农政策有力，继续提高小麦、稻谷最低收购价，粮食作物的价格每年都有所增长，农民种粮的收益不断增加，粮食的补贴标准也明显高于其他作物，农民种粮热情增强。2010年年末，全省粮食种植面积达4068.37千公顷,产量达2315.8万吨,分别比上年增长1.4%和0.3%,与2005年(“十五”末)相比，全省粮食种植面积持平，产量增长6.4%。

2.棉花

2010年，全省棉花播种面积480.05千公顷,比上年增长4.3%,由于受7、8月间强降水灾害天气的影响，棉花单产下降5.9%，总产量为47.18万吨,比上年下降1.8%。与2005年(“十五”末)相比，全省棉花面积增长33.0%，产量增长25.8%。

3.油料

“十一五”以来，全省在稳定粮食生产的大前提下，积极落实油料作物收储、补贴政策，确保了油料作物生产的稳定。2010年，全年油料作物种植面积1448.71千公顷,总产量311.8万吨,与上年均基本持平。与2005年(“十五”末)相比，种植面积虽略有调减(下降0.8%),但产量增长6.1%。

4.蔬菜、茶叶和园林水果

“十一五”期间，我省在稳步提升粮棉等主要农产品综合生产能力的基础上，积极适应市场需求，大力发展高效、特色经济作物和设施农业，蔬菜、茶叶、水果等主要农产品均取得了较大增长。

2010年，全省蔬菜产量达3131.53万吨,比上年增长5.1%,比2005年(“十五”末)增长7.4%。茶叶产量达16.57万吨,比上年增长14.9%,是2005年(“十五”末)的1.95倍。水果产量达437.13万吨，比上年增长8.7%，是2005年(“十五”末)的1.64倍。

5.林业畜牧水产

"十一五"以来，全省紧紧围绕"生态立省"战略，着力转变发展方式，林业生态建设和产业建设健康发展。2010年，批建的17个现代林业科技产业园区入驻企业177家，提供就业岗位6.3万个，带动农户20余万户，园区企业产值达180亿元。林业特色产业有了新进展，以油茶，核桃为主的木本油料产业和以森林旅游为主的第三产业发展势头强劲。全省当年人工造林面积19.53万公顷，比上年增长20.1%。全年林产业产值669.73亿元，比上年增长12.3%(现价)。

近年来，针对全国生猪生产出现滑坡和市场肉价急剧攀升的局面，国务院和省政府相继出台了生猪补贴、母猪保险、对生猪大县进行奖励、对规模养殖进行扶持、加强防疫和政府托市等一系列刺激生产的措施，有效保证了猪源，维持了规模。全省畜牧生产经过一轮快速发展，建成了一批专业养殖小区，产生了一大批生猪养殖大户。目前，全省有专业养殖小区2648个，万头以上养猪场427个。规模化、专业化养殖，对全省畜牧业养殖起到了积极的推进作用。虽然2010年上半年全省生猪生产受价格回落影响较大，但自6月份以来，价格又开始逐步回升，畜牧业生产保持了相对稳定。2010年生猪出栏3827.39万头，比上年增长2.5%。比2005年("十五"末)增长14.4%。

五年来，由于国家对渔业出台了对大县奖励和加强渔业板块建设的政策，而且各市县也相继出台配套措施，加大养殖业发展力度，同时，水产品价格一直稳定在较好价位，渔民养殖效益可观，水产品养殖规模及名特优产品呈上升态势，全省养殖面积继续扩大，2010年，全省水产品产量达到353.9万吨，比上年增长6.0%，比2005年("十五"末)增长11.3%。

2010年主要农产品产量

	单位	2005年	2009年	2010年		
				产量	比2005±%	比2009±%
粮食	万吨	2177.38	2309.10	2315.80	6.4	0.3
棉花	万吨	37.50	48.05	47.18	25.8	-1.8
油料	万吨	293.90	314.05	311.80	6.1	-0.7
蔬菜	万吨	2916.91	2979.57	3131.53	7.4	5.1
园林水果	万吨	267.35	402.15	437.13	63.5	8.7
茶叶	万吨	8.50	14.42	16.57	94.9	14.9
生猪	万头	3345.18	3735.49	3827.39	14.4	2.5
水产品	万吨	318.00	333.89	353.9	11.3	6.0

(三)农业产业化进程加快

"十一五"以来，全省按照"公司+基地+农户"的经营模式，依托九大农产品基地，加大对龙头企业的支持力度。加快发展农产品加工业和流通业，推进农业产业化经营，农户参与产业化经营的面不断扩大。

五年来，全省大力发展粮、油、水产品、禽蛋、肉、奶、水果、蔬菜等农产品的精深加工，形成了八大加工系列，开始逐步成为全国重要的优质农产品加工区之一，2010年，全省规模以上农产品加工企业达到4565家，比2005年增加2217家，增长94.4%，农业产值与农产品加工产值之比达到1:1.39(2005年为1:0.66)。

(四)农业综合效益进一步提升

"十一五"期间，湖北农业总量不断增长的同时，农业综合效益也得到进一步提高。2010年，每亩耕地提供的种植业总产值(现价)达到3289元，比2005年的2442元提高了847元，年均增长6.1%。每个农林牧渔业劳动力创造的第一产业增加值达到22590元，比2005年提高了13077元，年均增长18.9%。每个农林牧渔业劳动力提供的油料、蔬菜、水果、肉类、水产品产量分别达到331公斤、3328公斤、464公斤、402公斤、375公斤，分别比2005年增长了28.0%、29.7%、97.5%、33.6%、24.6%。

(五)农业现代化、机械化水平显著提高

"十一五"期间，湖北农业的现代化进程进一步加快。2009年全省农业机械总动力达到3057.24万千瓦，比2005年增加了999.87万千瓦，年均增长10.4%，大中小型拖拉机达到102.68万台，比2005年增加了46.62

万台，年均增长16.3%。农村用电量达到104.09亿度，比2005年增加34亿度，年均增长10.4%。机耕面积占播种面积的比重达54.5%,比2005年提高了27.2个百分点。

(六)农民增收形势趋好

“十一五”前期因受金融危机影响,农民增收形势比较严峻,但随着金融危机的缓和,农民增收形势开始好转,整个”十一五”农民增收形势总体趋好。2010年,农民人均纯收入达5832元，比上年增长15.8%，比2005年增加了2733元，年均增长13.5%。当前农民增收形势趋好主要基于三点：一是农业生产继续保持较快增长，为农民家庭经营收入的增长奠定了基础。二是农产品价格总体上涨为农民家庭经营收入的增长提供了保证。三是农民外出务工形势明显好于往年，对农民增收起到了促进。

二、经验与启示

五年来湖北农村经济取得的巨大成就告诉我们，农村要发展，农业要丰收，农民要增收，就必须坚持：

(一)以科学的发展观指导农业和农村工作

一是要坚持以人为本理念，把增加农民收入作为整个农村工作的中心，富民是兴农之本，只有民富才能农强；二是要坚持城乡统筹发展的原则，将“三农”工作放在国民经济的重要地位，目前我国已经进入了以工补农的阶段，我们既要不断加大对“三农”的投入，也要不断打破城市壁垒，为农民增收拓宽渠道；三是要坚持科学发展和遵循市场规律，农村和农业产业结构的调整，农业产业化的推进，农村剩余劳动力的转移等，都必须以市场为导向，结合本地优势和特色，扬长避短，避免农业增产不增收。

(二)全面落实党在农村的各项政策

五年来，党和政府对农村农业的政策实惠范围不断扩大，标准不断提高，使农民生产环境不断优化，正是我们不折不扣的落实了这些政策，才不断激活农民的生产积极性，保证了农民收入的增长和农村经济的繁荣。

(三)不断加强农业的基础地位

农业是国民经济发展和社会稳定的基础，不仅关系到国计民生，而且是二三产业发展的保证，五年来，湖北农业的基础地位不断加强，粮食综合生产能力进一步恢复，对农业的投入不断增加并日益多元化，建立了更加严格的耕地保护制度，农田水利基本设施不断改善，有力地保证了国民经济的快速发展和社会稳定。

(四)积极推进农村改革

农村改革是最大程度解放生产力的唯一途径，五年来省委省政府进一步加大了农村各项改革步伐，正是因为农村改革保障了农民的物质利益，维护了农民的民主权利，解放和发展了生产力。

三、“十二五”湖北农业展望

从当前农业的各项政策因素和主要农产品市场价格变动及农民外出务工的情况看，如果不发生大的自然灾害，2011年湖北农业生产将继续保持较高速度的稳定增长，“十二五”农民增收形势将进一步好转。

(一) 农林牧渔业增加值年均增幅将维持在4%以上较高增长水平。

随着农业产业化、现代化的进一步推进，农业生产的规模化、集约化程度将大力提高，在没有大的自然灾害情况下，农业的平均发展速度可达到4%，到2015年，农林牧渔业增加值可望达到2600亿元，是2005年的2.4倍。

(二) 粮食生产仍将呈现稳定发展态势。

湖北在2020年前将完成33亿斤增产任务，而且将出台新增100亿斤粮食产能建设规划，目前增产任务已经分解到县，因此，在政策和资金的助推下，今后几年湖北粮食种植面积将进一步扩大，只要气候正常，粮食产量将继续保持增长。

(三) 生猪出栏达到4500万头左右。

“十一五”期间，受生猪价格波动的影响，生猪发展速度放缓，年均增长2.7%，“十二五”期间，生猪发展将会提速，预计年均增幅将会超过3%，到2015年，生猪出栏将达到4500万头左右。这主要基于四点，一是国家和省对生猪生产扶持政策的继续实施将使规模养殖成为畜牧增长的主导；二是我省生产者应对市场变化的能力和信心增强；三是从2010年6月份以来，生猪市场价格已经逐步回升，目前毛猪价格已经达到7.4元/斤，生猪养殖户获利较大；四是以温氏和雨润集团为主的大企业的大量介入，促进了我省畜牧生产的超常规增长。

(四)水产品将保持稳定增长，到2015年有望突破400万吨。

随着我省精养面积的不断扩大和以小龙虾为主的特种水产品养殖的大发展，水产品将继续保持稳定增长。预计“十二五”全省水产品保持3%左右的增长幅度，到2015年，全省水产品产量将达到400万吨以上。

(五)农产品综合价格将继续保持较高价位。

今年农产品综合价格指数出现了较大幅度的上涨，加上目前生猪价格已经逐步回升，而且年底进入消费旺季，价格上涨的趋势还将继续保持，预计明年农产品综合价格上升的可能性极大。

(六)农民外出务工环境改善，外出形势将进一步好转

目前金融危机的影响已经逐渐减弱，企业用工已出现回暖，沿海地区用工需求量急剧增加，农民外出务工人员将会进一步增加。

四、有关建议

(一)加强对农资价格的监管力度。

对农资市场的价格进行合理的监管，抑制生产资料价格的非正常性上涨，将价格控制在合理的区间。从而向“低投入、高产出”这一目标发展。继续加强农药、化肥、种子等农资市场的整顿和监管。严惩违法违规经营行为，建立农资储备制度，调控农资市场。适当向农业生产倾斜，确保农业生产资料供应正常，使农民收益少受损失。

(二)做大做强特色农产品基地，加快培育支柱产业。

特色是竞争力，规模是占有率，特色加规模才有优势。才有市场，才有效益。根据“人无我有、人有我优”的思路，明确主导产品，统筹规划，科学布局，发展若干具有示范效应的规模型特色农产品基地，搞好农产品的品质改良和精深加工，加强规划，形成规模效益和集聚效应。

(三)切实落实各项惠农政策，保证农民政策性增收

目前农业生产基本定局，各级政府要加大各项惠农政策的落实力度，保证各项补贴在年内发放到农户，保证农民政策性增收。

(四)抓好农业基础建设投入，全力加快新农村建设步伐

坚持不懈地搞好农田基本建设，以增强抗御旱、涝等自然灾害的能力。增加财政对农田基本建设的支持，积极争取农业综合开发项目资金，结合新农村建设工作的开展，着力解决基础设施建设难的问题。

(湖北省统计局　袁良晖　刘晓明　胡红梅　韩立友)

湖北省“十一五”时期林业建设的主要成就和基本经验

“十一五”时期是我省由传统林业向现代林业转变，全面实施“生态立省”战略具有里程碑意义的重要时期。在国家林业局的大力支持下，在省委、省政府的正确领导下，在全省林业系统的共同努力下，造林绿化和重点林业生态工程建设稳步推进，特色林业产业基地和产业园区建设进展顺利，森林资源和生物多样性得到有效保护，林业科技和改革创新取得新突破，作风建设和能力建设得到加强，现代林业建设取得了显著成就，为“十二五”时期林业发展奠定了良好基础。

一、“十一五”全省林业建设的主要成就

（一）森林资源快速增长

根据2009年第六次湖北省森林资源复查结果，“十一五”我省森林资源呈现快速增长的良好态势。一是森林面积、蓄积持续增长。全省森林面积达到713.9万公顷，与前期相比净增135.0万公顷，森林覆盖率由31.14%提高到38.40%，上升了7.26个百分点，森林蓄积达到28653万立方米，5年净增7710万立方米，年均净增1542万立方米。二是天然林面积、蓄积明显增加。与前期相比，天然林面积净增107.5万公顷，蓄积净增5999.9万立方米。三是人工林资源增长明显。人工林面积达到194.5万公顷，间隔期净增27.5万公顷，蓄积达到6007万立方米，间隔期净增1799.2万立方米，年均净增359.8万立方米。四是森林质量明显提高。与前期相比，全省乔木林每公顷蓄积量增加8.9立方米，每公顷株数增加114株，混交林比例上升1个百分点。五是以采伐天然林为主向采伐人工林为主的战略转移稳步推进，天然林资源逐步得到了有效保护。

（二）生态建设和保护扎实有效

2006－2009年，通过实施天然林保护工程、退耕还林工程、长江中下游防护林体系建设工程、林业血防林工程、自然保护区建设工程、湿地保护与恢复工程等重点林业生态工程，共计完成人工造林80.6万公顷，保护天然林310.4万公顷，林业生态建设进一步加强，森林生态状况明显改善。全省共建成各类自然保护区50个，保护小区175个，保护面积达到104.4万公顷。新建湿地公园12处，新增湿地保护面积6.2万公顷。古树名木和野生动植物保护取得长足进步，金丝猴的保护与研究处于国内领先水平。新农村绿色家园、城乡绿化美化一体化建设取得新突破，武汉市被国家林业局授予“国家森林城市”称号。以“一江两山”交通沿线林业生态景观工程为代表的骨干交通和水系廊道生态景观建设进展顺利。仙洪新农村试验区林业建设稳步推进，并通过实施“林水结合”发展模式，成功破解了我省平原湖区林业发展的难题，生态建设和林业发展取得了明显成效。

（三）集体林权制度改革取得明显成效

按照《中共中央 国务院关于全面推进集体林权制度改革的意见》的总体部署，全省积极推进集体林权制度改革工作，明晰产权取得重大突破，政策措施进一步完善。目前，全省集体林权制度主体改革工作已基本完成，共落实自留山408.24万公顷，家庭承包山（责任山）230.98万公顷。发放林地使用权证347.07万本，宗

地919.89万宗，面积779.67万公顷，宗地发证率为98.56%。配套改革全面启动。全省共组建县市林业产权交易中心71个，交易山林16.18万宗，金额13.27亿元；开展林权抵押贷款3.36万宗，贷款金额11.74亿元；生态公益林补偿面积170.6万公顷，共落实补偿资金2.67亿元。

（四）林业产业不断发展壮大

“十一五”期间，全省林业产业以市场为导向，以基地建设为手段，以龙头企业为带动，以“公司+基地+农户”为发展模式，速生丰产林、工业原料林、特色经济林、生物质能源林、木本油料林、木本药材、花卉苗木等特色产业基地建设力度进一步加大。全省木材加工企业共建设工业原料林基地22万公顷；林浆纸一体化项目建设取得突破性进展，共发展造林基地5万公顷；实现了原材料供应从依赖市场型向自主培育资源与市场调节相结合的转变。全省木材加工产业结构调整步伐进一步加快，林业产业继续保持了较快发展势头。林业精品名牌创建力度不断加大，新评选龙头企业55家，使省级林业龙头企业达到201家。2009年，全省开建以木材加工、木本粮油、林浆纸、低碳经济等主题林业科技产业园10个、中国家具CBD园1个。规划入园企业286家，已入园企业124家，销售收入达100.02亿元。2006－2009年，全省干鲜果品、茶、中药材以及森林食品等经济林产品的种植与采集业产值达158亿元。人造板产量248.7万立方米，竹木地板产量2.4万平方米，木浆纸产量77万吨，木制家具300万件（套）。2009年林业总产值达595亿元，林业产业保持了较快的发展势头。

（五）生态文化体系建设有序推进

“十一五”以来，我省生态文化体系和组织体系逐步完善，生态文化体系建设有序推进。一是利用广播、电视、报纸、书刊、杂志、网络等媒体和工具，广泛深入开展林业宣传，提高了社会对林业的认同感和责任意识。二是在省局网站开辟生态文化专栏，歌颂林业、赞美绿色，有效传播了林业和生态文化知识。三是制定了《湖北省生态文明教育基地管理办法》，建成了一批以森林公园、湿地公园为依托的生态文化和生态文明教育示范基地，先后举办了花博会、城市森林论坛、爱鸟周等主题活动，加强了生态文化基础建设，进一步扩大了生态文化的影响力。建设生态湖北，实现绿色繁荣逐步深入人心。

（六）支撑保障能力得到加强

一是林业科技支撑不断强化。全省现有县级以上林业科研和林业科技推广机构172个，建立森林和湿地生态定位监测站2处，开展了三峡库区森林资源和生态状况动态监测。“十一五”期间，共取得林业科技成果100余项，获省部级以上科技进步奖55项，颁布实施林业地方行业标准29项，实施各类重大科研、推广项目450项。二是林木种苗建设得到加强。全省新建种子园、良种繁育场、母树林等良种基地0.27万公顷、采种基地1.94万公顷、年产造林绿化合格苗木36.95亿株，穗条49186亿条（根），林木良种使用率达到50%以上。三是全省现有865个基层林业工作站，152个木材检查站，林业基层机构得到稳定发展。四是森林防火工作得到进一步加强。森林消防队伍建设稳步推进，装备和基础设施明显改善，应急管理不断完善，森林火灾综合防控能力显著提高，森林火灾受害率明显下降。五是林业有害生物防治工作取得长足进步。建成了较为完善的林业有害生物防治体系，主要有害生物灾害发生面积得到进一步控制。六是林业执法体系逐步完善，林业案件查处率大幅提高。七是林业信息网络、森林资源和林业生态监测体系建设顺利开展，服务能力增强。

二、“十一五”湖北林业建设的基本经验

（一）着眼全省发展大局，谋划林业又好又快发展

省委、省政府始终把林业工作放在全省经济社会发展的大局中来谋划和发展。2010年省委作出恢复省林业厅的决定，省人大已通过厅长任命，给予了林业应有的地位。2009年9月，省委召开林业工作会议，确立

了“生态立省”战略，提出了建设“生态湖北”，实现“资源增量、林业增效、农民增收”的发展目标。全省各级林业主管部门主动适应现代林业和“两型社会”建设的新要求，充分发挥行业特点和职能作用，为全省经济社会发展大局和新农村建设做出了积极的贡献。一是积极为武汉城市圈“两型”社会试验区建设提供绿色生态支撑。二是努力为构建鄂西生态文化旅游圈创造良好的生态环境。三是致力打造长江经济带生态安全保障体系。四是全力探索促进农民增收致富的林业发展新模式，竭诚为全省新农村建设服务。

（二）推进集体林权制度改革，激发林业发展内在活力

坚持把集体林权制度改革作为深化农村改革、解放农村生产力、促进林业发展和农民增收的一项重要工作来抓，扎实有效地推进集体林权制度改革，实现了“山定权、树定根、人定心”，极大地激发了林农生产积极性，为林业发展注入了强大活力。目前，全省集体林权制度改革的主体工作基本完成，配套改革深入推进，进入了全国集体林权制度改革第一方阵。

（三）树立“三来”思想，着力转变林业发展方式

“生态建设从山上走下来，产业发展从林中走出来，林业改革与发展让林农富起来”，既提出了林业生态建设和产业发展的空间布局和战略转变的思路，又明确了林业改革发展的目标和任务，是我省新时期林业发展的新思想。按照“三来”思想，全省林业生态建设、产业发展和生态文化建设得到了进一步统筹和协调，林业发展思路、发展空间和社会化程度进一步提升。“三来”思想引导我省生态建设从乡村到城市、从局部到整体，产业发展从粗放到集约，从单一到多元，从低质到高效，有效促进了林业发展方式的转变。

（四）坚持特色发展和集群发展，积极推进林业产业园区化建设

我省是资源大省，发展林业产业具有不可多得的基础和条件，全省现有201家林业龙头企业，产品包括木材加工、森林食品、林浆纸、木本油料等。为了充分发挥龙头企业的引领作用，做大做强林业产业，加快推进林业产业结构优化升级，按照一个品牌一个园区，一个园区一个集群的发展思路，把林业科技与产业有机结合起来，将林业产业园区化建设作为推动产业发展的有效平台，构建新的产业体系，加快推进林业产业优化升级，努力提升林业经济效益。

2009年，我省出台了《关于试办湖北省现代林业科技产业园区的意见》，实施“大基地、大品牌、大龙头、大园区”发展战略，坚持特色发展和集群发展，积极推进林业产业园区化建设，实现了科技、资金、资源的聚集，取得了明显的成效，是我省现代林业建设进程中的新探索，是我省林业产业发展的新突破。

（五）实行“林水结合”，创新平原林业发展新模式

江汉平原河湖众多，水网交错，是我省重要的粮棉油生产基地，发展林业存在着与农争地的突出矛盾，已成为制约我省平原湖区生态建设与林业发展的瓶颈。为破解这一难题，根据我省平原湖区的特点，结合农田水利基本建设，通过仙洪新农村试验区林业示范建设，探索出一条“林水结合”的林业发展新模式。

近年来，江汉平原各县市利用“林水结合”，因地制宜营建农田防护林和速生丰产林，仅洪湖市就栽植杨树500多万株，折合造林面积近0.47万公顷，有力推动了农村农田水利基本建设和造林绿化进程，取得了明显的经济效益，生态效益和社会效益。

（六）加强作风和能力建设，提升服务能力和水平

“十一五”期间，我省紧密联系新时期湖北林业工作的实际，重点提高“推动科学发展、应急和谋远、创造性工作、统筹协调、团结和谐、廉洁从政、化常为专、服务基层和企业”等八个方面的能力，努力增强敬业爱岗意识，履行职责意识，进取创新意识和执行服务意识，为林业发展提供了强有力的支持和保障。牢固树立以“人才资源是第一资源、人才资本是最重要资本”的思想，围绕培养、吸引、使用三个环节，从能力建设、结构调整、制度创新三个方面入手，努力抓好林业行政管理人才、科技人才、执法人才三支队伍建设，全面提升林业人才的创新能力与水平，为林业生态建设和产业发展提供强力的组织保证和人才支持。

(七)坚持依法治林,强化资源管理,保障林业发展成果

"十一五"期间,我省认真贯彻执行《森林法》、《野生动物保护法》、《野生植物保护条例》、《森林防火条例》等林业法规,坚持依法治林,严厉打击破坏森林资源违法行为,全面加强林木采伐、木材加工经营、林地征占用和野生动植物资源保护管理,有效保护了森林资源。认真开展林业植物检疫"蓝盾护绿"执法专项行动,加强疫病疫源防控,防止外来林业有害生物入侵和传播扩散,有效维护了森林资源和生态安全。

强化森林公安队伍和装备建设,全面加强森林防火,确保森林资源和林区人民群众生命财产安全,维护林区和谐稳定。

(湖北省林业厅　李清伟)

湖北省“十一五”时期畜牧业发展成就和基本经验

一、有效控制风险，化解发展危机，“十一五”湖北畜牧业由传统产业向现代产业大步迈进

“十一五”以来，我省畜牧业发展应对了畜产品市场价格多次剧烈波动的巨大挑战，历经了重大动物疫情的严峻考验，承受了畜产品质量安全事件的严重冲击，蒙受了特大干旱、低温寒潮、洪涝灾害给畜牧业造成的重大损失，克服了国际金融危机的深远影响，化解了散养农户退出养殖业的发展危机。在省委、省政府的正确领导下，认真践行科学发展观，加快转变畜牧业发展方式，大力推进标准化规模养殖，积极推广高效生产模式，着力加强重大动物疫病防控，努力保证畜产品质量安全，不断加快产业化进程，着力构建新型畜牧兽医体制，在畜牧业发展中成功地破解了一个又一个难题，实现了由传统产业向现代产业的大步迈进。

（一）畜牧业综合生产能力达到新高度，畜产品供给实现由紧平衡向基本平衡的状态转变，市场有效供给能力显著提高

1、畜牧业重要地位更加凸显。一是畜牧业成为千亿元产值的大产业，在国民经济中的基础地位更加突出，在一、二产业44个行业中产值居第四位；二是在大农业中畜牧业实现“三分天下有其一”，占大农业产值的比重达30%以上；生猪产值达到609亿元，在大宗农产品中排名第一；三是优势产品在全国的地位不断巩固和上升。生猪出栏由第9位上升到第5位，禽蛋、肉禽（包括水禽）也进入第一方阵，草食畜牧业发展迅速；四是蜂产品出口连续10年全国第一，禽蛋出口连续5年全国第一，供港禽蛋长期占据“半壁江山”。

2、畜产品供给能力更加增强。“十一五”末，全省人均占有肉类78千克，比2005年增加21千克，增长36%；人均占有禽蛋由2005年的20千克增加到27千克，接近发达国家水平。畜产品供给能力从三个方面得到了保障，一是“鄂猪行天下”，建立了100多个种畜禽场，有强大的种质资源作保障；二是建成了31个国家级生猪调出大县，有强大的生产基地作后盾；三是畜牧部门建立了629个数据采集点，及时收集整理信息，有效预警、调控和引导生产。

3、畜牧产业结构更加优化。“十一五”期间，主要畜产品结构不断优化，生猪产业稳步发展，出栏生猪增长32.8%；蛋禽产业跨越式发展，禽蛋产量34.5 %；肉禽产业实现突破性增长，肉禽出笼增长63.8 %；牛、羊等草食畜牧业发展势头强劲，牛、羊出栏分别比“十五”末分别增长21.2%和44.3%。“十一五”期间，禽肉和牛羊肉在肉类总产量中的比重上升4.9个百分点。全省畜牧业生产实现了总量增加、结构优化。

（二）畜牧业发展方式跨入新阶段，畜禽产业实现了由农业副业向现代农业排头兵的地位转变，生产方式日趋合理

1、规模化饲养突飞猛进，规模养殖比率快速提升。“十一五”期间，我省坚持抓畜禽养殖小区建设和优势畜禽产业片带布局，同时利用国家和省各种惠牧政策，积极引导养殖小区提档升级，高标准建设现代畜禽养殖场，大幅度提高畜牧业规模化标准化程度。到“十一五”末，全省建成439个标准化省级万头猪场，数量在全国居第一位；共建各类养殖小区11060个。建成出栏500头以上的猪场11083个，出笼万只以上的肉鸡场6088个，存笼万只以上的蛋鸡场2933个，分别是“十五”末的4倍、3倍和9倍。2010年，全省猪、禽、奶牛规模化养殖率分别达到68%、82%和88%，大宗畜禽品种基本实现了规模化生产。

2、标准化养殖方兴未艾，生产规范化程度不断提高。"十一五"期间，我们积极鼓励、引导养殖小区向品种良种化、饲养标准化、管理科学化、防疫程序化、粪污无害化、效益最大化转变，实现了传统分散无序饲养向标准化规模养殖的重要过渡。同时，我们积极创新、试验和推广了适合农户的家庭式规模养殖模式，将标准化生产方式首次引入到农户养殖生产中，在全国率先实现了农户家庭式养殖的标准化。以生猪"150"为代表的养殖模式，经受住了市场价格波动和自然灾害的考验，受到了广大养殖户的欢迎，得到了农业部的高度肯定。"十一五"末，全省建成各种标准化模式58959栋，其中生猪"150"模式14583栋、蛋鸡"153"模式6100栋、养羊"1235"模式10490栋、肉牛"165"模式2786栋。全省畜禽标准化养殖率达到30%以上。

3、集约化发展特征明显，要素聚集程度日益密集。"十一五"时期，大量社会资本在政策引导和利益驱动下瞄准畜牧业，纷纷投入到规模养殖和畜产品加工行业，带来了畜牧产业各种要素的快速聚集，畜牧业出现了技术密集、资本密集、土地密集和劳动密集的特征，在大农业中十分耀眼。畜禽养殖场已经从过去低成本"窝棚式"养殖蜕变成为具有科技化、设施化、自动化的现代化养殖建筑，较之于其他行业，受土地、气候等因素影响相对较小，土地产出率、资本产出率和劳动生产率快速提高。如生猪"150"模式占地不到三分之一亩，产出高达50万元；规模养猪场的亩土地产出也在20万元以上。由于畜牧业集约化程度提高和产出效率提升，"十一五"期间畜牧业汇集吸纳社会资本超过200亿元，拉动建材、机电、运输等消费超过200亿元，新增就业岗位20万个以上。

4、专业化生产分工加速，农民靠专业养殖增收能力增加。"十一五"期间，畜牧业生产不断向专业化方向发展，专业分工不断向产前、产中和产后各环节渗透、延伸和拓展。一部分有养殖技能、加工技能和营销技能的农民走上专业从事畜牧相关行业的道路，实现了畜禽养殖从农业副业向谋生、增收、致富的主业转变。畜牧业内部分工日趋合理，使得带动农民增收的途径呈现多元化格局。一是畜牧业龙头企业与养殖户建立紧密的合作关系，带动农民专门从事养殖增收致富；二是畜牧专业合作社实行"四提供一回收"等经营方式，带动农民专门从事养殖、运输、营销、服务等门路实现增收致富；三是家庭式标准化规模养殖，直接带动农户增收致富；四是畜牧养殖、加工、销售龙头企业吸纳农民就业，使农民依靠工资收入增收致富。据测算，"十一五"期间，全省有1000万左右的农民从事畜牧业，有100万农户靠专门从事畜禽养殖实现了增收致富。

5、产业化经营快速推进，畜牧业抗风险能力显著提高。"十一五"期间，我省努力践行省委、省政府提出的"四个一批"战略，着力推进畜牧业产业化经营。一是引进了一批全国知名龙头企业。我省引进了中粮集团、正大集团、温氏集团、六和集团、新希望集团、双汇集团、雨润集团、宝迪集团、伊利集团、蒙牛集团等知名企业来鄂投资。全省现有畜牧龙头加工企业240多家，其中销售收入过1亿元42家，过5亿元12家，过10亿元的6家；年加工肉类240万吨、禽蛋136万吨、奶类29万吨。二是培植了一大批本土企业和品牌。湖北神丹、汉口精武、湖北思乐、湖北同星、宜城襄大等本土企业和品牌不断发展壮大，在联接农户、发展养殖和增收中发挥了重要作用。三是畜禽产品的加工能力快速提高。全省生猪加工能力已超过2000万头，肉鸡加工能力近3亿只，水禽加工能力超过2亿只，生鲜乳加工能力超过150万吨。四是实施了一批重点工程。中粮集团"5113健康养殖"工程、汉口精武"亿只鸭"工程、湖北同星"亿只鸡"工程等取得长足进展，启动了打造湖北生猪本土第一品牌活动，全省禽蛋产业再造百万吨和肉鸡产业倍增计划开始实施。五是规范了一批投入品企业。2006年以来，我省实施兽药GMP"零点行动"，清理、整顿、规范并建成兽药GMP企业39家，2010年实现产值18.5亿元，比"十五"期末增加1倍；建成饲料企业360家，生产工业饲料496万吨，产值153亿，53家饲料企业成为国家级和省级龙头企业。六是组建了一批畜牧专业合作组织。"十一五"期间，畜牧专业合作社从无到有，迅猛发展，目前已成立各类畜禽养殖合作经济组织1500多个。

二、抢抓转型机遇，勇对风险挑战，"十二五"湖北畜牧业将实现科学、跨越式的发展

回顾"十一五"全省畜牧业发展，省委、省政府高度重视畜牧业，全社会关心关注畜牧业，畜牧业在大农业

中不可替代的作用得到强化，畜牧业的整体地位得到明显提升；畜牧业政策全面落实，畜牧业投入创历史新高，畜牧业综合生产能力显著提高；标准化规模养殖水平加快推进，畜牧生产专业化、设施化、自动化和信息化水平跨越式发展；重大动物疫病防控扎实有效，应急处置和快速反应能力不断提高；畜产品质量安全监管手段不断增强，监管体系日趋完善；畜牧兽医体制改革不断深化，畜牧发展活力显著增强。

"十二五"期间是我省畜牧业重要的转型机遇期，既面临难得的历史机遇，也面对诸多可以预见和难以预见的风险和挑战。

(一)"十二五"畜牧业发展的面临"三好"机遇

1、宏观经济好。从国际看，世界经济有望缓慢复苏。从国内看，我国顶住了国际经济危机的严重冲击，成功实现了"保八"目标，经济回升向好的基础逐步巩固，各方面发展信心明显增强。从全省看，"十二五"时期是实现湖北跨越式发展，不断实现弯道超越，提升创新能力，真正担负起构建促进中部地区崛起重要战略支点的重大战略机遇期，是难得的黄金发展期。宏观经济的持续快速发展，为扩大畜牧业投资，刺激畜产品消费都将产生利好。

2、是政策措施好。2010年中央和省委1号文件，把发展现代农业作为转变经济发展方式的重大任务，按照总量持续增加，比例稳步提高的要求，不断增加"三农"投入，继续增加现代农业生产发展资金和农业综合开发资金规模。从政策层面支持生猪、奶牛标准化规模养殖、畜禽养殖加工一体化和畜禽良繁、动物防疫、畜产品质量安全体系以及草原生态建设。从2010年省政府出台的促进生猪产业化发展和菜篮子建设的政策看，在产业政策、财政金融和涉牧项目资金等方面加大了扶持力度。农业部近期出台文件，要调控北方草食畜牧业发展，在全国总量不变的情况下，加快发展南方草食畜牧业，弥补北方草食畜牧业减量，对我省加快发展草食畜牧业来说是一个难得的机遇。这些都为我省"十二五"时期现代畜牧业发展提供了强有力的政策支撑。

3、产业基础好。"十一五"期间，全省畜牧业现代产业体系不断完善，畜牧业的投入保障机制不断加强，标准化规模养殖水平不断提高，畜产品质量安全监管体系不断健全，重大动物疫病防控和应急能力不断增强，现代畜牧业建设迈出了坚实的步伐，为"十二五"畜牧业发展奠定了坚实基础。特别是我省在标准化规模养殖、家庭式规模养殖、畜牧兽医体制运行机制等方面探索积累了一些好的做法和成熟经验，为"十二五"进一步转变畜牧业发展方式，推进现代畜牧业建设打下了良好基础。

(二)"十二五"畜牧业发展面临"四大"压力

1、产业波动常态发生，稳定发展压力大。在经济全球化、市场一体化快速发展的大背景下，畜牧业与经济社会发展全局的联系越来越紧密，对国内国际市场的变化越来越敏感，产业波动的诱因越来越多，呈常态化趋势。由于畜牧业生产周期较长，养殖户在获利时急于扩张，亏损时急剧收缩，畜产品区域性、阶段性、结构性短缺与过剩的矛盾并存，影响了产业稳定发展和农户稳定增收。

2、国内外动物疫情形势依然复杂严峻。一方面，病原污染广泛、多种亚型并存、病毒变异加快，禽流感等重大动物疫病发生的内在风险依然存在，一些人畜共患传染病疫情有上升趋势。另一方面，我省交通便利，九省通衢，动物及其产品过境流量大；湿地资源丰富，候鸟迁徙栖息频繁，外疫传入风险持续存在。动物疫病防控工作环节多、战线长、范围广，基层的防控力量和手段还满足不了全面防控的要求。

3、畜产品质量安全的长效机制有待健全。我省畜产品安全监管工作仍然存在着监管体系不健全，法规体系不完善，检验监测手段不强等问题。一是《动物防疫法》、《农产品质量安全法》等法律法规赋予畜牧兽医部门的责任重大，执法监管范围由畜禽养殖生产延伸到了畜产品质量安全监管，工作任务复杂化、多样化。二是畜产品质量监测网络不全。实验室检测设施落后、技术人员短缺、检测方法单一，不能满足畜产品检验检测工作的需要，省、市、县三级检验检测体系脱节，省级实验室检测压力过大。三是全省畜牧兽医综合执法装备严重不足。实施对畜产品安全的全程监管所必需的交通、通讯、快速检测以及调查取证设备等硬件手段缺失，与法律法规赋予畜牧兽医部门的职责和确保畜产品安全的需要极不相称，快速反应能力不强，依法办案水平不高不快。

4、规模养殖发展迅速，环境保护任务加重。随着畜牧养殖业的发展，集约化、规模化养殖场已成为养殖生产发展的必然趋势。然而，集约化、规模化养殖发展所带来的环境污染和产品污染问题越来越引起社会的关注，特别是养殖场内排放的污物和畜产品加工过程中不规范行为污染畜产品、污染大气水系和土壤等，对环境保护提出了新挑战。

（三）“十二五”畜牧业发展将具备“五大”特征

1、政府引导，建设市场导向型畜牧业。通过制定畜牧业发展规划，完善政府财政资金投入机制，增强政府对畜牧业发展的引导。同时，始终坚持市场在资源配置中的主体地位，加快龙头企业建设，鼓励畜牧专业合作组织发展，完善市场信息网络，引导市场主体运用期货、保险、银行信贷等金融工具规避畜牧业市场风险。

2、突出创新，建设科技畜牧业。面向市场和科技发展的新动向，以高新技术为支撑，加速科技成果的推广转化，提高畜禽产品良种率，完善重大疫病防控和畜禽产品质量安全的技术支撑体系。推动畜牧业适度规模经营，进一步提高标准化和产业化水平，实现向技术集约型、资源高效利用型和环境友好型畜牧业的转变。

3、强化食品安全，建设安全型畜牧业。加强动物疫病防控能力建设，建立具有湖北特色的标准化生产体系，健全畜禽产品质量安全领导责任制和行政责任追究制，完善畜禽产品质量安全检测检验体系，构建畜禽产品质量安全可追溯体系，大力发展无公害、绿色、有机畜禽产品。

4、保护资源环境，建设“两型”畜牧业。严格保护农业生态资源环境，转变畜牧业发展方式，大力发展循环农业生产模式，发展健康养殖，加大污染治理，加快实施“清洁工程”，提高废弃物综合利用水平，实现畜牧业可持续发展。

5、因地制宜，建设特色畜牧业。按照区域资源优势，在畜牧业生产发展上合理布局，统筹规划，进一步明确目标，突出重点，因地制宜进行畜牧业生产结构调整，大力发展符合地方禀赋条件的特色畜牧业。

（四）“十二五”畜牧业发展将实现“七个”提高

1、实现畜产品稳定增长。到2015年，全省猪、牛、羊、禽出栏（笼）量分别达到4500万头以上、140-150万头、700-800万只和7亿只，分别比“十一五”末期增长20%、18-26%、27-45%、61%；肉、蛋、奶、蜂蜜总产量分别达到500万吨、200万吨、35万吨、0.9万吨。

2、实现畜牧业生产结构进一步优化。在肉类品种结构中，减少猪肉产量比重，提高禽肉和牛羊肉产量比重，比重分别调整到70%、20%和10%左右。草食畜牧业产值占畜牧业总产值的比重不断上升，达到15%。

3、实现规模化养殖程度较大幅度提高。猪、牛、羊和家禽的规模化养殖率分别达到80%、75%、60%和85%。

4、实现畜牧业产业化程度不断增强。增强畜牧业龙头企业的带动能力，使畜禽产品加工值与畜牧业产值之比达到1.5:1。

5、实现畜牧业科技水平进一步提高。畜牧科技研究及技术推广服务体系不断完善，2015年畜牧业科技进步贡献率达到70%。良种繁育和疫病控制水平不断提高，2015年猪、牛、羊的良种率分别达到90%、60%和60%。

6、实现畜产品质量安全水平增强。到2015年，生猪、家禽的标准化养殖普及率分别达到65%和80%，瘦肉精残留检出率和兽药残留检出率都下降到1%以下。无公害、绿色、有机畜产品的数量不断增加，比重提高到30%以上。

7、实现畜牧生产对资源环境压力的缓解。到2015年，生态养殖普及推广率达到80%，畜禽粪污无害化处理率达到60%。

8、要努力实现畜牧业地位的不断增强。畜牧业占农业总产值的比重达到35-40%，农民的畜牧业收入年均增长10%。

（湖北省畜牧兽医局　李江帆）

湖北省水产业发展“十二五”规划

“十二五”时期是转变农业农村经济发展方式，统筹推进工业化、城镇化和农业现代化，加快构建现代农业产业体系和持续深入推进新农村建设，全面推进湖北小康社会建设的关键时期。为加强对“十二五”时期我省水产业发展的指导，加快发展方式的转变，大力推进现代生态渔业建设，实现我省渔业经济发展的第二次飞跃，建设渔业经济强省，根据《湖北省国民经济和社会发展第十二个五年规划纲要指导意见》精神和省委省政府“两圈一带”的发展战略，特编制《湖北省水产业发展第十二个五年规划》。

一、“十一五”规划完成情况

十一五以来，我省水产业取得了令人瞩目的成就，连续五年保持着快速、健康的增长势头，养殖规模和水产品总量等多项指标一直居全国淡水渔业的领先地位，不仅为丰富城乡居民的“菜篮子”、保障农产品安全有效供给发挥了重要作用，更为农业增效农民增收作出了重要贡献。我省水产业已成为农业农村经济社会发展的优势特色产业和重要支柱产业。2009年，湖北水产业还获得了“辉煌荆楚六十名片”之一的殊荣。

（一）渔业生产快速发展

2010年，全省水产品总产量353万吨，比2005年增83万吨，增31%。水产养殖总面积达985万亩，比2005年增192万亩，增24%；主要养殖水面养殖单产达309公斤／亩，比2005年增36公斤／亩，增13%。

全省渔业产值458亿元，比2005年增222亿元，增94%；渔业工业建筑业产值148亿元，比2005年增129亿元，增679%；渔业流通服务业产值275亿元，比2005年增232亿元，增540%。

全省渔民人均纯收入7700元，比2005年增2900元，增60%。5年来，我省渔业为农民增收贡献逐年攀升，年均贡献增幅一直在大农业中保持第一。2010年我省农村居民人均渔业纯收入为245.81元，比2005年增151.75元，增161.3%。

（二）规模特色渔业亮点纷呈

大县板块建设作为我省近几年渔业发展的助推器，极大地推动了我省渔业集约化和现代化的进程。全省主要板块基地基本实现了“集中连片规模化，鱼池鱼舍标准化、道路交通网络化、供水排水机电化、养殖生产专业化、养殖模式高效化、产地产品无公害化、生产加工营销一体化”的“八化”格局，集中连片板块达500万亩，总产量超过240万吨。

全省名特优水产品比重达75%，比2005年增加7个百分点。小龙虾、 鱼、黄鳝、河蟹、甲鱼、鳜鱼、黄颡、青虾等品种的“一鱼一产业”有了较快发展，产业链初步形成，市场占有率居全国前列，小龙虾、黄鳝产量更是占到了全国的50%以上，其中小龙虾已成为我省农产品出口创汇的主导产品，“世界龙虾在中国，中国龙虾在湖北”的格局已成不争的事实。

（三）加工和出口取得突破

2010年全省水产加工企业216家，其中国家级重点龙头企业4家，省级26家，出口注册企业20家；加工产值127.7亿元，比2005年增112.4亿元，增735%；加工量67万吨，比2005年增42万吨，增168%。出口创汇2.3亿美元，比2005年增1.43亿美元，增164%。加工产品形成了从冷冻品、干腌熏制品到调味品、罐制品、鱼糜、保健制品、生化医药制品和休闲食品等11大系列100多个品种。

水产品加工和出口不仅在规模上实现了跨越式发展，而且在高附加值的精深加工上也有较大的突破。如鄂州振源生物的通过内源酶水解鱼类提取氨基酸的项目、天峡鲟业生产的鱼子酱和鲟鱼软骨素项目、湖北泰尔生物从淡水鱼中提取活性多肽冻干粉中间体、华山公司的甲壳素及其衍生产品等。

(四)质量安全体系建设步伐不断加快

5年来，全省建立了30个水生动物疫病防治站，逐步完善了渔业病害的防控体系。同时不断加强水产品质量安全监管，坚持在全省推行标准化生产和渔业生产记录、养殖用药记录、产品销售记录以及产品标签制度，建立产品溯源制，在多个重点养殖区域开展养殖用药试点，确保了水产品质量安全。全省无公害标准化生产面积发展超过500万亩，无公害水产品产地认定592个，产品认证897个，绿色水产品175个，有机食品15个。

(五)品牌整合初见成效

2010年，我省整合全省资源，按照“五统一”模式，着力打造了“楚江红”小龙虾、“梁子”牌梁子湖大河蟹和“洪湖渔家”生态鱼三艘水产品牌航母。以在北京钓鱼台国宾馆举行“楚江红”小龙虾品牌新闻发布会为起点，相继成立了省小龙虾产业协会、河蟹产业协会和渔业产销协会等三大协会。通过举办第二届中国湖北(潜江)小龙虾节、中国荆州淡水渔业展示交易会、梁子湖大河蟹展示交易会等活动，以及在中央和省内主流媒体进行集中强势宣传、品牌推介营销、农超对接等一系列环环相扣的举措，使我省三大主导水产品牌在国内外的知名度迅速提高，市场核心竞争力空前提升。在第八届中国国际农产品交易会上，我省三大品牌均荣获金奖，

(六)渔业资源养护力度不断加大

5年来，我省全面推进生态渔业建设，实现渔业经济发展与生态环境相互促进。一是全面实施养殖证和渔业捕捞许可制度。二是全方位开展大水面整治。在抓好以长江、汉江为重点的禁渔期制度实施的同时，在大江、大河、大湖、大库推行禁渔期制度，逐步取缔过度围拦行为；努力杜绝对生态环境有明显危害和影响的养殖模式和方式。三是加大了水生生物保护区建设力度。四是广泛开展增殖放流。通过引导和吸纳全社会力量参与增殖放流活动，改变了过去由渔业行政主管部门一家放流的单一局面。五年来投入资金8000万元，放流经济鱼类苗种22亿尾，中华鲟、胭脂鱼等珍稀保护品种80万尾。

二、十二五期间我省水产业发展的优势、潜力与制约因素

(一)我省水产业发展的优势

1、资源优势。我省具有得天独厚的渔业资源优势，全省现有水域总面积2500万亩，宜养水面1360万亩，居全国第一。养殖水面种类涵盖淡水渔业的所有类型，水质良好，水生生物资源极其丰富，不仅提供了优质的种质资源，而且还提供了优质低廉的饵料资源。众多的江河湖库是鱼类天然的种质资源库，全省共有鱼类176种，占全国四分之一，水生植物164种，种类占全国的50%以上；底栖动物86种；国家重点保护一级水生野生动物5种(白鳍豚、中华鲟、白鲟、达氏鲟、鼋)；国家重点保护的二级水生野生动物8种；省级重点保护的水生野生动物30种。

2、政策优势。水产业是湖北的特色优势产业，省委省政府和各级地方政府高度重视水产业的发展，出台了许多支持水产业发展的政策措施，大力扶持水产业的发展。如省政府每年拿出6000万元财政专项支持小龙虾产业的发展，每年安排4000万元支持精养鱼池升级改造工程等，这一系列的扶持政策为十二五期间

我省水产业的快速健康发展奠定了良好的基础。

3、科教优势。我省是全国淡水渔业科教大省，水产科教实力雄厚，水产科技研究和人才培养一直走在全国前列，省内有中科院水生所、水利部中科院水工程生态所、中国水科院长江所等国内第一流的水产科研院所，还有一大批大专院校的专业水产学院、生命科学院以及地方水产科研所和技术推广站，拥有较强的研发力量和教育培训力量。

4、市场优势。我省由于渔业资源丰富，生产成本低，水产品品质好，在国际国内水产品市场占有明显的比较优势。不仅大宗常规水产品占据着国内的主要市场，特色产品也畅销海内外。相对其它农产品而言，水产品市场放开早，抵御市场风险的能力相对较强，收益比较稳定，特别是当主要农产品受到产量、市场价格等因素而收益面临不稳定时，水产业仍然能够保持持续稳定发展，不仅满足了市场供给，而且还为农民的稳定增收发挥了十分重要的作用。

（二）产业发展潜力

1、产量增长潜力

一是单产增长潜力。2010年我省主要养殖水面平均单产为309公斤/亩，比广东569公斤/亩低260公斤/亩，如果通过实施精养鱼池改造等工程，使全省主要养殖水面平均单产提高260公斤，按全省1000万亩总养殖水面计算，全省可新增产量260万吨。

二是冬闲田的开发利用。按全省可开发利用的冬闲田500万亩计算，扣除现已开发的300万亩“小龙虾野生寄养”，还有近200万亩冬闲田可共开发，按每亩产出50公斤小龙虾或其它水产品计算，全省可新增产量10万吨。

仅此两项，全省水产品还有270万吨以上的潜力可挖。

2、效益增长潜力

通过调整结构，提高水产品质量和品牌来提高水产品的单位价值，使我省水产品平均每吨产值达到江苏淡水水产品目前的水平（即17019元/吨），每吨提高4650元，即每斤提高价值约2.33元，按2015年全省420万吨产量计算，全省就可新增产值195.3亿元。

3、加工业发展潜力

我省是淡水水产品生产大省，原料供应充足，具有发展水产加工的良好基础条件，只要通过不断提升加工工艺水平和技术，提高加工产品科技含量，提高产品附加值，打造龙头企业，实施品牌战略，湖北水产加工潜力巨大。而且从国际国内市场需求来看，随着捕捞资源量的逐年减少、天然水域的禁养，以及人们对水产品尤其是高品质加工品的需求日益增加，水产加工（尤其是淡水水产加工）市场前景极为广阔。

4、渔业相关产业的发展潜力

随着渔业一产业的快速发展以及发展内涵的逐步扩大，渔业相关产业（如休闲渔业、会展、信息、物流、饲料、鱼药、培训等）的需求也越来越大，其发展潜力和市场潜力也越来越受到各界的重视。从目前的发展趋势看，未来五年，我省的休闲渔业、会展渔业、现代渔业信息物流、教育培训等产业将进入发展快车道，将成为我省渔业经济的新增长点。

（三）十二五期间水产业发展的制约因素

1、渔业发展与资源刚性约束之间的矛盾日益明显

2010年，全省水产业养殖面积985万亩，养殖规模已接近可养水面的上限（2010年全省可养水面为1360万亩），而且随着工业的发展和城市扩容，优良的渔业水域、滩涂被大量占用，水生生物赖以栖息的生态环境、部分宜渔水域受到污染，鱼类的产卵场遭受破坏，珍稀水生野生动植物濒危程度加剧；随着两型社会建设的不断推进和生态环境保护措施的不断加强，湖泊拆围、水库限养，致使传统的养殖区域受到严重挤压，

据测算，“湖泊拆围、水库限养”可导致全省减产约28万吨；同时国家严格的耕地保护和粮食安全政策，也不允许我们靠稻田挖鱼池来扩充养殖规模。这些叠加的刚性约束使得水产发展空间受限，要想巩固和保持全国淡水养殖第一大省的地位，实现渔业经济强省的目标，单靠养殖规模的扩张已经不可能。

2、产业结构不合理，产业化程度不高

一是行业内二、三产业发展滞后，产业结构不平衡。目前全省水产业一二三产业产值的比例为1:0.27:0.53，全国水产业一二三产业产值的比例为1:0.48:0.52，与全国平均水平相比，我省一产业比重过高，水产加工等二产业的比重偏低。

二是龙头企业规模不大，竞争力和带动力不强。目前全省规模以上水产龙头企业不到40家，年产值过2亿元的仅3家，产值过5亿元、10亿元的企业目前仍是空白。大部分水产企业规模偏小，加工设备、技术和工艺比较落后，产品单一，后劲不足。加工企业的规模和竞争力远远落后于沿海发达省份，辐射和带动能力偏弱。

三是渔民组织化程度偏低。我省渔业专业化合作组织尽管数量不小，2010年接近1000家，但是普遍规模偏小，实力不强，运作不够规范，影响力弱。

3、投入不足，基础设施老化严重

十一五期间国家投入我省水产业基建项目仅为8898万元，尽管比十五增了33.6%，但是和大农业其它行业相比、和水产业的地位相比仍然十分不足。省级基建投入更是自上世纪80年代以来一直没有增加，基础设施建设十分薄弱。尤其是全省500万亩的精养鱼池一直没有投入，老化淤塞严重，抗灾抗病能力低下，配套设施落后，不适应现代生态健康养殖的要求。

4、品牌建设还处在初级阶段，影响力偏弱

2010年我省水产业倾全省之力打造了“三艘航母”，取得了非常良好的品牌宣传效应，但是由于起步较晚，我省的品牌影响力还偏小，带动力和辐射力偏弱，市场化运作的程度偏低，品牌建设力度远远落后于发达省份。

5、渔业服务支撑体系不健全

一是苗种体系建设滞后。苗种基础设施老化，亲本退化，名特优苗种不足，良种覆盖率不高，新品种的开发与应用缺乏突破。我省是全国淡水苗种生产大省，仅次于广东，但其中大部分均为常规品种，大部分名特品种需从外省购入，如河蟹苗种基本依赖于江苏和上海，龟鳖主要来自于浙江等地，名特苗种的供应受制于人。

二是水产品质量检测体系和病防体系不健全。全省除了省级水产品质量检测中心外，各地均没有水产品质量检测机构，更没有人员和运转经费。十一五期间全省建设了30家县级水生动物疫病防治站，但由于人员编制和运转经费的缺乏，疫病防治工作还无法有效开展。

三是渔政执法体系不健全。基层渔政人员参公的问题还没有得到根本解决，渔业执法基础设施建设薄弱，很多渔政执法单位“水上无船、岸上无车”，缺乏必要的执法手段，渔政执法队伍素质有待提高。

四是科技服务体系不健全。渔业科技优势没有得到充分发挥，基层推广体系弱化，科技成果的到户率和应用率不高，创新成果偏少，发展现代渔业的科技支撑能力偏低。

三、指导思想、基本原则和发展目标

（一）指导思想

坚持以科学发展观统领发展全局，紧紧围绕“转变发展方式，建设水产强省”的总体思路，大力贯彻“让千湖之省碧水长流”的战略决策，以“不与粮争地、不与人争水”为发展前提，着力突出品牌和效益，突出“三个确保”(即确保安全供给、确保农民收入增加、确保资源可持续利用),健全和完善“五大体系”(即产业化体系、科技创新与推广体系、资源环境保护体系、渔业安全保障体系和渔政执法体系);走“湖泊拆围、水库限养、江河禁捕、改造鱼池、加工带动、品牌增值”的发展之路;大力推进产业转型升级,建设资源节约型、环境友好型的生态、高效、安全、健康的现代化渔业。

(二)基本原则

——科学发展、持续协调的原则。坚持科学的发展观,在推进经济快速发展的过程中,重点解决水产业发展与资源、环境保护之间的问题,促进水产业的可持续发展。

——科教兴渔、不断创新的原则。充分发挥科技作为第一生产力的先导性、全局性和基础性作用,加快科技创新步伐,促进可持续发展战略与科教兴渔战略的紧密结合。通过科技进步和制度创新,提高科技对经济增长的贡献率,变资源型经济为效益型经济,变粗放型经营为集约型经营,实现经济增长由量的扩张向质的提高转变。

——重点突破、全面推进的原则。统筹规划,突出重点,分步实施;集中人力、物力和财力,选择重点领域和重点区域,进行突破,在此基础上,全面推进水产业发展战略的实施。

——政府引导、法制保障的原则。各级政府要加强引导,充分调动社会各方面的力量共同参与。把市场机制与政府引导有机结合起来,协调好各方面的利益关系。建立健全相应的法律法规,依靠法律保障我省水产业发展战略的实施。

——积极参与、广泛合作的原则。加强对外开放与国际合作,参与经济全球化,利用国际、国内两个市场和两种资源,在更大空间范围内促进我省水产业发展。

(三)基本目标:

1、定量指标:到2015年,全省水产业全行业总产值1270亿元,其中渔业产值550亿元,加工业等二产业产值270亿元,三产业产值450亿元;水产品总产量420万吨,其中养殖产量395万吨,天然捕捞产量25万吨;水产品加工率由2010年的31.6%提高到36%;出口创汇突破3.3亿美元;渔民人均纯收入达10300元;全省放养水面稳定在1030万亩左右。

2、定性指标:渔业水域环境污染得到有效控制;重大水产养殖病害得到有效预防和控制;水产品质量得到有效保证;科学合理利用水域资源;部分经济发达地区率先基本实现渔业现代化。经过五年左右的努力,使我省渔业跨上一个新的更高的台阶,基本形成结构合理、科学完善的现代化产业体系,逐步实现生态健康的养殖业、环境友好的增殖渔业、可持续的捕捞业、先进的水产加工流通业和蓬勃的休闲渔业。

四、主要发展思路

(一)确立“不与粮争地、不与人争水”的新理念,靠低碳循环、生态高效求发展

当前,水产业发展面临的资源与环境刚性约束日益突出,如果继续走面积扩张的老路既不现实也不可能。必须摒弃靠稻田挖鱼池和大水面开发来扩充养殖规模的老办法,确立“不与粮争地、不与人争水”的新理念,坚持从“以拼资源拼汗水求发展、以扩面积增产量求效益”的传统模式向“靠内涵挖潜调优结构增质效、靠科技创新做强品牌增后劲”的新型模式转变。

一是坚持保护与利用并进。以建设渔业生态文明为重要前提,把保护渔业资源放到优先位置。通过先进的生产技术、健康的养殖模式、环保的加工手段、持续不断的资源养护措施来利用好现有资源,提升资源使用效益,增强可持续发展能力。

二是坚持低碳与循环并举。用工业理念谋划水产发展,大力发展低碳、循环渔业,拓展多维发展空间,不断实现由传统渔业向现代渔业质的飞跃。以渔业科技入户示范工程为平台,大力推广虾稻连作、虾蟹混

养、鱼沼果立体循环养殖等先进的生态高效模式，提高投入产出率。要鼓励发展工厂化设施渔业，推广节能降耗设备，减少残饵对水体的污染，减少水产用药，防止农业面源污染，实现养殖用水达标排放。努力实现渔业能量的循环、渔业第一产业与二三产业的循环、渔业与农业的循环，达到生产发展、生态良好的和谐统一。

三是坚持特色与效益共赢。按照“优质、高产、高效、生态、安全”要求，积极开发特色渔业资源，大力发展小龙虾、螃蟹、鳜鱼、黄鳝等优势水产品，开发大鲵、胭脂鱼、鲟鱼等名贵特色品种养殖，优化养殖结构，提高名特优比重，以最少的资源消耗获得最大的产业效益。

（二）顺应“湖泊拆围、水库限养”的新要求，靠内涵挖潜、质效提升求发展

为了落实资源节约、环境友好“两型”社会建设的新要求，让千湖之省碧水长流，十二五期间，我们将在全省实施“湖泊拆围、水库限养”行动，把水产发展的根本出路放在挖掘现有潜力、提升发展能力上，把发展重点放在依靠科技进步、提升发展质量上。一是向精养鱼池要效益。把实施“精养鱼池改造增效工程”作为提高现代渔业物质装备水平、夯实水产业长远发展基础的重要举措，计划分五年完成200万亩鱼池的改造升级。二是向先进技术要效益。充分发挥我省渔业科技优势，构建产学研一体化平台，加快渔业科技成果的转化、应用和推广，在全省主推十大主导品种、十大实用技术和十大优化模式。在主产县市开展纳米微孔增氧、水质在线监测、养殖用水湿地循环试点，推广先进的生产和管理技术，提高水产业科技含量和现代化水平。三是向质量监管要效益。切实加强苗种繁育、养殖生产、产品加工等环节的全程质量监控，组织开展水产苗种和产地专项督查整治，做好产品认证和例行抽检工作。向全省统一印发《水产标准化健康养殖生产过程记录簿》，督促养殖户严格执行标准化生产规程，健全“三项记录”，逐步建立产品质量安全可追溯制度。

（三）探索水产资源配置的新机制，靠规模化、集约化求发展

当前我省水产养殖主体分散、规模偏小、集约化程度不高，千家万户的小生产与千变万化大市场的有效对接尚未很好解决。一是探索新机制。要在稳定承包经营责任制的基础上，引导水产养殖户以转包出租、互换转让、参股合营等形式流转土地承包经营权，引导水面有序流转，积极探索适度规模经营的新型生产关系，变“小而全”为“专而精”，提高生产的集约化水平。二是建设大基地。按照区域化、标准化、产业化发展要求，深入推进板块基地和水产大县创建，努力建设一批标准较高的大板块、大基地，建设一批特色鲜明的优势水产品产业带，为加工提供充足的原料保障，为市场提供优质的批量产品。三是连接产加销。要着眼于提高产业化水平，支持发展多种类型的渔民专业合作组织，发展水产品流通和服务业，加快水产品市场体系建设，依托龙头企业和合作组织搞好上下游专业化分工和产加销一体化经营，形成产销衔接、利益共享的发展格局。构筑信息平台，畅通流通渠道，抓好与沃尔玛、家乐福等国际连锁超市对接，推进我省优质水产品更多地走向全球高端市场。

（四）围绕“四个一批”的新战略，靠龙头带动、加工增值求发展

要解决我省水产加工业发展不够、不快的问题，把“短腿”变长，促渔业经济提档进位，就必须贯彻省委、省政府“四个一批”工程的战略决策，把优化水产业加工布局、做大做强龙头企业、提高产品附加值，作为工作的着力点。

一是壮大龙头带动发展。加大政策、资金扶持力度，通过招商引资、兼并重组、资本联合、融资上市等多种手段，引导水产加工龙头企业提升加工能力，壮大发展实力。

二是打造园区集群发展。要在加快洪湖、潜江两个水产品产业化示范园区建设的基础上，争取武汉、宜昌、鄂东等水产加工园区纳入“四个一批”建设范围。积极引导优势产品向重点基地集中、基地生产与龙头企业配套、龙头企业向加工园区聚集，充分发挥园区集群发展的示范辐射效应。

三是延长链条深度发展。以水产品精深加工为主攻方向，支持水产加工龙头企业创新发展、联动发展，

加快新技术研发和新产品开发，着力抓好淡水鱼和小龙虾废弃料综合开发利用项目，实现甲壳素衍生品、鱼胶原蛋白、水解氨基酸、鲟鱼鱼子酱等高附加值精深产品的批量生产，扩展应用领域，带动医药、保健、化工等相关产业发展，形成以常规加工为基础、精深加工为核心的完整产业链条，把我省打造成全球淡水鱼综合利用和甲壳素深度开发的重要基地。

（五）激发做强产业的新活力，靠唱响品牌、经营品牌求发展

转变发展方式、建设水产强省，必须用品牌集合发展优势，用品牌提升增值效益，用品牌占领国内外市场。

一要整合资源打造名牌。针对我省水产知名品牌不多、叫得不响的问题，要把打造全省统一的知名品牌作为推进渔业创新发展的切入点，整合全省水产优势资源，按照“五统一”模式，着力打造楚江红小龙虾、梁子牌梁子湖大河蟹、洪湖渔家生态鱼三艘水产航母，为产业发展注入新的活力，为提升产业核心竞争力奠定坚实基础。

二要挖掘内涵擦亮名牌。要利用历史和自然赋予湖北的资源禀赋和文化底蕴，深入挖掘“三大”水产品牌的文化内涵和特色元素，以绿色健康为主题，通过小龙虾节、捕鱼旅游节、河蟹美食周、涉渔挑战赛和渔区环保行及文艺创作采风等活动平台，充分展现传统的渔俗文化、浓郁的渔乡风情和现代渔民的精神风貌，充分体现我省鱼虾蟹的生态优势和优良品质，以提升品牌的档次和品位，在国内外市场树立良好的品牌形象，不断放大品牌效应。

三要聚焦宣传唱响名牌。要加大对我省“三大”水产品牌的推介营销力度，充分利用现代媒体高效传播特性和会展经济平台，开展全方位、多时空的深度宣传，提高我省水产品的知名度和美誉度。要依托三大产业协会和核心企业，搞好产品营销策划，建好营销团队，开展多层次、广领域的推介营销活动，促进我省优质水产品销售尽快实现由卖产品到卖商品、由卖商品到卖名品、由卖名品到卖品牌的转变，让湖北水产品名扬四海，享誉全球。

五、产业布局

根据农业部制定的《全国特色农产品区域布局规划（2008–2015）》和《全国优势农产品区域布局规划（2008–2015）》要求，结合我省各地自然条件、养殖习惯以及加工企业分布状况，在稳定发展“青草鲢鳙鲤鲫鳊鲂”等8大常规当家品种的基础上，按照区域化、专业化、标准化、产业化的要求，科学调整产业结构和产品结构。重点发展小龙虾、河蟹、斑点叉尾　等三大出口优势水产品和鳜鱼、黄颡鱼、鳝鳅、龟鳖、乌鳢、鲶鱼、青虾、罗非鱼、长吻　、　鱼、大鲵、胭脂鱼、鲟鱼等特色品种；同时围绕省委、省政府“四个一批”工程的战略决策，大力发展水产品加工，优化水产业加工布局、做大做强龙头企业、提高产品附加值。

（一）出口优势水产品布局

1、小龙虾：围绕全省“楚江红”小龙虾品牌整合和小龙虾加工业的深度开发，在潜江、洪湖、仙桃、鄂州、嘉鱼、监利、孝南、沙洋、应城、黄陂、浠水、天门、新洲、赤壁、蕲春、黄州区、钟祥、汉川、宜城、武穴等地重点建设20个小龙虾工厂化苗种繁育基地和出口基地；在公安、石首、广水、黄梅、大冶、枝江、江夏、荆州区、沙市、阳新、蔡甸、东西湖、汉南、松滋、江陵、团风、当阳、随县、京山、东宝、云梦、大悟、安陆、麻城、咸安、通城、老河口、枣阳、孝昌、襄阳等地建30个健康养殖示范基地，大力推广“虾稻轮作”、“虾蟹混养”、“名优鱼类与小龙虾混养”等技术。

2、河蟹：围绕全省“梁子牌”梁子湖大河蟹品牌整合打造，重点支持江夏区、鄂州市、洪湖市、嘉鱼县、汉南区、监利县、仙桃市、汉川市、赤壁、大冶市、咸安区、应城市、阳新县、浠水、公安、石首、沙洋、钟祥、天门、新洲等20个县市区。

3、斑点叉尾　：围绕全国苗种基地和　鱼加工出口体系建设，重点支持嘉鱼县、长阳县、宜都市、钟祥

市、通山、枝江市、仙桃市、天门市、潜江市、监利县、阳新县、丹江口市、浠水、随县、京山、老河口、枣阳、赤壁、沙洋、当阳等20个县市区。

（二）特色水产品布局

1、鳜鱼：重点建设洪湖市、江夏区、嘉鱼、鄂州、公安、黄陂、仙桃、监利、石首、汉川市、应城、武穴、钟祥、天门、松滋、沙洋、浠水、蕲春、阳新、通山等20个县市区。

2、黄颡鱼：重点建设公安县、荆州区、嘉鱼、赤壁、新洲区、鄂州、石首、监利县、洪湖、云梦、汉川、天门、潜江、蕲春、黄州、松滋、江夏、黄陂、浠水、老河口等20个县市区。

3、鳝鳅：重点建设仙桃、监利、洪湖、嘉鱼、阳新、汉川、孝南、天门、沙洋、潜江、公安、鄂州、赤壁、咸安区、通城、大悟、广水、蔡甸、武穴、汉南等20个县市区。

4、龟鳖：重点建设应城市、京山县、公安、沙市区、天门市、浠水、孝南、沙洋、黄陂、洪湖等10个县市区。

5、乌鳢：重点建设阳新、嘉鱼、云梦、汉川、沙市区、监利、洪湖、公安、鄂州、蔡甸区、浠水、黄梅、大冶、沙洋、当阳等15个县市区。

6、鲶鱼：重点建设监利、公安、嘉鱼、枝江、当阳、丹江口、麻城、天门、随县、阳新等10个县市区。

7、青虾：重点建设黄梅、监利、嘉鱼、鄂州、大冶、江夏、阳新、赤壁、洪湖、沙洋等10个县市区。

8、长吻　：重点建设石首、洪湖、长阳、钟祥、蕲春、夷陵区、当阳、宜都、枝江、汉川等10个县市区。

9、　鱼：重点建设丹江口、大冶、公安、当阳、宜城、黄梅、嘉鱼、咸安、江夏、鄂州等10个县市区。

10、罗非鱼：重点建设英山、天门、浠水、沙洋、潜江、钟祥、赤壁、应城、洪湖、襄阳等10个县市区。

11、大鲵：重点建设宣恩、咸丰、恩施市、竹溪、房县、竹山、丹江口、嘉鱼、当阳、夷陵区、五峰、京山、神农架、东西湖、郧西等15个县市区。

12、胭脂鱼：重点建设孝南、东西湖区、荆州区、嘉鱼、当阳等5个县市区。

13、鲟鱼：重点建设荆州区、宜都、长阳、当阳、蔡甸、麻城、仙桃、洪湖、广水、沙市区等10个县市区。

（三）水产加工业布局

在加快洪湖、潜江两个水产品产业化示范园区建设的基础上，争取武汉、黄冈、宜昌、鄂州、仙桃等水产加工园区纳入"四个一批"建设范围。积极引导优势产品向重点基地集中、基地生产与龙头企业配套、龙头企业向加工园区聚集，充分发挥园区集群发展的示范辐射效应。

六、主要任务及措施

（一）加强渔业基础设施建设，提高渔业物质装备水平

十二五期间，我们将以精养鱼池升级改造工程为突破口，大力加强渔业基础设施建设，同时推广应用先进高效的渔业养殖机械、水质监控处理设备和设施，全面提高水产养殖业装备水平。按照政策引导、总体规划、分步实施、资金整合、连片改造、统一推进的原则，对全省精养鱼池进行统筹规划和设计，重点对集中连片的精养鱼池进行升级改造，完善基础设施，更新养殖设备，引入现代科技，有步骤地建成一批"吨鱼塘、万元池"，使其达到进排水分开、池埂坚固抗灾、渔业三机配套、养殖用水达标排放、养殖环境优美的标准，成为增产增收的主要阵地和优质水产品的主要供应地。

（二）实施水产良种建设工程，建设苗种产业大省

苗种体系是产业发展的基础，未来5年，我省将重点建设一批优势品种的种质资源保护区和国家级、省级水产原良种场，更新换代现有种质退化的亲本，引进、培育一批名特优新品种，全面提高全省优质品种种质保护能力和良种生产能力，提高良种覆盖率，保障渔业生产。同时积极扶持省内苗种生产企业做大做强，力争到2015年，使全省水产苗种生产能力在现有基础上翻一番，达到1500亿尾，在巩固常规品种苗种产能

第一的基础上，实现黄鳝、鳜鱼、河蟹、龟鳖等主要名优品种苗种自给自足，实现苗种产业大省目标。

（三）实施质量安全工程，打造健康生态渔业

一是建立健全全省水产品质量监管检测网络，从2011年起，以现有县级水生动物防疫站为基础，重点配置水产品质量检测设备，努力解决当前存在的缺监管机构、缺检测设备、缺经费投入、缺专业人员等问题。

二是全面实施健康养殖达标行动，实施养殖生态环境修复工程，提升健康养殖基础能力，稳步推进无公害水产品标准化生产。

三是完善渔业养殖技术标准，规范健康养殖操作规程。统一印制《湖北省水产标准化健康养殖生产过程记录薄》，逐步在大型养殖基地实行水产品可追溯制度，做到养殖生产环节全透明，产品可追溯。

四是全面推广健康养殖高效模式。大力推广小龙虾野生寄养、虾蟹混养、鱼藕共生、种青养鱼等生态养殖模式。大力开展生态健康养殖科技培训和技术指导，切实提高渔民健康养殖技术的应用能力，在保障水产品质量安全的同时，实现资源节约、环境友好的渔业发展模式。

五是抓好水产品投入的监管。严禁使用违劣苗种、违禁药物和饲料，严格执行苗种生产许可证制度。建立水产品投入公示制和准入制，实行水产品上市休药期和产品检验苗种检疫制度。

（四）实施科技兴渔工程，打造渔业科技强省

一是建立产、学、研、商一体化的运行机制，积极整合我省渔业科技力量，加快渔业科技成果的转化、应用和推广，通过与科研院所联盟联姻的方式，提高水产业科技含量和现代化水平，使我省资源和科技优势转化为经济优势与市场竞争优势。

二是加强科技攻关。积极争取科技项目，集中优秀科研单位和科技人才进行技术攻关，解决好制约我省水产发展的诸如小龙虾、黄鳝人工繁育、小瓜虫鱼病防治等关键技术。

三是鼓励企业参与技术研发，尤其是水产品深加工技术的研发，十二五期间，力争建成5个国家级水产品加工研发中心。

四是健全技术推广服务体系，重点解决水产技术服务在基层难以落实的问题，努力充实与水产发展要求相适应的乡镇水产基层服务队伍，保障水产公益性服务事业的正常有序开展。建立行政和专家、技术指导员以及广大示范户互动的网络体系，使科技人员直接到户、良种良法直接到池、技术要领直接到人，全面构建渔业科技成果快速转化的通道。

（五）围绕"四个一批"工程，做大做强加工龙头企业

要认真落实"四个一批"战略，强化政策扶持、银企对接措施，加快洪湖、潜江、武汉、宜昌、鄂东等水产品加工示范园区建设步伐，力争到2015年洪湖、潜江两大加工园区加工产值分别超过50亿元，武汉、宜昌、鄂东等加工园区加工产值分别超过20亿元。同时，要深化校企合作机制，引导水产品加工龙头企业与科研院校联盟合作，组建淡水水产品加工研发中心，加快新技术研发和新产品开发应用，支持其做大做强。重点抓好小龙虾和淡水鱼废弃物综合开发利用，促进其高附加值产品的批量生产与上市销售，不断壮大精深加工实力，实现水产品精深加工的新突破。

（六）实施品牌唱响工程，全力打造湖北三艘品牌航母

十二五期间，我省将继续大力整合现有水产品牌，全力唱响"楚江红"小龙虾、"梁子牌"梁子湖大河蟹、"洪湖渔家"生态鱼三艘水产品牌航母。引导和支持省小龙虾产业协会、省河蟹产业协会、省渔业产销协会等三个协会，依据协会章程，规范协会运作，搞好品牌产品包装和营销策划，建立稳定的直销网络。努力做好与国内知名超市、餐饮、宾馆的对接，在不断开拓国内市场的基础上，实施三大水产品牌航母远航工程，在海内外市场树立良好的品牌形象，不断放大品牌效应。继续依托国内外主流媒体，开展三大品牌的深度系列报道，进一步提升和扩大三艘品牌航母的市场竞争力。继续支持荆州淡水渔业博览会、潜江小龙虾节和

梁子湖大河蟹展示交易会，提高渔业展会层次，充分发挥会展经济作用，提高湖北水产影响力。

(七)大力发展渔业专业合作组织，提高产业组织化程度

专业合作组织是提高渔民组织化程度的最佳形式，是普及生产技术的重要载体，是抵御市场风险的强有力依靠。按照“民办、民管、民受益”的原则，推动发展渔户联合与合作，促进渔户由分散经营向合作经营转变，形成多元化、多层次、多形式的经营服务体系。大力扶持渔民专业合作社发展，围绕优势和特色产业，在科技推广、农产品质量安全、农产品流通领域，加快培育和发展一批具有代表性的渔民专业合作社示范社，提高渔业经营的组织化程度。通过加强行业自律，规范协会内部管理，强化协会的服务功能，加强行业管理，有效的引导行业良性发展，为渔民提供产前、产中、产后的系列化服务，使合作社成为连结千家万户与市场和企业对接的桥梁和纽带。

(八)实施渔业资源养护工程，实现可持续发展

渔业是一个资源环境依赖性很强的产业，生态环境是渔业的立业之本。只有全面推进生态渔业建设，才能实现渔业经济发展与生态环境相互促进，和谐发展。

1、努力修复渔业生态。在继续严格执行现行禁渔期制度的基础上，将禁渔期制度扩大到所有大江大河大库等大水面。根据水生生物资源现状，制订渔业资源增殖规划，积极争取专项资金开展增殖放流工作。逐步实行限额捕捞制度，加强渔获物起捕标准和渔具网具使用管理，保护经济鱼类幼体及种质资源。逐步在重要水域建立水生生物保护区和水产种质资源保护区，保护水生生物物种及其栖息地生态环境。科学开发湖泊、水库的养殖功能，做到在保护中开发，在开发中促进保护。对水体富营养化严重的水域，要采取生物控制、放养滤食鱼类、底栖生物移植和植被种植修复等措施，进行综合治理。

2、实施“湖泊拆围、水库限养”行动。全省大水面水产养殖将逐步由人工高密度养殖转变为以“人放天养”的天然增殖为主，适量的人工养殖为辅，同时全面禁止投肥养鱼，以恢复湖泊水库自身的生态功能。洪湖、梁子湖、丹江口水库等涉及饮水安全及生态安全的大湖大库要坚决推进拆围和限养工作。

3、加大保护区建设力度。健全完善现有各级各类保护区，同时将采取分级分层次建设的办法，鼓励各地市根据需要建设保护区。进一步完善工程建设项目资源与生态补偿机制，保障遭受破坏的水生生物资源和水域生态环境的补偿和修复。

(九)加强渔政管理，建设平安和谐渔业

1、加强渔政执法体系建设，提高执法能力。一是积极争取渔政执法队伍全部实行参公管理，经费纳入财政预算；二是要加强《渔业法》及相关法律法规的宣传力度；三是要加大投入，抓好渔政基础设施建设，提高渔业执法手段；四是要做好各重大水域的渔业资源保护和发展的规划，尤其是长江、汉江、大型湖泊等重要水域资源的规划和管理。五是加强渔政执法队伍素质建设，加大培训力度，积极创建“渔业文明执法窗口单位”。

2、加大渔政执法力度，维护良好的秩序和环境。一是搞好“两禁”工作。实施好“长江、汉江禁渔期管理制度”和“小龙虾禁捕令制度”，妥善安置好禁渔期渔民的生产生活，确保渔区社会和谐。二是定期组织执法专项行动。开展渔业“打非”行动，对长江、汉江及通江水域、大河大库实施电、毒、炸专项打击行动，进一步巩固禁渔成果；开展水产养殖业专项执法行动，加强对违规养殖和违规用药的查处，维护渔业生产秩序。依据《湖北省实施<中华人民共和国水法>办法》规定，对违规实施投肥(药)养殖行为加大执法和处罚力度。

3、维护“五项安全”，建设平安渔业。强化渔业资源安全、水域生态安全、渔民生命财产安全、水产品质量安全和渔业生产安全，建立健全渔业安全生产应急反应机制。

（湖北省水产局　王勇）

武汉市“十一五”时期
农村经济发展主要成就

“十一五”以来，在市委、市政府的正确领导下，我市坚持统筹城乡发展，以增加农民收入为核心，以结构调整为主线，以推进农村新型工业化，发展现代都市农业为抓手，初步实现了城郊型农业向现代都市型农业的转型，农民收入快速增长，农业综合生产能力持续提高，农村生产生活条件不断改善，使“十一五”时期成为我市农业农村经济发展的最好时期。

1、突出推进农村新型工业化，农村区域经济实力进一步增强

“十一五”期间，远城区坚持工业立区方针，以产业集群建设为载体，促进工业向园区集中，农村工业快速发展，6个远城区规模以上工业企业单位数从2005年的476家，增加到2009年的1094家，工业总产值从266.07亿元增加到1455.94亿元。形成了各具特色的产业集群，东西湖区成为华中地区最大的台商工业投资集聚区、蔡甸区电子产业集群、江夏区的现代装备制造业基地、黄陂区中小企业基地、新洲区钢结构产业集群、汉南区汽车零部件集群发展势头迅猛。大力发展农产品加工业，全市规模以上农产品加工企业销售收入达到910亿元以上，比2005年翻了一番，农产品加工业产值与农业总产值之比达到3.2:1，是全省平均水平的3.6倍。

六个远城区生产总值从2005年的392.22亿元增加到2010年的1242.83亿元，占全市生产总值的比重从2005年的17.5%，上升到2009年的28.9%，提高11.4个百分点。地方财政收入从2005年的26.35亿元，增加到2010年的156.99亿元。农民收入持续快速增长。农民人均纯收入连续5年大幅增长，年均增长幅度在13.8%。2010年，全市农民人均纯收入突破8000元大关，达到8295元，在全省地市州中居首位，比全国和全省平均水平分别高2376元和2463元。

2、农业生产条件不断改善，农业综合生产能力大幅度提升。

“十一五”期间，我市农田水利设施条件得到有效改善，农机化水平大幅度提升，农业基础研究和技术推广取的新进展，设施农业快速发展。全市农田有效灌溉率达到77.4%。设施农业快速发展。全市畜牧业所有蛋鸡小区全部实现自动化饮水，所有奶牛小区实现机械化挤奶。全市农业机械总动力达到215万千瓦，比2005年增长20%。累计推广农业新模式、新技术130项，科技对农业增长的贡献率达到60%，比2005年提高6个百分点。

我市农业总产值从2005年的180.56亿元，增加到2010年的281.09亿元，按可比价格计算，年均增长4.0%。主要农产品产量逐年增加，粮食产量达到136.71万吨；蔬菜在不断优化结构，提高附加值的基础上，产量不断增长，总产量达到597.07万吨，比2005年增长4.3%；生猪出栏、禽蛋、水产品产量分别达到261.95万头、18.01万吨、43.41万吨，分别比2005年增长13.6%、2.2%和10.1%。

3、大力发展现代农业，农业结构调整取得历史性突破。坚持以工业理念谋划农业发展，大力推进设施农业、高效特色农业发展，促进农业生产方式和增长方式转变。2010年末，全市新增农产品正规化基地50多万亩，累计达到105万亩；全市畜禽养殖小区达到242个，其中有97个养殖小区配套了治污设施并达到环保排放标准，建成投产生态畜禽养殖小区66个。全市规模养殖量占总量的50%以上。名特优新水产养殖面积达到71.33千公顷。主要优势特色农产品基本形成区域化布局。2010年，我市蔬菜、茶叶、水果、花卉园艺、畜禽和水产等产业占农业总产值比重达到81.5%，比2005年提高4个百分点。江夏区突出无公害蔬菜、花卉苗木、猪、禽、名特优水产及南瓜、西甜瓜、湘莲、界豆等特色品种生产，打造了一批优势产业板块基地，形成了一批专业村 ；黄陂区按照"产业支撑、基地依托、龙头带动、集约发展、整体推进"的思路，主攻芦笋、茶叶、特色水产、种业和乡村休闲等五大产业，产业板块基地取得新突破，形成了56个芦笙专业村、18个良种专业村等特色村；蔡甸区形成了以莲藕、瓜蒿、蔬菜、林果、名特水产、禽类等特色产业片；新洲区着力培植发展"菜、菌、禽(畜)、鱼"四大特色优势产业。

4、深入推进农业多功能开发，拓宽农业发展空间。"十一五"期间，我市农业功能得到稳步拓展，"两型农业"发展迅速，农村生态环境明显改善。"两型农业"发展迅速，农村生态环境明显改善。全市共推广农业循环经济模式20种，推广面积100万亩次；推广"一池三改"户用沼气池9.2万户，建成高标准畜禽养殖小区沼气治污工程110处，秸秆气化集中供气农户达到2600户，整体推广太阳能热水器4.7万平方米。乡村休闲旅游景点景区达到1024处，年实现旅游综合收入17亿元，比2005年增长1.4倍。

5、推进农业标准化生产，农产品质量安全水平进一步提高。全市建立农业标准化生产示范区42个，标准化生产面积80万亩，有13个水产健康养殖示范场获得农业部认定。农产品质量安全监管从无到有，被国家农业部誉为"武汉模式"并向全国推广。对农产品生产环节实施监管。实施市场准入制度，加强流通环节质量监管，对蔬菜、畜产品、水果及水产品进行抽样检测，监管范围覆盖全市大型批发市场、重点农贸市场和大型超市。全市累计发展无公害农产品、绿色食品、有机食品560个，拥有国家地理标志保护产品6个，省级名牌产品42个。

6、规范农民专业合作社发展，农民进入市场的组织化程度大幅提升。从抓好各种生产协会、经纪人协会、新型生产合作社等合作组织入手，在全市范围内积极培育、发展农民专业合作社，探索带领农民增收致富的新途径。相继出台了扶持和规范农民专业合作社发展的政策措施，在全市范围内形成了重视农民专业合作社发展的良好氛围，加快了发展步伐。目前，全市农民专业合作社发展到464家，带动农户17万户，占全市农业生产经营户的30%。

7.社会主义新农村建设稳步推进，农民生产生活条件明显改善。从2005年开始，武汉市不断加大统筹城乡发展力度，大力实施农村家园建设行动计划，目前已经有1630个村完成了新农村建设第一段的达标创建工作，2010年将完成最后500个村的创建工作。财政对"三农"的投入规模全所未有，"三农"面貌变化巨大。2006–2010年，市及市以上财政对"三农"总投入达到165亿元，地方财政支出中农业支出比重从2005年的2.3%提高到2010年的3.7%。大规模、高强度的投入，使我市新农村建设取得显著成效。根据《武汉市社会主义新农村建设统计监测评价体系》确立的标准和综合评价方法测算，2010年，全市新农村建设综合实现程度为97.9%，比2006年提高23.2个百分点，总体处于实现阶段。从新农村建设进程监测的五个子系统来看，生产发展、生活宽裕、乡风文明、村容整洁、管理民主均已进入实现阶段，实现程度分别为97.06%、100%、95.44%、97.3%和98.89%。从该监测体系涉及的31个指标来看，目前共有29项指标实现程度超过90%，其中21项指标实现程度达到100%，进入实现阶段；仅2项指标实现程度在80%–90%间，进入基本实现阶段。

（武汉市统计局　桂永超　祝有胜）

黄石市“十一五”时期农业与农村发展情况

“十一五”期间，黄石市委、市政府始终把“三农”工作作为全市工作的重中之重，全市上下认真贯彻执行中央、省各项农村政策，深化改革，大力调整农村产业结构，加速农业产业化建设，积极推进农业发展由传统农业向现代农业转变，为农民增收创造了有利的环境和条件，经受住了各种自然灾害的考验和金融危机的冲击。农业综合生产能力不断增强，农村经济保持了又好又快发展，农业和农村经济取得了令人瞩目的成就。

一、“十一五”农村经济运行特征

（一）农业综合经济实力增强，经济总量连上新台阶。

“十一五”期间，在农业规模化、产业化较快发展的带动下，农业生产实现稳步发展，农林牧渔业总产值连上新台阶。2006年全市农林牧渔业总产值接近50亿元，2007年跨越60亿元，2009年跨越70亿元，2010年突破80亿元，达到83.91亿元，按可比价格计算，“十一五”年均增长8.7%，比“十五”年均增长高3.3个百分点。农业、牧业、渔业在结构调整中不断提高，2010年农业完成产值33.76亿元，牧业产值完成25.37亿元，渔业产值完成21.93亿元，比2005年均有不同程度增长。2010年全市农林牧渔业增加值完成53.63亿元，按可比价计算，“十一五”年均增长5.89%，比“十五”年均增速高0.8个百分点，农业发展步伐明显加快。

（二）惠农政策全面落实，农产品产量稳步增长。

“十一五”时期，我市大力贯彻落实粮食生产补贴等惠农政策，最大限度保护和调动农民种粮积极性，粮食生产克服了重大自然灾害和极端气候等不利因素影响，粮食种植面积连年增加。2010年全年粮食播种面积200.01万亩，比上年增加4.37%。全年粮食总产63.05万吨，比2006年增长19.21%，年均增长4.49%；2010年全年油料总产8.0万吨，比2005年增长14.94%，年均增长2.82%；2010年棉花产量5309吨，比2005年增长88.4%，年均增长13.5%；2010年蔬菜产量55.79万吨，比2005年减少16.83%，年均减少3.62%；2010年水果总产量3.68万吨，比2005年增长120.75%，年均增长17.16%；2010年茶叶产量349吨，比2005年增长8.39%，年均增长1.62%。“十一五”期间，我市通过加强农村土地承包经营权流转建设，引导农村闲置土地逐步向种粮大户流转。全市种粮规模达到30亩以上的种粮大户近1600户，其中1000亩以上的种粮大户超过20户，规模化种粮复种耕地面积达到36万亩。

（三）龙头企业不断增多，畜牧规模养殖迅猛发展。

“十一五”时期，通过招商引资，中粮集团、永大、雨润等一批世界500强和国字号农业产业化龙头企业纷纷在黄石投资建厂，中粮集团100万头生猪健康养殖深加工、紫鑫3万吨甘薯加工等20多个重点项目先后得到组织实施，使我市家禽年加工能力突破8000万只，生猪年加工能力突破300万头，全市标准化规模养殖小区（场）达到500个，万头养猪场达到26个，全市畜禽规模化养殖率超过55%，带动畜牧业产业化快速发展，打造了集繁育、养殖、加工、饲料、防疫、物流为一体的百亿元畜禽产业链。畜牧业生产克服了饲料成本不断上涨和价格大幅波动等不利因素的影响，保持了健康发展的良好态势。2009年全市生猪出栏突破百万头大关，2010年生猪出栏达到106.09万头，比“十五”末增长17.02%，年均增长3.2%。“十一五”期间，随着我市家禽规模化养殖快速发展，家禽生产迈上高速增长的快车。2010年全市家禽出笼突破2000万只大关，达到2602.45万只，比“十五”期末增长3.7倍，年均增长36.31%；2010年禽蛋产量33501吨，比“十五”末增长1.14倍，年均增长16.4%。

（四）因地制宜突出特色，渔业生产连上台阶。

“十一五”时期，我市以转变渔业发展方式为突破口，以大冶保安湖、黄金湖和阳新网湖、海口湖等水产品养殖加工企业为龙头，发展名、特、优水产养殖，全力打造水产产业链，切实加强水产基地建设，全面推进水产生态养殖，水产产量连年上新台阶。2006年水产品产量突破10万吨，2007年超过11万吨，2008年超过13万吨，2009年超过14万吨，2010年达到16.01万吨，比“十五”末增长61.6%，年均增长10.1%。如今，市场上水产品不仅数量充足，而且品种繁多，质量提高，价格平稳，成为城乡居民菜蓝子的不可缺少的重要品种，居民消费量显著增加。

（五）农业结构调整成效显著，产业化经营步伐加快。

“十一五”末，全市农、林、牧、渔各业产值占农林牧渔总产值比重分别为40.23%、2.34%、30.23%、26.14%，与“十五”末相比，农业占比下降14.18个百分点，林业、农林牧渔服务业分别下降0.95和1.38个百分点；牧业、渔业分别上升8.0和8.48个百分点。产业调整成效明显，农林牧渔业内部结构进一步得到优化。全市农业产业化基地总面积达到146万亩，农业基地建设初显规模，初步形成了畜禽、水产、油脂和保健酒四大农业产业链条。2008年，大冶劲牌公司成为黄石首家国家级龙头企业，实现我市国家级龙头企业零的突破。2010年黄石市通过招商引资，内引外联，新培育8家市级农业产业化龙头企业，全市市级以上农业产业化龙头企业总数达到50家，其中，国家级龙头企业1家，省级龙头企业11家，市级龙头企业38家。2010年，全市农村合作组织发展迅猛，新增147家，全市现有农村合作组织246家（其中合作社224家，协会22家），成员达到2.5万人，带动农户7万户。

（六）农业科技不断进步，农民收入增收提速。

“十一五”期间，我市大力引进推广新品种、新技术，标准化生猪养殖“150”、“600”模式在全市逐步推广。水果高接换种、轻型简化栽培、配合饲料、无公害生产、标准化种养、病虫害防治、测土配方施肥、高产高效模式等一大批实用技术得到大面积推广应用，同时大力推广发展农业机械化，2010年全市农机总动力达到69.82万千瓦，比“十五”末增加59.3%，综合机械化水平达到58%。科技对农业的贡献率比“十五”期末提高2个百分点。初步形成了以农业教育、科研、推广等部门为骨干，多部分互相配合，上下贯通、左右衔接的农民科技教育培训体系。实施农村劳动力转移“阳光工程”、“雨露计划”等，拓宽了农村劳动力转岗就业培训服务的路子。截止2010年，全市外出务工农民人员超过40万人，达到42.44万人，比“十五”期末净增11.5万人。农民增收渠道不断拓展，来自二、三产业收入比重不断提高，农民收入增速明显加快。2010年，全市农民人均纯收入达到5524元，“十一五”期间年均增幅达到14.47%，超过同期城镇居民人均可支配收入年均增速2.95个百分点。

（七）农业基础设施明显改善，生产和生活条件提升。

“十一五”期间，全市累计投入资金11亿元，建成县乡二级公路135.5公里，县乡三四级公路261.7公里，通村油路455.4公里，农村交通条件明显改善；累计完工各类小型水利建设1780处，维修抗旱泵站610处，整险和岁修水库140座，新增蓄水4677万方。“十一五”期间，我市不断加强长江及地方支流堤防建设和大中型水库整险加固，农业抗灾能力明显提高。2010年，我市有效灌溉面积、机电排灌面积和旱涝保收面积分别为57.09万亩、43.5万亩、45.83万亩，分别比“十五”末增长11.65%、3.39%、14.12%。农村能源的综合利用有了新进展，“十一五”期间，全市累计建成农村户用沼气池5.2万户，推广节柴灶3万余户，推广太阳能热水器

24560多台套,太阳能热水器利用面积达到3.45万平方米。农民的生产和生活条件进一步提升。

(八)新农村建设全面推进,示范镇、村建设成效明显。

“十一五”以来,市委、市政府按照集中力量和整合资源的思路,把扶贫、小康和新农村建设三方面的力量进行有机整合,在全市抽调千名干部,组建百余个新农村建设工作队进村办点。从解决农民“最难”问题入手,以农村经济发展为主线,示范村基础设施和社会事业建设成绩显著。

二、困难与问题

“十一五”以来,黄石农村经济有长足发展,但农业基础仍然十分薄弱,未来挑战更加严峻,有待于“十二五”期间进一步发展和完善。

一是农村集体经济发展缓慢。“十一五”期间,在农业产业化迅速发展的带动下,农业生产和农民增收都取得了较好的成绩,但由于我市农业的科技含量还较低,农产品附加值不高,农民专业组织化程度低,产业链条还不完善。而且农村“造血”功能不足,特别是集体经济脆弱,“空壳村”现象还较多,农村经济自我发展能力较弱。

二是农业基础设施老化,抗灾能力不强。全市农村水利设施多半修建于上世纪六、七十年代,大部分已运行三、四十年。大中型泵站电机、水渠和渠道建筑物老化,灌溉能力下降。“十一五”期间,农田水利设施方面普遍存在投入不足、管理不善的问题,影响了农业生产的正常发展,特别是遇到极端天气,严重威胁着农业生产。

三是市场风险大,农业生产效益不稳定。随着市场经济的不断发展,市场也瞬息万变,对农业生产经营和效益影响越来越直接。“十一五”期间类似生猪市场价格的起伏变化就是一个典型的例子。为此,加大对农民资金、技术、信息的扶持力度,增强农村、农业和农民抵抗风险的能力至关重要。

三、实现“十二五”农业持续发展的建议

“十二五”期间,黄石要积极争取国家、省支持,大力发展现代农业,提高农业综合实力和整体发展水平,努力实现农业和农村经济跨越发展。到“十二五”期末,力争全市农林牧渔业总产值达到150亿元,保持年均6.0%以上的速度增长。力争农民人均纯收入过万元,年均增长14.5%。为此建议:

(一)落实政策,不断加大支持力度。要以建设社会主义新农村为载体,认真落实党和国家制定的一系列惠农政策,把“直补”等各项补贴政策、粮食最低收购价政策运用好,让农民得到种粮的实惠。同时,运用市场和经济手段,深化农业结构调整,以增收促增产,确保国家粮食安全和农民增收双重目标的实现。要加大财政向“三农”倾斜的力度,加强农田水利建设,疏通维护沟渠,提高农业的防涝抗旱能力,保持农业的可持续发展。

(二)多措并举,切实推进农业结构调整。一是改善农产品品种结构,积极发展优质高效农产品;二是科学规划农业生产布局,主要农产品逐步向优势产区集中;三是积极推进农业产业结构调整,拓宽农民增收渠道。

(三)积极引导,加快构建科技推广体系。科技是第一生产力,要克服农村信息滞后的弊端,加强新农村信息化建设,构建农业信息平台推广新技术、新产品,增强农产品科技含量,发展绿色农业。

(四)强化监管,规范农产品和农资市场。采取切实有力的措施控制农业生产资料价格上涨,坚决打击垄断市场、强买强卖、人为哄抬、压低物价的行为;保证农资生产的煤、电、油等原料的供应;进一步加大农资打假工作力度,坚决杜绝假冒伪劣农用生产资料流入市场,防止坑农害农事件发生,维护农民的利益。

(黄石市统计局　张九林　董明媚)

十堰市"十一五"时期
农业和农村经济实现跨越式发展

"十一五"期间，十堰市各级党委政府认真贯彻落实中央、省一号文件精神，以结构调整为主线，不断调整优化农业种植结构，加大了对粮食生产的投入，粮食产量连续六年增产。畜牧业不断调整结构、优化养殖品种。渔业大力发展网箱养鱼，不断提高水产品产量。"十一五"是十堰市经济社会跨越式发展的五年，也是传统农业向现代农业蜕变，为现代农业大发展奠定坚实基础的五年。五年来，十堰市委、市政府坚持以新农村建设为中心，紧紧围绕农民增收、农业增效两大目标，着力培植特色产业，大力推进农业产业化经营，使十堰市农业农村经济实现了大发展。据统计2010年，全市农林牧渔总产值将达到133.19亿元，比2005年增加72.95亿元，"十一五"比"十五"增长121.1%。全市农民年人均纯收入达到3499元，比2005年增加1529元，"十一五"比"十五"增长77.6%。具体表现在以下方面：

一、粮食生产实现连续六年增产

2005年，十堰市粮食播种面积356万亩，粮食产量79万吨，2006年粮食播种面积380万亩，粮食产量90万吨，2007年粮食播种面积393万亩，粮食产量93万吨，2008年粮食播种面积404万亩，粮食产量108万吨，2009年粮食播种面积409万亩，粮食产量115万吨，2010年粮食播种面积410万亩，粮食产量119万吨，2010年粮食播种面积比2005年粮食播种面积增15.2%，2010年粮食产量比2005年粮食产量增50.6%。粮食增产的主要因素：一是政策因素。近年来，省财政厅继续对主要粮食品种实行"两补"，对农业税实行免征，对农机购置实行补贴，农民真正得到了实惠，农民发展粮食生产的积极性持续高涨。由于政策推动，价格拉动，农民自动，农民进一步调整了种植结构，增加了粮食种植面积。二是气候因素。近年来，十堰市日照多于上年，雨量适宜，风调雨顺，这对粮食生产非常有利。三是价格因素。近年来，粮食价格持续在高位运行，并且稳中有涨，从而拉动了农民种植粮食的积极性。

二、家禽养殖实现跨越式发展

2005年全市出笼家禽594.38万只，2006年出笼家禽655.73万只，2007年出笼家禽655.73万只,2008年出笼家禽1300.47万只，2009年出笼家禽1670万只，2010年出笼家禽2254万只,2010年出笼家禽比2005年增幅达279.2%。2006年至2007年丹江口市通过招商引资的方式与江苏雨润禽业有限公司签约，在丹江口市发展家禽加工企业，成立了丹江口市雨润禽业有限公司，该公司年生产加工能力为每年3000万只，该公式于2007年9月建成投产，在加工企业的带动下，2008年全市家禽出笼存笼达到2000万只，2009年全市出笼存笼达到3000万只，从目前生产情况看，十堰市家禽生产仍然不能满足加工企业的需要。

三、茶叶产量增长近4倍

2005年茶叶产量为2234吨，2006年茶叶产量2191吨，2007年茶叶产量2626吨，2008年茶叶产量7955吨，2009年茶叶产量8702吨。2010年茶叶产量10411吨，2010年茶叶产量比2005年增长近4.6倍。2008年以前我市茶叶以农户分散经营为主，从2008年起转变茶叶经营方式，引进外地生产经营模式，部分茶叶龙头企业引进乌龙茶生产加工线，充分利用茶叶资源，使茶叶产量成倍增加。北京大红门集团与武当山八仙观茶场达成联合开发武当道茶生态旅游产业的合作协议，该集团投资3000万元，以八仙观茶场“八仙”传说和生态茶园为依托，兴建茶园生态文化旅游项目；日本丸达茶叶株式会社与竹溪梅子垭茶场达成投资2800万元联合开发茶微粉、茶多酚的合作协议，丸达株式会社一期投资8000万日元添置的相关设备即将到位；丹江口市阿里山现代农业高科技示范园是一家台资企业，该企业将武当道茶作为重点开发内容，已先后在茶叶产业方面投入3400多万元，其中去年以来投入1500多万元。境内外知名企业来十堰参与武当道茶开发，将极大促进全市茶产业做大做强。

四、水产品产量成倍增长

2005年水产品产量2.67万吨，2006年水产品产量2.12万吨，2007年水产品产量2.45万吨，2008年水产品产量5.01万吨，2009年水产品产量5.3万吨，2010年水产品产量5.57万吨，2010年水产品产量比2005年水产品产量增长了2倍。自2006年开始，丹江口水产部门着力培育野生白鱼生产基地。1、渔业投资明显增加，促进了养殖面积和养殖产量同步增长。近五年渔业投资达到4亿元，推动了水产业快速发展。2、苗种投放增加，促进人工养殖和野生捕捞同比增产。十堰市首次开展了丹江口水库人工增殖放流，投放大规格鱼种105万尾75吨。3、科技推广力度加大，推动养殖单产水平提高。推广了名优鱼网箱套箱养殖、种青养鱼、稻虾轮作、库湾混养、塘堰精养等优质高产高效、立体生态循环渔业技术和模式，提高了养殖单产水平。4、宣传、政策等方面刺激了渔业生产经营的全面发展。丹江口水库有机鱼、地理标志产品在十堰、丹江、武汉、上海、北京等地推介，扩大了丹江口市水产知晓率，提升了知名度，产品更加畅销，拉动了产业发展。

五、农民收入稳步增长

2005年农民人均纯收入1970元，2006年农民人均纯收入2191元，2007年农民人均纯收入2490元，2008年农民人均纯收入2841元，2009年农民人均纯收入3110元，2010年农民人均纯收入3499元，2010年农民人均纯收入比2005年增长了77.6%。近年来，十堰市各级政府认真贯彻落实《国务院关于解决农民工问题的若干意见》的文件精神以及省委1号文件提出的农村劳动力转移培训及增收的奋斗目标，以实施“阳光工程”为切入点，广泛动员全社会力量，狠抓农村劳动力的培训与转移工作，取得了明显成效，促进了全市农村打工经济快速发展，十堰市劳务输出人数不断增加，劳务经济收入持续增长。2010年十堰市农民外出打工人数达到67.93万人，比上年增加2.32万人，增幅3.5%。农民劳务收入达到51.9亿元，同比增长22.7%，全市外出务工人员人均劳务收入7640元，农民人均劳务收入2127元；农民人均工资性收入1680元，占农民人均纯收入48%。

六、新农村建设思路逐步理清。

2006年，市委、市政府在充分调查研究的基础上，提出实施“产业富民、劳务增收、设施建设、生态保护、扶贫开发、村庄整治、公共服务和文明创建”八大工程，推进新农村建设；2008年，提出实施“一统三分”战略，统筹城乡发展；2010年，又启动了竹房城镇带城乡一体化试验区建设和汉江生态经济带建设。

七、农业产业化实现大突破。

2010年，在粮油生产连续7年实现增产的基础上，全市以柑橘、茶叶、蔬菜、魔芋、中药材、烟叶等八大特色产业为主的板块基地规模继续扩大，总规模达420万亩，比2005年增加90万亩，超“十一五”规划20万亩；

市级以上重点龙头企业达115家，比2005年增加56家；全市规模以上农产品加工企业加工产值达到50亿元，比2005年增加34亿元，超“十一五”规划26.5亿元；全市登记注册农民专业合作社404家，农民组织化程度大幅提高。

八、农村劳务经济迈上新台阶。

2006年以来，十堰市强化农民工职业技能培训，拓宽就业渠道，广辟就业岗位，劳务输出由初期的无序流动转向政府引导、有序输出，劳务收入成为农民增收的重要来源。“十一五”期间，全市累计转移农村劳动力接近70万人，年劳务收入达到50亿元以上。

九、新阶段扶贫开发硕果满枝。

五年来，市委、市政府坚持开发式、参与式、瞄准式扶贫方针，全市累计减少贫困人口42.65万人；基本完成786个重点村整村推进任务；投放信贷扶贫资金9.6亿元，直接带动了12.3万贫困农户脱贫增收；通过扶贫搬迁，使16816户67264人摆脱了“一方水土难养一方人”的恶劣生存环境；城区扶贫五年规划全面完成，新一轮规划开始实施，城区农村“灯下黑”问题得到解决，基本实现“村通水泥路、组通砂石路、户饮洁净水、广电通信全覆盖”的目标。

十、农民生存条件明显改善。

“十一五”期间，全市累计新修通村水泥路11700公里，97%的行政村硬化了道路。共争取各类水利水电项目271个，总投资110亿元；建设安全饮水工程825处，解决了72万人饮水不安全问题。全市农村广播电视、电力、通信条件明显改善，光缆通乡率达到95%，通行政村率达到80%；电视信号覆盖率达到98%以上，有线电视入户率达30%；村级通电率达到100%，农户通电话率达到85%。生态状况明显改善，森林覆盖率达53%，新建农村户用沼气池14.64万口，比2004年底增长127%，年均增长21.2%。

十一、农村社会事业繁荣发展。

稳定土地承包政策，依法推进土地有序流转，全市共流转土地14.73万亩。农村义务教育“两免一补”政策得到落实，农村小学、初中入学率分别达到100%和99.04%。农村新型合作医疗工作有序推进，农民参合率达94.88%，100%的行政村建了卫生室。完成了20个乡镇综合文化站和100个村文化体育设施建设任务，使全市广大农民精神文化生活不断丰富，精神面貌焕然一新。

（十堰市统计局　杨静波）

荆州市"十一五"时期
生产能力提高明显　发展方式转变加快

近年来，中央为保持农业农村的和谐发展连续下发1号文件，国家又取消了农业税，并出台了一系列的惠农扶农政策，广大农民发展农业生产的积极性空前高涨。荆州市深入贯彻落实科学发展观，统筹城乡发展，以提高农业综合生产能力为基础，以农民增收、农业增效为重点，促进农业产业化和农产品加工业发展，农业呈现持续较快增长的好形势。

一、"十一五"回眸

(一)农业生产能力提高明显

"十一五"期间，荆州市认真组织实施优质稻产业提升工程、畜牧业振兴工程、水产业壮大工程等农业"三大工程"建设，主要农产品产量连年增产，在全国、全省的地位不断巩固和提升，特别是粮食、油菜、水产品产量在全国的优势地位得到进一步增强。2010年，荆州市农林牧渔业增加值(当年价)达到227.54亿元，是"十五"末的1.92倍。"十一五"全市农业持续保持较快发展，是荆州农业发展较快的好时期。统计资料显示，"十一五"期间扣除价格影响后，农林牧渔业增加值年均增长6.1%，比"十五"期间快2.0个百分点。

1、粮食生产能力提高。"十一五"期间，国家高度重视粮食生产，出台了一系列促进粮食生产的政策措施，在惠农政策和市场价格的强力作用下，农民种粮的积极性大大提高。市政府及时组织实施优质稻米提升工程，使荆州市粮食实现了连续7年增产。2010年，荆州市粮食种植面积达809.19万亩，比"十五"末期增加19.8%。粮食产量达375.55万吨，比"十五"末期增加28.3%，"十一五"期间年均增长5.1%。2010年粮食总产接近1997年的历史最高水平，与1997年相比，虽然结构调整播种面积减少，但是亩产提高了31公斤，提高了7.2%。目前，荆州市有6个县市区进入国家粮食产能大县行列。

2、棉花生产稳定发展。2010年，荆州市棉花播种面积162.26万亩，比"十五"末期增加17.1%。棉花产量达13.76万吨，比"十五"末期增加11.2%，"十一五"期间年均增长2.1%。"十一五"期间棉花亩产都在85公斤以上，发展较为稳定。

3、油料实现较快发展。2010年，荆州市油料作物种植面积376.8万亩，比"十五"末期增加19.4%。油料产量达54.78万吨，比"十五"末期增加30.5%，"十一五"期间年均增长5.5%，油料产量不断创新历史记录。

4、蔬菜生产区域化发展。"十一五"期间，荆州市在稳步提升粮棉等主要农产品综合生产能力的基础上，积极适应市场需求，发展大棚蔬菜、城郊蔬菜，保持菜篮子的供应。2010年，荆州市蔬菜种植面积117.07万亩，比"十五"末期减少4.8%。由于种植水平提高，蔬菜产量仍然达226.14万吨，比"十五"末期增加10.3%，"十一五"期间年均增长2.0%。

5、水产养殖实现跨越发展。"十一五"期间，荆州市先后提出水产业壮大工程和"重抓水产"战略，变"避水农业"为"载水农业"，达到彻底根治水患，充分利用水资源的目的。2009年底，全市提前一年实现水产业

“211”发展目标，荆州淡水品产量连续多年居全国地市第一位。2010年10月份，中国荆州淡水渔业展示交易会在荆州市隆重召开，会上，荆州市收获了“中国淡水渔业第一市”的称号，水产业成为荆州市一张靓丽的名片，荆州正开始着力打造“淡水渔都”。2010年，荆州市渔业养殖面积219.93万亩，比“十五”末期增加51.0%；水产品产量达104.30万吨，比“十五”末期增加75.2%，“十一五”期间年均增长11.9%。

6、畜禽产量大幅提高。“十一五”期间，荆州市实施畜牧业振兴工程，不断加大对畜牧产业招商引资、项目建设力度，提出发展规模化，养殖标准化，畜禽生产水平明显提高。2010年生猪出栏达437.28万头，比“十五”末期增加27.0%，“十一五”期间年均增长4.9%。2010年家禽出笼达6744.93万只，比“十五”末期增加93.9%，“十一五”期间年均增长14.2%。

（二）农业发展方式转变加快

“十一五”期间，荆州不仅农业产量、产值上有明显增加，而且发展方式也正在发生变革，由单纯的“种水稻”、“养鱼”、“养鸡鸭猪”变为以农民增收为目标，以充分发挥资源优势为手段，农业产业化经营综合发展的新时期。出现了农业增产、农民增收的双增的好形势，2010年农民人均纯收入达6453元，比“十五”末期增加98.2%。

1、发展壮大农产品加工业，引领农业快速发展。作为全国“粮仓”的荆州市，紧紧抓住粮食产业化这个“牛鼻子”，粮食产业化也逐渐“破题”。“糙米卷，福娃的”已让全国人民家喻户晓。全国几个大城市的大型超市，福娃糙米卷都广受消费者青睐。富含60%毛利润的糙米卷，为福娃集团这一企业带来了发展契机，也间接表明，荆州粮食行业在全国的食品深加工领域占有了一席地位与销售市场。“十一五”期间荆州农业加工产品不断创造历史新高，统计资料显示，2010年荆州市生产小麦粉5.91万吨，精米149.05万吨、饲料59.06万吨、食用植物油40.31万吨、人造板61.03万立方米、酒8.64万升。

“十一五”期间，注重发展水产加工业。一批水产品加工龙头企业建成，胶原蛋白等精深加工的产品开始出现。尤其是近两年，荆州市水产品加工能力以平均50%速度增长，加工能力已达30万吨。中心城区水产品加工集群和洪湖市水产品加工工业园正加快建设，全市正着力打造产值20亿元以上、10亿元以上、5亿元以上的水产品加工龙头企业梯队。

畜牧产品加工业也有较快发展。“十一五”期间，荆州区成功引进江苏雨润集团，签订了《荆州、雨润城乡一体化发展试验区建设项目协议书》，投资建设荆州雨润食品工业园；松滋市成功引进浙江今阳公司，投资5000万元新建年屠宰加工1500万只江汉鸡的屠宰加工厂。洪湖市引进武汉奥信集团公司，投资3000多万元，建成2000万只肉鸭屠宰线、2000吨储备冷库及污水处理厂。荆州本土畜禽加工企业“小胡鸭食品有限公司”日益壮大，该公司已走出荆州、走向湖北和全国市场。

2、加快发展农产品流通，突破农业发展瓶颈。农产品卖难、增产不一定增收是长期困扰农业发展的瓶颈，“十一五”期间荆州市不断加快农产品流通业的发展，促进农商对接，抢占市场先机，增加农民收入。荆州市是国家发改委确定的全国六大跨地区粮食物流通道的重要节点，“十一五”期间启动了荆州粮食现代物流中心项目。该项目作为集粮油收购、储存、中转、加工、贸易等多种功能于一体的大型综合性粮食现代物流平台，已于2010年秋粮上市前投入运营，这标志着荆州粮食流通现代物流产业发展开始进入一个崭新时期。农业精品名牌建设取得成效，全市已拥有“福娃”、“白云边”等2个中国驰名商标，“福娃”牌大米、“荆楚”牌水稻种子、“吉象”牌中密度纤维板、“福江”牌细木工板等4个中国名牌；无公害农产品、绿色食品、有机食品等“三品”标志农产品达到344个，是“十五”末期的5倍。

水产流通方面，一是加速培育渔民专业合作社。形成“龙头企业+专业合作社+养殖户”的产业化经营模式，实行加工企业与基地有效对接。水产加工项目的策划与申报成为重要抓手，更多的水产品加工项目挤进全省农产品加工“四个一批”建设范围。二是加强水产品牌创建。建立完善水产品品牌创建奖励机制，培育和创建国家级、省级名牌农产品。整合和宣传一批在全国有市场影响力的品牌,提高荆州水产品市场竞争力。三是给力加速水产品市场对接。荆州市于2010年成功举办了全国渔业展交会,今年将在9月份将举办中国荆州淡水渔业博览会,进一步提升荆州水产在全国的影响力。积极开展水产品进超市、进宾馆、进餐馆的"三进" 活动,促进农超对接。今年将在香港举办"洪湖渔家"生态鱼大型推介会,促进荆州水产品进入国际市场。

全市畜牧业合作社达到200个,市级示范合作社达到7个。龙头企业和合作组织的快速发展,对农产品走进市场起到了促进作用,为牧业发展增添了活力。荆州市宇祥畜禽有限公司集畜禽养殖、销售为一体,占地面积200多亩,总投资8000多万元,2008年4月投产,是全国较大的商品蛋供给基地之一,网络养鸡场4个,存笼蛋鸡100多万只,产品出口香港、澳门、新加坡。

3、实施规模化标准化养殖,促进农业健康发展。"十五"末期荆州市规模化养殖刚刚起步,标准化还是新生事物,到"十一五"期间得到长足的发展。2010年荆州市市级以上畜牧业龙头企业发展到39家,其中省级龙头企业9家,市级龙头企业30家家。2010年全市畜牧养殖小区发展514个,万头猪场达到40个,建成"150"模式猪舍1382栋,建成蛋鸡"153"鸡舍405栋,新增269栋。

"十一五"期间种禽生产快速发展,先后建设了一批规模较大的种禽场,为规模养殖打下良好基础。荆州市正康家禽有限公司的种鸡生产基地,建成标准化场房1.76万平方米,存笼种鸡13万套。荆州娄氏畜禽种业公司,建筑面积1.2万平方米,存笼种鸡10万套。监利温氏集团存笼种鸡发展到16万套,年产雏禽1800万只左右。监利县离湖,存笼3.5万套山麻鸭和0.5万套荆江鸭种鸭。北京峪口禽业落户荆州区,厂房建设加快推进,25万套父母代育雏场正在建设之中。

2010年全市无公害种植面积500万亩,无公害水产养殖面积207万亩,特种水产品养殖规模大,小龙虾野生寄养121万亩,青鱼专养面积6.23万亩,虾蟹混养80万亩、鱼鳖混养21.98万亩。

4、提高机械化、化学化水平,为农业发展增强保障。机械化发展步入快车道,为减轻农民的劳动强度,发展规模经营提供了基础。2010年,全市农机总动力达到446万千瓦、比2005年增加206万千瓦,年均增长13.2%。2010年机耕面积、机播面积、机收面积分别占农作物播种面积的70.7%、14.4%、48.7%,分别比2005年提高46.0、13.1、24.8个百分点。2010年化肥使用量达37.36万吨(折纯量),比2005年增长18.0%。化肥、农药、农膜的合理使用,成为提高农业生产效益的重要手段。

二、"十二五"展望

虽然"十一五"期间荆州农业生产保持快速增长,农民收入大幅提高,但农业发展仍然面临着较多问题。如:农业投入不足,农田基础设施建设不适应生产要求,农业抗灾能力不强;农业生产投入成本增加,农业比较效益下降;农产品价格波动幅度大,对农民持续增收影响较大;农业发展的规模化、标准化生产程度不高,与发展现代农业要求的差距较大等。"十二五"期间,随着国家强农惠农政策力度的加大,各级政府对农业投入的增加,农业发展方式的变革,荆州农业、农村发展充满了希望。荆州市"十二五"规划的蓝图已经描绘,将遵循突出特色、优质高效的原则,走主体组织化、经营产业化、生产标准化、模式生态化、耕作精细化的现代农业发展之路。抓住国家对农业及粮食生产的政策扶持机遇,坚持把维护国家粮食安全放在首位,围绕粮食产能、油菜产业链、现代畜禽产业链和现代渔业产业链,把荆州建设成为全省最大的优质稻、棉花生产基地;全国最大的双低油菜生产基地和淡水养殖、水禽养殖基地。到2015年,粮食播面800万亩,总产400万吨,其中水稻360万吨;棉花16万吨;双低油菜60万吨;水产品130万吨。继续保持全国油菜籽和水产品总产第一、全省水稻和棉花总产第一、速生林和水禽龙头地位。

将加大水利建设力度。围绕防洪抗旱减灾、中小河流综合治理、水资源合理配置和高效利用、水资源保护和河源健康保障等目标，全面加强水利基础设施建设。逐步实现由控制洪水向洪水管理转变。“十二五”时期，完成大型泵站更新改造工程，全面启动中小泵站更新改造工程，全市改善除涝面积163万亩，力争除涝能力达到十年一遇水平。提高水资源合理配置及高效利用水平。以建设节水防污型社会为根本，提高水资源利用效率和效益加快推进末级渠系改造和小型农田水利建设。

将加大结构调整力度。加快农业结构优化升级，进一步做大做强粮、棉、油、水产、畜牧、瓜果菜、林木等七大优势产业。加快发展畜禽规模化生产，以畜禽养殖大户为基础，以畜禽养殖小区为骨干，以品种优质化为突破口，大力发展生猪标准化规模化养殖场。发展壮大水产业，大力发展名特优水产品，推广健康养殖模式，加快发展休闲渔业和观光农业，培育农业新的经济增长点。

将加大生产方式转变力度。抓好规模化、集约化和机械化发展。种植业围绕区域板块基地，大力推进土地规模经营，积极培育专业大户、家庭农场和农民专业合作社等规模经营主体，采取转包、转让、入股及土地股份合作等多种形式，加快土地流转步伐，推进规模经营发展。畜牧业加快畜禽养殖小区建设和规模养殖模式发展，积极引导散养户向小区集中，降低养殖成本，提高规模化养殖水平。水产业突出抓好2大园区和4大基地建设，不断提高建设水平，提升渔业发展档次。加快推进农业机械化进程，着力提升全程机械化水平，进一步降低农民的劳动强度。加大农业科技推广力度，增强科技对现代农业发展的支撑作用。

将加大市场主体培育力度。发展壮大龙头企业。增强龙头企业带动农业发展的骨干力量，重点围绕优势特色产业，积极扶持发展产业关联大、市场竞争力强、辐射带动面广的农产品加工企业和农产品出口企业。加强农产品市场体系建设，建立健全以大型批发市场为骨干、农贸批发市场为基础、农产品直销店、食品超市、连锁超市为补充，农民专业合作组织和农民经纪人参与的农产品市场流通体系，形成产、供、销一体的农业产业链。加快发展农民专业合作社。加强政策扶持，搞好业务指导，鼓励和引导有销售渠道、生产加工技术和资金实力的能人，以及基层农技推广机构和供销社联合农民创办专业合作社。

将加大农产品质量安全力度。围绕发展高产、优质、高效、生态、安全农业，大力推行标准化生产，健全农产品质量安全体系，加强投入品的监管。引导和组织农民自觉开展标准化生产。建立健全农产品质量安全体系，建立健全市、县、乡农产品质量监管体系，完善检验检测体系；加强对农业生产、农产品加工和流通环节的监管，实现农产品从“农田到餐桌”的全程质量控制，提高农产品质量安全水平。加强农业投入品监管，突出抓好以高毒农药、禁限用渔药兽药为重点的农业投入品监管，杜绝违禁投入品进入市场，确保农产品质量安全。基本实现无害化、标准化生产，主要品牌产品通过无公害农产品、绿色食品和有机食品认证。

将加大农业发展保障力度。加大涉农项目资金整合力度，提高资金使用效益。认真落实涉农贷款税收优惠、定向费用补贴、增量奖励等政策，建立县域内金融机构新吸收存款主要用于当地发放贷款的机制。大力发展农村政策性担保业务，引导企业参股政策性担保公司。积极发展农村小额保险，健全农业再保险体系，建立财政支持的巨灾风险分散机制。“十二五”期间，重点围绕粮食产能、油菜产业链、现代畜禽产业链、现代渔业产业链等四条主线，加大对农业生产领域的投入。

（荆州市统计局　张宗山）

宜昌市“十一五”时期农业快速发展

过去的五年中，农业增效，农民增收是我们各级党委、政府的工作中心，也是我们党的十七大提出的发展农村经济的一项重要战略任务，更是解决好“三农”问题的关键。“十一五”期间宜昌农民克服了主要农产品的供求矛盾和各种自然灾害天气等不利因素，加快发展方式转变，立足科技、奋力抗灾，提质增效，突破加工，产销对接，农业农村经济呈现出又好又快发展的好势头。

一、“十五”期间的主要成就

1、农村经济整体迅速发展

2010年全市完成农林牧渔业现价总产值287.05亿元、农业增加值172.5亿元，分别比2005年的138.6亿元、85亿元，增长107.1%、102.9%。其中，2010年牧业现价产值占农林牧业总产值的比重为36.1%，比2005年的35.8%提高0.3个百分点；渔业产值占总产值的比重为8.1%，比2005年的5.9%提高2.2个百分点。畜牧、渔业所占比重上升是由于规模养殖迅速发展，实现粮食向畜牧产品转化，提升了农产品价值。

2、农业经济结构更加优化，主要农产品产量快速增长

2010年实现粮食总产量162.8万吨，面积316.3千公顷；棉花总产量3.08万吨，面积21.4千公顷；油料总产量23.2万吨，面积109.9千公顷。粮棉油产量总体水平分别比“十五”期增长11.8%、37.5%、8.8%。生猪出栏555.45万头，家禽出笼3300.4万只，山羊出栏117.2万只，分别比2005年增长28.9%、46.7%、49.1%。水产品总产量16.2万吨，比2005年增长35%。

3、六大特色产业产值占农林牧渔产值的比重越来越大

近年来，全市畜牧、水产、茶叶、水果、蔬菜等区域特色产业迅速发展，2010年六大特色产业占到农林牧渔现价总产值的78%，比2005年的64.5%提高13.5个百分点。其中增长幅度较快的是蔬菜、水果、生猪的比重，这说明农业生产已由经济效益较低的粮食作物逐步转向效益较高的特色产业。

4、农产品加工业蓬勃发展，已成为“小进规”的重要力量。

2010年预计全市规模以上农产品加工企业达到427家，比2005年增加了近一倍。2010年规模以上农产品加工产值与农林牧渔总产值的比达1.81:1，而2005年他们之间的比值仅为1.23:1。

5、农村政策全面落实，农村改革有新突破。国家、省、市坚持“多予、少取、放活”的方针，出台了一系列支农扶农政策，公共财政在农村的覆盖面不断拓宽、力度加大，农民进城务工门槛降低。“减轻、稳定、规范”的农村税费改革首期目标基本实现，2006年3月开始，全国全面取消了农业税、特产税、屠宰税，规范了涉农收费，农民人均卡内负担由“十五”末的150元降为0元，结束了4000多年农民交纳“皇粮国税”的历史。依法完善农村土地二轮延包工作也基本结束。农产品流通体制改革有序推进，除烟叶、鲜茧以外的农产品市场全面放开。

二、“十一五”农业发展亮点

1、支农政策持续向好。中央、省、市继续坚持“多予、少取、放活”的方针，“一免三补”的政策将长期调动农民生产积极性。我国正处于工业化发展中期，已具备工业反哺农业、城市支持农村的能力，国家对“三农”

的扶持力度将会加大。以人为本,城乡统筹发展的方略,农村劳动力城乡之间、工农之间的双向流动,进城务工门槛的降低为转移农村剩余劳动力、拓宽农民增收门路创造良好的环境。建设世界水电旅游名城目标的实现,必将拉动我市旅游的进一步发展,带动我市食品消费,吸引更多的国内外客商来我市进行农业投资,也为我市农村劳动力拓宽了就业市场。

2、*工业化和城镇化的进程加快*。随着三峡开发的加快、省域副中心城市战略的实施,也有效增强宜昌市作为长江中上游大城市的龙头带动和辐射作用,带来产业结构的重组和新兴产业的崛起,对全市农业、农村经济结构调整,城镇化水平的提高、农村剩余劳力的转移产生巨大的推动作用。

3、*实施了百万吨优质柑橘产业化工程*。一是重点建设三大优质柑橘板块基地:在秭归、兴山和夷陵建设三峡库区优质甜橙区,总面积达到30万亩,品种以脐橙为主,适当发展锦橙、夏橙、桃叶橙和杂柑。在长阳、宜都建设清江库区优质宽皮柑橘区,总面积达到20万亩,品种以 柑、温州蜜柑为主,适当发展甜柚和杂柑。在夷陵、点军、西陵、伍家、 亭、枝江、当阳建设长江沿岸优质宽皮柑橘区,总面积达到50万亩,品种以温州蜜柑为主,适当发展 柑和杂柑;二是新建15万亩无公害果品生产基地,其中普通基地14万亩,高标准示范园1万亩,使全市柑橘总面积达到100万亩;三是建设柑橘良种苗木繁育中心,其中柑橘中心母本园30亩,高标准苗圃50亩,采穗圃20亩,防虫网室5亩;四是新建一家现代化大型果品包装厂。重点引进一家国内知名柑橘营销公司落户宜昌,在宜昌城区扶持建设一家现代化大型果品包装厂,配套建设两条每小时处理能力20吨的采后商品化处理生产线和2000吨库容的果蔬气调库等设施;五是在金桥果菜批发市场基地上扩建三峡果品交易市场。到2010年,全市柑橘面积达到100万亩,采后商品化处理总量达到50万吨,橘瓣罐头加工和出口量达到10万吨,鲜果出口10万吨,创汇8000万美元。

4、*加快了畜禽产业化进程*。一是重点建设畜禽五大优质板块基地,即建好宜东300万头优质三元商品瘦肉型猪基地,清江流域100万只山羊基地,三峡库区10万头优质肉牛基地,沮漳河流域1000万羽水禽基地,城郊2万头奶牛基地;二是每年兴建一批适度规模的企业化管理、现代化生产、产业化经营的畜禽养殖大场大户和小区。扶持一批年出栏100头,1000头和10000头生猪规模养殖大场大户,带动千家万户发展生猪养殖。继续实施种草养畜工程,每年扶持一批种草养牛、养草养羊示范户。鼓励支持发展多种形式的畜牧业中介组织,重点组织成立生猪养殖协会和奶牛养殖协会,建立稳定的龙头企业情形养殖户利用连接机制。在沿路、沿江、沿边交汇处,建设10个大中畜禽交易,每个交易市场年活畜禽效果量能力在万头(只)以上,交易额在2000万元以上,并逐步扩大规模,推进联体,形成网络;三是扶持双汇达到年屠宰加工生猪100万头的设计生产能力。加快点军区福安生态养殖小区建设。新建1个年屠宰、加工、贮藏家禽能力达到2000万只的现代化的家禽加工企业;新建1个年屠宰加工肉羊100万只的龙头加工企业和1个具有标准化生产水平的年屠宰加工10万头肉牛屠宰加工厂;四是支持各奶制品加工企业实现年加工鲜奶2万吨的目标,进一步扶持和壮大城区、各县市区现有的中小型畜产品屠宰加工企业的规模,使其逐步达到标准化生产水平。五是加强无公害畜产品产地认定和产品认证工作。依托畜禽产业工程建设,促进全市畜牧业快速发展。

5、*初步实现了反季节无公害蔬菜产业化*。在长阳、五峰、秭归、夷陵区、兴山等宜西山区建设60万亩反季节无公害蔬菜生产基地。初步建成三个反季节无公害蔬菜产业带,一是以火烧坪、贺家坪、土城为核心基地,以中绿湖北分公司、长阳绿业公司为核心龙头,沿318国道的长阳反季节无公害蔬菜基地产业带,建设规模20万亩以上;二是以秭归杨林桥镇、兴山榛子、夷陵区上洋为核心基地,以福建超大集团为核心龙头企业,沿宜黄高速公路的库区反季无害蔬菜产业带,基地建设规模20万亩以上;三是以五峰湾潭、长乐坪、宜都和枝江平原乡镇为核心基地,以湖北新桥、五峰千叶、枝江鸿新为核心龙头企业,沿五宜公路的五宜反季节无公害蔬菜产业带,建设规模20万亩以上。建设主要内容为:对现有土地进行培肥熟化及农田标准化改造;节水灌溉设施建设,包括基地蓄水库、田头蓄水池以及田间滴灌设施建设,采后处理工程:主要包括真空预冷保鲜加工厂、速冻保鲜加工厂、冷藏运办理工具、包装保鲜材料。通过项目实施，建成我国南部大中城市重要“秋淡菜”生产基地，建成我国中部重要的“出口菜”生产基地。

6、*茶叶产业化进一步整合*。一是加快实施无性系茶树良种基地建设。加大五峰、夷陵、长阳三大良种苗木基地建设，依托高农公司突破性发展茶树良种繁育组培技术，积极引进国内优良品种；二是实施茶叶机械化。在夷陵、五峰、长阳、宜都等茶叶主产区引进茶园机械修剪、茶园机械中耕施肥除草、茶叶机械采摘等机械化技术。使茶叶生产机械化水平达到60%以上，机械化作业面积达到15万亩，名优茶机械加工上档次；三是加快实施无公害茶叶基地建设。大力推广生态农业技术，全市茶园基本实现无公害生产。四是加大茶叶品牌整合力度。实现优势品牌、优势区域向优势企业的集中，打造国内知名品牌；五是利用“宜红茶”品牌优势，利用无公害有机茶生产手段，依托采花毛尖、萧氏茶的品牌优势，大力开发乌龙茶、保健茶，走茶叶市场国际化之路。到2010年，实现全市茶园面积40万亩，其中无性系良种茶园达到10万亩。茶叶总产值3.5亿元，茶叶综合产值10亿元。力争培育1—2个销售额过亿元的茶叶企业；5个销售额过5000万元的茶叶加工企业。

7、*两江库区出口创汇渔业产业化工程加快发展*。一是加大苗种基地建设，在城区及长阳、秭归兴建或续建苗种繁育基地500亩，在宜东平原地区的枝江、当阳建设苗种培育基地3000亩；二是在清江库区的长阳、宜都建设网箱基地20万平方米，在三峡库区的夷陵、秭归、兴山建设网箱基地20万平方米；三是在宜东地区的枝江、当阳建设商品鱼基地10万亩；四是扶持水产品加工龙头企业湘宜水产品公司新建年产1.5万吨鱼片生产线，支持天峡鲟业公司发展鲟鱼产业；五是培训渔业养殖户和技工及技术人员3.5万人次。通过清江、长江两大库区的大水面开发，把两江库区建成全国最大的出口创汇渔业基地之一。年产量达到4万吨，产值20亿元（含加工附加值），利税2.5亿元。

8、*初步完成了生态家园建设工程*。通过农村沼气国债项目、农村“两改”（改灶节柴、改燃代柴）节能项目、血吸虫病疫区农村改厕项目、城郊农村生态家园项目建设，使我市农村达到生活能源优质、生产安全高效、环境文明卫生、生态环境优美的目标。根据不同的资源条件和农业产业结构，将全市按照四个区域进行布局：三峡库坝区（夷陵区、秭归、兴山）：大力发展农村户用沼气池，提高沼气入户率，积极推广猪—沼—果生态农业模式，培育优质水果，提高产品质量。积极推广以煤代柴技术，搞好封山育林，达到保护库区生态环境和自然风景区的目的；清江流域区（长阳、宜都、五峰）：大力推广省柴灶、节能地火炉等节能技术，积极发展户用沼气池，重点推广猪—沼—果、猪—沼—茶、猪—沼—菜等生态农业模式；沮漳河流域区（远安、当阳、枝江）：以实施“一池三改”生态家园建设为重点，推进农村基础设施的建设，推广猪—沼—菜、猪—沼—渔、猪—沼—粮生态农业模式，大力发展无公害绿色食品，兴办沼气综合利用示范片，兴建高效生态农业示范区；主城区（西陵、伍家岗、点军、 亭）：重点兴建能源环保工程，解决环境污染问题，解决场内生产、生活用能问题。对城区农村生态家园建设，要利用城郊农民经济条件好的优势，进行高标准地规划、建设和配套，有条件的农户要安装太阳能热水器，建成全市小康社会的样板。

9、*实施了农村劳动力转移培训“阳光工程”*。“十一五”期间向非农产业和城镇转移的25万农村劳动力开展转移就业前的引导性培训，每年培训5万人，其中开展职业技能培训2.5万人。利用广播、电视、多媒体、集中办班等现代化教学手段和印发资料、咨询服务等多形式、多途径开展引导性培训，扩大培训覆盖面，使向非农产业和城镇转移的农村劳动力都能通过不同渠道了解外出务工的一些基本知识；在引导性培训的基础上，以适应岗位技能要求为目的，重点开展家政服务、餐饮、旅游、保健、建筑、制造等行业的基本技能进行培训，确保就业率达到85%以上。到2010年全市农村富余劳动力在非农产业和城镇就业总人数达到了40万人以上。

10、*农产品供需保持了平衡*。“十一五”期间，人口增加、消费水平提高和城市化进程的推进，是影响农产品需求的关键因素。随着经济的发展和城乡居民收入水平的提高，对农产品的需求将随之增加。从全国大市场看，粮食将继续处于紧张平衡状态，棉花、油脂短缺的状况不会改变；高品质、无公害、绿色农产品的需求将大幅度增加，这为我市农业持续稳定发展提供广阔的市场空间。全市农产品产量的快速增长，确保了农产品供需保持了平衡稳定。

三、不利因素

1、耕地刚性减少，农业环境恶化。目前，全市农民人均常用耕地面积仅1.3亩，并且每年还在递减，人口却递增，人地矛盾已十分突出。耕地过度利用，地力下降。工业“三废”、农药和化肥对农业污染加重，水土流失严重。

2、科技支撑力不足，成果转化率低。农业科技创新能力弱，农业科研成果的有效供给不足、有效需求不足。农科教脱节，转化机制的不健全，科技成果转化率低。农技推广机制不活，农民吸纳新技术能力差等问题比较突出，依靠科技增效增收难有大的突破。

3、农业基础设施弱化，抗灾能力不强。农业生产条件，全市农村水利设施多半修建于上世纪六、七十年代，大部分已运行三、四十年。大中型泵站电机、水泵和渠道建筑物老化，灌溉能力下降。有效灌溉面积和旱涝保收面积占常用耕地总面积分别为46%和37%。

4、增收长效机制尚未建立，增收持续性难以保证。“十五”期间农民增收的一个显著特点就是依靠政策、天气等外因促进农民增收，而起长期和决定作用的农业“内质”，如结构优化、科技进步、基础设施建设、产业化经营、劳动力素质等并未发生突破性的变化，农民增收的持续性难以得到保证，今后增收的难度和压力很大。主要是在法律和制度上对农民土地财产权的保护力度还不够，农民进入市场的组织化程度低，农村基层政权体制的改革并没有实质性的进展，城乡分割的二元经济结构仍未从根本上发生改变，城乡居民收入差距仍在进出一步扩大。

（宜昌市统计局　任先军）

襄阳市“十一五”时期
农村经济平稳较快增长

波谲云诡，跌宕起伏，艰苦卓绝，而又成就斐然，无论从哪个角度看，“十一五”都将是令人难以忘怀的5年。它为即将到来的“十二五”乃至今后更长时期的经济社会发展，留下了一笔宝贵的物质和精神财富。

“十一五”规划是党中央提出科学发展观和构建和谐社会重大战略思想后编制的第一个五年规划。“十一五”以来，全市上下深入贯彻落实科学发展观积极适应国家宏观调控政策变化，有效应对国际金融危机的严重冲击，经济社会发展取得了可喜成绩，走过五年，我市科学发展的方向更加明确，经济增长的步履更加坚定，民生改善的成效更加显著，社会和谐的基础更加牢固。

一 、农业产值持续增长

“十一五”期间襄阳市委、市政府带领农民群众精心做好“农”字文章，紧紧围绕新农村建设，突破发展市场农业，培植现代龙头企业，走出了新型农业新天地，农业各类产品大幅增加，农村经济总量迅速提高，农村经济实力显著增强。到2010年襄阳市农林牧渔业总产值（现价，下同）达到409.04亿元，比“十五”末的214.30亿元增长90.87%，年均递增13.80%。其中种植业总产值达到205.67亿元，比“十五”末的123.30亿元增长66.80%，年均递增10.77%；林业总产值达到5.30亿元，比“十五”末的4.38亿元增长21.00%，年均递增3.89%；牧业总产值达到163.20亿元，比“十五”末的73.64亿元增长121.62%，年均递增17.25%；渔业总产值达到25.37亿元，比“十五”末的9.79亿元增长159.14%，年均递增20.98%。同时，农林牧渔业增加值也达到9.50亿元，比“十五”末的3.19亿元增长197.81%，年均递增24.39%

二、农业产量大幅提高

“十一五”期间，襄阳农业生产克服了种种不利条件的制约，在国际金融危机影响和自然灾害频繁发生的情况下，通过落实党的强农惠农政策，极大地调动了农民的生产积极性，粮食等各种农产品产量不断攀升。2010年粮食总产量达到459.43万吨，比“十五”末的329.51万吨增长39.43%，年均递增6.87%；粮食平均亩产则由408公斤增加到459公斤，增长12.5%。棉花总产量达到4.34万吨，比“十五”末的3.01万吨增长44.19%，年均递增7.59%；棉花平均亩产则由62公斤增加到81公斤，增长30.65 %。由于种植结构调整，油料总产量32.13万吨，比十五”末的37.48万吨减少5.35万吨，但油料平均亩产还是由191公斤增加到220公斤，增长15.18%。

三、多种经营快速发展

“十一五”期间，随着粮食产量的稳定增加，农业产业结构的调整，襄阳农村的多种经营快速发展起来。

畜牧养殖规模发展。随着科技的进步，在养殖业上推广运用150养猪模式等先进技术，发展集约化生产。这些新技术不仅扩张了我市畜禽养殖的规模，也进一步提升了我市畜牧业生产水平。2010年我市出栏生猪555.49万头，比“十五”末的397.90万头增长39.61%，年均递增6.90%；出栏肉牛48.72万头，比“十五”末的38.80万头增长25.57%，年均递增4.66%；出栏肉用羊136.13万只，比“十五”末的84.96万只增长60.23%，年均递增9.89 %；出笼家禽7995.18万只，比“十五”末的5292.00万只增长51.08%，年均递增8.60 %。

渔业生产结构优化。渔业在农业中占的比重较小，但是建国以来，在政府的扶持和引导下，我市渔业生产得到了快速发展.新的渔业发展模式逐步壮大。2010年，渔业水产养殖面积由“十五”末的69.59万亩增加到71.79万亩，增长3.16%；水产品产量达到17.37万吨，比“十五”末的15.93万吨增加1.44万 吨，增长9.04%，年均递增1.75 %。

林业生产成效显著。“十一五”以来，襄阳全市坚持不懈开展封山育林和大规模的植树造林，着力推进绿化、绿色通道工程建设，林业生产取得了显著成就，加上近几年国家实行了林权制度改革，极大地调动农民造林、育林、护林的积极性，林业生产力又一次大解放。2010年实现林业产值5.30亿元，比“十五”末的4.38亿元增加0.92亿元，增长21.00%，年均递增3.89%。

四、农民收入加速增加

“十一五”以来，农村的最大变化就是农民收入提高了，生活质量好了，农民生活由“十五”末的基本小康型正向全面小康跨越。到2010年，襄阳市农民人均纯收入达到6365元，比“十五”末的3191元增加3174元，增长99.47%，年均递增14.81 %。

回顾“十一五”期间我市农村经济建设和新农村建设中所取得的骄骄成绩，我们较欣慰，在欣慰的同时，也增添了加速农村经济发展的信心。我们坚信，只要在科学发展观的引领下，全市广大农村工作者以及全市农民的不懈努力下，襄阳市“十二五”一定会更加美好。

（襄阳市统计局　杨琳）

荆门市“十一五”时期
农业和农村经济发展成就辉煌

“十一五”期间，我市紧紧围绕“农业增效、农民增收、农村发展”整体目标，大力发展现代农业，积极推进农业产业化经营，不断调整优化农业产业结构，农村经济持续繁荣；尤其是近三年来，全市上下奋力推进“现代农业强市”战略实施，农业和农村经济实现了又好又快发展，呈现农业综合生产能力显著提高、农村经济结构日渐优化、农业产业化水平不断提高、农民收入快速增长的良好局面。

一、农业综合生产能力显著提高。

（一）种植业全面发展，粮食供给能力显著增强。

2010年，全市粮食总产量达到259.02万吨，创5年来最高水平，比2005年增加48.26吨，增长22.9%，粮食总产量居全省第四位。2004年，中共中央、国务院发布了《关于促进农民增加收入若干政策的意见》，开始对种粮农民进行直接补贴，以后又相继出台了农业生产资料综合补贴、良种补贴等系列政策，2005年免除了农业税。我市抢抓政策和改革机遇，认真贯彻落实各项惠农政策和改革措施，切实减轻了农民负担，激发了农民的种粮积极性，粮食产量开始恢复性增长，2007年以来，我市认真贯彻国家“稳粮”方针，把发展粮食生产作为“现代农业强市”战略的重要内容，粮食生产连续三年保持较快增长。三年粮食产量分别达到224.26、240.50、251.40万吨，年均增产14.49万吨，年均增长6.5%；三年累计增产43.48万吨，占粮食总产量的17.3%，占5年来粮食总增量的90.1%。粮食持续较快增长，为保障国家粮食安全作出了应有贡献。

经济作物产量平稳增长。“十一五”期间，我市油料、棉花等主要经济作物产量平稳增长。2010年，全市油料产量达到37.12万吨，较2005年增加0.46万吨，增长1.25%，油料产量居全省第二位；其中，油菜籽产量28.43万吨，较2005年增加1.72万吨，增长6.44%。棉花（皮棉）产量达到4.33万吨。

（二）养殖业快速发展。

“十一五”期间，我市畜牧、水产养殖实现了大发展，畜牧、水产产出持续稳步增长，供给能力显著增强。2010年，全市生猪出栏365.78万头，较2005年增加了94.64万头，增长34.9%；家禽出笼4290.22万只，较2005年增加了1487.04万只，增长53.05%；禽蛋产量12.54万吨，较2005年增加了3.94万吨，增长45.81%。水产品产量逐年增加，2010年达到38.33万吨，较2005年增加14.31万吨，增长59.58%；名优新品以及虾蟹类、龟鳖类等特色产品层出不穷，水产品品种日渐丰富。

（三）农业科技含量提升。

“十一五”期间，全市各地积极实施科技入户工程、阳光工程、农村实用人才培训工程、一村一名大学生培训工程等培训计划，培养了一大批农村科技能手和致富带头人。大力推广新品种、新技术和新模式，提高了科技进步对农业发展的贡献率。全市推广了鄂中5号、扬两优6号、丰两优香一号、郑麦9023、鄂麦18、华油杂9号等一系列农作物新品种，农产品优质率达到90%以上。推广了“三元猪”等一批畜禽优良新品种，生猪、蛋鸡、肉鸡全部实现良种化，肉牛、肉羊良种覆盖率分别达80%、75%。推广了斑点叉尾　、罗非鱼、克氏原螯虾等渔业新品种，形成了六大优势品系产业布局。病虫机防综防技术、测土配方施肥技术、设施栽培技术、全程化调技术、果树高接换种和套袋技术、轻简栽培技术、全程机械化技术、标准化生产技术、秸秆综合利用技术、健康养殖技术等先进适用技术得到推广应用，农业科技入户率达到90%以上，农业科技贡献率超过50%。我市探索出的水稻和油菜“双免耕双直播”高产高效轻简栽培技术和黄鳝、小龙虾种苗繁育技术均在全省处于领先地位。

（四）农业机械化水平进一步提高。

“十一五”期间，农机装备水平快速增长，到2010年，全市农机总动力达到340万千瓦，比“十五”期末增长87%，其中，大中型拖拉机16302台，插秧机4505，联合收割机9044台，比“十五”期末分别增加9768台、4466台、5562台。农业机械作业水平稳步提高，主要农作物耕种收综合机械化水平从2005年末的51%提高到67%，高出全省平均水平10个以上百分点。农机社会化服务体系不断完善，2010年底，全市拥有农机从业人员24.2万人，农机户21.99万户，农机大户308户；农机专业合作社207个。荆门农用航空服务站9架农用飞机投入营运，服务14个省市。2007年，被农业部确定为“全国农机化示范区”。

（五）农业外向度提高。

2010年，全市农产品出口达到6035万美元，占全年外贸出口总值的20.3 %，比2005年增730%，有出口实绩的农产品企业达13家，出口在100万美元以上的企业有8家，农副产品出口基地有7个，即：以兴利食品、山缘香菇为中心的香菇出口基地，以京山鹏昌为中心的蛋制品出口基地，以爱斯曼食品、金五三食品为中心的水果罐头出口基地，以新美香公司为中心的脱水食品出口基地，以楚玉食品为中心的水产品出口基地，以顺昌蜂业为中心的蜂产品出口基地,以五三陈湾畜禽为中心的牲猪出口基地；出口农产品涉及到香菇、木耳、花生、水果罐头、小龙虾、罗非鱼、 鱼、牲猪、鲜鸡蛋、脱水食品、皮蛋、咸蛋、蜂蜜、饼干、茶叶等二十余种产品，实现了多样化；出口市场由以前的香港地区为主发展到美、日、韩等二十多个国家和地区。

二、农业、农村经济结构日渐优化

“十一五”期间，尤其是实施“现代农业强市”战略以来，我市农村产业结构调整步伐不断加快。种植业稳步增长，畜牧业、渔业发展迅速，农村产业结构由种植业一枝独大向多产业全面发展转变，结构更加优化。

“十一五”期末，全市农业总产值253.14亿元，比“十五”期末增长86.79%；其中，种植业、畜牧业、水产业总产值分别为122.77亿元、77.52亿元、43.63亿元，分别比“十五”期末增长61.843%、119.48%和133.07%。养殖业比重47.86%,比“十五”期末提高8个百分点。

2010年农林牧渔业结构调整为48.49∶1.33∶30.62∶17.23，与2005年相比，种植业比重下降了7.51个百分点，牧业、渔业比重分别上升了4.52、3.43个百分点，农村经济正朝着多元化的趋势演进。

农林牧渔业内部结构进一步调优。农业产品结构不断改良，杂交水稻的比重达90.3%，油菜“双低率”达99.2%，优质“三元”猪比重达83.2%，水产品中名特优产品的比重也显著提高。

2010年底，全市乡村劳动力资源总数103.7万人，乡村从业人员97.53万人,其中,农林牧渔业从业人员55.92万人,工业和其他非行业从业人员41.61万人。乡村从业人员、农林牧渔业从业人员、工业和其他非农产行业从业人员分别比2005年新增11.75万人、下降0.85万人、新增12.6万人,工业和其他非农行业从业人员占乡村从业人员的比重由33.82%上升到了42.66%。2010年底，全市务工人员总数（含农场农工中的务工人员）44.23万人,其中到省外的务工人员有27.09万人，形成了“赴日研修生、石牌豆腐部、荆楚家政妹、湖北的哥”等品牌。

三、农业产业化快速发展。

我市农业产业化进程始于九十年代中期，进入新世纪，经过全面推进，“十一五”开始进入加速发展阶段，基本形成了门类齐全的产业体系，在推进农业结构调整，促进资本向农业和农村集聚，活跃农业农村经济，带领农民增收等方面发挥了重要的作用。

（一）龙头企业发展壮大。近年来，我市加大对龙头企业的扶持力度，全市涌现了一批规模较大、竞争力较强的大型龙头企业，中粮、雨润、汇源等全国500强龙头企业先后落户荆门。2010年，全市已有市级以上农业产业化龙头企业178家，其中国家级重点龙头企业4家，省级以上重点龙头企业40家。以龙头企业为依托，形成了4个农产品加工业园区：一是以中粮祥瑞、雨润、汇源、新美香为核心的钟祥农产品加工业园区；二是以国宝桥米为核心的京山农产品加工业园区；三是以洪森实业、楚玉食品为核心的沙洋农产品加工业园区；四是以宝源木业、金龙泉、众和纺织、日月油脂为核心的中心城区东宝、掇刀农产品加工业园区。

农产品加工能力显著提高。在农产品加工企业的带动下，我市农产品加工能力显著提高。2001年全市农产品加工业产值347亿元，比2005年增长578%；农产品加工产值与农业总产值之比为1.43:1，比2005年提升了98个百分点。全市粮食加工能力突破500万吨，油料加工能力突破110万吨。

产业化经营领域拓宽，支柱产业格局基本形成。目前，我市农业产业化经营已覆盖了农业各大产业，包含粮食、油料、棉花、食品、饮料、木材、饲料、畜牧、水产、农林特产等各个方面。形成了“一袋米”、“一壶油”、“一支纱”、“一块板”四大支柱产业格局。培育了一批农产品精品名牌。全市农产品中已有“中国名牌产品”2个、“湖北名牌产品”28个。标准化生产取得进步。全市农产品“三品”标识产品已达315个，其中，有机食品8个，无公害食品235个，绿色食品72个。

（二）*农业产业化带动效应增强*。农业产业化带动了板块基地建设，扩大了辐射范围，增加了农民收入。通过推广“公司+基地+农户”模式，全市已建成优质稻生产基地200万亩，优质油菜基地200万亩，优质棉花基地50万亩，优质蔬菜基地30万亩，优质柑桔基地20万亩，优质水产基地60万亩。“十一五”末，龙头企业订单面积达900万亩；全市参与农业产业化经营的农户达到41万户，占全市农户总数的84.4%。全市农户通过农业产业化经营户均增收近2000元。

规模经营迅速发展。农业产业化带动资本向农业和农村集聚，农业规模经营势头强劲。“十一五”末，全市已有标准化畜禽养殖小区142个，共发展生猪规模养殖户8140户（其中标准化万头养猪场29个）、规模养牛户411户、规模养羊户1504户、蛋禽规模养殖户2437户、肉禽规模养殖户449户。全市已建成钟祥、京山、沙洋3个生猪调出大县，建成年出栏生猪过10万头的乡镇18个，年出笼家禽过100万只的乡镇14个。

四、农民收入快速增长。

农民收入持续增长，近三年迈出三大步。2010年，全市农民人均纯收入达到6951元，较2005年增加了3213元，增长了85.96%。 2000-2003年，农民收入处于徘徊期，各年农民人均纯收入分别为2980、2999、2999、3125元。2004年开始，随着中央各项惠农政策相继出台，农村税费改革启动，农民负担减轻，农民的生产积极性空前高涨，农民收入增长加快，2006年突破4000元大关，达到4059元。2007年以来，我市积极推进“现代农业强市”战略实施，粮食量增价涨，畜牧、水产快速发展，劳动力转移步伐加快，农民收入持续较快增长，三年迈出三大步。2007农民人均纯收入只有4652元，2008年突破5000元大关，达到5332元，2009年接近6000元，达到5956元；2010年接近7000元大关，达到6951元，同比分别增加680、624、995元，分别增长14.6%、11.7%、16.7%；三年间累计增加2299元，占农民收入总量的33.1%，占“十一五”期间收入总增量的71.6%，呈现快而稳的增长态势。

回眸“十一五”，我市农业和农村经济发展实现大跨越，步入了又好又快的良性发展轨道，农业的基础地位得到进一步巩固和加强，取得了辉煌成就。展望未来，党和政府高度重视农业和农村工作，农村经济发展将迎来新的发展机遇期，只要我们深入贯彻科学发展观，继续努力推进“现代农业强市”战略，农业和农村经济必将迎来更加灿烂的明天！

（荆门市统计局　王琴）

孝感市“十一五”时期农村经济发展情况分析

改革开放以来，特别是“十一五”时期，孝感市农村经济得到了快速发展，农业生产虽然遭受了较大雪灾、旱灾和水灾，但全市人民在市委、市政府的领导下，认真贯彻落实中央和省委一号文件精神，深入推进农村改革，加快发展现代农业，不断调整优化农业种植结构，农业经济持续发展，主要农产品产量快速增长，粮食产量连续七年增产，农村经济总量稳步增长。据统计，2010年，全市完成农林牧渔业总产值(按现行价格计算，下同)306.61亿元，比2005年增长86.7%，年均增长13.3%；实现农林牧渔业增加值171.18亿元，比2005年增长79%，年均增长12.3%。

一、“十一五”时期全市农村经济运行的特点

1、粮食生产实现“七连增”

“十一五”时期，国家加大了对粮食生产的扶持力度，提高了农民种粮积极性。为了确保粮食生产的安全，稳定粮食生产，进一步优化粮食品种结构，突出发展优质水稻，如；孝南的优质香稻，应城的优质中糯，孝昌的太子米等，孝感市采取了一系列保护措施：一是对粮食实行最低收购价制度；二是对水稻等大宗粮食作物生产实行保险；三是对粮食生产实行良种、农资补贴等制度。“强农惠农”政策的进一步落实，给我市农业生产带来较好的发展机遇。全市粮食生产连续七年获得丰收，粮食产量呈稳步增长的趋势。2010年，全市粮食产量达234.36万吨，比2005年增长10.75%，年均增长2.1%；全市粮食播种面积呈逐年上升的趋势，2010年全市粮食播种面积为349.5千公顷，比2005年增长14%，年均增长 2.65%。

2、主要农作物经济效益稳步提升

“十一五”时期，受2008年金隔危机的影响，全国纺织行业受到较大冲击，棉花价格大幅下降，使全市棉花播种面积在2008年和2009年连续下降，2009年6月份后，金隔危机出现回暖，纺织行业开始复苏，棉花收购价格快速增长，农民种棉积极性逐步增强，农民种棉效益大幅上升。2010年，全市棉花播种面积分别为28.28千公顷，比2005年增长18.5%，年均增长3.5%；棉花产量达3.57万吨，比2005年增长25.6%，年均增长4.7%。

“十一五”时期，全市油料板块经济快速发展，特别是大悟的花生板块。花生是大悟县的传统农业产业，农民种植花生历史悠久，面积大，产量高，是大悟县的特色优势富民支柱产业，花生产业成为农民增收的一条重要途径，并在全省花生板块中占有重要地位。2010年，全市油料播种面积为114.7千公顷，比2005年增长4.06%，年均增长0.8%；全市油料产量为22.51万吨，比2005年增长16.8%，年均增长3.15%。

“十一五”时期，全市蔬菜板块经济发展迅速，大棚、特色蔬菜产量增长较快，年产蔬菜总产量占全省9.7%，居全省第三位。云梦、汉川蔬菜板块形成了一定的规模，蔬菜产量占全市蔬菜总产量的41.5%，在满足本地蔬菜市场供应的同时，大量蔬菜运往武汉，蔬菜生产给农民带来了较大的经济效益。2010年，全市蔬菜播种面积为86.71万亩，比2005年下降2.4%，年均下降0.5%；全市蔬菜产量为302.87万吨，比2005年增长11.7%，年均增长2.2%。

3、农业产业化经营水平不断增强

“十一五”时期，全市农业产业化经营水平不断增强。一是依托优势农产品基地，如：汉川市农产品加工示范基地，安陆市和云梦县两个省级农产品加工园区。发展规模以上各类农产品加工企业523家，完成了农

产品加工产值达439亿元，增长57.9%，初步形成了以粮食、茶叶、油料、家禽、生猪等农产品加工产业群。二是在建立风险共担、利益均沾、互惠双赢的利益机制上有了新突破。坚持把订单作为连接龙头企业、基地和农户之间的红线，由龙头企业与农户在自愿、平等、互利的前提下签订生产合同，由企业指导基地农户按合同规范生产，按合同订价收购，保障龙头企业的原料供应，切实降低了农民生产的风险。

4、畜牧业生产快速发展

"十一五"时期，全市紧紧围绕生猪、蛋鸡、鹌鹑、肉鸡等产业，发挥区域比较优势，推行区域化布局、基地化生产，促进生猪产业基地建设、蛋鸡产业基地建设、鹌鹑产业基地建设、肉禽产业基地建设、禽肉蛋产业基地等五大产业基地建设，形成独具特色的优势畜产品生产区。2010年，全市生猪出栏为320.22万头，比2005年增长35.8%，年均增长6.3%；牛出栏为12.11万头，比2005年增长19.7%，年均增长3.7%；家禽出笼为11800万只，比2005年增长55.5%，年均增长9.2%；生猪存栏为252.47万头，比2005年增长37.1%，年均增长6.5%；牛存栏为43.46万头，比2005年增长10.2%，年均增长2%；家禽存笼8153.05万只，比2005年增长64.4%，年均增长10.5%；畜禽肉产量为42.19万吨，比2005年增长45%，年均增长7.7%；禽蛋产量为31.06万吨，比2005年增长39.2%，年均增长6.8%。2010年，全市畜牧业实现现价产值109.78亿元，占农业总产值比重的35.8%，农民人均畜牧业收入增加37.3元。

"十一五"时期，全市畜牧业生产快速发展，规模化养殖成效显著。受农村劳动力外出的影响，农村留守人员主要以老人和孩子为主，使得传统的家庭养猪逐渐萎缩，规模化养殖不断发展壮大。2010年，全市共有各类畜禽养殖专业户12709户（养猪50头以上、养家禽500只以上），其中养猪5848户，养禽4778户，其他2083户。2010年全市累计建畜禽养殖小区829个，其中生猪养殖小区251个，累计建成"150模式"猪舍1732栋。规模化养猪占总量的62.8%，规模化养禽占总量的52.5%，初步形成了"公司+基地+农户"的供养模式，推动了全市畜禽加工业的快速发展，如应城梦乡、汉川千湖鸭、云梦久顺、孝昌鸿翔等养殖加工企业，就是这种模式的典型代表。

5、特色水产品养殖平稳增长

"十一五"时期，全市渔业生产在充分利用水面资源优势的基础上，加大了特色水产品生产，特别是螃蟹和龙虾的生产。养殖企业和养殖户应对市场需求，鱼种投放规格提高，名特优放养比例逐步扩大，优质水产品养殖面积稳步增加，在养殖规模上更加突出区域性发展特色，形成了鱼鸭、鱼蟹、网箱养殖、虾稻连作、银鱼增养的湖泊（水库）立体生态养殖模式，如：汉川的刁汉湖、孝南的野猪湖、王母湖、应城的龙赛湖，水产品产量占全市总产量的72.4%，养殖面积占全市的75.9%。渔业生产向多元化方向发展，渔业产量呈稳步增长的态势。2010年，全市水产品产量为34.91万吨，比2005年增长8.5%，年均增长1.6%；全市放养面积为67151公顷，比2005年增长5.3%，年均增长1.04%。

6、农民收入水平再创新高

"十一五"时期，受国际金融危机的影响，2008年孝感市外出农民工大幅减少。从2009年下半年开始，全市外出农民工呈逐月回升的态势。2010年全市外出农民工从业人员规模达到118.97万人，比去年同期增加3.28万人，增长2.84%，其中：男性劳动力为71.82万人，占外出从业人员规模的60.5%。外出农民工劳务经济总收入达到201.05亿元，人均年收为1.69万元，同比增长16.6%。"十一五"期间，全市农民收入水平快速增长。2010年，全市农民人平纯收入达到5943元，比2005年增加2915元，增长96.27%，年均增长14.4%，农民收入水平再创新高。

7、农机化装备水平稳步提高

"十一五"时期，全市农机装备水平在农业机械购置补贴政策的推动下，呈现出稳步增长的发展态势，农机装备结构不断优化，特别是农业机械总动力得到快速增长。据统计，2010年底全市农业机械化总动力为

203.16万千瓦，比2005年增加39.39万千瓦，增长24.05%，年均增长4.4%。其中：柴油发动机总动力为133.79万千瓦，比2005年增加37.35万千瓦，增长38.7%，年均增长6.8%；汽油发动机总动力为4.58万千瓦，比2005年增加1.14万千瓦，增长33.14%，年均增长5.9%。

"十一五"时期，孝感市农业机械拥有量呈逐年增长的态势。2010年底全市拥有大中型拖拉机11092台，比2005年增加5240台，增长89.5%，年均增长13.6%；小型拖拉机20352台，比2005年增加10593台，增长108.5%，年均增长15.8%；联合收割机3093台，比2005年增加1904台，增长160.1%，年均增长21.1%。

二、制约农村经济发展的主要因素

近几年来，全市农村经济发展取得辉煌成就，但制约农村经济发展的因素仍然存在：

一是农资市场价格上涨过快。2010年，全市农业生产资料价格指数为103.7，比2005年上涨34.4%，其中：农用化肥比2005年上涨38.7%，农用种子比2005年上涨64%。农资市场价格快速上涨，增加了农民种植生产成本，影响了农民收入；假冒伪劣产品等坑农行为的发生，影响了农业生产，给农民也带来了较大的经济损失。

二是农业产业化程度偏低。2010年，全市农业产业化程度仍然偏低，各种以农产品为原料的规上加工产值为439亿元，仅占工业总产值的43.8%，全市主要农产品加工水平仍然不高，加工转化增加值率低下，农产品深加工能力不强，缺乏高科技含量、高附加值的拳头产品。

三是农业基础设施抗风险能力差。农业生产仍然是靠天收的成份很大，农业基础设施抗风险能力不强，对水灾、旱灾的防治能力较弱，由于当前相当一部分农业基础设施工程建设于上世纪70、80年代末，建设标准低，配套不合理，年久失修，设备普遍老化，工程配套完好率低，抗旱防涝功能弱化。

四是农村劳动力素质偏低。农村劳动力素质偏低主要表现在：一是文化程度偏低，初中及初中以下学历的在外出农村劳动力中占比较大，为76.9%。二是有一技之长的人员偏少，在外出务工人员受过专业技能培训的仅为36.52万人，占外出农村劳动力的30.7%，外出人员技能素质与用人单位的需求脱节，较难找到合适的工作。目前，农村青壮劳动力普遍外出务工，大部分是留守老人和儿童，对农业生产的新技术、新方法等接受较慢，靠天吃饭的意识较重，不能适应推广现代农业科技、加快发展现代农业的要求。

三、农村经济发展的保障措施

"十一五"时期，是全面建设小康社会的关键时期，全市上下认真贯彻落实党对农业农村工作的基本路线、方针、政策，加大各项措施的落实力度，确保了全市农村经济的健康发展；"十二五"时期，全市农村经济面临新的机遇和挑战，为确保全市农村经济的全面发展，提出以下保障措施：

一是要大力发展公司化农业。要鼓励企业老板租用或经营农民所承包的土地，使农民获得租赁收入，同时变成产业工人。这样有利于推进土地规模化经营，提高农业管理水平和抵御市场风险压力。

二是要大力发展园区化农业。要根据不同地区的产业定位，生产规模，按照工业园区的发展思路，大力发展现代种植园区、现代养殖园区、现代林业生态园区，实现农林牧业资源优化配置、生产要素优化组合。并组建园区产业协会，对园区的产前、产中和产后实行全程服务和统一管理。

三是要大力发展合作化农业。在不便于企业进入和园区管理的区域，要通过扶持农村能人，建立合作社，实行农业生产合作、生产资料供应合作、产品加工销售合作、经营管理和技术信息咨询合作以及信贷保险合作等提高农业应对市场风险的能力。

（孝感市统计局　陈三清）

随州市“十一五”时期农村经济成就

“十一五”时期，是随州发展农业农村比较困难的时期，但也是改革开放以来最好的时期之一，面对宏观经济形势急剧变化、农产品市场大幅波动、各种自然灾害频繁发生等诸多挑战，在市委市政府的正确领导下，积极推进现代农业和新农村建设，农业农村发展取得了巨大成就，“十一五”规划确定的主要发展目标提前实现。“十一五”的五年，是全市农村经济发展最快的五年，是农民得到实惠最多的五年，是农村面貌变化最大的五年。

一、“十一五”时期随州农业农村发展的主要成就

“十一五”期间，全国宏观经济形势急剧变化、国际金融危机、农产品市场大幅波动、各种自然灾害频繁发生、重大突发事件不断出现等诸多挑战，对全市的农村经济造成了一定程度的影响，在这种环境下，全市坚持以农民增收为中心，以市场为导向，以结构调整为主线，以发展特色农产品和农业产业化经营为重点，着力提高农业生产效益和综合生产能力。持续加大农业农村投入，推进现代农业和新农村建设，农业农村发展取得了巨大成就，“十一五”规划确定的主要发展目标提前实现。

（一）农业综合生产能力显著增强

1、农业经济全面快速增长。“十一五”期间年，全市农林牧渔业现价总产值为601.1亿元，比“十五”期间的349.4亿元，增加了251.7亿元，按可比价计算，年均递增12.6%。其中，农业产值348.6亿元，比“十五”期间的203.5亿元，增加了145.1亿元，年均递增12.1%；林业产值16.5亿元，比“十五”期间的11.6亿元，增加了4.9亿元，年均递增6.5%；牧业产值195.3亿元，比“十五”期间的111.8亿元，增加了83.5亿元，年均递增13.8%；渔业产值31.3亿元，比“十五”期间的19.8亿元，增加了11.5亿元，年均递增9.8%；农林牧渔服务业9.3亿元，比“十五”期间的2.7亿元，增加了6.6亿元，年均递增3.9%。

2、粮食等主要农产品产量稳步增长。农业生产战胜洪灾、旱灾和虫灾的侵袭，连续8年喜获丰收。粮食总产达到155.7万吨，比“十五”末的128万吨，增加了27.7万吨。“十一五”期间共生产粮食710万吨，比十五期间增长32.5%,年均增长6.5%。棉花生产再上一个台阶，“十一五”期间共生产棉花7.2万吨，比“十五”时期增加14.7%；种植业结构调整取得新进展，农产品生产集中度和优质品率稳步提高，畜牧和水产品生产稳步发展，农村第二第三产业继续发展，农村经济结构进一步优化。

3、特色农产品发展势头强劲，农产品出口额持续增长。在市委市政府的领导下，随州“十一五"期间，大力发展特色农产品，特色产业板块做大做强，2010年底，油茶达到10万亩，成立了随州万亩油茶基地，培植了2个万亩镇、24个千亩村；食用菌出口突破3.5亿美元，居全国地级市首位。“十一五”期间，全市农产品出口额稳步快速增长，2010年底，全市农产品出口达到3.8亿美元，占湖北省农产品出口总量的38%，比“十五”末的6184万美元增长了5.14倍。“十一五”期间，全市共实现农产品出口总额达到8.2亿元。

4、退耕还林与特色产业相结合，生态建设卓有成效。“十一五”期间在紧抓经济建设的同时，政府大力推进退耕还林，退耕还林工程做到了三好，即退耕还林工作开展好、管理好，后续产业发展好。市委市政府将退耕还林工程与特色农产品开发生产结合起来，在退耕还林工程中，植造松栎混合林，既取得了很好的生态效益，又促进了菇耳产业发展，实现了农民增收，在改善我市生态环境的同时，促进了农村经济结构调整，让农民群众得到了实惠。从耕地面积数据看，“十一五”的五年间，全市的年末实有耕地面积，从“十五”末的

134.13千公顷，增加到了144.94千公顷，年均增加2千公顷。

（二）农业和农村经济结构不断优化

1、农业生产结构由单一化向多元化发展。“十一五”期间，随着畜牧水产养殖业的快速发展，全市的农业生产结构逐渐出现了转变，特别是随着全市食用菌产业的做大做强，牧业产值比重逐年增加，种植业产值比重逐年降低。我市正在从传统的以种植业为主向高新技术的特色牧业与种植业相结合的多元化结构发展。2006年，种植业、林业、牧业、渔业在农业总产值中的比重分别为60.42%、2.79%、29.87%、5.77%，2010年底，种植业、林业、牧业、渔业在农业总产值中的比重分别为58.42%、2.61%、32.37%、4.84%，种植业所占比重下降了2个百分点，牧业所占比重上升了2.5个百分点。

2、农产品品种结构向品种多样化、优质化、特色化发展。农产品品种结构更加注重发展高产、优质、高效、生态、特色化的现代农业产品，我市的茶叶、香菇、银杏、蜜枣等产品驰名海内外，香菇、油桃、银杏、银鱼产量稳居全省前列。

在水产品产量中，养殖产量所占比重逐年上升，养殖产量中，特种水产品养殖日益扩大，2010年底，全市名特品种放养面积达到16万亩，小龙虾养殖面积达到10万亩，特种水产养殖面积占水产养殖面积的比重超过40%。

3、农村就业结构由单一农业向农业与非农产业并重、农村与城市就业并重转变。随着农村经济的快速发展，工业化和城镇化水平的提高以及农民外出务工环境的逐步改善，随州农村劳动力向非农产业和城市快速转移，农村劳动力就业结构发生了深刻变化。2010年底，从事第一产业的农村劳动力占农村劳动力总数的比重，从“十五末”的55.9%，下降至42.3%，下降了13.6个百分点，而从事非农行业的农村劳动力所占比重则从44.1%提高到57.7%，上升了13.6个百分点。

（三）农业现代化水平显著提高

1、全市支农政策力度大，城乡差距缩小。“十一五”期间，省委省政府和市委市政府采取了一系列扶植农业、增加农民收入的措施，从免除农业税、各种摊派，到“粮补、种补、综补、农机补、油菜补、能繁母猪补”等等，农民的收入有了显著的提高；同时社会保障体系不断的完善，如：九年义务教育实行免费，新农村合作医疗全覆盖，农村低保基本实现应保尽保，农村社保试点推开等等，农村与城市的差距越来越小。

2、农业和农村基础设施建设快速推进。“十一五”期间全市用于农田基本建设的投入逐年增加，建成了一批灌溉、防洪、排涝等工程设施，为农业和农村经济发展提供了强有力的服务和保障体系，极大地增强了农业抗御自然灾害的能力，促进了农业生产的稳定增长，2010年遭受特大洪涝灾害的情况下仍然保持了农作物产量的稳定增长，保证了全市粮食实现连续八年增加。“十一五”期间，全市完成了53座水库的除险加固，与“十五”期间加固8座相比，增加了45座，农田抗灾能力得到提升。“十一五”期间的蓄水总库容比“十五”期间提高了10%。“十一五”末农田有效灌溉面积达到126.73千公顷，“十一五”期间，农田有效灌溉面积年均新增2.4千公顷。耕种收综合机械化率达到66%以上，比“十五”时期末提高15个百分点。

(四)农民生活得到显著提高

农民收入保持快速增长。“十一五”末，我市农民人均纯收入6279元，比“十五”末的3223元增加3056元，接近翻番，年均增长18.8%。工资性收入占纯收入的比重由28.4%上升到33.5%，对农民增收的贡献率超过“十五”时期。

2、生产、生活环境极大改善。“十一五”的五年间，全市修建农村公路6000多公里，遍布随州大地，拉近了城市与农村的距离；全市农村新增自来水用户3.15万户，解决了75.1万人的安全饮水问题；全市修建户用沼气7.2万口，改厕、改圈、改厨配套，干净的厨房、卫生的厕所，不输城市人家。

3、农村社保覆盖面大幅提高。“十一五”时期，全市对新农合方案进行了较大幅度的调整，在筹资标准、补偿率、封顶线、受益面等方面都有大幅提高，参合农民得到更多的实惠。2010年底，新农合参合率达到97.7%。

二、随州“十一五”农村经济发展的基本经验

“十一五”时期农村经济社会的持续较快发展，为随州经济社会的平稳较快发展做出了贡献，为实现“十一五”规划提出的主要目标任务奠定了基础，为今后一段时期随州农村经济社会的持续发展积累了经验。

1.坚持以解决“三农”问题为根本的原则。“十一五”期间，市委市政府着力于增加农民收入、提高农业综合生产能力、推进新农村建设、发展现代农业、加强农业农村基础建设，正是坚持以解决“三农”问题为根本，才促进了“十一五”时期主要目标的提前完成。

2.坚持城乡一体化基本方略。实行统筹城乡经济社会发展的基本方略，是党和政府针对工农、城乡发展不协调和二元结构严重制约经济社会发展的突出矛盾做出的重大决策。“十一五”期间，在统筹城乡发展方略的指导下，全市出台了一系列重要的政策和措施，推动公共财政覆盖农村、推动城乡公平税赋、推动工农业协调发展，统筹城乡基础设施、统筹城乡公共服务、统筹城乡劳动就业，在随州特色的新型城镇化道路上迈出了坚实的步伐。

3、坚持特色产业促发展的新思路。“十一五”期间，随州的特色农产品为随州经济和随州的城市发展带来了巨大的收益，也为随州农业经济发展探索出了一条适合的道路。

4、坚持加大农业农村资金投入力度的基本措施。“十一五”期间，在国家提出的“三个高于”、“三个继续高于”、“三个明显高于”到“三个大幅度增加”、“确保三个优先”的方向指导下，市委市政府不断加大“三农”财政支出，巩固了随州农业基础，确保了产值、产量的稳步提高，有力地促进随州农业农村较快发展。

三、对后续农业及农村经济发展的建议

要保持随州农业农村经济的较快发展，顺利实现“十二五”时期的目标，要在“十二五”开局之初，探索更适合随州农业发展的道路，笔者仅从以下几方面谈个人意见。

（一）加大“三农”投资力度。有资金扶持才是硬道理，要解决农民增收的有效途径是提供资金帮助农民走上生产、技术、贸易集约型道路。要确保农作物产量，提高抗灾能力，加固新建农田水利设施是最佳途径，只有农业基础稳固了，农村才能发展迅速。

（二）加快农业结构调整步伐。按照“以城带乡、以工促农、以商富农”的发展思路，不断加快农业结构调整步伐，大力发展现代农牧业。积极推进特色产业的做大做强，由小规模向产业化方向发展。

（三）促进农产品加工业链形成。农产品加工业发展滞后是制约随州农业经济发展的一个重要原因。应在现有的资源上，逐步建立健全的农产品加工链，提高农产品的附加值。

（四）提高农村干部素质。一方面，加大大学生村官进村步伐，用科学、民主的方式管理农村。另一方面，积极培养比大学生更熟悉农村情况的年轻本地农村干部，为更好的开展新农村建设服务。

（五）加大农村教育扶持力度。提高农村居民的整体文化水平是促进农村经济建设的重要手段之一，农村居民具备良好的素质将有助于新农村建设的快速推进。

（六）扎实推进新农村建设。新农村建设是今后一段时期农村工作的重点，要按照中央对新农村建设总体目标的要求，注重新农村建设与城市化相互协调，保证粮食安全，加强农村改革，科学布局，扎实推进。

（随州市统计局　陈媛）

黄冈市“十一五”时期农村经济发展回顾

十一五”以来，黄冈市委、市政府坚持把“三农”工作作为工作的重中之重，紧紧围绕“农业增效、农民增收、农村增活力”的农村经济发展主题，不断完善强农惠农政策框架体系，加大“三农”投入力度，加强农业科技创新，全面提高农业综合生产能力。在各级党委和政府以及农民群众的共同努力下，我市农业克服多种自然灾害的影响，抵御金融危机和市场价格波动的冲击，保持了持续稳定发展的良好势头，为全市保持经济平稳较快发展奠定了物质基础，为维护社会和谐稳定大局发挥了重要作用。

“十一五”----“三农”发展成绩斐然

一、农业生产稳步增长

1、农林牧渔业增加值持续增长

“十一五”期间，全市现价农林牧渔业增加值连续跨跃150亿元、200亿元两个台阶，达到246.97亿元。按可比价计算，比2005年增长36.02%，年均增长6.35%。

2、粮棉油生产再创历史记录

“十一五”期间，市委、市政府高度重视粮食生产，制订多种激励措施提高农民种粮积极性，同时大力开展科技创新和成果转化，促进我市粮棉油产量逐年稳步增长。2010年粮食总产达到320.93万吨，比2005年增加38.21万吨，增长13.52%。棉花总产7.29万吨，比2005年增加2.72万吨，增长59.52%；油料产量48.94万吨，比2005年增加8.18万吨，增长20.07%，均创历史最好成绩。

3、规模扩张颠覆传统养殖模式

“十一五”期间，我市畜牧部门以争取国家、省大县政策为抓手、以上规模为突破口、以上档次为目标，以增加农民收入为落脚点，实现了畜牧业生产突破性发展。历史上，黄冈畜牧业生产发展走的是千家万户的群狼模式，现在走的是千头万只的规模路子。到2010年底，全市各类畜禽养殖场(小区)、养殖大户达到12200多个，其中，省级标准化万头猪场23个，千头奶牛牧场31个，年存笼2000只以上的蛋鸡养殖小区1600个。畜禽标准化养殖新模式和技术得到全面推广应用，全市已建成生猪“150”模式标准化猪舍2210栋，蛋鸡“153”模式标准化栏舍1021栋，肉禽“156”模式栏舍123栋，肉羊“1235”模式标准化栏舍1082栋，肉牛“165”模式标准化栏舍465栋，标准化规模养殖比重达到50%。很多养殖技术在湖北省颇有名气畜禽标准化养殖模式的推广应用，为养殖场户应对市场风险和冰冻雨雪灾害天气，有效防控重大动物疫病，发挥了及其重要的作用，深受广大养殖业主的欢迎，带动了一万多个规模养殖场户实现了稳步增收致富。同时，使畜产品有效供给能力和质量安全水平都得到了稳步提升。

2010年全市牲猪出栏 435.31 万头，比2005年增加141.53万头，增长48.18%。家禽出笼4464.89万只，比2005年增加2143.47万只，增长92.33%；禽蛋产量 25.4万吨，比2005年增加15.89万吨，增长167.09 %；奶牛2.3万头，比2005年增加2.13万头，增长1253%；牛奶产量5.7万吨，比2005年增加5.22万吨，增长1088%。

(四)结构调整为水产发展添活力

在稳定普通家鱼养殖的同时，进一步加大水产养殖结构调整力度，小龙虾、黄鳝、黄颡、大口鲶、河蟹、异鲫等品种的养殖。2010年全市网箱养鳝面积达到82万平方米，河蟹养殖面积突破3.82万亩，团头鲂32.9万亩，鳜鱼养殖面积10.9万亩，黄颡鱼养殖面积7.2万亩，回鱼养殖面积1.1万亩，尤其是小龙虾养殖来势迅猛，全市小龙虾养殖面积过40万亩，从事小龙虾养殖的专业户有7516户，共建小龙虾繁育基地4个，占全省的五分之一。全市2010年水产品产量40.73万吨，比2005年增8.5万吨，增长26.37%；

（五）生态立市初见成效。十一五期间，全市在市委、市政府在"生态立市产业强市"战略思想指导下，既要金山银山，也要绿水青山，实现了由砍树种树、灭荒绿化向森林固碳、物种保护、生态优先、产业富民转变。2010年我市森林覆盖率达到43%，高于全省7个百分点，林木蓄积量3000万立方米，占全省的七分之一。

二、农民收入大幅增长

"十一五"时期黄冈市通过推进新农村建设、落实惠农政策、调优经济结构、增加就业渠道等一系列措施，拓展了农民增收的渠道，筑稳了农民致富的路子，使全市农民人均纯收入连续五年两位数快速增长态势。

据农村居民抽样调查资料显示：预计2010年，黄冈农村居民人均纯收入为4634元，比2005年增加1986.8元，累计增长75.1%，年均增长11.9%。农民增收亮点纷呈，收入结构不断优化。

1、工资性收入快速增加，务工收入成为农民增收的重要支撑点

2010年，工资性收入人均为2276.6元，比2005年累计增加1099元，年均增长16.8 %。"十一五"随着乡村干部、教师工资标准连年提高，就业环境逐渐改善，农村剩余劳动力的快速转移，在稳定农业生产的基础上，打破传统的保守思想，越来越多的农民走出家门，农民务工呈现活跃发展势头。2010年，农民工外出从业及提供其他劳务服务收入人均为1418.6元，比2005年累计增加740.5元，增长1.1倍，年均增长15.9%。打工收入占农村居民人均纯收入的比重由2005年的25.6%上升到2010年的30.6%，上升了5个百分点，凸现了黄冈打工经济的特点。

2、家庭经营收入稳步增长，成为农民稳定的增收源

"十一五"，黄冈加大了对农业产业化调整的力度，在发展具有地方特色农产品、增加种养业的科技投入，进行低产农田改造的同时，充分发掘黄冈背靠大别山、滨临长江水的地理优势、发掘产品多样性，实施政府引导、能人带路、全民致富的禽蛋大县、水产大县、生猪大县、粮食产能大县、油菜大县、茶叶大县、药材大县等创建工程，粮食、棉花、油料、蔬菜等主要农产品产量稳步增长、畜禽产品、水产品产量大幅提升，实现了产品品质和数量的同步提高。农民创业热情高涨，各种合作社层出不穷、非农产业雨后春笋般涌现，新的增收源不断增加和拓展。2010年家庭经营纯收入人均2117元，比2005年累计增加590元，年均增长6.8%。

3、财产性收入增势平稳，收入渠道拓宽

2010年财产性纯收入人均40元，比2005年累计增加19.2元，年均增长14%。随着城市建设步伐的加快，国家大型固定资产投资项目不断上马，土地征用补偿、使用权转让、利息收入、股票红利等收益，财产性收入稳步增长。在国家大力调整分配政策的"十二五"时期，财产性收入将有更多更大的增长空间。

4、转移性收入高速增长，政策性增收推动作用明显

"十一五"期间，国家增多了涉农补贴的项目、提高了补贴标准，涉农补贴既有保护农民生产积极性的补贴，如良种补贴、农机补贴等等，也有提高农民生活质量的补贴，如最低生活保障制度、医疗保障制度、旧房改造等等，极大地推动农民收入的快速增长。2010年，转移性纯收入人均197.01元，比2005年累计增加

134.5元，累计增长2.15倍，年均增长25.8%。其中，政策性收入人均为96.7元，比2005年累计增加76.6元，累计增长3.8倍，年均增长37.1%。

三、农民生活质量大幅提升

生活质量的高低是生活水平和生活条件好坏的具体体现。十一五以来，政府职能的转变、经济结构调整的深入，统筹城乡的发展，极大地推动了农村全面小康建设的进程，农村居民生活质量明显改善。呈现出"食物结构优化、衣着打扮时尚、居住条件洁雅、交通通讯顺畅、家电较为普及、现代化设备进农家"的特点。据调查资料显示：2010年黄冈农民人均生活消费支出达到3511.7元，比2005年的2279.3元，增加1232.4元，增长54.1%，年均增长9%。

1、食品消费结构进一步优化。

恩格尔系数逐年下降。食品消费在农村居民生活中历来是第一位的，随着经济活动的增加和生活水平的提高，食品支出占生活消费支出的比重呈逐年下降趋势。2010年农村居民恩格尔系数降到43.4%，比2005年下降6个百分点，年均下降1.2个百分点。恩格尔系数的下降表明，黄冈农村居民消费结构在不断优化，农村居民的生活质量在节节攀升。2010年，黄冈农村居民人均用于食品的消费支出为1524.8元，比1996年增加399.6元，增长35.5%。

食品消费从厨房更多的走向餐馆。2010年农民在家庭以外的饮食支出也从2005年的154.3元增加到2010年的238元，增长54.2%，年均增长9.1%。

农民从关注如何吃饱转移到关注吃好。副食支出由2005年的971元上升到2010年的1286.9元。人均奶制品从2005年的人均消费0.23公斤上升到1.92公斤，而含高胆固醇高的动物油消费则从0.61公斤减少到0.49公斤。从而体现新时期农民由过去"填饱肚子"到讲营养的生活理念的转变和生活知识的提高。

2、穿着观念悄然改变。

新三年、旧三年、缝缝补补又三年的穿着消费习惯已经在农村绝迹，老大用了老二接的消费行为也已消失，光鲜、得体成为大多数农民的穿着要求，很多外出打工青年农民更是把时尚作为追求。农村居民已由过去缺衣制衣的被动消费过渡到注重服装面料，讲究实用、品牌、时尚和个性的主动消费，高档化、时尚化、品牌化、个性化、多元化成为农村居民服装消费的一种潮流，也形成了一种文化。休闲装、运动装则是很多农民家庭的常备。2010年，黄冈农村居民人均衣着消费支出为159.7元，比2005年增加63.5元，增长66%。

3、居住条件明显改善。

当城里人为一日三涨的房价发愁时，黄冈农民开始了自已住房的升级换代。曾几何时，大别山里绿树掩映中的一幢幢风格各异的别墅吸引了不少来自大城市游客的眼球，农村黑瓦泥墙的房子也成了家里忆苦思甜的"教育基地"。黄冈2010年农民人均住房达到了40.8平方米，比2005年增加了18.6平方米，其中砖木结构及钢筋混凝土结构的住房面积达到96%。使用水冲式厕所的家庭从5%上升到14%；使用自来水的家庭从7%上升到24%，使用不安全水源的家庭大大减少；部分农民家庭还使用了液化气、电磁灶，安装了太阳能热水器等现代化设备，农村居民的居住环境更加美观、大方、洁净、舒适，居住条件明显改善。

农村生活硬件配套逐步到位。2006年以来，全市新农村建设累计投资20亿元，共硬化通村公路1.04万公里，农村公路总里程达到2.2万公里。全市100%乡镇通沥青（水泥）路，99%的行政村通公路和52%的行政村通沥青（水泥）路；解决了77.64万人的安全饮水问题；农户通电率100%，农村固定电话通村率100%，行政村宽带上网和有线电视通村率分别达到92.5%和100%。农民形象的说：现在的农村雨天串门不湿鞋、夜里串门不摸黑。

4、精神生活丰富健康。

精神生活是反映人们生活的精神面貌、思想观念、生活方式以及身心健康等方面的内容。老话说:穷了偷、负了赌,但是在社会主义新农村建设稳步推进的黄冈,我们看到的是读书看报聊时事、唱歌跳舞练身体,农民文化生活丰富、精神面貌高涨。随着农民生活水平的稳步提高,生活质量不断改善,生活领域不断拓展,农民的生活理念和精神追求发生了新的变化,农村居民学文化、学技术意识逐渐增强,注重文体教育、讲究文明生活的氛围已在广大农村日渐形成,农民对精神文化生活和现代化生活的追求越来越高,农村居民生活消费中购买发展资料和享受资料消费的比重逐年上升,现代化的生活方式被越来越多的农民认同。2010年,农村居民人均用于文教娱乐方面的支出1246.4元,比2005年增加112.4元。购买书报杂志支出、教育投资支出、旅游支出都有所增长。

各种家庭耐用消费品数量迅速增加。高档彩电、冰箱、洗衣机、空调等家用电器对农村居民而言已不再是奢侈品,正日益成为农村居民生活要素的重要内容而逐步走进寻常百姓之家。农户日用家电的普及率明显提高。到2006年末,平均每百户农村居民家庭拥有彩电107台、洗衣机20台、电冰箱37台、空调机10台、热水器26台、摩托车59辆、固定电话73部、移动电话119部,分别比2005年增加了22台、3台、31台、2台、17台、22辆、16部和58部。小汽车等奢侈品业也走入平常百姓家,农村电器化、现代化的速度正在逐步加快。

5、农村社会服务事业建设步伐加快。

"看病难、看病贵"得到缓解。全市4286个行政村,已建立3769个村级卫生室,农村三级卫生服务网络的"网底"基本建立,农村基础卫生设施得到了改善,提前三年实现了"新农合"全覆盖。农民初诊和常见病复诊问题在村级卫生室就能解决,"看病难、看病贵"等问题得到缓解。

农村教育功能增强。今年,黄冈先后实施了"危房改造工程"、"义务教育工程"、"农村中小学寄宿制工程"、"农村初中校舍改造工程"、"农村卫生新校园建设工程"等一系列国家和省有关农村中小学项目工程建设,以及"明德工程"、"逸夫工程"和"黄鹤楼希望工程"等捐赠工程。全市中小学校舍基本消除了D级危房。2007年和2008年,市政府把农村合格学校建设工作列入向人民群众承诺办好的实事之一,两年内全市建成农村合格学校435所。2009年,全市又投入资金2.56亿元,新建改建校舍面积44.5万平方米,已建成农村合格学校466所。在农村中小学建立教学光盘播放点917个,卫星教学收视点2257个,初步实现了农村中小学现代远程教育"校校通"。农村86%的儿童接受了学前一年教育。农村实行的义务教育"两免一补"政策,为义务教育阶段的中小学免除学杂费,为贫困学生免费提供科技书,为贫困寄宿学生提供生活补助等,有效地解决了部分农村孩子"上学难"的问题,推动了农村教育事业的发展。

广播电视事业的稳步发展。计划分5年时间完成的通村任务,已提前两年全部完成。从2007年开始,国家和省下达黄冈市20户以上自然村"广播电视村村通"工程建设任务共5123个自然村,计划分5年时间完成。仅2009年黄冈就完成了2050个自然村广电村村通工程。

随着农村体制改革的深化,广大农村居民生存和保障环境将进一步改善,生活质量将进一步提高。

"十二五"-----困难与机遇同在

一、黄冈农业面临的困难

1、农业结构升级难度大。黄冈农业的发展必须走结构调整的路子,但是黄冈的结构调整首先是在一些地方没有遵循市场规律,少数地方存在乱作为的现象,导致在发展某种产业时,一哄而起,又一哄而下,既没有为农民谋到利益,又耽误了发展机遇。其次是调整缺乏战略性的规划,90年代,我市提出了一乡一业、一村一品发展特色农业的发展模式,不能否认在现代农业发展初期,这种模式给黄冈农业的发展破了题,但是又不可避免的造成县、乡、村之间各自为战,出现了什么都有、什么都不强的局面,缺乏规模效益。三是土地供求矛盾紧张。国务院多次强调要坚守住1 8亿亩耕地"红线",但是黄冈作为一个经济欠发达地区,发展是头等大事,必然带来土地需求旺盛,这也给黄冈农业结构调整带来了不小压力,

2、农村的市场体系不完整。主要表现在产、供、销、研环节缺乏有机的联系,金融信贷不健全,农民信息不灵,组织化程度低,商品流通不畅,有的农民有技术、有思路,却因为政策和条件限制,得不到必要的支持。其次表现在批发市场落后于零售市场,生产资料市场落后于消费市场,生产要素市场落后于商品市场,有的地方出现了"有市无场"或"有场无市"等不合理现象。三是随着农业规模化经营不断壮大,农村土地流转越来越普遍,而在现行的农村土地延包体制不适应土地流转,严重制约了农业产业化的发展。四是农村体制改革后,有的地方行政职能出现真空,农村公益性事业建设出现停滞和倒退的状态。

3、农业科技开发应用不到位。主要表现在科技项目与农民需求对接不到位,有时有好的项目,基层做不来,基层想要的项目又没有,使科技成果无法转换为生产力。其次是基层农技推广体系内部运行机制不活,有的地方只顾经营性职能而忽视公益性职能,使基层科技推广工作流于形式。再次是农业生产方式比较粗放,受技术和管理水平制约,农业生产中各种资源利用率较低,浪费较大,农产品加工程度低,农业整体效益不高。

4、农村经济的发展不平衡。主要表现在乡镇之间经济发展不均衡,城乡之间差别较大,有的经济发展速度快,农民生活水平高,而有的乡村却连生活用水、卫生保障都得不到有效解决。

5、龙头企业的拉力不强。主要表现在能够达到省级、市级龙头企业标准的企业的比例不高,更缺乏有竞争力的名牌产品,品牌效应尚未形成,没有摆脱"小、散、低、弱"状态。大部分组织的龙头企业还是小企业,经营规模小,经济实力弱,管理水平低,辐射面狭窄,带动能力不强,缺乏抵御市场风险和自然风险的能力。其次是龙头企业的产品科技含量不高,龙头企业的科技含量普遍较低,科技投入少,加工产品技术含量低,在农产品精加工、包装、营销、品牌管理等方面缺乏有力的技术支撑。

二、黄冈农业面临的机遇

1、农业基础设施的建设给提升农业生产能力提供保障。在今年的农村工作会上,讨论的《中共中央、国务院关于加快水利改革发展的决定(讨论稿)》,农村基础设施的建设已经如箭在弦,中央财政预算内固定资产投资和土地出让收益都将向农业基础设施倾斜,欠账多年的黄冈农业基础设施有望得到大的改善,农业生产能力有望大幅提高。

2、收入分配方式的转变给农民增收拓宽道路。在"十二五"规划中,提出了"努力实现居民收入增长和经济发展同步、劳动报酬增长和劳动生产率提高同步"的奋斗目标,并把增加居民收入作为扩大内需的重要手段,因此农民就业形势将得到改善、劳动报酬也将明显提高。

3、试验区建设为黄冈带来难得机遇。十二五"伊始,湖北省委、省政府做出建设"大别山革命老区经济社会统筹发展试验区"部署,提出建设"红色大别山、发展大别山、绿色大别山、富裕大别山"的目标。投资70亿元打造的"绿色大别山"活动也以启动。试验区包括了我市10个县市中的绝大多数县市,优惠政策、扶持资金将给黄冈经济的发展注入强大动力。

回顾十一五,黄冈的"三农"取得了长足发展。展望十二五,未来的五年,黄冈的农民将更富裕、农业更稳固、农村将更稳定。

(黄冈市统计局　夏建军 张丽娟)

咸宁市“十一五”时期
农业生产连年丰收 内部结构不断优化

"十一五"期间，我市农业生产经历了特大冰冻雪灾、干旱、洪涝、病虫等自然灾害以及国际金融危机的严重影响，但在中央政策强力作用和全市人民的共同努力下，仍然取得了农业连续五年增产丰收的好成绩。2010年农业增加值达101亿元，五年平均增长13.3%，按可比价计算年均增长4.6%。农产品总量扩张，农业结构调整不断优化，但是制约农业效益的深层次问题和抗灾能力弱的矛盾日益突出，应引起重视。

一、"十一五"农业发展的主要成就。

"十一五"期间，全市各级党委和政府始终把农业放在各项工作的首位，高度重视农业和农村经济的发展，加强农业的基础地位，认真贯彻落实中央的各项涉农政策，积极推进农业生产结构调整，农业产出不断增长，整体质量不断提高。

(一)农业内部结构不断调整。

2010年我市农业总产值(当年价格)168.5亿元，农业、林业、牧业、渔业及服务业的比重分别为54.3%、4.6%、23.9%、16.3%、0.9%，与2005年相比，农业下降了5.1个百分点，林业下降了0.9个百分点，牧业上升了3.4个百分点、渔业上升了2.6个百分点、服务业保持稳定。农业生产规模化、产业化迈出新步伐，农业和农村经济发展步入了一个新的历史阶段。

(二)种植业稳步发展。

2010年，我市虽然遭受了年初的低温、倒春寒和夏季严重洪涝灾害的影响，粮食产量仍达到了112.4万吨，比2005年增长10.7%，接近历史最好水平。粮食产量于2005年突破100万吨大关，并连续五年增长，达到110万吨以上的水平，我市粮食综合生产能力再次上了一个新的台阶。棉花产量2864吨，比2005年增长72.8%，年均增长11.6%。油料产量达到8.4万吨，由于结构调整,种植面积减少,产量比2005年减少0.7%?。蔬菜产量达到203.2万吨，比2005年增长8.2%，达到历史最高水平。茶叶产量达到1.8万吨，比2005年增长12.1%。园林水果产量达到4.66万吨，比2005年增长53.9%。

经过多年的整合，以“板块”建设为主体的优势产业带，实现了区域化布局,基本形成了306.7万亩左右的粮食、3.5万亩棉花、15万亩苎麻，105万亩油料、130万亩蔬菜、15万亩茶园、40万亩果园为主的种植业格局。

(三)林业生态建设稳步推进。

"十一五"期间，全面实施六大林业重点工程，有力地推进了生态环境建设。续建退耕还林工程，完成荒山荒地造林20.55万亩，完成长江防护林工程13.66万亩，近三年实施低产林改造项目25万亩，营造抑螺防病林7.23万亩，完成世行贷款林业持续发展项目总规模9.45万亩，完成日本政府贷款湖北植树造林项目总规模85.9万亩。林业特色基地规模达到350万亩。其中楠竹160万亩，意杨41万亩，马尾松31万亩，泡桐20万亩，水果17万亩，苗木花卉8万亩，桂花、雷竹等均突破6万亩。苗木花卉业以咸安区为主体，建成以桂花、樟树为主导品种的基地8万多亩，存幼苗2亿多株。

"十一五"期间，我市完成人工造林153.63万亩，义务植树3134.3万株。2010年全市森林面积发展到665.6万亩，森林覆盖率上升到54.2%,比2005年上升了1.9个百分点。木材、楠竹有序采伐，2010年木材采伐量16.7万立方米，比2005年下降7.8%；楠竹采伐量1671.17万根，比2005年下降1.0%。主要林产品产量高速增长，2010年油茶籽产量1.68万吨，比2005年上升了453.3%；竹笋干产量0.36万吨，比2005年上升了88.7%；板栗产量0.12万吨，比2005年上升了29.4%。

(四)畜牧规模养殖大量涌现。

2010年,全市牲猪出栏194.94万头，比2005年增长49.1%；牲猪存栏146.91万头，比2005年增长71.4%；牲猪规模养殖户（年出栏500头以上）达320家，全年养殖总量达54.48万头，占全市养殖总量的15.9%。牛出栏19678头，比2005年增长41.7%；牛存栏12.2万头，比2005年增长1.3%；其中奶牛存栏4495头，比2005年增长1.7倍；牛奶产量9540吨，比2005年增长50.7%；羊出栏13.76万只，比2005年增长32.6%；羊存栏11.77万只，比2005年增长38.4%；家禽出笼3842.46万只，比2005年增长5.4倍；家禽存笼1901.84万只，比2005年增长3.2倍；畜禽肉产量20.34万吨，比2005年增长59.7%。

家禽养殖龙头企业温氏集团、精武集团落户咸宁，有力推动了家禽规模养殖的发展。目前，家禽规模养殖户（年出笼15000只以上）达138家，全年养殖总量达1133.61万只，比2005年增长11.6倍。

2010年，全市已有各类养殖小区204家，成为我市畜牧业发展的引擎，辐射带动各类规模养殖户5707户。猪肉在肉类中的比重由2005年的68.9%下降到2010年67.3%，牛、羊肉的比重分别由2005年的7.8%、3.9%上升到2010年的8.5%和4.2%，草食性畜禽的比重不断增加。

(五) 渔业生产发展快，名特优产品多。

"十一五"期间，全市通过大力调整渔业产业结构，着力发展以河蟹、黄鳝、青虾、叉尾 、大口鲶鱼、小龙虾、特色鳙鱼、虹鳟鱼等为主导产品的名特优水产养殖，渔业生产得到了快速发展，水产养殖已成为农业结构调整的区域特色亮点。

2010年全市实现放养水面79.76万亩，比2005年增长18.0%。生产鱼苗鱼种31亿尾，比2005年增加9亿尾；我市水产品产量达到19.5万吨，比2005年增长35.1%；养殖单产平均水平达到每亩228公斤，增长20.6%。名特优品种比例达到80%，其中河蟹产量4943吨，黄鳝产量3215吨，小龙虾产量9810吨。我市斑点叉尾 苗种产量居全国第一，占全国总量的85%，年繁育苗种10亿尾。

二、农业生产面临的矛盾和问题。

(一)农业结构调整存在的深层次问题凸现。一是结构调整缺乏总体规划，盲目性、趋同性现象比较突出。二是农业社会化服务体系功能弱，在岗的乡镇农业技术人员人数少，知识老化，且待遇低，难以较好地发挥指导、示范农业生产，防控病害的作用。三是农业的集约化、产业化生产与农民家庭土地承包制的生产不适应不协调的现象比较突出，耕地的流转机制没有形成，制约着现代农业的发展。

(二)农业抵御自然灾害的能力薄弱。近年来，我市农业基础设施陈旧老化问题日渐加剧，加之自然灾害频繁发生，给农业生产带来损失的同时，也使得我市本已偏少的农业生产要素资源质量下降。以耕地为例，2010年全市有效灌溉面积128.4万亩，比2005年减少了2.4万亩，下降了1.8%；旱涝保收面积89.25万亩，比2005年减少了5.1万亩，下降了5.5%。

三、促进农业稳定发展的建议。

农业是安天下的产业，在耕地资源逐年减少，人口不断增加的现实下，确保粮食和农业生产稳定发展显得尤为重要。

(一)加大扶持力度，完善体制机制。农业仍然是一个弱势产业，各级政府要加大扶持力度，加快推广农业新产品、新种养技术，改革和完善制约农业发展的体制机制，促使农业生产比较效益处于合理水平，有效激发农业生产者投入农业的热情，增加农业产出。

（二）进一步加强耕地保护和农田水利基本建设。近年来，农民建房占耕地的现象较为突出，要进一步加大耕地保护的力度，合理规划新农村建设和农民私自建房用地。加大中、小型水利设施的建设和维护力度，提高抵御自然灾害的能力。要关注农村个别地方修建一条通村公路，建起公路两边新住房，毁了沿路一大片农田的现象。

（三）加快推进设施农业建设。设施农业是指建设包括温室、大棚和中小棚，以高技术、高投入实现高产出、高效益为目标。加快推进设施农业建设，提高我市农业物质装备和技术水平，确保农业高产稳产，提高农业效益。设施农业对蔬菜、瓜类、食用菌、花卉苗木、种籽育苗、畜牧、水产等农业生产具有不可替代的优势，发展潜力巨大。

（四）构建特色农业大市战略。我市七山一水两分田的自然条件和比较优势，决定了我市农业必须走特色农业之路。要以"四乡六业"为主体，加快"板块"基地建设，走现代农业发展之路，突破性发展农产品加工业，做大特色，做强产业，做响品牌。力争尽快形成一批具有比较优势、特色鲜明的"一县一品种、每县有产业"特色农业新格局。

（咸宁市统计局　施良池　熊学雷）

恩施州“十一五”时期农村经济成就

“十一五”是恩施州发展史上极不平凡的五年。五年间，在州委，州政府的正确领导下，全州上下齐心协力应对各种挑战，经受多重考验，克服了多种自然灾害及国际金融危机的影响，积极践行科学发展观?，紧紧抓住国家一系列的强农惠农扶持政策，大力推进现代农业和新农村建设。五年一跨越，发展在眼里，变化就在身边，恩施州农业和农村经济发展取得了巨大成就。

一、“十一五”期间成就辉煌

（一）农林牧渔业经济总量全面发展

2010年，全州实现农林牧渔业总产值174.25亿元，比上年增长（可比价，下同）7.0%，其中：农业产值104.42亿元，增5.4%；林业产值5.78亿元，增13.6%；畜牧业产值61.98亿元，增9.0%；渔业产值0.76亿元，增17.6%。全州实现农林牧渔业增加值107.65亿元，增5.0%，其中：农业增加值62.56亿元，增3.5%；林业增加值3.86亿元，增15.1%；畜牧业增加值39.80亿元，增6.2%；渔业增加值0.55亿元，增15.0%。

“十一五”期间，农林牧渔业总产值年均增长9.9%，其中：农业产值年均增长9.7%；林业产值年均增长13. 4%；畜牧业产值年均增长10.0%；渔业产值年均增长17.8%。农林牧渔业增加值年均增长8.6%，其中：农业增加值年均增长6.9%；林业增加值年均增长14.7%；畜牧业增加值年均增长10.7%；渔业增加值年均增长19.8%。

（二）农业经济结构进一步调整优化

“十一五”期间，农业和农村经济结构进一步调整优化。一是在GDP的构成中，第一产业比重下降，第二、三产业比重上升，2005年第一产业比重41.0%，2010年30.7%，下降了10.3个百分点。二是乡村从业人员中的农业从业人员与非农行业劳动者结构比由2005年的57.18∶42.82调整到2010年的47.17∶52.83，农业从业人员比重减少10.01个百分点；三是在农作物播种面积中，粮食作物比重下降，经济作物比重上升。粮食作物与经济作物的种植比由2005年的62.31∶37.69调整到2010年的57.59∶42.41，下降了4.72个百分点。

（三）主要农产品产量增势强劲

1、粮食稳定上升。“十一五”期间，全州各级各部门切实加强“三农”工作，认真贯彻落实各项农惠强农政策，粮食生产稳定上升。2010年，全州粮食播种面积达到642.6万亩，粮食总产量167.18万吨，比2005年增加13.6万吨，增长8.8%。其中：马铃薯29.89万吨，增长8.6%，水稻42.07万吨，增长1.9%；玉米64.37万吨。增长15.6%。“十一五”期间，马铃薯、水稻、玉米年均增长分别是1.7%、0.4%、2.9%。

2、油料大幅增长。近几年来，国家进一步加强良种补贴力度，加之油料价格不断攀升，全州油料生产大幅增长。2010年，全州油料播种面积91.7万亩，比2005年增加20.87万亩，增长29.5%；油料产量8.39万吨，比2005年增加2.2万吨，增长35.4%。“十一五”期间，面积、产量年均增长分别是5.3%、6.2%。

3、蔬菜蓬勃发展。“十一五”时期，恩施州逐步采取“公司+基地+农户”的模式，在二高山以上的区域大力发展高山蔬菜，建立农业龙头企业和专业合作社，以“订单农业”作支撑，形成农民放心种植、企业担负责任、生产销售两旺的蔬菜发展局面。蔬菜产业如　后春笋般茁壮起来。2010年全州蔬菜播种面积169万亩，比2005年增加27.85万亩，增长32.8%；产量182.30万吨，比2005年增加34.36万吨，增长23.2%。面积年均

增长5.8%，产量年均增长4.3%

4、烟叶平稳增长。"十一五"时期，在国家政策的调控下，烟叶生产平稳增长。2010年，全州烟叶播种面积64.19万亩，比2005年增长6.2%。年均增长1.2%；烟叶产量8.54万吨，比2005年增长10.4%，年均增长2%。

5、茶叶、水果快速增长。2010年，茶叶产量4.61万吨，"十一五"期间年均增长(下同)16.0%，茶园面积85.48万亩，年均增长13.2%；水果产量20.92万吨，年均增长15.6%，果园面积52.48万亩，年均增长11.5%。

6、畜牧业稳步增长

"十一五"时期，在国家一系列的扶持政策的带动下，全州畜牧业呈快速增长态势。2010年，生猪出栏440.67万头，年均增长6.0%，产量37.36万吨，年均增长6.1%，年末存栏411.57万头，年均增长7.3%；牛出栏9.33万头，年均增长14.3%，产量1.53万吨，年均增长21.4%，年末存栏35.68万头，年均增长4.7%；羊出栏55.10万头，年均增长9.5%，产量0.94万吨，年均增长9.9%，年末存栏57.23万头，年均增长7.6%；家禽出笼1006.52万只，年均增长12.5%，产量1.82万吨，年均增长6.1%，年末存笼830.35万只，年均增长17.4%；禽蛋产量2.38万吨，年均增长8.7%。

(四)外出务工人数不断增加

"十一五"时期，恩施州通过"阳光工程"、"雨露计划"对农村转移劳动者进行初级技能培训。极大地调动了农村富余劳动力外出就业，为农民增收带来更好的发展空间，同时也有力的带动了地方经济全面发展。2010年末，全州农村劳动力外出务工77.15万人，占乡村从业人员的40.9%，比上年增加3.56万人，增长4.8%。带回劳务总收入71.83亿元，比上年增加21.06亿元，增长41.5%。

(五)农民收入较快增长，生活环境明显改善，生活质量大大提高

"十一五"时期，中央加大统筹城乡发展力度，不断出台了一系列惠农政策，进一步推动农民收入的增长，农村居民生活环境得到明显改善，生活质量大大提高。2010年，恩施州农民人均纯收入3255元，比2005年增加1612元，增长98.1%，年均增长14.7%。随着农民收入的提高，新农村建设大力推广，农村居民的居住环境得到了明显的改善。2010年，恩施州农村居民人均用于居住类消费支出为377元，比2005年增长62.5%。2010年，农民人均住房面积41.18平方米，比2005年的38.46平方米增加2.72平方米，增长7.1%。其中，钢筋混泥土结构面积9.28平方米，同比增长27.1%，砖木结构面积26.31平方米，同比增长13.3%，其他结构面积5.59平方米，同比下降29.2%。在人均居住面积增加的同时，住宅装饰也在逐步城市化，室内卫生间，淋浴器等居住配套设施逐渐普及。居住质量也有较明显的提高。2010年，恩施州农民家庭平均每百户拥有彩色电视机83.4台，比2005年增长30.3%；电冰箱19台，同比增长2.8倍；洗衣机75.3台，增长71.1%；影碟机33.3台，增长1%；热水器16.5台，增长3.1倍；微波炉8台，增长60%；家用计算机、空调机、抽油烟机、摄影机、数字照相机等高档家用设备也在逐步走入农民家中。

(六)农村基础设施大为改善

1、农村交通明显改善。随着宜万铁路、沪渝高速公路的建成通车，长期以来制约恩施州经济社会发展的交通瓶颈得到明显改善。随着"两路"的开通，农村通达工程、通畅工程也在大规模建设。农村交通也得到很大改善，农村居民出行难的问题得到很好的解决。2010年末，全州通汽车的村2509个，占整个行政村的98.9%，比2005年末的93.2%高出了5.7个百分点。目前全州只有27个行政村目前还未通公路，部分村正在筹建之中，有望年底建成通车。

2.电覆盖所有行政村。"十一五"末，全州2536个行政村所有农村居民，均享受到了他们心目中奢望的"楼上楼下电灯电话"的都市生活。2010年，全州农村生产和生活用电3.60亿度，年均增长12.1%。

3.村村通电话。2005年末，全州2556个行政村通电话，占村总数的88.2%。"十一五"末，全州实现了所有

行政村通电话的目标，每百户农民家庭拥有移动电话124部，超过户均一部的水平，比2005年增加67部，增长1.2倍。“村村通电话”，给农村居民的生产生活带来了极大的方便，也为城乡居民信息交流提供了很好的平台。

（七）农业综合生产能力进一步提高

“十一五”期间，为加强社会主义新农村建设和巩固农业增产、农民增收成效，各级政府大力投资农田水利建设，农业基础设施和农业生产条件得到了很大的改善，国家对购买农机具实行补贴，更进一步提高了农业综合生产能力。2010年末，全州有效灌溉面积99.14万亩，年均增长3.4%；旱涝保收面积199.56万亩，平均增长1.2%；“十一五”期末，农业机械总动力达175.56万千瓦，年均增长16.6%。

二、存在的主要问题

（一）农业基础设施条件仍然薄弱，抵御自然灾害的能力较差。“十一五”时期，在全州上下的共同努力下，农业水利基础设施有明显地改观，农业生产条件得到了很大的改善，但由于基础差、底子薄，农田水利基础设施条件仍显薄弱，再加之新建的水利设施不排除有部分“形象工程”存在，形同虚设；原有的基础设施没有得到及时的维修，老化损坏较为严重，难以抵御大的自然灾害对农业生产、农民增收造成的影响，农业“靠天收”的局面没有根本改变。

（二）农资价格持续上涨，农业生产成本增加。“十一五”期间，国家通过一系列的政策措施抑制农业生产资料价格持续上涨，但与农村种养业生产密切相关和需求量较大的生产资料，如种子、饲料、化肥、燃料、各种农用器具等生产资料价格仍继续上涨，使得农业生产、畜牧业养殖成本增加，农民增收困难。

（三）科技支撑力度不够。基层农技推广体系作用发挥不够充分，以钱养事机制不顺，人员结构老化，农业科技队伍培训、学习不够，专业素质不能满足当前农业的发展需要。乡镇农技服务机构经费保障不足、服务手段落后，农业科技成果大面积推广应用不足，农民急需技术服务难以及时到位，农业的科技支撑能力有限。农业科技与农民之间的连接纽带严重缺失，影响了农业科技推广普及与现代农业的发展。

(四)农民工大量外出，带来了一些社会问题不可忽视。农民工外出，对解决农村富余劳动力就业，增加农民收入、提高农民的文化素质和劳动技能，改变贫困地区落后面貌起到了重要作用，但也带来了一些不容忽视的社会问题。一是多数青壮年劳力进城打工，农村出现了劳力短缺现象，五十岁以上的半劳动力成了发展农村经济的主力军，这些人因为体力和知识上的欠缺，农业科技推广乏力，新技术推广困难，很难担负起发展现代农业和建设新农村的重任；二是农村留守儿童缺少家庭教育和与父母沟通，造成性格孤僻，不利于健康成长；三是部分老人的晚年生活无人照料；四是有的偏远地方土地抛荒现象严重。

三、建议

(一)切实完善科技推广体系。一是加快推进农技推广体系建设，进一步完善农技推广以钱养事新机制，构建“县农业技术推广中心--乡镇农业技术服务中心--村级示范户”三级农业技术推广服务网络。二是大力实施“种子工程”，要一如既往地推广农作物新、特、优品种。大力推广高产优质两杂种子(杂交水稻、杂交玉米)、双低油菜、优质马铃薯、使农作物良种覆盖率达到每个农户。三是进一步加大力度培训农业科技人员、基层干部和农民，全面提高农业劳动者素质，力争使上半以上的农村农动力接受农业新技术培训。四是突出抓好优质肉猪、肉牛、肉羊和特种畜禽等技术推广，切实保障肉类产品、禽蛋产品的质量安全，不断丰富和提高人们生活水平。

（二）努力提高农业综合生产能力。提高农业综合生产能力要从水利建设、农业综合开发、生态环境建设和农业科技四方面着手。开展以农田水利为重点的农业基础设施建设，以植树造林为重点的生态环境建设，以公路、电网、供水和通讯为重点的农村生产生活设施建设，保护好基本农田，改善农业生产条件，降低农业生产成本，提高农业综合生产能力。

（三）稳定农资价格，确保农业发展、农村稳定和农民增收。各级政府和有关职能管理部门应采取一系列调控措施稳定农资价格，健全农业生产资料营销网络，减少农业生产资料营销成本。使放心、优质、低价的农业生产资料及时到达农民手中。要长期加强农业生产资料价格和质量的监管。质监、物价、工商等部门要加大对价格欺诈、以次充好、囤积居奇、哄抬价格、联盟涨价等违法行为的查处力度，切实控制农业生产成本，保护农民的合法权益。要积极研究遏制农资价格上涨和适当补贴的有力措施，有利于减少农资涨价给农民带来的损失，有利于调动农民种养积极性。

（四）鼓励有创业能力的农民工返乡创业，带动地方经济全面发展。农民工返乡创业对促进区域经济发展，促进新农村建设具有重要意义。进城打工的农民工经过多年打拼，有的已经积累了一定的资金，学到了相应的技能，掌握了一些市场信息，初步具备了返乡创业的条件。政府应加大对农民工返乡创业的支持，及时为农民工返乡创业搭建创业指导和市场服务平台。并及时提供金融、技术、信息等服务，帮助创业农民工掌握技术，了解市场，寻求商机。用优惠的政策吸引他们回乡创业，即能使小孩的教育不再残缺，留守的老人不再孤单，同时又能带动地方经济全面发展。

（五）建立合理的土地流转机制，有效遏制土地抛荒。虽然大量农民工外出打工，导致了土地抛荒。但是，农村土地流转市场不健全、缺乏有效的运作平台才是导致抛荒现象的主要原因。如果缺乏活力十足的流转市场，即便其他方面的因素得到了解决，也难以从根本上解决土地抛荒问题。因此，必须建立合理的土地流转机制，正确处理好所有权、承包权、经营权三者之间的关系，在充分尊重农民意愿基础上探索多样化的流转形式，积极引导农民采取转包、托管、租赁、代耕代种等方式促进土地向规模经营户集中，并从资金、技术、信息等方面对种粮大户和种田能手给予扶持，促进耕地流转，从而避免土地抛荒。

（六）扎实推进新农村建设，切实解决民生问题。新农村建设是一个长期的过程，不断完善农村基础设施，改善农民生产生活环境，提高农业综合生产能力，着力解决农村公路、村民饮用水、生产生活用电、农田水利建设、农业综合开发、生态环境保护、农业科技创新、文化设施建设等农民迫切希望解决的现实问题，为推进农村经济全面发展奠定坚实的基础。

（恩施州统计局　赵秋平）

仙桃市“十一五”时期
农村经济社会发展情况及“十二五”展望

“十一五”期间，仙桃市委、市政府牢固树立科学发展观，认真贯彻落实中央各项重农、扶农、惠农、强农政策，深入推进农业结构调整，着力发展农业特色产业，扎实开展新农村建设。五年来，仙桃有效抵御了各种自然灾害的影响，有效遏制了不稳定因素，成功应对了发展中出现的各种挑战，比较好地实现了“农业增效、农民增收”的发展目标。

一、“十一五”农村经济社会发展的主要成就

（一）农村经济持续增长，特色产业健康发展

1、经济总量不断增加。五年间，仙桃市农、林、牧渔业生产总值为371.45亿元，是“十五”生产总值的1.5倍，剔除价格因素影响（以2005年为基期），年均增长5.6%.高于“十五”年均增长3.6个百分点；农、林、牧渔业增加值为222.50亿元，剔除价格因素影响（以2005年为基期），年均增长4.3%。

五年来，粮食连续5年增产，由2005年的53.24万吨增加到2010年的73.23万吨，年均增长6.6%；五年间，生猪共出栏541.69万头，是“十五”的1.4倍，生猪存栏由2005年的56.97万头增加到2010年末的67.02万头；家禽共出笼3890.68万只，是“十五”的1.3倍，家禽存笼由2005年的639.42万只增加到2010年末的753.35万只；水产品产量119.0万吨，五年间年均增长8.4%，高于“十五”年均增长2.5个百分点。

五年来，仙桃相继荣获全国粮食生产先进市、中国百强特色农业示范基地等称号；相继被确定为全国粮食生产大县、全国生猪调出大县、全国油料产出大县、全国淡水养殖大县、全省水产生产大县等，另外，仙桃农业科技园区被科技部批准为国家级农业科技园区。

2、农业产业结构调整成效显著。仙桃是一个农业大市，一直以来，农业种植业占主导地位，为了调整农业产业结构，提高农产品档次，“十一五”，仙桃市始终坚持用工业理念谋划农业，用科技手段提升农业生产水平，用产业化模式运作农业发展。经过五年的调整、升级，仙桃市水稻、油菜、棉花等农作物优质品种种植覆盖率均达到100%。“十一五”末的2010年，生猪年出栏在500头及以上的规模养殖户已发展到496家，年出栏生猪58.03万头，占全市生猪出栏总量的50.2%；家禽年存笼（出笼）在15000只及以上的规模养殖户达到194家，年出笼家禽297.0万只，占全市家禽出笼总量的33.0%。水产养殖面积由2005年的30.06万亩发展2010年的52.63万亩，年产量由2005年的20.17万吨增加到2010年的28.43万吨，特色水产比重已由34.0%提高到78.4%。从生产总值的构成看，农业生产比重由2000的54.1%、2005年的42.7%下降到2010年的38.0%；畜牧、水产养殖生产比重由2000年的45.3%、2005年的54.6%上升到2010年的59.4%。

3、特色产业板块已经形成。“十一五”以来，仙桃市按照“特色新农、产业扶农”战略思想，制定了一系列引导性、优惠性政策来着力打造特色产业、特色板块，经过五年的大力发展，全市已形成了以杨林尾、胡场等镇为中心的90万亩优质稻板块；以三伏潭、郭河等镇为中心的70万亩双低油菜板块；以通海口、沙湖等镇为中心的50万亩水产板块；以毛嘴、郑场等镇为中心年出栏115万头生猪养殖板块；以郭河、陈场等镇为中心年出笼900万只家禽养殖板块；以沔城、彭场等镇为中心的15万亩无公害蔬菜板块。另外，张沟镇网箱养鳝

已达到3.2万亩(60万口),成为全国网箱养鳝第一镇,杨林尾镇鱼鳖套养3万亩,成为全国养鳖第一镇。

4、"三品"创建初显成效。2003年以来,仙桃市紧紧围绕出精品、出名品、出安全品,着力推行标准化生产,科学化养殖;按照"坚持生态第一、环境友好"的发展理念,不断改造和完善种、养殖基础设施和环境治理。从品种选择到农田耕整,从幼苗移栽到大田管理,从种禽引进到喂养生产,从化肥、农药的使用到饲料、添加剂的使用,从产品的生产过程到农产品的收获,一一跟踪监管。种植业在精耕细作的基础上,加强了生物防治,物理防虫,温室控制等技术的推广利用,有效遏制了农业污染源的产生和渗入。畜禽养殖业大力推广微生态发酵床健康养殖等新技术,着力推广生猪"150"和蛋鸡"153"标准化养殖等新模式,不断提高畜牧业生产的科技含量。2010年底,全市标准化畜禽养殖小区已发展到75个。水产养殖业按照《仙桃市无公害水产品标准化生产基地管理实施细则》,着力推广水产健康养殖技术,构建水产品质量安全长效机制。生产过程的逐步科学化、标准化、规范化,使农产品质量不断提高、升级。五年来,仙桃市已建成32个绿色无公害食品示范基地,已发展绿色食品18个,已获得无公害农产品认证205个,其中种植类11个,畜禽类15个,水产类179个;无公害农产品产地认定48个。

(二)基础建设不断完善,防洪抗灾能力全面提高

五年来,投资2.1亿元,建成各类小型水利工程167处,其中完成重点排灌沟渠疏挖83.6公里,改造维修涵闸泵站91座;争取资金4.7亿元,改造中低产田22.9万亩。全市农业机械总动力115万千瓦特,比2005年增加35.2万千瓦特,超出"十一五"规划目标7万千瓦特。2010年,全市有效灌溉面积、机电排灌面积和旱涝保收面积分别达到131.13万亩、113.73万亩、125.28万亩,占农田面积的比重分别达到96.5%、83.7%、92.2%。截止2010年底,已建成通村公路1860公里;已解决231个村、44.1万人的饮水难问题;完成户用沼气池7万口,三格式改厕3.8万座,新建中小型沼气工程13处。

(三)依托资源优势,农业产业化加速发展

仙桃是一个鱼米之乡,具有优质粮棉、名特水产、生态畜禽、绿色蔬菜等四大优势产业。"十一五"以来,在以工业化理念谋划农业的大背景下,仙桃市通过依托具有"一镇一品"、"一村一品"特色的集约化高效农业产业基地,通过实行"农户+企业+市场"运行模式,通过加大招商引资力度,比较好地实现了优质粮油、健康水产、特色畜禽的保鲜储存和加工转换增值。截止2010年,仙桃市已汇集地方特产九珠皮蛋、红心咸蛋、毛嘴卤鸡、郑场豆豉、沙湖刁子鱼、盛胜鹅制品、万荷堂莲子、万婆家醉鱼等特色产品的加工群。另外,随着燕京啤酒、台湾旺旺、广东华美、四川米老头、金威麦牙、福建亲亲、海新食品、嘉士柏、美国康派克、武汉真巧等知名食品加工、制造企业在仙桃的相继落户和壮大,农产品加工已成为仙桃第一优势产业。2010年,规模以上工业农产品加工产值达193.56亿元,占工业总产值的43.6%,其比重高于2005年26.0个百分点。

(四)借势给力,新农村建设稳步推进

仙洪试验区是省委省政府通过跨区域试验为全省新农村建设探索新路的一项重大的战略性举措,按照统一规划,仙桃分三批有"七镇一园"纳入试验区建设范围,第一批是张沟镇、仙桃工业园(2008年4月),第二批扩增了杨林尾镇、郭河镇(2009年5月),第三批扩增了彭场镇、沙湖镇、沔城镇、陈场镇(2010年6月),主要涉及274个行政村, 14.26万户、49.71万人。三年来,仙桃市充分把握有利时机,克难奋进扎实推进各项工作,保障了试验区经济发展势头迅猛,基础设施建设加快,镇村形象明显提升,社会事业全面发展,基本实现了"三年实现明显变化"的目标。

三年来,试验区共投入资金近10亿元,改造省市道路120多公里,新建通村公路636公里,修建产业通道195公里;疏挖沟渠717公里,完成土地整理项目16万亩;解决了80%以上农户的饮水安全问题;全面改造了农村低压线路和电力设施。三年来,试验区共修复改造镇影剧院6个,建设农家书屋149家,发展农村文化中心户115户(农村文化阵地3年的建设量超过过去10年建设总量)。80%的村拥有农家书屋、商业农家店

和健身休闲场所，有线电视通村率达100%、入户率超过90%，所有集镇卫生院和农村学校危房得到及时改造，试验区农村群众基本实现学有所教、病有所医、老有所养、闲有所乐。三年来，试验区共建成户用沼气池1.6万口，改厕1.1万座，形成了"前园后院"的生态家园模式。

三年来，试验区已形成了张沟的鳝、郭河的鸡、沔城的菜、陈场的鸭、沙湖的莲、杨林尾的鳖等一镇一品的发展格局。三年来，试验区共发展农产品龙头企业30家，共建成水稻和油菜标准化生产示范基地5.3万亩、水产健康养殖示范基地14.4万亩，获无公害农产品产地认定13个、无公害农产品认证60个、绿色食品认证12个。依托标准化生产和绿色食品优势，试验区培育了"外婆家"醉鱼、"仙桃"香米、"绿源"蛋品等10多个农产品知名品牌。

（五）农民生活和社会保障不断提高，民生不断改善。

"十一五"期间，仙桃市农民人均纯收入5359元，年均增长12.3%，人均收入比"十五"年均增加1968元，年均增幅高于"十五" 7.3个百分点；农村人均住房面积由2005年的29.5平方米增加到2010年的37.1平方米，楼房普及率达85%以上。

1、就业渠道不断拓宽。"十一五"期间，仙桃主要面临两大就业压力：一是本地企业技术工、熟练工短缺；二是世界金融危机带来在外务工农民回流的再就业。为了切实解决好这两大难题，仙桃市积极采取应对措施，千方百计扩大就业。一是加大政府公益性免费培训力度，提高就业者的劳动技能；二是实施再就业工程，帮助、引导回流返乡农民拓宽就业渠道；三是针对市内企业所需专业岗位，指导、配合企业加强专项技能培训，帮助企业解决人员不足问题；四是推介一批创业项目，鼓励、扶持创办经济实体，以创业实现就业并带动其他人就业；五是政府资助适当开发一批公益性岗位，缓解特困户的就业问题。在返乡人员中，再就业比重由2008年的67.5%、2009年的78.0%、提高到2010年的97.4%；外出人员和再就业人员中，参加政府办技能培训的人数由2008年的0.92万人、2009年的1.00万人增加到1.01万人。

2、社会保障体系不断完善。"十一五"期间，农村新型合作医疗参合人数达到113.71万人，实现了农村参合全覆盖；农村低保人数3.56万人，基本实现了应保尽保；农村养老保险17.58万人，其中包括6891名"小三场"职工、701名被辞退民师、705名村主职干部、5191名农村"两女户"家庭等，被征地农民社会保障覆盖率达100%。另外，为1531名离任村干部发放了生活补贴。

3、村庄环境不断改善。五年来，仙桃市民生建设投入超过20亿元，到2010年底，98.6%的村拉通了水泥路，行政村公路通畅率达到100%；66.4万人吃上了自来水，安全饮水普及率达到70.8%，"一建三改"（一建：建沼气；三改：改厕、改水、改圈）已占39.9%；70%的村实现垃圾集中处理,40%的村实现墓园集中管理。

4、社会性事业不断发展。2010年，各种社会福利收养性单位30家，比2005年增加2家，其收养性单位床位数比2005年增加1281床；农村义务教育新机制全面实行，农村中小学生学杂费全免；85%的农户看上了有线电视；文化休闲场所发展到348个；全市所有行政村完成村级甲级卫生室和村文化活动室的改造和新建；村级文化信息资源共享工程服务实现所有行政村全覆盖。

二、"十一五"发展中存在的主要问题

近年来，虽然农村经济社会发展取得了较大成就，但农业的弱质地位仍需改变：

一是农业基础设施仍显薄弱。一直以来，尽管不断加大对农业基础设施建设的投入，但仍满足不了农业生产和农民生活的需要，面对自然风险和市场风险的挑战，农业靠天吃饭的现状尚未从根本上改变。

二是科技兴农人才短缺。科技兴农是今后的发展方向，由于近年来以青壮年为主的农村劳动力外出务工日益增多，导致农村科技能手和致富能人寥寥无几。由于留守的大多是妇女、老人和儿童，他（她）们在家主要以简单劳作为主，基本没有心思和精力做科技兴农有心人。因此，目前这种层次结构很难推动农业科技创新，也不利于实现现代农业的发展。

三是农村公共设施建设和事业发展缓慢。按照城乡统筹发展要求，政府对农村提供公共产品和服务应与城市大致均等，但由于农村所需的公共产品和公共服务与政府支付能力之间的矛盾短期内难以解决，导致在一定程度上制约了农村公共设施建设和社会事业的发展。

四是水污染日趋严重。从环保部门2010年监测公布的情况看，除汉江水质符合《地表水环境质量标准》（GB3838-2002）Ⅱ类标准外，其余几条河流均不同程度存在超标现象，造成农村水污染的主要原因是生活污染、工业污染、畜禽养殖污染和农业面源污染等，这给农民的生产和生活造成了严重的影响。

三、“十二五”发展展望

（一）总体要求

全面贯彻和落实党的十七大和十七届三中、四中全会精神，深入学习和实践科学发展观，紧紧围绕打造实力诚信生态和谐新仙桃，紧紧扣住农业增效、农民增收和农村发展，积极抢抓武汉城市圈资源节约型、环境友好型社会建设和仙洪新农村实验区建设等重大机遇，不断加大城乡统筹发展力度，加快推进农业发展方式转变，加快推进社会主义新农村建设，加快推进体制机制创新，促进全市农业农村经济发展再上新台阶。

（二）发展目标

——农业生产能力进一步增强。粮食生产能力稳步提高，粮食总产达到75万吨。特色产业加快发展，水产品总量突破35万吨，其中名特水产比重达到85%；生猪出栏150万头，家禽出笼1600万只；蔬菜基地面积发展到20万亩。

——农村经济结构进一步优化。农村产业结构更加协调，农产品加工业与农业产值比重达到3:1；农村就业结构更趋合理，农民外出务工每年新增2万人以上。

——农村生态环境进一步改善。完成造林面积17万亩，河流道路绿化率达到95%，森林覆盖率达到18%以上。农户沼气普及率达到30%，农业污染物排放水平降低50%，农业面源污染区域综合治理率达到50%，农村生活垃圾和污水得到有效处理，环境卫生和村容村貌明显改观。

——农民生活水平进一步提高。逐步解决现有农村贫困人口的稳定脱贫问题，帮助低收入人口增加收入，缩小收入差距，到2015年，农民人均纯收入达到10000元，年均增长9.2%以上。逐步完善农村基本公共服务，农民上学难、看病难、出行难、饮水难、用电难和养老难等民生问题得到彻底解决。

（三）工作重点

1、实施“五大工程”。

①实施特色板块建设工程。一是实施特色板块建设工程。到2015年，全市优质稻板块面积发展到95万亩，做大做强水产、畜禽、蔬菜三大特色产业板块；全市水产品总产突破35万吨，黄鳝、小龙虾、蟹、甲鱼等名特水产比重达到85%。规模以上各类养猪小区发展到300个，带动全市生猪出栏150万头、鸡鸭出笼1600万只。

②实施龙头企业引领工程。大力实施农产品加工业“四个一批”工程，力争“十二五”末，全市市级以上农业产业化龙头企业发展到150家，其中省级以上农业产业化龙头企业30家，主要农产品加工转化率达到70%。

③实施品牌兴农富民工程。切实加强农业投入品市场监管，全面推行“五有五统一”标准生产模式，逐步完善市场准入制度，力争“十二五”期间，全市农产品无公害产地认定率超过90%，新增无公害、绿色农产品认证50个以上、地理标志注册商标10个以上。

④实施农机装备推进工程。加快新机具示范引进和推广应用，不断增加农机生产作业覆盖面，力争2015年，全市农机总动力突破140千瓦，农田耕整、稻麦收割和农田运输三大生产环节机械化水平突破95%。加快发展以各类农机大户为基础、以农机专业合作组织和企业为龙头的农业机械化服务网络，力争"十二五"末，全市各类农机专业大户发展到400户，农机专业合作社发展到40个。

⑤实施服务体系编制工程。巩固和完善农村公益性服务"以钱养事"新机制，全面完成农业公益性服务基层综合站建设，深入实施科技入户工程。加强农村商品流通体系建设，着力推进"万村千乡"、"双百市场"和"农超对接"三大工程。

2、加大"四个力度"

①加大仙洪试验区建设力度。"十二五"期间，重点围绕产业发展和民生改善，加快食品产业园建设、农业产业发展、中心镇建设和村庄整治力度，努力把仙洪新农村建设试验区仙桃片打造成为工农业集约发展的特色走廊、交通便捷的经济动脉、乡村旅游的观光亮点、全省乃至全国新农村建设的示范样板。

②加大农业基础设施建设力度。力争"十二五"期间再完成30万亩中低产田改造。搞好水产、畜牧、蔬菜等特色基地小区水、电、路等基础配套设施建设。

③加大农村社会事业发展力度。完善农村义务教育经费保障机制，落实农村职业教育免费政策；健全农村三级医疗服务体系；加强镇综合文化站、村文化活动户和"农家书屋"、广播电视"村村通"等文化工程建设。

④加大农村环境整治力度。综合治理农村环境特别是水体水质污染，保障农业农村可持续发展。彻底关闭"五小企业"；突出抓好畜禽养殖小区污染治理；广泛开展农村环境整治，强力推行垃圾和墓地"两集中"管理。

3、把握"三大重点"

①加快小城镇建设步伐。多渠道筹措资金，完善小城镇基本生活设施，增强小城镇承载能力，努力把小城镇建设成为农民务工经商的摇篮。力争2015年，全市城镇化率达到60%。

②加快农村劳动力培训转移步伐。完善市镇村三级劳动力市场服务网络，大力实施"一主三化"战略，加快发展二、三产业，扩大就业容量，促进农村劳动力就近就地转移。力争"十二五"期间再转移农村劳动力10万人，最大限度优化农村劳动力就业结构。

③切实维护农民工权益。坚持把维护农民工合法权益作为"十二五"期间发展农村劳务经济的一项关键性举措来抓。建立城乡统一的劳动力市场，形成劳动者平等就业、自由流动的社会就业制度，实现农民工劳动报酬、子女就学、公共卫生、住房租购等与城镇居民享有同等待遇。

（仙桃市统计局　邓敏）

神农架林区“十一五”时期农村经济发展成效卓越

“十一五”期间，神农架林区认真贯彻落实中央、省文件精神，按照“生产发展、生活宽裕、乡风文明、村容整洁、管理民主”的要求，大力推进农业现代化建设和社会主义新农村建设，促进农民增收，全面完成“十一五”规划确定的目标任务，实现了农业和农村经济又好又快发展。

一、农业综合生产能力明显提高

“十一五”期间，神农架着力加快农业和农村经济结构调整，农业综合生产能力得到显著提高。农业经济总量不断壮大。2010年全区农林牧渔现价产值25921万元，是2005年的1.7倍，按可比价计算，年均增长0.29%。

1、农业生产稳步提高。粮食生产稳定，单产保持较高水平。“十一五”期间，神农架粮食生产面积稳定在108874亩，粮食产量稳定在18845吨以上，年均产粮20126吨，粮食平均单产173公斤，连续五年获得丰收。2010年全区经济作物播种面积49361亩，比2005年增长7.2%，年均增长1.2%。蔬菜产量36987吨，水果总产量为669吨，分别比2005年增长14.5%、35.6%。养殖产品生产能力稳步提高。2010年，全区生猪出栏57331头，羊出栏14057只，水产品7.39万吨，家禽出笼298289只，肉类总产量5814吨，蛋318.3吨，全区养殖业产值8141万元，是2005年的1.46倍，年均增长0.08%。畜禽标准化规模养殖快速发展，到2010年底，年出栏生猪500头以上的大户14户；年出栏或存栏牛130头以上的大户1户；年家禽存笼或出笼15000只以上3户。

2、农业产业化发展强劲。农产品加工快速发展。“休闲农业迅速发展。“十一五”期间，神农架闲农业已从“吃农家菜、住农家房、观农家景、干农家活”的“农家乐”形式逐步向以多功能休闲庄园企业为主的形式转变，截止2010年底，全区拥有休闲农庄、农家乐354家，全区休闲农业实现年经营总收入40000万元，接待休闲游客100万人次。

二、农业生产条件进一步改善

“十一五”期间，随着综合经济实力的不断增强，神农架加大对农业生产的投入，农村基础设施建设不断完善，农业生产条件进一步改善，为神农架下一个五年计划的完成和农业现代化建设奠定了良好的基础。

1、耕地得到有效保护，耕地质量明显提升

“十一五”期间，神农架认真落实“十分珍惜、合理利用土地和切实保护耕地”的基本国策，在发展大环境下正确处理经济建设和耕地保护的关系，严格执行占用耕地补偿制度，有效保护耕地和农田，实现耕地面积的占补平衡。到“十一五”末，全区实有耕地面积91108.5亩，比2005年末减少1651.5亩，连续4年实现年末实有耕地面积略有减少。耕地面积减少的主要原因：一是城镇建设规划用地、二是矿产开发占用耕地、三是大九湖湿地公园退耕还湖。耕地面积减少，为保障农业生产稳定，神农架加大土地治理力度，大力改造中低产田，5年共改造中低产田1400余亩。通过土地治理，耕地质量和地力得到明显提升，为神农架农业生产稳定提供了可靠保障。

2、农村劳动力资源充足，素质不断提高

“十一五”期间，神农架农村劳动力稳定在25000人以上，2010年末农村劳动力资源数达到26688人，占农业人口的54%，其中劳动年龄内劳动力占农村劳动力的90%。充足的劳动力为农业生产提供了保障。“十一五”期间，随着农村教育事业的发展，以及义务教育和农村成人教育的逐步普及，神农架农村劳动力受教育程度不断提高。到2010年，全区平均每个劳动力受教育年限7.4年，比2005年提高0.3个百分点。高学历劳动力增加，每百个劳动力中，中专以上文化程度的劳动力比2005年增加3–4人。劳动技能得到提高。“十一五”期间，神农架大力实施“科教兴农”战略，健全农村教育网络，通过办班培育、示范带动等方式，引导农民学知识、学技术，5年间全区共有9510农民接受了劳动技能培训，涌现出一批“有文化、懂技术、会经营”的建设社会主义新农村的新型农民。

3、农村基础设施不断改善

水利设施建设进一步加强。“十一五”期间，神农架投入4014万元资金，兴建水利工程19余处。到2010年全区有效灌溉面积达到3144亩。耕地抗旱能力进一步提高。农村电网改造升级。“十一五”期间，神农架对农村电网进行全面改造升级，重点解决农村低电压、设备老化、过负荷、供电“卡脖子”等农村用电难问题，农业生产设施用电有了保障，农村用电量大幅增长。2010年，全市农村用电量达972万千瓦时，比2005年增长80%。全区通电村达到67个，基本实现村村通电。农村电网的改造升级，为农业生产创造了良好条件。农村交通状况明显改善。“十一五”期间，神农架加快乡村道路建设，改善乡村交通状况，全区共建设乡村公路943.5公里，至2010年，全区通汽车的村达到67个，80%以上的行政村实现了通水泥路或沥青路。四通八达的公路交通网为农业生产物资和农产品运输提供了便利条件。农村通讯条件进一步改善。2010年，全市通电话的村达到67个，基本实现村村通电话，实现互联网宽带上网的村达到65个，占全区行政村的97%。农村每百户拥有座机87部，手机65部，电脑8台。

4、农业机械化程度显著提高

“十一五”期间，神农架农业机械化发展速度明显加快，农业生产方式实现了由以人力、畜力为主向以机械作业为主的历史性跨越。“十一五”期间，神农架共争取农机购置补贴资金572万元，是“十五”期间的52倍。2010年，拖拉机607台，比2005年增长 70.5%；动力植保机械150台，比2005年增长120%；水田耕整机械450台，比2005年增长215%。到2010年底，全区农业机械总动力达到7.6万千瓦，比2005年增长212%，是历史上增长最快的5年。随着农机装备的增加，农机作业水平不断提升，2010年全区水稻生产耕种收综合机械化水平达到10%，比2005年提高10个百分点。

5、先进技术在农业生产中发挥重要作用

“十一五”期间，先进技术在神农架农业生产中发挥着重要作用。测土配方施肥起到增收节支作用。“十一五”期间，神农架全面推广测土配方施肥，到2010年，全区测土配方施肥面积达到2万亩，比2005年增加1万亩。测土配方施肥的推广，使化肥使用量减少，每亩增收节支超过35元。设施栽培技术丰富了“菜篮子”。2010年全区经济作物设施栽培面积为310亩，比2005年增加100亩，增长32.2%。其中，蔬菜设施栽培面积150亩、果用瓜110亩。温室和大棚蔬菜的快速发展，保证了城镇居民一年四季蔬菜的均衡上市和供应，为神农架的“菜篮子”工程发挥了重要的作用。

6、农业服务体系逐步完善

农技推广体系建设得到加强。2010年，神农架8个乡镇均建有县级农技推广中心，全区拥有乡镇农业技术推广站8家，农业技术人员49人。“十一五”期间，全区农技推广体系累计培训基层农技人员263人次，推广农业新技术18项，引进农作物新品种30余个，农业新技术入户率达85%，建立区、乡镇农业信息网，为广大农民提供农业生产信息，设立了“12316‘三农’”服务热线，24小时接受农民咨询。土地流转蓬勃发展。“十一五”期间，神农架农村土地流转蓬勃发展，建立健全了区、乡镇、村四级网络体系，全区共流转耕地85亩，流转率达到33.5%。2010年全区农民专业合作组织发展到42家，带动2300户农户增收致富。土地流转和农民专业合作社在推动神农架农业规模化生产和经营中发挥着重要作用。财政对农业的投入增加。“十一五”期间，神农架财政对农业的投入规模增加，5年共投入强农惠农资金 76261万元，农林水事务支出由2005年的2987万元增加到2010年的12733万元，年均增长65.3%。2010年，仅为农民发放农作物良种补贴、粮食直补、农资综合补贴达506万元，全区农民人均受益超过100元。农业信贷规模增加。“十一五”期间，神农架农业信贷规模逐年增加，从2005年的10683万元增加至2010年的14540万元，年均增长7.2%，5年累计发放农业贷款56839万元。农业保险从无到有。种猪、肉猪、奶牛养殖发生的意外灾害和病疫进行了保险，初步建立了农民抵御自然灾害的保障机制。自然灾害的预警能力提高。“十一五”期间，全区建立气象自动观测站20个，形成区域自动气象站网，暴雨山洪、干旱、森林火灾等自然灾害的预警能力进一步增强。

三、农民收入大幅增长，生活质量不断提高

“十一五”期间，神农架积极落实各项支农惠农政策，大力促进农民增收，5年里农村居民收入不断增加，生活条件进一步改善，生活质量稳步提高。“十一五”末，神农架农民人均纯收入 4083元，比“十五”期末的2164元增加1918元，年均增长17.7%，增速比“十五”提高个1.9百分点，成为神农架农民纯收入增长最快的5年。农民收入增加的同时生活消费支出也快速增长，2010年，农民人均生活消费支出4227元，较2005年增加2089元，年均增长97.7%。农村居民的饮食结构出现新的变化，食品支出增速回落，2010年全区农村居民家庭恩格尔系数为42%，较2005年降低8.1个百分点。居住条件继续改善。2010年，全区农村居民人均住房面积达38.5平方米，较2005年增加11平方米，广大农民的生活得到了前所未有的改善。

四、农村新型合作医疗

新型农村合作医疗成立，切实解决农业、农村、农民问题，提高农民健康水平，保护农村生产力的一项惠民工程。“十一五”期间全区参合44613人，参合率90.53%，全区享受新型农村合作医疗优惠政策105255人次。其中：住院3653人次，门诊101602人次；实际为参合农民补助696.2万元，其中：大病住院补助623.03万元，门诊15%减免补助72.67万元。

五、新农村建设扎实推进

“十一五”期间，按照“村民富、村庄美、村风好”目标要求，神农架新农村建设强力推进。在完善农村基础设施建设的同时，大力治理和改善农村居住环境。农村饮水安全明显改善。“十一五”期间，神农架实施饮水安全工程，让40528人农民彻底告别“饮水难”，到2010年末，农村饮水安全人口达到30528人。“乡村清洁工程”改变了村貌。2005年，神农架启动“乡村清洁工程”，通过采取秸秆综合利用、畜禽粪便无害化处理等技术，兴建农业投入品废弃物回收池、有机废弃物发酵池、污水处理池、垃圾收集池等，净化处理农村的废物、废水，改厨、改厕、改水，实现农民生活的卫生化、清洁化，农村面貌得到根本改变。新农村示范村建设成效明显。“十一五”期间，神农架加速推进新农村建设重点示范村的创建工作，“以点带面，推动全局”。

六、制约农业农村经济发展的因素暨存在的主要问题

（一）地理环境、自然条件差。神农架属巴山山脉，林、山、峡谷相互穿插，农户居住分散，在现有耕地面积中坡度在10度以下的不足百分之三十，百分之七十的耕地都在11度至24度，地块小而不平，整合程度低，农业土地资源紧缺且逐年减少，在发展现代农业过程中面临着生产经营规模细碎化的严峻挑战，很不利发

展机械化和高产高效农业。

（二）农业投入不足，缺乏必要的资金支持是制约现代农业发展的重要因素。农村基础设施建设滞后是制约农业现代化发展的重要"瓶颈"。农业基础设施建设跟不上，农业生产抵御旱涝自然风险能力低的状况并没从根本上改变。同时，农村信息化水平不高，信息获知渠道不多成为推进农业现代化的重要制约因素。当前，由于缺乏必要的信用担保机制，农民发展规模种养和农村中小加工企业难以得到必需的资金和信贷支持，影响了农村规模经营和农村工业化的持续快速健康发展。

（三）农民整体素质不高。农民整体素质不高是制约现代农业发展的智力因素。在农村劳动力中，经过专业技能培训的人员少，农民整体素质不高，不仅影响了先进适用农业新技术的推广应用，制约了农村生产力的发展，而且影响了农民外出务工收入水平的提高和农村工业化的健康发展。

（四）农民的组织化程度不高。农民的组织化程度不高是制约现代农业发展的体制因素。突出表现在龙头企业规模小、数量少、经营单一，而且现有龙头企业、农村协会组织和农户之间缺乏稳定的利益连结机制，对农民的带动和辐射能力弱，农民发展生产的组织化程度不高，农业的标准化、集约化、规模化水平低，农业生产抵御市场风险的能力不强。

七、今后发展对策

（一）加大对农业的投入，加强农业基础设施建设，推动农业和农村经济的持续健康发展。一是要进一步抓好水利基础设施建设；二是要切实抓好中低产田改造的标准整治；三是加快生态林业建设，营造良好的生态环境。

（二）加强对农民的科技培训，不断提高农民的综合素质。要对现有的政府就业培训机构和乡镇农业服务中心"以钱养事"功能加以整合，让哪些想从事二、三产业的年轻农民，通过集中培训、现场指导等多种形式培育成现代农民，使广大农民参与到现代农业的建设、发展上来。

（三）加大对农业产业化龙头企业的扶持，不断提高龙头企业带动区域经济发展的能力。要大力发展龙头企业集群，培养一批竞争力强、市场占有率高、带动辐射面广的龙头企业，通过"龙头企业+专业合作社+农户"的形式，把一家一户小规模生产组织起来，实现规模化、专业化、集约化生产，从而增强经营活力，增强传统农业生产抵御市场风险的能力，从而进一步加快我区的传统农业向现代农业的转变，增加农民收入。

（四）以市场为导向促进产业发展。1、大力发展特色产业。神农架林区的特色在于丰富的山水林特资源。在特色资源的开发上，要面向市场，培育支柱产业，实现农产品市场与大都市和国际市场对接。发展绿色有机农业是入世后山区农业的优势。要突出重点区域、重点乡镇、重点作物和重点林果、林药、林特等，建立有机农业示范区和无公害绿色生态农业示范区。2、开发特色支柱产业。针对山区农业资源丰富，而又批量小，但占领市场优势大的特点，大力实施农业增效工程，形成一村一品、一村一业，一乡一支柱的格局。3、树立品牌意识，扩大市场知名度.。一是充分利用神农架的历史文化、生态文化的优势包装有形实物，充分发挥地方优势打绿色牌、有机牌、野人牌，抢占国内外市场，发展外向农业。二是以质量为核心，大力开发地方名优产品。加大产品认证力度，改进工艺和包装，提高市场占有率。三是联合联动，整合资源，统一标准，统一运作，统一品牌，一个产品只打几个品牌，一个产业有一个名牌带动，一个产品系列有一批适应不同层次需求的拳头产品，以名牌带产业，靠精品促发展。

（神农架林区统计局　李山志）

1 农村基本情况

农村基本情况

指标名称	农村基层组织情况(个)					乡村户数（万户）	乡村人口数（万人）
	乡政府	镇政府	办事处	村民委员会	村民小组		
湖北省	**201**	**742**	**211**	**26018**	**209598**	**1062.14**	**4031.73**
武汉市	**8**	**11**	**56**	**2011**	**17997**	76.13	266.28
武汉市辖区	3	2	23	319	2225	15.58	46.11
蔡甸区	1	2	7	282	2024	8.76	31.63
江夏区	2	3	5	271	2688	9.5	35.01
黄陂区	2	1	12	587	6283	23.89	81.96
新洲区		3	9	552	4777	18.4	71.57
黄石市	**1**	**27**	**19**	**792**	**7923**	**34.73**	**149.93**
黄石市辖区		1	15	33	248	1.67	6.12
大冶市	1	10	4	367	4325	16.58	64.91
阳新县		16		392	3350	16.48	78.9
十堰市	**40**	**65**	**13**	**1845**	**10311**	**65.47**	**244.01**
十堰市辖区	4	3	8	109	622	2.79	8.67
丹江口市	1	11	5	224	1223	8.84	30.09
郧县	3	16		340	1779	12.48	49.57
郧西县	7	9		338	2123	11.63	42.33
竹山县	8	9		253	1470	10.97	41.87
竹溪县	7	8		289	1649	8.3	31.1
房县	10	9		292	1445	10.46	40.38
荆州市	**13**	**89**	**12**	**2452**	**20154**	**104.77**	**423.43**
荆州市辖区	2	11	8	198	1429	10.1	37.83
江陵县	2	7		197	1536	6.26	27.88
松滋市	2	14		238	2261	17.93	65.71
公安县	2	14		327	3277	18.28	74.15
石首市	1	11	2	276	2681	11.91	48.42
监利县	3	18		768	6074	24.17	105.22
洪湖市	1	14	2	448	2896	16.12	64.22
宜昌市	**22**	**65**	**20**	**1388**	**8168**	**86.56**	**272.35**
宜昌市辖区	4	2	14	99	654	5.56	17.92
夷陵区	3	8	1	182	1083	13.98	41.5
宜都市	2	7	1	123	827	9.4	29.16
枝江市		8	1	198	871	10.07	34.29
当阳市		7	3	158	935	11.03	34.32
远安县	1	6		102	497	5.1	15.46
兴山县	2	6		89	497	4.27	13.13
秭归县	4	8		186	1111	10.74	32.09
长阳县	3	8		154	968	10.71	35.78
五峰县	3	5		97	725	5.7	18.7
襄阳市	**4**	**75**	**19**	**2406**	**14938**	**95.45**	**364.32**
襄阳市辖区	1	6	12	218	1432	11.83	43.48
老河口市	1	7	2	219	1583	7.76	29.37
襄阳区		13		443	3130	17.78	75.33
枣阳市		12	3	521	3653	18.7	72.68
宜城市		8	2	178	1355	10.1	41.1
南漳县		10		282	1346	11.79	41.82
谷城县	1	9		284	1224	11.32	37.92
保康县	1	10		261	1215	6.17	22.62
鄂州市	**3**	**18**	**4**	**316**	**4027**	**20.78**	**76.83**

续表1

指标名称	农村基层组织情况(个)					乡村户数（万户）	乡村人口数（万人）
	乡政府	镇政府	办事处	村民委员会	村民小组		
荆门市	**2**	**50**	**5**	**1395**	**9954**	**49.44**	**188.46**
荆门市辖区	1	8	4	245	1716	7.46	26.91
沙洋县		13		250	2538	12.71	48
钟祥市	1	15	1	495	3354	17.78	69.66
京山县		14		405	2346	11.49	43.89
孝感市	**23**	**72**	**13**	**2947**	**23431**		
孝感市辖区	3	8	5	492	3842	104.46	410.9
孝昌县	4	8		445	3518	17.65	64.98
大悟县	3	14		362	3685	13.49	58.28
安陆市	4	9	2	381	3047	13.47	52.5
云梦县	3	9		286	2411	11.4	47.91
应城市		10	5	416	3187	11.33	45.66
汉川市	6	14	1	565	3741	15.51	59.18
随州市	**4**	**34**	**7**	**884**	**8667**	**21.61**	**82.39**
曾都区		5	4	154	1481	**51.38**	**195.63**
随县		19		358	2938	10.56	38.83
广水县	4	10	3	372	4248	19.87	76.53
黄冈市	**19**	**96**	**21**	**4320**	**36612**	**20.95**	**80.27**
黄冈市辖区	1	3	4	116	874	152.22	577.06
团风县	2	8		290	2333	5.32	16.08
红安县	1	10	2	396	3776	8.94	32.13
麻城市	1	15	3	715	5794	13.77	52.98
罗田县	5	7		412	4107	25.59	93.48
英山县	3	8		307	2481	13.19	50.08
浠水县	1	12		649	5734	9.78	34
蕲春县	1	13	1	578	4650	22.41	83.8
武穴市		8	4	316	2738	19.69	79.3
黄梅县	4	12		486	4070	13.89	56.93
咸宁市	**12**	**52**	**6**	**909**	**10027**	**0.76**	**2.59**
咸安区	1	9	3	138	2298	51.14	213.31
嘉鱼县		8		79	513	9.88	39.68
赤壁市	1	10	3	153	1689	6.48	26.47
通城县	2	9		167	1913	8.73	35.28
崇阳县	4	8		186	1874	9.07	39
通山县	4	8		186	1740	8.82	37.43
恩施自治州	**46**	**37**	**5**	**2536**	**22972**	**8.16**	**35.45**
恩施市	10	3	3	172	1398	**95.88**	**343.25**
利川市	6	6	2	565	6050	17.83	62.52
建始县	5	5		394	3568	21.65	81.01
巴东县	2	10		473	3763	12.48	45.15
宣恩县	6	3		279	2676	12.68	43.29
咸丰县	5	5		263	2337	8.53	31.73
来凤县	5	3		185	1808	9.68	33.35
鹤峰县	7	2		205	1372	6.94	26.48
仙桃市		**15**	**3**	**639**	**4642**	**6.09**	**19.72**
天门市	**1**	**21**	**3**	**778**	**6801**	**27.43**	**115.6**
潜江市		**10**	**5**	**333**	**2650**	**30.73**	**128.63**
神农架林区	**3**	**5**		**67**	**324**	**14.23**	**56.79**

续表2 单位:万人

指标名称	一、乡村从业人员						
	合计	1、农林牧渔业	2、工业	3、建筑业	4、交通运输	5、仓储及邮电业通讯业	6、信息传输计算机服务和软件业
湖北省	**2154.44**	**900.14**	**346.14**	**232.9**	**69.85**	**7.5**	**7.87**
武汉市	**138.42**	**56.45**	**20.94**	**24.93**	**6.73**	**0.49**	**0.47**
武汉市辖区	24.28	10.59	3.54	2.17	1.22	0.18	0.1
蔡甸区	16.9	7.69	3.79	1.77	0.86	0.07	0.07
江夏区	17.47	8.13	2.04	1.44	0.84	0.05	0.06
黄陂区	45.09	16.87	5.82	12.02	2.36	0.18	0.13
新洲区	34.68	13.17	5.75	7.53	1.45	0.01	0.11
黄石市	**80.22**	**24.09**	**26.06**	**13.16**	**2.9**	**0.25**	**0.24**
黄石市辖区	3.88	0.95	1.17	0.55	0.26	0.02	0.04
大冶市	35.32	12	7.35	5.31	1.51	0.18	0.12
阳新县	41.02	11.14	17.54	7.3	1.13	0.05	0.08
十堰市	**135.19**	**57.2**	**17.79**	**15.43**	**4.17**	**1.59**	**0.28**
十堰市辖区	4.55	1.79	0.39	0.22	0.22	0.02	0.01
丹江口市	17.22	8.23	0.81	0.78	0.45		0.02
郧县	29.06	14.09	4.48	3.23	1.05	0.02	0.01
郧西县	23.69	8.23	4.47	3.73	1.01	0.05	0.01
竹山县	21.53	9.38	0.87	2.08	0.48	0.5	0.05
竹溪县	16.1	6.9	0.81	0.56	0.27	0.26	0.08
房县	23.04	8.58	5.96	4.83	0.69	0.74	0.1
荆州市	**226.28**	**108.63**	**37.67**	**13.23**	**6.79**	**0.64**	**0.59**
荆州市辖区	19.31	8.35	2.92	1.16	1.08	0.12	0.02
江陵县	14.36	7.53	1.97	0.85	0.44	0.08	0.06
松滋市	35.9	15.39	8.21	3.66	1.29	0.1	0.11
公安县	40.02	22.53	3.63	1.56	0.64	0.07	0.09
石首市	25.3	10.19	7.8	1.57	0.71	0.12	0.11
监利县	55.05	25.07	4.79	2.47	1.45	0.04	0.07
洪湖市	36.34	19.57	8.35	1.96	1.18	0.11	0.13
宜昌市	**160.62**	**77.84**	**19.68**	**11.17**	**5.38**	**0.31**	**0.59**
宜昌市辖区	9.81	3.81	1.52	0.8	0.51	0.04	0.04
夷陵区	23.44	11.51	2.85	1.54	0.92	0.05	0.1
宜都市	17.56	4.35	4.26	2.06	0.84	0.08	0.1
枝江市	20.19	12.66	2.23	0.79	0.53	0.02	0.02
当阳市	20.48	9.93	3.12	1.26	0.9	0.05	0.15
远安县	9.11	3.17	1.33	0.7	0.31	0.01	0.05
兴山县	8.21	5.1	0.22	0.2	0.2		0.01
秭归县	19.54	10.13	2.18	1.16	0.45	0.03	0.04
长阳县	21.78	10.83	1.38	2.14	0.51	0.03	0.08
五峰县	10.5	6.35	0.59	0.52	0.21		
襄阳市	**197.98**	**79.88**	**36.82**	**20.17**	**8.34**	**0.45**	**0.74**
襄阳市辖区	25.15	10.11	3.98	3.83	1.14	0.06	0.1
老河口市	18.23	8.29	4.48	1.36	0.45	0.05	0.04
襄阳区	37.32	14.62	4.42	4.34	2.74	0.08	0.37
枣阳市	38.97	12.96	13.06	3.57	1.81	0.16	0.07
宜城市	21.41	11.24	2.01	1.41	0.58	0.04	0.04
南漳县	22.19	8.52	0.52	1.13	0.46		
谷城县	20.97	7.59	4.99	3.86	0.79	0.05	0.11
保康县	13.74	6.55	3.36	0.67	0.37	0.01	0.01
鄂州市	**39.87**	**18.76**	**5.68**	**6.12**	**1.87**	**0.12**	**0.11**

续表3 单位:万人

指标名称	合计	一、乡村从业人员					
		1、农林牧渔业	2、工业	3、建筑业	4、交通运输业	5、仓储及邮电业通讯业	6、信息传输.计算机服务和软件业
荆门市	**100.99**	**35.66**	**23.49**	**6.92**	**3.17**	**0.42**	**0.28**
荆门市辖区	15.09	6.75	3.43	1.22	0.5	0.02	0.04
沙洋县	27.15	9.09	5.85	1.97	0.89	0.08	0.11
钟祥市	35.84	12.04	8.39	2.47	1.16	0.29	0.11
京山县	22.91	7.78	5.82	1.26	0.62	0.03	0.02
孝感市	**226.41**	**88.26**	**37.82**	**42.68**	**6.07**	**1.05**	**1**
孝感市辖区	32.53	12.35	3.17	10.13	0.82	0.11	0.06
孝昌县	24.82	8.6	2.84	7.3	0.67	0.12	0.15
大悟县	30.22	13.93	4.42	4.35	0.5	0.3	0.25
安陆市	26.94	11.01	3.8	5.66	0.62	0.12	0.09
云梦县	30.76	10.99	4.04	8.68	1.03	0.01	0.02
应城市	31.43	12.38	6.52	2.89	1.07	0.22	0.19
汉川市	49.71	19	13.03	3.67	1.36	0.17	0.24
随州市	**101.3**	**42.87**	**18.15**	**12.07**	**3.49**	**0.36**	**0.43**
曾都区	19.54	7.71	3.83	2.74	0.7	0.09	0.05
随县	40.9	16.3	8.57	4.22	1.43	0.16	0.1
广水县	40.86	18.86	5.75	5.11	1.36	0.11	0.28
黄冈市	**304.87**	**120.67**	**44.84**	**39.25**	**9.11**	**1.25**	**2.06**
黄冈市辖区	9.7	3.43	1.43	1.26	0.3	0.02	0.02
团凤县	17.31	6.59	1.25	3.43	0.53	0.11	0.13
红安县	25.39	11.33	1.19	2.07	0.55	0.05	0.03
麻城市	52.17	22.45	1.71	1.47	0.92	0.05	
罗田县	28.33	10.49	7.47	4.74	1.32	0.03	0.02
英山县	20.04	9.66	2.22	2	0.54	0.07	0.15
浠水县	45.21	17.9	7.28	7.64	0.91	0.29	1
蕲春县	39.65	12.83	7.32	2.92	0.91	0.38	0.47
武穴市	28.73	9.98	8.29	6.65	1.4	0.03	0.07
黄梅县	37.32	15.16	6.58	7.05	1.71	0.22	0.17
咸宁市	**103.82**	**44.83**	**11.92**	**6.09**	**2.88**	**0.17**	**0.33**
咸安区	18.26	9.7	1.6	1.12	0.65	0.07	0.09
嘉鱼县	14.21	6.67	1.9	0.68	0.41	0.01	0.02
赤壁市	15.55	6.77	1.22	0.8	0.45	0.03	0.11
通城县	18.99	7.62	4.59	1.39	0.37	0.03	0.03
崇阳县	18.2	7.89	1.92	1.25	0.57	0.02	0.04
通山县	18.61	6.18	0.69	0.85	0.43	0.01	0.04
恩施自治州	**188.68**	**89**	**12.92**	**11.97**	**4.68**	**0.16**	**0.27**
恩施市	32.44	16.93	5.13	2.56	1.15	0.02	0.08
利川市	42.31	20.34	1.77	2.67	0.89	0.02	0.07
建始县	25.31	11	1.36	2.18	0.61	0.05	0.04
巴东县	24.51	11.42	1.3	1.43	0.58		
宣恩县	17.68	9.34	0.13	0.55	0.28		0.01
咸丰县	18.69	7.98	1.22	0.85	0.33	0.01	0.02
来凤县	16.55	7.2	0.82	0.86	0.32	0.03	0.02
鹤峰县	11.19	4.79	1.19	0.87	0.52	0.03	0.03
仙桃市	**64.15**	**22.79**	**15.83**	**4.62**	**1.99**	**0.07**	**0.09**
天门市	**57.42**	**21.02**	**9.19**	**3.66**	**1.46**	**0.11**	**0.27**
潜江市	**25.41**	**10.73**	**7.09**	**1.25**	**0.66**	**0.06**	**0.08**
神农架林区	**2.81**	**1.46**	**0.25**	**0.18**	**0.16**		**0.04**

续表4

指标名称	一、乡村从业人员			二、国营农林牧渔场情况		
	7、批发与零售贸易业	8、住宿和餐饮业	9、其他非农行业	总计	1、农业从业人员	2、非农业从业人员
湖北省	**112.57**	**61.5**	**415.97**	**54.31**	**31.56**	**22.37**
武汉市	**8.22**	**5.3**	**14.89**	**6.77**	**3.14**	**3.63**
武汉市辖区	1.29	1.02	4.17	2.75	1.67	1.08
蔡甸区	1.45	0.92	0.28	0.33	0.24	0.09
江夏区	0.81	0.73	3.37	0.14	0.04	0.1
黄陂区	2.88	2.07	2.76	2.69	0.87	1.82
新洲区	1.79	0.56	4.31	0.86	0.32	0.54
黄石市	**4.37**	**2.68**	**6.47**	**3.42**	**1.87**	**1.55**
黄石市辖区	0.23	0.25	0.41	0.36	0.11	0.25
大冶市	2.77	1.6	4.48	0.12	0.08	0.04
阳新县	1.37	0.83	1.58	2.94	1.68	1.26
十堰市	**4.49**	**3.36**	**30.88**	**2.1**	**1.3**	**0.8**
十堰市辖区	0.15	0.18	1.57	0.01	0.01	
丹江口市	0.31	0.24	6.38	0.36	0.26	0.1
郧县	1.4	0.35	4.43	0.14	0.03	0.11
郧西县	1.01	1.01	4.17	0.02	0.02	
竹山县	0.6	0.31	7.26	0.06	0.02	0.04
竹溪县	0.22	0.2	6.8	0.93	0.62	0.31
房县	0.8	1.07	0.27	0.58	0.34	0.24
荆州市	**10.93**	**6.22**	**41.58**	**13.82**	**9.38**	**4.44**
荆州市辖区	1.43	0.47	3.76	3.56	2.68	0.88
江陵县	0.48	0.29	2.66	1.9	0.93	0.97
松滋市	3.15	2.52	1.47	0.44	0.44	
公安县	0.85	0.71	9.94			
石首市	0.88	0.72	3.2	0.48	0.21	0.27
监利县	2.86	1.03	17.27	3.34	2.36	0.98
洪湖市	1.28	0.48	3.28	4.1	2.76	1.34
宜昌市	**6.02**	**4.37**	**35.26**	**1.55**	**1.17**	**0.38**
宜昌市辖区	0.66	0.46	1.97			
夷陵区	0.89	0.64	4.94			
宜都市	0.83	0.64	4.4	0.01	0.01	
枝江市	0.56	0.3	3.08	0.02	0.02	
当阳市	1.2	0.66	3.21	1.47	1.1	0.37
远安县	0.25	0.23	3.06			
兴山县	0.16	0.1	2.22			
秭归县	0.67	0.57	4.31			
长阳县	0.57	0.59	5.65	0.02	0.02	
五峰县	0.23	0.18	2.42	0.03	0.02	0.01
襄阳市	**12.05**	**7.65**	**31.88**	**3.08**	**1.4**	**1.68**
襄阳市辖区	1.61	0.99	3.33			
老河口市	0.78	0.34	2.44	0.03	0.02	0.01
襄阳区	4.14	2.15	4.46	1.13	0.47	0.66
枣阳市	3.97	2.88	0.49	1.18	0.52	0.66
宜城市	0.05	0.03	6.01	0.18	0.13	0.05
南漳县	0.39	0.56	10.61	0.55	0.25	0.3
谷城县	0.9	0.58	2.1			
保康县	0.21	0.12	2.44	0.01	0.01	
鄂州市	**3.05**	**0.82**	**3.34**	**0.96**	**0.89**	**0.07**

续表5

指标名称	一、乡村从业人员			二、国营农林牧渔场情况		
	7、批发与零售贸易业	8、住宿和餐饮业	9、其他非农行业	总计	1、农业从业人员	2、非农业从业人员
荆门市	**5.14**	**2.99**	**22.92**	**4.35**	**1.75**	**2.6**
荆门市辖区	0.89	0.65	1.59			
沙洋县	1.55	0.83	6.78	1.11	0.41	0.7
钟祥市	1.58	1.08	8.72	1.42	1.13	0.29
京山县	1.12	0.43	5.83	1.82	0.21	1.61
孝感市	**15.76**	**6.9**	**26.87**	**4.61**	**2.22**	**2.39**
孝感市辖区	2.46	1.18	2.25	0.76	0.31	0.45
孝昌县	2.14	0.72	2.28			
大悟县	1.48	0.37	4.62			
安陆市	1.77	0.56	3.31			
云梦县	2.18	0.82	2.99	0.05	0.03	0.02
应城市	1.43	1.21	5.52	0.05	0.02	0.03
汉川市	4.3	2.04	5.9	3.75	1.86	1.89
随州市	**5.04**	**3.33**	**15.56**	**0.75**	**0.51**	**0.24**
曾都区	0.74	0.56	3.12			
随县	1.85	0.97	7.3	0.72	0.48	0.24
广水县	2.45	1.8	5.14	0.03	0.03	
黄冈市	**14.66**	**8.05**	**64.98**	**3.69**	**2.13**	**1.56**
黄冈市辖区	0.55	0.27	2.42	0.31	0.19	0.12
团凤县	0.69	0.23	4.35	0.18	0.08	0.1
红安县	0.53	0.4	9.24	0.2	0.2	
麻城市	1.25	0.43	23.89	0.31	0.24	0.07
罗田县	1.54	1.14	1.58	0.05	0.02	0.03
英山县	1.36	0.62	3.42	0.14	0.06	0.08
浠水县	4.34	2.15	3.7	0.29	0.09	0.2
蕲春县	1.9	1.34	11.58	0.16	0.12	0.04
武穴市	1.47	0.79	0.05	0.34	0.19	0.15
黄梅县	1.02	0.67	4.74	0.14	0.14	
咸宁市	**4.05**	**1.97**	**31.58**	**1.46**	**0.9**	**0.56**
咸安区	0.75	0.39	3.89	0.17	0.16	0.01
嘉鱼县	0.7	0.28	3.54	0.28	0.16	0.12
赤壁市	0.66	0.46	5.05	0.57	0.4	0.17
通城县	0.72	0.16	4.08	0.04	0.02	0.02
崇阳县	0.83	0.4	5.28	0.24	0.11	0.13
通山县	0.39	0.28	9.74	0.16	0.05	0.11
恩施自治州	**4.67**	**2.6**	**62.41**	**0.16**	**0.15**	**0.01**
恩施市	1.09	0.76	4.72			
利川市	0.98	0.49	15.08	0.15	0.15	
建始县	0.63	0.33	9.11			
巴东县	0.56	0.21	9.01			
宣恩县	0.19	0.06	7.12	0.01		0.01
咸丰县	0.52	0.17	7.59			
来凤县	0.37	0.18	6.75			
鹤峰县	0.33	0.4	3.03			
仙桃市	**5.96**	**1.26**	**11.54**	**0.68**	**0.3**	
天门市	**7.15**	**3.53**	**11.03**	**1.19**	**0.73**	**0.46**
潜江市	**0.96**	**0.4**	**4.18**	**5.72**	**3.72**	**2**
神农架林区	**0.05**	**0.07**	**0.6**			

耕地情况

单位:千公顷

指标名称	年末耕地总资源	常用耕地面积	水田	旱地	临时性耕地	其中:25度以上坡耕地	年内增加的耕地	年内减少耕地
湖北省	**3895.73**	**3323.92**	**1932.05**	**1391.87**	**571.81**	**120.27**	**18.2**	**14.9**
武汉市	**207.07**	**204.79**	**122.38**	**82.41**	**2.28**	**0.03**	**0.77**	**2.64**
武汉市辖区	43.34	41.36	14.2	27.16	1.98	0.03	0.63	1.7
蔡甸区	25.72	25.57	14.02	11.55	0.15		0.01	0.22
江夏区	35.65	35.5	22.73	12.77	0.15		0.08	0.06
黄陂区	53.58	53.58	42.57	11.01			0.05	0.47
新洲区	48.78	48.78	28.86	19.92				0.19
黄石市	**109.03**	**89.8**	**58.84**	**30.96**	**19.23**	**0.87**		**0.46**
黄石市辖区	2.23	1.62	0.7	0.92	0.61			0.2
大冶市	47.79	36.21	26.13	10.08	11.58	0.39		0.22
阳新县	59.01	51.97	32.01	19.96	7.04	0.48		0.04
十堰市	**222.7**	**169.91**	**38.3**	**131.61**	**52.79**	**20.01**	**1.97**	**1.67**
十堰市辖区	6.5	2.05	0.45	1.6	4.45	0.08	0.13	0.21
丹江口市	22.26	20.42	6.61	13.81	1.84		0.32	0.03
郧县	40.18	35.16	6.79	28.37	5.02	0.21	0.43	0.68
郧西县	42.68	26.57	3.37	23.2	16.11	6.3	0.12	0.08
竹山县	38.91	32.3	6.84	25.46	6.61	6.61	0.11	0.44
竹溪县	30.57	25.45	5.69	19.76	5.12	5.1	0.7	0.09
房县	41.6	27.96	8.55	19.41	13.64	1.71	0.16	0.14
荆州市	**658.81**	**464.8**	**321.36**	**143.44**	**194.01**	**0.01**	**0.19**	**0.28**
荆州市辖区	74.17	47.81	30.63	17.18	26.36		0.19	0.14
江陵县	64.67	37.99	28.56	9.43	26.68			
松滋市	86.37	59.68	33.62	26.06	26.69			0.06
公安县	104.16	80.38	46.57	33.81	23.78			0.08
石首市	46.89	37.06	23.87	13.19	9.83	0.01		
监利县	171.54	137.69	110.85	26.84	33.85			
洪湖市	111.01	64.19	47.26	16.93	46.82			
宜昌市	**318.7**	**230.14**	**87.56**	**142.58**	**88.56**	**17.77**	**1.55**	**1**
宜昌市辖区	318.7	230.14	87.56	142.58	88.56	17.77	1.55	1
夷陵区	36.28	26.59	12.08	14.51	9.69	5.21	0.31	0.47
宜都市	22.69	15.8	6.62	9.18	6.89		0.09	0.17
枝江市	45.5	45.4	22.66	22.74	0.1		0.31	
当阳市	63.37	43.91	28.26	15.65	19.46	0.04	0.05	0.09
远安县	16.74	11.87	8.17	3.7	4.87		0.55	0.05
兴山县	22.1	12.95	2.4	10.55	9.15	2.69		0.01
秭归县	26.89	18.54	3.04	15.5	8.35	2.54	0.23	0.07
长阳县	50.75	31.65	2.79	28.86	19.1		0.01	
五峰县	26.91	17.69	0.38	17.31	9.22	6.62		
襄阳市	**446.31**	**436.91**	**204.09**	**232.82**	**9.4**	**3.54**	**5.39**	**2**
襄阳市辖区	36.24	35.23	18.46	16.77	1.01		0.02	0.5
老河口市	43.54	39.57	14.7	24.87	3.97	1.78	0.02	0.06
襄阳区	100.52	99.48	44.8	54.68	1.04		3.92	0.89
枣阳市	109.66	109.57	49.72	59.85	0.09	0.06	0.2	0.19
宜城市	60.44	60.44	32.21	28.23			0.98	
南漳县	42.82	41.14	23.07	18.07	1.68	0.37	0.08	0.08
谷城县	29.24	28.78	17.45	11.33	0.46	0.18	0.14	0.13
保康县	23.85	22.7	3.68	19.02	1.15	1.15	0.03	0.15
鄂州市	**41.89**	**41.05**	**26.05**	**15**	**0.84**		**0.25**	**0.45**

续表1

单位:千公顷

指标名称	年末耕地总资源	常用耕地面积	(1)水田	(2)旱地	临时性耕地	其中:25度以上坡耕地	年内增加的耕地	年内减少耕地
荆门市	**257.33**	**255.69**	**179.61**	**76.08**	**1.64**	**0.71**	**1.61**	**2.69**
荆门市辖区	31.66	30.82	25.84	4.98	0.84	0.29	0.26	0.01
沙洋县	75.69	75.69	59.59	16.1			0.24	2.62
钟祥市	82.21	82.19	44.43	37.76	0.02	0.02	0.09	
京山县	67.77	66.99	49.75	17.24	0.78	0.4	1.02	0.06
沙洋农场	11.68	11.68	5.89	5.79			0.17	2.61
孝感市	**302.36**	**261.27**	**199.29**	**61.98**	**41.09**	**4.89**	**1.68**	**0.98**
孝感市辖区	48.02	31.49	25.86	5.63	16.53	0.01	0.04	0.37
孝昌县	33.74	31.57	25.47	6.1	2.17		0.65	0.29
大悟县	41.19	36.68	28.07	8.61	4.51	4.5		
安陆市	49.38	33.55	28.31	5.24	15.83	0.38	0.15	0.14
云梦县	26.31	25.02	18.68	6.34	1.29		0.13	0.02
应城市	37.86	37.71	32.1	5.61	0.15		0.29	0.05
汉川市	65.86	65.25	40.8	24.45	0.61		0.42	0.11
随州市	**192.58**	**144.94**	**119.27**	**25.67**	**47.64**	**9.23**	**0.18**	**0.41**
曾都区	29.66	25.68	21.93	3.75	3.98	2.95	0.01	0.24
随县	88.48	81.32	66.18	15.14	7.16	6.28	0.14	0.11
广水县	74.44	37.94	31.16	6.78	36.5		0.03	0.06
黄冈市	**354.52**	**337.52**	**256.83**	**80.69**	**17**	**11.05**	**2.45**	**1.19**
黄冈市辖区	12.09	10.69	5.01	5.68	1.4		0.21	0.1
团风县	17.97	17.51	14.9	2.61	0.46	0.39	0.5	0.37
红安县	40.32	38.53	27.87	10.66	1.79	0.76	0.38	0.29
麻城市	54.19	53.09	36.75	16.34	1.1	0.6	0.07	
罗田县	27.25	25.69	20.72	4.97	1.56	0.9	0.47	0.09
英山县	17.44	17.22	14.53	2.69	0.22	0.07	0.2	0.17
浠水县	46.72	44.18	33.48	10.7	2.54	1.99	0.2	0.05
蕲春县	40.13	39.57	34.5	5.07	0.56	0.25	0.28	0.1
武穴市	36.2	35.2	29.74	5.46	1	0.53	0.14	0.02
黄梅县	57.98	51.89	36.24	15.65	6.09	5.56		
龙感湖农场	4.23	3.95	3.09	0.86	0.28			
咸宁市	**193.9**	**155.85**	**112**	**43.85**	**38.05**	**22.32**	**0.75**	**0.34**
咸安区	38.02	35.53	26.47	9.06	2.49	0.94	0.06	0.08
嘉鱼县	30.61	28.61	17.5	11.11	2		0.51	0.06
赤壁市	33.49	32.62	25.75	6.87	0.87		0.05	0.05
通城县	29.5	21.29	15.94	5.35	8.21	5.15	0.03	0.03
崇阳县	34.96	23.02	16.96	6.06	11.94	5.9	0.04	0.08
通山县	27.32	14.78	9.38	5.4	12.54	10.33	0.06	0.04
恩施自治州	**310.17**	**255.89**	**70.35**	**185.54**	**54.28**	**29.28**	**0.61**	**0.33**
恩施市	49.01	47.32	9.81	37.51	1.69	1.21	0.03	0.08
利川市	59.72	58.23	22.15	36.08	1.49	0.48		0.03
建始县	37.18	33.23	3.81	29.42	3.95	2.84		
巴东县	43.8	35.98	1.9	34.08	7.82	2.69	0.1	0.05
宣恩县	39.05	24.93	9.35	15.58	14.12	5.09	0.01	0.03
咸丰县	35.17	23.06	11.28	11.78	12.11	9.59	0.02	0.02
来凤县	25.63	17.25	9.49	7.76	8.38	5.43	0.25	0.01
鹤峰县	20.61	15.89	2.56	13.33	4.72	1.95	0.2	0.11
仙桃市	**94.59**	**90.59**	**57.81**	**32.78**	**4**		**0.01**	**0.26**
天门市	**108.4**	**108.36**	**44.42**	**63.94**	**0.04**		**0.11**	**0.01**
潜江市	**70.33**	**70.22**	**33.81**	**36.41**	**0.11**	**0.11**	**0.68**	**0.12**
神农架林区	**7.04**	**6.19**	**0.08**	**6.11**	**0.85**	**0.45**		**0.07**

农村劳动力外出从业情况

单位:万人

项目	外出从业人员	小学及以下	初中	高中及以上	20岁以下	21岁-49岁	50岁以上	自发
湖北省	**1009.52**	**137.5**	**620.94**	**251.92**	**180.87**	**706.75**	**121.91**	**739.13**
武汉市	**65.46**	**6.73**	**41.45**	**17.28**	**14.44**	**43.15**	**7.87**	**45.07**
武汉市辖区	6.09	0.97	2.92	2.2	1.02	3.79	1.28	2.86
蔡甸区	5.55	0.64	2.97	1.94	1.09	3.76	0.7	4.32
江夏区	9.58	0.78	4.75	4.05	5.59	2.62	1.37	6.28
黄陂区	26.83	0.78	19.31	4.51	4.1	20.65	2.08	18.64
新洲区	17.41	1.33	11.5	4.58	2.64	12.33	2.44	12.97
黄石市	**42.44**	**5.71**	**29.81**	**6.92**	**8**	**30.92**	**3.52**	**32.72**
黄石市辖区	1.13	0.14	0.68	0.31	0.15	0.84	0.14	0.94
大冶市	13.16	1.96	8.91	2.29	2.73	9.07	1.36	10.1
阳新县	28.15	3.61	20.22	4.32	5.12	21.01	2.02	21.68
十堰市	**67.93**	**12.58**	**41.28**	**14.07**	**10.01**	**47.63**	**10.29**	**48.83**
十堰市辖区	2.06	0.32	1.22	0.52	0.26	1.5	0.3	1.35
丹江口市	6.2	0.64	4.03	1.53	0.96	4.49	0.75	5.06
郧 县	14.38	2.44	9.16	2.78	2.2	10.26	1.92	10.24
郧西县	14.54	2.22	9.54	2.78	1.46	10.89	2.19	9.85
竹山县	11.01	2.62	6.36	2.03	1.77	7.3	1.94	8.04
竹溪县	6.78	1.35	3.61	1.82	1.18	4.28	1.32	5
房 县	12.96	2.99	7.36	2.61	2.18	8.91	1.87	9.29
荆州市	**101.79**	**14.98**	**59.99**	**26.82**	**19.31**	**70.9**	**11.58**	**80.66**
荆州市辖区	8.86	0.5	5.61	2.75	1.2	6.91	0.75	6.77
江陵县	5.56	0.79	3.49	1.28	1.22	4.05	0.29	3.86
松滋市	18.61	1.93	11.48	5.2	2.95	14.13	1.53	14.8
公安县	14.68	2.3	8.13	4.25	3.48	9.64	1.56	12.61
石首市	11.39	1.78	6.64	2.97	2.02	8.29	1.08	8.15
监利县	29.08	5.14	16.23	7.71	6.14	17.83	5.11	22.27
洪湖市	13.61	2.54	8.41	2.66	2.3	10.05	1.26	12.2
宜昌市	**63.27**	**7.03**	**37.04**	**19.2**	**9.89**	**45.43**	**7.95**	**44.07**
宜昌市辖区	4.14	0.26	2.22	1.66	0.53	3.23	0.38	2.6
夷陵区	8.42	1.05	4.11	3.26	1.55	5.5	1.37	5.68
宜都市	8.9	0.89	5.63	2.38	1.18	6.5	1.22	5.85
枝江市	5.65	0.27	3.66	1.72	0.83	4.38	0.44	4.39
当阳市	7.26	0.46	4.67	2.13	1.13	5.51	0.62	5.35
远安县	4.71	0.46	2.98	1.27	0.73	3.35	0.63	3.39
兴山县	2.22	0.18	1.45	0.59	0.44	1.54	0.24	1.81
秭归县	8.12	0.9	4.81	2.41	1.13	6.08	0.91	5.67
长阳县	10.69	2.02	5.79	2.88	1.76	7.27	1.66	7.28
五峰县	3.16	0.54	1.72	0.9	0.61	2.07	0.48	2.05
襄阳市	**91**	**7.95**	**59.04**	**24.01**	**16.25**	**65.67**	**9.08**	**69.84**
襄阳市辖区	12.22	0.67	8.12	3.43	1.98	8.82	1.42	9.85
老河口市	7.89	0.76	5.32	1.81	1.7	5.41	0.78	5.82
襄阳区	18.37	1.63	12.23	4.51	3.18	14.11	1.08	14.85
枣阳市	16.34	0.9	10.5	4.94	3.44	11.18	1.72	12.09
宜城市	8.85	0.59	5.9	2.36	1.67	6.54	0.64	5.55
南漳县	10.5	1.31	6.58	2.61	1.9	6.89	1.71	7.9
谷城县	11.5	1.32	7.43	2.75	1.65	8.32	1.53	9.7
保康县	5.33	0.77	2.96	1.6	0.73	4.4	0.2	4.08
鄂州市	**14.24**	**1.47**	**8.52**	**4.25**	**2.62**	**9.26**	**2.36**	**9.52**

续表 单位:万人

项目	外出从业人员	小学及以下	初中	高中及以上	20岁以下	21岁-49岁	50岁以上	自发
荆门市	**46.06**	**3.63**	**26.72**	**15.71**	**7.24**	**34.38**	**4.44**	**33.52**
荆门市辖区	5.44	0.29	2.68	2.47	0.94	3.87	0.63	3.38
沙洋县	10.84	0.85	6.22	3.77	1.45	8.52	0.87	7.74
钟祥市	17.92	1.75	11.06	5.11	3.4	12.45	2.07	12.34
京山县	11.86	0.74	6.76	4.36	1.45	9.54	0.87	10.06
孝感市	**118.97**	**15.09**	**76.44**	**27.44**	**19.29**	**84.14**	**15.54**	**79.46**
孝感市辖区	16.84	2.76	11.23	2.85	2.28	12.24	2.32	11.21
孝昌县	17.69	1.22	13.25	3.22	3.28	12.6	1.81	10.95
大悟县	15.96	1.42	10.17	4.37	2.98	11.23	1.75	9.82
安陆市	14.83	1.85	8.07	4.91	2.92	9.1	2.81	10.56
云梦县	17.65	2.98	12.06	2.61	2.64	12.75	2.26	13.79
应城市	16.33	2.15	9.64	4.54	2.57	11.45	2.31	12.03
汉川市	19.67	2.71	12.02	4.94	2.62	14.77	2.28	11.1
随州市	**45.15**	**6.11**	**26.92**	**12.12**	**8.03**	**31.54**	**5.58**	**33.75**
曾都区	8.88	0.62	4.91	3.35	1.33	6.85	0.7	7.01
随县	16.63	1.91	10.5	4.22	2.87	11.77	1.99	11.91
广水县	19.64	3.58	11.51	4.55	3.83	12.92	2.89	14.83
黄冈市	**149.23**	**25.83**	**85.98**	**37.42**	**29.28**	**100.61**	**19.34**	**100.56**
黄冈市辖区	4.66	0.69	2.52	1.45	0.71	3.07	0.88	3.09
团风县	8.28	1.56	5.2	1.52	1.16	5.78	1.34	5.78
红安县	12.87	2.8	5.47	4.6	4.83	7.95	0.09	6.14
麻城市	23.89	5.03	14.08	4.78	5.34	14.32	4.23	17.02
罗田县	14.19	2.6	7.87	3.72	2.54	9.84	1.81	9.86
英山县	9.65	1	4.68	3.97	1.64	6.85	1.16	5.82
浠水县	21.63	3.07	12.83	5.73	5.22	13.95	2.46	9.81
蕲春县	21.9	4.04	12.68	5.18	3.73	14.84	3.33	16.04
武穴市	16.63	2.09	11.62	2.92	1.81	12.87	1.95	14
黄梅县	15.2	2.9	8.85	3.45	2.28	10.86	2.06	12.67
龙感湖农场	0.33	0.05	0.18	0.1	0.02	0.28	0.03	0.33
咸宁市	**50.31**	**7.47**	**31.19**	**11.65**	**9.96**	**34.71**	**5.64**	**37.08**
咸安区	6.86	1.15	4.15	1.56	1.63	4.38	0.85	5.26
嘉鱼县	5.97	0.7	3.96	1.31	1.1	4.24	0.63	4.04
赤壁市	9.49	1	5.64	2.85	1.95	6.24	1.3	7.15
通城县	9.53	1.37	6.07	2.09	2	6.52	1.01	7.3
崇阳县	9.57	1.52	5.41	2.64	1.61	6.97	0.99	6.37
通山县	8.89	1.73	5.96	1.2	1.67	6.36	0.86	6.96
恩施自治州	**77.15**	**12.9**	**48.08**	**16.17**	**13.77**	**54.09**	**9.29**	**61.72**
恩施市	10.79	2.06	6.55	2.18	1.87	7.87	1.05	8.95
利川市	18.89	3.42	11.8	3.67	3.99	12.73	2.17	16.69
建始县	10.13	0.18	6.61	3.34	1.79	7.9	0.44	7.61
巴东县	7.95	1.38	4.93	1.64	1.39	5.58	0.98	6.89
宣恩县	7.13	1.8	4.35	0.98	1.1	5.12	0.91	6.64
咸丰县	9.55	1.31	6.51	1.73	1.5	7.12	0.93	4.46
来凤县	8.58	2.12	4.75	1.71	1.57	4.58	2.43	6.99
鹤峰县	4.13	0.63	2.58	0.92	0.56	3.19	0.38	3.49
仙桃市	**29.41**	**3.37**	**18.47**	**7.57**	**4.69**	**21.23**	**3.49**	**23.69**
天门市	**32.48**	**3.81**	**20.36**	**8.31**	**5.01**	**22.97**	**4.5**	**28.89**
潜江市	**13.65**	**2.62**	**9.06**	**2.81**	**2.96**	**9.34**	**1.36**	**8.81**
神农架林区	**0.98**	**0.22**	**0.59**	**0.17**	**0.12**	**0.78**	**0.08**	**0.94**

农村劳动力转移时间及地点

单位:万人

项目	政府有关部门组织	中介组织介绍	企业招收	1个月－3个月	3个月－6个月	6个月以上	县内乡外	省内县外
湖北省	**83.11**	**76.49**	**110.83**	**89.43**	**195.03**	**725.2**	**156.94**	**260.58**
武汉市	**6.12**	**6.81**	**7.46**	**6.55**	**13.71**	**45.2**	**13.66**	**35.84**
武汉市辖区	1.01	0.5	1.72	0.63	1.04	4.42	3.59	1.77
蔡甸区	0.3	0.29	0.64	0.37	0.99	4.19	1.52	3.04
江夏区	0.87	1.15	1.28	1.98	4.81	2.79	3.48	2.49
黄陂区	2.69	3.49	2.01	2.35	4.33	20.15	1.7	21.78
新洲区	1.25	1.38	1.81	1.22	2.54	13.65	3.37	6.76
黄石市	**2.29**	**2.46**	**4.97**	**4.3**	**5.45**	**32.69**	**6.14**	**7.96**
黄石市辖区	0.04	0.06	0.09	0.17	0.26	0.7	0.47	0.33
大冶市	0.62	0.75	1.69	1.53	2.77	8.86	3.18	3.68
阳新县	1.63	1.65	3.19	2.6	2.42	23.13	2.49	3.95
十堰市	**7.44**	**5.68**	**5.98**	**5.45**	**13.53**	**48.95**	**9.77**	**17.62**
十堰市辖区	0.15	0.33	0.23	0.12	0.29	1.65	1.19	0.5
丹江口市	0.34	0.39	0.41	0.28	0.8	5.12	1.5	1.46
郧 县	1.17	1.24	1.73	1.37	2.98	10.03	2.36	5.59
郧西县	2.25	1.37	1.07	1.04	3.8	9.7	1.39	3.5
竹山县	1.2	1.01	0.76	1.13	2.4	7.48	1.4	2.82
竹溪县	0.62	0.36	0.8	0.42	0.91	5.45	0.57	1.12
房 县	1.71	0.98	0.98	1.09	2.35	9.52	1.36	2.63
荆州市	**6.76**	**7.16**	**7.21**	**7.97**	**16.89**	**76.93**	**11.92**	**21.04**
荆州市辖区	0.48	0.8	0.81	0.58	1.65	6.63	1.83	2.02
江陵县	0.42	0.51	0.77	0.23	0.59	4.74	0.62	1.26
松滋市	0.85	1.54	1.42	1.31	2.67	14.63	2.4	3.02
公安县	0.8	0.76	0.51	1.17	2.48	11.03	1.64	3.06
石首市	1.61	0.68	0.95	1.45	1.96	7.98	1.91	1.97
监利县	2.3	2.59	1.92	2.52	6.1	20.46	2.27	6.57
洪湖市	0.3	0.28	0.83	0.71	1.44	11.46	1.25	3.14
宜昌市	**5.26**	**5.54**	**8.4**	**6.01**	**12.88**	**44.38**	**18.05**	**18.09**
宜昌市辖区	0.25	0.23	1.06	0.53	0.71	2.9	2.07	1.39
夷陵区	0.64	0.78	1.32	0.68	1.98	5.76	3.07	2.51
宜都市	0.75	0.82	1.48	0.67	1.83	6.4	2.41	2.35
枝江市	0.32	0.31	0.63	0.19	0.91	4.55	1.32	1.4
当阳市	0.43	0.52	0.96	1	1.57	4.69	1.95	1.44
远安县	0.41	0.33	0.58	0.42	0.72	3.57	1.19	1.08
兴山县	0.16	0.1	0.15	0.28	0.49	1.45	0.53	0.66
秭归县	0.7	0.91	0.84	0.74	1.57	5.81	2.06	2.62
长阳县	1.22	1.07	1.12	1.18	2.46	7.05	2.92	3.6
五峰县	0.38	0.47	0.26	0.32	0.64	2.2	0.53	1.04
襄阳市	**6.23**	**5.85**	**9.08**	**8.07**	**18.15**	**64.78**	**14.29**	**18.68**
襄阳市辖区	0.71	0.5	1.16	1.31	2.18	8.73	4.74	2.74
老河口市	0.26	1	0.81	0.52	1.37	6	0.54	0.94
襄阳区	0.87	1.16	1.49	1.04	2.69	14.64	2.64	4.39
枣阳市	2.1	1.16	0.99	1.27	3.52	11.55	1.94	3.82
宜城市	0.74	0.58	1.98	1.39	3.15	4.31	1.86	1.51
南漳县	0.58	0.64	1.38	0.67	1.88	7.95	0.9	1.93
谷城县	0.5	0.5	0.8	1.08	2.02	8.4	1.08	2.24
保康县	0.47	0.31	0.47	0.79	1.34	3.2	0.59	1.11
鄂州市	**1.16**	**1.18**	**2.38**	**1.31**	**2.66**	**10.27**	**3.6**	**5.25**

续表 单位:万人

项目	政府有关部门组织	中介组织介绍	企业招收	1个月－3个月	3个月－6个月	6个月以上	县内乡外	省内县外
荆门市	**4.55**	**3.6**	**4.39**	**3.7**	**7.95**	**34.41**	**6.32**	**11.89**
荆门市辖区	0.76	0.37	0.93	0.39	1.24	3.81	1.28	1.34
沙洋县	1.25	0.64	1.21	0.87	1.53	8.44	1.24	3.75
钟祥市	2.08	1.88	1.62	1.74	3.97	12.21	2.49	4.35
京山县	0.46	0.71	0.63	0.7	1.21	9.95	1.31	2.45
孝感市	**14.64**	**9.73**	**15.14**	**12.25**	**28.92**	**77.8**	**18.4**	**35.12**
孝感市辖区	2.01	1.36	2.26	1.08	3.72	12.04	2.45	5.34
孝昌县	2.6	1.55	2.59	2.19	6.48	9.02	2.35	4.83
大悟县	3.16	1.16	1.82	1.96	4.67	9.33	3.05	5.3
安陆市	1.1	1.25	1.92	1.38	1.98	11.47	2.21	3.6
云梦县	1.46	1.09	1.31	1.36	5.29	11	1.67	3.47
应城市	0.86	1.66	1.78	1.96	3.22	11.15	2.89	4.76
汉川市	3.45	1.66	3.46	2.32	3.56	13.79	3.78	7.82
随州市	**3.05**	**3.75**	**4.6**	**3.91**	**10.06**	**31.18**	**6.93**	**11.4**
曾都区	0.41	0.58	0.88	0.57	1.13	7.18	1.5	1.93
随县	1.15	1.9	1.67	1.09	3.54	12	2.12	3.57
广水县	1.49	1.27	2.05	2.25	5.39	12	3.31	5.9
黄冈市	**11.72**	**15.26**	**21.69**	**16.48**	**31.07**	**101.68**	**22.33**	**32.81**
黄冈市辖区	0.25	0.5	0.82	0.31	0.96	3.39	1.4	1.49
团风县	0.71	0.75	1.04	1	2	5.28	1.41	3.07
红安县	1.43	3.52	1.78	1.82	3.93	7.12	4.65	3.51
麻城市	1.21	2.21	3.45	3.42	5.02	15.45	2.95	5.32
罗田县	1.28	1.47	1.58	2.14	3.6	8.45	1.99	3.3
英山县	1.65	0.99	1.19	0.85	1.93	6.87	0.89	2.01
浠水县	1.8	3.46	6.56	2.7	4.5	14.43	2.8	3.7
蕲春县	1.83	1.19	2.84	2.05	3.99	15.86	2.34	4.38
武穴市	1.03	0.6	1	1.17	2.35	13.11	1.31	2.39
黄梅县	0.53	0.57	1.43	1	2.62	11.58	2.54	3.56
龙感湖农场				0.02	0.17	0.14	0.05	0.08
咸宁市	**3.43**	**3.54**	**6.26**	**4.26**	**9.41**	**36.64**	**7.95**	**10.64**
咸安区	0.6	0.61	0.39	0.38	1.12	5.36	1.15	1.09
嘉鱼县	0.33	0.53	1.07	0.54	0.92	4.51	1.12	1.39
赤壁市	0.33	0.46	1.55	0.81	1.69	6.99	1.56	1.96
通城县	0.63	0.56	1.04	0.77	1.97	6.79	1.36	1.74
崇阳县	0.92	0.85	1.43	1.03	2.12	6.42	1.62	2.97
通山县	0.62	0.53	0.78	0.73	1.59	6.57	1.14	1.49
恩施自治州	**6.9**	**3.22**	**5.31**	**5.24**	**12.58**	**59.33**	**8**	**15.38**
恩施市	0.73	0.58	0.53	0.74	1.86	8.19	1.76	2.11
利川市	0.86	0.52	0.82	1.48	2.67	14.74	1.73	2.83
建始县	0.63	0.52	1.37	0.67	1.82	7.64	1.25	2.48
巴东县	0.29	0.4	0.37	0.64	1.53	5.78	1.11	2.38
宣恩县	0.24	0.13	0.12	0.26	0.69	6.18	0.47	0.75
咸丰县	3.22	0.4	1.47	0.67	1.73	7.15	0.55	3.13
来凤县	0.66	0.49	0.44	0.46	1.52	6.6	0.55	0.85
鹤峰县	0.27	0.18	0.19	0.32	0.76	3.05	0.58	0.85
仙桃市	**0.83**	**0.54**	**4.35**	**1.48**	**4.5**	**23.43**	**3.96**	**9.13**
天门市	**0.74**	**0.7**	**2.15**	**1.64**	**5.6**	**25.24**	**2.66**	**6.73**
潜江市	**1.98**	**1.46**	**1.44**	**0.73**	**1.47**	**11.59**	**2.81**	**2.86**
神农架林区	**0.01**	**0.01**	**0.02**	**0.08**	**0.2**	**0.7**	**0.15**	**0.14**

农村劳动力外出从业及目地

单位：万人

项目	省外	港、澳、台	境外	第一产业	第二产业	第三产业	务工	经商	其他
湖北省	**589.65**	**1.28**	**1.23**	**60.99**	**550.11**	**398.57**	**783.46**	**147.12**	**78.3**
武汉市	**15.34**	**0.03**	**0.59**	**4.13**	**33.25**	**28.08**	**51.06**	**10.35**	**4.05**
武汉市辖区	0.71	0.02		0.19	2.76	3.14	5.1	0.65	0.34
蔡甸区	0.99			0.14	2.77	2.64	4.13	1.2	0.22
江夏区	3.04		0.57	3.27	4.15	2.16	6.37	1.06	2.15
黄陂区	3.32	0.01	0.02	0.12	12.14	14.57	21.19	5.64	
新洲区	7.28			0.41	11.43	5.57	14.27	1.8	1.34
黄石市	**28.28**	**0.03**	**0.03**	**1.54**	**29.8**	**11.1**	**35.12**	**4.88**	**2.44**
黄石市辖区	0.33			0.14	0.56	0.43	0.89	0.13	0.11
大冶市	6.24	0.03	0.03	0.77	7.39	5	9.68	2.16	1.32
阳新县	21.71			0.63	21.85	5.67	24.55	2.59	1.01
十堰市	**40.44**	**0.07**	**0.03**	**4.19**	**38.63**	**25.11**	**57.59**	**5.04**	**5.3**
十堰市辖区	0.37			0.16	1.14	0.76	1.73	0.13	0.2
丹江口市	3.24			0.12	4.2	1.88	5.52	0.43	0.25
郧 县	6.43			0.02	9.28	5.08	11.31	1.77	1.3
郧西县	9.65			0.99	8.07	5.48	12.31	1.27	0.96
竹山县	6.7	0.06	0.03	2.44	4	4.57	9.3	0.9	0.81
竹溪县	5.08	0.01		0.12	3.85	2.81	5.37	0.33	1.08
房 县	8.97			0.34	8.09	4.53	12.05	0.21	0.7
荆州市	**68.75**	**0.07**	**0.01**	**6.02**	**52.99**	**42.78**	**75.8**	**17.27**	**8.72**
荆州市辖区	5	0.01		0.5	4.87	3.49	6.52	1.31	1.03
江陵县	3.66	0.02		0.26	3.42	1.88	4.23	1.09	0.24
松滋市	13.18	0.01		0.71	10.38	7.52	15.55	2.22	0.84
公安县	9.96	0.02		0.61	9.04	5.03	11.3	2	1.38
石首市	7.49	0.01	0.01	0.75	7.32	3.32	9.03	1.36	1
监利县	20.24			2.68	9.86	16.54	18.82	7.08	3.18
洪湖市	9.22			0.51	8.1	5	10.35	2.21	1.05
宜昌市	**27.08**	**0.04**	**0.01**	**4.91**	**32.62**	**25.74**	**50.71**	**6.5**	**6.06**
宜昌市辖区	0.67		0.01	0.19	2.35	1.6	3.42	0.38	0.34
夷陵区	2.84			0.42	3.64	4.36	6.34	0.96	1.12
宜都市	4.14				4.75	4.15	6.79	1.01	1.1
枝江市	2.93			0.24	3.27	2.14	4.76	0.45	0.44
当阳市	3.87			1.01	3.74	2.51	5.97	0.8	0.49
远安县	2.44			0.4	2.41	1.9	3.92	0.46	0.33
兴山县	1	0.03			1.05	1.17	1.81	0.18	0.23
秭归县	3.43	0.01		0.31	5.13	2.68	6.84	0.8	0.48
长阳县	4.17			2.17	4.81	3.71	8.34	1.02	1.33
五峰县	1.59			0.17	1.47	1.52	2.52	0.44	0.2
襄阳市	**57.99**	**0.02**	**0.02**	**7.21**	**48.91**	**34.88**	**73.63**	**9.44**	**7.93**
襄阳市辖区	4.73		0.01	0.5	6.07	5.65	9.24	1.56	1.42
老河口市	6.41			0.19	5.64	2.06	7.01	0.74	0.14
襄阳区	11.34			4.01	7.02	7.34	15.14	1.84	1.39
枣阳市	10.58			0.26	11.12	4.96	13.38	2.35	0.61
宜城市	5.48			0.51	3.74	4.6	6.24	0.7	1.91
南漳县	7.66	0.01		0.78	4.56	5.16	8.16	0.77	1.57
谷城县	8.16	0.01	0.01	0.66	7.83	3.01	9.81	1	0.69
保康县	3.63			0.3	2.93	2.1	4.65	0.48	0.2
鄂州市	**5.28**	**0.04**	**0.07**	**0.63**	**8.2**	**5.41**	**10.44**	**3.1**	**0.7**

续表

单位:万人

项目	省外	港、澳、台	境外	第一产业	第二产业	第三产业	务工	经商	其他
荆门市	**27.73**	**0.07**	**0.05**	**3.71**	**24.87**	**17.48**	**33.02**	**8.45**	**4.59**
荆门市辖区	2.82			0.22	3.27	1.95	4.26	0.53	0.65
沙洋县	5.85			0.99	5.46	4.39	7.53	1.6	1.71
钟祥市	10.98	0.06	0.04	1.96	9.26	6.7	11.8	4.47	1.65
京山县	8.08	0.01	0.01	0.54	6.88	4.44	9.43	1.85	0.58
孝感市	**65.15**	**0.11**	**0.19**	**5.81**	**71.14**	**42.02**	**85.9**	**26.05**	**7.02**
孝感市辖区	9.01		0.04	0.55	11.58	4.71	12.28	4.06	0.5
孝昌县	10.47	0.03	0.01	1.82	8.27	7.6	12.01	5.02	0.66
大悟县	7.55	0.02	0.04	1.04	9.05	5.87	10.74	3.98	1.24
安陆市	8.99	0.01	0.02	0.55	11.61	2.67	12	1.65	1.18
云梦县	12.48	0.01	0.02	0.54	11.26	5.85	13.92	3.36	0.37
应城市	8.6	0.02	0.06	0.87	9.26	6.2	12.32	2.69	1.32
汉川市	8.05	0.02		0.44	10.11	9.12	12.63	5.29	1.75
随州市	**26.68**	**0.12**	**0.02**	**4.09**	**21.23**	**19.83**	**31.72**	**7.99**	**5.44**
曾都区	5.45			0.89	4.01	3.98	6.42	1.11	1.35
随县	10.92	0.01	0.01	1.14	7.96	7.53	11.15	2.7	2.78
广水县	10.31	0.11	0.01	2.06	9.26	8.32	14.15	4.18	1.31
黄冈市	**93.39**	**0.53**	**0.17**	**8.55**	**82.34**	**58.34**	**120.16**	**19.09**	**9.98**
黄冈市辖区	1.76		0.01	0.37	2.79	1.5	3.58	0.46	0.62
团风县	3.78		0.02	0.68	4.98	2.62	6.72	0.96	0.6
红安县	4.48	0.21	0.02	0.67	6.33	5.87	10.73	1.73	0.41
麻城市	15.62			1.23	15.31	7.35	20.57	1.57	1.75
罗田县	8.89		0.01	1.08	8.41	4.7	11.43	1.55	1.21
英山县	6.74	0.01		0.65	6.32	2.68	7.03	1.76	0.86
浠水县	14.97	0.1	0.06	1.46	10.3	9.87	15.54	5.69	0.4
蕲春县	14.94	0.21	0.03	0.73	9.27	11.9	18.43	2.11	1.36
武穴市	12.93			0.33	10.09	6.21	14.32	1.32	0.99
黄梅县	9.08		0.02	1.29	8.34	5.57	11.51	1.91	1.78
龙感湖农场	0.2			0.06	0.2	0.07	0.3	0.03	
咸宁市	**31.57**	**0.11**	**0.04**	**3.63**	**27.42**	**19.26**	**38.9**	**6.07**	**5.34**
咸安区	4.6	0.01	0.01	0.54	3.81	2.51	5.26	0.98	0.62
嘉鱼县	3.45		0.01	0.39	3.5	2.08	4.97	0.54	0.46
赤壁市	5.9	0.05	0.02	1.08	4.53	3.88	6.95	1.42	1.12
通城县	6.42	0.01		0.4	5.63	3.5	6.88	1.29	1.36
崇阳县	4.95	0.03		0.99	3.94	4.64	7.45	0.99	1.13
通山县	6.25	0.01		0.23	6.01	2.65	7.39	0.85	0.65
恩施自治州	**53.75**	**0.02**		**5.3**	**44.78**	**27.07**	**68.26**	**4.3**	**4.59**
恩施市	6.92			0.36	6.27	4.16	9.41	0.89	0.49
利川市	14.33			1.96	11.21	5.72	17	1.14	0.75
建始县	6.4			0.34	6.02	3.77	8.38	0.11	1.64
巴东县	4.46			0.15	3.56	4.24	6.84	0.66	0.45
宣恩县	5.89	0.02			4.96	2.17	6.6	0.3	0.23
咸丰县	5.87			1.96	6.05	1.54	8.8	0.56	0.19
来凤县	7.18			0.51	4.74	3.33	7.92	0.33	0.33
鹤峰县	2.7			0.02	1.97	2.14	3.31	0.31	0.51
仙桃市	**16.31**	**0.01**		**1.15**	**10.73**	**17.53**	**19.88**	**6.51**	**3.02**
天门市	**23.08**	**0.01**		**0.92**	**13.32**	**18.24**	**19.58**	**10.45**	**2.45**
潜江市	**8.14**			**0.72**	**7.98**	**5.1**	**10.8**	**1.58**	**0.63**
神农架林区	**0.69**			**0.01**	**0.59**	**0.38**	**0.89**	**0.05**	**0.04**

农村劳动力劳务经济收入情况

项目	参加过职业技能培训	其中:参加过政府举办的技能培训	持有职业技术资格证书	劳务经济总收入（年）	其中:月收入500元以下	501元-1000元	1001元-2000元	2001元—3000元	3000元以上
湖北省	**267.82**	**105.65**	**113.67**	**12504337**	**30.99**	**177.25**	**446.46**	**230.62**	**123.71**
武汉市	**25.27**	**10.3**	**7.9**	**57325**	**3.18**	**11.23**	**26.33**	**18.73**	**5.99**
武汉市辖区	2.37	0.87	1.34	57209	0.09	1.55	2.87	0.95	0.63
蔡甸区	1.29	0.68	0.77	9	0.15	1.16	2.65	0.97	0.62
江夏区	1.71	1.23	2.36	29	1.92	3.66	2.34	1.41	0.25
黄陂区	16.14	5.14	0.86	54	0.68	1.55	7.64	13.26	3.7
新洲区	3.76	2.38	2.57	24	0.34	3.31	10.83	2.14	0.79
黄石市	**6.04**	**2.11**	**2.33**	**552299**	**0.37**	**1.52**	**6.49**	**9.69**	**24.37**
黄石市辖区	0.2	0.05	0.11	16015		0.17	0.42	0.27	0.27
大冶市	2.29	0.71	1.23	187129	0.15	0.93	2.86	3.77	5.45
阳新县	3.55	1.35	0.99	349155	0.22	0.42	3.21	5.65	18.65
十堰市	**22.1**	**12.88**	**9.4**	**519099**	**1.09**	**7.65**	**31.19**	**17.29**	**10.71**
十堰市辖区	0.75	0.41	0.39	21655	0.05	0.51	0.85	0.42	0.23
丹江口市	2.17	1.03	1.07	52182	0.1	0.79	2.18	1.36	1.77
郧 县	3.64	2.32	2.1	99831	0.46	3.37	7	2.61	0.94
郧西县	5.89	4.14	3.06	95957	0.04	0.27	7.68	4.62	1.93
竹山县	1.87	0.9	1.01	99695	0.2	0.83	5.8	2.07	2.11
竹溪县	1.37	0.61	0.41	37419	0.01	0.09	3.44	2.74	0.5
房 县	6.41	3.47	1.36	112360	0.23	1.79	4.24	3.47	3.23
荆州市	**19.43**	**9.03**	**9.1**	**1494854**	**4.98**	**17.3**	**47.26**	**23.73**	**8.52**
荆州市辖区	1.46	0.56	0.76	129328	0.05	1.21	4.16	2.39	1.05
江陵县	0.46	0.16	0.5	89383	0.36	0.73	2.62	1.46	0.39
松滋市	6.03	2.59	2.39	363180	0.02	1.45	9.67	5.96	1.51
公安县	3.65	1.4	1.22	172950	1.12	3.12	7.07	2.46	0.91
石首市	2.06	1.06	1.3	149290	0.66	2.26	5.05	2.62	0.8
监利县	4.6	2.69	2.08	395914	2.07	7.07	11.65	5.89	2.4
洪湖市	1.17	0.57	0.85	194809	0.7	1.46	7.04	2.95	1.46
宜昌市	**18.97**	**8.08**	**8.17**	**636534**	**2.24**	**13.49**	**28.15**	**10.65**	**8.74**
宜昌市辖区	1.34	0.51	0.58	37096	0.04	0.96	2.19	0.6	0.35
夷陵区	2.63	1.06	1.53	107964	0.03	0.34	1.89	1.75	4.41
宜都市	2.71	1.32	1.16	117908	0.25	2.15	4.39	1.64	0.47
枝江市	2.27	0.72	0.8	77976	0.08	1.18	3.38	0.83	0.18
当阳市	2.29	1.22	0.93	77225	0.33	2	3.76	0.89	0.28
远安县	1.83	0.49	0.42	49079	0.1	0.98	2.54	0.82	0.27
兴山县	0.51	0.18	0.22	15466	0.11	0.61	0.99	0.32	0.19
秭归县	1.56	0.97	0.64	66900	0.62	2.03	3.85	1.28	0.34
长阳县	2.68	1.14	1.29	75134	0.53	2.36	3.97	1.94	1.89
五峰县	1.15	0.47	0.6	11786	0.15	0.88	1.19	0.58	0.36
襄阳市	**20.82**	**7.8**	**11.23**	**1181689**	**1.29**	**13.45**	**49.38**	**18.49**	**8.39**
襄阳市辖区	2	0.7	1.04	116755	0.26	1.94	5.93	3.13	0.96
老河口市	2.36	0.54	1.06	126876	0.04	1.15	4.42	1.54	0.74
襄阳区	4.31	1.06	2.07	229244	0.16	2.79	10.04	3.69	1.69
枣阳市	5.07	2.7	3.12	247421	0.29	2.34	9.94	2.93	0.84
宜城市	2.27	1	1.39	73790	0.2	1.68	5.41	1.11	0.45
南漳县	1.75	0.74	1	73500	0.13	1.57	5.54	2.11	1.15
谷城县	1.69	0.53	0.83	268986	0.19	1.17	6.18	2.51	1.45
保康县	1.37	0.53	0.72	45117	0.02	0.81	1.92	1.47	1.11
鄂州市	**4.88**	**1.76**	**1.53**	**240250**	**0.31**	**2.5**	**6.54**	**3.29**	**1.6**

续表

项目	参加过职业技能培训	其中：参加过政府举办的技能培训	持有职业技术资格证书	劳务经济总收入（年）	其中：月收入500元以下	501元-1000元	1001元-2000元	2001元—3000元	3000元以上
荆门市	**13.23**	**5.32**	**4.91**	**604323**	**1.47**	**8.55**	**20.25**	**11.74**	**4.05**
荆门市辖区	2.64	0.93	1.24	94541	0.21	1.21	2.88	0.86	0.28
沙洋县	1.8	1.03	0.7	67460	0.49	2.1	4.51	2.79	0.95
钟祥市	4.69	2.46	1.98	243299	0.68	3.38	7.65	4.33	1.88
京山县	4.1	0.9	0.99	199023	0.09	1.86	5.21	3.76	0.94
孝感市	**36.52**	**13.74**	**14.56**	**2010535**	**2.7**	**18.38**	**54.71**	**27.82**	**15.36**
孝感市辖区	5.33	1.2	1.6	318356	0.38	1.92	7.3	3.98	3.26
孝昌县	6.01	2.86	1.99	372821	0.02	1.67	8.73	5.28	1.99
大悟县	4.41	2.76	2.04	223626	0.38	1.83	4.95	4.13	4.67
安陆市	3.63	1.44	1.4	196391	0.58	3.59	7.17	2.71	0.78
云梦县	8.43	1.41	2.91	219900	0.15	2.11	9.49	4.4	1.5
应城市	3.17	1.44	2.04	303474	0.6	3.79	7.65	2.96	1.33
汉川市	5.54	2.63	2.58	375967	0.59	3.47	9.42	4.36	1.83
随州市	**12.91**	**4.22**	**5.74**	**591154**	**1.94**	**10.67**	**19.77**	**8.32**	**4.45**
曾都区	2.54	0.69	1.47	88215	0.36	1.76	4.28	1.64	0.84
随县	4.26	1.07	2.83	197600	0.28	3.46	7.56	3.24	2.09
广水县	6.11	2.46	1.44	305339	1.3	5.45	7.93	3.44	1.52
黄冈市	**42.26**	**16.74**	**22.11**	**1928074**	**5.01**	**32.95**	**65.97**	**33.96**	**11.34**
黄冈市辖区	1.42	0.33	0.95	52410	0.12	0.88	2.04	1.17	0.45
团风县	1.93	0.97	0.85	153693	0.2	1.64	3.92	1.72	0.8
红安县	10.96	3.59	1.91	38610	0.23	5.52	6.59	0.39	0.14
麻城市	7.12	1.86	8.01	101235	2.13	7.23	11.39	2.68	0.46
罗田县	3.14	1.34	2.31	223622	0.55	2.82	5.8	3.43	1.59
英山县	4.26	2.2	1.95	175415	0.01	1.39	4.52	2.72	1.01
浠水县	2.7	2.61	1.26	296496	0.22	5.93	8.5	4.58	2.4
蕲春县	2.6	1.8	1.72	362334	0.95	5.05	9.03	4.82	2.05
武穴市	3.21	1.32	2.06	470369	0.11	0.32	6.12	9.13	0.95
黄梅县	4.76	0.7	1.09	45600	0.49	2.15	7.9	3.24	1.42
龙感湖农场	0.16	0.02		8290		0.02	0.16	0.08	0.07
咸宁市	**10.88**	**4.58**	**4.53**	**738201**	**1.86**	**13.24**	**21.79**	**9.48**	**3.94**
咸安区	1.26	0.64	0.52	125603	0.11	1.43	3.7	1.15	0.47
嘉鱼县	1.6	0.64	0.68	94702	0.19	1.77	2.77	0.98	0.26
赤壁市	2.55	0.98	1.09	153506	0.27	3.02	3.29	2.16	0.75
通城县	2.43	1.21	1.14	158824	0.38	1.78	3.74	2.32	1.31
崇阳县	1.09	0.29	0.36	106027	0.19	2.79	4.34	1.61	0.64
通山县	1.95	0.82	0.74	99539	0.72	2.45	3.95	1.26	0.51
恩施自治州	**21.1**	**6.16**	**6.62**	**718289**	**3.45**	**16.6**	**33.82**	**15.06**	**8.22**
恩施市	2.74	1.07	1.21	94322	0.31	3.69	4.36	1.71	0.72
利川市	4.1	1.46	2	166114	0.73	3.12	7.31	5.03	2.7
建始县	1.11	0.05	0.08	85119	0.02	0.71	4.79	1.89	2.72
巴东县	0.76	0.32	0.32	143516	1.26	2.87	2.6	0.93	0.29
宣恩县	0.61	0.19	0.23	23894	0.32	1.84	3.31	1.12	0.54
咸丰县	8.23	2.31	2.05	110652	0.5	1.82	4.8	1.73	0.7
来凤县	2.84	0.36	0.3	70090	0.13	1.27	4.47	2.25	0.46
鹤峰县	0.71	0.4	0.43	24582	0.18	1.28	2.18	0.4	0.09
仙桃市	**6.29**	**1.01**	**2.41**	**562267**	**0.35**	**3.32**	**13.56**	**8.41**	**3.77**
天门市	**4.04**	**1.12**	**2.56**	**426884**	**0.58**	**4.41**	**13.57**	**11**	**2.92**
潜江市	**2.83**	**0.63**	**0.45**	**236670**	**0.15**	**1.83**	**7.14**	**2.81**	**1.23**
神农架林区	**0.25**	**0.17**	**0.12**	**5890**	**0.02**	**0.16**	**0.54**	**0.15**	**0.11**

农村劳动力外出人员社会保障情况

单位:万人

项目	雇主拖欠工资人数	从事高危、有害工作人数	致伤致残人数	享受劳保补贴人数	与雇主签定劳动合同	参与养老保险人数	参与医疗保险人数	参与失业保险人数	参与生育保险人数	参与工伤保险人数
湖北省	**17.16**	**43.69**	**4.57**	**70.74**	**313.8**	**153.21**	**375.18**	**53.49**	**18.3**	**130.32**
武汉市	**1.05**	**1.18**	**0.41**	**5.41**	**16.84**	**9.6**	**30.37**	**5.36**	**2.71**	**8.64**
武汉市辖区		0.17		0.58	3.12	2.06	3.49	0.73	0.63	0.88
蔡甸区	0.04	0.04		0.33	1.74	1.45	2.8	0.94	0.71	0.85
江夏区	0.1	0.01	0.36	2.2	0.85	1.54	0.29	0.18	0.97	0.2
黄陂区	0.46	0.52	0.02	0.61	3.33	2.62	19.82	2.99	0.04	0.41
新洲区	0.45	0.44	0.03	1.69	7.8	1.93	3.97	0.52	0.36	6.3
黄石市	**0.26**	**0.88**	**0.03**	**1.2**	**4.15**	**1.5**	**3.26**	**0.12**	**0.05**	**0.53**
黄石市辖区	0.01	0.03		0.06	0.26	0.27	0.42	0.06	0.02	0.07
大冶市	0.13	0.43	0.01	0.62	3.2	0.75	2.62	0.03	0.03	0.46
阳新县	0.12	0.42	0.02	0.52	0.69	0.48	0.22	0.03		
十堰市	**1.01**	**5.36**	**0.32**	**4.84**	**18.88**	**7.25**	**31.4**	**1.56**	**0.67**	**8.19**
十堰市辖区	0.01	0.05	0.01	0.22	0.83	0.44	0.82	0.15	0.04	0.32
丹江口市	0.1	0.36	0.03	0.74	2.42	0.89	2.44	0.14	0.05	1.13
郧 县	0.32	1	0.07	1.5	4.15	1.97	6.83	0.78	0.21	1.66
郧西县	0.13	1.49	0.06	0.59	3.99	0.62	9.67	0.14	0.1	0.68
竹山县	0.15	1.14	0.06	0.5	2.19	0.7	5.06	0.13	0.15	2.1
竹溪县	0.14	0.31	0.03	0.49	1.61	1.24	3.03	0.03	0.03	0.39
房 县	0.16	1.01	0.06	0.8	3.69	1.39	3.55	0.19	0.09	1.91
荆州市	**1.07**	**1.52**	**0.36**	**3.78**	**27.14**	**12.82**	**28.25**	**18.72**	**1.24**	**8.38**
荆州市辖区	0.01	0.03		0.23	2.91	0.89	1.73	0.1	0.03	0.79
江陵县	0.18	0.11		0.67	2.35	0.52	3.03	0.25	0.05	0.78
松滋市	0.43	0.2	0.03	1.39	8.98	3.4	1.91	0.03	0.08	3.3
公安县	0.05	0.25	0.02	0.31	4.09	0.7	5.1	0.08	0.5	0.64
石首市	0.04	0.15	0.04	0.31	2.9	1.77	2.66	1.47	0.33	1.5
监利县	0.29	0.36	0.17	0.78	5.16	3.02	12.06	3.18	0.23	1.26
洪湖市	0.07	0.42	0.1	0.09	0.75	2.52	1.76	13.61	0.02	0.11
宜昌市	**0.32**	**3.21**	**0.99**	**5.05**	**23.44**	**11.79**	**18.27**	**3.49**	**2.82**	**11.62**
宜昌市辖区		0.15	0.01	0.3	1.86	1.58	1.54	1.23	1.14	1.37
夷陵区	0.03	0.58	0.85	0.85	3.12	1.31	2.88	0.57	0.29	1.14
宜都市	0.02	0.34	0.01	0.94	2.75	3.06	2.93	0.42	0.26	2.13
枝江市	0.03	0.22	0.01	0.47	2.4	0.91	1.61	0.11	0.08	1.2
当阳市	0.02	0.31		0.43	3.01	0.63	2.07	0.16	0.21	0.78
远安县	0.01	0.24	0.01	0.3	1.56	0.55	0.15	0.09	0.07	0.53
兴山县	0.03	0.1	0.01	0.11	0.82	0.26	0.95	0.02	0.02	0.52
秭归县	0.07	0.4	0.04	0.49	2.64	1.56	2.65	0.49	0.56	1.21
长阳县	0.04	0.42	0.03	0.63	3.78	1.19	2.46	0.28	0.16	1.81
五峰县	0.07	0.45	0.02	0.53	1.5	0.74	1.03	0.12	0.03	0.93
襄阳市	**0.92**	**2.95**	**0.19**	**8.76**	**29.24**	**17.37**	**28.04**	**4.19**	**1.59**	**13.79**
襄阳市辖区	0.05	0.23		1.04	3.39	2.59	2.24	0.25	0.31	1.23
老河口市	0.03	0.27		1.39	2.73	1.86	2.63	0.07	0.03	1.72
襄阳区	0.25	0.65	0.08	0.99	6.93	3.06	2.92	0.98	0.09	1.91
枣阳市	0.22	0.34	0.01	2.13	6.83	3.79	9.15	2.11	0.67	5.12
宜城市	0.11	0.2	0.01	0.73	2.41	1.02	2.93	0.2	0.2	0.76
南漳县	0.17	0.52	0.03	0.52	2.59	2.57	4.17	0.15	0.15	0.81
谷城县	0.08	0.55	0.05	1.57	2.3	1.71	2.14	0.06	0.11	0.92
保康县	0.01	0.19	0.01	0.39	2.06	0.77	1.86	0.37	0.03	1.32
鄂州市	**0.3**	**0.76**	**0.01**	**0.81**	**3.32**	**1.67**	**2.93**	**0.72**	**0.38**	**2.08**

续表 单位:万人

项目	雇主拖欠工资人数	从事高危、有害工作人数	致伤致残人数	享受劳保补贴人数	与雇主签定劳动合同	参与养老保险人数	参与医疗保险人数	参与失业保险人数	参与生育保险人数	参与工伤保险人数
荆门市	**0.26**	**1.12**	**0.05**	**3.54**	**17.96**	**7.06**	**18.63**	**1.72**	**0.85**	**7.56**
荆门市辖区	0.05	0.29		1.3	2.49	1.74	2.98	0.77	0.4	2.39
沙洋县		0.13		0.42	2.62	0.83	3.13	0.34	0.16	1.15
钟祥市	0.09	0.54	0.04	0.96	6.41	2.11	5.7	0.32	0.26	2.42
京山县	0.12	0.16	0.01	0.86	6.44	2.38	6.82	0.29	0.03	1.6
孝感市	**3.38**	**9.73**	**0.48**	**9.73**	**48.09**	**20.56**	**69.65**	**6.97**	**1.08**	**12.73**
孝感市辖区	0.79	0.66	0.02	0.66	3.37	2.75	7.82	0.42	0.25	1.16
孝昌县	0.18	2.36	0.29	0.52	5.58	2.6	14.53	0.91	0.17	2.55
大悟县	0.45	0.96	0.06	2.7	7.66	2.88	9.11	2.87	0.17	3.02
安陆市	0.3	0.45	0.03	1.04	8.79	1.37	13.33	0.29	0.24	0.45
云梦县	0.42	4.33	0.03	0.84	5.26	2.19	1.29	0.21	0.03	0.91
应城市	0.37	0.47	0.02	2.25	10.76	6.02	15.43	1.19	0.2	1.75
汉川市	0.87	0.5	0.03	1.72	6.67	2.75	8.14	1.08	0.02	2.89
随州市	**1.18**	**2.04**	**0.2**	**2.85**	**16.02**	**11.21**	**18.27**	**0.9**	**0.61**	**8.11**
曾都区	0.09	0.22	0.01	0.8	2.34	4.43	3.87	0.15	0.3	1.18
随县	0.33	0.65	0.05	1.21	5.9	1.74	4.67	0.18	0.25	1.84
广水县	0.76	1.17	0.14	0.84	7.78	5.04	9.73	0.57	0.06	5.09
黄冈市	**3.29**	**8.09**	**1.19**	**13.1**	**41.47**	**24.59**	**43.1**	**6.38**	**3.49**	**20**
黄冈市辖区	0.03	0.12	0.01	0.17	1.26	0.48	0.64	0.06	0.04	0.26
团风县	0.11	0.25	0.03	0.87	2.95	3.4	3.73	0.22	0.08	0.92
红安县	0.66	1.18	0.02	1.07	5.55	2.8	8.1	0.33	0.69	3.4
麻城市	0.34	1.25	0.14	2.37	5.66	2.25	4.61	0.49	0.37	2.61
罗田县	0.51	0.81	0.09	0.6	3.42	1.83	3.21	0.4	0.12	2.35
英山县	0.15	1.05	0.04	3.89	5.32	3.98	2.8	1.15	1	4.59
浠水县	0.51	1.19	0.06	1.57	4.51	3.67	1.69	1.7	0.16	0.74
蕲春县	0.34	0.82	0.72	1.49	6	3.01	7.15	1.51	0.83	3.58
武穴市	0.14	0.3	0.04	0.44	4.2	1.35	7.22	0.04	0.08	1.12
黄梅县	0.5	1.12	0.04	0.63	2.57	1.78	3.77	0.48	0.12	0.43
龙感湖农场					0.03	0.04	0.18			
咸宁市	**1.27**	**2.09**	**0.16**	**4.49**	**22.29**	**9.65**	**28.08**	**1.35**	**1.1**	**9.18**
咸安区	0.13	0.09	0.01	0.44	2.65	1.04	2.12	0.16	0.18	1.34
嘉鱼县	0.05	0.12		1.18	3.02	0.74	3.16	0.21	0.09	1.84
赤壁市	0.42	0.79	0.08	0.54	7.46	4.15	5.85	0.39	0.25	2.41
通城县	0.3	0.48	0.02	1.08	3.8	2.05	4.91	0.5	0.02	2.16
崇阳县	0.05	0.16	0.01	0.7	2.12	0.56	7.98	0.07	0.5	0.83
通山县	0.32	0.45	0.04	0.55	3.24	1.11	4.06	0.02	0.06	0.6
恩施自治州	**1.8**	**3.71**	**0.08**	**3.74**	**25.5**	**9.26**	**30.5**	**1.57**	**1.47**	**10.49**
恩施市	0.09	1.24	0.01	1.02	5.57	1.49	1.93	0.19	0.22	2.73
利川市	0.81	0.33		0.73	5.44	2.17	6.84	0.56	0.48	2.16
建始县	0.18	0.78	0.02	0.94	3.94	2.07	3.94	0.44	0.46	1.87
巴东县		0.45		0.03	1.19	0.17	0.69	0.04		0.23
宣恩县	0.05	0.15	0.01	0.18	1.68	0.3	0.48	0.05	0.04	0.43
咸丰县	0.56	0.03	0.02	0.34	3.23	1.16	8.65	0.23	0.12	1.19
来凤县	0.09	0.61	0.02	0.34	3.38	1.64	6.5	0.06	0.12	1.65
鹤峰县	0.02	0.12		0.16	1.07	0.26	1.47		0.03	0.23
仙桃市	**0.37**	**0.32**	**0.05**	**1.94**	**10.27**	**5.84**	**15.48**	**0.21**	**0.13**	**6.08**
天门市	**0.61**	**0.57**	**0.05**	**0.86**	**4.31**	**2.17**	**4.61**	**0.2**	**0.1**	**1.31**
潜江市	**0.06**	**0.09**		**0.63**	**4.64**	**0.81**	**3.83**	**0.03**	**0.01**	**1.62**
神农架林区	**0.01**	**0.07**		**0.01**	**0.24**	**0.06**	**0.51**			**0.01**

2 农业产值

农林牧渔业总产值

单位:万元

指 标 名 称	按现行价格计算	按可比价格计算
农林牧渔业总产值	35019937	31192604
一、农业产值	19216692	15705509
(一)谷物及其他作物	10085890	8297046
1.谷 物	5050243	
其中:小 麦	848205	
稻 谷	3350285	
玉 米	502113	
2.薯 类	553698	
3.油 料	1474100	
其中:花 生	231785	
油菜籽	1048230	
4.豆 类	325528	
其中:大 豆	245000	
5.棉 花	1259458	
6.生 麻	18532	
7.糖 料	22590	
8.烟 草	210387	
9.其他农作物	1171354	
其中:饲料作物	9085	
(二)蔬菜、食用菌及花卉盆景园艺产品	7010327	6179766
1.蔬菜(含菜用瓜)	6460955	
2.食用菌	400671	
3.花卉	23649	
4.盆景园艺	125052	
(三)水果、坚果、茶、饮料和香料	1842445	1606876
1.水果	1186261	
其中:苹 果	1256	
梨	81442	
柑 桔	432836	
2.坚果	132261	
3.茶及饮料原料	523923	
其中:茶叶	523923	
4.香料原料		

续表1

单位:万元

指 标 名 称	按现行价格计算	按可比价格计算
(四)中草药材	278022	182171
二、林业产值	653701	600883
(一) 林木的培育和种植	235871	216813
1.育种育苗	35719	
2.造 林	82490	
3.抚育和管理	117662	
(二) 竹木采运	240993	
其中:村及村以下	148261	
(三)林产品	176837	162548
三、牧业产值	9250434	9285150
(一)牲畜饲养	738501	
1. 牛的饲养	485233	
2. 羊的饲养	175774	
3. 其他牲畜饲养	10288	
4. 奶产品	58000	
其中:牛 奶	58000	
5. 毛绒产品	111	
其中:羊 毛	111	
羊 绒		
6. 其他牲畜副产品	9095	
(二)猪的饲养	6035430	
(三)家禽饲养	2371115	
1.肉禽	1143068	
2.禽蛋	1298047	
(四)狩猎和捕捉动物	4022	
(五)其他畜牧业	35739	
其中:蚕 茧	31974	
兔	4100	
四、渔业产值	4585802	4371689
(一)海水产品		
其中:养殖		
1.鱼 类		
2.虾蟹类		
3.贝 类		
4.藻 类		
5.其 他		
(二)淡水产品	4585802	4371689
其中:养殖	4107221	
1.鱼 类	3356169	
2.虾蟹类	954972	
3.贝 类	10746	
4.其 他	263915	
五、农林牧渔服务业	1313308	

农林牧渔业总产值

（按现价计算）　　单位:万元

项目	农林牧渔业总产值	一、农业总产值	二、林业产值	三、牧业产值	四、渔业产值	五、农林牧渔服务业产值
湖北省	**35019937**	**19216692**	**653701**	**9250434**	**4585802**	**1313308**
武汉市	**2810947**	**1512017**	**19902**	**739386**	**525628**	**14014**
武汉市辖区	524637	273919	1149	89059	158242	2268
蔡甸区	290567	180422	3275	48050	57261	1559
江夏区	666667	353233	3853	199661	108718	1202
黄陂区	793897	423037	6236	258352	100272	6000
新洲区	535179	281406	5389	144264	101135	2985
黄石市	**839060**	**337561**	**19626**	**253713**	**219323**	**8837**
黄石市辖区	41745	20845	368	15989	4411	132
大冶市	384419	145270	1478	157430	75260	4981
阳新县	412896	171446	17780	80294	139652	3724
十堰市	**1331859**	**818724**	**49937**	**379907**	**73113**	**10178**
十堰市辖区	37741	22402	1125	12964	915	335
丹江口市	238834	97191	4588	85728	50057	1270
郧　县	217576	135552	11524	67630	1369	1501
郧西县	201444	132293	8942	58459	401	1349
竹山县	192902	146280	5758	38434	267	2163
竹溪县	214415	157320	4016	51574	235	1270
房　县	228947	127686	13984	65118	19869	2290
荆州市	**4237948**	**1971349**	**33762**	**952624**	**1230507**	**49706**
荆州市辖区	657722	319976	1984	148459	177448	9855
江陵县	268169	158742	1771	77366	26321	3969
松滋市	445823	214562	5473	194720	26403	4665
公安县	679482	355351	4877	151199	160623	7432
石首市	400418	183872	7194	99327	105173	4852
监利县	1076866	495924	7000	206342	357452	10148
洪湖市	709468	242922	5463	75211	377087	8785
宜昌市	**2940518**	**1570358**	**38201**	**1060922**	**252003**	**19034**
宜昌市辖区	126054	77968	605	44107	2485	889
夷陵区	447433	248187	3906	182714	8636	3990
宜都市	320462	139807	2907	146407	30708	633
枝江市	568298	272838	2165	188005	98450	6840
当阳市	600729	334723	3787	187804	73780	635
远安县	141826	86330	5284	47008	2341	863
兴山县	120603	68704	4987	46486	148	278
秭归县	175039	109648	4848	58964	519	1060
长阳县	279955	126517	5265	109718	34861	3594
五峰县	160119	105636	4447	49709	75	252
襄樊市	**4090427**	**2056655**	**52999**	**1632038**	**253747**	**94988**
襄樊市辖区	337865	190256	6223	114166	17351	9869
老河口市	434020	228551	2083	160534	38237	4615
襄阳区	939739	442552	5556	355720	110286	25625
枣阳市	921555	477637	3253	370161	41035	29469
宜城市	480338	266333	4943	173540	26882	8640
南漳县	438088	222738	10494	187938	9275	7643
谷城县	318746	117445	10271	174522	9843	6665
保康县	220076	111143	10176	95457	838	2462
鄂州市	**928248**	**296745**	**11843**	**232908**	**384151**	**2602**
鄂州市辖区	928248	296745	11843	232908	384151	2602
荆门市	**2531445**	**1227666**	**33702**	**775248**	**436300**	**58529**
荆门市辖区	366249	198508	7279	111204	42400	6858

注:全省数为省级核算数,故分市州汇总不等于全省。

续表

项目	农林牧渔业总产值	一、农业总产值	二、林业产值	三、牧业产值	四、渔业产值	五、农林牧渔服务业产值
沙洋县	693261	310689	7571	197351	164211	13439
钟祥市	852725	428636	6408	249416	145965	22300
京山县	619210	289833	12444	217277	83724	15932
沙洋农场	46149	26658	818	14137	3741	795
孝感市	**3066098**	**1348657**	**75517**	**1097822**	**492267**	**51835**
孝感市辖区	373221	183899	1795	85334	94873	7320
孝昌县	353626	178842	3890	143059	25075	2760
大悟县	336359	166733	40218	103220	25364	824
安陆市	422188	135957	12963	220775	43807	8686
云梦县	404450	197544	2865	154129	43489	6423
应城市	551320	212710	6018	206714	119000	6878
汉川市	624934	272972	7768	184591	140659	18944
随州市	**1502923**	**878042**	**39310**	**486491**	**72720**	**26360**
曾都区	288936	125162	5082	139434	12214	7044
随县	697144	433236	13995	203687	29892	16334
广水县	516843	319644	20233	143370	30614	2982
黄冈市	**3747928**	**1891301**	**107326**	**1176972**	**490133**	**82196**
黄冈市辖区	139154	78291	656	19992	37495	2720
团风县	149246	75908	3890	44432	20749	4267
红安县	240902	160251	4950	53586	5745	16370
麻城市	604712	311016	23697	210907	44702	14390
罗田县	260663	146054	36617	63433	7024	7535
英山县	317868	234760	7032	64066	5830	6180
浠水县	602749	252617	12067	220806	110389	6870
蕲春县	446579	202739	8827	148196	80366	6451
武穴市	483564	198377	3979	212682	65244	3282
黄梅县	447585	219576	5259	115188	94518	13044
龙感湖农场	54906	11712	352	23684	18071	1087
咸宁市	**1685165**	**915098**	**76621**	**403086**	**274462**	**15898**
咸安区	286784	139740	17586	97079	29961	2418
嘉鱼县	437548	282577	3312	32273	115820	3566
赤壁市	352765	188369	16743	53979	89911	3763
通城县	231886	102449	11763	108954	6121	2599
崇阳县	241392	126676	15566	76143	20583	2424
通山县	134790	75287	11651	34658	12066	1128
恩施自治州	**1742537**	**1044186**	**57826**	**619819**	**7595**	**13111**
恩施市	318374	205245	4349	106266	590	1924
利川市	374157	246395	12767	111387	2538	1070
建始县	220220	125180	8322	82974	323	3421
巴东县	216039	129371	7641	77299	688	1040
宣恩县	169238	95267	2946	69140	791	1094
咸丰县	186876	89080	5371	88618	963	2844
来凤县	137026	72772	6774	55145	1576	759
鹤峰县	120607	80876	9656	28990	126	959
仙桃市	**944120**	**358747**	**7724**	**220053**	**340337**	**17259**
天门市	**809405**	**400844**	**2718**	**218641**	**171893**	**15309**
潜江市	**855471**	**460773**	**5183**	**243964**	**129626**	**15926**
神农架林区	**25921**	**16841**	**939**	**7704**	**130**	**307**

农林牧渔业增加值

单位:万元

项目	三、农林牧渔业增加值(现价)	农业增加值	林业增加值	牧业增加值	渔业增加值	农林牧渔服务业增加值
湖北省	**21470057**	**12237333**	**385872**	**5528913**	**2866131**	**451808**
武汉市	**1700385**	**904534**	**10163**	**449473**	**327975**	**8240**
武汉市辖区	316269	155642	539	61983	96857	1248
蔡甸区	174340	122696	778	17253	32635	978
江夏区	396331	231322	1421	97147	65991	450
黄陂区	492338	249249	4013	181881	53195	4000
新洲区	321107	145625	3412	91209	79297	1564
黄石市	**536339**	**225411**	**12209**	**145450**	**149320**	**3949**
黄石市辖区	27487	14732	277	9419	3005	54
大冶市	245872	97999	859	92235	52508	2271
阳新县	262980	112680	11073	43796	93807	1624
十堰市	**778429**	**481224**	**25380**	**218183**	**47673**	**5969**
十堰市辖区	24668	15046	546	8417	553	106
丹江口市	133877	50745	3265	45055	34642	170
郧　县	134627	81318	4808	46128	882	1491
郧西县	109252	67732	3945	36471	237	867
竹山县	124343	98257	2593	22191	169	1133
竹溪县	116541	90190	2204	23251	134	762
房　县	135121	77936	8019	36670	11056	1440
荆州市	**2310665**	**1125085**	**21575**	**464719**	**673438**	**25848**
荆州市辖区	360867	188065	756	67785	99136	5125
江陵县	152473	91146	796	43572	14895	2064
松滋市	244339	119459	3903	104295	14256	2426
公安县	387555	202384	3370	75535	102401	3865
石首市	218366	108767	5957	47886	53233	2523
监利县	578075	289738	3718	88866	190476	5277
洪湖市	368990	125526	3075	36780	199041	4568
宜昌市	**1724971**	**979232**	**20827**	**575835**	**138613**	**10464**
宜昌市辖区	75642	50679	386	22765	1451	361
夷陵区	268188	155190	2596	104833	3139	2430
宜都市	187997	76597	1694	90814	18426	466
枝江市	341003	178189	923	104125	53970	3796
当阳市	325400	191982	1976	93988	37112	342
远安县	91126	58904	2918	27595	1217	492
兴山县	69305	41515	2003	25580	82	125
秭归县	105018	69883	2314	32026	181	614
长阳县	169285	87653	2641	54272	22979	1740
五峰县	92007	68640	3376	19837	56	98
襄樊市	**2347031**	**1198458**	**35601**	**942965**	**117955**	**52052**
襄樊市辖区	234410	127847	5247	85071	10193	6052
老河口市	265628	139208	1250	99140	23215	2815
襄阳区	460677	220264	3933	187966	35914	12600
枣阳市	520242	269987	1327	207365	23882	17681
宜城市	274927	141147	1745	115895	11720	4420
南漳县	281764	144983	9053	114559	8469	4700
谷城县	188940	80119	7101	94987	4134	2599
保康县	120443	74903	5945	37982	428	1185
鄂州市	**514514**	**145325**	**3299**	**137925**	**226864**	**1102**
鄂州市辖区	514514	145325	3299	137925	226864	1102

注:全省数为省级核算数,故分市州汇总不等于全省。

续表

项目	三、农林牧渔业增加值（现价）	农业增加值	林业增加值	牧业增加值	渔业增加值	农林牧渔服务业增加值
荆门市	**1450988**	**757576**	**21898**	**374768**	**257090**	**39656**
荆门市辖区	213833	131331	4213	49531	24219	4539
沙洋县	414397	199844	5736	103664	96605	8548
钟祥市	456204	240638	4163	101669	94624	15110
京山县	366554	185763	7786	119904	41642	11459
沙洋农场	20437	14394	663	3181	1876	323
孝感市	**1711805**	**794902**	**43655**	**570685**	**273085**	**29478**
孝感市辖区	199984	112424	799	30872	51468	4421
孝昌县	201310	100018	2280	82116	15346	1550
大悟县	196879	93780	27095	63008	12436	560
安陆市	235963	91648	5749	114955	19645	3966
云梦县	218959	109561	1758	80195	24136	3309
应城市	285348	116865	1701	90630	72774	3378
汉川市	373362	170606	4273	108909	77280	12294
随州市	**865740**	**480358**	**24761**	**283681**	**55374**	**21566**
曾都区	152395	54516	2591	81880	7564	5844
随县	397385	228016	7981	125689	22463	13236
广水县	315960	197826	14189	76112	25347	2486
黄冈市	**2469567**	**1308664**	**66368**	**725599**	**317708**	**51228**
黄冈市辖区	92498	58278	146	16587	15847	1640
团风县	96736	51034	2032	23420	17921	2329
红安县	184099	123471	4784	41237	1376	13231
麻城市	413711	232743	12737	118618	37549	12064
罗田县	155613	78315	26101	41709	5153	4335
英山县	211050	172017	2545	33697	1926	865
浠水县	377404	164969	9656	135492	63472	3815
蕲春县	264242	125406	3189	84713	50183	751
武穴市	327920	127446	2974	154525	41983	992
黄梅县	327091	173538	2122	65540	75114	10777
龙感湖农场	19203	1447	82	10061	7184	429
咸宁市	**1009787**	**548156**	**46039**	**237446**	**168508**	**9638**
咸安区	171021	84108	9809	57126	18443	1535
嘉鱼县	259282	164642	2039	19179	71313	2109
赤壁市	209139	110562	10292	31094	54945	2246
通城县	142834	65516	7160	64781	3800	1577
崇阳县	147234	78836	9577	44675	12656	1490
通山县	80277	44492	7162	20591	7351	681
恩施自治州	**1076497**	**625569**	**38579**	**398021**	**5493**	**8835**
恩施市	194265	122292	2606	67776	421	1170
利川市	229617	147529	10476	68636	2286	690
建始县	137348	75050	5189	54520	155	2434
巴东县	128958	73750	4612	49439	512	645
宣恩县	107147	60950	2308	42481	365	1043
咸丰县	120213	49171	3874	64720	604	1844
来凤县	85563	45801	3342	34823	1068	529
鹤峰县	73386	51026	6172	15626	82	480
仙桃市	**541239**	**220137**	**1784**	**107445**	**201314**	**10559**
天门市	**541645**	**255495**	**1344**	**144515**	**129575**	**10716**
潜江市	**481988**	**254925**	**1145**	**133494**	**83339**	**9086**
神农架林区	**13953**	**8953**	**592**	**4191**	**70**	**147**

农林牧渔业中间消耗

单位:万元

指 标 名 称	金 额	指 标 名 称	金 额
农林牧渔业中间消耗总计	13549880	7.办公用品购置	3000
一、农业中间消耗合计	6979359	8.其 他	7251
(一)物质消耗	5787728	(二)生产服务支出	66069
(1)用种量	976086	三、牧业中间消耗合计	3721521
(2)役畜用饲料、饲草	760644	(一)物质消耗	3199527
(3)肥料	1750244	1.用种量	292582
(4)燃料	468703	2.饲料、饲草	2210580
(5)农药	439862	3.燃 料	98748
(6)农用塑料薄膜	158240	4.用电量	92995
(7)用电量	315747	5.畜牧用药品	149637
(8)小农具购置	809202	6.其 他	354985
(9)办公用品购置	18500	(二)生产服务支出	521994
(10)其 他	90500	四、渔业中间消耗合计	1719671
(二)生产服务支出	1191631	(一)物质消耗	1403844
二、林业中间消耗合计	267829	1.饲 料	937198
(一)物质消耗	201760	2.燃 料	69364
1.用种量	70812	3.用电量	90914
2.肥 料	39575	4.办公用品购置	3000
3.燃 料	11799	5.其 他	303368
4.农 药	17657	(二)生产服务支出	315827
5.用电量	9857	五、农林牧渔服务业中间消耗合计	861500
6.小农机具购置	41809	(一)物质消耗	806500
		(二)生产服务支出	55000

3 种 植 业

主要农作物生产情况

单位:千公顷、万吨、吨

指标名称	播种面积	产量
农作物总播种面积	7997.57	
一、粮食作物	4068.37	2315.80
其中:夏收粮食	1266.50	420.62
(一)谷物	3602.00	2174.13
1、稻谷	2038.17	1557.81
(1)早　稻	358.60	199.63
(2)中稻和一季晚稻	1262.35	1102.79
(3)双季晚稻	417.22	255.39
2、小麦	1000.11	343.07
(1)冬小麦	1000.11	343.07
(2)春小麦		
3、玉米	531.38	261.02
4、谷子	0.06	0.10
5、高粱	2.69	1.18
6、其它谷物	29.58	10.95
其中:大 麦	29.29	10.40
燕 麦	0.02	0.03
荞 麦	0.27	0.53
(二)豆类	192.09	44.26
其中:大 豆	154.76	38.01
绿　豆	19.42	3.91
红小豆	5.34	0.92
(三)薯类(折粮)	274.29	97.41
其中:马铃薯	23.17	11.62
二、油料作物	1448.71	3118038
其中:花生	189.26	644495
油菜籽	1159.70	2325700
芝 麻	92.46	139290
胡麻籽		
向日葵籽	6.66	7451
三、棉花	480.05	471800
四、麻类合计	16.27	32580
其中:黄红麻	0.11	683
苎 麻	16.16	31897
大 麻(线麻)		
亚 麻		
五、糖料	8.05	323645
(一)甘蔗	8.05	323645
(二)甜菜		
六、烟叶	62.28	123827
其中:烤烟	40.76	78324
七、药材类合计	101.56	
八、蔬菜(含菜用瓜)	1020.84	31315280
九、瓜果类	104.25	3413922
其中:西瓜	88.66	2976476
甜瓜	13.97	416601
草莓	0.99	14470
十、其他农作物	687.19	
其中:青饲料	322.38	

注:粮食产量单位为万吨,其它用吨

农作物播种面积

单位:千公顷

地　区	农作物总播种面积	一.粮食作物面积	(一)夏收粮食面积	1.小麦面积	2.蚕豌豆面积	3.杂粮面积	4.马铃薯面积
湖北省	**7997.57**	**4068.37**	**1266.5**	**1000.11**	**64.46**	**28.67**	**173.26**
武汉市	**547.18**	**238.16**	**33.72**	**22.34**	**6.23**	**2.57**	**2.58**
武汉市辖区	93.23	29.83	4.96	3.52	0.99	0.34	0.11
蔡甸区	58.75	24.77	4.66	2.61	1.43	0.62	
江夏区	112.51	52.31	5.4	3.36	1.59	0.15	0.3
黄陂区	156.31	70.79	9.01	5.61	1.46	1.43	0.51
新洲区	126.38	60.46	9.69	7.24	0.76	0.03	1.66
黄石市	**227.15**	**133.34**	**18.39**	**14.72**	**2.7**	**0.2**	**0.77**
黄石市辖区	5.03	1.7	0.42	0.2	0.1	0.02	0.1
大冶市	95.6	58.81	9.72	7.28	1.94	0.14	0.36
阳新县	126.52	72.83	8.25	7.24	0.66	0.04	0.31
十堰市	**434.83**	**273.45**	**99.45**	**74.41**	**7.71**		**17.33**
十堰市辖区	5.07	1.86	0.68	0.66	0.02		
丹江口市	41.66	29.52	13.4	13.02	0.31		0.07
郧　县	82.1	57.38	24.74	22.95	1.49		0.3
郧西县	86.6	52.53	21.09	16.98	0.99		3.12
竹山县	80.97	49.41	14.74	8.35	2.32		4.07
竹溪县	74.13	41.46	12.38	3.87	1.74		6.77
房　县	64.3	41.29	12.42	8.58	0.84		3
荆州市	**1032.52**	**539.45**	**122.08**	**108.29**	**6.33**	**4.69**	**2.77**
荆州市辖区	114.81	57.71	20.2	18.13	0.15	0.45	1.47
江陵县	80.37	45.16	14.91	14.2	0.12	0.55	0.04
松滋市	136.31	68.17	17.66	14.23	0.84	1.99	0.6
公安县	170.14	86.14	23.7	21.78	0.74	1.16	0.02
石首市	81.17	33.47	1.94	1.22	0.4	0.28	0.04
监利县	303.89	168.46	19.62	15.85	3.07	0.24	0.46
洪湖市	145.83	80.34	24.05	22.88	1.01	0.02	0.14
宜昌市	**578.47**	**316.29**	**87.5**	**41.89**	**5.18**	**2.15**	**38.28**
宜昌市辖区	15.05	5.92	0.73	0.45	0.13		0.15
夷陵区	73.49	40.41	7.72	0.47	0.9	0.09	6.26
宜都市	40.07	25.16	5.6	0.99	0.6		4.01
枝江市	106.21	54.28	17.07	15.4	0.63	0.28	0.76
当阳市	124.02	65.52	17.97	15.24	0.47	1.11	1.15
远安县	26.05	15.33	3	1.07	0.2	0.67	1.06
兴山县	32.9	18.08	6.88	1.42	0.45		5.01
秭归县	46.39	25.5	7.37	3.03	0.91		3.43
长阳县	65.39	36.32	9.81	2.99	0.76		6.06
五峰县	48.9	29.77	11.35	0.83	0.13		10.39
襄阳市	**894.63**	**667.72**	**334.46**	**316.6**	**2.78**	**4.57**	**10.51**
襄阳市辖区	71.42	51.33	24.63	24.51	0.12		
老河口市	90.34	56.8	29.84	28.87	0.97		
襄州区	201.67	159.49	91.45	84.81	0.47	2.17	4
枣阳市	206.83	174.88	87.44	83.06	0.66	2.03	1.69
宜城市	128.45	74.22	33.62	33.27	0.13	0.22	
南漳县	84.33	72.05	34.24	32.78	0.14	0.13	1.19
谷城县	61.42	48.67	22	21.54	0.13	0.02	0.31
保康县	50.17	30.28	11.24	7.76	0.16		3.32
鄂州市	**119**	**57.88**	**8.25**	**5.53**	**1.42**	**0.25**	**1.05**

注:粮食、油料、棉花面积为抽样调查数,故市州汇总不等于全省。

续表1

单位：千公顷

地区	农作物总播种面积	一.粮食作物面积	(一)夏收粮食面积	1.小麦面积	2.蚕豌豆面积	3.杂粮面积	4.马铃薯面积
荆门市	**578.76**	**341.53**	**113.32**	**108.69**	**1.75**	**1.98**	**0.9**
荆门市辖区	80.86	38.28	7.7	7.11	0.16		0.43
沙洋县	167.44	96.83	29.86	27.42	0.37	1.89	0.18
钟祥市	168.4	94.79	36.48	35.75	0.55	0.09	0.09
京山县	162.06	111.63	39.28	38.41	0.67		0.2
沙洋农场	24.25	21.4	10.7	8.86		1.83	0.01
孝感市	**593.64**	**349.5**	**116.34**	**102.41**	**4.49**	**1.84**	**7.6**
孝感市辖区	80.18	44.86	11.83	8.85	0.56	0.37	2.05
孝昌县	72.18	46.71	16.65	14.84	0.82	0.39	0.6
大悟县	79.21	40.47	14.02	12.37	0.3	0.85	0.5
安陆市	70.5	51.78	21.29	19.84	0.51	0.06	0.88
云梦县	64.78	36.69	11.72	8.75	0.17		2.8
应城市	96.55	55.44	12.25	11.06	0.94		0.25
汉川市	130.24	73.55	28.58	26.7	1.19	0.17	0.52
随州市	**300.55**	**219.73**	**101.23**	**88.85**	**3.95**	**1.27**	**7.16**
曾都区	56.01	43.61	20.4	18.36	1.13	0.12	0.79
随县	155.04	120.98	59.36	50.37	1.81	0.81	6.37
广水县	89.5	55.14	21.47	20.12	1.01	0.34	
黄冈市	**948.99**	**521.03**	**95.69**	**70.83**	**3.73**	**1.72**	**19.41**
黄冈市辖区	33.05	15.21	6.35	6.19	0.08	0.01	0.07
团风县	48.69	29.52	4.32	3.3	0.17	0.03	0.82
红安县	101.28	56.96	6.7	6	0.28	0.14	0.28
麻城市	156.27	78.71	19.3	16.8	0.26	0.9	1.34
罗田县	68.61	40.88	13.44	12.2	0.32	0.11	0.81
英山县	52.57	32.4	12.24	6.43	0.52	0.38	4.91
浠水县	137.02	64.59	4.5	1.47	0.27	0.06	2.7
蕲春县	122.23	67.61	7.76	0.89	0.62	0.04	6.21
武穴市	100.84	58.56	4.37	3.09	0.57		0.71
黄梅县	120.02	69.7	12.95	10.7	0.64	0.05	1.56
龙感湖农场	8.41	6.89	3.76	3.76			
咸宁市	**397.39**	**204.46**	**25.02**	**8**	**6.49**		**10.53**
咸安区	82.39	36.51	3.53	0.22	1.37		1.94
嘉鱼县	73.02	29.92	5.08	3.79	1.01		0.28
赤壁市	85.13	39.7	4.55	0.34	1.71		2.5
通城县	54.74	35.53	4.52	2.14	0.41		1.97
崇阳县	68.81	43.14	4.95	1.21	0.81		2.93
通山县	33.3	19.66	2.39	0.3	1.18		0.91
恩施自治州	**743.82**	**428.4**	**140.19**	**10.22**	**8.25**	**0.22**	**121.5**
恩施市	145.66	74.06	26.34	2.54	1.24		22.56
利川市	172.24	100.73	28.73	0.14	2.09		26.5
建始县	95.31	57.14	24.44	2.47	1.15	0.05	20.77
巴东县	101.95	61.05	23.35	4.92	2.72	0.12	15.59
宣恩县	64.22	36.25	9.63	0.13	0.24		9.26
咸丰县	69.47	46.66	12.24	0.02	0.17		12.05
来凤县	46.52	28.6	7.18		0.62	0.05	6.51
鹤峰县	48.45	23.91	8.28		0.02		8.26
仙桃市	**212.17**	**99.76**	**26.14**	**20.92**	**1.92**	**2.4**	**0.9**
天门市	**228.85**	**114.99**	**47.04**	**42.39**	**0.73**	**1.16**	**2.76**
潜江市	**149.56**	**66.48**	**28.25**	**26.9**	**0.28**	**0.28**	**0.81**
神农架林区	**10.55**	**7.26**	**2.54**	**0.39**	**0.03**	**0.06**	**2.06**

地区	(二)秋收粮食面积	1.稻谷面积	(1)早稻面积	(2)中稻(含一季晚)面积	(3)双季晚稻面积	2.玉米面积
湖北省	**2801.87**	**2038.17**	**358.6**	**1262.35**	**417.22**	**531.38**
武汉市	**204.44**	**165.29**	**57.43**	**45.62**	**62.24**	**18.28**
武汉市辖区	24.87	11.16	2.61	5.77	2.78	10.03
蔡甸区	20.11	14.38	1.37	11.37	1.64	4.94
江夏区	46.91	35.6	13.84	6.86	14.9	2.96
黄陂区	61.78	57.3	19.54	15.78	21.98	0.31
新洲区	50.77	46.85	20.07	5.84	20.94	0.04
黄石市	**114.95**	**87.06**	**33.71**	**18.87**	**34.48**	**10**
黄石市辖区	1.28	0.91	0.36	0.25	0.3	0.13
大冶市	49.09	40.52	16.45	6.79	17.28	2.41
阳新县	64.58	45.63	16.9	11.83	16.9	7.46
十堰市	**174**	**36.91**		**36.91**		**81.48**
十堰市辖区	1.18	0.3		0.3		0.62
丹江口市	16.12	6.36		6.36		6.3
郧　县	32.64	6.48		6.48		16.43
郧西县	31.44	3.15		3.15		16.56
竹山县	34.67	6.5		6.5		15.8
竹溪县	29.08	5.83		5.83		11.52
房　县	28.87	8.29		8.29		14.25
荆州市	**417.37**	**391.89**	**71.06**	**239.34**	**81.49**	**9.63**
荆州市辖区	37.51	32.57	2.64	26.88	3.05	1.33
江陵县	30.25	28.95	0.1	28.75	0.1	0.09
松滋市	50.51	43.74	10.24	22.09	11.41	4.81
公安县	62.44	60.92	15.09	28.96	16.87	0.15
石首市	31.53	30.31	6.8	16.13	7.38	0.28
监利县	148.84	143.98	31.83	74.92	37.23	1.01
洪湖市	56.29	51.42	4.36	41.61	5.45	1.96
宜昌市	**228.79**	**86.66**	**7.04**	**71.33**	**8.29**	**101.97**
宜昌市辖区	5.19	0.68		0.68		2.78
夷陵区	32.69	9.42		9.42		16.1
宜都市	19.56	4.74	0.01	4.72	0.01	10.14
枝江市	37.21	28.43	7.03	13.12	8.28	6.54
当阳市	47.55	28.1		28.1		15.57
远安县	12.33	7.81		7.81		3.48
兴山县	11.2	2.2		2.2		7.4
秭归县	18.13	2.45		2.45		10.31
长阳县	26.51	2.53		2.53		15.97
五峰县	18.42	0.3		0.3		13.68
襄阳市	**333.26**	**198.78**		**198.78**		**115.76**
襄阳市辖区	26.7	19.1		19.1		6.86
老河口市	26.96	14.04		14.04		9.84
襄州区	68.04	43.33		43.33		19.09
枣阳市	87.44	48.74		48.74		35.56
宜城市	40.6	31.01		31.01		8.36
南漳县	37.81	22.65		22.65		14.68
谷城县	26.67	16.62		16.62		8.66
保康县	19.04	3.29		3.29		12.71
鄂州市	**49.63**	**44.09**	**15.2**	**10.58**	**18.31**	**1.06**

续表3　　　　单位：千公顷

地区	(二)秋收粮食面积	1.稻谷面积	(1)早稻面积	(2)中稻(含一季晚)面积	(3)双季晚稻面积	2.玉米面积
荆门市	**228.21**	**185.97**	**8.06**	**169.37**	**8.54**	**22.44**
荆门市辖区	30.58	26.49		26.49		2.11
沙洋县	66.97	59.15	0.42	58.69	0.04	2.11
钟祥市	58.31	43.02		43.02		7.59
京山县	72.35	57.31	7.64	41.17	8.5	10.63
沙洋农场	10.7	6.89		6.89		0.77
孝感市	**233.16**	**217.66**	**23.71**	**166.41**	**27.54**	**2.39**
孝感市辖区	33.03	31.87	3.95	22.68	5.24	0.16
孝昌县	30.06	28.79	3.44	21.38	3.97	0.05
大悟县	26.45	22.5	0.65	21.14	0.71	0.11
安陆市	30.49	28.6		28.6		0.07
云梦县	24.97	22.42	4.25	13.36	4.81	0.95
应城市	43.19	41.05	9.06	21.83	10.16	0.17
汉川市	44.97	42.43	2.36	37.42	2.65	0.88
随州市	**118.5**	**113.03**		**113.03**		**1.66**
曾都区	23.21	22.38		22.38		0.31
随县	61.62	57.9		57.9		1.31
广水县	33.67	32.75		32.75		0.04
黄冈市	**425.34**	**382.81**	**125.68**	**120.81**	**136.32**	**5.47**
黄冈市辖区	8.86	7.77	2.82	2.37	2.58	0.75
团风县	25.2	23.81	9.01	4.79	10.01	0.13
红安县	50.26	45.52	17.88	9.68	17.96	0.15
麻城市	59.41	53.3	15.2	20.8	17.3	0.14
罗田县	27.44	20.81	0.66	19.05	1.1	0.37
英山县	20.16	14.2	0.75	11.39	2.06	0.74
浠水县	60.09	55.01	22.47	6.87	25.67	1.66
蕲春县	59.85	53.77	19.87	13.47	20.43	0.26
武穴市	54.19	51.6	20.42	7.46	23.72	0.39
黄梅县	56.75	53.89	16.6	21.8	15.49	0.88
龙感湖农场	3.13	3.13		3.13		
咸宁市	**179.44**	**143.23**	**37.74**	**65.9**	**39.59**	**16.55**
咸安区	32.98	26.73	1.9	22.46	2.37	2.72
嘉鱼县	24.84	19.5	2.94	13.61	2.95	4.65
赤壁市	35.15	32.46	9.47	13.37	9.62	0.35
通城县	31.01	28.41	13.06	1.51	13.84	0.68
崇阳县	38.19	26.66	9.79	6.65	10.22	5.14
通山县	17.27	9.47	0.58	8.3	0.59	3.01
恩施自治州	**288.21**	**68.47**		**68.47**		**130.07**
恩施市	47.72	9.58		9.58		21.13
利川市	72	22.07		22.07		30.96
建始县	32.7	3.76		3.76		18.63
巴东县	37.7	1.94		1.94		22.26
宣恩县	26.62	8.91		8.91		9.37
咸丰县	34.42	10.85		10.85		11.73
来凤县	21.42	8.99		8.99		6.54
鹤峰县	15.63	2.37		2.37		9.45
仙桃市	**73.62**	**61.4**	**2.88**	**54.62**	**3.9**	**5.45**
天门市	**67.95**	**56.11**	**10.27**	**34.46**	**11.38**	**2.65**
潜江市	**38.23**	**33.06**		**33.05**	**0.01**	**1.97**
神农架林区	**4.72**	**0.07**		**0.07**		**2.75**

续表4　　　　单位：千公顷

地区	3.粟谷面积	4.高粱面积	5.大豆面积	6.杂豆面积	7.薯类面积	8.其它杂粮面积
湖北省	**0.06**	**3.28**	**104.76**	**22.76**	**101.03**	**0.49**
武汉市		**0.05**	**11.06**	**2.99**	**6.76**	**0.01**
武汉市辖区			2.74	0.42	0.51	0.01
蔡甸区			0.66	0.05	0.08	
江夏区			5.37	0.94	2.04	
黄陂区		0.05	1.41	0.83	1.88	
新洲区			0.88	0.75	2.25	
黄石市		**0.87**	**4.32**	**1.22**	**11.47**	**0.01**
黄石市辖区		0.04	0.09	0.02	0.09	
大冶市		0.11	2.16	0.37	3.51	0.01
阳新县		0.72	2.07	0.83	7.87	
十堰市		**0.07**	**22.42**	**6.33**	**26.79**	
十堰市辖区			0.1	0.01	0.15	
丹江口市		0.07	0.74	0.18	2.47	
郧　县			2.86	1	5.87	
郧西县			3.71	1.21	6.81	
竹山县			5.72	1.12	5.53	
竹溪县			5.41	2.25	4.07	
房　县			3.88	0.56	1.89	
荆州市			**10.45**	**0.66**	**4.74**	
荆州市辖区			0.97	0.24	2.4	
江陵县			1.17		0.04	
松滋市			0.65	0.23	1.08	
公安县			0.9	0.08	0.39	
石首市			0.42	0.03	0.49	
监利县			3.59	0.07	0.19	
洪湖市			2.75	0.01	0.15	
宜昌市			**9.68**	**1.2**	**29.27**	**0.01**
宜昌市辖区			0.08	0.08	1.57	
夷陵区			1.34	0.22	5.61	
宜都市			0.43	0.21	4.04	
枝江市			0.61	0.04	1.59	
当阳市			2.01	0.07	1.8	
远安县			0.25	0.03	0.76	
兴山县			0.82	0.18	0.6	
秭归县			1.11	0.14	4.12	
长阳县			1.67	0.21	6.13	
五峰县			1.36	0.02	3.05	0.01
襄阳市		**0.01**	**10.68**	**0.95**	**7.05**	**0.03**
襄阳市辖区			0.52		0.21	0.01
老河口市			0.72	0.18	2.18	
襄州区			4.91	0.05	0.66	
枣阳市			1.15	0.64	1.35	
宜城市			0.64		0.59	
南漳县		0.01	0.23	0.02	0.21	0.01
谷城县			0.66	0.05	0.67	0.01
保康县			1.85	0.01	1.18	
鄂州市		**0.03**	**1.95**	**0.71**	**1.79**	

续表5 单位:千公顷

地区	3.粟谷面积	4.高粱面积	5.大豆面积	6.杂豆面积	7.薯类面积	8.其它杂粮面积
荆门市			**15.73**	**0.62**	**3.45**	
荆门市辖区			0.59	0.18	1.21	
沙洋县			5.28	0.14	0.29	
钟祥市			7.4	0.01	0.29	
京山县			2.46	0.29	1.66	
沙洋农场			3.04			
孝感市		**0.16**	**7.02**	**0.71**	**5.21**	**0.01**
孝感市辖区			0.53	0.11	0.35	0.01
孝昌县			0.6	0.07	0.55	
大悟县		0.16	0.71	0.24	2.73	
安陆市			1.19	0.16	0.47	
云梦县			0.91		0.69	
应城市			1.53	0.12	0.32	
汉川市			1.55	0.01	0.1	
随州市		**0.06**	**1.22**	**0.27**	**2.25**	**0.01**
曾都区		0.01	0.13	0.02	0.36	
随县		0.05	0.59	0.07	1.69	0.01
广水县			0.5	0.18	0.2	
黄冈市		**1.39**	**10.59**	**3.34**	**21.5**	**0.24**
黄冈市辖区			0.14	0.05	0.15	
团风县		0.04	0.27	0.15	0.75	0.05
红安县		0.09	0.78	0.55	3.17	
麻城市		0.03	1.38	0.1	4.46	
罗田县		0.21	2.57	0.79	2.59	0.1
英山县		0.13	1.28	0.43	3.31	0.07
浠水县		0.66	1.07	0.36	1.33	
蕲春县		0.16	1.58	0.48	3.59	0.01
武穴市		0.05	0.89	0.25	1.01	
黄梅县		0.02	0.63	0.18	1.14	0.01
咸宁市			**6.11**	**2.24**	**11.22**	**0.09**
咸安区			1.02	0.93	1.58	
嘉鱼县			0.42	0.14	0.13	
赤壁市			0.97	0.53	0.84	
通城县			0.88	0.2	0.84	
崇阳县			2	0.28	4.02	0.09
通山县			0.82	0.16	3.81	
恩施自治州		**0.05**	**25.08**	**3.24**	**61.3**	
恩施市			5.96	0.34	10.71	
利川市		0.01	5.37	0.57	13.02	
建始县		0.04	3.1	0.56	6.61	
巴东县			3.6	1.36	8.54	
宣恩县			2.41	0.12	5.81	
咸丰县			3.18	0.18	8.48	
来凤县			0.62	0.11	5.16	
鹤峰县			0.84		2.97	
仙桃市			**5.57**	**0.22**	**0.98**	
天门市	**0.06**		**8.69**	**0.14**	**0.3**	
潜江市			**2.89**	**0.04**	**0.27**	
神农架林区			**1.3**	**0.05**	**0.47**	**0.08**

续表6 单位：千公顷

地区	二、棉花面积	三、油料作物面积	(一)油菜籽面积	(二)花生面积	(三)芝麻面积	四、麻类面积	(一)黄红麻面积
湖北省	**480.05**	**1448.71**	**1159.70**	**189.23**	**92.46**	**16.27**	**0.11**
武汉市	**15.33**	**96.63**	**67.72**	**13.38**	**15.44**	**1.49**	
武汉市辖区	5.37	9.82	5.12	1.06	3.56	0.04	
蔡甸区	2.54	6.12	3.97	0.94	1.21		
江夏区		20.48	11.31	2.68	6.49	1.45	
黄陂区	2.34	32.79	23.02	6.82	2.95		
新洲区	5.08	27.42	24.3	1.88	1.23		
黄石市	**4.22**	**50.59**	**39.35**	**3.18**	**8.05**	**4.18**	
黄石市辖区	0.09	0.8	0.48	0.11	0.2	0.07	
大冶市	1.24	21.46	16.95	1.42	3.09	0.34	
阳新县	2.89	28.33	21.92	1.65	4.76	3.77	
十堰市	**0.16**	**75.18**	**43.31**	**16.5**	**13.22**		
十堰市辖区		0.46	0.33	0.08	0.05		
丹江口市	0.07	6.81	4	0.91	1.9		
郧　县	0.06	11.53	5.07	1.81	3.51		
郧西县		10.56	6.01	2.28	2.19		
竹山县		21.34	11.17	8.25	1.81		
竹溪县		15.11	9.63	2.02	2.66		
房　县	0.03	9.37	7.1	1.15	1.1		
荆州市	**108.18**	**251.21**	**243.02**	**1.44**	**6.75**	**0.07**	**0.07**
荆州市辖区	13.78	23.28	22.1	0.39	0.79		
江陵县	7.92	22.4	21.35	0.32	0.73	0.01	0.01
松滋市	14.39	36	35.23	0.33	0.44		
公安县	27.63	38.94	38.69	0.07	0.18		
石首市	11.83	25.45	25.35	0.01	0.09	0.01	0.01
监利县	23.67	72.96	70.97	0.23	1.76	0.02	0.02
洪湖市	8.96	32.18	29.33	0.09	2.76	0.03	0.03
宜昌市	**21.35**	**109.94**	**94.61**	**11.63**	**2.87**		
宜昌市辖区		1.98	1.44	0.49	0.05		
夷陵区	0.01	12.65	10.26	1.88	0.41		
宜都市	0.03	9.18	8.42	0.73	0.03		
枝江市	14.94	22.28	20.05	1.54	0.69		
当阳市	6.37	31.08	26.62	3.46	1		
远安县		6.97	6.65	0.28	0.04		
兴山县		4.46	3.85	0.21	0.11		
秭归县		7.76	5.82	1.26	0.49		
长阳县		9.6	7.95	1.46	0.03		
五峰县		3.98	3.55	0.32	0.02		
襄阳市	**35.7**	**97.5**	**55.81**	**33.19**	**8.5**	**0.13**	
襄阳市辖区	1.08	6.78	4.34	1.57	0.87		
老河口市	5.26	12.69	6.99	2.58	3.12		
襄州区	10.11	21.44	4.49	15.89	1.06		
枣阳市	9.23	12.88	7.44	4.09	1.35		
宜城市	9.75	25.12	17.61	6.59	0.92		
南漳县	0.24	4.84	3.9	0.43	0.51	0.13	
谷城县	0.03	5.56	3.73	1.35	0.48		
保康县		8.19	7.31	0.69	0.19		
鄂州市	**4.97**	**28.47**	**23.33**	**1.32**	**3.7**	**0.24**	

续表7 单位:千公顷

地区	二、棉花面积	三、油料作物面积	(一)油菜籽面积	(二)花生面积	(三)芝麻面积	四、麻类面积	(一)黄红麻面积
荆门市	**36.42**	**140.18**	**118.15**	**16.63**	**5.4**		
荆门市辖区	3.09	24.22	20.61	2.94	0.67		
沙洋县	8.68	47.28	42.34	3.32	1.62		
钟祥市	13.57	46.37	39.21	6.42	0.74		
京山县	11.08	22.31	15.99	3.95	2.37		
沙洋农场	0.78	1.18	0.63	0.52	0.03		
孝感市	**28.28**	**114.7**	**83.78**	**26.22**	**4.7**	**0.02**	
孝感市辖区	4.14	16.2	14.34	1.18	0.68		
孝昌县	1.06	15.88	11.21	3.65	1.02		
大悟县	0.19	24.92	5.83	18.85	0.24	0.02	
安陆市	0.94	10.1	7.6	1.37	1.13		
云梦县	2.55	7	6.45	0.29	0.26		
应城市	3.52	19.91	18.33	0.71	0.87		
汉川市	15.88	20.69	20.02	0.17	0.5		
随州市	**11.66**	**28.62**	**16.58**	**8.64**	**3.4**		
曾都区	2.1	2.86	2.15	0.39	0.32		
随县	5.52	11.81	7.12	3	1.69		
广水县	4.04	13.95	7.31	5.25	1.39		
黄冈市	**54.51**	**231.83**	**182.66**	**38.91**	**9.79**	**1.97**	**0.03**
黄冈市辖区	4.9	4.39	3.86	0.14	0.28		
团风县	2.41	11.76	8.99	1.55	1.14		
红安县	1.72	34.92	17	17.25	0.67	0.06	
麻城市	8	43.86	30.73	11	2.13	0.03	0.02
罗田县	0.25	12.76	9.5	1.95	1.31	0.01	
英山县	0.23	7.4	6.04	0.7	0.5	0.03	
浠水县	10	33.46	28.6	3.66	1.2	0.01	0.01
蕲春县	4.36	24.97	22.28	1.42	1.15	1.69	
武穴市	6.71	28.38	27.03	0.65	0.7	0.14	
黄梅县	14.86	29.6	28.3	0.59	0.71		
龙感湖农场	1.07	0.33	0.33				
咸宁市	**2.32**	**69.85**	**58.14**	**6.77**	**4.94**	**8.14**	
咸安区	0.19	28.51	23.58	3.15	1.78	1.84	
嘉鱼县	0.89	6.47	5.32	0.18	0.97	2.97	
赤壁市	1.02	18.61	15.88	0.79	1.94	3.33	
通城县		4.13	3.24	0.86	0.03		
崇阳县	0.22	8.06	7.01	0.98	0.07		
通山县		4.07	3.11	0.81	0.15		
恩施自治州	**0.02**	**61.13**	**49.81**	**7.11**	**0.67**	**0.02**	
恩施市	0.02	11.51	9.85	1.12		0.02	
利川市		8.32	6.6	0.68			
建始县		10.08	8.27	0.94	0.1		
巴东县		12.73	9.11	2.09	0.57		
宣恩县		4	2.92	0.94			
咸丰县		5.8	4.99	0.75			
来凤县		5.42	5.05	0.37			
鹤峰县		3.27	3.02	0.22			
仙桃市	**22.17**	**50.3**	**47.26**	**0.71**	**2.33**	**0.01**	**0.01**
天门市	**40.28**	**58.46**	**53.47**	**3.47**	**1.52**		
潜江市	**29.65**	**36.43**	**35.13**	**0.13**	**1.17**		
神农架林区		**0.48**	**0.37**	**0.02**	**0.01**		

续表8　　　　　　　　　　　　　　　　　　　　　　　　　　　　单位：千公顷

地区	(二)苎麻面积	五、糖料合计面积	六、烟叶面积	(一)烤烟面积	(二)白肋烟面积	七、药材类播种面积	八、蔬菜、瓜类面积
湖北省	**16.16**	**8.05**	**62.28**	**40.76**	**16.99**	**101.56**	**1125.09**
武汉市	**1.49**	**1.45**				**0.27**	**173.17**
武汉市辖区	0.04	0.1					43.77
蔡甸区							21.74
江夏区	1.45	0.01					29.69
黄陂区		0.88				0.05	47
新洲区		0.46				0.22	30.97
黄石市	**4.18**	**0.03**				**0.13**	**31.28**
黄石市辖区	0.07						2.35
大冶市	0.34	0.03				0.03	11.5
阳新县	3.77					0.1	17.43
十堰市		**0.53**	**5.43**	**4.26**		**10.85**	**68.76**
十堰市辖区							2.74
丹江口市			0.69			0.16	4.41
郧　县			0.09	0.08		0.01	12.66
郧西县		0.52	1.52	1.06		3.38	18.09
竹山县			0.94	0.94		0.54	8.72
竹溪县		0.01	0.81	0.81		2.28	14.46
房　县			1.38	1.37		4.48	7.68
荆州市		**1.54**				**0.01**	**94.04**
荆州市辖区		0.17					18.76
江陵县		0.11					4.33
松滋市		0.2				0.01	15.84
公安县		0.34					10.55
石首市		0.19					8.41
监利县		0.23					24.46
洪湖市		0.3					11.69
宜昌市		**0.04**	**7.01**	**3.54**	**3.17**	**2.33**	**106.1**
宜昌市辖区						0.01	6.98
夷陵区			0.04			0.7	16.7
宜都市			0.02				4.85
枝江市		0.03					11.65
当阳市		0.01					19.82
远安县						0.05	2.51
兴山县			2.04	2.01		0.32	6.31
秭归县			1.49	1.45		0.04	11.6
长阳县			0.99	0.01	0.84	0.28	17.64
五峰县			2.43	0.07	2.33	0.93	8.04
襄阳市	**0.13**	**0.32**	**6.95**	**6.95**		**2.44**	**79.56**
襄阳市辖区						0.83	10.66
老河口市			0.18	0.18			15.39
襄州区			1	1		0.06	9.5
枣阳市		0.29	0.47	0.47			8.9
宜城市		0.03				0.21	18.27
南漳县	0.13		1.88	1.88		0.04	5.01
谷城县						0.02	5.83
保康县			3.42	3.42		1.28	6
鄂州市	**0.24**	**0.5**					**25.67**

续表9　　　　　　　　　　　　　　　　　　　　　　　　　　　单位：千公顷

地区	(二)苎麻面积	五、糖料合计面积	六、烟叶面积			七、药材类播种面积	八、蔬菜、瓜类面积
				(一)烤烟面积	(二)白肋烟面积		
荆门市		**0.65**				**0.82**	**48**
荆门市辖区		0.12				0.27	13.02
沙洋县		0.44					10.87
钟祥市		0.03				0.54	12.19
京山县		0.06				0.01	11.92
沙洋农场							0.75
孝感市	**0.02**	**0.33**				**2.24**	**94.41**
孝感市辖区		0.09				0.87	13.61
孝昌县		0.1				0.72	7.13
大悟县	0.02	0.02				0.45	12.02
安陆市		0.02				0.07	7.52
云梦县		0.01					18.4
应城市		0.04				0.03	16.64
汉川市		0.05				0.1	19.09
随州市		**0.09**				**0.51**	**36.69**
曾都区		0.01					7.1
随县		0.02				0.38	13.8
广水县		0.06				0.13	15.79
黄冈市	**1.94**	**0.79**				**26.53**	**102.56**
黄冈市辖区		0.02					7.75
团风县		0.05				0.33	3.69
红安县	0.06	0.02				0.02	6.9
麻城市	0.01	0.05				3.1	22.2
罗田县	0.01	0.13				5.67	8.64
英山县	0.03	0.06				6.82	4.37
浠水县		0.11				0.02	27.95
蕲春县	1.69	0.22				10.57	9.72
武穴市	0.14	0.11					5.83
黄梅县		0.02					5.39
龙感湖农场							0.12
咸宁市	**8.14**	**0.96**				**0.49**	**93.1**
咸安区	1.84	0.03				0.04	14.83
嘉鱼县	2.97	0.4					31.22
赤壁市	3.33	0.35				0.08	21.34
通城县						0.07	6.75
崇阳县		0.18				0.17	11.78
通山县						0.13	7.18
恩施自治州	**0.02**	**0.02**	**42.79**	**25.91**	**13.82**	**53.89**	**113.65**
恩施市	0.02	0.01	7.99	3.63	4.13	21.16	25.97
利川市			6.67	5.13		9.17	34.43
建始县			7.32	1.2	5.47	2.97	8.77
巴东县			4.91	2.85	1.9	5.71	10.97
宣恩县			4.46	4.3		5.61	10.54
咸丰县			4.71	4.48		3.51	7.42
来凤县		0.01	1.73	1.64		1.26	7.95
鹤峰县			5	2.68	2.32	4.5	7.6
仙桃市		**0.68**					**25**
天门市		**0.12**					**14.44**
潜江市							**17**
神农架林区			**0.1**	**0.1**		**1.05**	**1.66**

续表10　　　　单位：千公顷

地区	(一)蔬菜面积(含菜用瓜)	(二)果用瓜面积	九、花卉园艺播种面积	十、其他作物播种面积			
					(一)青饲料面积	(二)绿肥面积	(三)其他作物面积
湖北省	**1020.84**	**104.25**	**10.93**	**687.19**	**322.38**	**216.25**	**148.57**
武汉市	**154.93**	**18.24**	**5.67**	**15.01**	**6.38**	**6.6**	**2.03**
武汉市辖区	36.62	7.15	0.93	3.37	2.65	0.38	0.34
蔡甸区	18.98	2.76	0.01	3.57	0.5	1.84	1.23
江夏区	25.56	4.13	3.68	4.89	1.35	3.54	
黄陂区	44.73	2.27	0.27	2.19	1.21	0.7	0.28
新洲区	29.04	1.93	0.78	0.99	0.67	0.14	0.18
黄石市	**29.23**	**2.05**	**0.16**	**3.22**	**1.88**	**1.34**	
黄石市辖区	2.33	0.02	0.02				
大冶市	10.82	0.68	0.09	2.1	1.28	0.82	
阳新县	16.08	1.35	0.05	1.12	0.6	0.52	
十堰市	**66.89**	**1.87**	**0.01**	**0.46**	**0.09**		**0.37**
十堰市辖区	2.7	0.04	0.01				
丹江口市	4.33	0.08					
郧　县	11.31	1.35		0.37			0.37
郧西县	17.92	0.17					
竹山县	8.63	0.09		0.02	0.02		
竹溪县	14.44	0.02					
房　县	7.56	0.12		0.07	0.07		
荆州市	**78.06**	**15.98**	**1.02**	**37**	**15.58**	**17.95**	**3.47**
荆州市辖区	14.93	3.83	0.58	0.53	0.21	0.04	0.28
江陵县	3.26	1.07		0.44	0.32	0.09	0.03
松滋市	12.14	3.7	0.41	1.29	0.92	0.37	
公安县	9.02	1.53		6.54	1.87	4.67	
石首市	6.99	1.42	0.02	1.79	0.31	1.48	
监利县	21.57	2.89		14.09	2.92	9.13	2.04
洪湖市	10.15	1.54	0.01	12.32	9.03	2.17	1.12
宜昌市	**100.09**	**6.01**	**0.3**	**15.11**	**12.26**	**2.73**	**0.12**
宜昌市辖区	6.98		0.12	0.04	0.01	0.03	
夷陵区	14.36	2.34	0.1	2.88	2.07	0.7	0.11
宜都市	4.78	0.07		0.83	0.8	0.02	0.01
枝江市	9.79	1.86	0.04	2.99	2.41	0.58	
当阳市	18.3	1.52	0.01	1.21	0.73	0.48	
远安县	2.48	0.03		1.19	0.7	0.49	
兴山县	6.25	0.06		1.69	1.48	0.21	
秭归县	11.53	0.07					
长阳县	17.6	0.04	0.03	0.53	0.4	0.13	
五峰县	8.02	0.02		3.75	3.66	0.09	
襄阳市	**64.6**	**14.96**	**0.11**	**4.2**	**0.58**	**2.56**	**1.06**
襄阳市辖区	10.38	0.28	0.03	0.71		0.7	0.01
老河口市	14.4	0.99	0.02				
襄州区	8.23	1.27		0.07	0.07		
枣阳市	5.56	3.34		0.18	0.08	0.1	
宜城市	9.32	8.95		0.85	0.29	0.56	
南漳县	4.93	0.08		0.14	0.06	0.04	0.04
谷城县	5.78	0.05	0.06	1.25	0.08	1.16	0.01
保康县	6			1			1
鄂州市	**23.3**	**2.37**		**1.27**	**0.92**	**0.26**	**0.09**

续表11　　　　　　　　　　　　　　　　　　　　　　　　单位:千公顷

地区	(一)蔬菜面积(含菜用瓜)	(二)果用瓜面积	九、花卉园艺播种面积	十、其他作物播种面积			
					(一)青饲料面积	(二)绿肥面积	(三)其他作物面积
荆门市	**41.26**	**6.74**	**1.76**	**9.4**	**3.55**	**4.66**	**1.19**
荆门市辖区	11.3	1.72	0.3	1.56	0.99	0.57	
沙洋县	10.18	0.69	0.47	2.87	1.03	0.67	1.17
钟祥市	10.63	1.56	0.87	0.04	0.02	0.02	
京山县	9.15	2.77	0.12	4.93	1.51	3.4	0.02
沙洋农场	0.75		0.01	0.13		0.13	
孝感市	**86.71**	**7.7**	**0.72**	**3.44**	**0.96**	**2.14**	**0.34**
孝感市辖区	12.25	1.36	0.17	0.24	0.16	0.08	
孝昌县	6.07	1.06	0.48	0.1	0.05	0.05	
大悟县	11.06	0.96		1.12		1.12	
安陆市	6.61	0.91		0.07	0.04	0.03	
云梦县	18.07	0.33	0.07	0.06		0.06	
应城市	15.17	1.47		0.97	0.52	0.45	
汉川市	17.48	1.61		0.88	0.19	0.35	0.34
随州市	**33.33**	**3.36**	**0.04**	**3.21**	**0.65**	**2.41**	**0.15**
曾都区	6.11	0.99	0.02	0.31	0.1	0.19	0.02
随县	12.88	0.92	0.02	2.51	0.47	1.91	0.13
广水县	14.34	1.45		0.39	0.08	0.31	
黄冈市	**97.96**	**4.6**	**0.1**	**9.67**	**4.57**	**3.26**	**1.84**
黄冈市辖区	7.02	0.73		0.78	0.59	0.02	0.17
团风县	3.38	0.31		0.93	0.41	0.19	0.33
红安县	6.67	0.23		0.68	0.06	0.08	0.54
麻城市	21.8	0.4	0.01	0.31	0.14	0.17	
罗田县	8.27	0.37	0.03	0.24	0.09	0.09	0.06
英山县	4.33	0.04		1.26	0.56	0.7	
浠水县	27.24	0.71	0.03	0.85	0.66	0.19	
蕲春县	9.02	0.7		3.09	1.5	1.55	0.04
武穴市	5.25	0.58		1.11	0.36	0.05	0.7
黄梅县	4.95	0.44	0.03	0.42	0.2	0.22	
龙感湖农场	0.03	0.09					
咸宁市	**84.73**	**8.37**	**0.58**	**17.49**	**2.28**	**15.21**	
咸安区	12.21	2.62	0.09	0.35	0.17	0.18	
嘉鱼县	29.68	1.54	0.02	1.13	0.27	0.86	
赤壁市	18.82	2.52	0.21	0.49	0.2	0.29	
通城县	6.5	0.25	0.06	8.2	1.42	6.78	
崇阳县	10.55	1.23	0.09	5.17	0.22	4.95	
通山县	6.97	0.21	0.11	2.15		2.15	
恩施自治州	**112.67**	**0.98**	**0.04**	**43.86**	**21.93**	**0.25**	**21.68**
恩施市	25.84	0.13	0.01	4.91	0.34	0.08	4.49
利川市	34.3	0.13		12.92	9.22	0.17	3.53
建始县	8.7	0.07		9.03	5.13		3.9
巴东县	10.8	0.17		6.58	2.46		4.12
宣恩县	10.47	0.07		3.36	2.81		0.55
咸丰县	7.25	0.17		1.37	0.24		1.13
来凤县	7.75	0.2	0.03	1.52	0.24		1.28
鹤峰县	7.56	0.04		4.17	1.49		2.68
仙桃市	**22**	**3**	**0.42**	**13.83**	**6.83**	**2**	**5**
天门市	**12.42**	**2.02**		**0.56**	**0.44**	**0.12**	
潜江市	**11**	**6**					
神农架林区	**1.66**						

主要农产品产量

单位:吨

指标名称	总产量(包括谷物大豆和薯类)	夏粮总产量	秋粮总产量	稻谷总产量	早稻总产量	中稻总产量	晚稻总产量
湖北省	**23158000**	**4206200**	**18951800**	**15578100**	**1996300**	**11027900**	**2553900**
武汉市	**1367057**	**96129**	**1270928**	**1062555**	**325676**	**348416**	**388463**
武汉市辖区	182523	18559	163964	78143	13994	45548	18601
蔡甸区	150639	12315	138324	99882	7619	83173	9090
江夏区	285414	12934	272480	227481	76785	52469	98227
黄陂区	411915	22659	389256	365178	107957	121012	136209
新洲区	336566	29662	306904	291871	119321	46214	126336
黄石市	**630458**	**43349**	**587109**	**474645**	**176942**	**120292**	**177411**
黄石市辖区	7925	1098	6827	5377	1765	2090	1522
大冶市	280810	23433	257377	217810	90254	38462	89094
阳新县	341723	18818	322905	251458	84923	79740	86795
十堰市	**1188591**	**333394**	**855197**	**273557**		**273557**	
十堰市辖区	5812	1536	4276	1441		1441	
丹江口市	132397	48677	83720	43533		43533	
郧县	216739	77086	139653	40626		40626	
郧西县	207622	73754	133868	26052		26052	
竹山县	227019	44018	183001	50768		50768	
竹溪县	226204	46827	179377	54997		54997	
房县	172798	41496	131302	56140		56140	
荆州市	**3755493**	**404488**	**3351005**	**3221318**	**506202**	**2089584**	**625532**
荆州市辖区	389506	81213	308293	285748	22957	236757	26034
江陵县	353493	59055	294438	290021	782	288483	756
松滋市	371270	46010	325260	287886	62345	155157	70384
公安县	548361	72695	475666	467669	102825	239433	125411
石首市	254490	6927	247563	242423	45252	142703	54468
监利县	1249313	48280	1201033	1181637	241058	638370	302209
洪湖市	589060	90308	498752	465934	30983	388681	46270
宜昌市	**1627923**	**281208**	**1346715**	**697018**	**49959**	**587718**	**59341**
宜昌市辖区	25693	2185	23508	4523		4523	
夷陵区	222798	26386	196412	72309		72309	
宜都市	126997	15190	111807	36600	45	36500	55
枝江市	323475	55494	267981	223648	49914	114448	59286
当阳市	454369	82965	371404	250063		250063	
远安县	98031	11456	86575	62158		62158	
兴山县	67452	18025	49427	14206		14206	
秭归县	100264	21523	78741	16652		16652	
长阳县	116288	24018	92270	15418		15418	
五峰县	92556	23966	68590	1441		1441	
襄阳市	**4594258**	**1946823**	**2647435**	**1904626**		**1784503**	
襄阳市辖区	374986	125524	249462	189870		189870	
老河口市	347438	155685	191753	120123			
襄州区	1239414	612621	626793	452114		452114	
枣阳市	1243355	587604	655751	467500		467500	
宜城市	597788	214215	383573	319324		319324	
南漳县	404340	131541	272799	199448		199448	
谷城县	261438	86161	175277	132468		132468	
保康县	125499	33472	92027	23779		23779	
鄂州市	**345575**	**23989**	**321586**	**290596**	**94942**	**82026**	**113628**
鄂州市辖区	345575	23989	321586	290596	94942	82026	113628
荆门市	**2590200**	**464922**	**2125278**	**1897143**	**64368**	**1766907**	**65868**

注:粮食、油料、棉花产量为抽样调查数,故市州汇总不等于全省。

续表1 单位:吨

指标名称	总产量(包括谷物.大豆和薯类)	夏粮总产量	秋粮总产量	稻谷总产量	早稻总产量	中稻总产量	晚稻总产量
荆门市辖区	294773	35633	259140	235069		235069	
沙洋县	769800	131791	638009	608052	3805	603972	275
钟祥市	836867	154554	682313	589513		589513	
京山县	688760	142944	545816	464509	60563	338353	65593
沙洋农场	99237	42004	57233	47593		47593	
孝感市	**2343645**	**389980**	**1953665**	**1876686**	**156159**	**1521817**	**198710**
孝感市辖区	251580	43272	208308	204104	25035	150017	29052
孝昌县	298340	53082	245258	243109	25176	189860	28073
大悟县	318487	46080	272407	239075	3703	230508	4864
安陆市	370413	86795	283618	277964		277964	
云梦县	246721	39811	206910	194425	28333	130417	35675
应城市	375976	40266	335710	328410	60066	187154	81190
汉川市	482173	80719	401454	389599	13846	355897	19856
随州市	**1557259**	**433459**	**1123800**	**1092288**		**1092288**	
曾都区	277488	83234	194254	187715		187715	
随县	842449	257844	584605	562518		562518	
广水县	437322	92381	344941	342055		342055	
黄冈市	**3209341**	**275910**	**2933431**	**2761151**	**772891**	**1001014**	**987246**
黄冈市辖区	74119	15800	58319	55418	15419	20313	19686
团风县	185150	14649	170501	163287	55293	37766	70228
红安县	306024	19394	286630	265922	85229	81350	99343
麻城市	501605	54958	446647	431530	120677	190668	120185
罗田县	221098	32439	188659	172390	4436	159792	8162
英山县	176975	34916	142059	115472	5307	97986	12179
浠水县	450888	11013	439875	409051	127212	63139	218700
蕲春县	450984	30661	420323	393122	127816	115942	149364
武穴市	386266	14890	371376	358959	128002	60458	170499
黄梅县	421472	35630	385842	372800	103500	150400	118900
龙感湖农场	34760	11560	23200	23200		23200	
咸宁市	**1123674**	**44241**	**1079433**	**921808**	**201301**	**448711**	**271796**
咸安区	200192	7149	193043	170102	9475	147249	13378
嘉鱼县	188269	11593	176676	140353	14052	103519	22782
赤壁市	222478	11131	211347	202931	50153	92842	59936
通城县	208274	4402	203872	193945	74289	12472	107184
崇阳县	218584	6763	211821	159537	50542	43900	65095
通山县	85877	3203	82674	54940	2790	48729	3421
恩施自治州	**1671768**	**335343**	**1336425**	**420692**		**420692**	
恩施市	230134	44305	185829	49674		49674	
利川市	391031	66393	324638	135257		135257	
建始县	242953	76595	166358	25466		25466	
巴东县	228100	65733	162367	10871		10871	
宣恩县	137491	16059	121432	55042		55042	
咸丰县	211163	27784	183379	69690		69690	
来凤县	134327	15160	119167	58622		58622	
鹤峰县	96569	23314	73255	16070		16070	
仙桃市	**732282**	**81155**	**651127**	**588939**	**19946**	**538363**	**30630**
天门市	**627141**	**146692**	**480449**	**440893**	**65028**	**290321**	**85544**
潜江市	**407585**	**91420**	**316165**	**288400**		**288264**	**136**
神农架林区	**21407**	**7748**	**13659**	**466**		**466**	

续表2　　　　单位：吨

指标名称	小麦总产量	玉米总产量	大豆总产量	薯类总产量(五折一计算)	红薯总产量	棉花总产量(皮棉)	油料作物总产量
湖北省	**4367219**	**2610200**	**260000**	**445200**	**327800**	**471800**	**3118038**
武汉市	**63636**	**131755**	**27837**	**42893**	**32518**	**20148**	**190087**
武汉市辖区	14464	71951	8077	4788	4086	6839	21591
蔡甸区	7554	35977	2028	343	343	3599	11249
江夏区	7749	20615	11892	10518	8971	32	40566
黄陂区	13398	2989	3382	16148	12097	3713	67868
新洲区	20471	223	2458	11096	7021	5965	48813
黄石市	**33857**	**41792**	**8630**	**55550**	**48517**	**5309**	**80009**
黄石市辖区	504	480	261	546	321	126	1789
大冶市	17116	12218	4346	21653	20288	1628	36886
阳新县	16237	29094	4023	33351	27908	3555	41334
十堰市	**249893**	**391141**	**42697**	**137493**	**135437**	**91**	**112698**
十堰市辖区	1509	2135	170	499	499		693
丹江口市	47638	26891	1042	11912	11744	16	9438
郧县	73650	60572	4996	32387	31492	38	15493
郧西县	57813	69092	7372	29653	29653		14202
竹山县	24587	88998	10416	31055	30062		34360
竹溪县	15501	83382	11967	24263	24263		23679
房县	29195	60071	6734	7724	7724	37	14833
荆州市	**349502**	**69393**	**34654**	**24232**	**9875**	**137565**	**547796**
荆州市辖区	62007	7331	3347	11167	1519	18928	68085
江陵县	55918	533	3754	130		10014	66369
松滋市	37023	30341	1743	4922	4922	16001	66502
公安县	65285	1107	3188	3563	3298	34505	102992
石首市	4470	2298	1136	1624	112	17807	54122
监利县	38237	6440	10974	1894		29606	110865
洪湖市	86562	21343	10512	932	24	10704	78861
宜昌市	**143311**	**503713**	**18793**	**125272**	**114664**	**30794**	**232285**
宜昌市辖区	1003	12905	103	5887	5787		3820
夷陵区	1393	92152	2679	28912	25550	17	24588
宜都市	3089	62784	807	11250	11250	33	18745
枝江市	49328	33525	1960	8772	7402	21859	57200
当阳市	67198	93417	6576	21208	15728	8884	73241
远安县	4152	19116	662	4588	4588	1	13449
兴山县	3795	31994	991	1894	1894		7514
秭归县	7738	44197	1909	15840	15544		14024
长阳县	3954	55111	2003	19424	19424		14017
五峰县	1661	58512	1103	7497	7497		5687
襄阳市	**1835943**	**654613**	**24992**	**60293**	**55138**	**43406**	**321312**
襄阳市辖区	124976	51011	2450	5748	5748	1822	24660
老河口市	152100	55916	2263	12992	12992	5898	28246
襄州区	565941	158446	9435	6687	6687	13189	107830
枣阳市	551585	171467	4229	11154	6608	11611	43794
宜城市	212160	52642	2058	9541	9541	10407	79293
南漳县	123416	66398	794	5768	5768	428	11510
谷城县	83368	37897	1125	3638	3029	51	12813
保康县	22397	60836	2638	4765	4765		13166
鄂州市	**16306**	**5685**	**5295**	**18521**	**16521**	**5490**	**57635**
鄂州市辖区	16306	5685	5295	18521	16521	5490	57635
荆门市	**443119**	**142841**	**48445**	**35112**	**29111**	**43297**	**361198**

续表3　　　　　　　　　　　　　　　　　　　　　　　　　　　　单位:吨

指标名称	小麦总产量	玉米总产量	大豆总产量	薯类总产量(五折一计算)	红薯总产量	棉花总产量(皮棉)	油料作物总产量
荆门市辖区	32627	14557	899	8305	8090	3529	65949
沙洋县	120476	13926	10949	4642	3772	11222	129041
钟祥市	151761	57824	29852	4654	3631	15479	124113
京山县	138255	56534	6745	17511	13618	13067	52095
沙洋农场	34429	4332	5308			748	3193
孝感市	**345938**	**16070**	**21882**	**35633**	**29963**	**35733**	**225081**
孝感市辖区	29242	1016	1401	1454	1418	4880	28613
孝昌县	48431	175	896	928	365	1070	30594
大悟县	41413	1408	3889	25739	25739	246	54712
安陆市	82138	265	2945	2051	2051	798	21168
云梦县	32551	6404	3223	2858	98	3058	17764
应城市	37171	959	4283	1866		5338	32952
汉川市	75037	5843	5245	737	292	20343	39278
随州市	**381465**	**9303**	**3831**	**17348**	**17013**	**16422**	**66100**
曾都区	74453	2038	342	4105	4003	2862	6249
随县	220330	7061	2269	12380	12380	7400	23835
广水县	86682	204	1220	863	630	6160	36016
黄冈市	**194454**	**19493**	**36680**	**100568**	**62199**	**72889**	**489402**
黄冈市辖区	15179	1403	359	1026	623	6692	6720
团风县	9817	731	788	5152	1819	3356	22939
红安县	17029	940	4646	12602	6298	2328	89925
麻城市	46793	398	3283	11199	3654	9913	93138
罗田县	29463	1143	5098	8292	6976	255	24119
英山县	19412	3355	4960	16724	10053	109	15669
浠水县	4508	5083	7860	13003	7890	13460	68728
蕲春县	3003	956	4557	20152	15375	6017	43847
武穴市	9955	1224	3398	6605	4511	9084	66073
黄梅县	27735	4260	1731	5813	5000	20335	57744
龙感湖农场	11560					1340	500
咸宁市	**14564**	**85598**	**12442**	**55729**	**55509**	**2861**	**83887**
咸安区	434	12272	2142	6837	6837	173	37208
嘉鱼县	9017	34681	945	550	550	1188	9300
赤壁市	835	1680	1780	4014	4014	1295	22539
通城县	2036	1952	1812	5769	5549		3945
崇阳县	1783	23206	4603	23987	23987	205	6520
通山县	459	11807	1160	14572	14572		4375
恩施自治州	**22701**	**643700**	**40365**	**226100**	**223170**	**35**	**83916**
恩施市	3751	100513	6891	28322	28282	35	13912
利川市	422	147280	9999	30652	30652		10001
建始县	5222	103746	4942	31229	31229		15034
巴东县	13047	107900	5374	36143	36143		18506
宣恩县	227	40671	3162	22431	22389		5680
咸丰县	32	68200	7120	38090	38090		9773
来凤县		29299	1631	29385	26537		6651
鹤峰县		46091	1246	9848	9848		4359
仙桃市	**64346**	**35900**	**19586**	**6309**	**392**	**26809**	**116295**
天门市	**123512**	**13379**	**23586**	**2238**	**2238**	**50200**	**107437**
潜江市	**83504**	**15336**	**9466**	**2865**	**1600**	**43701**	**109088**
神农架林区	**1123**	**10361**	**963**	**1740**	**1740**		**538**

续表4 单位:吨

指标名称	油菜籽总产量	花生总产量	芝麻总产量	麻类总产量	糖料总产量	烟叶总产量	蔬菜总产量(含菜用瓜)
湖北省	**2325700**	**644495**	**139290**	**32580**	**323645**	**123827**	**31315280**
武汉市	**121600**	**42477**	**25664**	**4174**	**69414**		**5910728**
武汉市辖区	11221	3735	6359	112	8536		1234325
蔡甸区	7490	2266	1493				522402
江夏区	18503	11319	10744	4062	162		1123639
黄陂区	42689	19932	5247		31545		1809758
新洲区	41697	5225	1821		29171		1220604
黄石市	**62317**	**6807**	**10881**	**6595**	**945**		**557890**
黄石市辖区	1192	188	405	108			76568
大冶市	28704	3649	4533	1511	945		229351
阳新县	32421	2970	5943	4976			251971
十堰市	**62939**	**32723**	**15073**		**6180**	**10626**	**1284364**
十堰市辖区	321	326	46				126786
丹江口市	5879	1783	1776			577	141036
郧县	7347	3811	4019			195	307132
郧西县	7786	3653	2671		5945	2120	282120
竹山县	15651	16089	2438			1777	124397
竹溪县	15227	4347	2746		235	1703	148437
房县	10728	2714	1377			4254	154456
荆州市	**530654**	**4745**	**12397**	**255**	**60429**		**2261396**
荆州市辖区	65212	1199	1674		5742		744440
江陵县	62827	1624	1918	60	6893		112858
松滋市	65240	657	605		5138		180584
公安县	102264	266	462		11887		302053
石首市	53864	28	230	6	6466		262884
监利县	106573	502	3790	114	8250		412321
洪湖市	74674	469	3718	75	16053		246256
宜昌市	**196630**	**29982**	**4614**		**1990**	**14435**	**2852265**
宜昌市辖区	2604	1161	55				219944
夷陵区	19244	4340	794			134	419820
宜都市	17613	1083	49			48	150639
枝江市	51062	5052	1086		1760		319265
当阳市	59485	12136	1620		230		685613
远安县	12780	590	79			3	130065
兴山县	6454	514	162			3680	147355
秭归县	10845	2245	731			2491	238547
长阳县	11493	2378	17			2407	390185
五峰县	5050	483	21			5672	150832
襄阳市	**146322**	**164707**	**10283**	**367**	**25002**	**13087**	**2784728**
襄阳市辖区	14462	8899	1299				478171
老河口市	16159	8950	3137			444	561578
襄州区	14062	92667	1101			2004	417982
枣阳市	22538	19594	1662		21986	1139	443626
宜城市	50812	27220	1261		2976		262937
南漳县	8964	1561	985	367	40	3291	161418
谷城县	7807	4363	643				319517
保康县	11518	1453	195			6209	139499
鄂州市	**48376**	**3729**	**5465**	**357**	**7187**		**888081**
鄂州市辖区	48376	3729	5465	357	7187		888081
荆门市	**274301**	**77434**	**9463**		**27854**	**4**	**1645050**

续表5　　　　　　　　　　　　　　　　　　　　　　　　　　　　单位:吨

指标名称	油菜籽总产量	花生总产量	芝麻总产量	麻类总产量	糖料总产量	烟叶总产量	蔬菜总产量(含菜用瓜)
荆门市辖区	52424	12453	1072		3062		379072
沙洋县	114050	11875	3116		22130		352970
钟祥市	84104	37691	2318		500		590754
京山县	33723	15415	2957		2162	4	322254
沙洋农场	1231	1935	27				25455
孝感市	**149592**	**67776**	**7713**	**21**	**15233**		**3028660**
孝感市辖区	22244	5143	1226		4109		509357
孝昌县	19085	10164	1345		4514		245738
大悟县	8589	45398	725	21	167		264600
安陆市	16699	3023	1446		389		228055
云梦县	15871	1314	579		243		663121
应城市	29512	2083	1357		2070		549711
汉川市	37592	651	1035		3741		568078
随州市	**26449**	**33216**	**6435**		**3299**		**1382250**
曾都区	4298	1413	538		583		234004
随县	9178	12072	2585		945		445214
广水县	12973	19731	3312		1771		703032
黄冈市	**339547**	**133197**	**15950**	**4582**	**30303**		**2416219**
黄冈市辖区	5725	297	519		1194		227100
团风县	17272	3580	1991		1649		74662
红安县	25475	63933	517	92	1014		161417
麻城市	51337	38466	3335	3	2812		642378
罗田县	17813	4875	1431	34	4696		159849
英山县	12325	2502	640	60	1293		115068
浠水县	53000	12758	2970	3	2680		327479
蕲春县	38515	3254	1847	3807	7223		241030
武穴市	62773	1844	1456	583	6558		274956
黄梅县	54812	1688	1244		1184		190710
龙感湖农场	500						1570
咸宁市	**62491**	**15280**	**6116**	**16150**	**51632**		**2031975**
咸安区	27698	7419	2091	2381	788		245275
嘉鱼县	7585	401	1314	6285	28493		989164
赤壁市	18269	1873	2397	7484	13310		350773
通城县	2147	1730	68				116204
崇阳县	3834	2609	77		9041		188964
通山县	2958	1248	169				141595
恩施自治州	**64880**	**14148**	**534**	**18**	**309**	**85393**	**1822959**
恩施市	11807	1493		18	109	17164	438174
利川市	7496	1964				13720	549875
建始县	12090	1273	5			15431	210002
巴东县	11940	4896	529			10821	175357
宣恩县	3989	1546				8058	120691
咸丰县	8064	1560				7816	100110
来凤县	6072	579			200	3011	117905
鹤峰县	3422	837				9372	110845
仙桃市	**110368**	**1894**	**4033**	**61**	**10693**		**327158**
天门市	**93250**	**12097**	**2090**		**3875**		**424796**
潜江市	**102099**	**4416**	**2573**		**9300**		**601011**
神农架林区	**439**	**39**	**6**			**282**	**36987**

4 林业和土特产

全省林业生产情况

指标名称	计量单位	本年实际
一、荒山荒(沙)地造林面积	公顷	192213
1.人工造林	公顷	119075
其中:竹林面积	公顷	1093
2.飞播造林	公顷	
3.无林地和疏林地新封	公顷	73138
(一)按经济成份分		
(1)公有经济造林	公顷	49414
①国有经济造林	公顷	25012
②集体经济造林	公顷	24402
(2)非公有经济造林	公顷	142799
(二)按林种用途分		
(1)用材林	公顷	53721
(2)经济林	公顷	28569
(3)防护林	公顷	105752
(4)薪炭林	公顷	1854
(5)特种用途林	公顷	2317
(三)按树种类型分		
其中:速生树种	公顷	47237
乡土树种	公顷	92375
珍贵树种	公顷	1430
(四)按结构类型分		
(1)纯林	公顷	102242
(2)混交林	公顷	58312
(3)其他类型	公顷	31659
二、有林地造林面积	公顷	4311
1.林冠下造林	公顷	220
2.飞播营林	公顷	
3.有林地和灌木林地新封	公顷	4091
三、更新造林	公顷	
四、四旁(零星)植树	株	128196300
五、年末实有封山(沙)育林面积	公顷	885823

续表1

指标名称	计量单位	本年实际
六、森林抚育		
1.低产低效林改造面积	公顷	27274
2.幼林抚育作业面积	公顷次	293644
3.幼林抚育实际面积	公顷	242322
4.成林抚育面积	公顷	304352
其中:中、幼龄林抚育面积	公顷	158559
5.抚育改造出材量	立方米	452326
其中:中、幼龄林抚育出材量	立方米	48182
七、林木种苗		
1.林木种子采集量	吨	4386
其中:良种种子采集量	吨	1565
2.当年苗木产量	株	1134872621
其中:良种苗木产量	株	585623400
3.育苗面积	公顷	34293
其中:本年新增育苗面积	公顷	7086
4.年末实有母树林面积	公顷	4060
5.年末实有种子园面积	公顷	3021
6.年末实有采穗圃面积	公顷	1342
八、主要林产品产量		
1.生漆	吨	7823
2.油桐籽	吨	16919
3.乌桕籽	吨	9401
4.油茶籽	吨	71054
5.五倍子	吨	1892
6.棕片	吨	1949
7.松脂	吨	37813
8.竹笋干	吨	9347
9.核桃	吨	92286
10.板栗	吨	276687
11.花椒	吨	1005
12.八角	吨	14
13.松子	吨	51
九、竹木采伐		
1、木材	万立方米	221.1
其中:村及村以下采伐	万立方米	166.3
2、竹材	万根	2615.6
其中:村及村以下采伐	万根	1986.8

造林面积

单位名称	荒山荒(沙)地造林面积(公顷)						按经济成份分			
	合计	1、人工造林(公顷)			2、飞播造林公顷	3、无林地和疏林地新封(公顷)	公有经济造林(公顷)			非公有经济造林(公顷)
		小计	其中:灌木林面积(公顷)	其中:竹林面积(公顷)			小计	①国有经济造林(公顷)	②集体经济造林(公顷)	
湖北省	192213	119075		1093		73138	49414	25012	24402	142799
武汉市	6029	6029					2406	1159	1247	3623
洪山区	174	174					174		174	
东西湖区	316	316					316	316		
汉南区	743	743					743	710	33	
蔡甸区	1250	1250					120	120		1130
江夏区	680	680								680
黄陂区	2333	2333					1053	13	1040	1280
新洲区	533	533								533
武汉市直										
黄石市	2333	2333		27			133		133	2200
阳新县	1333	1333								1333
大冶市	1000	1000		27			133		133	867
十堰市	18471	5706				12765	14249	2783	11466	4222
十堰经济开发区										
茅箭区	567	567					567		567	
张湾区	799	399				400	266		266	533
市黄龙林场	400					400	400	400		
郧县	3239	1007				2232				3239
郧西县	1266	733				533	1166	547	619	100
竹山县	2201	534				1667	2201		2201	
竹溪县	2600	600				2000	2600	1353	1247	
房县	6266	733				5533	5916	480	5436	350
丹江口市	1000	1000					1000		1000	
武当山特区	133	133					133	3	130	
宜昌市	25411	5611				19800	2588	1188	1400	22823
西陵区										
伍家岗区										
点军区	733					733				733
猇亭区	267	267								267
夷陵区	3034	901				2133				3034
宜昌市直	1567	167				1400	1567	167	1400	
远安县	2867	867				2000				2867
兴山县	3267	600				2667				3267
秭归县	1334	667				667				1334
长阳县	5633	433				5200	433	433		5200
五峰县	4376	709				3667	588	588		3788
宜都市	1833	500				1333				1833
当阳市	333	333								333
枝江市	167	167								167

续表1

单位名称	荒山荒(沙)地造林面积(公顷)						按经济成份分			
	合计	1、人工造林(公顷)			2、飞播造林公顷	3、无林地和疏林地新封(公顷)	公有经济造林(公顷)			非公有经济造林(公顷)
		小计	其中:灌木林面积(公顷)	其中:竹林面积(公顷)			小计	①国有经济造林(公顷)	②集体经济造林(公顷)	
襄阳市	**20327**	**16260**				**4067**	**1172**	**1172**		**19155**
襄城区	437	437								437
樊城区	500	500								500
襄州区	533	533					107	107		426
市直	800	400				400	400	400		400
南漳县	4273	4273					50	50		4223
谷城县	2600	2200				400				2600
保康县	6985	3718				3267				6985
老河口市	**1233**	**1233**					**15**	**15**		**1218**
枣阳市	1233	1233					200	200		1033
宜城市	1733	1733					400	400		1333
鄂州市	**2600**	**2600**								**2600**
荆门市	**8109**	**7709**				**400**	**837**	**837**		**7272**
荆门市直	567	167				400	567	567		
东宝区	1496	1496								1496
掇刀区	840	840								840
京山县	1600	1600								1600
沙洋县	1333	1333								1333
钟祥市	2000	2000					270	270		1730
屈家岭管理局	273	273								273
孝感市	**8357**	**7824**				**533**	**1921**	**775**	**1146**	**6436**
孝南区	840	840					273		273	567
市直	467	67				400	467	467		
孝昌县	1133	1000				133				1133
大悟县	1433	1433					127	87	40	1306
云梦县	850	850					183		183	667
应城市	1000	1000					21	21		979
安陆市	1234	1234								1234
汉川市	1400	1400					850	200	650	550
荆州市	**13446**	**13446**					**3795**	**882**	**2913**	**9651**
沙市区	683	683								683
荆州区	784	784					133	133		651
市直	468	468								468
公安县	880	880					273	273		607
监利县	2317	2317								2317
江陵县	167	167								167
石首市	2900	2900					2900	267	2633	
洪湖市	2194	2194								2194
松滋市	3053	3053					489	209	280	2564

续表2

单位名称	荒山荒(沙)地造林面积(公顷)						按经济成份分			
	合计	1、人工造林(公顷)			2、飞播造林公顷	3、无林地和疏林地新封(公顷)	公有经济造林(公顷)			非公有经济造林(公顷)
		小计	其中:灌木林面积(公顷)	其中:竹林面积(公顷)			小计	①国有经济造林(公顷)	②集体经济造林(公顷)	
黄冈市	**16154**	**13914**				**2240**	**1599**	**950**	**649**	**14555**
黄州区	1400	1400					340	340		1060
团风县	1427	1427					499		499	928
红安县	800	800					240	90	150	560
罗田县	1960	927				1033				1960
英山县	1100	1100								1100
浠水县	1700	1700								1700
蕲春县	2180	1980				200				2180
黄梅县	1140	133				1007	7	7		1133
麻城市	3047	3047					513	513		2534
武穴市	1133	1133								1133
龙感湖	267	267								267
咸宁市	**14841**	**14841**		**1000**			**4100**	**1107**	**2993**	**10741**
咸安区	2167	2167		200			133	133		2034
市直	200	200					200	200		
嘉鱼县	2067	2067								2067
通城县	2080	2080					713	374	339	1367
崇阳县	3267	3267					413		413	2854
通山县	2860	2860					1841	333	1508	1019
赤壁市	2200	2200		800			800	67	733	1400
随州市	**4302**	**4302**					**20**	**20**		**4282**
市辖区										
曾都区	875	875								875
市直										
广水市	1900	1900								1900
随县	1527	1527					20	20		1507
恩施自治州	**35723**	**13390**		**66**		**22333**	**4236**	**4236**		**31487**
恩施市	6506	1839				4667	633	633		5873
利川市	4800	1133				3667	177	177		4623
建始县	4906	1706				3200				4906
巴东县	4053	3053				1000				4053
宣恩县	2400	1067				1333	2400	2400		
咸丰县	4676	1343				3333				4676
来凤县	3666	1333				2333				3666
鹤峰县	4716	1916		66		2800	1026	1026		3690
省直单位	**579**	**179**				**400**	**579**	**579**		
仙桃市	**1917**	**1917**					**713**	**236**	**477**	**1204**
潜江市	**1094**	**1094**								**1094**
天门市	**1454**	**1454**								**1454**
神农架林区	**9333**	**333**				**9000**	**9333**	**7355**	**1978**	
后河国家级自然保护区	**267**					**267**	**267**	**267**		
星斗山国家级自然保护区										
七姊妹山国家级自然保护区	**1466**	**133**				**1333**	**1466**	**1466**		

续表3

单位名称	按林种用途分					按树种类型分		
	用材林（公顷）	经济林（公顷）	防护林（公顷）	薪炭林（公顷）	特种用途林(公顷)	其中:速生树种(公顷)	其中:乡土树种(公顷)	其中:珍贵树种(公顷)
湖北省	**53721**	**28569**	**105752**	**1854**	**2317**	**47237**	**92375**	**1430**
武汉市	**3232**	**1473**	**1324**			**591**	**3274**	**10**
洪山区	174							
东西湖区			316				316	
汉南区	710	33				33		
蔡甸区	1177	73					1250	10
江夏区	680							
黄陂区	680	1333	934			66	1667	
新洲区	425	34	74			492	41	
武汉市直								
黄石市	**287**	**340**	**1706**			**280**	**720**	
阳新县		67	1266					
大冶市	287	273	440			280	720	
十堰市	**719**	**711**	**17041**			**740**	**17381**	
十堰经济开发区								
茅箭区	167		400				567	
张湾区	133		666				799	
市黄龙林场	400						400	
郧县		231	3008				3239	
郧西县			1266				1266	
竹山县			2201				2201	
竹溪县			2600			140	2460	
房县	19		6247			600	5316	
丹江口市		467	533				1000	
武当山特区		13	120				133	
宜昌市	**2345**	**2490**	**20576**			**5444**	**10099**	
西陵区								
伍家岗区								
点军区			733			333	400	
猇亭区			267				267	
夷陵区	267	634	2133				3034	
宜昌市直			1567			167		
远安县	235	499	2133			2867		
兴山县			3267					
秭归县	87	514	733			154	1179	
长阳县		433	5200				433	
五峰县			4376				4376	
宜都市	1423	410				1423	410	
当阳市	333					333		
枝江市			167			167		

续表4

单位名称	按林种用途分					按树种类型分		
	用材林（公顷）	经济林（公顷）	防护林（公顷）	薪炭林（公顷）	特种用途林(公顷）	其中:速生树种（公顷）	其中:乡土树种(公顷)	其中:珍贵树种(公顷)
襄阳市	**7614**	**5567**	**6500**	**246**	**400**	**6393**	**12691**	
襄城区	404	33				437		
樊城区	500					367	133	
襄州区	533					533		
市直			400		400	400	400	
南漳县	3575	298	400			1260	2070	
谷城县	544	1056	1000			538	2062	
保康县	137	3215	3633				6985	
老河口市	788	45	400			1233		
枣阳市	800	220		213		925	308	
宜城市	333	700	667	33		700	733	
鄂州市	**929**	**668**	**1003**			**929**	**1101**	**570**
荆门市	**4868**	**2168**	**1073**			**5386**	**1020**	
荆门市直	567					167		
东宝区	1361	135				1496		
掇刀区	240		600			350	520	
京山县	500	833	267			1600		
沙洋县	1333							
钟祥市	700	1200	100			1500	500	
屈家岭管理局	167		106			273		
孝感市	**3540**	**1129**	**3688**			**2280**	**1593**	**129**
孝南区	601	52	187			52		
市直			467			200	267	
孝昌县	200	333	600					
大悟县	205	462	766			200	1233	
云梦县	667	33	150			840		10
应城市		49	951			788	93	119
安陆市	467	200	567			200		
汉川市	1400							
荆州市	**7353**	**793**	**5300**			**2056**	**1966**	
沙市区	239		444					
荆州区			784					
市直	134		334			468		
公安县	240	126	514			754	126	
监利县	1583		734					
江陵县			167			167		
石首市	2900							
洪湖市	1794		400					
松滋市	463	667	1923			667	1840	

续表5

单位名称	按林种用途分					按树种类型分		
	用材林（公顷）	经济林（公顷）	防护林（公顷）	薪炭林（公顷）	特种用途林（公顷）	其中:速生树种（公顷）	其中:乡土树种（公顷）	其中:珍贵树种（公顷）
黄冈市	**6858**	**2035**	**7261**			**5420**	**9912**	**10**
黄州区	1115	45	240			45	1355	
团风县	667	93	667			437	990	
红安县	133	400	267			480	320	
罗田县	188	542	1230				1960	
英山县			1100				1100	
浠水县		10	1690			1690		10
蕲春县	1210	570	400			1410		
黄梅县	1140						1140	
麻城市	1047	333	1667				3047	
武穴市	1091	42				1091		
龙感湖	267					267		
咸宁市	**7888**	**3896**	**1782**	**1275**		**2893**	**7038**	**676**
咸安区	1366	801						
市直	84	116				150	34	16
嘉鱼县	1600	467						
通城县	194	139	539	1208			2080	
崇阳县	1394	1346	460	67		1167	2100	
通山县	2050	360	450			430	1770	660
赤壁市	1200	667	333			1146	1054	
随州市	**1781**	**2088**	**433**			**2527**	**1755**	
市辖区								
曾都区	160	715				160	715	
市直								
广水市	860	1040				860	1040	
随县	761	333	433			1507		
恩施自治州	**3793**	**5211**	**26386**	**333**		**8927**	**22185**	
恩施市	920	538	5048			1925		
利川市	600		4200				4800	
建始县	300	200	4406			4706	200	
巴东县	553	1667	1833			400	3653	
宣恩县	155	912	1333			912	1458	
咸丰县		910	3766				4676	
来凤县	533		2800	333			3666	
鹤峰县	732	984	3000			984	3732	
省直单位			**179**		**400**		**409**	
仙桃市	**400**		**267**		**1250**	**1917**		
潜江市	**860**		**234**					
天门市	**1254**		**200**			**1454**		
神农架林区			**9333**				**133**	
后河国家级自然保护区					**267**			
星斗山国家级自然保护区								
七姊妹山国家级自然保护区			**1466**				**1098**	**35**

续表6

单位名称	按结构类型分			有林地造林面积(公顷)				更新造林(公顷)	四旁(零星)植树(万株)	年末实有封山(沙)育林面积(公顷)
	纯林(公顷)	混交林(公顷)	其他类型(公顷)	合计	林冠下造林(公顷)	飞播营林(公顷)	有林地和灌木林地新封(公顷)			
湖北省	**102242**	**58312**	**31659**	**4311**	**220**		**4091**		**12820**	**885823**
武汉市	**5982**	**14**	**33**						**606**	**7400**
洪山区	174									667
东西湖区	316								56	
汉南区	710		33						20	
蔡甸区	1250								130	400
江夏区	680								110	
黄陂区	2333								150	
新洲区	519	14							140	6333
武汉市直										
黄石市	**2253**	**80**							**255**	**48398**
阳新县	1333								199	45398
大冶市	920	80							56	3000
十堰市	**9602**	**3336**	**5533**	**800**			**800**		**815**	**233972**
十堰经济开发区										
茅箭区			567	400			400			400
张湾区	333	466							12	7400
市黄龙林场	400									400
郧县	3239								170	2232
郧西县	1266								150	20724
竹山县	2201								130	12667
竹溪县	600	2000							225	155000
房县	600	700	4966							19149
丹江口市	830	170		400			400		120	6667
武当山特区	133								8	9333
宜昌市	**7778**	**2689**	**14944**						**2709**	**111254**
西陵区										200
伍家岗区										333
点军区		733								3980
猇亭区			267							800
夷陵区	1886	5	1143							12800
宜昌市直		167	1400							2600
远安县	2867								20	15140
兴山县			3267						2217	19267
秭归县	1140	194							170	12668
长阳县	433		5200						71	12533
五峰县	709		3667						100	11000
宜都市	410	1423							131	19933
当阳市	333									
枝江市		167								

续表7

单位名称	按结构类型分			有林地造林面积(公顷)				更新造林(公顷)	四旁(零星)植树(万株)	年末实有封山(沙)育林面积(公顷)
	纯林(公顷)	混交林(公顷)	其他类型(公顷)	合计	林冠下造林(公顷)	飞播营林(公顷)	有林地和灌木林地新封(公顷)			
襄阳市	**14639**	**5688**		**3291**			**3291**		**1285**	**17637**
襄城区	437								40	
樊城区	500								35	
襄州区	533								125	
市直	400	400								400
南漳县	2874	1399		2957			2957		333	3223
谷城县	2200	400		334			334		121	734
保康县	3718	3267							61	13280
老河口市	1233								100	
枣阳市	1011	222							320	
宜城市	1733								150	
鄂州市	**2600**								**230**	
荆门市	**6070**	**200**	**1839**						**930**	**58487**
荆门市直	167		400							2000
东宝区	1496								12	46087
掇刀区	840								29	400
京山县	1400	200							360	10000
沙洋县			1333						232	
钟祥市	2000								295	
屈家岭管理局	167		106						2	
孝感市	**6704**	**1653**							**1212**	**7067**
孝南区	840								90	
市直	200	267								400
孝昌县		1133							100	6667
大悟县	1200	233							361	
云梦县	830	20							88	
应城市	1000								300	
安陆市	1234								150	
汉川市	1400								123	
荆州市	**10522**	**2644**	**280**						**507**	**13849**
沙市区	683									
荆州区	784								6	
市直	468									
公安县	880								150	
监利县	2317								100	
江陵县	167								83	
石首市	2750	150								
洪湖市		2194								
松滋市	2473	300	280						168	13849

续表8

单位名称	按结构类型分			有林地造林面积(公顷)				更新造林(公顷)	四旁(零星)植树(万株)	年末实有封山(沙)育林面积(公顷)
	纯林(公顷)	混交林(公顷)	其他类型(公顷)	合计	林冠下造林(公顷)	飞播营林(公顷)	有林地和灌木林地新封(公顷)			
黄冈市	**8377**	**3863**	**3914**						**1702**	**56940**
黄州区	800	200	400						30	
团风县	437	990							180	3333
红安县	280	520							120	32000
罗田县	980	980							286	3213
英山县		1100								
浠水县	1700								350	13333
蕲春县	1907	73	200						454	721
黄梅县	1140								150	1007
麻城市			3047							
武穴市	1133								130	3333
龙感湖			267						2	
咸宁市	**6406**	**4222**	**4213**						**210**	**96333**
咸安区	2067	100								28000
市直		134	66							
嘉鱼县			2067							
通城县			2080							16667
崇阳县		3267							52	20000
通山县	2380	480							38	26666
赤壁市	1959	241							120	5000
随州市	**2775**	**1527**							**743**	**22440**
市辖区									43	8530
曾都区	875								200	
市直										3910
广水市	1900								200	10000
随县		1527							300	
恩施自治州	**13963**	**21760**							**890**	**169480**
恩施市	751	5755							85	16333
利川市		4800							150	83740
建始县	500	4406							76	12740
巴东县	3720	333							54	12799
宣恩县	1067	1333							30	11334
咸丰县	4676								45	10667
来凤县	1333	2333							42	10000
鹤峰县	1916	2800							408	11867
省直单位	**9**		**570**							**400**
仙桃市	**1917**								**265**	
潜江市	**1094**			**220**	**220**				**239**	
天门市	**1454**								**210**	
神农架林区		**9333**							**12**	**39667**
后河国家级自然保护区		**267**								**267**
星斗山国家级自然保护区										**899**
七姊妹山国家级自然保护区	**97**	**1036**	**333**							**1333**

续表9

单位名称	低产低效林改造面积(公顷)	幼林抚育作业面积(公顷次)	幼林抚育实际面积(公顷)	成林抚育面积(公顷)		抚育改造出材量(立方米)		育苗面积(公顷)	
				计	其中:中、幼龄林抚育面积(公顷)	计	其中:中、幼龄林抚育出材量(立方米)	计	其中:本年新增育苗面积(公顷)
湖北省	**27274**	**293644**	**242322**	**304352**	**158559**	**452326**	**48182**	**34293**	**7086**
武汉市	**1267**	**6856**	**5506**	**29588**	**7368**	**332000**	**4300**	**13759**	**1074**
洪山区		866	866					1000	
东西湖区		667	333	333	333			800	33
汉南区		1420	710	1333	1333	114000		567	
蔡甸区	400	1200	1000	1300	1000			2000	346
江夏区	267	1930	1930					7000	347
黄陂区	400							1387	200
新洲区	200	773	667	23887	1967	218000	4300	860	120
武汉市直				2735	2735			145	28
黄石市	**1400**	**16273**	**15273**	**9150**	**8850**	**3250**	**2950**	**149**	**116**
阳新县	1000	13273	13273	7650	7650	2450	2450	89	89
大冶市	400	3000	2000	1500	1200	800	500	60	27
十堰市	**2520**	**37867**	**36933**	**11687**	**7800**	**660**	**660**	**677**	**429**
十堰经济开发区								10	7
茅箭区									
张湾区				2667				17	3
市黄龙林场				400	400				
郧县		13333	13333					120	84
郧西县	300							107	80
竹山县	467	18667	18667			660	660	67	53
竹溪县	533	4000	4000	1007	600			80	65
房县	400	1867	933	813				100	80
丹江口市	733			6667	6667			167	53
武当山特区	87			133	133			9	4
宜昌市	**4732**	**10600**	**9072**	**5366**	**2699**			**1554**	**232**
西陵区								103	
伍家岗区	67							100	
点军区								53	3
猇亭区								50	
夷陵区	533							450	
宜昌市直								10	
远安县	400			533	533			83	13
兴山县	533			100	100			102	42
秭归县	400	2983	2983	533	533			73	33
长阳县	533	2000	2000					67	33
五峰县	533	2850	2705	2000	1533			80	14
宜都市	400	2767	1384	2200				63	27
当阳市	800							120	
枝江市	533							200	67

续表10

单位名称	低产低效林改造面积(公顷)	幼林抚育作业面积(公顷次)	幼林抚育实际面积(公顷)	成林抚育面积(公顷)		抚育改造出材量(立方米)		育苗面积(公顷)	
				计	其中:中、幼龄林抚育面积(公顷)	计	其中:中、幼龄林抚育出材量(立方米)	计	其中:本年新增育苗面积(公顷)
襄阳市	**3200**	**28227**	**23494**	**14042**	**9298**	**835**	**835**	**2059**	**604**
襄城区		2667	2667	1200	200	285	285	40	
樊城区	400			2667	1333			1140	80
襄州区	400	2333	2333	1267	857			80	66
市直		583	583	400	400	550	550	60	46
南漳县		6665	6665					169	
谷城县		6000	2600	133	133			167	92
保康县	667	3313	3313					101	101
老河口市	400	2000	667	1333	1333			96	63
枣阳市	666	3333	3333	1709	1709			106	77
宜城市	667	1333	1333	5333	3333			100	79
鄂州市		**8000**	**6000**	**8667**	**8000**			**933**	**667**
荆门市	**101**	**29832**	**16295**	**11543**	**7630**	**9523**	**3323**	**4693**	**669**
荆门市直		500	350	630	150	1200	1200	566	35
东宝区		2696	2627	2113	1880	8323	2123	646	52
掇刀区	34								
京山县	67	20000	10000					114	100
沙洋县				2800	2000			2333	333
钟祥市		6636	3318	6000	3600			940	133
屈家岭管理局								94	16
孝感市	**1654**	**23490**	**16854**	**18831**	**14476**	**23808**	**9026**	**1320**	**386**
孝南区	400	6258	3129	7720	5024	2373	2373	234	53
市直		200	200	100	90			27	2
孝昌县		6667	6667					333	40
大悟县	667	4668	1668	4433	4287			133	67
云梦县	267	1947	1947	600				206	10
应城市	320	1650	1143	3878	2975	17235	4453	147	27
安陆市								100	47
汉川市		2100	2100	2100	2100	4200	2200	140	140
荆州市	**200**	**39092**	**39092**	**43337**	**34063**	**23173**	**5416**	**1119**	**532**
沙市区				4120	3333			17	
荆州区		1425	1425	1533	1333			20	20
市直									
公安县	200	2000	2000	3333	2347	4100	1920	183	54
监利县		25000	25000	2000		5000		250	50
江陵县		167	167	2064				80	8
石首市		6500	6500	26667	25330	8500		267	267
洪湖市				920	920			147	53
松滋市		4000	4000	2700	800	5573	3496	155	80

续表11

单位名称	低产低效林改造面积(公顷)	幼林抚育作业面积(公顷次)	幼林抚育实际面积(公顷)	成林抚育面积(公顷)		抚育改造出材量(立方米)		育苗面积(公顷)	
				计	其中：中、幼龄林抚育面积(公顷)	计	其中：中、幼龄林抚育出材量(立方米)	计	其中：本年新增育苗面积(公顷)
黄冈市	**5200**	**35817**	**21731**	**36637**	**16769**	**23424**	**6769**	**1324**	**344**
黄州区		280	280	568				86	36
团风县								60	35
红安县	1333	12000	6000	17300		8300	2100	135	27
罗田县	2133	673	673	2000	2000	7800	8	122	18
英山县								117	17
浠水县	400	2000	1700	3700	1700	3200	1200	115	100
蕲春县		2400	1500	721	721			154	4
黄梅县		4691	4691	4315	4315			135	60
麻城市	400	5340	2670	200	200	663		180	40
武穴市	800	6833	3417	7833	7833			140	7
龙感湖	134	1600	800			3461	3461	80	
咸宁市	**5200**	**19363**	**19063**	**45325**	**24325**	**9553**	**9103**	**4440**	**533**
咸安区	1200			12000	12000			3667	267
市直	100	300		205	205			8	1
嘉鱼县	333			6000	6000			467	133
通城县	667			3254	2254			65	7
崇阳县	1333	12000	12000	18000		600	150	60	35
通山县	1000	3730	3730	2533	2533	5198	5198	33	17
赤壁市	567	3333	3333	3333	1333	3755	3755	140	73
随州市	**400**	**6520**	**6520**	**4353**	**4353**	**1000**	**1000**	**196**	**172**
市辖区		520	520					4	
曾都区				4220	4220			39	39
市直									
广水市	400	4000	4000	133	133	1000	1000	53	53
随县		2000	2000					100	80
恩施自治州	**600**	**19146**	**15328**	**5264**	**2666**	**1100**		**480**	**366**
恩施市		10000	7000	466				53	40
利川市	600			533	533			103	100
建始县			1182	600	600			93	37
巴东县				533	533			38	38
宣恩县				533	533			96	96
咸丰县		4013	4013	533				27	27
来凤县		3000	1000	1000	467			30	28
鹤峰县		2133	2133	1066		1100		40	
省直单位	**200**	**261**	**261**	**562**	**562**			**2**	**2**
仙桃市	**400**	**2600**	**1200**					**190**	**110**
潜江市		**6700**	**6700**	**20000**	**6700**	**24000**	**4800**	**1134**	**798**
天门市		**2000**	**2000**	**40000**	**3000**			**220**	**20**
神农架林区	**200**							**14**	**2**
后河国家级自然保护区									
星斗山国家级自然保护区									
七姊妹山国家级自然保护区		**1000**	**1000**					**30**	**30**

林产品产量

单位名称	生漆（吨）	油桐籽（吨）	乌桕籽（吨）	油茶籽（吨）
湖北省	**7823**	**16919**	**9401**	**71054**
武汉市				**1160**
江夏区				
黄陂区				380
新洲区				780
黄石市		**411**	**12**	**8116**
阳新县		211	12	7616
大冶市		200		500
十堰市	**30**	**6395**	**168**	**144**
十堰经济开发区				
茅箭区				
张湾区	1	30		
郧县	10	10		100
郧西县	1	6001	158	
竹山县				10
竹溪县	12	28		
房县	6	306		29
丹江口市		20	10	5
武当山特区				
宜昌市	**60**	**314**	**59**	**171**
西陵区				
伍家岗区				
点军区				
猇亭区				
夷陵区				
远安县		7	7	
兴山县			12	13
秭归县				
长阳县	4	118	30	18
五峰县	4	2		80
宜都市	52	187	10	60
当阳市				
枝江市				
襄阳市	**3**	**721**	**162**	**8907**
襄城区				
樊城区				
襄州区				
南漳县		180	150	50
谷城县	2	463	6	8009
保康县	1	42	6	207
老河口市				
枣阳市				591
宜城市		36		50
鄂州市		**120**	**160**	**9800**
荆门市		**36**	**30**	**20**
东宝区		21		
掇刀区				
京山县		15	30	20
沙洋县				
钟祥市				
屈家岭管理局				

续表

单位名称	生漆（吨）	油桐籽（吨）	乌桕籽（吨）	油茶籽（吨）
孝感市		**1265**	**6315**	**1588**
孝南区				
孝昌县		26	3	282
大悟县		1239	6312	1255
云梦县				
应城市				
安陆市				51
汉川市				
荆州市		**10**	**5**	**28**
沙市区				
荆州区				
公安县				
监利县				
江陵县				
石首市				
洪湖市				
松滋市		10	5	28
黄冈市	**416**	**3367**	**2097**	**20233**
黄州区				
团风县			32	727
红安县		64	349	2500
罗田县		803	907	425
英山县	342	182		230
浠水县		18	12	1743
蕲春县	74	200		2807
黄梅县				105
麻城市		1239	797	11654
武穴市		861		42
龙感湖				
咸宁市		**257**		**5067**
咸安区				16
嘉鱼县				
通城县		35		1650
崇阳县		137		1364
通山县		85		2037
赤壁市				
随州市		**2883**	**360**	**576**
市辖区				20
曾都区		148		297
广水市		2135	210	189
随县		600	150	70
恩施自治州	**7308**	**1139**	**33**	**15244**
恩施市				75
利川市	120			
建始县	12	43	30	14108
巴东县	7100	50	3	
宣恩县	15	10		47
咸丰县	40	150		14
来凤县	1	886		1000
鹤峰县	20			
恩施州				
省直单位				
仙桃市				
潜江市				
天门市				
神农架林区	**6**	**1**		
七姊妹山国家级自然保护区				

茶叶、水果产量

单位:吨

指标名称	茶叶产量	红毛茶	绿毛茶	园林水果合计	柑　桔	梨　子	其中:桃
湖北省	**165709**	**15413**	**137120**	**4371323**	**3010384**	**480523**	**607487**
武汉市	**2018**	**11**	**1549**	**74531**	**30993**	**14655**	**17637**
武汉市辖区	291	7	157	19230	3786	2285	5401
蔡甸区				3964	2553	478	893
江夏区	1201	4	866	25066	22809	380	487
黄陂区	394		394	6528	333	554	4385
新洲区	132		132	19743	1512	10958	6471
黄石市	**349**		**343**	**36839**	**32579**	**1052**	**1448**
黄石市辖区				1488	1241	62	52
大冶市	73		67	5533	3310	445	850
阳新县	276		276	29818	28028	545	546
十堰市	**10411**	**5**	**10404**	**319159**	**292140**	**367**	**6290**
十堰市辖区	29	5	24	2564	919	18	596
丹江口市	170		170	246772	245534	13	428
郧县	690		690	54582	38591	30	3013
郧西县	51		49	4201	731	182	735
竹山县	4206		4206	2251	838	97	531
竹溪县	4859		4859	1064	100		180
房县	406		406	7725	5427	27	807
荆州市	**33**		**33**	**358436**	**272586**	**10867**	**6799**
荆州市辖区				57596	44490	3090	2533
江陵县				2452	1749	226	130
松滋市	13		13	135633	126830	2697	472
公安县	14		14	129339	74571	978	490
石首市	6		6	26454	21769	1575	1931
监利县				6109	2624	2146	1135
洪湖市				853	553	155	108
宜昌市	**39052**	**6372**	**32639**	**1987036**	**1932573**	**20299**	**23590**
宜昌市辖区	577	7	570	155516	154438		1050
夷陵区	10095		10095	451048	446483	287	1000
宜都市	8290	1010	7280	421578	420239	27	706
枝江市	41		41	347680	314846	15634	14645
当阳市	103		103	283597	276469	2669	3894
远安县	579		579	9294	7696	292	686
兴山县	593		593	63545	60691	727	719
秭归县	1870	8	1861	201296	200697	63	370
长阳县	1317		1277	51294	49612	385	465
五峰县	15587	5347	10240	2188	1402	215	55
襄阳市	**8039**	**63**	**7976**	**514758**	**46602**	**125991**	**311522**
襄阳市辖区	2		2	5490	1009	1053	1540
老河口市	115		115	119074	1426	85256	26400
襄阳区				86415	308	22430	53626
枣阳市	201		201	245211	718	13965	224667
宜城市	116		116	19250	14026	1403	1895
南漳县	862		862	29585	25551	907	1652
谷城县	4031		4031	6815	2850	944	1152
保康县	2712	63	2649	2918	714	33	590
鄂州市	**155**		**155**	**31953**	**23311**	**1509**	**3465**

续表1

单位：吨

指标名称	茶叶产量	红毛茶	绿毛茶	园林水果合计	柑桔	梨子	其中:桃
荆门市	**173**		**173**	**377151**	**149580**	**166863**	**41743**
荆门市辖区	57		57	87379	73063	5358	5967
沙洋县	8		8	24832	16114	3129	5020
钟祥市	93		93	196372	36514	132779	13301
京山县	15		15	68568	23889	25597	17455
沙洋农场	3		3	44			40
孝感市	**6053**		**5947**	**150945**	**8589**	**22495**	**82806**
孝感市辖区	86		80	13043	1005	527	11170
孝昌县	866		866	73846	5623	1125	47714
大悟县	4577		4577	10047	129	2275	5911
安陆市	284		184	11281	672	982	7111
云梦县				16424	46	6654	6530
应城市	240		240	14921	313	3646	2210
汉川市				11383	801	7286	2160
随州市	**1920**	**25**	**1894**	**112377**	**5400**	**11743**	**68806**
曾都区	113	15	98	3397	379	88	2434
随　县	1328	10	1317	57329	4182	5531	33381
广水县	479		479	51651	839	6124	32991
黄冈市	**32954**		**32948**	**89066**	**46978**	**5366**	**26575**
黄冈市辖区	5		5	1220	904	80	160
团风县	64		58	2452	1182	177	356
红安县	1420		1420	1960	148	490	814
麻城市	1697		1697	3723	100	730	1111
罗田县	381		381	4877	412	230	750
英山县	27575		27575	2957	572	558	1213
浠水县	1100		1100	17775	12500	780	3600
蕲春县	617		617	27822	9654	816	16828
武穴市	40		40	21836	19364	220	1113
黄梅县	55		55	3664	2022	685	630
龙感湖农场				780	120	600	
咸宁市	**18374**	**358**	**7250**	**46621**	**22899**	**6821**	**7068**
咸安区	1195		526	2611	759	232	1182
嘉鱼县	1369		548	3958	2718	4	1201
通城县	1245	58	737	3006	2208	52	693
崇阳县	611		288	10945	2698	3214	1955
通山县	995		400	13411	10032	1514	412
恩施自治州	**46103**	**8579**	**35749**	**209158**	**132002**	**54880**	**2893**
恩施市	9869	2103	7766	13650	10167	953	351
利川市	9802	3041	6661	39903	2131	33938	448
建始县	799		694	12944	5857	705	237
巴东县	721		708	43212	37373	847	52
宣恩县	5466	636	4823	61322	53788	7236	196
咸丰县	4179	1207	2551	13440	1595	10050	385
来凤县	306		263	21556	19216	901	467
鹤峰县	14961	1592	12283	3131	1875	250	757
仙桃市				**24590**	**9123**	**11413**	**3624**
天门市				**14886**	**2922**	**10749**	**1015**
潜江市				**23431**	**2107**	**15389**	**2129**
神农架林区	**75**		**60**	**386**		**64**	**77**

茶园、果园面积

续表2　　　　　　　　　　　　　　　　　　　　　　　　　　　　　　　　　　单位:公顷

指标名称	年末实有茶园面积	其中:本年采摘面积	年末果园面积	柑桔园面积	梨 园面积	桃 园面积
湖北省	**214609**	**155915**	**376766**	**229193**	**36600**	**49109**
武汉市	**4917**	**3091**	**8556**	**3954**	**1617**	**1873**
武汉市辖区	213	196	1153	323	195	351
蔡甸区			572	305	174	80
江夏区	771	492	3448	3021	49	158
黄陂区	3034	1899	1098	26	47	719
新洲区	899	504	2285	279	1152	565
黄石市	**1664**	**1298**	**7531**	**5211**	**436**	**722**
黄石市辖区	16		194	132	11	8
大冶市	369	59	1300	642	140	239
阳新县	1279	1239	6037	4437	285	475
十堰市	**32083**	**18292**	**53346**	**34087**	**128**	**1104**
十堰市辖区	545	230	959	351	2	161
丹江口市	1309	915	22692	22543	3	25
郧县	1300	1101	24393	10077	29	401
郧西县	475	379	1683	342	56	81
竹山县	9630	6325	851	76	32	136
竹溪县	13598	7971	439	130		55
房县	5226	1371	2329	568	6	245
荆州市	**449**	**251**	**21229**	**18848**	**757**	**519**
荆州市辖区			1516	914	87	98
江陵县	3		147	51	27	44
松滋市	44	34	14158	13429	384	134
公安县	35	34	4208	3751	111	50
石首市	366	183	771	539	48	135
监利县			373	128	86	53
洪湖市	1		56	36	14	5
宜昌市	**42944**	**33500**	**116415**	**112016**	**1116**	**1370**
宜昌市辖区	592	503	5256	5162		44
夷陵区	12367	9050	22719	22216	34	114
宜都市	5707	5200	20314	20207	10	80
枝江市	27	27	13551	12281	593	553
当阳市	171	170	21360	20971	127	202
远安县	1575	1139	3086	2768	66	133
兴山县	1783	1128	5752	5259	72	73
秭归县	4033	2341	15306	15049	19	33
长阳县	4682	4036	8611	7813	159	138
五峰县	12007	9906	460	290	36	
襄阳市	**13677**	**9366**	**29506**	**3056**	**6656**	**17170**
襄阳市辖区	47	47	284	60	67	98
老河口市	938	938	7487	216	4601	1860
襄阳区			3003	31	823	1751
枣阳市	504	472	14597	120	944	13232
宜城市	272	231	1138	866	142	61
南漳县	4687	2147	1830	1309	49	29
谷城县	9	5	977	330	26	89
保康县	7221	5526	190	124	3	50
鄂州市	**167**	**152**	**6464**	**3118**	**1509**	**758**

续表3　　　　　　　　　　　　　　　　　　　　　　　　单位:公顷

指标名称	年末实有茶园面积	其中:本年采摘面积	年末果园面积	柑桔园面积	梨园面积	桃园面积
荆门市	**880**	**789**	**23221**	**11448**	**6879**	**2911**
荆门市辖区	263	263	9030	7350	397	368
沙洋县	43	40	1318	669	361	234
钟祥市	386	312	7720	2357	3610	980
京山县	188	174	5153	1072	2511	1329
沙洋农场	40	37	17	1		15
孝感市	**21344**	**13182**	**19988**	**1364**	**2206**	**7496**
孝感市辖区	628	525	1835	97	57	1582
孝昌县	7089	4609	11584	1097	101	2787
大悟县	13015	7446	2663	32	875	1590
安陆市	277	267	1775	42	417	932
云梦县			928	30	273	298
应城市	335	335	737	39	283	140
汉川市			466	27	200	167
随州市	**6261**	**6063**	**13361**	**935**	**981**	**6003**
曾都区	419	403	1210	43	79	570
随　县	4473	4430	8748	725	619	3762
广水县	1369	1230	3403	167	283	1671
黄冈市	**22373**	**18659**	**16821**	**4942**	**1261**	**4548**
黄冈市辖区	11	7	186	127	18	33
团风县	276	220	2873	260	48	218
红安县	1544	1057	1062	14	199	188
麻城市	3606	3119	2652	66	258	555
罗田县	907	889	905	152	69	114
英山县	13400	11201	489	100	126	136
浠水县	1200	1107	1887	867	188	420
蕲春县	862	623	3682	815	118	2676
武穴市	290	181	2322	2135	20	90
黄梅县	277	255	746	403	204	118
龙感湖农场			17	3	13	
咸宁市	**10160**	**8937**	**22588**	**8978**	**4617**	**3099**
咸安区	820	717	962	282	36	482
嘉鱼县	615	610	614	281	10	108
通城县	3442	2493	3341	2643	51	339
崇阳县	613	613	7694	1443	3512	1294
通山县	1267	1101	5498	2644	593	309
恩施自治州	**56986**	**41778**	**34987**	**20483**	**6857**	**1242**
恩施市	14508	10758	3841	2440	378	200
利川市	8794	5858	4918	232	2842	120
建始县	1689	1537	1839	708	88	77
巴东县	2390	1475	8012	6779	15	395
宣恩县	7679	5066	7961	7120	642	30
咸丰县	6093	4636	3651	420	2347	91
来凤县	1165	953	3291	1865	465	94
鹤峰县	14668	11495	1474	919	80	235
仙桃市			**1023**	**434**	**414**	**151**
天门市			**649**	**192**	**380**	**64**
潜江市			**1043**	**127**	**768**	**74**
神农架林区	**704**	**557**	**38**		**18**	**5**

2010年长江防护林工程建设情况

单位名称	荒山荒(沙)地造林面积（公顷）	在造林面积中 人工造林（公顷）	飞播造林（公顷）	无林地和疏林地新封（公顷）	用材林造林面积（公顷）	经济林造林面积（公顷）	防护林造林面积（公顷）	#水源涵养林	水土保持林	防风固沙林	农田、牧场防护林	护岸护堤林	护路林
湖北	**10334**	**6401**		**3933**	**300**		**10034**	**3114**	**3052**	**400**		**601**	
十堰市	**2332**	**1399**		**933**			**2332**	**1199**	**866**				
茅箭区	267	267					267						
张湾区	666	266		400			666	666					
郧西县	866	333		533			866		866				
丹江口市	533	533					533	533					
宜昌市	**1000**			**1000**			**1000**						
夷陵区													
秭归县													
五峰自治县	1000						1000						
宜都市													
襄阳市	**1866**	**1866**					**1866**	**181**	**1285**	**400**			
襄城区	400	400					400		400				
南漳县	400	400					400		400				
谷城县	333	333					333	181	152				
保康县	333	333					333		333				
老河口市	400	400					400			400			
鄂州市	**267**	**267**			**33**		**234**		**234**				
荆门市	**333**	**333**					**333**	**333**					
掇刀区	333	333					333	333					
孝感市	867	867					867	267	267				
孝昌县	267	267					267	267					
大悟县	333	333					333						
安陆市	267	267					267		267				
荆州市	601	601					601					601	
荆州区	334	334					334					334	
监利县	267	267					267					267	
黄冈市	**267**	**267**					**267**		**267**				
团风县													
罗田县													
英山县	267	267					267		267				
咸宁市	**534**	**534**			**267**		**267**	**134**	**133**				
嘉鱼县													
通山县	267	267			267								
赤壁市	267	267					267	134	133				
随州市													
市辖区													
随县													
恩施自治州	**1000**			**1000**			**1000**						
鹤峰县	1000			1000			1000						
仙桃市	**267**	**267**					**267**						
潜江市													
天门市													
神农架林区	**1000**			**1000**			**1000**	**1000**					

续表1

单位名称	低产低效林改造面积(公顷)	年末实有封山(沙)育林面积(公顷)	全部林业投资完成额(万元)	造林	低产低效防护林改造	种苗	森林防火	病虫害防治	科技费用	其他
湖北	**2933**	**24644**	**4182**	**3082**	**376**	**345**	**16**	**31**	**13**	**319**
十堰市		**17000**	**1779**	**1503**	**56**	**38**			**9**	**173**
茅箭区		400	405	405						
张湾区		7400	405	405						
郧西县		533	156	43	56	38			9	10
丹江口市		6667	813	650						163
宜昌市	**933**	**1000**	**100**	**80**						**20**
夷陵区	533									
秭归县			100	80						20
五峰自治县		1000								
宜都市	400									
襄阳市		**334**	**529**	**315**		**145**	**15**	**15**		**39**
襄城区										
南漳县			150	84		36	15	15		
谷城县		334	169	51		89				29
保康县			100	100						
老河口市			110	80		20				10
鄂州市										
荆门市			**220**	**184**		**16**				**20**
掇刀区			100	100						
孝感市	**667**		**260**	**260**						
孝昌县			80	80						
大悟县	667		100	100						
安陆市			80	80						
荆州市			**180**	**180**						
荆州区			100	100						
监利县			80	80						
黄冈市		**400**	**122**	**45**		**18**		**4**		**55**
团风县			60	25		18		4		13
罗田县		400	62	20						42
英山县										
咸宁市	**1333**		**695**	**375**	**320**					
嘉鱼县	333		475	375	100					
通山县	1000		220		220					
赤壁市										
随州市		**3910**	**97**	**80**		**3**		**8**	**3**	**3**
市辖区		3910								
随县			97	80		3		8	3	3
恩施自治州		**1000**								
鹤峰县		1000								
仙桃市			80			80				
潜江市			60	60						
天门市			60			45	1	4	1	9
神农架林区		1000								

2010年天然林保护工程建设情况

单位名称	工程区木材产量（立方米）	#人工林木材产量	荒山荒(沙)地造林面积（公顷）	人工造林（公顷）	飞播造林（公顷）	无林地和疏林地新封（公顷）	年末实有封山(沙)育林面积（公顷）
湖北	**223630**	**121380**	**62665**	**2664**		**60001**	**440583**
十堰市	**14230**	**6361**	**9533**	**333**		**9200**	**181430**
竹山县	7869		1734	67		1667	10400
竹溪县			2133	133		2000	155000
房县	6361	6361	5666	133		5533	16030
宜昌市	**21402**	**11501**	**19065**	**665**		**18400**	**108874**
夷陵区			2133			2133	12800
市直（城郊）			1733			1733	6533
远安县			2133	133		2000	15140
兴山县			2800	133		2667	19267
秭归县			667			667	12668
长阳自治县	11501	11501	5333	133		5200	12533
五峰自治县			2800	133		2667	10000
宜都市	9901		1466	133		1333	19933
襄阳市			**3334**	**67**		**3267**	**13280**
保康县			3334	67		3267	13280
恩施自治州	**187998**	**103518**	**20800**	**1266**		**19534**	**95833**
恩施市	35133	35133	4867	200		4667	16333
利川市	69000	14000	3867	200		3667	14433
建始县	31665	31665	2200	200		2000	10000
巴东县	1000		667			667	12466
宣恩县	7920	7920	1466	133		1333	11334
咸丰县	18480		3466	133		3333	10667
来凤县	1800	1800	2400	200		2200	9867
鹤峰县	23000	13000	1867	200		1667	10733
神农架林区			**8200**	**200**		**8000**	**38667**
后河保护区			**267**			**267**	**267**
星斗山保护区							**899**
七姊妹山保护区			**1466**	**133**		**1333**	**1333**

续表1

单位名称	年末实有森林管护面积（公顷）	#国有林管护面积（公顷）	年末全部在册职工人数（人）	#混岗职工人数（人）	年末在岗职工人数（人）	自工程实施以来累计一次性安置职工人数（人）	年末参加基本养老保险社会统筹人数（人）	#在岗职工
湖北	**3141966**	**338160**	**7259**	**474**	**6608**	**12138**	**7876**	**5842**
十堰市	**708228**	**82947**	**1624**		**1614**	**2194**	**2030**	**1624**
竹山县	200000	12933	238		238	682	438	438
竹溪县	202228	42014	664		664	563	733	571
房县	306000	28000	516		506	493	409	409
宜昌市	**821334**	**9266**	**1482**		**1219**	**2177**	**1854**	**766**
夷陵区	154000					364	412	
市直(城郊)	44667	5933						
远安县	66667		262			682	340	181
兴山县	149333		311		311	214	278	
秭归县	122000	3333	89		88	131	105	88
长阳自治县	154000		338		338	241	375	212
五峰自治县	66667		285		285	339	285	285
宜都市	64000		197		197	197	59	
襄阳市	**160667**	**8667**	**396**		**396**	**581**	**397**	**360**
保康县	160667	8667	396		396	581	397	360
恩施自治州	**1225994**	**92960**	**2400**	**474**	**2400**	**4558**	**2248**	**2123**
恩施市	171333	12286	474	474	474	1398	432	432
利川市	272833	29086	468		468	431	375	326
建始县	132000	6000	213		213	245	269	193
巴东县	188152	11540	233		233	187	216	216
宣恩县	107009	5414	191		191	227	179	179
咸丰县	112000	11270	338		338	356	303	303
来凤县	56667	5184	180		180	653	165	165
鹤峰县	186000	12180	215		215	566	199	199
神农架林区	**172915**	**130826**	**1253**		**875**	**2628**	**1253**	**875**
后河保护区	**29334**		**47**		**47**		**47**	**47**
星斗山保护区			**22**		**22**		**12**	**12**
七姊妹山保护区	**23494**	**13494**	**35**		**35**		**35**	**35**

续表2

单位名称	全部林业投资完成额（万元）	国债资金（万元）	中央财政专项资金（万元）	在全部完成投资中 造林（万元）	森林管护（万元）	社会保险（万元）
湖北	**16187**	**4542**	**10368**	**5177**	**6069**	**2851**
十堰市	**3431**	**853**	**2537**	**853**	**1688**	**565**
竹山县	794	156	638	156	395	167
竹溪县	986	200	786	200	574	135
房县	1641	497	1113	497	719	263
宜昌市	**3787**	**712**	**2365**	**1185**	**1172**	**779**
夷陵区	92		12		80	12
市直(城郊)						
远安县	501		501	200	132	93
兴山县	853	256	533	320	314	148
秭归县	355	56	299		230	40
长阳自治县	968		479	489	296	130
五峰自治县	605	256	349	32		321
宜都市	413	144	192	144	120	35
襄阳市	**891**	**290**	**495**	**290**	**322**	**140**
保康县	891	290	495	290	322	140
恩施自治州	**5949**	**1945**	**3794**	**2004**	**2337**	**1031**
恩施市	1178	440	572	550	335	225
利川市	932	356	560	356	383	142
建始县	635	216	419	216	257	118
巴东县	540	56	484	56	291	146
宣恩县	568	144	418	144	273	88
咸丰县	704	312	382	312	227	118
来凤县	443	233	198	182	98	54
鹤峰县	871	188	683	188	473	127
神农架林区	**1812**	**720**	**1026**	**720**	**402**	**315**
后河保护区	**153**	**22**	**131**	**20**	**105**	**18**
星斗山保护区	**20**		**20**		**4**	**3**
七姊妹山保护区	**144**			**105**	**39**	

2010年退耕还林工程建设情况

单位名称	造林面积合计（公顷）	在造林面积合计中					当年粮款兑现退耕地总面积（公顷）	自工程实施以来累计粮食补助资金（万元）	#当年粮食补助资金（万元）
		配套荒山荒地造林（公顷）	无林地和疏林地新封(公顷)	用材林（公顷）	经济林（公顷）	防护林（公顷）			
湖北	**30160**	**26828**	**3332**	**11947**	**5517**	**11763**	**342927**	**757129**	**76057**
武汉市	**899**	**899**		**491**	**334**	**74**	**10653**	**23966**	**3123**
蔡甸区	133	133		133					
江夏区	133	133		133			1720	4600	507
黄陂区	300	300			300		4933	10914	1428
新洲区	333	333		225	34	74	4000	8452	1188
黄石市	**600**	**600**		**50**	**217**	**333**	**5490**	**14726**	**1689**
市辖区							553	1408	119
阳新县	333	333			67	266	1804	6418	715
大冶市	267	267		50	150	67	3133	6900	855
十堰市	**3634**	**3234**	**400**	**700**	**618**	**2316**	**66639**	**165958**	**13933**
市辖区	700	300	400	700			1835	4018	337
郧县	400	400			138	262	12067	29831	1972
郧西县	400	400				400	11067	27915	2725
竹山县	467	467				467	4982	23679	1568
竹溪县	467	467				467	10313	26194	2254
房县	600	600				600	11000	23945	3010
丹江口市	467	467			467		9556	27700	1945
武当山特区	133	133			13	120	5819	2676	122
宜昌市	**3734**	**3334**	**400**	**588**	**1612**	**1534**	**63445**	**107769**	**11047**
夷陵区	467	467			467		8677	18953	2445
市直(城郊)	567	167	400			567	1439	3558	336
远安县	333	333		168	165		2867	7024	686
兴山县	467	467				467	6580	13900	1658
秭归县	400	400			400		13741	37764	3494
长阳自治县	300	300			300		5733	14703	1285
五峰自治县	333	333				333	21333	4915	551
宜都市	367	367		87	280				
当阳市	333	333		333			2408	5230	487
枝江市	167	167				167	667	1722	105

续表1

单位名称	造林面积合计（公顷）	配套荒山荒地造林（公顷）	无林地和疏林地新封(公顷)	在造林面积合计中 用材林（公顷）	经济林（公顷）	防护林（公顷）	当年粮款兑现退耕地总面积（公顷）	自工程实施以来累计粮食补助资金（万元）	#当年粮食补助资金（万元）
襄阳市	**2566**	**1766**	**800**	**1393**	**106**	**667**	**27604**	**64701**	**7925**
襄城区	400		400				566	1399	149
樊城区	133	133		133			567	1400	173
襄州区	133	133		133			2667	6304	720
南漳县	333	333		333			3606	8668	1126
谷城县	667	267	400			667	5133	11940	1401
保康县	167	167		137	30		6196	15975	1693
老河口市	133	133		88	45		3067	6500	961
枣阳市	333	333		333			2666	5767	677
宜城市	267	267		236	31		3136	6748	1025
鄂州市	**267**	**267**		**138**		**129**	**2333**	**5681**	**494**
荆门市	**2067**	**1667**	**400**	**1757**	**310**		**11329**	**30344**	**3270**
市直(城郊)	567	167	400	567					
东宝区	267	267		157	110		1520	5141	677
掇刀区	133	133		133			667	1668	206
京山县	333	333		133	200		3142	9184	990
沙洋县	400	400		400			2000	4708	624
钟祥市	367	367		367			4000	9643	773
屈家岭管理局									
孝感市	**2600**	**2067**	**533**	**594**	**285**	**1721**	**12233**	**30702**	**3671**
孝南区	300	300		61	52	187			
市直(城郊)	467	67	400			467			
孝昌县	500	367	133	200		300	3013	9915	1121
大悟县	433	433			233	200	5200	12515	1494
云梦县	133	133		133					
应城市	267	267				267	667		
安陆市	300	300				300	3353	8272	1056
汉川市	200	200		200					
荆州市	**2234**	**2234**		**754**		**1480**	**1200**	**2472**	**235**
沙市区	167	167				167			
荆州区	334	334		134		200			
公安县	266	266				266			
监利县	333	333		333					
江陵县	167	167				167			
石首市	167	167		167					
洪湖市	400	400				400			
松滋市	400	400		120		280	1200	2472	235

续表2

单位名称	造林面积合计（公顷）	配套荒山荒地造林（公顷）	无林地和疏林地新封(公顷)	在造林面积合计中			当年粮款兑现退耕地总面积（公顷）	自工程实施以来累计粮食补助资金（万元）	
				用材林（公顷）	经济林（公顷）	防护林（公顷）			#当年粮食补助资金（万元）
黄冈市	**3099**	**2966**	**133**	**713**	**756**	**1630**	**24801**	**64915**	**7811**
黄州区	200	200				200			
团风县	133	133				133	2667	5682	705
红安县	267	267				267	5133	10664	1536
罗田县	500	367	133	114	123	263	4067	8966	1071
英山县	367	367				367			
浠水县	400	400				400	4000	9700	984
蕲春县	300	300			300			8232	1176
黄梅县	133	133		133			1667	3938	525
麻城市	333	333			333		4267	10382	1123
武穴市	333	333		333			3000	7351	691
龙感湖管理区	133	133		133					
咸宁市	**2597**	**2597**		**2091**	**506**		**32496**	**62846**	**5241**
咸安区	765	765		514	251		5400	13232	1316
市直(城郊)	167	167		51	116				
嘉鱼县	433	433		433			9150	630	500
通城县	333	333		194	139		5400	13065	1308
崇阳县	333	333		333			2813	12357	
通山县	133	133		133			5400	12888	976
赤壁市	433	433		433			4333	10674	1141
随州市	**1233**	**1233**		**513**	**287**	**433**	**31912**	**31400**	**2892**
曾都区	300	300		13	287		22120	3444	296
广水市	500	500		500			4600	15434	1246
随县	433	433				433	5192	12522	1350
恩施自治州	**3031**	**2765**	**266**	**1099**	**486**	**1313**	**45824**	**132453**	**12848**
恩施市	333	333			153	180	3000	14691	941
利川市	333	333				333	6533	15719	1677
建始县	300	300		300			5600	11959	1460
巴东县	500	500				500	10220	23002	2214
宣恩县	333	333			333			15941	1683
咸丰县	300	300				300	10404	27143	2371
来凤县	466	333	133	333			4867	11259	963
鹤峰县	466	333	133	466			5200	12739	1539
省直单位	**400**		**400**						
仙桃市	**400**	**400**		**400**					
潜江市	**333**	**333**		**333**					
天门市	**333**	**333**		**333**			**635**	**1669**	**200**
神农架林区	**133**	**133**				**133**	**6333**	**17527**	**1678**

续表3

单位名称	自工程实施以来累计生活费兑现金额（万元）	#当年生活费兑现金额（万元）	当年粮款兑现涉及户数（户）	全部林业投资完成额（万元）	粮食补助资金	种苗费	生活费补助	巩固退耕还林成果专项资金	其他费用
湖北	**75453**	**8734**	**1338507**	**133179**	**69077**	**7161**	**7221**	**40095**	**9625**
武汉市	**2298**	**318**	**43300**	**2442**	**1428**	**230**	**148**	**526**	**110**
蔡甸区									
江夏区	410	50	7300	150		40			110
黄陂区	1064	148	36000	1936	1428	90	148	270	
新洲区	824	120		356		100		256	
黄石市	**981**	**207**	**26278**	**2499**	**1691**		**207**	**601**	
市辖区	139	15	2849	203	121		15	67	
阳新县	638	82	8995	963	715		82	166	
大冶市	204	110	14434	1333	855		110	368	
十堰市	**16705**	**1494**	**336788**	**25690**	**11586**	**440**	**1176**	**9627**	**2861**
市辖区	330	32	9192	449	22		2	271	154
郧县	2980	188	71800	5418	1972	120	188	3103	35
郧西县	2778	332	62000	4779	2725		332	1722	
竹山县	2299	149	41000	4889	1568	140	149	1683	1349
竹溪县	2589	309	40110	4491	1260		120	1788	1323
房县	2289	287	45000	3220	1972		188	1060	
丹江口市	3185	185	65000	2270	1945	140	185		
武当山特区	255	12	2686	174	122	40	12		
宜昌市	**10504**	**1231**	**187044**	**23309**	**14269**	**880**	**1517**	**6625**	**18**
夷陵区	1805	233	49000	3392	1967		219	1206	
市直(城郊)	342	24	7389	4429	3558	250	336	285	
远安县	698	45	14788	1302	686	100	86	430	
兴山县	1514	197	27000	2805	1658	140	197	792	18
秭归县	3536	412	68000	6119	3494		412	2213	
长阳自治县	1429	172		1507	739	50	69	649	
五峰自治县	482	64	14622	924	551	80	64	229	
宜都市				1609	1024	110	50	425	
当阳市	518	64	4745	969	487	100	64	318	
枝江市	180	20	1500	253	105	50	20	78	

续表4

单位名称	自工程实施以来累计生活费兑现金额(万元)	#当年生活费兑现金额(万元)	当年粮款兑现涉及户数(户)	全部林业投资完成额(万元)	粮食补助资金	种苗费	生活费补助	巩固退耕还林成果专项资金	其他费用
襄阳市	**6223**	**883**	**60425**	**11679**	**6587**	**494**	**611**	**3159**	**828**
襄城区	137	17	1955	278	149	42	17	70	
樊城区	136	17	950	283	155	40	11	77	
襄州区	620	84	1692	923	720	40	57	106	
南漳县	740	112	10618	1806	1077	60	89	580	
谷城县	1166	154	10553	2065	1401	122	154	388	
保康县	1590	228	25487	3036	998	50	95	1065	828
老河口市	623	92	2718	1368	874	40	70	384	
枣阳市	567	80	2325	987	514	60	49	364	
宜城市	644	99	4127	933	699	40	69	125	
鄂州市	**580**	**70**	**28000**	**836**	**494**		**70**	**272**	
荆门市	**3061**	**447**	**11719**	**6388**	**3065**	**650**	**292**	**1622**	**759**
市直(城郊)				92		50			42
东宝区	607	70	4200	1115	479	80	46	316	194
掇刀区	160	20	693	363	204	40	19	91	9
京山县	1041	224	2260	1865	990	100	94	531	150
沙洋县	439	59	1770	952	619	120	59	154	
钟祥市	814	74	2796	1951	773	210	74	530	364
屈家岭管理局				50		50			
孝感市	**3176**	**364**	**56110**	**4749**	**2783**	**521**	**156**	**923**	**366**
孝南区				225		90			135
市直(城郊)				102		17			85
孝昌县	934	107	22652	1484	1289	64		131	
大悟县	1454	156	30456	2644	1494	130	156	792	72
云梦县				84		40			44
应城市			213						
安陆市	788	101	2789	120		120			
汉川市				90		60			30
荆州市	**352**	**135**	**9360**	**1124**	**235**	**363**	**135**	**144**	**247**
沙市区				50		50			
荆州区				40		40			
公安县				80					80
监利县				100		100			
江陵县				50		50			
石首市				50		50			
洪湖市				120		73			47
松滋市	352	135	9360	634	235		135	144	120

续表5

单位名称	自工程实施以来累计生活费兑现金额（万元）	#当年生活费兑现金额（万元）	当年粮款兑现涉及户数（户）	全部林业投资完成额（万元）					
					粮食补助资金	种苗费	生活费补助	巩固退耕还林成果专项资金	其他费用
黄冈市	**5713**	**756**	**172740**	**8099**	**5302**	**486**	**576**	**1629**	**106**
黄州区				60		60			
团风县	644	80	11755	1230	705	40	80	405	
红安县	1034	154	48126	2160	1536	80	154	390	
罗田县	854	122	43323	1069	861	126	82		
英山县									
浠水县	964	120	21850	1509	984	120	120	279	6
蕲春县	84	12	23000						
黄梅县	377	50	10086	798	525	20	50	203	
麻城市	1012	128							
武穴市	744	90	14600	1233	691		90	352	100
龙感湖管理区				40		40			
咸宁市	**6123**	**627**	**88704**	**7177**	**4311**	**315**	**469**	**1837**	**245**
咸安区	1316	158		355		45		210	100
市直（城郊）									
嘉鱼县	60		11698	257		130		127	
通城县	1316	162	3960	1776	1308		162	306	
崇阳县	1174	84	15000	1599	886	100	84	384	145
通山县	1215	93	31393	1919	976	40	93	810	
赤壁市	1042	130	26653	1271	1141		130		
随州市	**3316**	**546**	**40204**	**7928**	**3080**	**220**	**274**	**1720**	**2634**
曾都区	333	28	3920	1789	784	90	28	887	
广水市	1742	362	20284	4212	946		90	542	2634
随县	1241	156	16000	1927	1350	130	156	291	
恩施自治州	**14433**	**1347**	**265361**	**27065**	**12368**	**2277**	**1275**	**9749**	**1396**
恩施市	1264	90		3056	941	100	90	1925	
利川市	1550	196	38151	2593	1677	100	196	620	
建始县	1168	168	37290	2638	1460	50	168	910	50
巴东县	3904	211	50919	4284	2214	150	211	1691	18
宣恩县	1470	120	43044	5607	1863	1676	120	1093	855
咸丰县	2717	314	48100	4588	2371	13	314	1853	37
来凤县	1120	92	25287	2364	963	74	92	799	436
鹤峰县	1240	156	22570	1935	879	114	84	858	
省直单位				**58**		**17**	**6**	**32**	**3**
仙桃市				**120**		**120**			
潜江市				**100**		**88**			**12**
天门市	**157**	**19**	**474**	**314**	**200**	**60**	**19**	**35**	
神农架林区	**1831**	**290**	**12000**	**3602**	**1678**		**290**	**1594**	**40**

林业系统野生动植物保护及自然保护区工程建设情况

指标名称	计量单位	本年实际
一、年末实有自然保护区个数	个	49
其中:国家级	个	6
二、年末实有自然保护区面积	公顷	919672
其中:国家级	公顷	253253
三、年末实有自然保护小区个数	个	175
年末实有自然保护小区面积	公顷	124712
四、野生植物就地保护点个数	个	16
野生植物就地保护点面积	公顷	226934
五、禁猎(采)区个数	个	286
禁猎(采)区面积	公顷	673935
六、国际重要湿地个数	个	1
国际重要湿地面积	公顷	41412
七、湿地示范区面积	公顷	35466
八、野生动物种源繁育基地	个	31
九、野生植物种源培育基地	个	13
十、野生动植物保护管理站	个	119
十一、鸟类环志中心(站)个数	个	6
鸟类环志中心(站)人员	人	15
十二、野生动植物科研及监测机构个数	个	69
在野生动植物科研及监测机构中各类专业技术人员	人	195
十三、野生动物园个数	个	2
十四、植物园个数	个	2
十五、狩猎场个数	个	12
其中:对外国人开放的狩猎场个数	个	1
十六、从事野生动植物及自然保护区建设的职工人数	人	1487
其中:各类专业技术人员	人	595
十七、野生动植物及自然保护区投资情况	万元	3456
其中:国债资金	万元	641
中央财政专项资金	万元	1514

5 畜　牧　业

全省畜牧业生产

指标名称	计量	数量	指标名称	计量	数量
一、畜禽当年出栏(笼)数			(1)山羊	只	2245094
(一)大牲畜出栏	头	1233440	(2)绵羊	只	2129
1.牛	头	1231000	四、当年生仔畜		
其中:菜牛	头	330316	1.牛(仔畜)	头	941476
2.其他大牲畜	头	2440	(1)黄牛	头	562433
(1).马	头	1638	(2)水牛	头	354641
(2).驴	头	586	(3)良种及改良种乳牛	头	7653
(3).骡	头	216	(4)菜牛	头	16749
(二)猪出栏	万头	3827.4	2.马	头	834
(三)羊	只	5093000	3.驴	头	791
1.山羊	只	5043868	4.骡	头	110
2.绵羊	只	49132	5.猪(仔畜)	万头	1830.56
(四)兔	只	2179916	五、畜禽肉产量	吨	3794202
(五)家禽	万只	46665	1.牛	吨	177000
1.鸡	万只	36624.91	#菜牛	吨	38056
2.鸭	万只	8881.81	2.马	吨	114
3.鹅	万只	704.92	3.驴	吨	71
二、畜禽期末存栏(笼)数			4.骡	吨	15
(一)大牲畜存栏	头	3275400	5.猪	吨	2870000
1.牛	头	3260000	6.羊	吨	81000
其中: 能从事劳役的	头	2326424	(1)山羊	吨	80292
(1)黄牛	头	1769213	(2)绵羊	吨	708
(2)水牛	头	1302604	7.兔	吨	5435
(3)良种及改良种乳牛	头	49654	8.家禽	吨	965550
(4)菜牛	头	138619	9.其它肉类产量	吨	2567
2.其他大牲畜	头	15425	六.活的畜禽产品		
其中: 从事农事劳役的	头	12943	(一)奶类产量	吨	140000
(1).马	头	9211	其中: 牛奶产量	吨	140000
(2).驴	头	4602	(二)山羊毛产量	公斤	13731
(3).骡	头	1612	(三)绵羊毛产量	公斤	
(二)猪存栏	万头	2476.1	其中: 细羊毛	公斤	
(三)羊	只	4017000	半细羊毛	公斤	
1.山羊	只	4012332	(四)羽绒	公斤	99749
2.绵羊	只	4668	(五)禽蛋产量	吨	1326000
(四)兔	只	1331733	1.鸡蛋	吨	1086135
(五)家禽	万只	27411.1	2.鸭蛋	吨	220756
1.鸡	万只	22946	3.鹅蛋	吨	18230
2.鸭	万只	4039	七.其他动物及产品		
3.鹅	万只	328.22	(一)蜂蜜产量	公斤	10182060
三、能繁殖的母畜			(二)蚕茧产量	吨	7052
1.牛(母畜)	头	1729545	1. 桑蚕茧	吨	6946
(1)黄牛	头	905919	2. 柞蚕茧	吨	106
(2)水牛	头	743766	3. 其他蚕茧	吨	
(3)良种及改良种乳牛	头	48436	(三)其他动物产品	吨	29021
(4)菜牛	头	31424	(四)其他动物饲养	只	544920
2.马	头	2230	八、捕猎野兽、野禽		
3.驴	头	1427	其中:野 兔	只	695773
4.猪(母畜)	万头	248.1	野 鸡	只	517549
5.羊	只	2247223	野 鸭	只	29042

注:猪、牛、羊、禽指标为国家畜禽监测数据。

家禽年内出笼及蚕茧产量

地区	家禽(万只)	蚕茧产量(吨)	1.桑蚕茧	2.柞蚕茧
湖北省	**46665**	**7052**	**6946**	**106**
武汉市	**5033.99**			
武汉市辖区	374.48			
蔡甸区	571.08			
江夏区	1457.97			
黄陂区	1528.5			
新洲区	1101.96			
黄石市	**2602.45**	**17**	**17**	
黄石市辖区	36.66			
大冶市	2305.3	10	10	
阳新县	260.49	7	7	
十堰市	**2254.12**	**555**	**555**	
十堰市辖区	175.83			
丹江口市	1372.9			
郧　县	250.35	417	417	
郧西县	110	138	138	
竹山县	96.53			
竹溪县	106.36			
房　县	142.15			
荆州市	**6744.93**			
荆州市辖区	2062.35			
江陵县	580.08			
松滋市	710.22			
公安县	559.87			
石首市	674.43			
监利县	1730.42			
洪湖市	427.56			
宜昌市	**3300.42**	**2713**	**2713**	
宜昌市辖区	224.61	150	150	
夷陵区	408.73	522	522	
宜都市	498.51	426	426	
枝江市	891.26			
当阳市	1017.9			
远安县	40.53	1587	1587	
兴山县	37.86			
秭归县	71.31	28	28	
长阳县	72.57			
五峰县	37.14			
襄阳市	**7995.18**	**865**	**865**	
襄阳市辖区	492.79			
老河口市	915.03			
襄阳区	1903.39			
枣阳市	2584.1	87	87	
宜城市	777.02			
南漳县	485.72	661	661	
谷城县	649.41			
保康县	187.72	117	117	
鄂州市	**1327.56**			

续表

地区	家禽(万只)	蚕茧产量(吨)	1.桑蚕茧	2.柞蚕茧
荆门市	**4290.22**			
荆门市辖区	633.29			
沙洋县	1327.08			
钟祥市	1356.25			
京山县	973.6			
孝感市	**11800**			
孝感市辖区	722.51			
孝昌县	1756.91			
大悟县	439.13			
安陆市	1302.46			
云梦县	2026.9			
应城市	1663.51			
汉川市	3888.58			
随州市	**2600.42**	**106**		**106**
曾都区	650			
随　县	1110	106		106
广水县	840.42			
黄冈市	**4464.89**	**2698**	**2698**	
黄冈市辖区	110			
团风县	581.33			
红安县	229.63			
麻城市	502			
罗田县	99.4	1600	1600	
英山县	177.36	1098	1098	
浠水县	1100			
蕲春县	470.2			
武穴市	413.64			
黄梅县	751			
咸宁市	**3842.46**			
咸安区	2330.41			
嘉鱼县	129.2			
赤壁市	264.62			
通城县	77.58			
崇阳县	906.21			
通山县	134.44			
恩施自治州	**1006.52**	**98**	**98**	
恩施市	175.27			
利川市	233.74			
建始县	146.62			
巴东县	90.71	11	11	
宣恩县	95.21			
咸丰县	110.95			
来凤县	122.87	87	87	
鹤峰县	31.15			
仙桃市	**900.41**			
天门市	**1141.97**			
潜江市	**1483.52**			
神农架林区	**29.83**			

牲畜禽出栏(笼)

地区	牛(头)	猪出栏(万头)	羊(只)	兔(只)	家禽(万只)
湖北省	**1231000**	**3827.4**	**5093000**	**2179916**	**46665**
武汉市	**74286**	**261.95**	**51585**	**31752**	**5033.99**
武汉市辖区	9499	45.05	3595		374.48
蔡甸区	3925	18.02	785		571.08
江夏区	17928	88.31	600		1457.97
黄陂区	34291	88.49	26260	22629	1528.5
新洲区	8643	22.08	20345	9123	1101.96
黄石市	**14190**	**106.09**	**43474**	**181800**	**2602.45**
黄石市辖区	78	9.34	508	310	36.66
大冶市	4750	53.14	7145	181490	2305.3
阳新县	9362	43.61	35821		260.49
十堰市	**76596**	**160.75**	**773168**	**11716**	**2254.12**
十堰市辖区	636	5.67	14863	100	175.83
丹江口市	27076	23.91	28555	3594	1372.9
郧　县	17099	30.11	67553	4443	250.35
郧西县	15189	25.61	229061	2121	110
竹山县	6334	23.52	26737	1158	96.53
竹溪县	5711	26.33	32582		106.36
房　县	4551	25.6	373817	300	142.15
荆州市	**75160**	**437.28**	**84343**	**11171**	**6744.93**
荆州市辖区	17722	46.93	7347	900	2062.35
江陵县	11732	32.05	8650	2590	580.08
松滋市	9773	115.69	44127	1000	710.22
公安县	5111	78.68	12175	500	559.87
石首市	11380	39.91	5976	800	674.43
监利县	13940	90.41	3006	5381	1730.42
洪湖市	5502	33.61	3062		427.56
宜昌市	**46645**	**555.45**	**1171731**	**56460**	**3300.42**
宜昌市辖区	696	22.05	8779		224.61
夷陵区	2494	87.51	60013	5560	408.73
宜都市	18100	76.2	283042	1010	498.51
枝江市	7008	87.99	25059		891.26
当阳市	8090	87.69	99663	8730	1017.9
远安县	2441	30.08	30433	370	40.53
兴山县	2624	31.25	107249	296	37.86
秭归县	1408	47.45	57668	37000	71.31
长阳县	2172	54.21	411966	1825	72.57
五峰县	1612	31.02	87859	1669	37.14
襄阳市	**487226**	**555.49**	**1361274**	**1232761**	**7995.18**
襄阳市辖区	42633	33.24	48568	19540	492.79
老河口市	49474	61.6	99224	412098	915.03
襄阳区	166688	116.1	357872	360000	1903.39
枣阳市	94944	92.08	426103	235616	2584.1
宜城市	46910	73.66	44744	2480	777.02
南漳县	36350	91.14	156105	15605	485.72
谷城县	41082	61.5	152610	187282	649.41
保康县	9145	26.17	76048	140	187.72
鄂州市	**14710**	**100.12**	**17080**	**870**	**1327.56**

续表1

地区	牛(头)	猪出栏(万头)	羊(只)	兔(只)	家禽(万只)
荆门市	**122377**	**365.78**	**430598**	**9714**	**4290.22**
荆门市辖区	14303	55.35	222149	7096	633.29
沙洋县	48358	91.52	24572		1327.08
钟祥市	38856	115.78	138315	318	1356.25
京山县	20860	103.13	45562	2300	973.6
孝感市	**121089**	**320.22**	**192991**	**465789**	**11800**
孝感市辖区	13797	28.42	4287	1935	722.51
孝昌县	27494	34.51	23494	7988	1756.91
大悟县	28675	40.48	51352	11621	439.13
安陆市	30571	81.2	100267	107115	1302.46
云梦县	10189	43.1	3125	5300	2026.9
应城市	7739	44.23	9179	330000	1663.51
汉川市	2624	48.28	1287	1830	3888.58
随州市	**112062**	**200.78**	**468648**	**49339**	**2600.42**
曾都区	30951	55.11	58225	1662	650
随　县	43887	90.85	241805	11883	1110
广水县	37224	54.82	168618	35794	840.42
黄冈市	**368500**	**435.31**	**558060**	**76808**	**4464.89**
黄冈市辖区	965	8.18	1128	3000	110
团风县	14529	9.28	16398	250	581.33
红安县	28746	19.21	18008	10693	229.63
麻城市	126660	83.15	145876	14000	502
罗田县	29200	19.03	167000	13700	99.4
英山县	7300	20.51	110223	14370	177.36
浠水县	23000	82.33	30000	16000	1100
蕲春县	122889	50.24	55931		470.2
武穴市	7451	82.29	2635		413.64
黄梅县	7760	53.06	9661	4795	751
咸宁市	**19678**	**194.94**	**137559**	**33092**	**3842.46**
咸安区	2223	22.09	6670	20710	2330.41
嘉鱼县	3774	17.18	3019	2920	129.2
赤壁市	4722	27.35	9595		264.62
通城县	1950	72.87	4407	100	77.58
崇阳县	4527	37.21	31127		906.21
通山县	2482	18.24	82741	9362	134.44
恩施自治州	**93340**	**440.67**	**551018**	**14734**	**1006.52**
恩施市	15958	88.78	97693	650	175.27
利川市	28372	80.12	42071	6915	233.74
建始县	5175	61.02	160100	1601	146.62
巴东县	4576	75.26	109312	1173	90.71
宣恩县	14208	35.4	38074		95.21
咸丰县	11443	47.45	12727	4270	110.95
来凤县	9704	29.72	13276		122.87
鹤峰县	3904	22.92	77765	125	31.15
仙桃市	**14395**	**115.58**	**8298**	**956**	**900.41**
天门市	**21963**	**92.18**	**9707**	**520**	**1141.97**
潜江市	**25955**	**93.38**	**26563**	**2434**	**1483.52**
神农架林区	**1116**	**5.73**	**14057**		**29.83**

大牲畜年末存栏

单位:头

地区	(一)大牲畜存栏	1.牛	#能从事劳役的	(1)黄牛	(2)水牛
湖北省	**3275400**	**3260000**	**2326424**	**1769213**	**1302604**
武汉市	**204235**	**203846**	**152737**	**50361**	**117584**
武汉市辖区	9665	9665	5982	527	7029
蔡甸区	10866	10866	7209	116	10750
江夏区	31579	31579	24277	40	31306
黄陂区	101570	101570	74719	25351	48474
新洲区	50555	50166	40550	24327	20025
黄石市	**79968**	**79850**	**54683**	**38043**	**41014**
黄石市辖区	629	628	424	285	301
大冶市	27616	27616	26505	11684	15932
阳新县	51723	51606	27754	26074	24781
十堰市	**283976**	**280128**	**184430**	**265429**	**14329**
十堰市辖区	2418	2418	1351	2396	2
丹江口市	77668	77369	51468	76084	1285
郧县	78825	75328	62204	68528	6800
郧西县	53444	53444	21378	53444	
竹山县	23032	23032	15051	22892	140
竹溪县	21128	21128	15645	18654	2124
房县	27461	27409	17333	23431	3978
荆州市	**159985**	**158176**	**78859**	**36647**	**114394**
荆州市辖区	7055	7011	2543	2147	2325
江陵县	2402	2015			
松滋市	38167	38035	31051	16113	21753
公安县	17323	17261	10438	2788	13216
石首市	24130	23676	12044	10647	12334
监利县	48753	48023	11302	3658	44135
洪湖市	22155	22155	11481	1294	20631
宜昌市	**154144**	**154069**	**109833**	**98495**	**50906**
宜昌市辖区	3323	3323	2736	2716	358
夷陵区	17844	17844		10606	3826
宜都市	25345	25345	18884	22815	2518
枝江市	29743	29743	26829	9964	19424
当阳市	19563	19563	15199	2920	16003
远安县	7287	7284		3669	3615
兴山县	10933	10933	9505	7860	3073
秭归县	5787	5787	5442	4083	1704
长阳县	21937	21911	20707	21751	160
五峰县	12382	12336	10531	12111	225
襄阳市	**963404**	**963367**	**682799**	**660372**	**255365**
襄阳市辖区	45222	45222	27636	25166	17718
老河口市	94469	94469	61460	69885	23056
襄阳区	273186	273186	228357	209001	64185
枣阳市	248161	248155	130721	160873	51330
宜城市	82881	82867	57924	45671	37027
南漳县	56534	56527	44801	39673	13789
谷城县	132821	132815	106581	82554	45986
保康县	30130	30126	25319	27549	2274
鄂州市	**34267**	**34267**	**30715**	**7733**	**26241**

续表1

地区	(一)大牲畜存栏	1. 牛	#事劳役的	(1)黄牛	(2)水牛
荆门市	**212070**	**210811**	**154052**	**31480**	**160230**
荆门市辖区	24914	24904	17610	3591	18921
沙洋县	78649	78649	50125	4856	63810
钟祥市	63011	61772	47069	12849	43021
京山县	45496	45486	39248	10184	34478
沙洋农场	137	137	137		137
孝感市	**437200**	**434553**	**328660**	**173318**	**223181**
孝感市辖区	41795	41680	26897	12313	23737
孝昌县	86007	85398	72978	47643	36050
大悟县	86724	86724	60641	46878	39696
安陆市	150378	150266	108534	57808	63553
云梦县	22371	22069	19198	5638	14889
应城市	40044	39149	31774	2993	36156
汉川市	9881	9267	8638	45	9100
随州市	**221543**	**221497**	**172889**	**57385**	**159522**
曾都区	54083	54078	32422	20900	32021
随县	82021	81984	55032	25564	54409
广水县	85439	85435	85435	10921	73092
黄冈市	**767751**	**767469**	**520940**	**472122**	**237907**
黄冈市辖区	10960	10960	4018	886	4018
团风县	39845	39845	27877	19905	16476
红安县	113214	113214	69331	51742	37373
麻城市	243029	242788	141201	207478	32178
罗田县	61425	61425	35410	53385	6980
英山县	32716	32716	24900	25217	6819
浠水县	83440	83440	80480	52800	27680
蕲春县	122585	122585	99014	41400	78268
武穴市	25850	25850	22485	6826	17573
黄梅县	33829	33788	16172	12483	10490
龙感湖农场	858	858	52		52
咸宁市	**122347**	**122119**	**96372**	**33277**	**77016**
咸安区	25095	25095	19431	2910	17790
嘉鱼县	10558	10558	8629	367	10091
赤壁市	28791	28791	23912	6100	22258
通城县	13053	12918	11413	7301	5507
崇阳县	29931	29931	22929	10574	13034
通山县	14919	14826	10058	6025	8336
恩施自治州	**360320**	**356826**	**299807**	**259509**	**94794**
恩施市	76380	74288	62225	56733	17145
利川市	85596	84640	70823	65509	18118
建始县	21330	21150	17755	15021	5909
巴东县	32276	32263	27825	23954	7889
宣恩县	53877	53735	43709	37399	16166
咸丰县	58278	58258	49921	37901	20357
来凤县	19880	19861	16111	10833	8738
鹤峰县	12703	12631	11438	12159	472
仙桃市	**29730**	**29567**	**25399**	**4574**	**24110**
天门市	**61242**	**60270**	**47769**	**26211**	**33022**
潜江市	**43052**	**43034**	**4**	**17965**	**20657**
神农架林区	**8561**	**8521**	**7408**	**8388**	**1**

续表2

地区	牛(续)		马	驴
	(3)良种及改良种乳牛	(4)菜牛		
湖北省	**49654**	**138619**	**9211**	**4602**
武汉市	**11413**	**24488**		**389**
武汉市辖区	1901	208		
蔡甸区				
江夏区	208	25		
黄陂区	9304	18441		
新洲区		5814		389
黄石市		**793**	**118**	
黄石市辖区		42	1	
大冶市				
阳新县		751	117	
十堰市	**20**	**350**	**1543**	**1788**
十堰市辖区	20			
丹江口市			21	278
郧县			1497	1500
郧西县				
竹山县				
竹溪县		350		
房县			25	10
荆州市	**108**	**7027**	**1462**	**225**
荆州市辖区	108	2431	11	33
江陵县		2015	206	93
松滋市		169	70	44
公安县		1257	26	29
石首市		695	419	26
监利县		230	730	
洪湖市		230		
宜昌市	**4243**	**425**	**72**	**3**
宜昌市辖区	249			
夷陵区	3382	30		
宜都市	12			
枝江市		355		
当阳市	600	40		
远安县				3
兴山县				
秭归县				
长阳县			26	
五峰县			46	
襄阳市	**11970**	**35660**	**10**	**26**
襄阳市辖区	1559	779		
老河口市	356	1172		
襄阳区				
枣阳市	9362	26590	6	
宜城市		169		14
南漳县		3065	3	4
谷城县	693	3582		6
保康县		303	1	2
鄂州市	**35**	**258**		

续表3

地区	牛(续)		马	驴
	(3)良种及改良种乳牛	(4)菜牛		
荆门市	**1518**	**17583**	**928**	**318**
荆门市辖区	766	1626		5
沙洋县	660	9323		
钟祥市		5902	918	313
京山县	92	732	10	
孝感市	**1823**	**36231**	**1193**	**1296**
孝感市辖区	1317	4313	35	80
孝昌县		1705		609
大悟县	150			
安陆市	356	28549		
云梦县		1542		302
应城市			732	128
汉川市		122	426	177
随州市	**1630**	**2960**	**28**	**17**
曾都区	718	439	2	2
随　县	827	1184	26	11
广水县	85	1337		4
黄冈市	**23011**	**34429**		**282**
黄冈市辖区	6056			
团风县	2040	1424		
红安县	3000	21099		
麻城市	892	2240		241
罗田县	1060			
英山县	680			
浠水县	1460	1500		
蕲春县	1267	1650		
武穴市	1172	279		
黄梅县	4578	6237		41
龙感湖农场	806			
咸宁市	**4495**	**7331**	**173**	**55**
咸安区	4395			
嘉鱼县		100		
赤壁市		433		
通城县	100	10	80	55
崇阳县		6323		
通山县		465	93	
恩施自治州	**482**	**2041**	**2687**	**51**
恩施市	250	160	1515	22
利川市	25	988	880	
建始县	9	211	174	
巴东县	108	312	7	1
宣恩县	90	80	75	
咸丰县				
来凤县		290	19	
鹤峰县			17	28
仙桃市		**883**	**71**	**88**
天门市	**289**	**748**	**901**	**63**
潜江市	**133**	**4279**	**18**	
神农架林区		**132**	**7**	**1**

生猪年末存栏

单位:万头

地区	猪存栏	能繁殖的母猪	猪(仔畜)
湖北省	**2476.1**	**248.1**	**1830.56**
武汉市	**178.9**	**14.82**	**93.94**
武汉市辖区	19.53	2.76	10.12
蔡甸区	13.93	1.17	9.69
江夏区	55.78	4.88	14.83
黄陂区	67.74	4.7	50.97
新洲区	21.92	1.31	8.33
黄石市	74.38	5.7	31.86
黄石市辖区	4.68	0.41	0.81
大冶市	29.18	2.08	6.89
阳新县	40.52	3.21	24.16
十堰市	**166.76**	**11.47**	**42.66**
十堰市辖区	4.91	0.38	2.46
丹江口市	26.5	1.91	23.15
郧　县	27.33	2	3
郧西县	25.59	1.22	1.38
竹山县	26.46	1.2	0.82
竹溪县	28.6	2.1	6.25
房　县	27.37	2.66	5.6
荆州市	**305.76**	**25.23**	**104.38**
荆州市辖区	29.19	2.63	12.41
江陵县	17.33	1.59	4.77
松滋市	72.92	7.12	26.2
公安县	58.69	4.12	16.7
石首市	30.74	1.36	5.34
监利县	64.6	5.73	27.7
洪湖市	32.29	2.68	11.26
宜昌市	**417.47**	**45.27**	**184.08**
宜昌市辖区	11.28	0.57	5.76
夷陵区	61.48	5.61	55.81
宜都市	49.03	3.41	5.69
枝江市	73.66	13.62	27.12
当阳市	61.82	9.71	28.56
远安县	22.4	1.75	3.44
兴山县	20.89	1.46	9.27
秭归县	38.35	2.88	32.41
长阳县	51.38	4.12	14.61
五峰县	27.18	2.14	1.41
襄阳市	**429.32**	**57.15**	**277.93**
襄阳市辖区	32.85	8.7	24.15
老河口市	42.66	4.71	15.16
襄阳区	88.75	14.91	73.66
枣阳市	75.09	8.16	26.04
宜城市	54.05	7.09	46.96
南漳县	63.27	6.81	51.1
谷城县	44.47	4.59	37.54
保康县	28.18	2.18	2.14
鄂州市	**70.79**	**5.59**	**66.93**

续表 单位:万头

地区	猪存栏	能繁殖的母猪	猪(仔畜)
荆门市	**242.16**	**20.54**	**70.27**
荆门市辖区	36.16	2.46	16.72
沙洋县	61.03	4.37	6.54
钟祥市	76.63	7.66	30.07
京山县	68.34	6.05	16.94
沙洋农场	7.27	0.85	2.2
孝感市	**252.47**	**22.61**	**158.04**
孝感市辖区	17.84	1.84	14.32
孝昌县	38.79	3.87	35.15
大悟县	33.98	3.18	14.87
安陆市	52.13	4.79	43.72
云梦县	28.37	3.06	9.82
应城市	43.95	3.42	32.08
汉川市	37.41	2.45	8.08
随州市	**126.85**	**11.32**	**75.7**
曾都区	36	3.01	
随　县	57.5	5.69	51.81
广水县	33.35	2.62	23.89
黄冈市	**344.02**	**32.7**	**426.26**
黄冈市辖区	6.8	0.89	5.91
团风县	12.2	1.15	11.05
红安县	25.16	3.27	23.54
麻城市	44.62	4.13	47.49
罗田县	19.01	1.55	25.03
英山县	24.04	1.98	22.06
浠水县	46.6	5.12	102.1
蕲春县	50.09	4.65	51.44
武穴市	60.93	5.24	87.79
黄梅县	40.64	3.32	37.32
龙感湖农场	13.93	1.4	12.53
咸宁市	**138.29**	**12.6**	**83.02**
咸安区	16.65	1.31	3.88
嘉鱼县	12.16	1.75	5.38
赤壁市	22.3	1.13	7.87
通城县	37.5	4.33	25.66
崇阳县	36	2.98	30.03
通山县	13.68	1.1	10.2
恩施自治州	**411.57**	**42.47**	**167.94**
恩施市	69.19	7.87	26.05
利川市	71.57	6.45	31.06
建始县	49.32	5.9	33.43
巴东县	64.32	5.88	27.66
宣恩县	32.44	3.83	10.21
咸丰县	64.4	7.39	19.59
来凤县	36.47	3.02	12.05
鹤峰县	23.86	2.13	7.89
仙桃市	**66.39**	**6.87**	**8.39**
天门市	**69.7**	**6.27**	**15.4**
潜江市	**48.03**	**5.36**	**21.42**
神农架林区	**4.35**	**0.25**	**2.34**

能繁母畜年末存栏

单位:头

地区	牛	黄牛	水牛	良种及改良种乳牛	菜牛	马	驴
湖北省	**1729545**	**905919**	**743766**	**48436**	**31424**	**2230**	**1427**
武汉市	**92337**	**15310**	**59805**	**9355**	**7867**		**177**
武汉市辖区	6799	189	4849	1761			
蔡甸区	6092	32	6060				
江夏区	20365		20167	186	12		
黄陂区	42694	8276	19196	7408	7814		
新洲区	16387	6813	9533		41		177
黄石市	**28294**	**13505**	**14710**		**79**	**46**	
黄石市辖区	196	71	113		12		
大冶市	2905	1326	1579				
阳新县	25193	12108	13018		67	46	
十堰市	**87460**	**82270**	**5190**			**41**	**80**
十堰市辖区	818	818					
丹江口市	24967	24410	557			5	53
郧　县	21292	18292	3000			33	20
郧西县	16406	16406					
竹山县	7195	7089	106				
竹溪县	6198	6198					
房　县	10584	9057	1527			3	7
荆州市	**58000**	**12221**	**45263**	**81**	**435**	**413**	**69**
荆州市辖区	1625	393	1005	81	146	1	1
江陵县	21				21	116	55
松滋市	16476	5277	11144		55	31	
公安县	6956	893	6063			10	11
石首市	9143	3980	5063		100	172	2
监利县	16222	1212	14963		47	83	
洪湖市	7557	466	7025		66		
宜昌市	**62350**	**35662**	**22993**	**3542**	**153**	**6**	**2**
宜昌市辖区	1273	872	182	219			
夷陵区	7559	3299	1358	2882	20		
宜都市	10531	9684	836	11			
枝江市	14312	5066	9143		103		
当阳市	9925	1441	8024	430	30		
远安县	3569	1694	1875				2
兴山县	3218	2467	751				
秭归县	2019	1369	650				
长阳县	7409	7271	138				
五峰县	2535	2499	36			6	
襄阳市	**439711**	**287139**	**136011**	**10680**	**5881**	**1**	**2**
襄阳市辖区	25422	13305	10293	1489	335		
老河口市	45465	33758	10988	356	363		
襄阳区	113760	76111	37649				
枣阳市	133144	91521	30066	8283	3274	1	
宜城市	37393	18059	19271		63		
南漳县	21142	13643	6495		1004		2
谷城县	52004	30655	19987	552	810		
保康县	11381	10087	1262		32		
鄂州市	**18213**	**3509**	**14642**	**34**	**28**		

续表1 单位:头

地区	牛					马	驴
		黄牛	水牛	良种及改良种乳牛	菜牛		
荆门市	**93733**	**12677**	**73769**	**1206**	**6081**	**285**	**16**
荆门市辖区	14914	1690	11508	656	1060		
沙洋县	32504	1699	28470	535	1800		
钟祥市	25319	5183	17020		3116	279	16
京山县	20996	4105	16771	15	105	6	
沙洋农场	6		6				
孝感市	**185212**	**68435**	**114105**	**55**	**2617**	**196**	**833**
孝感市辖区	18527	4673	11852	2	2000	7	27
孝昌县	34256	19439	14817				609
大悟县	43275	19405	23817	53			
安陆市	54163	21198	32965				
云梦县	11471	2593	8304		574		113
应城市	19635	1110	18525			131	48
汉川市	3885	17	3825		43	58	36
随州市	**111473**	**30655**	**79946**	**136**	**736**	**8**	**2**
曾都区	30318	10581	19683		54		
随　县	45732	14279	31154	97	202	8	2
广水县	35423	5795	29109	39	480		
黄冈市	**299075**	**198152**	**77529**	**19274**	**4120**		**192**
黄冈市辖区	7877	532	2754	4591			
团风县	13360	6738	4693	1734	195		
红安县	7600	3500	1500	2600			
麻城市	125048	106947	16089	892	1120		192
罗田县	25600	22815	1725	1060			
英山县	9957	7722	1555	680			
浠水县	32205	21370	9165	1460	210		
蕲春县	51298	20421	29355	1000	522		
武穴市	12491	3738	7441	1172	140		
黄梅县	12879	4369	3252	3325	1933		
龙感湖农场	760			760			
咸宁市	**47020**	**14234**	**27323**	**3626**	**1837**	**19**	
咸安区	8814	731	4557	3526			
嘉鱼县	5112	168	4906		38		
赤壁市	8670	1411	7164		95		
通城县	5393	3109	2184	100		19	
崇阳县	11496	4827	4965		1704		
通山县	7535	3988	3547				
恩施自治州	**146755**	**106479**	**39349**	**238**	**689**	**939**	
恩施市	26541	20811	5573	152	5	465	
利川市	36117	28053	7640	19	405	417	
建始县	7292	5457	1830		5	20	
巴东县	13626	9810	3792		24		
宣恩县	25428	17355	8006	67		33	
咸丰县	25114	16531	8583				
来凤县	7676	3778	3648		250	4	
鹤峰县	4961	4684	277				
仙桃市	**11323**	**1957**	**9206**		**160**	**20**	**15**
天门市	**24852**	**12608**	**12003**	**191**	**50**	**251**	**39**
潜江市	**20850**	**8219**	**11922**	**18**	**691**	**5**	
神农架林区	**2887**	**2887**					

当年出生的仔畜

单位:头

地区	牛(仔畜)					马	驴
		黄牛	水牛	良种及改良种乳牛	菜牛		
湖北省	**941476**	**562433**	**354641**	**7653**	**16749**	**834**	**791**
武汉市	**37202**	**7554**	**22439**	**1942**	**5267**		**46**
武汉市辖区	2046	157	1834	55			
蔡甸区	2358	51	2307				
江夏区	4535		4506	20	9		
黄陂区	20731	3124	10491	1867	5249		
新洲区	7532	4222	3301		9		46
黄石市	**13872**	**6252**	**7560**		**60**	**37**	
黄石市辖区	91	38	45		8		
大冶市	4336	1236	3100				
阳新县	9445	4978	4415		52	37	
十堰市	**48038**	**47086**	**952**				
十堰市辖区	395	395					
丹江口市	13221	13004	217				
郧　县	13124	13100	24				
郧西县	9126	9126					
竹山县	3854	3835	19				
竹溪县	4108	4108					
房　县	4210	3518	692				
荆州市	**18505**	**4464**	**13790**	**25**	**226**	**120**	**10**
荆州市辖区	425	25	232	25	143		
江陵县	9				9	5	6
松滋市	3434	1325	2080		29	7	
公安县	1364	204	1160			8	2
石首市	4326	2546	1780			72	2
监利县	6396	311	6044		41	28	
洪湖市	2551	53	2494		4		
宜昌市	**18621**	**11715**	**6565**	**317**	**24**	**4**	
宜昌市辖区	366	280	66	20			
夷陵区	1580	1144	181	255			
宜都市	4377	3975	402				
枝江市	3669	1847	1801		21		
当阳市	3502	302	3155	42	3		
远安县	1039	531	508				
兴山县	1428	1138	290				
秭归县	435	308	127				
长阳县	1204	1182	22				
五峰县	1021	1008	13			4	
襄阳市	**273236**	**192112**	**76211**	**772**	**4141**	**1**	**1**
襄阳市辖区	15927	9373	6224	70	260		
老河口市	31557	23973	7508		76		
襄阳区	79865	53329	26536				
枣阳市	84766	65450	16032	702	2582	1	
宜城市	24774	13784	10990				
南漳县	9465	6206	2455		804		1
谷城县	22378	15853	6106		419		
保康县	4504	4144	360				
鄂州市	**5903**	**1547**	**4335**	**1**	**20**		

续表1

单位:头

地区	牛(仔畜)	黄牛	水牛	良种及改良种乳牛	菜牛	马	驴
荆门市	**33324**	**7580**	**23562**	**82**	**2100**	**191**	**10**
荆门市辖区	4094	755	3278	20	41		
沙洋县	10110	1639	7174	50	1247		
钟祥市	11630	3070	7811		749	191	10
京山县	7490	2116	5299	12	63		
孝感市	**96590**	**40029**	**55740**	**32**	**789**	**97**	**718**
孝感市辖区	9707	2611	6656		440		14
孝昌县	20077	12168	7909				609
大悟县	25965	12834	13099	32			
安陆市	23659	9454	14205				
云梦县	8906	2350	6208		348		49
应城市	7481	602	6879			78	29
汉川市	795	10	784		1	19	17
随州市	**72419**	**22628**	**49165**	**117**	**509**	**5**	**1**
曾都区	21293	9696	11597				
随　县	27682	9642	17741	97	202	5	1
广水县	23444	3290	19827	20	307		
黄冈市	**216844**	**156061**	**54222**	**3737**	**2824**		
黄冈市辖区	2927	205	1257	1465			
团风县	9087	6265	2239	306	277		
红安县	20798	13385	6399	400	614		
麻城市	99575	82366	16089		1120		
罗田县	18520	17200	1320				
英山县	5026	3848	1178				
浠水县	27811	20481	7330				
蕲春县	21124	8379	12275	267	203		
武穴市	8515	2749	5766				
黄梅县	3415	1183	369	1253	610		
龙感湖农场	46			46			
咸宁市	**19502**	**6107**	**12698**	**511**	**186**	**6**	
咸安区	2918	492	1915	511			
嘉鱼县	1854	65	1764		25		
赤壁市	4461	743	3703		15		
通城县	2056	1224	832			6	
崇阳县	3555	1613	1796		146		
通山县	4658	1970	2688				
恩施自治州	**68108**	**49763**	**18132**	**19**	**194**	**329**	
恩施市	12920	10207	2713			220	
利川市	16549	13237	3161		151	91	
建始县	3178	2596	579		3	8	
巴东县	4018	2937	1081				
宣恩县	16553	11333	5201	19		6	
咸丰县	9658	6411	3247				
来凤县	3873	1766	2067		40	4	
鹤峰县	1359	1276	83				
仙桃市	**4081**	**1014**	**2985**		**82**	**14**	
天门市	**7413**	**4454**	**2850**	**98**	**11**	**28**	**5**
潜江市	**6837**	**3086**	**3435**		**316**	**2**	
神农架林区	**981**	**981**					

主要畜产品产量

单位:吨

地区	畜禽肉产量	牛	猪	羊	家禽	奶类产量	#牛奶产量
湖北省	**3794202**	**177000**	**2870000**	**81000**	**965550**	**140000**	**140000**
武汉市	**307119**	**11719**	**208059**	**1026**	**86078**	**54951**	**54951**
武汉市辖区	41031	1574	33836	80	5541	5980	5980
蔡甸区	25229	688	15128	8	9405	2647	2647
江夏区	98135	2689	70649	12	24785	644	644
黄陂区	100497	5474	70791	519	23510	45680	45680
新洲区	42227	1294	17655	407	22837		
黄石市	**121043**	**2092**	**78541**	**698**	**37683**		
黄石市辖区	7169	11	6673	8	475		
大冶市	75894	677	39768	153	33292		
阳新县	37980	1404	32100	537	3916		
十堰市	**169093**	**11378**	**115408**	**11927**	**30320**	**780**	**780**
十堰市辖区	5869	79	4192	238	1360	780	780
丹江口市	41566	3980	17932	428	19220		
郧　县	29338	2565	22582	1250	2919		
郧西县	26775	2278	19207	3459	1810		
竹山县	15727	936	12548	456	1782		
竹溪县	22475	857	19747	489	1382		
房县	27343	683	19200	5607	1847		
荆州市	**450504**	**10869**	**337450**	**987**	**101106**	**54**	**54**
荆州市辖区	68901	2560	35259	122	30915	54	54
江陵县	34447	1735	23879	130	8695		
松滋市	103891	1401	91401	441	10646		
公安县	69761	739	60506	122	8392		
石首市	41505	1621	29669	89	10110		
监利县	99839	2021	71829	31	25939		
洪湖市	32160	792	24907	52	6409		
宜昌市	**533688**	**7374**	**445633**	**20129**	**60385**	**29054**	**29054**
宜昌市辖区	24629	94	16610	139	7786	1558	1558
夷陵区	83059	356	73341	1408	7944	19408	19408
宜都市	71222	2715	55339	5661	7480	18	18
枝江市	88031	942	71872	477	14740		
当阳市	96743	1894	74488	2119	18190	8070	8070
远安县	23267	357	21631	550	729		
兴山县	25534	276	23359	1341	558		
秭归县	38075	181	35623	1023	1190		
长阳县	54303	326	46662	6185	1118		
五峰县	28825	233	26708	1226	650		
襄阳市	**699210**	**77914**	**423973**	**24313**	**171284**	**6807**	**6807**
襄阳市辖区	40032	6054	24989	843	8116	6003	6003
老河口市	62309	6244	46196	1148	8448	774	774
襄阳区	173672	24502	100375	6019	42236	30	30
枣阳市	165583	14756	69195	7290	73800		
宜城市	76293	7032	55249	671	13336		
南漳县	86337	3737	68354	3447	10776		
谷城县	69856	14382	39989	3754	11418		
保康县	25128	1207	19626	1141	3154		
鄂州市	**92525**	**2054**	**70340**	**115**	**19985**	**215**	**215**

注:全省总数为国家畜禽监测数,故市州汇总不等于全省。

续表1 单位:吨

地区	畜禽肉产量	牛	猪	羊	家禽	奶类产量	# 牛奶产量
荆门市	**358498**	**16402**	**274334**	**6882**	**60843**	**322**	**322**
荆门市辖区	56129	1788	41512	3332	9486	79	79
沙洋县	93946	7163	68640	376	17767	243	243
钟祥市	113208	4875	86835	2490	18988		
京山县	95215	2576	77347	684	14602		
沙洋农场	873		873				
孝感市	**421932**	**16814**	**245499**	**3015**	**154966**	**4258**	**4258**
孝感市辖区	31641	1768	21318	40	8501	3932	3932
孝昌县	56896	4041	26227	235	26354		
大悟县	46748	3814	34408	1231	7027		
安陆市	84361	4442	60915	1203	17470	326	326
云梦县	62745	1274	32325	35	29097		
应城市	60302	1137	33614	238	24350		
汉川市	79239	338	36692	33	42167		
随州市	**204990**	**16175**	**148768**	**6304**	**33491**	**83**	**83**
曾都区	56189	4253	41332	852	9750		
随　县	90734	6451	66321	3627	14154		
广水县	58067	5471	41115	1825	9587	83	83
黄冈市	**538739**	**54096**	**282467**	**9558**	**106835**	**57027**	**57027**
黄冈市辖区	8117	144	6135	25	1806	11500	11500
团风县	16872	2179	6960	254	7478	4580	4580
红安县	21321	4000	14407	300	2525	6000	6000
麻城市	122262	18999		3646	15060	3500	3500
罗田县	22288	4257	14272	2236	1486	2680	2680
英山县	19926	730	15382	1378	2422	589	589
浠水县	97029	3450	60097	450	33000	1300	1300
蕲春县	71812	18064	37680	936	14100	14000	14000
武穴市	69484	1109	61717	65	6593	6438	6438
黄梅县	82969	1164	59795	241	21755	4440	4440
龙感湖农场	6659		6022	27	610	2000	2000
咸宁市	**203439**	**2737**	**148154**	**2080**	**50109**	**9540**	**9540**
咸安区	44991	305	16788	90	27781	9420	9420
嘉鱼县	15170	539	13057	58	1510		
赤壁市	24235	630	20786	147	2566		
通城县	56658	275	55381	97	905	120	120
崇阳县	45326	665	28280	469	15738		
通山县	17059	323	13862	1219	1609		
恩施自治州	**416622**	**15295**	**373550**	**9441**	**18206**	**635**	**635**
恩施市	83133	2507	74902	1874	3804	394	394
利川市	79073	5788	68017	872	4387		
建始县	57432	741	51867	2297	2520		
巴东县	68581	825	63971	1957	1766		
宣恩县	34226	2134	29793	762	1537	223	223
咸丰县	43033	1430	40205	20	1372		
来凤县	28916	1213	25330	199	2174		
鹤峰县	22228	657	19465	1460	646	18	18
仙桃市	**96732**	**2087**	**86685**	**124**	**7832**		
天门市	**98096**	**3294**	**82636**	**146**	**11991**	**465**	**465**
潜江市	**96471**	**3763**	**78303**	**398**	**14002**		
神农架林区	**4948**	**144**	**4100**	**270**	**434**		

续表2

地　区	山羊毛产量	绵羊毛产量	细羊毛	半细羊毛	禽蛋产量	蜂蜜产量
湖北省	**13731**				**1326000**	**10182060**
武汉市					**180121**	**1208359**
武汉市辖区					7044	8000
蔡甸区					10642	79600
江夏区					10617	65900
黄陂区					50383	260605
新洲区					101435	794254
黄石市					**33501**	**92677**
黄石市辖区					1928	3000
大冶市					23305	88552
阳新县					8268	1125
十堰市					**41330**	**273005**
十堰市辖区					779	3300
丹江口市					9352	55000
郧　县					11053	193
郧西县					5910	6512
竹山县					3584	111000
竹溪县					3017	28460
房　县					7635	68540
荆州市	**25**				**157904**	**134430**
荆州市辖区					26566	300
江陵县					14596	
松滋市	25				12713	41860
公安县					27908	31000
石首市					24341	22700
监利县					34905	7863
洪湖市					16875	30707
宜昌市	**2651**				**54006**	**656897**
宜昌市辖区					1549	13100
夷陵区	2651				3296	80740
宜都市					4859	221380
枝江市					10780	97029
当阳市					26322	75108
远安县					1546	62123
兴山县					922	24500
秭归县					1461	23559
长阳县					1918	45228
五峰县					1353	14130
襄阳市	**4230**				**225915**	**1879463**
襄阳市辖区					11052	28400
老河口市					28303	123600
襄阳区					50074	31620
枣阳市	2610				65039	1426366
宜城市					18908	92422
南漳县					12228	130277
谷城县					32854	
保康县	1620				7457	46778
鄂州市					**39778**	**17516**

续表3

地　区	山羊毛产量	绵羊毛产量	细羊毛	半细羊毛	禽蛋产量	蜂蜜产量
荆门市					**125448**	**1436649**
荆门市辖区					17730	919500
沙洋县					35027	151843
钟祥市					36517	164346
京山县					36174	200960
沙洋农场					25	
孝感市					**310627**	**1478233**
孝感市辖区					16929	8000
孝昌县					35897	527426
大悟县					17610	147915
安陆市					57961	12439
云梦县					55624	218000
应城市					95607	315253
汉川市					30999	249200
随州市					**62898**	**1159064**
曾都区					11467	61745
随　县					24272	415381
广水县					27159	681938
黄冈市					**254209**	**432069**
黄冈市辖区					3943	32000
团风县					76690	32500
红安县					7589	50000
麻城市					20000	219533
罗田县					4525	22180
英山县					4244	10026
浠水县					89789	13000
蕲春县					23198	8930
武穴市					11080	15000
黄梅县					12914	8900
龙感湖农场					237	20000
咸宁市					**26095**	**829927**
咸安区					5550	68933
嘉鱼县					3891	41530
赤壁市					7562	306725
通城县					2441	54157
崇阳县					4242	100123
通山县					2409	258459
恩施自治州	**6825**				**23783**	**327776**
恩施市	6825				3081	30472
利川市					4809	24531
建始县					3823	17587
巴东县					3413	81997
宣恩县					2569	30723
咸丰县					1533	32060
来凤县					2791	11356
鹤峰县					1764	99050
仙桃市					**39715**	**132361**
天门市					**50018**	**67278**
潜江市					**24801**	
神农架林区					**318**	**56356**

湖北省生猪改良

名称	1.生猪人工授精站数(个)	2.人工授精员(人)	3.开展人工授精的村(个)	8.年末种公猪存栏(头)	*地方良种	*外来良种
湖北省	**2090**	**5874**	**22242**	**30151**	**3475**	**26676**
武汉市	**80**	**406**	**1352**	**1657**	**197**	**1460**
武汉市辖区	11	39	25	228		228
蔡甸区	20	103	189	146	146	
江夏区	23	33		802		802
黄陂区	15	215	603	432	51	381
新洲区	11	16	535	49		49
黄石市	**22**	**128**	**434**	**465**	**32**	**433**
黄石市辖区	1	3	11	30	20	10
大冶市	10	60	200	320		320
阳新县	11	65	223	115	12	103
十堰市	**93**	**543**	**1367**	**1906**	**506**	**1400**
十堰市辖区	3	13	65	413	401	12
丹江口市	16	25	187	88		88
郧县	9	85	180	392	38	354
郧西县	9	13	103	144	20	124
竹山县	17	22	232	461		461
竹溪县	18	83	296	93		93
房县	21	302	304	315	47	268
荆州市	**68**	**331**	**2057**	**2611**	**125**	**2486**
荆州市辖区	12	29	121	550	20	530
江陵县	8	22	217	290	18	272
松滋市	18	165	243	186	11	175
公安县	16	66	317	612	12	600
石首市	2	5	80	220	20	200
监利县	7	39	658	338	17	321
洪湖市	5	5	421	415	27	388
宜昌市	**134**	**1104**	**1331**	**1500**	**95**	**1405**
宜昌市辖区	5	6	58	15	3	12
夷陵区	14	160	184	182		182
宜都市	28	32	127	160		160
枝江市	25	50	198	252		252
当阳市	22	120	158	250	87	163
远安县	12	350	102	30	5	25
兴山县	8	25	91	97		97
秭归县	20	110	162	108		108
长阳土家族自治县	0	154	154	238		238
五峰土家族自治县	0	97	97	168		168
襄樊市	**264**	**373**	**1966**	**6640**	**735**	**5905**
襄樊市辖区	4	6	63	900	50	850
老河口市	10	12	227	108		108
襄阳区	62	86	276	1820		1820
枣阳市	69	78	520	2850	335	2515
宜城市	24	32	179	368	74	294
南漳县	50	87	281	210		210
谷城县	36	36	255	269	226	43
保康县	9	36	125	115	50	65
农场小计						
鄂州市	**22**	**36**	**281**	**1390**	**10**	**1380**

续表1

名称	1.生猪人工授精站数(个)	2.人工授精员(人)	3.开展人工授精的村(个)	8.年末种公猪存栏(头)	*地方良种	*外来良种
荆门市	**47**	**325**	**1351**	**1949**	**695**	**1254**
荆门市辖区	9	32	205	450	235	215
沙洋县	10	20	200	120	90	30
钟祥市	17	125	541	1215	370	845
京山县	11	148	405	164		164
沙洋农场						
孝感市	**87**	**365**	**2763**	**864**	**131**	**733**
孝感市辖区	8	78	463	72	15	57
孝昌县	13	30	401	130	15	115
大悟县	17	67	361	194	43	151
安陆市	15	76	354	150	34	116
云梦县	1	2	290	8	2	6
应城市	24	92	413	125		125
汉川市	9	12	473	185	22	163
黄冈市	**168**	**315**	**3972**	**2849**	**443**	**2406**
黄冈市辖区	3	5	111	605	11	594
团风县	6	16	175	255	255	
红安县	11	43	352	308	78	230
麻城市	15	24	696	120	5	115
罗田县	12	33	401	57	9	48
英山县	8	8	237	330	40	290
浠水县	27	45	647	317	5	312
蕲春县	50	60	597	160		160
武穴市	21	53	331	402		402
黄梅县	15	28	425	295	40	255
咸宁市	**45**	**337**	**802**	**1070**	**58**	**1012**
咸安区	4	45	87	112	23	89
嘉鱼县	10	20	74	163		163
赤壁市	7	51	153	153		153
通城县	6	190	167	186	30	156
崇阳县	12	24	186	428		428
通山县	6	7	135	28	5	23
恩施州	**689**	**872**	**2553**	**1364**	**34**	**1330**
恩施市	127	141	170	256	8	248
建始县	98	120	410	125	2	123
巴东县	113	141	490	133	2	131
利川市	95	205	542	341		341
宣恩县	76	67	279	133	4	129
咸丰县	96	101	263	197	4	193
来凤县	48	61	195	115	4	111
鹤峰县	36	36	204	64	10	54
随州市	**222**	**407**	**639**	**4497**	**27**	**4470**
经济开发区	1	3	53	310		310
曾都区	22	195	95	1475		1475
随县	179	164	127	2174		2174
广水市	17	42	355	493	22	471
大洪山风景区	3	3	9	45	5	40
仙桃市	**7**	**22**	**258**	**437**	**36**	**401**
潜江市	**97**	**154**	**347**	**292**		**292**
天门市	**41**	**152**	**735**	**583**	**327**	**256**
神农架林区	**4**	**4**	**34**	**77**	**24**	**53**

续表2

名称	9.年内人工授精头数(头)	10.人工授精受胎数(头)	11.人工授精受胎率(%)	12.年末核心群母猪存栏数(头)	13.年末繁殖群母猪存栏数(头)	9.三元杂交肉猪出栏数(万头)
湖北省	**5584383**	**5006017**	**89.64**	**50651**	**545251**	**4925.66**
武汉市	**277703**	**260940**	**93.96**	**3751**	**43346**	**237.89**
武汉市辖区	35000	31658	90.45	2400	6250	30.14
蔡甸区	18958	18017	95.04	631	4885	16.9
江夏区	124315	122202	98.30		29365	78.5
黄陂区	73245	66480	90.76	680	2191	90.15
新洲区	26185	22583	86.24	40	655	22.2
黄石市	**563920**	**496059**	**87.97**	**839**	**3826**	**99.59**
黄石市辖区	2000	1700	85.00			
大冶市	515800	454234	88.06	367	1712	51.58
阳新县	46120	40125	87.00	472	2114	48.01
十堰市	**159000**	**144706**	**91.01**	**3827**	**49515**	**176.89**
十堰市辖区	3000	2715	90.50	260	3085	4.59
丹江口市	29152	27111	93.00	136	490	23.6
郧县	25691	23524	91.57	1529	25002	32.96
郧西县	15970	14855	93.02	110	2133	19.78
竹山县	11037	9126	82.69	810	2290	28.8
竹溪县	23400	21695	92.71	380	435	41.5
房县	50750	45680	90.01	602	16080	25.66
荆州市	**392070**	**349720**	**89.20**	**6598**	**22201**	**456.5**
荆州市辖区	38700	32358	83.61	2680	7630	58.55
江陵县	28250	24794	87.77	1460	3270	24.1
松滋市	128000	120320	94.00	1800	5400	130.2
公安县	73419	68647	93.50	168	1956	78.64
石首市	16421	4000	24.36		250	38.4
监利县	88750	83869	94.50	490	3575	95
洪湖市	18530	15732	84.90		120	31.61
宜昌市	**878880**	**784027**	**89.21**	**3271**	**17271**	**627.6**
宜昌市辖区	10120	8710	86.07	1009	4173	21.2
夷陵区	32568	29427	90.36	600	2195	95.05
宜都市	67459	60945	90.34	50	2500	85.51
枝江市	291000	258990	89.00		2380	102.68
当阳市	186800	164700	88.17	962	2455	105
远安县	36600	32950	90.03		1800	30.6
兴山县	48656	42817	88.00	50	300	30.4
秭归县	45200	40228	89.00	600	1100	50.6
长阳土家族自治县	126520	113895	90.02		240	73.47
五峰土家族自治县	33957	31365	92.37		128	33.09
襄樊市	**642907**	**589489**	**91.69**	**3728**	**56646**	**633.22**
襄樊市辖区	6950	6255	90.00	405	6095	21
老河口市	26700	22360	83.75	260	1300	66.85
襄阳区	145600	136427	93.70	2000	26100	127
枣阳市	132800	112880	85.00	150	1500	121.36
宜城市	129531	126854	97.93	90	1350	84.83
南漳县	129000	119325	92.50	150	2150	100.4
谷城县	58876	52988	90.00	533	11581	57.78
保康县	13450	12400	92.19	100	5210	35
鄂州市	**44100**	**41320**	**93.70**	**1876**	**3720**	**113**

续表3

名称	9.年内人工授精头数(头)	10.人工授精受胎数(头)	11.人工授精受胎率(%)	12.年末核心群母猪存栏数(头)	13.年末繁殖群母猪存栏数(头)	9.三元杂交肉猪出栏数(万头)
荆门市	**367349**	**341744**	**93.03**	**3741**	**23247**	**400.52**
荆门市辖区	77134	71139	92.23	1814	8858	76.35
沙洋县	75600	72632	96.07	72	1424	90.83
钟祥市	118415	106573	90.00	1205	9115	127.53
京山县	96200	91400	95.01	650	3850	105.81
沙洋农场						
孝感市	**408820**	**375649**	**91.89**	**4407**	**173862**	**366.74**
孝感市辖区	25817	22185	85.93	83	1015	21.85
孝昌县	66547	63685	95.70		401	60
大悟县	60496	58379	96.50		1823	44.37
安陆市	43500	42780	98.34	3100	4900	79
云梦县	5340	4635	86.80			5.9
应城市	61810	54547	88.25	616	13164	50.57
汉川市	297580	263950	88.70	94	1478	65.19
黄冈市	**454426**	**376104**	**82.76**	**11734**	**21599**	**497.06**
黄冈市辖区	21500	19420	90.33	10297	5018	36.8
团风县	22153	18756	84.67	256	2451	15.6
红安县	32870	27610	84.00	222	2100	30.5
麻城市	52680	30156	57.24	85	2290	65.3
罗田县	22297	18985	85.15	40	560	20.89
英山县	20355	16700	82.04	200	600	29
浠水县	93003	87420	94.00	136	2180	87.56
蕲春县	83499	77488	92.80	75	1575	72.34
武穴市	67268	42059	62.52	255	2975	87.07
黄梅县	38801	37510	96.67	168	1850	52
咸宁市	**151860**	**137936**	**90.83**	**2852**	**18473**	**231.3**
咸安区	10335	8417	81.44	100	300	23.85
嘉鱼县	5160	4902	95.00	180	540	18.05
赤壁市	8980	8182	91.11		1200	27.75
通城县	89424	80482	90.00	450	11200	82.27
崇阳县	23861	22516	94.36	2097	4063	60.46
通山县	14100	13437	95.30	25	1170	18.92
恩施州	**751645**	**680663**	**90.56**	**498**	**15067**	**490.25**
恩施市	158900	145690	91.69	150	10339	71.72
建始县	112100	96406	86.00	30	1000	81.28
巴东县	115627	113227	97.92	115	2181	79.76
利川市	68756	61567	89.54	148	1134	86.71
宣恩县	74789	62927	84.14	55	413	38.05
咸丰县	138938	125200	90.11			77.98
来凤县	49856	45886	92.04			29.67
鹤峰县	32679	29760	91.07			25.08
随州市	**139829**	**113583**	**81.23**	**2478**	**80317**	**251.08**
经济开发区	9821	8900	90.62	210	7101	16.01
曾都区	15367	13752	89.49	800	36800	74.41
随县	77238	56979	73.77	1350	34645	102
广水市	35874	32653	91.02		772	56.06
大洪山风景区	1529	1299	84.96	118	999	2.6
仙桃市	**123900**	**113988**	**92.00**		**3200**	**117.13**
潜江市	**106484**	**100734**	**94.60**	**531**	**6522**	**109.89**
天门市	**120750**	**98663**	**81.71**	**520**	**6421**	**111.2**
神农架林区	**740**	**692**	**93.51**		**18**	**5.8**

牛品改良情况

名称	1.当年改良配种头数（头）	2.冻配头数（头）	3.冻配受胎数（头）	4.年内产杂交犊数(头)	5.当年杂交犊牛成活数（头）	6.年末改良牛存栏数（头）
湖北省	**310731**	**178650**	**147120**	**250243**	**240015**	**895184**
武汉市	**15208**	**8390**	**7200**	**6091**	**5636**	**16201**
武汉市辖区	940	940	733	733	710	710
蔡甸区	736	736	736	34	34	770
江夏区	3125	1362	712	466	153	896
黄陂区	8107	4252	4084	2678	2669	4525
新洲区	2300	1100	935	2180	2070	9300
黄石市						
黄石市辖区						
大冶市						
阳新县						
十堰市	**21030**	**9736**	**7955**	**28426**	**27859**	**68621**
十堰市辖区	950	900	820	710	680	1664
丹江口市	18300	7056	5520	26120	25598	31270
郧县	1780	1780	1615	1596	1581	35687
郧西县						
竹山县						
竹溪县						
房县						
荆州市	**320**			**175**	**173**	**173**
荆州市辖区						
江陵县						
松滋市						
公安县						
石首市						
监利县	320			175	173	173
洪湖市						
宜昌市	**7578**	**2520**	**1764**	**7316**	**6118**	**33811**
宜昌市辖区						
夷陵区						
宜都市	550			546	544	3105
枝江市	3300					
当阳市						
远安县	1610	1610	1055	932	905	3620
兴山县	1208			1005	1003	3650
秭归县	910	910	709	583	576	1314
长阳土家族自治县				4250	3090	22122
五峰土家族自治县						
襄樊市	**116540**	**62510**	**55528**	**69798**	**64622**	**391827**
襄樊市辖区	20635	17518	16642	15350	15330	20460
老河口市	8000	110	90			9000
襄阳区	27356	9352	8874	8331	8119	31237
枣阳市	18149	15573	13013	11741	10213	185630
宜城市	5848	5381	4896	8985	8852	37290
南漳县	18935	10111	8400	15887	15121	58745
谷城县	17617	4465	3613	9504	6987	49465
保康县						
农场小计						
鄂州市	**1045**	**1045**	**910**	**648**	**636**	**1673**

续表1

名称	1.当年改良配种头数(头)	2.冻配头数(头)	3.冻配受胎数(头)	4.年内产杂交犊数(头)	5.当年杂交犊牛成活数(头)	6.年末改良牛存栏数(头)
荆门市	**12745**	**8083**	**5747**	**76306**	**76203**	**77039**
荆门市辖区	1011	1011	771	643	640	6130
沙洋县	4258	4258	2723	70534	70500	38294
钟祥市	6515	2000	1560	4568	4515	21560
京山县	961	814	693	561	548	11055
沙洋农场						
孝感市	**31458**	**20175**	**15004**	**18635**	**18196**	**126747**
孝感市辖区						
孝昌县	8356	7148	5863	5863	5847	5847
大悟县	9310	7703	4763	4410	4317	44710
安陆市	13270	5324	4378	7843	7534	71400
云梦县						
应城市	522			519	498	4790
汉川市						
黄冈市	**55252**	**31400**	**26729**	**14073**	**12521**	**47031**
黄冈市辖区	12	12	9	8	7	367
团风县	5325	5325	4323	2745	2456	3684
红安县	5600	5016	4050	2509	2257	8740
麻城市	36320	13382	12042	3860	3182	10020
罗田县						
英山县	1650	1320	1060	1250	1190	3100
浠水县	1800	1800	1440	1110	993	7600
蕲春县	4545	4545	3805	2591	2436	13520
武穴市						
黄梅县						
咸宁市	**6974**	**3943**	**3051**	**2186**	**2140**	**11757**
咸安区						
嘉鱼县	10	10	3			
赤壁市						
通城县	3380	3380	2535	1690	1656	3038
崇阳县	3544	513	481	481	472	8692
通山县	40	40	32	15	12	27
恩施州	**13954**	**5196**	**4766**	**9594**	**9048**	**47290**
恩施市	1747	451	406	1541	1525	6510
建始县	4100	242	232	231	229	14562
巴东县	2260	120	97	2592	2558	2998
利川市	5789	4325	3979	5204	4710	23140
宣恩县	58	58	52	26	26	80
咸丰县						
来凤县						
鹤峰县						
随州市	**29672**	**26697**	**19376**	**17643**	**17499**	**74687**
经济开发区	6420	6420	4818	2895	2830	18805
曾都区	12600	12600	8820	8810	8790	36500
随县	3403	3038	2007	1892	1881	
广水市	5615	3218	2604	3012	2976	16803
大洪山风景区	1634	1421	1127	1034	1022	2579
仙桃市	**326**	**326**	**245**			**245**
潜江市	**3527**	**3527**	**2973**	**1756**	**1755**	**11779**
天门市	**26830**	**8047**	**6973**	**6833**	**6543**	**28480**
神农架林区	**28**			**11**	**8**	**17**

畜禽品种改良

名称	1.良种孵化场(个)	2.年内孵化雏禽(万只)	(1)雏鸡(万只)	(2)雏鸭(万只)	(3)雏鹅(万只)
湖北省	**1843**	**71372.17**	**54508.03**	**14762.7**	**1015.65**
武汉市	**85**	**2028.09**	**1417.2**	**591.62**	**13.74**
武汉市辖区	1	165	165		
蔡甸区	3	31.62		30.12	1.5
江夏区					
黄陂区	75	981.47	452.2	511.5	12.24
新洲区	6	850	800	50	
黄石市	**3**	**780**	**780**		
黄石市辖区					
大冶市	3	780	780		
阳新县					
十堰市	**18**	**1547**	**1545.5**	**1.5**	
十堰市辖区					
丹江口市	3	1014	1014		
郧县	5	16.5	15	1.5	
郧西县	2	3.5	3.5		
竹山县	2	378	378		
竹溪县	6	135	135		
房县					
荆州市	**308**	**12062**	**9841**	**1903**	**170**
荆州市辖区	28	4010	3680	160	70
江陵县	1	245	245		
松滋市	128	870	810	52	8
公安县	65	1604	950	590	42
石首市	1	850	850		
监利县	70	3165	2450	650	50
洪湖市	15	1318	856	451	
宜昌市	**138**	**2447.6**	**2225**	**134.4**	**84.5**
宜昌市辖区	1	10	10		
夷陵区	1	810	810		
宜都市	5	138	135	0.4	0.1
枝江市	35	816.4	760	28	28.4
当阳市	96	673.2	510	106	56
远安县					
兴山县					
秭归县					
长阳土家族自治县					
五峰土家族自治县					
襄樊市	**187**	**8145.3**	**6146**	**1801.25**	**194.35**
襄樊市辖区	20	403.85	384	18	1.85
老河口市		701	1	700	
襄阳区	38	2168.7	1711	312	142
枣阳市	6	1655.5	1500	150	5.5
宜城市	38	2277	1780	455	42
南漳县	75	565	556	6	3
谷城县	9	199.25	199	0.25	
保康县	1	175	15	160	
农场小计					
鄂州市	**55**	**2231.5**	**1680**	**550**	**1.5**

续表1

名称	1.良种孵化场(个)	2.年内孵化雏禽(万只)	(1)雏鸡(万只)	(2)雏鸭(万只)	(3)雏鹅(万只)
荆门市	**131**	**3982.05**	**3146.5**	**658.8**	**146.1**
荆门市辖区	52	830	400	265	135
沙洋县	1	1040	1040		
钟祥市	22	1185	850	325	10
京山县	56	927.05	856.5	68.8	1.1
沙洋农场					
孝感市	**156**	**12343.4**	**7883.3**	**3461**	**167**
孝感市辖区	26	671	473	170	28
孝昌县	2	130.4	32.3		
大悟县					
安陆市	38	2363	2182	181	
云梦县	8	1400	600	800	
应城市	42	2159	1614	372	81
汉川市	40	5620	2982	1938	58
黄冈市	**66**	**3976.57**	**3273.6**	**629.85**	**56.5**
黄冈市辖区					
团风县	3	246	123	83	40
红安县					
麻城市	6	523	520	3	
罗田县	9	32.57	23.6	7.85	0.5
英山县	2	22	20		
浠水县	14	2506	2000	500	5
蕲春县	32	647	587	36	11
武穴市					
黄梅县					
咸宁市	**60**	**6059.55**	**4292.71**	**1762.34**	**3.3**
咸安区	1	3700	3700		
嘉鱼县	6	49	47	2	
赤壁市	15	287.6	260	27	0.3
通城县	13	70.18	66.7	2.8	0.68
崇阳县	16	1892.87	176.71	1715.34	0.82
通山县	9	59.9	42.3	15.2	1.5
恩施州	**46**	**791.59**	**703.49**	**86.1**	**1.2**
恩施市					
建始县	5	53.1	53	0.1	
巴东县	8	10.79	10.79		
利川市	31	722	634	86	1.2
宣恩县	2	5.7	5.7		
咸丰县					
来凤县					
鹤峰县					
随州市	**84**	**7755.82**	**6093.5**	**1630.12**	**27.6**
经济开发区	1	920		920	
曾都区	8	2840	2650	165	23.4
随县	37	3000	2500	500	
广水市	35	980	929	44	4
大洪山风景区	3	15.82	14.5	1.12	0.2
仙桃市	**90**	**3770**	**2780**	**980**	**10**
潜江市	**254**	**1332**	**1130.7**	**199.4**	**1.3**
天门市	**157**	**2114.5**	**1564.33**	**373.32**	**138.56**
神农架林区	**5**	**5.2**	**5.2**		

续表2

名称	(4)雏特禽(万只)	3.父母代种鸡场生产情况			
		蛋用父母代鸡年末存笼(万只)	年内提供商品代种蛋.雏(万枚、只)	肉用父母代鸡年末存笼(万只)	年内提供商品代种蛋(万枚、只)
湖北省	**1085.79**	**253**	**21026.3**	**246.22**	**48340.9**
武汉市	**5.53**	**18.45**	**843.8**		
武汉市辖区		2.2	85		
蔡甸区					
江夏区					
黄陂区	5.53	11.5	358.8		
新洲区		4.75	400		
黄石市				**6**	**1830**
黄石市辖区					
大冶市				6	1830
阳新县					
十堰市		**3.19**	**220.74**	**7.92**	**2574.88**
十堰市辖区					
丹江口市				7.8	2340
郧县					
郧西县					
竹山县		0.39	0.74	0.12	234.88
竹溪县		2.8	220		
房县					
荆州市	**148**	**19**	**1400**	**67.9**	**7645**
荆州市辖区	100	4	400	50	5000
江陵县				1.9	245
松滋市					
公安县	22				
石首市		15	1000		
监利县	15			16	2400
洪湖市	11				
宜昌市	**3.7**	**3.72**	**279**	**10**	**820**
宜昌市辖区					
夷陵区					820
宜都市	2.5	1.72	139		
枝江市		2	140		
当阳市	1.2				
远安县					
兴山县					
秭归县					
长阳土家族自治县					
五峰土家族自治县					
襄樊市	**3.7**	**18.3**	**1381.5**	**62.2**	**12088**
襄樊市辖区		5.2	416	0.5	145
老河口市					
襄阳区	3.7	2.1	235	6.7	1973
枣阳市		7	400	15	4000
宜城市				30	3000
南漳县		3	250.5		
谷城县				10	2970
保康县		1	80		
农场小计					
鄂州市		**0.32**	**60**		

续表3

名称	(4)雏特禽（万只）	3.父母代种鸡场生产情况			
		蛋用父母代鸡年末存笼(万只)	年内提供商品代种蛋.雏(万枚、只)	肉用父母代鸡年末存笼(万只)	年内提供商品代种蛋(万枚、只)
荆门市	**30.65**	**19.4**	**1455**		
荆门市辖区	30	1	100		
沙洋县		8	720		
钟祥市		2	180		
京山县	0.65	8.4	455		
沙洋农场					
孝感市	**832.1**	**55.71**	**5536.1**	**0.8**	**243**
孝感市辖区		11	1280		
孝昌县	98.1	0.31	28.1		
大悟县					
安陆市		31	3100		
云梦县		1.4			
应城市	92	12	1128	0.8	243
汉川市	642				
黄冈市	**16.62**	**31.68**	**2493**	**5**	**885**
黄冈市辖区					
团风县		5	415	5	885
红安县					
麻城市		1.5	260		
罗田县	0.62				
英山县	2				
浠水县	1	25	1800		
蕲春县	13	0.18	18		
武穴市					
黄梅县					
咸宁市	**1.2**	**4**	**340**	**30**	**8900**
咸安区				30	8900
嘉鱼县					
赤壁市	0.3				
通城县		4	340		
崇阳县					
通山县	0.9				
恩施州	**0.8**	**2.02**	**180**	**3.4**	**975**
恩施市					
建始县				0.4	115
巴东县		0.02			
利川市	0.8	2	180	3	860
宣恩县					
咸丰县					
来凤县					
鹤峰县					
随州市	**4.6**	**63**	**5460**	**53**	**12380**
经济开发区					
曾都区	1.6	50	2860	40	8570
随县		13	2600	2	450
广水市	3				
大洪山风景区					
仙桃市		**2**	**180**		
潜江市	**0.6**				
天门市	**38.29**	**12.21**	**1197.11**		
神农架林区					

农村基层乡镇兽医站基本情况

名称	一、基层畜牧兽医站数(个)	二、职工总人数(人)	在编人员	三、离退休人员(人)	四、在职人员技术职称状况		
					1.高级技术职称(人)	2.中级技术职称(人)	3.初级技术职称及技术员(人)
湖北省	**1150**	**20558**	**11149**	**6566**	**65**	**2560**	**10758**
武汉市	**75**	**1148**	**1016**	**607**	**2**	**95**	**818**
武汉市辖区	24	189	120	51	2	30	114
蔡甸区	11	64	36	69		7	57
江夏区	11	224	224	97		10	81
黄陂区	17	391	356	231		35	326
新洲区	12	280	280	159		13	240
黄石市	**41**	**423**	**209**	**251**	**2**	**82**	**184**
黄石市辖区	5	30	21	6	1	4	18
大冶市	15	173	38	65	1	28	56
阳新县	21	220	150	180		50	110
十堰市	**123**	**1803**	**935**	**425**	**3**	**395**	**836**
十堰市辖区	16	137	23	26	2	31	91
丹江口市	17	198	145	53	1	67	77
郧县	20	445	345	136		172	273
郧西县	18	290	290	11		13	78
竹山县	17	197		49		26	93
竹溪县	15	210	28	54		5	14
房县	20	326	104	96		81	210
荆州市	**118**	**1660**	**939**	**287**	**10**	**296**	**744**
荆州市辖区	17	166	70	76	8	31	85
江陵县	12	82	82			3	69
松滋市	16	269		93		68	134
公安县	16	165	165			21	109
石首市	14	151	151	8		40	111
监利县	23	517	309	110		78	131
洪湖市	20	310	162		2	55	105
宜昌市	**100**	**2538**	**1363**	**795**	**11**	**234**	**1672**
宜昌市辖区	12	70	30	10	1	9	54
夷陵区	13	244	38	56	1	26	217
宜都市	10	135	10	83		10	106
枝江市	9	454	332	122		44	288
当阳市	10	153	117	36	6	80	31
远安县	7	172	43	68		3	36
兴山县	8	129	38	27		3	35
秭归县	12	386	386	115	3	17	366
长阳土家族自治县	11	575	361	214		40	321
五峰土家族自治县	8	220	8	64		2	218
襄樊市	**87**	**2693**	**1309**	**893**	**13**	**322**	**1316**
襄樊市辖区	6	293	166	58	3	34	248
老河口市	10	186		78		28	66
襄阳区	12	512	286	119		75	200
枣阳市	17	395	33	172		67	209
宜城市	10	373	170	167		13	91
南漳县	11	437	250	147		4	227
谷城县	10	316	223	104	9	36	160
保康县	11	181	181	48	1	65	115
农场小计							
鄂州市	**20**	**34**	**34**		**1**	**30**	**3**

续表1

名称	一、基层畜牧兽医站数（个）	二、职工总人数（人）	在编人员	三、离退休人员（人）	四、在职人员技术职称状况		
					1.高级技术职称（人）	2.中级技术职称（人）	3.初级技术职称及技术员（人）
荆门市	**56**	**1198**	**134**	**290**		**64**	**291**
荆门市辖区	12	210	47	66		13	160
沙洋县	13	201	25	96		20	7
钟祥市	17	631	34			23	11
京山县	14	156	28	128		8	113
沙洋农场							
孝感市	**115**	**1557**	**1028**	**274**	**6**	**178**	**1193**
孝感市辖区	15	224	95	44		23	73
孝昌县	14	170	118	52		28	142
大悟县	17	220	220	31		38	182
安陆市	16	397	155	78	1	32	364
云梦县	12	80	26	17		4	24
应城市	17	306	254	52	5	41	260
汉川市	24	160	160			12	148
黄冈市	**136**	**2773**	**2002**	**1102**	**10**	**490**	**1361**
黄冈市辖区	15	57	15	47		3	31
团风县	10	125	37	136		3	87
红安县	12	280	247	140	4	79	164
麻城市	18	326	272	141		142	130
罗田县	12	266	266	95		25	241
英山县	11	329	306	80		24	77
浠水县	15	409	223	186	2	34	373
蕲春县	15	373	150	120		56	52
武穴市	12	475	438	157	4	90	151
黄梅县	16	133	48			34	55
咸宁市	**72**	**890**	**389**	**182**		**32**	**674**
咸安区	14	75	75	23		3	72
嘉鱼县	8	89	44	29		7	82
赤壁市	14	189	51	54		2	187
通城县	12	212	171	41		8	204
崇阳县	12	228	48	15		12	36
通山县	12	97		20			93
恩施州	**91**	**2091**	**1294**	**808**		**180**	**1086**
恩施市	17	98	98	182		3	95
建始县	10	580	257	173		5	252
巴东县	12	559	553	144		144	337
利川市	14	79	79	15		12	67
宣恩县	9	141	33	126		5	26
咸丰县	11	246	113	112		4	155
来凤县	8	243	16	48		3	13
鹤峰县	10	145	145	8		4	141
随州市	**45**	**591**	**121**	**189**		**59**	**343**
经济开发区	1	57	34	23		2	30
曾都区	8	144	16	78		19	103
随县	18	340	36	88		35	197
广水市	17	33	33			3	11
大洪山风景区	1	17	2				2
仙桃市	**18**	**491**	**58**	**152**	**7**	**43**	**63**
潜江市	**25**	**268**	**68**	**118**		**17**	**48**
天门市	**20**	**341**	**239**	**193**		**43**	**115**
神农架林区	**8**	**59**	**11**				**11**

续表2

名称	五、站内经营情况					
	全年总收入(万元)	全年总支出(万元)	当年盈余站数(个)	当年盈余总额(万元)	当年亏损站数(个)	当年亏损额(万元)
湖北省	**21761**	**22238**	**473**	**936.59**	**336**	**#######**
武汉市	**2294**	**2198**	**46**	**144.00**	**12**	**48.12**
武汉市辖区	455	467	2		5	12.00
蔡甸区	268	246	11	21.40		
江夏区	499	435	11	63.57		
黄陂区	712	704	14	10.43	3	3.12
新洲区	361	345	8	48.60	4	33.00
黄石市	**1018**	**1010**	**13**	**40.00**	**6**	**32.00**
黄石市辖区	56	77			4	21.00
大冶市	462	433	13	40.00	2	11.00
阳新县	500	500				
十堰市	874	922	27	15.80	85	63.88
十堰市辖区	72	79	1	2.00	15	9.48
丹江口市	203	211	6	9.30	11	17.80
郧县	180	188	5	2.00	15	10.00
郧西县	70	83			18	13.00
竹山县	58	67			17	9.10
竹溪县	291	293	9	2.50	6	4.50
房县			6		3	
荆州市	**2162**	**2178**	**63**	**100.40**	**35**	**117.01**
荆州市辖区	204	211	8	5.00	7	12.00
江陵县	227	198	6	49.00	6	20.00
松滋市	353	411			16	58.40
公安县	348	374	12		4	26.31
石首市	110	108	12	2.40	2	0.30
监利县	655	634	5	21.00		
洪湖市	265	242	20	23.00		
宜昌市	**2776**	**2951**	**41**	**130.22**	**24**	**304.80**
宜昌市辖区	153	153				
夷陵区	431	403		27.22		
宜都市	35	35		0.00		
枝江市	688	680	8	14.50	1	6.80
当阳市		281			10	281.00
远安县	210	167	7	43.00		
兴山县					8	
秭归县	220	212	8	24.00	4	16.00
长阳土家族自治县	715	700	11	15.00		
五峰土家族自治县	325	320	7	6.50	1	1.00
襄樊市	**2159**	**2132**	**45**	**75.03**	**16**	**48.00**
襄樊市辖区	145	158			4	13.50
老河口市	57	57				
襄阳区	376	374	6	5.28	6	3.28
枣阳市	366	341	17	25.00		
宜城市	234	234				
南漳县	311	317	5	8.00	2	13.80
谷城县	266	259	6	24.75	4	17.42
保康县	404	392	11	12.00		
农场小计						
鄂州市	**104**	**104**				

续表3

名称	五、站内经营情况					
	全年总收入(万元)	全年总支出(万元)	当年盈余站数(个)	当年盈余总额(万元)	当年亏损站数(个)	当年亏损额(万元)
荆门市	**836**	**885**	**8**	**8.66**	**17**	**57.73**
荆门市辖区	121	178			12	57.40
沙洋县	227	218	8	8.66	5	0.33
钟祥市	336	336				
京山县	153	153				
沙洋农场						
孝感市	**1200**	**1145**	**59**	**108.90**	**30**	**54.03**
孝感市辖区	208	193	14	15.20	1	0.55
孝昌县	236	236				
大悟县	124	140	3	14.10	14	29.80
安陆市	48	71	1	0.10	15	23.68
云梦县	57	57				
应城市	191	148	17	42.20		
汉川市	337	300	24	37.30		
黄冈市	**2730**	**2882**	**67**	**91.20**	**40**	**242.70**
黄冈市辖区	15	15				
团风县	78	70	10	8.00		
红安县	193	226			12	33.20
麻城市	612	580	18	32.20		
罗田县	254	261	5	7.00	7	14.00
英山县	268	430	2	3.50	9	165.50
浠水县	285	281	11	6.00	2	2.00
蕲春县	385	369	15	16.50		
武穴市	272	272				
黄梅县	368	378	6	18.00	10	28.00
咸宁市	**873**	**859**	**17**	**16.50**	**3**	**2.50**
咸安区	131	131				
嘉鱼县	120	110	7	10.50	1	1.00
赤壁市	159	159				
通城县	205	205				
崇阳县	72	72				
通山县	187	183	10	6.00	2	1.50
恩施州	**2613**	**2588**	**55**	**89.88**	**32**	**65.40**
恩施市	783	741	17	41.69		
建始县	405	410	9		1	5.00
巴东县	684	656	11	37.79	1	10.00
利川市	172	180			14	8.00
宣恩县	148	146	8	3.03	1	0.60
咸丰县	146	174	6	1.92	5	29.80
来凤县	120	126			8	5.80
鹤峰县	155	156	4	5.45	2	6.20
随州市	**1029**	**1342**	**6**	**18.04**	**24**	**331.15**
经济开发区	51	51				
曾都区	254	529	1	2.00	7	277.00
随县	490	486	2	12.00	2	8.00
广水市	223	259	3	4.04	14	40.15
大洪山风景区	12	18			1	6.00
仙桃市	**465**	**415**	**12**	**89.56**	**6**	**40.21**
潜江市	**205**	**205**				
天门市	**423**	**421**	**14**	**8.40**	**6**	**6.20**
神农架林区						

县以上畜牧三站一所机构和人员

名称	一、畜牧兽医站数(个)	职工人数(人)	二、动物检疫站数(个)	职工人数(人)	三、品种改良站数(个)	职工人数(人)
湖北省	**113**	**1314**			**39**	**305**
武汉市	**15**	**167**			**3**	**10**
武汉市辖区	10	78				
蔡甸区	1	10				
江夏区	1	20			1	2
黄陂区	1	17			1	6
新洲区	1	36			1	2
黄石市	**7**	**71**				
黄石市辖区	4	31				
大冶市	1	18				
阳新县	1	19				
十堰市	**10**	**138**			**4**	**57**
十堰市辖区	3	15				
丹江口市	1	18			1	6
郧县	1	17				
郧西县	1	9				
竹山县	1	28			1	37
竹溪县	1	22				
房县	1	11			1	8
荆州市	**9**	**102**			**4**	**32**
荆州市辖区	3	21			1	5
江陵县	1	2				
松滋市	1	22			1	
公安县	1	4				
石首市	1	28			1	2
监利县	1	21			1	25
洪湖市	1	4				
宜昌市	**14**	**116**			**5**	**29**
宜昌市辖区	4	24				
夷陵区	1	8				
宜都市	1	24			1	6
枝江市	1	14			1	5
当阳市	1	2				
远安县	1	4				
兴山县	1	5			1	2
秭归县	1	4				
长阳土家族自治县	1	8			1	10
五峰土家族自治县	1	3				
襄樊市	**10**	**113**			**2**	**18**
襄樊市辖区	3	11				
老河口市	1	5				
襄阳区	1	7				
枣阳市	1	9			1	6
宜城市	1	47				
南漳县	1	11			1	12
谷城县	1	13				
保康县	1	10				
农场小计						
鄂州市	**1**	**14**				

续表1

名称	一、畜牧兽医站数(个)	职工人数(人)	二、动物检疫站数(个)	职工人数(人)	三、品种改良站数(个)	职工人数(人)
荆门市	**6**	**70**			**2**	**17**
荆门市辖区	2	22			1	7
沙洋县	1	12				
钟祥市	1	13				
京山县	1	12			1	10
沙洋农场						
孝感市	**7**	**123**			**3**	**25**
孝感市辖区	1	23				
孝昌县	1	53			1	12
大悟县	1	10			1	10
安陆市	1	6			1	3
云梦县	1	13				
应城市	1	5				
汉川市	1	13				
黄冈市	**3**	**44**			**2**	**38**
黄冈市辖区						
团风县	1	4			1	15
红安县	1	6				
麻城市	1	34			1	23
罗田县	11	122			5	28
英山县	1	5				
浠水县	1	3				
蕲春县	1	11			1	
武穴市	1	9			1	10
黄梅县	1	5			1	5
咸宁市	**1**	**16**			**1**	**8**
咸安区	1	22				
嘉鱼县	1	4				
赤壁市	1	35			1	5
通城县	1	4				
崇阳县						
通山县	7	72			3	22
恩施州	**1**	**7**			**1**	**2**
恩施市	1	2				
建始县	1	10			1	15
巴东县	1	30			1	5
利川市	1	10				
宣恩县	1	8				
咸丰县	9	58			4	27
来凤县	1	4			1	
鹤峰县	1	9			1	12
随州市	**1**	**3**				
经济开发区	1	6				
曾都区	1	4				
随县	1	6				
广水市	1	7			1	8
大洪山风景区	1	13			1	7
仙桃市	**1**	**21**			**1**	**2**
潜江市	**1**	**62**				
天门市	**1**	**4**			**1**	
神农架林区	**1**	**17**				

续表2

名称	畜牧站		草原工作站		家畜繁育改良站		饲料监察所	
	机构数	职工人数	机构数	职工人数	机构数	职工人数	机构数	职工人数
湖北省	**128**	**1386**	**17**	**36**	**42**	**313**	**60**	**634**
武汉市	**15**	**156**			**2**	**9**	**6**	**65**
武汉市辖区	10	76					1	
蔡甸区	1	10						
江夏区	1	25					1	3
黄陂区	1	15			1	5	2	28
新洲区	1	23			1	4	1	6
黄石市	**9**	**114**			**1**	**5**	**2**	**4**
黄石市辖区	4	23						
大冶市	1	40						
阳新县	3	50			1	5	1	3
十堰市	**11**	**166**	**4**	**12**	**7**	**71**	**7**	**68**
十堰市辖区	4	43	1	4	2	10	1	4
丹江口市	1	19			1	6	1	19
郧县	1	17	1	2	1	5	1	19
郧西县	1	15					1	
竹山县	1	28			1	37		
竹溪县	1	22	1	2	1	6	1	6
房县	1	14	1	4	1	7	1	16
荆州市	**10**	**52**					**7**	**23**
荆州市辖区	3	15						
江陵县	1	2					1	1
松滋市	1	4					1	3
公安县	1	4					1	3
石首市	1	8					1	6
监利县	1	7					1	3
洪湖市	1	4					1	3
宜昌市	**15**	**128**	**4**	**10**	**7**	**40**	**5**	**46**
宜昌市辖区	5	24						
夷陵区	1	14			1	14		
宜都市	1	4					1	3
枝江市	1	14			1	13	1	3
当阳市	1	13			1	3		
远安县	1	2						
兴山县	1	2	1	1	1	1		
秭归县	1	3	1		1		1	9
长阳土家族自治县	1	10	1	8	1	8	1	30
五峰土家族自治县	1	27	1	1	1	1	1	1
襄樊市	**10**	**111**	**1**	**3**	**3**	**23**	**1**	**3**
襄樊市辖区	3	11						
老河口市	1	5						
襄阳区	1	7						
枣阳市	1	9			1	4		
宜城市	1	49						
南漳县	1	11	1	3	1	12	1	3
谷城县	1	15						
保康县	1	4						
农场小计								
鄂州市	**1**	**14**						

续表3

名称	畜牧站		草原工作站		家畜繁育改良站		饲料监察所	
	机构数	职工人数	机构数	职工人数	机构数	职工人数	机构数	职工人数
荆门市	**8**	**93**				**12**	**5**	**40**
荆门市辖区	2	18						
沙洋县	1	16			1	2	1	5
钟祥市	2	26					2	5
京山县	1	12			1	10	1	24
沙洋农场								
孝感市	**10**	**166**	**2**	**4**	**4**	**29**	**5**	**119**
孝感市辖区	3	29						
孝昌县	1	52						
大悟县	1	10			1	10	1	71
安陆市	1	41			1	15		
云梦县	1	13					1	22
应城市	1	5	1	3	1	3	1	6
汉川市	1	13					1	19
黄冈市	**12**	**132**	**1**		**6**	**39**	**10**	**87**
黄冈市辖区	1	3						
团风县	1	3						
红安县	1	10			1	11	1	2
麻城市	1	9	1		1	10	1	47
罗田县	1	5			1	5	1	13
英山县	1	16			1	8	1	8
浠水县	1	22					1	4
蕲春县	1	3						
武穴市	1	35			1	5	2	2
黄梅县	1	5					1	3
咸宁市	**1**	**14**			**1**		**1**	**3**
咸安区	8	74			3	25	5	102
嘉鱼县	1	9			1	5	1	42
赤壁市	2	2					1	17
通城县	1	10			1	15	1	8
崇阳县	1	30			1	5		
通山县	1	10					1	20
恩施州	**1**	**8**					**1**	**15**
恩施市	9	55	4	2	2	8	2	27
建始县	1	5	1		1			
巴东县	1	12						
利川市	1	3						
宣恩县	1	6						
咸丰县	1	4	1	1			1	1
来凤县	1	6						
鹤峰县	1	3			1	8	1	26
随州市	**1**	**12**	**1**					
经济开发区	6	79	1	5	3	49	2	10
曾都区	1	34						
随县	1	3			1	16		
广水市	1	5			1	10	1	4
大洪山风景区	1	34	1	5	1	23	1	6
仙桃市	**1**	**2**						
潜江市	**1**	**21**			**1**	**2**	**1**	**2**
天门市	**1**	**5**			**1**	**1**	**1**	**34**
神农架林区	**1**	**4**					**1**	**4**

规模养殖情况

名称	1、年出栏50头以上生猪(个、户)	(1)出栏50–99头(个、户)	(2)出栏100–499头(个、户)	(3)出栏500–999头(个、户)	(4)出栏1000–2999头(个、户)	(5)出栏3000–10000头(个、户)	(6)出栏10000头以上(个、户)
湖北省	**94073**	**38763**	**44236**	**5934**	**3738**	**1038**	**364**
武汉市	**2392**	**655**	**1406**	**102**	**95**	**75**	**59**
武汉市辖区	964	176	674	50	37	23	4
蔡甸区	222	75	116	7	14	9	1
江夏区	412	234	117	9	14	10	28
黄陂区	479		392	30	16	16	25
新洲区	315	170	107	6	14	17	1
黄石市	**701**	**144**	**378**	**85**	**49**	**28**	**17**
黄石市辖区	90	25	47	9	3	3	3
大冶市	368	108	204	25	11	11	9
阳新县	243	11	127	51	35	14	5
十堰市	2606	1315	1098	125	41	22	5
十堰市辖区	250	157	79	10	3	1	
丹江口市	686	533	127	14	9	3	
郧县	229	97	106	16	6	4	
郧西县	378	11	362	5			
竹山县	116	38	68	5	4	1	
竹溪县	239	13	164	44	10	5	3
房县	708	466	192	31	9	8	2
荆州市	**11847**	**4218**	**6855**	**461**	**183**	**109**	**21**
荆州市辖区	928	149	635	81	43	15	5
江陵县	488	103	344	20	8	10	3
松滋市	4997	2283	2504	142	47	18	3
公安县	2386	898	1400	44	17	27	
石首市	378	12	312	36	11	7	
监利县	1903	455	1237	128	51	23	9
洪湖市	767	318	423	10	6	9	1
宜昌市	**15472**	**7175**	**7066**	**741**	**365**	**89**	**36**
宜昌市辖区	556	217	309	17	9	2	2
夷陵区	2757	642	2010	69	23	7	6
宜都市	1539	680	712	78	38	25	6
枝江市	1890	603	974	187	101	19	6
当阳市	1567	101	1086	228	123	21	8
远安县	491	296	157	15	15	6	2
兴山县	606	350	192	33	23	7	1
秭归县	1552	730	772	37	11		2
长阳土家族自治县	4099	3411	628	52	4	2	2
五峰土家族自治县	415	145	226	25	18		1
襄樊市	**15834**	**9310**	**5052**	**741**	**532**	**160**	**39**
襄樊市辖区	383	78	135	81	64	21	4
老河口市	764	72	497	90	88	16	1
襄阳区	6381	5530	670	101	60	11	9
枣阳市	2072	935	807	163	111	44	12
宜城市	3332	1648	1546	71	51	10	6
南漳县	1940	761	1020	91	50	15	3
谷城县	410	25	107	128	105	41	4
保康县	552	261	270	16	3	2	
农场小计							
鄂州市	**1278**	**265**	**706**	**136**	**119**	**35**	**17**

续表1

名称	1、年出栏50头以上生猪(个、户)	(1)出栏50-99头(个、户)	(2)出栏100-499头(个、户)	(3)出栏500-999头(个、户)	(4)出栏1000-2999头(个、户)	(5)出栏3000-10000头(个、户)	(6)出栏10000头以上(个、户)
荆门市	**8127**	**3354**	**3250**	**504**	**901**	**87**	**31**
荆门市辖区	1620	940	446	59	134	29	12
沙洋县	1254	97	760	122	251	17	7
钟祥市	3287	1653	1044	239	316	27	8
京山县	1966	664	1000	84	200	14	4
沙洋农场							
孝感市	**5848**	**1790**	**2978**	**708**	**273**	**70**	**29**
孝感市辖区	422	16	259	97	37	4	9
孝昌县	1076	105	596	298	60	17	
大悟县	352	100	160	54	31	5	2
安陆市	1033	521	337	80	68	20	7
云梦县	723	344	325	31	12	9	2
应城市	984	400	501	39	34	4	6
汉川市	1258	304	800	109	31	11	3
黄冈市	**9154**	**2671**	**5130**	**789**	**412**	**111**	**41**
黄冈市辖区	461	159	249	12	11	22	8
团风县	226	22	151	20	25	3	5
红安县	1185	543	575	46	17	2	2
麻城市	2140	711	1204	146	68	6	5
罗田县	247	87	131	16	7	4	2
英山县	128	13	60	8	41	4	2
浠水县	1340	306	804	164	50	10	6
蕲春县	648	200	258	82	86	20	2
武穴市	1868	467	1094	207	68	25	7
黄梅县	911	163	604	88	39	15	2
咸宁市	**3846**	**2014**	**1519**	**175**	**87**	**35**	**16**
咸安区	276	127	130	12	3	2	2
嘉鱼县	251	132	86	21	8	4	
赤壁市	390	157	182	31	12	7	1
通城县	2026	1207	745	32	17	17	8
崇阳县	657	319	216	69	44	5	4
通山县	246	72	160	10	3		1
恩施州	**6317**	**2623**	**3060**	**402**	**178**	**48**	**6**
恩施市	859	246	506	88	15	4	
建始县	1562	795	635	74	49	7	2
巴东县	625	147	324	116	35	2	1
利川市	727	160	474	46	36	10	1
宣恩县	914	617	283	8	4	2	
咸丰县	1230	430	718	61	13	8	
来凤县	313	195	83	1	18	14	2
鹤峰县	87	33	37	8	8	1	
随州市	**3867**	**1477**	**1655**	**412**	**241**	**67**	**15**
经济开发区	128	20	30	50	20	6	2
曾都区	747	127	397	115	93	14	1
随县	1952	928	742	148	86	42	6
广水市	929	324	463	93	38	5	6
大洪山风景区	111	78	23	6	4		
仙桃市	**1581**	**178**	**1046**	**212**	**90**	**47**	**8**
潜江市	**3030**	**927**	**1806**	**169**	**93**	**25**	**10**
天门市	**2151**	**639**	**1218**	**171**	**79**	**30**	**14**
神农架林区	**22**	**8**	**13**	**1**			

续表2

名称	2、年存笼500只以上蛋鸡（个、户）	(1) 存笼500-999只（个、户）	(2) 存笼1000-4999只（个、户）	(3) 存笼5000-9999只（个、户）	(4) 存笼10000-19999只（个、户）	(5) 存笼20000-29999只（个、户）	(6) 存笼30000-39999只（个、户）	(7) 存笼40000-49999只（个、户）	(8) 存笼50000只以上（个、户）
湖北省	**13879**	**893**	**7434**	**2617**	**1807**	**603**	**229**	**87**	**209**
武汉市	**2202**	**7**	**1619**	**261**	**190**	**42**	**41**	**6**	**36**
武汉市辖区	41	1	17	8	2	1	1	4	7
蔡甸区	18	1	7	1	3	5			1
江夏区	28	5	19	1	2				1
黄陂区	300		206	56	20	6	6	2	4
新洲区	1815		1370	195	163	30	34		23
黄石市	**119**	**5**	**46**	**34**	**18**	**6**	**4**	**1**	**5**
黄石市辖区	5		2	2			1		
大冶市	63		24	23	8	5	1	1	1
阳新县	51	5	20	9	10	1	2		4
十堰市	**341**	**39**	**95**	**84**	**73**	**27**	**7**	**13**	**3**
十堰市辖区	9		6	1	2				
丹江口市	64	22	27	4	5	3	2	1	
郧县	159		29	51	42	20	3	12	2
郧西县	10		2	1	6		1		
竹山县	8		1	4	2	1			
竹溪县	25	8	14	1	2				
房县	66	9	16	22	14	3	1		1
荆州市	**951**	**15**	**503**	**143**	**227**	**34**	**8**	**2**	**19**
荆州市辖区	304	7	223	45	18	2	1		8
江陵县	127		84	35	5		2		1
松滋市	43		26	10	5	1			1
公安县	241	3	109		111	11	2	1	4
石首市	121			27	73	14	2	1	4
监利县	67		39	20	4	3	1		
洪湖市	48	5	22	6	11	3			1
宜昌市	**318**	**40**	**149**	**57**	**51**	**8**	**6**	**1**	**6**
宜昌市辖区	15	1	6	4	2			1	1
夷陵区	38	4	10	4	14	1	2		3
宜都市	36	9	18	5	2	2			
枝江市	40		14	7	17		2		
当阳市	108	3	63	25	12	4	1		
远安县	2						1		1
兴山县	9		3	2	4				
秭归县	27	10	15	2					
长阳土家族自治县	29	13	14			1			1
五峰土家族自治县	14		6	8					
襄樊市	**1903**	**399**	**904**	**281**	**254**	**45**	**12**	**2**	**6**
襄樊市辖区	98	10	66	12	9	1			
老河口市	139	7	53	43	25	5	6		
襄阳区	1031	362	541	116	8	2	1		1
枣阳市	152		61	24	59	4	1	1	2
宜城市	50	7	33	5	3				2
南漳县	192	13	122	41	13	3			
谷城县	221		16	33	136	30	4	1	1
保康县	20		12	7	1				
农场小计									
鄂州市	**385**	**22**	**209**	**91**	**49**	**5**	**5**	**1**	**3**

续表3

名称	2、年存笼500只以上蛋鸡(个、户)	(1)存笼500-999只(个、户)	(2)存笼1000-4999只(个、户)	(3)存笼5000-9999只(个、户)	(4)存笼10000-19999只(个、户)	(5)存笼20000-29999只(个、户)	(6)存笼30000-39999只(个、户)	(7)存笼40000-49999只(个、户)	(8)存笼50000只以上(个、户)
荆门市	**2167**	**110**	**1500**	**295**	**182**	**41**	**15**	**4**	**20**
荆门市辖区	97	15	28	19	18	6	4	1	6
沙洋县	275	22	95	54	80	10	7		7
钟祥市	160	14	49	37	36	13	3	3	5
京山县	1635	59	1328	185	48	12	1		2
沙洋农场									
孝感市	**1890**	**101**	**1051**	**427**	**178**	**60**	**32**	**18**	**23**
孝感市辖区	110		44	44	13	1	3		5
孝昌县	115		0	106	1	5	2		1
大悟县	63	10	25	3	22	2	1		
安陆市	558	80	410	8	15	10	16	10	9
云梦县	536		456	42	33	3	2		
应城市	435	6	96	191	81	37	8	8	8
汉川市	73	5	20	33	13	2			
黄冈市	**2391**	**32**	**854**	**763**	**437**	**153**	**65**	**22**	**65**
黄冈市辖区	40	1	16	6	15	2			
团风县	427		26	125	111	76	43	14	32
红安县	67		26	24	13	2	1		1
麻城市	400		176	169	44	6	5		
罗田县	37	4	15	6	12				
英山县	41	2	21	9	4	3			2
浠水县	1108	10	427	358	220	52	12	5	24
蕲春县	219	9	121	54	15	10	3	3	4
武穴市	23	6	10	6					1
黄梅县	29		16	6	3	2	1		1
咸宁市	**177**	**34**	**104**	**20**	**12**	**1**	**4**	**2**	
咸安区	6		1	2	2			1	
嘉鱼县	30	3	13	10	3		1		
赤壁市	39	10	21	3	3		2		
通城县	90	14	65	4	4	1	1	1	
崇阳县									
通山县	12	7	4	1					
恩施州	**111**	**16**	**41**	**17**	**14**	**10**	**6**	**2**	**5**
恩施市	22	5	6	6	2	1	1	1	
建始县	23	1	2	3	5	5	3		4
巴东县	8	3	3	1			1		
利川市	25	1	17	3	3	1			
宣恩县	3	1	1	1					
咸丰县	13		7	1	2	1		1	1
来凤县	12	2	4	2	2	2			
鹤峰县	5	3	1				1		
随州市	**277**	**59**	**120**	**42**	**26**	**12**	**4**	**2**	**12**
经济开发区	51	27	16		5				3
曾都区	94	28	31	17	6	4	1	1	6
随县		4	44	13	1	3	1	1	1
广水市	47		15	10	13	5	2		2
大洪山风景区	17		14	2	1				
仙桃市	**380**		**54**	**70**	**77**	**151**	**14**	**10**	**4**
潜江市	**237**	**10**	**177**	**29**	**10**	**6**	**3**		**2**
天门市	**27**	**4**	**8**		**9**	**2**	**3**	**1**	
神农架林区	**3**			**3**					

续表4

名称	3、年存笼500只以上蛋鸭(个、户)	(1)存笼500-999只(个、户)	(2)存笼1000-4999只(个、户)	(3)存笼5000-9999只(个、户)	(4)存笼10000-19999只(个、户)	(5)存笼20000-29999只(个、户)	(6)存笼30000-39999只(个、户)	(7)存笼40000-49999只(个、户)	(8)存笼50000只以上(个、户)
湖北省	**5299**	**1108**	**3674**	**347**	**105**	**34**	**12**	**4**	**15**
武汉市	**316**	**19**	**278**	**15**	**1**				**3**
武汉市辖区	17		15	2					
蔡甸区	47	2	41	4					
江夏区	46	17	28	1					
黄陂区	206		194	8	1				3
新洲区									
黄石市	**46**	**11**	**30**	**2**	**1**	**1**	**1**		
黄石市辖区									
大冶市									
阳新县	46	11	30	2	1	1	1		
十堰市	**30**	**3**	**24**	**1**	**2**				
十堰市辖区									
丹江口市	26	2	23		1				
郧县	3	1	1	1					
郧西县									
竹山县									
竹溪县									
房县	1				1				
荆州市	**2090**	**606**	**1300**	**126**	**40**	**14**	**1**		**3**
荆州市辖区	135	22	92	14	7				
江陵县	102	16	67	15	1	3			
松滋市	36	22	13			1			
公安县	667	161	427	60	17	1			1
石首市	187	11	141	23	8	3	1		
监利县	860	355	481	11	6	6			1
洪湖市	103	19	79	3	1				1
宜昌市	**56**	**8**	**40**	**6**	**2**				
宜昌市辖区									
夷陵区									
宜都市	1	1							
枝江市	8	1	5	2					
当阳市	47	6	35	4	2				
远安县									
兴山县									
秭归县									
长阳土家族自治县									
五峰土家族自治县									
襄樊市	**389**	**17**	**324**	**35**	**9**	**4**			
襄樊市辖区	23	1	19	2	1				
老河口市	4	1	3						
襄阳区	64	4	57	3					
枣阳市	24		21		3				
宜城市	253	3	211	30	5	4			
南漳县	13	6	7						
谷城县	8	2	6						
保康县									
农场小计									
鄂州市	**219**	**24**	**153**	**30**	**10**	**1**			**1**

续表5

名称	3、年存笼500只以上蛋鸭（个、户）	(1)存笼500–999只(个、户)	(2)存笼1000–4999只(个、户)	(3)存笼5000–9999只(个、户)	(4)存笼10000–19999只(个、户)	(5)存笼20000–29999只(个、户)	(6)存笼30000–39999只(个、户)	(7)存笼40000–49999只(个、户)	(8)存笼50000只以上(个、户)
荆门市	**860**	**180**	**598**	**50**	**14**	**7**	**5**	**3**	**3**
荆门市辖区	61	33	25	1		1			1
沙洋县	175	68	79	7	7	5	5	3	1
钟祥市	56	1	31	19	4				1
京山县	568	78	463	23	3	1			
沙洋农场									
孝感市									
孝感市辖区	16	2	7	6		1			
孝昌县									
大悟县	13	5	4	4					
安陆市	93	75	18						
云梦县									
应城市	172	9	130	32	1				
汉川市	166	22	135	6	3				
黄冈市	**158**	**20**	**89**	**35**	**11**	**2**	**1**		
黄冈市辖区	8		1	5	1	1			
团风县									
红安县	23	3	14	5	1				
麻城市	46	3	32	9	2				
罗田县									
英山县	7		3	2	2				
浠水县	45	12	24	5	3		1		
蕲春县	11		4	6	1				
武穴市	8	2	5		1				
黄梅县	10		6	3		1			
咸宁市	**75**	**37**	**30**	**8**					
咸安区									
嘉鱼县	28	4	17	7					
赤壁市	42	29	12	1					
通城县									
崇阳县	3	3							
通山县	2	1	1						
恩施州	**46**	**26**	**15**	**3**	**1**	**1**			
恩施市	2		2						
建始县	10	2	3	3	1	1			
巴东县									
利川市									
宣恩县	13	10	3						
咸丰县	4	4							
来凤县	16	10	6						
鹤峰县	1		1						
随州市	**285**	**16**	**236**	**16**	**7**	**3**	**3**		**4**
经济开发区	11	0	5	0	3				3
曾都区	74	6	59	7			1		1
随县	176	7	155	8	4	1	1		
广水市	24	3	17	1		2	1		
大洪山风景区									
仙桃市	**437**	**128**	**296**	**7**	**4**	**1**	**1**		
潜江市	**142**	**13**	**116**	**10**	**2**			**1**	
天门市	**150**		**145**	**3**	**1**				**1**
神农架林区									

续表6

名称	4、年出笼2000只以上肉鸡(个、户)	(1)出笼2000-4999只(个、户)	(2)出笼5000-9999只(个、户)	(3)出笼10000-29999只(个、户)	(4)出笼30000-99999只(个、户)	(5)出笼100000只以上(个、户)
湖北省	**9126**	**1741**	**1401**	**4496**	**1166**	**322**
武汉市	**715**	**136**	**161**	**289**	**111**	**18**
武汉市辖区	34	7	8	8	8	3
蔡甸区	3			2	1	
江夏区	485	45	106	239	84	11
黄陂区	73		19	31	17	6
新洲区	60	15	29	15	1	
黄石市	**68**	**8**	**4**	**17**	**15**	**24**
黄石市辖区	4	2	2			
大冶市	53			14	15	24
阳新县	11	6	2	3		
十堰市	**501**	**138**	**100**	**164**	**88**	**11**
十堰市辖区	30	3	5	15	6	1
丹江口市	243	45	43	77	69	9
郧县	81	27	21	27	6	
郧西县	3	2		1		
竹山县	47	9	11	22	4	1
竹溪县	55	34	8	12	1	
房县	42	18	12	10	2	
荆州市	**1322**	**91**	**129**	**908**	**150**	**44**
荆州市辖区	200	5	20	80	68	27
江陵县	156		1	105	49	1
松滋市	81	67	5	6	2	1
公安县	56	13	25	10	4	4
石首市	9				6	3
监利县	812	6	75	706	18	7
洪湖市	8		3	1	3	1
宜昌市	**388**	**47**	**69**	**168**	**78**	**26**
宜昌市辖区	58	9	19	21	7	2
夷陵区	59	5	8	19	18	9
宜都市	90		8	61	21	
枝江市	23		1	4	15	3
当阳市	84	13	17	30	13	11
远安县	7	2	1	4		
兴山县	7	4	1	2		
秭归县	19	10	4	1	3	1
长阳土家族自治县	2	1			1	
五峰土家族自治县	39	3	10	26		
襄樊市	**1839**	**551**	**293**	**639**	**280**	**76**
襄樊市辖区	89	22	24	30	8	5
老河口市	142	3	5	78	50	6
襄阳区	818	288	145	326	41	18
枣阳市	194	13	12	56	80	33
宜城市	206	65	42	56	34	9
南漳县	189	82	25	34	47	1
谷城县	186	73	33	57	19	4
保康县	15	5	7	2	1	
农场小计						
鄂州市	**94**	**0**	**4**	**28**	**48**	**14**

续表7

名称	4、年出笼2000只以上肉鸡(个、户)	(1)出笼2000-4999只(个、户)	(2)出笼5000-9999只(个、户)	(3)出笼10000-29999只(个、户)	(4)出笼30000-99999只(个、户)	(5)出笼100000只以上(个、户)
荆门市	**489**	**115**	**179**	**122**	**35**	**38**
荆门市辖区	198	51	112	27	8	
沙洋县	164	18	30	62	18	36
钟祥市	72	9	24	28	9	2
京山县	55	37	13	5		
沙洋农场						
孝感市	**1612**	**297**	**204**	**975**	**120**	**16**
孝感市辖区	24	6	7	10	1	
孝昌县	83		1	4	71	7
大悟县	9	7	1	1		
安陆市	195	140	10	43	2	
云梦县	86	7	27	51		1
应城市	135	117	9	4		5
汉川市	1080	20	149	862	46	3
黄冈市	**114**	**33**	**22**	**40**	**16**	**3**
黄冈市辖区	7	3	2	1	1	
团风县	3			2	1	
红安县	13	6	3	3	1	
麻城市	15	7	1	4	2	1
罗田县						
英山县	16	7	4	5		
浠水县	3	2			1	
蕲春县	22		7	12	2	1
武穴市	15	8	5	2		
黄梅县	20			11	8	1
咸宁市	**1107**	**50**	**43**	**893**	**112**	**9**
咸安区	985	2	8	868	103	4
嘉鱼县	17		12	4	1	
赤壁市	18		3	9	4	2
通城县	16	5		8	2	1
崇阳县	8	4	1	3		
通山县	63	39	19	1	2	2
恩施州	**316**	**178**	**73**	**51**	**9**	**5**
恩施市	58	53			2	3
建始县	77	22	23	27	3	2
巴东县	39	32	5	1	1	
利川市	52	27	14	9	2	
宣恩县	20	12	2	6		
咸丰县	46	20	23	2	1	
来凤县	20	6	8	6		
鹤峰县	4	3		1		
随州市	**479**	**88**	**112**	**154**	**87**	**38**
经济开发区	111	64	3	34	9	1
曾都区	162	13	17	79	24	29
随县	163	71	31	35	18	8
广水市	149	4	63	37	44	1
大洪山风景区	5		1	3	1	
仙桃市	**5**	**1**	**2**	**2**		
潜江市	**9**	**8**		**1**		
天门市	**63**		**3**	**43**	**17**	
神农架林区	**5**		**3**	**2**		

续表8

名称	5、年出笼2000只肉鸭以上的总户数	(1)出笼2000-4999只(个、户)	(2)出笼5000-9999只(个、户)	(3)出笼10000-29999只(个、户)	(4)出笼30000-99999只(个、户)	(5)出笼100000只以上(个、户)
湖北省	**2590**	**561**	**582**	**1028**	**487**	**115**
武汉市	**879**	**227**	**189**	**369**	**85**	**9**
武汉市辖区	5	3		2		
蔡甸区	132		4	83	43	2
江夏区	63	16	7	22	18	
黄陂区	463		176	259	23	5
新洲区	19	11	2	3	1	2
黄石市	**32**	**5**	**3**	**2**	**5**	**17**
黄石市辖区						
大冶市	23			1	5	17
阳新县	9	5	3	1		
十堰市	**1**	**1**				
十堰市辖区						
丹江口市						
郧县	1	1				
郧西县						
竹山县						
竹溪县						
房县						
荆州市	**172**	**18**	**108**	**33**	**6**	**7**
荆州市辖区	33	1	10	16	3	3
江陵县	7		5	2		
松滋市	4	1	2	1		
公安县	102		89	13		
石首市						
监利县	20	15	2		1	2
洪湖市	6	1		1	2	2
宜昌市	**13**	**4**		**6**	**2**	**1**
宜昌市辖区						
夷陵区	2			1		1
宜都市						
枝江市	6			5	1	
当阳市	5	4			1	
远安县						
兴山县						
秭归县						
长阳土家族自治县						
五峰土家族自治县						
襄樊市	**336**	**71**	**52**	**111**	**97**	**5**
襄樊市辖区	20	2	4	14		
老河口市	5		1		4	
襄阳区	19	12	4	2	1	
枣阳市	188	34	35	59	56	4
宜城市	50	15	5	16	14	
南漳县	4	1		3		
谷城县						
保康县	50	7	3	17	22	1
农场小计						
鄂州市	**59**	**5**	**15**	**31**	**6**	**2**

续表9

名称	5、年出笼2000只肉鸭以上的总户数	(1)出笼2000–4999只(个、户)	(2)出笼5000–9999只(个、户)	(3)出笼10000–29999只(个、户)	(4)出笼30000–99999只(个、户)	(5)出笼100000只以上(个、户)
荆门市	**173**	**58**	**63**	**22**	**25**	**5**
荆门市辖区	46	26	14	3	2	1
沙洋县	105	21	49	10	22	3
钟祥市	11	8		1	1	1
京山县	11	3		8		
沙洋农场						
孝感市	**626**	**94**	**128**	**344**	**209**	**34**
孝感市辖区	68	5	11	21	25	6
孝昌县	148				132	16
大悟县	7	3	1		3	
安陆市	59	40	16	3		
云梦县	253	34	53	142	18	6
应城市	91	3	29	44	11	4
汉川市	183	9	18	134	20	2
黄冈市	**110**	**16**	**11**	**62**	**20**	**1**
黄冈市辖区	8			5	2	1
团风县	7			6	1	
红安县	13	8	3	2		
麻城市	18	7	5	3	3	
罗田县						
英山县						
浠水县	5	1	1		3	
蕲春县	2			1	1	
武穴市	8		2	6		
黄梅县	49			39	10	
咸宁市	**41**	**4**	**1**	**3**	**1**	**32**
咸安区	1					1
嘉鱼县						
赤壁市	2	1		1		
通城县						
崇阳县	33			1	1	31
通山县	5	3	1	1		
恩施州	**33**	**15**	**9**	**7**	**2**	
恩施市						
建始县	20	11	5	2	2	
巴东县						
利川市						
宣恩县	1		1			
咸丰县						
来凤县	12	4	3	5		
鹤峰县						
随州市	**44**	**33**	**2**	**4**	**4**	**1**
经济开发区						
曾都区	5			1	3	1
随县	5	5				
广水市	33	27	2	3	1	
大洪山风景区	1	1				
仙桃市						
潜江市	**17**	**10**	**1**	**2**	**4**	
天门市	**54**			**32**	**21**	**1**
神农架林区						

续表10

名称	6、年出栏5只以上肉牛（个、户）	(1)出栏5-19头（个、户）	(2)出栏20-49头（个、户）	(3)出栏50-99头（个、户）	(4)出栏100-499头（个、户）	(5)出栏500-999头（个、户）	(6)出栏1000头以上(个、户)
湖北省	**9475**	**4872**	**2317**	**1264**	**907**	**76**	**39**
武汉市	**332**	**205**	**76**	**20**	**24**	**3**	**4**
武汉市辖区							
蔡甸区	1						1
江夏区							
黄陂区	128	54	49	8	13	1	3
新洲区	203	151	27	12	11	2	
黄石市	**58**	**37**	**9**	**2**	**8**	**1**	**1**
黄石市辖区							
大冶市	2					1	1
阳新县	56	37	9	2	8		
十堰市	**1187**	**962**	**179**	**25**	**18**	**3**	
十堰市辖区	27	23	4				
丹江口市	671	581	75	11	4		
郧县	66	42	17	4	1	2	
郧西县	119	116	2	1			
竹山县	99	92	6	1			
竹溪县	113	53	47	8	4	1	
房县	92	55	28		9		
荆州市	**178**	**70**	**51**	**21**	**36**		
荆州市辖区	24		15	5	4		
江陵县	9	1	6	1	1		
松滋市	22	14	1	1	6		
公安县	82	53	7	5	17		
石首市	15	2	11		2		
监利县	13		4	5	4		
洪湖市	13		7	4	2		
宜昌市	**125**	**46**	**32**	**28**	**17**	**2**	
宜昌市辖区							
夷陵区	18	10	3	3	2		
宜都市	36	13	16	6	1		
枝江市	20	5	4	5	4	2	
当阳市	7			3	4		
远安县	8	5	3				
兴山县	5		1	2	2		
秭归县	8		3	4	1		
长阳土家族自治县	23	13	2	5	3		
五峰土家族自治县							
襄樊市	**3260**	**1076**	**1065**	**702**	**387**	**20**	**10**
襄樊市辖区	176	26	31	63	55	1	
老河口市	598	236	246	55	53	8	
襄阳区	827	46	271	323	184		3
枣阳市	321	53	54	159	46	6	3
宜城市	385	50	256	55	19	1	4
南漳县	386	291	53	23	16	3	
谷城县	146	36	78	19	12	1	
保康县	421	338	76	5	2		
农场小计							
鄂州市	**81**	**12**	**27**	**14**	**27**	**1**	

续表11

名称	6、年出栏5只以上肉牛(个、户)	(1)出栏5-19头(个、户)	(2)出栏20-49头(个、户)	(3)出栏50-99头(个、户)	(4)出栏100-499头(个、户)	(5)出栏500-999头(个、户)	(6)出栏1000头以上(个、户)
荆门市	**478**	**214**	**79**	**65**	**103**	**5**	**12**
荆门市辖区	86	35	24	24	3		
沙洋县	138	30	31	20	48		9
钟祥市	200	116	15	15	46	5	3
京山县	54	33	9	6	6		
沙洋农场							
孝感市	**269**	**126**	**83**	**24**	**22**	**12**	**2**
孝感市辖区	47	18	25	2	2		
孝昌县	23	9	8	3	2	1	
大悟县	117	67	25	7	6	10	2
安陆市	13		1	2	10		
云梦县							
应城市	24	1	12	8	2	1	
汉川市	45	31	12	2			
黄冈市	**1689**	**1083**	**312**	**141**	**141**	**10**	**2**
黄冈市辖区	11	6	2	1	2		
团风县	102	18	15	14	53	2	
红安县	45	5	22	5	10	1	2
麻城市	1340	1006	232	73	28	1	
罗田县	38	7	20	9	2		
英山县	9			9			
浠水县	9	3		1	4	1	
蕲春县	111	31	21	28	28	3	
武穴市	8	7		1			
黄梅县	16				14	2	
咸宁市	**387**	**310**	**58**	**12**	**6**	**1**	
咸安区	16	14		2			
嘉鱼县	109	98	6	4	1		
赤壁市	43	38	4	1			
通城县	81	49	28	1	2	1	
崇阳县	76	72	2	1	1		
通山县	62	39	18	3	2		
恩施州	**558**	**358**	**153**	**36**	**9**	**1**	**1**
恩施市	153	137	10	4	1	1	
建始县	256	150	90	13	2		1
巴东县	33	10	16	6	1		
利川市	29	18	6	1	4		
宣恩县	17	6	8	3			
咸丰县	38	17	18	3			
来凤县	22	15	4	2	1		
鹤峰县	10	5	1	4			
随州市	**577**	**251**	**112**	**126**	**69**	**13**	**6**
经济开发区	47	18	8	5	13	3	
曾都区	238	180	15	8	26	8	1
随县	90	9	43	15	18	1	4
广水市	174	19	44	98	12	1	
大洪山风景区	28	25	2				1
仙桃市	**21**	**7**	**10**	**2**	**2**	**0**	
潜江市	**192**	**60**	**64**	**35**	**31**	**2**	
天门市	**77**	**50**	**6**	**11**	**7**	**2**	**1**
神农架林区	**6**	**5**	**1**				

续表12

名称	7、年出栏30只以上肉牛	(1)出栏30-299只(个、户)	(2)出栏300-499只(个、户)	(3)出栏500-999只(个、户)	(4)出栏1000-2999只(个、户)	(5)出栏3000-9999只(个、户)	(6)出栏10000只以上(个、户)
湖北省	**22782**	**21670**	**733**	**274**	**101**	**4**	
武汉市	**127**	**111**	**15**	**1**			
武汉市辖区	21	20			1		
蔡甸区	3	3					
江夏区							
黄陂区	60	47	12	1			
新洲区	44	44					
黄石市	**31**	**21**	**8**	**2**			
黄石市辖区	3	3					
大冶市							
阳新县	28	18	8	2			
十堰市	**7344**	**7309**	**30**	**5**			
十堰市辖区	116	115	1				
丹江口市	464	445	17	2			
郧县	262	261	1				
郧西县	2752	2750	2				
竹山县	174	174					
竹溪县	150	138	9	3			
房县	3426	3426					
荆州市	**215**	**184**	**26**	**3**	**2**		
荆州市辖区	29	23	4	2			
江陵县	17	13	4				
松滋市	34	34					
公安县	86	76	8		2		
石首市	33	29	4				
监利县	10	5	4	1			
洪湖市	6	4	2				
宜昌市	**4365**	**4301**	**38**	**14**	**12**		
宜昌市辖区	26	23	3				
夷陵区	317	307	8	1	1		
宜都市	1502	1501		1			
枝江市	11	10		1			
当阳市	131	105	20	5	1		
远安县	104	86	3	5	10		
兴山县	287	286	1				
秭归县	148	146	2				
长阳土家族自治县	1754	1752	1	1			
五峰土家族自治县	85	85					
襄樊市	**4214**	**3861**	**209**	**97**	**47**		
襄樊市辖区	51	25	11	9	6		
老河口市	261	187	33	27	14		
襄阳区	1568	1536	18	6	8		
枣阳市	498	334	103	43	18		
宜城市	245	236	9				
南漳县	893	883	8	1	1		
谷城县	263	227	27	9			
保康县	435	433		2			
农场小计							
鄂州市	**65**	**58**	**2**	**2**	**2**	**1**	

续表13

名称	7、年出栏30只以上肉牛	(1)出栏30–299只(个、户)	(2)出栏300–499只(个、户)	(3)出栏500–999只(个、户)	(4)出栏1000–2999只(个、户)	(5)出栏3000–9999只(个、户)	(6)出栏10000只以上(个、户)
荆门市	**1650**	**1424**	**149**	**64**	**13**		
荆门市辖区	1261	1118	119	20	4		
沙洋县	40	12	17	6	5		
钟祥市	180	128	12	37	3		
京山县	169	166	1	1	1		
沙洋农场							
孝感市	**715**	**610**	**61**	**39**	**5**		
孝感市辖区	5	3	2				
孝昌县	55	48	4	3			
大悟县	285	222	38	25			
安陆市	332	309	11	7	5		
云梦县							
应城市	27	20	4	3			
汉川市	11	8	2	1			
黄冈市	**1223**	**1156**	**43**	**17**	**6**	**1**	
黄冈市辖区	10	10					
团风县	93	66	13	9	5		
红安县	90	86	3	1			
麻城市	444	429	14	1			
罗田县	294	292		1		1	
英山县	199	191	8				
浠水县	24	24					
蕲春县	48	40	4	3	1		
武穴市	19	18	1				
黄梅县	2			2			
咸宁市	**356**	**345**	**3**	**6**	**2**		
咸安区	25	25					
嘉鱼县	15	13		2			
赤壁市	30	29	1				
通城县	79	77	1	1			
崇阳县	70	68	1	1			
通山县	137	133		2	2		
恩施州	**937**	**883**	**39**	**10**	**4**	**1**	
恩施市	88	87		1			
建始县	223	209	10	3	1		
巴东县	115	103	7	4	1		
利川市	210	195	12	3			
宣恩县	56	49	5		1	1	
咸丰县	121	118	3				
来凤县	78	78					
鹤峰县	45	43	1		1		
随州市	**973**	**845**	**106**	**13**	**8**	**1**	
经济开发区	71	51	16	2	2		
曾都区	194	185	2	1	5	1	
随县	335	290	43	2			
广水市	337	286	43	8			
大洪山风景区	36	33	2		1		
仙桃市	**8**	**8**					
潜江市	**37**	**35**	**2**				
天门市	**511**	**508**	**2**	**1**			
神农架林区	**11**	**11**					

续表14

名称	7、年出栏30只以上肉羊(个、户)	(1)出栏30-299只(个、户)	(2)出栏300-499只(个、户)	(3)出栏500-999只(个、户)	(3)出栏1000-2999只(个、户)	(4)出栏3000-9999只(个、户)	(5)出栏10000只以上(个、户)
湖北省	**22782**	**21670**	**733**	**274**	**101**	**4**	
武汉市	**127**	**111**	**15**	**1**			
武汉市辖区	21	20			1		
蔡甸区	3	3					
江夏区							
黄陂区	60	47	12	1			
新洲区	44	44					
黄石市	**31**	**21**	**8**	**2**			
黄石市辖区	3	3					
大冶市							
阳新县	28	18	8	2			
十堰市	**7344**	**7309**	**30**	**5**			
十堰市辖区	116	115	1				
丹江口市	464	445	17	2			
郧县	262	261	1				
郧西县	2752	2750	2				
竹山县	174	174					
竹溪县	150	138	9	3			
房县	3426	3426					
荆州市	**215**	**184**	**26**	**3**	**2**		
荆州市辖区	29	23	4	2			
江陵县	17	13	4				
松滋市	34	34					
公安县	86	76	8		2		
石首市	33	29	4				
监利县	10	5	4	1			
洪湖市	6	4	2				
宜昌市	**4365**	**4301**	**38**	**14**	**12**		
宜昌市辖区	26	23	3				
夷陵区	317	307	8	1	1		
宜都市	1502	1501		1			
枝江市	11	10		1			
当阳市	131	105	20	5	1		
远安县	104	86	3	5	10		
兴山县	287	286	1				
秭归县	148	146	2				
长阳土家族自治县	1754	1752	1	1			
五峰土家族自治县	85	85					
襄樊市	**4214**	**3861**	**209**	**97**	**47**		
襄樊市辖区	51	25	11	9	6		
老河口市	261	187	33	27	14		
襄阳区	1568	1536	18	6	8		
枣阳市	498	334	103	43	18		
宜城市	245	236	9				
南漳县	893	883	8	1	1		
谷城县	263	227	27	9			
保康县	435	433		2			
农场小计							
鄂州市	**65**	**58**	**2**	**2**	**2**	**1**	

续表15

名称	7、年出栏30只以上肉羊(个、户)	(1)出栏30-299只(个、户)	(2)出栏300-499只(个、户)	(3)出栏500-999只(个、户)	(3)出栏1000-2999只(个、户)	(4)出栏3000-9999只(个、户)	(5)出栏10000只以上(个、户)
荆门市	**1650**	**1424**	**149**	**64**	**13**		
荆门市辖区	1261	1118	119	20	4		
沙洋县	40	12	17	6	5		
钟祥市	180	128	12	37	3		
京山县	169	166	1	1	1		
沙洋农场							
孝感市	**715**	**610**	**61**	**39**	**5**		
孝感市辖区	5	3	2				
孝昌县	55	48	4	3			
大悟县	285	222	38	25			
安陆市	332	309	11	7	5		
云梦县							
应城市	27	20	4	3			
汉川市	11	8	2	1			
黄冈市	**1223**	**1156**	**43**	**17**	**6**	**1**	
黄冈市辖区	10	10					
团风县	93	66	13	9	5		
红安县	90	86	3	1			
麻城市	444	429	14	1			
罗田县	294	292		1		1	
英山县	199	191	8				
浠水县	24	24					
蕲春县	48	40	4	3	1		
武穴市	19	18	1				
黄梅县	2			2			
咸宁市	**356**	**345**	**3**	**6**	**2**		
咸安区	25	25					
嘉鱼县	15	13		2			
赤壁市	30	29	1				
通城县	79	77	1	1			
崇阳县	70	68	1	1			
通山县	137	133		2	2		
恩施州	**937**	**883**	**39**	**10**	**4**	**1**	
恩施市	88	87		1			
建始县	223	209	10	3	1		
巴东县	115	103	7	4	1		
利川市	210	195	12	3			
宣恩县	56	49	5		1	1	
咸丰县	121	118	3				
来凤县	78	78					
鹤峰县	45	43	1		1		
随州市	**973**	**845**	**106**	**13**	**8**	**1**	
经济开发区	71	51	16	2	2		
曾都区	194	185	2	1	5	1	
随县	335	290	43	2			
广水市	337	286	43	8			
大洪山风景区	36	33	2		1		
仙桃市	**8**	**8**					
潜江市	**37**	**35**	**2**				
天门市	**511**	**508**	**2**	**1**			
神农架林区	**11**	**11**					

续表16

名称	8、年出栏5只肉牛以上的总户数	(1)存栏5-49头(个、户)	(2)存栏50-99头(个、户)	(3)存栏100-299头(个、户)	(4)存栏300-499头(个、户)	(5)存栏500-999头(个、户)	(6)存栏1000头以上(个、户)	9、年出笼鹅100只以上(个、户)	10、年出笼特禽1000只以上(个、户)	11、年出栏肉兔50只以上(个、户)
湖北省	**532**	**397**	**66**	**27**	**9**	**18**	**15**	**527**	**351**	**402**
武汉市	**62**	**28**	**18**	**11**	**2**		**3**	**2**	**9**	**2**
武汉市辖区	26	12	7	6	1					
蔡甸区	5	1	1	2	1			2	1	
江夏区	1			1						
黄陂区	30	15	10	2			3			
新洲区									8	2
黄石市										
黄石市辖区										
大冶市										
阳新县										
十堰市	**11**	**9**	**2**					**1**		**2**
十堰市辖区	11	9	2							
丹江口市										2
郧县										
郧西县										
竹山县										
竹溪县										
房县										
荆州市								**72**	**10**	**5**
荆州市辖区								3	4	1
江陵县								9		
松滋市								23		
公安县								33		1
石首市								2		
监利县								2	1	1
洪湖市									4	1
宜昌市	**41**	**11**	**15**	**7**	**5**	**2**	**1**	**1**	**8**	**4**
宜昌市辖区	3		1		2					
夷陵区	36	10	14	7	3	1	1			1
宜都市	1	1							6	1
枝江市								1		
当阳市	1					1			1	1
远安县										
兴山县										
秭归县									1	1
长阳土家族自治县										
五峰土家族自治县										
襄樊市	**120**	**105**	**11**	**3**			**1**	**3**	**17**	**172**
襄樊市辖区	28	24	2	1			1		4	18
老河口市	25	24	1					1	4	51
襄阳区										
枣阳市	4		4					1		90
宜城市	40	36	4					1	7	6
南漳县	1	1								3
谷城县	22	20		2						4
保康县									2	
农场小计										
鄂州市	**2**	**2**						**1**	**29**	

续表17

名称	8、年出栏5只肉牛以上的总户数	(1)存栏5–49头(个、户)	(2)存栏50–99头(个、户)	(3)存栏100–299头(个、户)	(4)存栏300–499头(个、户)	(5)存栏500–999头(个、户)	(6)存栏1000头以上(个、户)	9、年出笼鹅100只以上(个、户)	10、年出笼特禽1000只以上(个、户)	11、年出栏肉兔50只以上(个、户)
荆门市	**125**	**116**	**4**	**4**		**1**		**105**	**17**	**43**
荆门市辖区	10	9		1				102	3	2
沙洋县	72	68		3		1			2	1
钟祥市	24	24								2
京山县	19	15	4					3	12	38
沙洋农场										
孝感市	**37**	**26**	**8**	**1**		**1**	**1**	**242**	**146**	**33**
孝感市辖区	4	2				1	1	1	36	3
孝昌县								3		1
大悟县	7	7							3	1
安陆市	3	2		1				4	5	4
云梦县										
应城市								23	40	2
汉川市	23	15	8					211	62	22
黄冈市	**45**	**21**	**2**	**1**	**1**	**12**	**8**	**43**	**8**	**27**
黄冈市辖区	7					6	1	1	1	
团风县	3				1	1	1			
红安县	3					3				
麻城市	1						1	1	1	1
罗田县	1						1			
英山县	1					1				
浠水县	1						1		3	2
蕲春县	26	21	2	1		1	1	40	2	14
武穴市	1						1			
黄梅县	1						1	1	1	10
咸宁市	**52**	**48**			**1**	**2**	**1**	**1**	**7**	**13**
咸安区	50	47				2	1			3
嘉鱼县	1	1								
赤壁市									2	2
通城县	1				1			1	1	
崇阳县									1	
通山县									3	8
恩施州	**12**	**10**	**2**					**1**	**13**	**16**
恩施市	5	3	2						3	3
建始县	1	1								
巴东县										
利川市	1	1							10	5
宣恩县	5	5								
咸丰县										7
来凤县								1		1
鹤峰县										
随州市	**3**	**3**						**54**	**85**	**84**
经济开发区								1		
曾都区								1	4	
随县										
广水市	3	3						52	81	82
大洪山风景区										
仙桃市										
潜江市	**22**	**18**	**4**					**1**		**1**
天门市										
神农架林区									**2**	

2010年度畜产品加工企业情况(一)

肉制品					禽蛋制品				
名称	加工企业个数(个)	从业劳动力（人）	固定资产(万元)	年产值(万元)	名称	加工企业个数(个)	从业劳动力（人）	固定资产(万元)	年产值(万元)
合计	678	26860	583489	2683051	合计	144	4617	96004	383531
武汉市	12	6477	109356	687535	武汉市	4	350	9926	4800
黄石市	18	1304	52260	78064	黄石市				
十堰市	17	1102	17096	73491.8	十堰市				
宜昌市	87	3933	33702	186747	宜昌市	17	47	2010	2980
襄樊市	62	2171	82858	173682	襄樊市	17	1170	7936	10255
鄂州市	19	259	2247	20485	鄂州市				
荆门市	61	993	39854	209406	荆门市	10	533	20500	138215
孝感市	37	2219	62779	172018	孝感市	17	569	26450	96730
荆州市	85	1088	22990	96215.1	荆州市	32	1260	17340	61977
黄冈市	104	1966	11246	103058.3	黄冈市				
咸宁市	60	1183	11418	237095	咸宁市	7	20	200	300
随州市	33	1050	26620	338556.3	随州市	7	28	1335	2400
恩施州	38	1761	69373	164747.7	恩施州	4	5	20	29.5
仙桃市	4	457	14826	54263	仙桃市	2	306	6772	17911
潜江市	33	805	22464	74738	潜江市	14	263	1515	21934
天门市	7	86	4300	12934	天门市	2	66	2000	26000
神农架林区	1	6	100	15	神农架林区				

2010年度畜产品加工企业情况(二)

乳制品					蜂制品				
名称	加工企业个数(个)	从业劳动力(人)	固定资产(万元)	年产值(万元)	名称	加工企业个数(个)	从业劳动力(人)	固定资产(万元)	年产值(万元)
合计	48	3942	71334.77	60646.6	合计	61	2142	39790	111456
武汉市	3	1985	50574.77	28511	武汉市	8	843	26985	51976
黄石市	1				黄石市	1			
十堰市	1	50	1500	560	十堰市	1	32	95	530
宜昌市	9	1182	12800	20529	宜昌市	8	12	32	50
襄樊市	9	318	1240	6350	襄樊市	9	71	3000	4000
鄂州市					鄂州市				
荆门市	3	256	2400	2456.6	荆门市	3	66	2268	4160
孝感市	5				孝感市	7	340	2800	19520
荆州市	4				荆州市	4			
黄冈市	1				黄冈市	3	280	800	1400
咸宁市	4	151	2820	2240	咸宁市	4	330	760	2770
随州市	3				随州市	6	157	1900	26600
恩施州	3				恩施州	1			
仙桃市					仙桃市				
潜江市	1				潜江市	1			
天门市	1				天门市	1			
神农架林区					神农架林区	4	11	1150	450

畜牧兽医技术培训情况高级汇总数据

项目	单位	2010年	2009年	2009年比2008年	
				绝对数	%
一、本系统内职工培训总人数	人次	69730	67078	2652	3.95%
(1)参加全国培训班人次	人次	323	329	-6	-1.82%
(2)参加省级培训班人次	人次	3757	2714	1043	38.43%
(3)参加市级培训班人次	人次	10529	8163	2366	28.98%
(4)参加县级培训班人次	人次	52342	57122	-4780	-8.37%
二、畜牧兽医知识普及情况					
农民参加畜牧部门举办的培训班、讲座人次	人次	1079128	1447495	-368367	-25.45%
其中:专业户参加培训和讲座人次	人次	348373	387306	-38933	-10.05%
三、年内县级以上畜牧部门用于培训的经费	万元	1782	1483.58	298.42	20.11%
四、畜牧部门推广配方饲料的情况					
(1)推广预混料	吨	335658.85	145685.576	189973.274	130.40%
(2)推广浓缩料	吨	3083586.55	668196.48	2415390.07	361.48%
(3)推广配合饲料	吨	6241449.3	4439374.2	1802075.1	40.59%
(4)应用配方饲料的农户数	户	3423174	4156754	-733580	-17.65%

2010年畜牧部门饲料加工业情况

单位	一、饲料加工厂(站)个数(个)	二、从业人员(人)	三、全年实际产量(吨)	其中			四、年产值(万元)	五、年利润(万元)	六、固定资产(万元)
				预混料	浓缩料	全价料			
合计	298	11430	5685896.6	1238868	980580.6	3466448	131123866.9	20078154	230355353.8
年产1000吨以下	74	729	57312	8804	8062	40446	36684.18	5312.7	6822.53
年产1001-2000吨	40	339	57266.6	14010	9626.6	33630	15377	2629.35	5902.24
年产2001-4000吨	45	915	182085	19655	13800	148630	37536.1	6397.23	27662.5
年产 4001-10000吨	51	1646	596520	49520	47800	499200	82100	10110.5	48685
年产10001吨以上	88	7801	4792713	1146879	901292	2744542	130952169.6	20053704	230266281.5

2010年畜牧部门饲料及兽药流通龙头企业情况

名称	固定资产(万元)	年饲料销售量(吨)	年兽药销售额(万元)	年产值 (万元)	年利润 (万元)	从业人数(人)
合计	45891.41	848296	28321.3	284785.3	12244.5	2598
武汉市	1000	60	40	80	22	10
黄石市						
十堰市	3591	2263	7124	8321	212.4	161
荆州市	1530	43000	10403	6403	318	136
宜昌市	11130.31	115506	1593.3	35110.5	1612.7	358
襄樊市	12556	504750	50	181885	7063	1191
鄂州市						
荆门市	715	2520	3150	4053.8	350.8	52
孝感市	140		1240	780	77	35
黄冈市	11377.5	149782	1300	39312	1162.6	435
咸宁市	100	1300	13	84	16	11
恩施州	1855	6465	290	2541	558.6	48
随州市	710	11000	660	3485	414	30
仙桃市	736	3800	1110		267	41
天门市	100	350	220	100	40	9
潜江市	305	7500	900	2402	83	44
神农架林区						

2010年规模饲养情况

项目	场、户数(个、户)	年存、出栏(笼)量(万头、万只)
生猪出栏50头以上	94073	3275.44
商品肉鸡出笼2000只以上	9126	26303.6
商品蛋鸡存笼500只以上	13879	10439.71
年存栏奶牛5头以上	532	5.74
年出栏肉牛10头以上	9475	50.63
年出栏肉羊30只以上	22782	226.43
年出笼水禽100只以上	8416	9037.66
年出笼特禽1000只以上	351	1210.96
年出栏肉兔50只以上	402	208.28

2010年湖北省草原建设利用情况

项目	单位	2010年
1.草地总面积	千公顷	6576460.3
2.已利用草地面积	千公顷	3180410.96
3.累积种草保留面积	公顷	400871.21
(1)人工种草	公顷	180659.93
(2)改良草地	公顷	206895.28
(3)飞播牧草	公顷	13316
4.当年新增种草面积	公顷	58946.01
(1)人工种草	公顷	30837.08
(2)改良草地	公顷	28108.93
(3)飞播牧草	公顷	
5.累计退耕还草保留面积	公顷	184878.29
其中:当年新增面积	公顷	41742.06
6.累计草场围栏保留面积	公顷	15634.36
其中:当年新增面积	公顷	461.01
7.草种田面积	公顷	36200.55
8.当年种子产量	吨	412.35
9.草地承包面积	公顷	334947.61
其中:有偿使用面积	公顷	119810.91
10.年内鼠虫害发生面积	公顷	199956.84
(1)鼠害面积	公顷	119305.53
(2)虫害面积	公顷	21491.31
11.年内灭鼠面积	公顷	20779.26
其中:生物防治面积	公顷	7132.26
12.年内治虫面积	公顷	55523.12
其中:生物防治面积	公顷	36335.36
13.当年蓁火灾受害面积	公顷	1241
14.当年耕地种草面积	公顷	69801.41
其中:冬闲田种草面积	公顷	35293.88
15.当年打贮草总量	吨	982848.74

6 渔　业

2010年湖北省渔业生产情况

项　目		2010	2009	同比增、减	2010年比2009年增幅
一、产量指标					
总产量(万吨)		353	333	20	6.0%
1、捕捞产量(万吨)		26.4	26	0.4	1.5%
2、养殖产量(万吨)		326.7	307	19.7	6.4%
其中:克氏螯虾		30.8	24.5	6.3	25.9%
河蟹养殖		7.7	7.6	0.14	1.8%
甲鱼养殖		2.4	2.0	0.35	17.2%
鳜鱼养殖		2.5	1.9	0.63	33.4%
乌龟养殖		0.16	0.15	0.01	5.0%
青虾养殖		2.1	1.2	0.86	69.0%
鳝鱼养殖		11.1	10.0	1.14	11.4%
黄颡鱼养殖		5.1	4.2	0.86	20.4%
鮰鱼养殖		4.06	4.04	0.03	0.6%
二、面积及单产指标					
可养面积		1362	1362		
放养面积(万亩)	1.总面积	985	975	10.00	1.0%
	2.塘堰养殖面积	131.15	131	0.15	0.1%
	3.湖泊养殖面积	294	294		
	4.水库养殖面积	166	166		
	5.精养鱼池面积	379	369	10.00	2.7%
	6.河沟养殖面积	9	9		
	7.其它养殖面积	5.5	6	–0.50	–8.3%
单产(公斤/亩)	1.平均单产	309	297	12.0	4.0%
	2.塘堰养殖单产	203	203		
	3.湖泊养殖单产	112	113	–1.0	–0.9%
	4.水库养殖单产	120	119	1.0	0.8%
	5.精养鱼池单产	582	560	22.0	3.9%
	6.河沟养殖单产	236.4	245	–8.6	–3.5%
	7.其它养殖单产	241	241		
稻田养殖	1.产量(万吨)	22.9	18.3	4.6	25.1%
	2.面积(万亩)	245	242	3.0	1.2%
三、产值、效益指标(亿元 现价)					
1.渔民人均纯收入(元)		7700	7200	500.0	6.9%
2.淡水渔业产值		458	413	45.0	10.9%
3.占大农业比重		13.6%	14.4%		
4.水产行业第二产业产值		148	113	35.0	31.0%
其中:加工		127.7	98.7	29.0	29.4%
5.水产行业第三产业产值		275	221	54.0	24.4%
6.苗种产值		49.5	31.8	17.7	55.7%
四、其它指标					
1.淡水水产品人均占有量(公斤)		57.9	55.6	2.30	4.1%
2.渔业人口(万人)		190	189	1.0	0.5%
3.渔业劳动力(万人)		130	129	1.0	0.8%
4.淡水苗种产量(亿尾)		750	690	60.0	8.7%
5.淡水鱼种产量(万吨)		82	77	5.0	6.5%
6.淡水水产品加工能力(万吨)		115	87	28.0	32.2%
7.淡水水产品加工总量(万吨)		67.4	52.5	14.9	28.4%
8.淡水水产品出口创汇(亿美元)		2.3	2.1	0.2	9.5%
五、农民增收					
全省农民人均纯收入		5831	5078	753.0	14.8%
其中:种植业		2129.4	1830.25	299.2	16.3%
水产业		245.8	217.57	28.2	13.0%
畜牧业		434.2	413.86	20.3	4.9%
林 业		57.7	52.49	5.2	9.9%

注:全省数为国家核定数,故分市州不等于全省。

水产品总产量及捕捞产量

单位:吨

指标名称	合　计	捕捞产量						
		小计	鱼类	甲壳类			贝类	其它类
				小计	虾	蟹		
全省合计	**3530935**	**263654**	**182003**	**62318**	**57425**	**4893**	**14043**	**5290**
武汉市	**434092**	**29998**	**25536**	**3971**	**3971**		**491**	
武汉市辖区	121538	6535	5469	982	982		84	
蔡甸区	55244	3773	3178	228	228		367	
江夏区	78273	13195	12542	653	653			
黄陂区	82969	4026	2266	1720	1720		40	
新洲区	96068	2469	2081	388	388			
黄石市	**160100**	**9827**	**5254**	**2666**	**2070**	**596**	**1804**	**103**
黄石市辖区	5161	1188	1188					
大冶市	60328	5399	2637	1270	1260	10	1389	103
阳新县	94611	3240	1429	1396	810	586	415	
十堰市	**55671**	**13715**	**13012**	**703**	**703**			
十堰市辖区	1076	64	64					
丹江口市	50884	12439	11939	500	500			
郧县	1711	680	520	160	160			
郧西县	408	71	62	9	9			
竹山县	314	87	75	12	12			
竹溪县	269	107	92	15	15			
房县	1009	267	260	7	7			
荆州市	**1042973**	**70446**	**47887**	**15313**	**13083**	**2230**	**5102**	**2144**
荆州市辖区	161004	10839	8234	1812	1527	285	333	460
江陵县	27650	1251	999	225	225		2	25
松滋市	27315	1740	1399	314	314			27
公安县	120707	11270	7043	2278	1964	314	1291	658
石首市	112795	9326	6728	2239	1420	819	32	327
监利县	240709	16014	9449	5212	4400	812	706	647
洪湖市	352793	20006	14035	3233	3233		2738	
宜昌市	**161892**	**19355**	**15865**	**3344**	**3299**	**45**	**84**	**62**
宜昌市辖区	2617	125	123	2	2			
夷陵区	8301	875	776	92	90	2		7
宜都市	12183	1097	930	167	167			
枝江市	65300	7570	5994	1576	1576			
当阳市	50030	4882	3852	902	859	43	84	44
远安县	2380	219	211	8	8			
兴山县	219	187	176	11	11			
秭归县	763	550	524	26	26			
长阳县	20016	3802	3233	558	558			11
五峰县	84	48	46	2	2			
襄阳市	**173684**	**14543**	**12963**	**1156**	**976**	**180**	**7**	**417**
襄阳市辖区	10977	1871	1697	169	169			5
老河口市	35169	1280	1189	72	50	22	7	12
襄阳区	41264	2783	2219	510	357	153		54
枣阳市	43236	3666	3499	153	150	3		14
宜城市	27806	2567	2174	227	226	1		166
南漳县	6519							
谷城县	7875	1874	1683	25	24	1		166
保康县	838	502	502					

续表1

单位:吨

指标名称	合　计	捕捞产量						
		小计	鱼类	甲壳类			贝类	其它类
				小计	虾	蟹		
鄂州市	**332913**	**19972**	**12392**	**5749**	**4939**	**810**	**1300**	**531**
荆门市	**383306**	**30076**	**24452**	**4978**	**4807**	**171**	**376**	**270**
荆门市辖区	46016	8672	7896	751	751		25	
沙洋县	147597	4757	4016	629	629		112	
钟祥市	121004	11722	9256	2087	2087		136	243
京山县	63733	4925	3284	1511	1340	171	103	27
沙洋农场	4956							
孝感市	**349069**	**38746**	**25775**	**8208**	**8208**		**3432**	**1331**
孝南区	57256	8211	6206	1649	1649			356
孝昌县	15035	3139	2684	410	410			45
大悟县	23180	2168	1734	434	434			
安陆县	23412	2364	1926	437	437			1
云梦县	36972	1052	725	327	327			
应城县	56002	5577	3687	963	963		502	425
汉川县	137212	16235	8813	3988	3988		2930	504
黄冈市	**407303**	**35937**	**28064**	**5160**	**5041**	**119**	**1697**	**1016**
黄州区	42408	1718	1418	150	150		50	100
团风县	22313	72	47	2	1	1		23
红安县	5838	1136	849	251	251		36	
麻城市	22717	2208	1780	253	248	5	140	35
罗田县	6768	80	78	2	2			
英山县	7146	362	349	12	12			1
浠水县	90149	8928	7463	1375	1306	69	58	32
蕲春县	67341	3140	2790	258	258		73	19
武穴市	48957	5253	3003	1144	1144		910	196
黄梅县	81576	13008	10266	1702	1658	44	430	610
龙感湖区	12090	32	21	11	11			
咸宁市	**195049**	**19864**	**16067**	**3704**	**3538**	**166**	**93**	
咸安区	24659	1198	850	348	192	156		
嘉鱼县	72012	7272	4824	2448	2448			
赤壁市	71966	5701	5052	563	563		86	
通城县	5906	2743	2706	30	20	10	7	
崇阳县	10006	1450	1285	165	165			
通山县	10500	1500	1350	150	150			
随州市	**70594**	**14916**	**13710**	**1040**	**900**	**140**	**70**	**96**
曾都区	12788	2492	2866	44	44			36
随县	30753	6531	5932	725	725		70	60
广水市	27053	5893	4912	271	131	140		
恩施州	**6143**	**1395**	**1395**					
恩施市	471	53	53					
建台县	313	98	98					
巴东县	1007	482	482					
利川市	2259	200	200					
宣恩县	326	152	152					
咸丰县	366	91	91					
来凤县	1296	298	298					
鹤峰县	105	21	21					
仙桃市	**284348**	**12658**	**9948**	**2322**	**2010**	**312**	**388**	
天门市	**111945**	**1852**	**572**	**678**	**550**	**128**	**447**	**155**
潜江市	**92283**	**4887**	**1588**	**3064**	**2994**	**70**	**235**	
神农架林区	**193**	**103**	**101**	**2**	**2**			

水产品养殖产量(一)

单位:吨

指标名称	养殖产量合计	其中:一、鱼类						
		小计	鲟鱼	青鱼	草鱼	鲢鱼	鳙鱼	鲤鱼
全省合计	**3266811**	**2809837**	**6243**	**84554**	**771982**	**598358**	**352755**	**159244**
武汉市	**404094**	**378839**	**18**	**15576**	**117670**	**90240**	**45263**	**24623**
武汉市辖区	115003	110870		8122	28888	27497	15688	4162
蔡甸区	51471	48663		903	14132	15575	6959	2435
江夏区	65078	59818		3278	13863	8776	9535	3861
黄陂区	78943	69938		1500	18560	15934	8090	7310
新洲区	93599	89550	18	1773	42227	22458	4991	6855
黄石市	**150431**	**132448**		**6675**	**38002**	**24461**	**12265**	**4294**
黄石市辖区	3997	3650		127	1325	876	506	71
大冶市	55073	49690		1959	11878	15475	4420	1251
阳新县	91361	79108		4589	24799	8110	7339	2972
十堰市	**41956**	**41337**	**51**	**213**	**2788**	**9763**	**2694**	**1417**
十堰市辖区	1012	1007			222	349		154
丹江口市	38445	37988	1	213	2274	8807	2211	1005
郧县	1031	1031			40	300	155	30
郧西县	337	335	50		27	78	138	15
竹山县	227	227			19	90	90	18
竹溪县	162	162			30	62	54	9
房县	742	587			176	77	46	186
荆州市	**972527**	**762699**	**217**	**64568**	**235175**	**128126**	**58805**	**31492**
荆州市辖区	150165	131388	151	33054	37296	18525	6283	2761
江陵县	26399	24882		133	10867	5756	2818	514
松滋市	25575	22763	10	533	8319	7490	509	1710
公安县	109437	92901		5580	23747	12147	6548	5512
石首市	103469	86498	16	4751	17488	4600	5950	3864
监利县	224695	143924	40	14047	33985	21344	7564	6962
洪湖市	332787	260343		6470	103473	58264	29133	10169
宜昌市	**142538**	**140649**	**5531**	**4534**	**17961**	**27825**	**12227**	**13525**
宜昌市辖区	2492	2486		133	478	600	311	288
夷陵区	7426	7417	25	105	570	2760	745	1006
宜都市	11086	11073	3321	92	618	3059		379
枝江市	57730	56814	480	2766	6613	9279	5128	6022
当阳市	45148	44522	312	792	8552	10901	3781	5499
远安县	2161	2161	5	31	443	770	225	130
兴山县	32	32						
秭归县	213	213	90		27	56	20	4
长阳县	16214	15895	1298	615	641	400	2017	197
五峰县	36	36			19			
襄樊市	**154308**	**145042**	**228**	**4876**	**21309**	**35448**	**26391**	**19757**
襄樊市辖区	9106	8647		134	1826	1933	1703	1536
老河口市	33889	32523		2585	4432	6552	5014	4216
襄阳区	33481	32789	220	220	5085	8012	7760	3515
枣阳市	39570	39395		1830	4847	12728	6359	4958
宜城市	25406	20429		3	3170	4062	3520	3695
南漳县	6519	5948			782	1077	968	788
谷城县	6001	4975	8	104	1067	1084	1067	813
保康县	336	336			100			236

续表1　　　　　　　　　　　　　　　　　　　　　　　　　　　　　　单位:吨

指标名称	养殖产量合计	其中:一、鱼类						
		小计	鲟鱼	青鱼	草鱼	鲢鱼	鳙鱼	鲤鱼
鄂州市	312941	290713		8517	74049	56351	48259	7861
荆门市	353230	297074	260	12002	66918	48382	47136	27788
荆门市辖区	37344	34533	20	2156	6065	3682	6088	2684
沙洋县	142840	123503		2675	38114	21838	14195	9205
钟祥市	109282	92335		4571	15062	13305	18142	12024
京山县	58808	41747	240	2532	6214	7908	7306	3812
沙洋农场	4956	4956		68	1463	1649	1405	63
孝感市	310323	288995		5705	94451	60434	26314	35906
孝南区	49045	44512		1153	13021	2853	3339	6585
孝昌县	11896	11394		200	2550	2474	1780	1090
大悟县	21012	19217		72	4872	2599	3899	4107
安陆县	21048	19623		310	3045	3818	2069	3204
云梦县	35920	33172		268	10291	5320	3612	596
应城县	50425	43450		1698	17908	4566	3429	4009
汉川县	120977	117627		2004	42764	38804	8186	16315
黄冈市	371366	323293	252	14749	73693	68060	49489	19102
黄州区	40690	38910		3852	9699	8571	6030	2007
团风县	22241	21921		1471	6085	5679	4008	2366
红安县	4702	4581		186	786	1050	772	210
麻城市	20509	19689	200	125	4470	6007	4243	828
罗田县	6688	6382		380	880	1678	1095	480
英山县	6784	6162		60	792	2288	2006	416
浠水县	81221	71758	28	1535	13335	12151	8566	4276
蕲春县	64201	58671	24	2122	14517	12239	10898	3443
武穴市	43704	33764		1741	8419	7651	5134	2241
黄梅县	68568	49474		2827	10677	8106	5684	2779
龙感湖区	12058	11981		450	4033	2640	1053	56
咸宁市	175185	155212		7195	33185	29310	22791	11050
咸安区	23461	19697		969	3530	4573	4257	1963
嘉鱼县	64740	57249		3534	10959	10924	5791	4233
赤壁市	66265	58807		2505	16350	9766	6512	4143
通城县	3163	3079		50	736	711	576	238
崇阳县	8556	7900		67	1210	2266	1215	263
通山县	9000	8480		70	400	1070	4440	210
随州市	55678	53275		4311	9242	14997	6858	3922
曾都区	10550	10258		504	1895	3752	118	835
随县	24393	23452		1786	3546	4235	4935	1880
广水市	20735	19565		2021	3801	7010	1805	1207
恩施州	4748	4691	63	478	1263	658	405	982
恩施市	418	403	5	10	160	48	12	80
建台县	215	202			69			133
巴东县	525	525	55		38			24
利川市	2059	2059		22	743	328	164	532
宣恩县	174	150	3		34	26	22	21
咸丰县	275	270		4	106	21		123
来凤县	998	998		442	87	215	200	54
鹤峰县	84	84			26	20	7	15
仙桃市	271690	262916	3	12454	102620	36815	15549	10168
天门市	110093	96892		5327	37758	6427	4650	9689
潜江市	87396	61208		1580	22450	8566	3145	2315
神农架林区	91	91			1	31	46	7

水产品养殖产量(二)

单位:吨

指标名称	其中:一、鱼类(续1)									
	鲫鱼	鳊鲂	泥鳅	鲶鱼	鮰鱼	黄颡鱼	河鲀	池沼公鱼	银鱼	短盖巨脂鲤
全省合计	**347617**	**135283**	**16038**	**25946**	**40623**	**51261**	**50**		**2310**	**40**
武汉市	**33507**	**23193**	**1643**	**1141**	**2441**	**5463**				**5**
武汉市辖区	10790	7012	80	141	1304	1137				5
蔡甸区	3008	1534	143	166		530				
江夏区	7458	7077	19	255	96	1778				
黄陂区	7800	4950	1160	315	945	990				
新洲区	4451	2620	241	264	96	1028				
黄石市	**14891**	**8714**	**6434**	**1453**	**843**	**4663**			**258**	**25**
黄石市辖区	484	105	4	30						
大冶市	7252	3454	379	118	437	421				25
阳新县	7155	5155	6051	1305	406	4208			258	
十堰市	**1160**	**1262**	**4**	**1144**	**431**	**125**			**520**	
十堰市辖区	212	11		41						
丹江口市	896	1084	1	1072	431	122			505	
郧县	5	160		14					15	
郧西县	7	1		2		1				
竹山县	10									
竹溪县	7									
房县	23	6	3	15		2				
荆州市	**101973**	**23148**	**7486**	**7849**	**881**	**19263**	**50**			
荆州市辖区	18931	3205	198	2495	372	3292				
江陵县	1497	541	293	76		135				
松滋市	2377	738	93	72	17	102				
公安县	7091	5230	1740	1748	351	6689	50			
石首市	28921	4027	619	1055	41	4298				
监利县	12834	4294	3274	2161	40	2953				
洪湖市	30322	5113	1269	242	60	1794				
宜昌市	**25058**	**12035**	**218**	**2490**	**13111**	**2092**			**502**	**500**
宜昌市辖区	353	151	1	95	3	2				
夷陵区	1330	550								
宜都市	324	270	23	20	2830	9				
枝江市	16654	5488	153	968	1238	990				
当阳市	6019	5343	40	1281	110	807			2	
远安县	282	130		33	20	29				
兴山县	32									
秭归县				16						
长阳县	47	103	1	77	8910	255			500	500
五峰县	17									
襄阳市	**18982**	**7689**	**623**	**1118**	**1010**	**2102**			**973**	
襄阳市辖区	833	362	62	220		38				
老河口市	4988	1523	5			986			892	
襄阳区	1972	3885	260	270	70	780			50	
枣阳市	6032	350	96	325	884	165			17	
宜城市	3285	1180	10	130	28	25			2	
南漳县	1447	267	178	100		89			10	
谷城县	425	122	12	73	28	19			2	
保康县										

续表1　　　　单位:吨

指标名称	其中:一、鱼类(续1)									
	鲫鱼	鳊鲂	泥鳅	鲶鱼	鱼	黄颡鱼	河	池沼公鱼	银鱼	短盖巨脂鲤
鄂州市	**17308**	**55000**	**1240**	**354**		**4968**				
荆门市	**38529**	**19823**	**2167**	**5988**	**7608**	**3217**			**290**	
荆门市辖区	7145	2179	214	400	1981	313			180	
沙洋县	16597	9029	494	1082	1522	1228			10	
钟祥市	9340	6241	637	1895	3771	1311				
京山县	5162	2351	822	2611	334	365			100	
沙洋农场	285	23								
孝感市	**35590**	**13483**	**1315**	**886**	**148**	**3348**				
孝南区	8081	6268	222	189		607				
孝昌县	1550	500	430			350				
大悟县	2229	750	180	85		160				
安陆县	5113	837	172	141	70	161				
云梦县	9140	98	41	126	28	783				
应城县	5892	2597	70	186	50	635				
汉川县	3585	2433	200	159		652				
黄冈市	**40196**	**26755**	**677**	**2434**	**1202**	**4791**			**13**	**10**
黄州区	4160	2775	14	132	24	1063				
团风县	1434	708	17	36	8	28				
红安县	573	617	53	17		55				
麻城市	1388	630	58	680	220	80				
罗田县	500	1000	25	50	18	12				
英山县	407	28	5	21	4	10				10
浠水县	13498	7560	50	717	472	869				
蕲春县	5622	5199	68	158		1638			2	
武穴市	3969	2518	41	91	2	122				
黄梅县	6100	5050	346	532	454	833			11	
龙感湖区	2545	670				81				
咸宁市	**21957**	**10176**	**688**	**1004**	**5820**	**1379**			**188**	
咸安区	2059	1001	100	42	50	160			13	
嘉鱼县	11558	2944	43	189	4646	440				
赤壁市	6961	5238	416	645	338	582			68	
通城县	179	241	4	2	178				20	
崇阳县	850	352	45	76	108	117			42	
通山县	350	400	80	50	500	80			45	
随州市	**8475**	**2298**	**499**	**570**		**153**			**29**	
曾都区	1911	714	102	3						
随县	3673	915	134	506		43				
广水市	2891	669	263	61		110			29	
恩施州	**362**	**10**	**7**	**35**	**387**	**14**				
恩施市	50	8		10	20					
建台县										
巴东县				20	361	11				
利川市	270									
宣恩县	16	2	4	5	6	3				
咸丰县	10		3							
来凤县										
鹤峰县	16									
仙桃市	**34592**	**11809**	**743**	**166**	**1174**	**3472**				
天门市	**7751**	**7751**	**194**	**388**	**2907**	**969**				
潜江市	**2546**	**2000**	**810**	**615**	**650**					
神农架林区	**4**	**2**								

水产品养殖产量(三)

单位:吨

指标名称	其中:一、鱼 类(续2)							
	长吻鮠	黄鳝	鳜鱼	鲈鱼	乌鳢	罗非鱼	白鱼、鲴鱼	其它
全省合计	**770**	**110694**	**25140**	**2941**	**27306**	**6225**	**36928**	**7379**
武汉市	**35**	**5398**	**4037**	**123**	**2654**	**1726**	**1974**	**1959**
武汉市辖区		2180	896	42	594	1570	353	259
蔡甸区		702	262		608	6		1700
江夏区	35	185	1809		867		926	
黄陂区		80	875	81	503	150	695	
新洲区		2251	195		82			
黄石市		**2349**	**1310**	**20**	**3345**	**126**	**1348**	**972**
黄石市辖区		57	2		2	22	5	
大冶市		493	396	20	533	104	857	218
阳新县		1799	912		2810		486	754
十堰市		**3**	**580**	**1018**	**428**	**100**	**17618**	**18**
十堰市辖区			1					17
丹江口市		1	511	1004	395		17455	
郧县			65	14	27	55	150	1
郧西县			3				13	
竹山县								
竹溪县								
房县		2			6	45		
荆州市	**91**	**54164**	**15666**	**681**	**9305**	**400**	**2646**	**713**
荆州市辖区		3524	236		716		192	157
江陵县		2223			29			
松滋市		528	192		51	20		2
公安县		10354	2021	580	1834	380	1036	263
石首市	91	2204	5944	89	1522		840	178
监利县		25952	4399	12	3659		404	
洪湖市		9379	2874		1494		174	113
宜昌市	**300**	**454**	**160**	**55**	**862**	**91**	**933**	**186**
宜昌市辖区		1		5			65	
夷陵区	150					91		85
宜都市			1				127	
枝江市		352	102		276		306	
当阳市		101	18		586		342	36
远安县			9				54	
兴山县								
秭归县								
长阳县	150		30	50			39	65
五峰县								
襄樊市	**42**	**1216**	**523**	**423**	**390**	**22**	**1707**	**213**
襄樊市辖区								
老河口市	42	365	493	391	37		2	
襄阳区		300			45		315	30
枣阳市		208	3	18	288		172	115
宜城市		70	3		4	2	1200	40
南漳县		242						
谷城县		31	24	14	16	20	18	28
保康县								

续表1　　单位:吨

指标名称	其中:一、鱼类(续2)							
	长吻	黄鳝	鳜鱼	鲈鱼	乌鳢	罗非鱼	白鱼、鲴鱼	其它
鄂州市		**3231**	**1424**	**140**	**4275**	**33**	**7703**	
荆门市	**227**	**9292**	**1066**	**40**	**2906**	**474**	**2758**	**203**
荆门市辖区	110	340	222	40	365	81	268	
沙洋县		4565	505		1357	223	864	
钟祥市	100	2985	273		913	20	1543	202
京山县	17	1402	66		271	150	83	1
沙洋农场								
孝感市		**4356**	**1650**	**50**	**3221**	**270**	**1455**	**413**
孝南区		701	458	23	734	121	76	81
孝昌县		470						
大悟县		110			72		82	
安陆县		173	50		140	124	196	
云梦县		926	362		1456	25	25	75
应城县		375	522		395		1071	47
汉川县		1601	258	27	424		5	210
黄冈市	3	7722	4059	351	4060	728	2393	2554
黄州区		372	132		66		13	
团风县		18	12	15	11	10		15
红安县		234	5	3	4		16	
麻城市		180	60		200		317	3
罗田县		50	60		48		50	56
英山县		9	12		10	68	16	
浠水县	3	2260	1763	15	2032	650	776	1202
蕲春县		634	1316		254		127	410
武穴市		995	312		223		247	58
黄梅县		2520	387	318	1209		831	810
龙感湖区		450			3			
咸宁市		**3352**	**1348**	**40**	**2663**	**802**	**1486**	**778**
咸安区		160	30		460	8	303	19
嘉鱼县		136	61		1207	5	340	239
赤壁市		2773	600		812	533	565	
通城县		100	31		12	1		
崇阳县		83	176		117	215	178	520
通山县		100	450	40	55	40	100	
随州市		**500**	**428**		**421**		**227**	**345**
曾都区		5	305		12		102	6
随县		114	123		10		125	89
广水市		381			399			250
恩施州	**2**	**6**	**16**					**3**
恩施市								
建台县								
巴东县	2		11					3
利川市								
宣恩县		3	5					
咸丰县		3						
来凤县								
鹤峰县								
仙桃市		**29512**	**654**		**730**		**2120**	**335**
天门市	**291**	**9689**	**484**		**969**	**1453**	**195**	
潜江市		**15970**	**25**		**80**			
神农架林区			**0**					

水产品养殖产量(四)

单位:吨

指标名称	二、甲壳类 小计	虾 小计	虾 罗氏沼虾	虾 青虾	虾 克氏原螯虾	虾 南美白对虾	河蟹	三、贝类	四、其它类 小计	龟	鳖	蛙	珍珠(公斤)
全省合计	**410460**	**333641**	**980**	**21253**	**308249**	**3159**	**76819**	**19448**	**27066**	**1616**	**24100**	**1082**	**268000**
武汉市	**24034**	**18561**		**1557**	**16439**	**565**	**5473**	**69**	**1152**	**101**	**1041**	**10**	
武汉市辖区	3620	2518		501	1792	225	1102	17	496	66	420	10	
蔡甸区	2711	2347		25	2322		364	52	45		45		
江夏区	5134	2556		756	1800		2578		126	35	91		
黄陂区	2711	2347		25	2322		364	52	45		45		
新洲区	4044	3815			3815		229		5		5		
黄石市	**16165**	**14088**		**2050**	**11548**	**490**	**2077**	**1503**	**315**	**101**	**92**	**64**	**58000**
黄石市辖区	347	61		1	60		286						
大冶市	4166	3592		628	2964		574	1151	66	3	60		3000
阳新县	11652	10435		1421	8524	490	1217	352	249	98	32	64	55000
十堰市	**584**	**584**			**584**				**35**			**35**	
十堰市辖区	5	5			5								
丹江口市	457	457			457								
郧县													
郧西县	2	2			2								
竹山县													
竹溪县													
房县	120	120			120				35			35	
荆州市	**191852**	**124907**		**4534**	**119583**	**790**	**66945**	**971**	**17005**	**919**	**15911**	**141**	**34343**
荆州市辖区	13350	11935		9	11161	765	1415		5427	461	4964		2050
江陵县	1264	1264			1264				253	59	189	4	1000
松滋市	2454	2427			2427		27		358	1	357		
公安县	11080	9005		271	8734		2075	735	4721	87	4512	115	7000
石首市	16060	15174		538	14611	25	886	51	860	3	832	2	23163
监利县	79092	46674		3716	42958		32418	149	1530	226	1283	20	1100
洪湖市	68552	38428			38428		30124	36	3856	82	3774		30
宜昌市	**1773**	**1686**	**300**	**53**	**1333**		**87**		**116**	**24**	**86**	**6**	
宜昌市辖区									6		6		
夷陵区	3						3		6			6	
宜都市	7	7			7				6		6		
枝江市	906	836		44	792		70		10		10		
当阳市	538	534			534		4		88	24	64		
远安县													
兴山县													
秭归县													
长阳县	319	309	300	9			10						
五峰县													
襄阳市	**8506**	**8021**	**15**	**128**	**7686**	**192**	**485**	**545**	**215**	**23**	**192**		
襄阳市辖区	457	457		40	417				2	1	1		
老河口市	1310	900		41	667	192	410	34	22	6	16		
襄阳区	604	574	15	32	527		30		88	12	76		
枣阳市	159	139		10	129		20		16		16		
宜城市	4963	4963		3	4960				14	3	11		
南漳县	500	500			500				71		71		
谷城县	513	488		2	486		25	511	2	1	1		
保康县													

续表1 单位:吨

指标名称	二、甲壳类							三、贝类	四、其它类				
	小计	虾					河蟹		小计	龟	鳖	蛙	珍珠(公斤)
		小计	罗氏沼虾	青虾	克氏原螯虾	南美白对虾							
鄂州市	11831	7406	31	1472	5672	231	4425	9526	871	5	613	107	146298
荆门市	47393	45464		530	44928	6	1929	54	8709	843	7260	604	2000
荆门市辖区	2459	2459			2459				352	140	163	49	
沙洋县	17239	16224		105	16119		1015	10	2088	113	1496	477	2000
钟祥市	16319	15587		15	15566	6	732	44	584	157	367	60	
京山县	11376	11194		410	10784		182		5685	433	5234	18	
沙洋农场													
孝感市	16633	13102		242	12860		3531	28	4667	82	4583	2	
孝南区	4334	4218			4218		116		199	31	168		
孝昌县	502	502			502								
大悟县	1700	1700			1700				95	35	60		
安陆县	1380	1348			1348		32		45	13	32		
云梦县	2656	2644			2644		12		92	3	87	2	
应城县	3178	1106			1106		2072		3797		3797		
汉川县	2883	1584		242	1342		1299	28	439		439		
黄冈市	36543	35579	46	3824	31319	390	964	10434	1096	182	864	27	22800
黄州区	1554	1543		13	1150	380	11	146	80	42	35	3	
团风县	320	211	11		200		109						
红安县	49	49			49				72	40	30	2	
麻城市	755	750			750		5		65	30	35		
罗田县	300	300			300				6	1	5		
英山县	622	620			620		2						
浠水县	8658	8418	35	873	7500	10	240	86	719	36	664	13	6000
蕲春县	5300	5222		538	4684		78	172	58	8	40		9800
武穴市	9853	9834		39	9795		19	78	9			4	5000
黄梅县	9057	8557		2357	6200		500	9952	85	25	55	5	
龙感湖区	75	75		4	71				2				2000
咸宁市	19848	14718		1851	12867		5130		125	9	38	76	2000
咸安区	3740	2990		190	2800		750		24	7	17		
嘉鱼县	7488	3925		1410	2515		3563		3	2		1	
赤壁市	7435	6667		185	6482		768		23		19	2	2000
通城县	77	68			68		9		7		2	5	
崇阳县	588	568		66	502		20		68			68	
通山县	520	500			500		20						
随州市	1781	1658	258	534	840	26	123	89	533	420	110		
曾都区	124	27		22	5		97		67	47	20		
随县	752	726	258	80	362		26	89	158	68	90		
广水市	905	905		432	473	26			308	126	182		
恩施州	28	28			28				29	24		5	
恩施市	15	15			15								
建台县	13	13			13								
巴东县													
利川市													
宣恩县									24	24			
咸丰县									5			5	
来凤县													
鹤峰县													
仙桃市	8491	4960		8	4902	50	3531	14	269		266	3	
天门市	11029	9094			8649	445	1935	505	1667	164	1500		3000
潜江市	25645	24455			24455		1190	206	337	131	206		
神农架林区													

主要名特优水产品养殖面积

面积:公顷;温室面积:平方米

指标名称	龟		鳖		河蟹	鳜鱼	青虾	克氏螯虾	银鱼	黄颡鱼	鳝鱼	鮰鱼	鲟鱼
	小计	#温室	小计	#温室									
全省合计	**23613**	**134053**	**363675**	**1243248**	**192174**	**84468**	**30776**	**288425**	**37148**	**96013**	**39715**	**10583**	**290**
武汉市	**8**	**2500**	**436**	**60910**	**45235**	**10128**	**5168**	**12050**		**19818**	**185**	**760**	**84**
武汉市辖区	4		285	7110	2478	721	5	850		1773	104	69	
蔡甸区			77		8272	540	2413	2133		2667	23		
江夏区	4	2500	26	20500	24141	5333	2000	2067		4667	7	270	
黄陂区			45		5800	2666	750	4400		3410	1	410	
新洲区			3	33300	4544	868		2600		7301	50	11	84
黄石市	**6650**	**6650**	**7800**	**7800**	**14193**	**2333**	**2300**	**15016**	**20**	**1735**	**241**	**191**	
黄石市辖区					193			23		2	2		
大冶市	350	350	5800	5800	4000	1000	1000	1660	20	867	200	96	
阳新县	6300	6300	2000	2000	10000	1333	1300	13333		866	39	95	
十堰市						**73**		**721**	**27666**	**27**		**2**	**1**
十堰市辖区													
丹江口市						73		420	27666	27		2	1
郧县													
郧西县								1					
竹山县													
竹溪县													
房县								300					
荆州市	**776**	**48700**	**18348**	**144338**	**64356**	**36633**	**207**	**118822**		**13513**	**13493**	**251**	**54**
荆州市辖区	36	39850	10330	35000	1840	430		5558		4120	54	107	49
江陵县	11		125					1134		23	577		
松滋市	3		266	3000	227	867		3338		12	16	23	3
公安县	158	300	4631	18500	6848	1186	42	7002		5486	3558	97	
石首市	10		365	30000	8000	2000	15	6686		435	53	1	1
监利县	60	8350	540	40150	22038	6677	150	46772		2591	3500	23	1
洪湖市	498	200	2091	17688	25403	25473		48332		846	5735		
宜昌市	**20**		**731**	**1600**	**100**	**317**	**10**	**1240**	**300**	**2575**	**84**	**754**	**61**
宜昌市辖区													
夷陵区					5								1
宜都市			600	600	75			50				40	10
枝江市			15	1000		26		906		571	52	322	41
当阳市	20		116			291		284	300	2004	32	372	4
远安县													
兴山县													
秭归县													
长阳县					20		10					20	5
五峰县													
襄阳市	**17**	**30**	**600**		**6189**	**250**	**440**	**4690**	**2808**	**2990**	**1358**	**201**	**8**
襄阳市辖区			44				40	127		35	24		
老河口市	10		40		5533	208	87	1334		2538	1218		
襄阳区	7	30	460		275		300	660	50	48	12		
枣阳市			13		380	18	8	842	2025	256	37	183	
宜城市			43				3	1148		14	16		
南漳县								200	733	80	20		
谷城县					1	24	2	379		19	31	18	8
保康县													

续表1 面积:公顷;温室面积:平方米

指标名称	龟		鳖		河蟹	鳜鱼	青虾	克氏螯虾	银鱼	黄颡鱼	鳝鱼	鱼	鲟鱼
	小计	#温室	小计	#温室									
鄂州市					**12830**	**1810**	**2556**	**4841**		**6278**	**9**		
荆门市	1743	**56027**	**3614**	**320416**	**7002**	**3411**	**1015**	**30820**	**179**	**2770**	**2297**	1704	13
荆门市辖区	2	1727		86		338		2579	52	373	229	406	1
沙洋县	353	9100	282	115930	3764	2496	230	11560	25	890	440	406	
钟祥市	790	12400	1910	41200	2518	173	75	10044	20	1311	1087	857	
京山县	598	32800	1422	163200	720	404	710	6637	82	196	541	35	12
沙洋农场													
孝感市	**75**	**1156**	**1525**	**370790**	**11210**	**10182**	**207**	**13303**	**88**	**10170**	**876**	**20**	
孝南区	5	1000	162	24000	107	2800		3000		2000	167		
孝昌县								597					
大悟县	9		21					1000		100	67		
安陆县	21		50		96	60	132	2398	88	836	353	20	
云梦县	40	156	600	20	160		70			100	56		
应城县			486	346770	3179	1982	5	1648		2794	113		
汉川县			206		7668	5340		4660		4340	120		
黄冈市	**94**	**350**	**221**	**1754**	**5662**	**8978**	**5680**	**27010**	**97**	**9982**	**1850**	**1184**	**64**
黄州区	70		85		350	1433	53	1350		3563	560	60	
团风县	5	50	10	50	200	333		2034	14	250	300	300	
红安县			24	24		27	21	500		100	200		
麻城市			70		4	130		400		220	40	500	60
罗田县	1	300	12	1200		200		200		33	20	38	
英山县	1		4			8	10	172		6	7	5	2
浠水县					933	367	385	5500	83	200	25	145	2
蕲春县	17				400	780	211	3840		1680	8		
武穴市					1200	4000	1500	6500		1600	420	3	
黄梅县			16	480	2575	1700	3500	6174		2330	210	133	
龙感湖区								340			60		
咸宁市	**125**	**800**	**1325**	**2400**	**15603**	**4299**	**4586**	**22092**	**3173**	**7041**	**822**	**901**	
咸安区	5	800	7	1100	3067	400	1283	4000	30	240	110		
嘉鱼县	120				9403	726	1965	8730		3135	300	667	
赤壁市			18		3000	1733	1250	8667	3000	3343	90	30	
通城县			1300	1300							217		
崇阳县					3	1340	88	395	143	223	5	4	
通山县					130	100		300		100	100	200	
随州市			**8814**	**8814**	**253**	**1200**	**565**	**3820**	**2300**	**35**	**280**		
曾都区					43		13						
随县			314	314		1200	72	1040	2300		60		
广水市			8500	8500	210		480	2780		35	220		
恩施州													
恩施市													
建台县													
巴东县													
利川市													
宣恩县													
咸丰县													
来凤县													
鹤峰县													
仙桃市			**3010**	**1820**	**5313**	**1332**	**31**	**10717**		**2566**	**6435**	**1333**	**5**
天门市	**20500**	**20500**	**102000**	**102000**	**2133**	**587**		**13000**		**323**	**147**	**258**	
潜江市	**15**	**3990**	**45**	**5400**	**1056**	**200**		**11666**		**610**	**1860**	**137**	
神农架林区													

按水面分类养殖产量、面积、单产(一)

面积:公顷;单位:吨;单产:公斤/公顷

指标名称	合计			湖泊			水库			塘堰		
	面积	产量	主要水面单产	面积	产量	单产	面积	产量	单产	面积	产量	单产
全省合计	**656717**	**3267281**	**4693**	**196168**	**330282**	**1684**	**110772**	**199559**	**1802**	**87435**	**266141**	**3044**
武汉市	**104393**	**404094**	**3760**	**55509**	**50085**	**902**	**5011**	**7144**	**1426**	**13840**	**60020**	**4337**
武汉市辖区	20734	115003	5547	9038	15648	1731	86	261	3024	2613	14339	5488
蔡甸区	14935	51471	3291	8652	6959	804				3049	12297	4033
江夏区	33429	65078	1929	25324	14712	581	415	732	1764	2643	8886	3362
黄陂区	19000	78943	3802	7467	8167	1094	3398	3467	1020	4077	16917	4149
新洲区	16295	93599	5649	5028	4599	915	1112	2684	2414	1458	7581	5200
黄石市	**43917**	**160699**	**3120**	**24553**	**39282**	**1600**	**2626**	**3977**	**1514**	**2483**	**6697**	**2697**
黄石市辖区	508	3126	6154	163	847	5215	47	242	5149	126	330	2619
大冶市	14400	57710	3877	8000	17292	2162	1187	2566	2162	1213	3536	2915
阳新县	29009	99016	3413	16390	21143	1250	1392	1169	840	1144	2831	2475
十堰市	**11453**	**41956**	**16768**				**10139**	**35985**	**3549**	**1003**	**3248**	**3238**
十堰市辖区	144	1012	7890				105	719	6822	38	291	7658
丹江口市	7278	38445	5152				6569	33768	5141	486	2488	5119
郧县	2055	1031	502				1910	846	443	85	55	647
郧西县	980	337	342				903	230	255	75	55	733
竹山县	301	227	754				280	209	746	21	18	857
竹溪县	306	162	529				210	91	433	96	71	740
房县	389	742	1599				162	122	753	202	270	1337
荆州市	**146619**	**972527**	**5975**	**37239**	**65441**	**1757**	**4575**	**4964**	**1085**	**6279**	**11641**	**1854**
荆州市辖区	12974	150165	10729	2420	13400	5537	1957	2524	1290	835	1637	1960
江陵县	3441	26399	7383							247	391	1583
松滋市	9106	25575	2586	1602	1254	783	2174	1467	675			
公安县	18419	109437	5606	6443	12614	1958	253	433	1711	1787	5102	2855
石首市	14877	103469	5661	8009	18740	2340	191	540	2827			
监利县	34074	224695	5354	5900	7280	1234				3410	4511	1323
洪湖市	53728	332787	5900	12865	12153	945						
宜昌市	**26240**	**142538**	**4957**	**1959**	**5701**	**2909**	**12407**	**23713**	**1911**	**2258**	**6230**	**2759**
宜昌市辖区	385	2492	6470				42	100	2381			
夷陵区	1828	7426	3905	3	1	333	793	805	1015	312	1225	3926
宜都市	3137	11086	3534	26	156	6000	2450	8765	3578	455	600	1319
枝江市	8268	57730	6873	1841	5297	2877	1806	5164	2859	644	2665	4138
当阳市	9649	45148	4678	80	236	2950	5228	5115	978	471	1386	2943
远安县	1137	2161	1843				488	281	576	364	330	907
兴山县	54	32	593	9	11	1222	45	21	467			
秭归县	23	213	9261				23	213	9261			
长阳县	1717	16214	2805				1502	3237	2155			
五峰县	42	36	857				30	12	400	12	24	2000
襄阳市	**47859**	**154308**	**3163**				**20818**	**39040**	**1875**	**11812**	**34425**	**2914**
襄阳市辖区	3425	9106	2565				1408	2791	1982	1104	2323	2104
老河口市	7504	33889	4511				4054	13603	3355	289	1371	4744
襄阳区	9220	33481	3377				3064	5175	1689	2444	7766	3178
枣阳市	13965	39570	2887				6155	9075	1474	4028	10960	2721
宜城市	6200	25406	3892				2656	5934	2234	2118	8498	4012
南漳县	3478	6519	1736				1671	1395	835	581	1153	1985
谷城县	3341	6001	1892				1088	759	698	1248	2354	1886
保康县	726	336	463				722	308	427			

续表1 面积:公顷;单位:吨;单产:公斤/公顷

指标名称	合计			湖泊			水库			塘堰		
	面积	产量	主要水面单产	面积	产量	单产	面积	产量	单产	面积	产量	单产
鄂州市	**41300**	**312941**	**7530**	**20624**	**47328**	**2295**	**868**	**2168**	**2498**	**848**	**3816**	**4500**
荆门市	**73735**	**353230**	**4456**	**9597**	**29567**	**3081**	**20388**	**18984**	**931**	**12213**	**25087**	**2054**
荆门市辖区	16971	37344	2065				7179	5001	697	3738	7037	1883
沙洋县	22934	142840	5825	7867	25307	3217	3133	4093	1306	3647	9836	2697
钟祥市	19622	109282	5098	1267	3695	2916	5849	5094	871	2131	3537	1660
京山县	13114	58808	4192				4200	4765	1135	2697	4677	1734
沙洋农场	1094	4956	4530	463	565	1220	27	31	1148			
孝感市	**67022**	**310323**	**4529**	**8034**	**19126**	**2381**	**9784**	**18569**	**1898**	**17246**	**68612**	**3978**
孝南区	11362	48802	4100	2993	330	110	583	354	607	2768	7380	2666
孝昌县	6129	11896	1859				2285	2084	912	2653	5354	2018
大悟县	5287	21012	3738				2014	4950	2458	2442	7762	3179
安陆县	7014	21048	2977				2480	5487	2213	880	2248	2555
云梦县	6103	35920	5861				545	611	1121	1582	6403	4047
应城县	11782	50425	4161	2876	5698	1981	1877	5083	2708	2711	9096	3355
汉川县	19345	121220	6258	2165	13098	6050				4210	30369	7214
黄冈市	**84188**	**371366**	**4187**	**20088**	**52559**	**2616**	**18877**	**31325**	**1659**	**16945**	**37514**	**2214**
黄州区	6880	40690	5814	1557	3782	2429	98	224	2286	795	2254	2835
团风县	5728	22241	3860	603	1365	2264	1011	1544	1527	1864	3152	1691
红安县	4964	4702	947				3361	1388	413	861	724	841
麻城市	9998	20509	2051				3933	4876	1240	3963	7266	1833
罗田县	3524	6688	1687				2058	3138	1525	1120	1810	1616
英山县	2402	6784	2819				1760	4597	2612	432	1009	2336
浠水县	11001	81221	6917	1821	6343	3483	983	2786	2834	3223	9446	2931
蕲春县	13406	64201	4769	3577	11521	3221	2299	6322	2750	2411	6916	2869
武穴市	10233	43704	3725	4636	9315	2009	1441	2150	1492	1225	2369	1934
黄梅县	14759	68568	4209	7894	20233	2563	1933	4300	2225	1051	2568	2443
龙感湖区	1293	12058	8968									
咸宁市	**53166**	**175185**	**3181**	**20318**	**43094**	**2121**	**9044**	**9194**	**1017**	**3278**	**7214**	**2201**
咸安区	11251	23461	2085	3905	5152	1319	1263	1283	1016	668	1014	1518
嘉鱼县	16508	64740	3967	8469	16374	1933	1381	573	415			
赤壁市	15201	66265	3974	7944	21568	2715	1592	2835	1781	200	982	4910
通城县	2409	3163	1358				816	759	930	640	611	955
崇阳县	4797	8556	1709				2856	2230	781	1016	2055	2023
通山县	3000	9000	2547				1136	1514	1333	754	2552	3385
随州市	**25111**	**70594**	**2811**				**14292**	**35680**	**2975**	**7083**	**21114**	**2981**
曾都区	3555	9418	2649				1681	3903	2322	1407	3765	2676
随县	15369	43134	2807				9985	25675	2571	3691	10855	2941
广水市	6187	18042	2917				2626	6102	2324	1985	6494	3272
恩施州	**1979**	**4688**	**2369**				**1132**	**1644**	**1452**	**612**	**1855**	**3031**
恩施市	160	418	2613				75	185	2467	85	233	2741
建台县	105	215	2048				80	147	1838	25	68	2720
巴东县	36	465	12917				6	410	68333	30	55	1833
利川市	642	2059	3207				344	500	1453	248	1201	4843
宣恩县	328	174	530				300	105	350	20	34	1700
咸丰县	229	275	1201				54	48	889	172	219	1273
来凤县	334	998	2988				160	210	1313			
鹤峰县	145	84	579				113	39	345	32	45	1406
仙桃市	**35081**	**271690**	**7727**	**2733**	**8015**	**2933**				**310**	**1550**	**5000**
天门市	**13602**	**110093**	**8094**	**2252**	**9538**	**4235**	**339**	**1406**	**4147**	**2290**	**13058**	**5702**
潜江市	**10321**	**87396**	**7652**	**1089**	**2980**	**2736**				**1769**	**5715**	**3231**
神农架林区	**235**	**91**	**387**	**40**	**48**	**1200**	**188**	**12**	**64**	**7**	**31**	**4429**

按水面分类养殖产量、面积、单产(二)

面积:公顷;单位:吨;单产:公斤/公顷

指标名称	精养池			河沟			其它养殖			稻田水产养殖		
	面积	产量	单产	面积	产量	单产	面积	产量	单产	面积	产量	单产
全省合计	**252957**	**2248623**	**8889**	**5713**	**20256**	**3546**	**3672**	**13291**	**3620**	**163432**	**189129**	**1402**
武汉市	**28842**	**273144**	**9470**	**1191**	**2089**	**1754**				**9822**	**11612**	**1182**
武汉市辖区	8545	82924	9704	452	1401	3100				330	430	1303
蔡甸区	3234	29893	9243							2133	2322	1089
江夏区	4495	39778	8849	552	364	659				1624	606	373
黄陂区	3871	43358	11201							2133	2322	1089
新洲区	8697	77191	8876							1335	1544	1157
黄石市	**13988**	**108078**	**7726**	**267**	**251**	**940**				**1585**	**2414**	**1523**
黄石市辖区	172	2554	14849									
大冶市	3733	32188	8623	267	251	940				1200	1877	1564
阳新县	10083	73336	7273							385	537	1395
十堰市	**311**	**1653**	**5315**							**424**	**1070**	**2524**
十堰市辖区	1	2	2000									
丹江口市	223	1241	5565							333	948	2847
郧县	60	130	2167									
郧西县	2	50	25000							1	2	2000
竹山县												
竹溪县												
房县	25	230	9200							90	120	1333
荆州市	**90979**	**773225**	**8499**	**5135**	**6301**	**1227**	**2412**	**5614**	**2328**	**67513**	**105341**	**1560**
荆州市辖区	7583	120394	15877	89	280	3146	90	277	3078	5552	11653	2099
江陵县	3167	24865	7851	14	53	3786	13	26	2000	1134	1064	938
松滋市	5201	20730	3986	129	97	752				3338	2027	607
公安县	9155	84008	9176	743	890	1198	38	68	1789	3003	6322	2105
石首市	6452	63668	9868	14	80	5714	211	1818	8616	6687	18623	2785
监利县	21279	158100	7430	1425	1524	1069	2060	3425	1663	30772	49855	1620
洪湖市	38142	301460	7904	2721	3377	1241				17027	15797	928
宜昌市	**9358**	**93657**	**10008**	**160**	**290**	**1808**	**97**	**11962**	**123320**	**841**	**985**	**1171**
宜昌市辖区	343	2392	6970									
夷陵区	650	5000	7692	67	95	1418	3	300	100000			
宜都市	200	1500	7500	6	65	10833						
枝江市	3889	43568	11203	87	130	1487				733	906	1236
当阳市	3870	38397	9922							38	14	368
远安县	285	1485	5211							70	65	929
兴山县												
秭归县												
长阳县	121	1315	10868				94	11662	124064			
五峰县												
襄阳市	**13495**	**74751**	**5539**	**1011**	**881**	**871**	**723**	**687**	**950**	**1378**	**4524**	**3283**
襄阳市辖区	913	3672	4022							115	320	2783
老河口市	3161	18880	5973							13	35	2692
襄阳区	3712	18193	4901							265	2347	8860
枣阳市	2683	18334	6833	625	585	936	474	616	1300			
宜城市	1269	9409	7414	157	291	1854				785	1274	1623
南漳县	1146	3352	2925				80	71	1775	200	548	
谷城县	607	2883	4750	229	5	22	169					
保康县	4	28	7000									

续表1 面积:公顷;单位:吨;单产:公斤/公顷

指标名称	精养池			河沟			其它养殖			稻田水产养殖		
	面积	产量	单产	面积	产量	单产	面积	产量	单产	面积	产量	单产
鄂州市	**18248**	**256598**	**14062**	**712**	**1080**	**1517**				**1534**	**1951**	**1272**
荆门市	**28424**	**251067**	**8833**	**3113**	**3895**	**1251**				**26566**	**24630**	**927**
荆门市辖区	5402	22736	4209	652	271	416				2383	2299	965
沙洋县	7291	92987	12754	996	1374	1380				9853	9243	938
钟祥市	9419	86223	9154	956	1475	1543				10450	9258	886
京山县	5708	44761	7842	509	775	1523				3880	3830	987
沙洋农场	604	4360	7219									
孝感市	**27538**	**181077**	**6576**	**4213**	**15219**	**3612**	**207**	**1452**	**7014**	**6499**	**6268**	**964**
孝南区	4669	37089	7944	349	864	2476				3000	2785	928
孝昌县	780	3553	4555	411	403	981				597	502	841
大悟县	831	7050	8484							453	1250	2759
安陆县	3059	11513	3764	595	1632	2743				113	168	1487
云梦县	3344	26000	7775	630	2745	4357	2	2	1000	690	159	230
应城县	3490	27331	7831	828	1813	2190				1646	1404	853
汉川县	11365	68541	6031	1400	7762	5544	205	1450	7073			
黄冈市	**24921**	**223915**	**8985**	**2375**	**3067**	**1291**	**982**	**2217**	**2258**	**19725**	**20769**	**1053**
黄州区	3057	32053	10485	1373	1684	1227				685	693	1012
团风县	1950	15434	7915	187	178	952	113	45	398	951	523	550
红安县	565	2418	4280	177	172	972						
麻城市	2102	8367	3980									
罗田县	100	583	5830				246	1090	4431	67	67	1000
英山县	210	1165	5548							72	13	181
浠水县	4766	57127	11986	208	396	1904		154		3567	4969	1393
蕲春县	4730	38339	8105	315	486	1543	74	286	3865	2610	331	127
武穴市	2816	24129	8569	115	151	1313				5259	5590	1063
黄梅县	3332	32704	9815				549	642	1169	6174	8121	1315
龙感湖区	1293	11596	8968							340	462	1359
咸宁市	**17927**	**103013**	**5746**	**989**	**1466**	**1482**	**1610**	**4229**	**2627**	**7502**	**6975**	**930**
咸安区	4723	15100	3197	655	830	1267	37	63	1703	30	19	633
嘉鱼县	6008	46272	7702	221	566	2561	429	608	1417	353	347	983
赤壁市	5352	34960	6532	113	70	619				6000	5850	975
通城县	779	1665	2137				174	128	736			
崇阳县	925	3912	4229							652	359	551
通山县	140	1104	7886				970	3430	3536	467	400	857
随州市	**3439**	**13142**	**3821**	**291**	**642**	**2206**	**6**	**16**	**2667**	**1082**	**1885**	**1742**
曾都区	455	1724	3789	10	19	1900	2	7		3	5	1667
随县	1624	6466	3982	69	138	2000				893	1630	1825
广水市	1360	4952	3641	212	485	2288	4	9	2250	186	250	1344
恩施州	**217**	**1168**	**5382**	**18**	**21**	**1167**						
恩施市												
建台县												
巴东县												
利川市	50	358	7160									
宣恩县	8	35	4375									
咸丰县	2	7	3500	1	1	1000						
来凤县	157	768	4892	17	20	1176						
鹤峰县												
仙桃市	**30721**	**256406**	**8346**	**1317**	**5085**	**3861**				**609**	**634**	**1041**
天门市	**8077**	**78652**	**9738**	**644**	**1873**	**2908**				**8000**	**5566**	**696**
潜江市	**6490**	**58343**	**8990**	**627**	**603**	**962**	**346**	**580**	**1676**	**11200**	**19175**	**1712**
神农架林区												

水产苗种生产投放

单位:公顷

指标名称	投放鱼种(吨)	鱼种产量(吨)	鱼苗生产数量(亿尾)		扣蟹(公斤)	稚龟(万只)	稚鳖(万只)	虾类育苗(亿尾)	贝类育苗(万粒)
			合计	其中:罗非鱼					
全省合计	**807388**	**820315**	**750**	**7**	**2169733**	**841**	**4932**	**227**	**77166**
武汉市	**85941**	**72264**	**108**		**7400**	**75**	**316**	**1**	
武汉市辖区	24198	13206	22		1100	9	260		
蔡甸区	13169	12682	11			23			
江夏区	15743	15559	27		6300	43	46		
黄陂区	16600	16100	5				10	1	
新洲区	16231	14717	43						
黄石市	**40255**	**41494**	**20**		**20000**		**98**	**4**	**230**
黄石市辖区	555	98	5						
大冶市	17200	16896	5		5000		1	3	230
阳新县	22500	24500	10		15000		97	1	
十堰市	**12619**	**12772**	**5**			**4**			
十堰市辖区	453								
丹江口市	11160	11965	4						
郧县	750	680	1						
郧西县	46	5							
竹山县	40	36	1						
竹溪县	40	25							
房县	130	61				4			
荆州市	**211832**	**237043**	**169**		**1963180**	**261**	**2218**	**94**	**1555**
荆州市辖区	31215	26800	17			48	902		
江陵县	6915	6120	6			31	31		
松滋市	10970	10000	7						
公安县	23459	20694	19		48000	46	750	22	55
石首市	27500	29000	9			1	36	7	1500
监利县	44673	41989	27		565180	53	265		
洪湖市	67100	102440	84		1350000	82	234	65	
宜昌市	**34338**	**31136**	**12**			**30**	**70**	**4**	
宜昌市辖区	300								
夷陵区	2550	2350	1						
宜都市	1900	900	2			15	35	2	
枝江市	11780	11200	4						
当阳市	11598	12145	4			15	35	1	
远安县	1180	1320	1					1	
兴山县	8								
秭归县	12	21							
长阳县	5000	3200	1						
五峰县	10								
襄阳市	**31085**	**31724**	**22**	**1**	**4033**		**33**	**7**	
襄阳市辖区	2483	1411	3				1	3	
老河口市	6060	9300	2		2311			1	
襄阳区	6290	4500	3		897		2	2	
枣阳市	7150	7385	4		825				
宜城市	4925	4600	4				30	1	
南漳县	2300	3000	4						
谷城县	1792	1528	2	1				1	
保康县	85								

续表1

单位:公顷

指标名称	投放鱼种(吨)	鱼种产量(吨)	鱼苗生产数量(亿尾)		扣蟹(公斤)	稚龟(万只)	稚鳖(万只)	虾类育苗(亿尾)	贝类育苗(万粒)
			合计	其中:罗非鱼					
鄂州市	**67010**	**53583**	**15**					**1**	**85000**
荆门市	**103806**	**103387**	**48**	**2**	**31070**	**553**	**1584**	**16**	
荆门市辖区	11705	11270	5			20		5	
沙洋县	39000	39690	15			63	340	5	
钟祥市	32801	32912	16	1	30230	15	154	3	
京山县	18500	17705	12	1	840	455	1090	3	
沙洋农场	1800	1810							
孝感市	**72039**	**74508**	**50**			**107**	**10**	**2**	
孝南区	12000	12700	9					1	
孝昌县	4760	3250	1						
大悟县	5000	4700	3			3	5		
安陆县	8615	7466	3			1	2		
云梦县	6550	6410	4			1	3	1	
应城县	11114	10982	11			102			
汉川县	24000	29000	20						
黄冈市	**73248**	**84379**	**181**	**1**	**18750**	**8**	**54**	**22**	**330**
黄州区	10300	13500	136						
团风县	4000	3200	3						
红安县	2197	2100	8				1	1	
麻城市	6500	5500	5				1		
罗田县	1200	800	5				1		
英山县	2510	1960	4	1				2	
浠水县	16750	15127			18750	8	50	4	
蕲春县	5216	20446	5						
武穴市	6510	7326	8				1	4	230
黄梅县	16000	12157	6					11	100
龙感湖区	2065	2263	2						
咸宁市	**33866**	**29610**	**29**	**2**	**107100**	**5**	**45**	**5**	
咸安区	3266	3600	6		28500		1	3	
嘉鱼县	15500	11460	9		28600	5	32		
赤壁市	8700	9000	9	2	50000			2	
通城县	1000	900	1				12		
崇阳县	3100	2650	1						
通山县	2300	2000	3						
随州市	**16300**	**77000**	**9**						
曾都区	2900	19500	2						
随县	5600	32500	2						
广水市	7800	25000	5						
恩施州	**936**	**988**							
恩施市	80	85							
建台县	46	51							
巴东县	65	85							
利川市	470	480							
宣恩县	42	55							
咸丰县	65	53							
来凤县	150	158							
鹤峰县	18	21							
仙桃市	**73882**	**59612**	**52**			**1**	**167**	**4**	
天门市	**21000**	**18400**	**17**			**5**	**300**	**5**	**51**
潜江市	**36250**	**27390**	**19**		**18200**	**7**	**37**	**2**	
神农架林区	**1**								

水产加工业(一)

指标名称	水产加工企业			水产冷库				部分水产品年加工量(吨)		
	总数(个)	加工能力(吨/年)	其中:规模以上(个)	座数(座)	冻结能力(吨/日)	冷藏能力(吨/次)	制冰能力(吨/日)	克氏螯虾	罗非鱼	斑点叉尾鮰
全省合计	**216**	**1151760**	**124**	**261**	**54771**	**64704**	**16393**	**33603**	**1299**	**10184**
武汉市	**27**	**127260**	**15**	**34**	**261**	**2065**	**65**	**4004**		**600**
武汉市辖区	9	39010	5	22	106	1800	10			
蔡甸区	2	8600		3	75	75	45			
江夏区	3	5000	4	5	20	40	10			
黄陂区	2	9000	2	4	60	150		1900		
新洲区	11	65650	4					2104		600
黄石市	**18**	**17300**	**9**	**5**	**70**	**500**	**80**	**100**		
黄石市辖区										
大冶市	16	12000	7	5	70	500	80	100		
阳新县	2	5300	2							
十堰市	**6**	**15020**		**1**	**50**	**300**	**10**			
十堰市辖区										
丹江口市	5	15000		1	50	300	10			
郧县										
郧西县	1	20								
竹山县										
竹溪县										
房县										
荆州市	**50**	**383500**	**28**	**82**	**5079**	**13240**	**1550**	**67690**	**26**	**2977**
荆州市辖区	5	145000	5	5	72	500	20	600		
江陵县	1	10000	1	1	1000	6000		600		
松滋市	1	3000	1	3	800	800	2	2000		
公安县	7	5000		1	50	500	80	1000		
石首市	1	500	1	1	50	10				
监利县	6	40000	4	24	407	1830	355	16695		160
洪湖市	29	180000	16	47	2700	3600	1093	46795	26	6000
宜昌市	**9**	**108000**	**8**	**13**	**390**	**3160**	**160**	**4680**		**3300**
宜昌市辖区										
夷陵区										
宜都市	3	30000	3	4	120	500				
枝江市	3	58000	3	6	160	1150	60	4680		3050
当阳市										
远安县										
兴山县										
秭归县				1	10	10				
长阳县	3	20000	2	2	100	1500	100			3000
五峰县										
襄阳市	**5**	**5510**	**1**	**4**	**202**	**220**	**1**	**30**		
襄阳市辖区										
老河口市	5	5510	1	3	200	200		30		
襄阳区										
枣阳市				1	2	20	1			
宜城市										
南漳县										
谷城县										
保康县										

续表1

指标名称	水产加工企业			水产冷库				部分水产品年加工量(吨)		
	总数(个)	加工能力(吨/年)	其中:规模以上(个)	座数(座)	冻结能力(吨/日)	冷藏能力(吨/次)	制冰能力(吨/日)	克氏螯虾	罗非鱼	斑点叉尾鮰
鄂州市	**24**	**113008**	**24**	**18**	**4500**	**4173**	**2190**			
荆门市	**14**	**67659**	**9**	**18**	**505**	**3474**	**323**	**15428**		
荆门市辖区	2	1921		2	50	194	3			
沙洋县	4	36700	4	5	105	330	100	13000		
钟祥市	6	16038	4	8	200	1800	100	1000		
京山县	2	13000	1	3	150	1150	120	1428		
沙洋农场										
孝感市	**25**	**37700**	**3**	**8**	**38**	**1700**	**14**	**4208**		
孝南区	1	2200								
孝昌县										
大悟县										
安陆县										
云梦县	15	20000	2	4		1500				
应城县	1	3500		1	8	200	6	800		
汉川县	8	12000	1	3	30		8	3408		
黄冈市	**19**	**60500**	**5**	**20**	**1416**	**1482**	**448**	**15765**	**350**	**605**
黄州区	4	1500		1	10	50	10			
团风县										
红安县				1	100	50	50			
麻城市				1	8	10	5			
罗田县	1	1000	1		100	100		5		5
英山县										
浠水县	5	30000	1	9	500	480	50	15000	350	550
蕲春县	2	5000		2	550	600	300			
武穴市	2	15000	2	3	98	32	30	760		50
黄梅县	3	2000		2	20	100	3			
龙感湖区	2	6000	1	1	30	60				
咸宁市	**10**	**22800**	**3**	**17**	**125**	**1230**	**200**	**700**		**500**
咸安区	1	5000	1							
嘉鱼县	3	12900		7		800		700		500
赤壁市	4	4500	1	5	25	30				
通城县										
崇阳县										
通山县	2	400	1	5	100	400	200			
随州市	**2**	**9000**	**2**	**2**	**325**	**5000**	**50**	**2200**		
曾都区	1		1	1	300	2000	30	1600		
随县										
广水市	1		1	1	25	3000	20	600		
恩施州										
恩施市										
建台县										
巴东县										
利川市										
宣恩县										
咸丰县										
来凤县										
鹤峰县										
仙桃市	**12**	**80000**	**8**	**4**	**150**	**2000**	**100**	**15000**		
天门市	**4**	**20000**	**3**	**4**	**60**	**2000**	**200**	**5000**	**150**	**206**
潜江市	**12**	**300000**	**6**	**22**	**46800**	**23500**	**11000**	**54500**	**770**	**827**
神农架林区										

水产加工业(二)

指标名称	水产加工品(吨)											用于加工的水产品总量(吨)
	总量	(一)水产品冷冻			(二)鱼糜及干腌制品			(三)罐制品	(四)鱼粉	(五)鱼油	(六)其它	
		小计	#冷冻品	#冷冻加工品	小计	#鱼糜制品	#干腌制品					
全省合计	**674116**	**288908**	**94738**	**194170**	**353249**	**124156**	**229093**	**####**			**1062**	**1119640**
武汉市	**60831**	**31620**	**5000**	**26620**	**25087**	**16838**	**8249**	**4124**				**110168**
武汉市辖区	32346	18300	5000	13300	10922	10303	619	3124				45058
蔡甸区	4800				4250		4250	550				8000
江夏区	2570	420		420	2150		2150					6210
黄陂区	3200	1900		1900	850	210	640	450				8840
新洲区	17915	11000		11000	6915	6325	590					42060
黄石市	**18880**	**500**	**500**		**13330**	**1682**	**11648**	**50**				**17740**
黄石市辖区												
大冶市	9650	500	500		9100	852	8248	50				12480
阳新县	9230				4230	830	3400					5260
十堰市	**16202**	**11200**	**10000**	**1200**	**5002**		**5002**					**35507**
十堰市辖区												
丹江口市	16200	11200	10000	1200	5000		5000					35500
郧县												
郧西县	2				2		2					7
竹山县												
竹溪县												
房县												
荆州市	**239427**	**90088**	**59468**	**30620**	**146339**	**46014**	**100325**	**3000**				**359550**
荆州市辖区	39400	10900	6900	4000	25500	23700	1800	3000				97000
江陵县	400				400	400						4000
松滋市	2000	1800	1800		200		200					3000
公安县	5950	4400	2300	2100	1550	1200	350					10000
石首市	450	450		450								1150
监利县	40174	24890	22300	2590	15284	3684	11600					46000
洪湖市	151053	47648	26168	21480	103405	17030	86375					198400
宜昌市	**34803**	**32283**	**11233**	**21050**	**2517**	**150**	**2367**	**3**				**43300**
宜昌市辖区												
夷陵区												
宜都市	16218	15848	7848	8000	367		367	3				13000
枝江市	8550	8400	3350	5050	150	150						14300
当阳市												
远安县												
兴山县												
秭归县	35	35	35									
长阳县	10000	8000		8000	2000		2000					16000
五峰县												
襄阳市	**2400**	**2060**	**2030**	**30**	**340**		**340**					**6930**
襄阳市辖区												
老河口市	1610	1480	1480		130		130					4830
襄阳区												
枣阳市	540	480	480		60		60					1500
宜城市												
南漳县	250	100	70	30	150		150					600
谷城县												
保康县												

续表1

指标名称	水产加工品（吨）											用于加工的水产品总量(吨)
	总量	(一)水产品冷冻			(二)鱼糜及干腌制品			(三)罐制品	(四)鱼粉	(五)鱼油	(六)其它	
		小计	#冷冻品	#冷冻加工品	小计	#鱼糜制品	#干腌制品					
鄂州市	**97955**	**3197**	**1220**	**1977**	**65397**	**19356**	**47041**	**####**			**3007**	**165857**
荆门市	**86240**	**58138**	**12318**	**45820**	**27972**	**18896**	**9076**					**176637**
荆门市辖区	5500	1000	1000		4500	500	4000					11210
沙洋县	38634	25980		25980	12654	8124	4530					84222
钟祥市	34208	23518	8518	15000	10560	10064	496					65205
京山县	7898	7640	2800	4840	258	208	50					16000
沙洋农场												
孝感市	**15840**	**8500**	**5600**	**2900**	**7340**	**2040**	**5300**					**33050**
孝南区	40				40	40						50
孝昌县												
大悟县												
安陆县												
云梦县	6600	300		300	6300	1800	4500					15000
应城县	1300	800		800	500		500					3000
汉川县	7900	7400	5600	1800	500	200	300					15000
黄冈市	**44591**	**18450**	**11254**	**7196**	**25978**	**14901**	**11077**	**1**	**162**			**83737**
黄州区	2871	35		35	2836	1136	1700					8350
团风县	1500				1500	700	800					4500
红安县	260	200	100	100	60		60					500
麻城市	1740	240	240		1500	1500						5000
罗田县	1200	750	750		450	150	300					2800
英山县	138				138	15	123					350
浠水县	15691	7421	4815	2606	8126	4457	3669	1	143			31968
蕲春县	14000	7500	5000	2500	6500	3500	3000					9800
武穴市	3191	1904	49	1855	1268	543	725		19			11169
黄梅县	2500	400	300	100	2100	1400	700					7300
龙感湖区	1500				1500	1500						2000
咸宁市	**10823**	**5090**	**4160**	**930**	**4733**	**2500**	**2233**				**1000**	**31100**
咸安区	2250				1250	850	400				1000	5000
嘉鱼县	3400	2600	2000	600	800	500	300					12900
赤壁市	3780	2040	1860	180	1740	1100	640					11200
通城县	180				180		180					
崇阳县	263				263		263					
通山县	950	450	300	150	500	50	450					2000
随州市	**2130**	**2130**	**420**	**1710**								**12360**
曾都区												
随县	2020	2020	420	1600								11700
广水市	110	110		110								660
恩施州												
恩施市												
建台县												
巴东县												
利川市												
宣恩县												
咸丰县												
来凤县												
鹤峰县												
仙桃市	**15759**	**5425**	**2215**	**3210**	**7554**		**7554**				**2780**	**65841**
天门市	**15400**	**14800**	**7500**	**7300**	**600**		**600**					**40550**
潜江市	**64585**	**60650**		**60650**	**1350**	**1200**	**150**	**185**			**2400**	**123380**
神农架林区												

渔业人口与从业人员

指标名称	渔业乡（个）	渔业村（个）	渔业户（户）	渔业人口（人）		渔业从业人员（人）						
				小计	其中：传统渔民	合计	其中：专业从业人员				兼业从业人员	临时从业人员
							小计	捕捞	养殖	其它		
全省合计	**57**	**827**	**558735**	**1896913**	**835505**	**1299886**	**894353**	**89372**	**760802**	**44179**	**285634**	**119899**
武汉市	**2**	**131**	**62827**	**194222**	**102489**	**138942**	**100205**	**11176**	**81856**	**7173**	**30774**	**7963**
武汉市辖区	2	99	10669	30607	17371	22820	18670	2244	15425	1001	3459	691
蔡甸区		17	6375	22950	8736	24380	11969	2642	9327		8651	3760
江夏区		7	20385	53477	44718	39004	30399	3478	26176	745	6428	2177
黄陂区		8	13870	50260	21795	25980	20435	1810	13800	4825	4590	955
新洲区			11528	36928	9869	26758	18732	1002	17128	602	7646	380
黄石市	**1**	**21**	**12866**	**49953**	**9157**	**42613**	**23079**	**2575**	**19985**	**519**	**16266**	**3268**
黄石市辖区	1	8	322	1561	917	1150	652	227	336	89	540	40
大冶市		2	6603	29712	1860	16159	11715	1938	9489	288	3176	1268
阳新县		11	5941	18680	6380	25222	10712	410	10160	142	12550	1960
十堰市			**10992**	**37839**	**20585**	**17796**	**11417**	**4680**	**5463**	**1274**	**4771**	**1608**
十堰市辖区			695	2772	2224	1962	1482	100	432	950	230	250
丹江口市			5709	20240	9866	9212	6076	2556	3306	214	2000	1136
郧县			3320	9800	4860	3430	2200	1400	800		1050	180
郧西县			271	1053	380	731	688	302	299	87	31	12
竹山县			340	1200	1150	806	256	92	144	20	550	
竹溪县			155	665	605	453	403	80	320	3	50	
房县			502	2109	1500	1202	312	150	162		860	30
荆州市	**13**	**250**	**107738**	**362804**	**186751**	**282198**	**222456**	**19572**	**194836**	**8048**	**41971**	**17771**
荆州市辖区		8	11066	34759	9136	29613	21621	1068	19297	1256	3253	4739
江陵县		1	3306	12224	3120	6814	5404	727	4582	95	1137	273
松滋市		16	4780	13830	4700	12850	9745	1210	8246	289	2704	401
公安县	1	53	8171	28467	7283	20731	18281	1670	15278	1333	1605	845
石首市			3450	9625	8600	4136	3605	1325	1925	355	345	186
监利县	1	79	36105	131299	57412	98054	67800	10572	54508	2720	20127	10127
洪湖市	11	93	40860	132600	96500	110000	96000	3000	91000	2000	12800	1200
宜昌市		**14**	**21986**	**78332**	**13141**	**57175**	**33987**	**4688**	**27421**	**1878**	**12024**	**11164**
宜昌市辖区			213	620	330	330	200	100	100		130	
夷陵区			5733	13123	1408	9532	2476	910	1348	218	3375	3681
宜都市		2	685	8102	770	8302	3302	502	2500	300	2000	3000
枝江市		4	9385	32110	1464	20278	13985	446	13124	415	3715	2578
当阳市		6	4246	13805	6847	10910	8190	318	7311	561	1568	1152
远安县						3798	2698	550	1898	250	850	250
兴山县												
秭归县			624	2215	258	1202	1072	964	108		130	
长阳县		2	1100	8357	2064	2823	2064	898	1032	134	256	503
五峰县												
襄阳市	**4**	**33**	**43154**	**133892**	**60433**	**66658**	**44653**	**5823**	**36218**	**2612**	**13723**	**8282**
襄阳市辖区		1	5830	11749	9195	7058	4427	810	3347	270	1768	863
老河口市	1	5	16031	33141	20105	12348	11043	1051	9891	101	1167	138
襄阳区			4650	23485	19985	12093	8893	1398	6875	620	1985	1215
枣阳市		4	6685	28054	4520	15280	9100	800	8120	180	3880	2300
宜城市	2	4	5723	21573	120	7489	3381	241	3120	20	2658	1450
南漳县	1	10	3000	9500	6000	6000	3500	1000	2500		2000	500
谷城县		9	1235	6390	508	6390	4309	523	2365	1421	265	1816
保康县												

续表1

指标名称	渔业乡(个)	渔业村(个)	渔业户(户)	渔业人口(人)		渔业从业人员(人)						
				小计	其中:传统渔民	合计	其中:专业从业人员				兼业从业人员	临时从业人员
							小计	捕捞	养殖	其它		
鄂州市	**2**	**15**	**23218**	**93024**	**37591**	**56561**	**42035**	**3889**	**37102**	**1044**	**6231**	**8295**
荆门市	**5**	**139**	**50234**	**125022**	**73079**	**104327**	**74370**	**8170**	**62955**	**3245**	**25063**	**4894**
荆门市辖区			14959	21459	11296	17073	8785	2647	5377	761	7538	750
沙洋县	3	26	15083	50103	40879	32352	29510	2318	26104	1088	1758	1084
钟祥市	1	91	11539	29467	11167	29849	22279	2131	18902	1246	5840	1730
京山县	1	22	7347	20073	8227	22042	10906	1074	9682	150	9806	1330
沙洋农场			1306	3920	1510	3011	2890		2890		121	
孝感市	**1**	**39**	**34061**	**133530**	**76837**	**94370**	**61417**	**7074**	**50331**	**4012**	**22525**	**10428**
孝南区			6342	20127	13618	9147	8434	312	7750	372	246	467
孝昌县			2584	15965	12118	5455	4625	280	4345		580	250
大悟县			3016	11235	2803	10115	4215	35	3720	460	5590	310
安陆县		1	5687	21016	11967	18464	10789	1705	7375	1709	5863	1812
云梦县			2570	7838		7004	5086	560	4526		1236	682
应城县			5163	19881	6114	13429	9555	1045	8411	99	3195	679
汉川县	1	38	8699	37468	30217	30756	18713	3137	14204	1372	5815	6228
黄冈市	**8**	**77**	**54999**	**188859**	**67965**	**165113**	**98539**	**9766**	**81922**	**6851**	**39828**	**26746**
黄州区	1	7	4141	13191	7500	21000	13000	1049	11451	500	2000	6000
团风县		4	6131	11586	6302	5791	4411	215	3896	300	1200	180
红安县			6208	16827	1050	16827	10000	700	9300		6000	827
麻城市			4573	13680		12737	9070	260	8650	160	3307	360
罗田县			2275	7612	1600	3680	1420	200	1220		2060	200
英山县	1	12	1390	2375	400	6922	1033	96	727	210	2767	3122
浠水县	1	23	8147	33167	16294	25942	19221	1582	17325	314	5396	1325
蕲春县	1	3	4897	14727	5799	19804	9284	764	7868	652	4148	6372
武穴市		2	5328	23976	4120	15280	8770	1200	7435	135	4650	1860
黄梅县	1	11	11358	50160	24900	35780	20980	3700	12700	4580	8300	6500
龙感湖区	3	15	551	1558		1350	1350		1350			
咸宁市	**14**	**59**	**22615**	**101498**	**26947**	**56652**	**27370**	**3338**	**23367**	**665**	**25876**	**3406**
咸安区	8	26	2930	10815	4325	6360	3680	52	3578	50	1850	830
嘉鱼县	1	8	8412	33749	4579	15989	7059	1300	5609	150	8930	
赤壁市	5	17	4300	21000	13060	18500	7730	350	7380		8930	1840
通城县			1560	5400		3110	2410	180	2180	50	420	280
崇阳县		4	3913	15534	983	6493	1491	156	1320	15	4646	356
通山县		4	1500	15000	4000	6200	5000	1300	3300	400	1100	100
随州市		**42**	**14687**	**13925**	**4229**	**24892**	**5270**	**980**	**3751**	**539**	**13399**	**6223**
曾都区		21	594	2612		2297	1656	164	1248	244	288	353
随县		24	11789	381	377	15365	1716	298	1255	163	8030	5618
广水市			2304	10932	3852	7230	1898	518	1248	132	5083	252
恩施州			**4063**	**12410**		**6280**	**2101**	**206**	**1895**		**2373**	**1806**
恩施市			534	1602		660	250	40	210		180	230
建台县			20	79		206	20		20		102	84
巴东县												
利川市			1400	5300		2058	1018	68	950		580	460
宣恩县			1354	4268		1520	150	30	120		1050	320
咸丰县			235	751		684	208	23	185		126	350
来凤县			460	170		905	415	35	380		230	260
鹤峰县			60	240		247	40	10	30		105	102
仙桃市			**37486**	**131542**	**46540**	**103248**	**84629**	**3704**	**77327**	**3598**	**11955**	**6664**
天门市		**6**	**12848**	**48950**	**15175**	**38075**	**24009**	**1117**	**21370**	**1522**	**11685**	**2381**
潜江市		**3**	**15280**	**52065**	**32519**	**34140**	**26146**	**1751**	**23572**	**823**	**6984**	**1010**
神农架林区	**3**	**4**	**424**		**853**	**614**	**525**	**57**	**468**		**46**	**43**

渔业船舶拥有量(一)

指标名称	机动渔船合计						机动渔船按船长分					
	艘	总吨	千瓦	24米以上			12－24米			12米以下		
				艘	总吨	千瓦	艘	总吨	千瓦	艘	总吨	千瓦
全省合计	**50587**	**114145**	**417952**	**1**	**50**	**198**	**4235**	**18367**	**44638**	**46351**	**95728**	**373116**
武汉市	**2745**	**7606**	**29531**	**1**	**50**	**198**	**155**	**725**	**4430**	**2589**	**6831**	**24903**
武汉市辖区	1141	4143	14175	1	50	198	47	194	2202	1093	3899	11775
蔡甸区	304	381	2640							304	381	2640
江夏区	691	935	5593				16	108	280	675	827	5313
黄陂区	349	700	3862				37	118	960	312	582	2902
新洲区	260	1447	3261				55	305	988	205	1142	2273
黄石市	3143	6368	21774				281	885	2596	2862	5483	19178
黄石市辖区	812	1245	3509							812	1245	3509
大冶市	931	1703	5389				165	413	1320	766	1290	4069
阳新县	1400	3420	12876				116	472	1276	1284	2948	11600
十堰市	**2907**	**15916**	**37989**				**1180**	**10920**	**16067**	**1727**	**4996**	**21922**
十堰市辖区	195	185	1901							195	185	1901
丹江口市	1806	10907	26082				780	7800	11466	1026	3107	14616
郧县	657	3536	7059				400	3120	4601	257	416	2458
郧西县	105	148	1507							105	148	1507
竹山县	12	30	180							12	30	180
竹溪县	28	70	420							28	70	420
房县	104	1040	840							104	1040	840
荆州市	**31425**	**42131**	**179632**				**1740**	**3306**	**14575**	**29685**	**38825**	**165057**
荆州市辖区	194	411	1214							194	411	1214
江陵县	90	135	451							90	135	451
松滋市	213	404	1391				6	50	85	207	354	1306
公安县	700	1389	2898							700	1389	2898
石首市	612	612	6732							612	612	6732
监利县	15672	21940	74897							15672	21940	74897
洪湖市	10240	11814	70495				1574	3148	14166	8666	8666	56329
宜昌市	**3704**	**5426**	**21554**				**160**	**108**	**324**	**3544**	**5318**	**21230**
宜昌市辖区	2325	5001	12338				150	481	1471	2175	4520	10867
夷陵区	291	447	1513				2	87	121	289	360	1392
宜都市	317	792	1173							317	792	1173
枝江市	501	789	1980							501	789	1980
当阳市	235	534	1761				1	22	161	234	512	1600
远安县	112	93	728							112	93	728
兴山县	50	155	389				50	155	389			
秭归县												
长阳县	456	911	2816				96	203	768	360	708	2048
五峰县	363	1280	1978				1	14	32	362	1266	1946
襄阳市												
襄阳市辖区	2253	4630	42953							2253	4630	42953
老河口市	467	950	9395							467	950	9395
襄阳区	430	1454	10125							430	1454	10125
枣阳市	200	715	3690							200	715	3690
宜城市	163	330	1636							163	330	1636
南漳县	200	304	3011							200	304	3011
谷城县	200	275	864							200	275	864
保康县	593	602	14232							593	602	14232

续表1

指标名称	机动渔船合计						机动渔船按船长分					
	艘	总吨	千瓦	24米以上			12－24米			12米以下		
				艘	总吨	千瓦	艘	总吨	千瓦	艘	总吨	千瓦
鄂州市	**479**	**1245**	**2173**				**479**	**1245**	**2173**			
荆门市	**1635**	**3536**	**20610**				**2**	**10**	**66**	**1633**	**3526**	**20544**
荆门市辖区	110	208	1290							110	208	1290
沙洋县	561	792	4814				2	10	66	559	782	4748
钟祥市	846	2258	12450							846	2258	12450
京山县	118	278	2056							118	278	2056
沙洋农场												
孝感市	**3114**	**5175**	**24751**							**3114**	**5175**	**24751**
孝南区	829	998	7286							829	998	7286
孝昌县	198	360	1742							198	360	1742
大悟县	205	685	3340							205	685	3340
安陆县	384	768	4159							384	768	4159
云梦县	278	330	1544							278	330	1544
应城县	589	746	4219							589	746	4219
汉川县	631	1288	2461							631	1288	2461
黄冈市	**2806**	**4932**	**20718**				**80**	**324**	**1530**	**2726**	**4608**	**19188**
黄州区	326	573	3177				18	180	350	308	393	2827
团风县	168	444	1505							168	444	1505
红安县	57	118	871				50	100	742	7	18	129
麻城市	76	124	1048				12	44	438	64	80	610
罗田县	45	50	489							45	50	489
英山县	139	139	894							139	139	894
浠水县	263	567	2448							263	567	2448
蕲春县	452	472	3033							452	472	3033
武穴市	105	140	1081							105	140	1081
黄梅县	1151	2281	5978							1151	2281	5978
龙感湖区	24	24	194							24	24	194
咸宁市	**4037**	**8936**	**24658**							**4037**	**8936**	**24658**
咸安区	1070	1937	4244							1070	1937	4244
嘉鱼县	915	1245	4712							915	1245	4712
赤壁市	508	1305	2576							508	1305	2576
通城县	168	710	2152							168	710	2152
崇阳县	378	1382	2448							378	1382	2448
通山县	998	2357	8526							998	2357	8526
随州市	**942**	**1570**	**13115**							**942**	**1570**	**13115**
曾都区	489	1000	6317							489	1000	6317
随县	331	401	5504							331	401	5504
广水市	122	169	1294							122	169	1294
恩施州	**288**	**578**	**2529**				**230**	**505**	**1905**	**58**	**73**	**624**
恩施市	55	55	413				40	40	300	15	15	113
建台县												
巴东县	200	480	1650				190	465	1605	10	15	45
利川市												
宣恩县	23	23	414							23	23	414
咸丰县												
来凤县												
鹤峰县	10	20	52							10	20	52
仙桃市	**452**	**917**	**3783**							**452**	**917**	**3783**
天门市	**466**	**1311**	**4540**							**466**	**1311**	**4540**
潜江市	**523**	**1196**	**6641**							**523**	**1196**	**6641**
神农架林区												

渔业船舶拥有量(机动渔船中的生产渔船)

指标名称	生产渔船合计			捕捞渔船小计					
							45-440千瓦		
	艘	总吨	千瓦	艘	总吨	千瓦	艘	总吨	千瓦
全省合计	**49951**	**111661**	**408434**	**26127**	**60828**	**226303**	**40**	**382**	**4518**
武汉市	**2513**	**6851**	**24561**	**1379**	**4284**	**15124**	**21**	**204**	**1198**
武汉市辖区	1006	3610	10923	814	2930	9454	21	204	1198
蔡甸区	274	350	1728	23	29	160			
江夏区	641	803	5179	261	425	2594			
黄陂区	332	641	3470	162	305	1550			
新洲区	260	1447	3261	119	595	1366			
黄石市	**3062**	**6156**	**21027**	**2209**	**4568**	**15907**			
黄石市辖区	810	1194	3354	706	1011	3121			
大冶市	894	1636	5176	219	401	1268			
阳新县	1358	3326	12497	1284	3156	11518			
十堰市	**2761**	**14979**	**35894**	**2028**	**10651**				
十堰市辖区	193	167	1866	176	151	1706			
丹江口市	1756	10537	25332	1250	7500	18075			
郧县	570	2998	5852	420	1792	4086			
郧西县	98	137	1404	78	108	1151			
竹山县	12	30	180	12	30	180			
竹溪县	28	70	420	28	70	420			
房县	104	1040	840	64	1000	640			
荆州市	**31261**	**41887**	**176034**	**8609**	**15635**	**53183**			
荆州市辖区	3898	5823	22562	747	1186	4074			
江陵县	90	135	451	81	121	371			
松滋市	212	398	1296	114	177	501			
公安县	595	1230	2582	230	500	995			
石首市	561	561	6132	300	300	3679			
监利县	15665	21926	74616	6323	11723	36237			
洪湖市	10240	11814	68395	814	1628	7326			
宜昌市	**2315**	**4887**	**11759**	**1655**	**3667**	**8214**	**2**	**80**	**121**
宜昌市辖区	288	367	1172	288	367	1172	2	80	121
夷陵区	317	792	1173	317	792	1173			
宜都市	498	813	2802	276	778	1953			
枝江市	233	510	1586	160	405	1029			
当阳市	112	93	728	52	42	338			
远安县	50	155	389	50	155	389			
兴山县									
秭归县	455	891	1943	429	839	1729			
长阳县	362	1266	1966	83	289	431			
五峰县									
襄阳市	**2116**	**4087**	**27025**	**1310**	**2335**	**31253**	**17**	**98**	**3199**
襄阳市辖区	415	858	9128	332	678	8850	3	20	170
老河口市	408	1395	9653	246	685	6872	14	78	3029
襄阳区	145	550	2840	63	245	1190			
枣阳市	155	300	1528						
宜城市	200	291	3011	171	233	2653			
南漳县	200	75	864						
谷城县	593	618	1	498	494	11688			
保康县									

续表1

指标名称	生产渔船合计			捕捞渔船小计					
							45–440千瓦		
	艘	总吨	千瓦	艘	总吨	千瓦	艘	总吨	千瓦
鄂州市	**464**	**1200**	**1987**	**366**	**1004**	**1675**			
荆门市	**1632**	**3523**	**20434**	**861**	**1936**	**11385**			
荆门市辖区	110	208	1290	26	52	279			
沙洋县	559	784	4726	200	302	1470			
钟祥市	845	2253	12362	549	1372	8070			
京山县	118	278	2056	86	210	1566			
沙洋农场									
孝感市	**3069**	**5053**	**24043**	**827**	**1395**	**6312**			
孝南区	828	997	7268	216	259	1896			
孝昌县	198	360	1742	50	90	439			
大悟县	205	685	3340	52	172	838			
安陆县	343	686	3712	86	172	928			
云梦县	278	330	1544	84	99	464			
应城县	588	737	4116	150	225	1050			
汉川县	629	1258	2321	189	378	697			
黄冈市	**2762**	**4749**	**19034**	**1704**	**3179**	**10061**			
黄州区	320	507	2855	80	95	836			
团风县	167	440	1450	89	178	521			
红安县	57	118	871	12	24	168			
麻城市	62	102	808	32	42	375			
罗田县	45	50	489						
英山县	139	139	894						
浠水县	254	533	2007	180	411	1253			
蕲春县	444	463	2905	231	231	1251			
武穴市	104	137	988	87	115	824			
黄梅县	1146	2236	5573	993	2083	4833			
龙感湖区	24	24	194						
咸宁市	**3824**	**8708**	**23378**	**2057**	**4218**	**12332**			
咸安区	1006	2692	6016						
嘉鱼县	784	1702	4642	470	1021	2810			
赤壁市	508	1016	3022	292	584	1752			
通城县	168	582	982	38	99	228			
崇阳县	375	750	2818	276	552	1656			
通山县	983	1966	5898	981	1962	5886			
随州市	**807**	**1380**	**11521**	**122**	**169**	**1294**			
曾都区									
随县	489	1000	6317	122	169	1294			
广水市	318	380	5204						
恩施州	**288**	**578**	**2529**	**214**	**409**	**1843**			
恩施市	55	55	413	39	39	293			
建台县									
巴东县	200	480	1650	175	370	1550			
利川市									
宣恩县	23	23	414						
咸丰县									
来凤县									
鹤峰县	10	20	52						
仙桃市	**451**	**912**	**3754**	**451**	**912**	**3754**			
天门市	**361**	**1015**	**3634**	**133**	**372**	**1456**			
潜江市	**522**	**1194**	**6551**	**377**	**1032**	**5507**			
神农架林区	**56**	**31**							

续表2

指标名称	捕捞渔船小计			养殖渔船小计		
	44千瓦以下			艘	总吨	千瓦
	艘	总吨	千瓦			
全省合计	**26087**	**60446**	**221785**	**23824**	**50833**	**182131**
武汉市	**1358**	**4080**	**13926**	**1134**	**2567**	**9437**
武汉市辖区	793	2726	8256	192	680	1469
蔡甸区	23	29	160	251	321	1568
江夏区	261	425	2594	380	378	2585
黄陂区	162	305	1550	170	336	1920
新洲区	119	595	1366	141	852	1895
黄石市	**2209**	**4568**	**15907**	**853**	**1588**	**5120**
黄石市辖区	706	1011	3121	104	183	233
大冶市	219	401	1268	675	1235	3908
阳新县	1284	3156	11518	74	170	979
十堰市	**2028**	**10651**	**26258**	**733**	**4328**	**9636**
十堰市辖区	176	151	1706	17	16	160
丹江口市	1250	7500	18075	506	3037	7257
郧县	420	1792	4086	150	1206	1766
郧西县	78	108	1151	20	29	253
竹山县	12	30	180			
竹溪县	28	70	420			
房县	64	1000	640	40	40	200
荆州市	**8609**	**15635**	**53183**	**22652**	**26252**	**122851**
荆州市辖区	747	1186	4074	3151	4637	18488
江陵县	81	121	371	9	14	80
松滋市	114	177	501	98	221	795
公安县	230	500	995	365	730	1587
石首市	300	300	3679	261	261	2453
监利县	6323	11723	36237	9342	10203	38379
洪湖市	814	1628	7326	9426	10186	61069
宜昌市	**1653**	**3587**	**8093**	**660**	**1220**	**3545**
宜昌市辖区	286	287	1051			
夷陵区	317	792	1173			
宜都市	276	778	1953	222	35	849
枝江市	160	405	1029	73	105	557
当阳市	52	42	338	60	51	390
远安县	50	155	389			
兴山县						
秭归县	429	839	1729	26	52	214
长阳县	83	289	431	279	977	1535
五峰县						
襄阳市	**1328**	**2312**	**28440**	**569**	**1602**	**6786**
襄阳市辖区	329	658	8680	83	180	278
老河口市	232	607	3843	162	710	2781
襄阳区	63	245	1190	82	305	1650
枣阳市	46	75	386	109	225	1142
宜城市	171	233	2653	29	58	358
南漳县						
谷城县	487	494	11688	104	124	577
保康县						

续表3

指标名称	捕捞渔船小计			养殖渔船小计		
	44千瓦以下					
	艘	总吨	千瓦	艘	总吨	千瓦
鄂州市	**366**	**1004**	**1675**	**98**	**196**	**312**
荆门市	**861**	**1936**	**11385**	**771**	**1587**	**9049**
荆门市辖区	26	52	279	84	156	1011
沙洋县	200	302	1470	359	482	3256
钟祥市	549	1372	8070	296	881	4292
京山县	86	210	1566	32	68	490
沙洋农场						
孝感市	**827**	**1395**	**6312**	**2242**	**3658**	**17731**
孝南区	216	259	1896	612	738	5372
孝昌县	50	90	439	148	270	1303
大悟县	52	172	838	153	513	2502
安陆县	86	172	928	257	514	2784
云梦县	84	99	464	194	231	1080
应城县	150	225	1050	438	512	3066
汉川县	189	378	697	440	880	1624
黄冈市	**1704**	**3179**	**10061**	**1058**	**1570**	**8973**
黄州区	80	95	836	240	412	2019
团风县	89	178	521	78	262	929
红安县	12	24	168	45	94	703
麻城市	32	42	375	30	60	433
罗田县				45	50	489
英山县				139	139	894
浠水县	180	411	1253	74	122	754
蕲春县	231	231	1251	213	232	1654
武穴市	87	115	824	17	22	164
黄梅县	993	2083	4833	153	153	740
龙感湖区				24	24	194
咸宁市	**2057**	**4218**	**12332**	**1767**	**4490**	**11046**
咸安区				1006	2692	6016
嘉鱼县	470	1021	2810	314	681	1832
赤壁市	292	584	1752	216	432	1270
通城县	38	99	228	130	483	754
崇阳县	276	552	1656	99	198	1162
通山县	981	1962	5886	2	4	12
随州市	**122**	**169**	**1294**	**807**	**1381**	**11521**
曾都区						
随县	122	169	1294	489	1000	6317
广水市				318	381	5204
恩施州	**214**	**409**	**1843**	**6**	**6**	**45**
恩施市	39	39	293	16	16	120
建台县						
巴东县	175	370	1550	25	110	100
利川市						
宣恩县				23	23	414
咸丰县						
来凤县						
鹤峰县				10	20	52
仙桃市	**451**	**912**	**3754**			
天门市	**133**	**372**	**1456**	**228**	**640**	**2178**
潜江市	**377**	**1032**	**5507**	**145**	**162**	**1044**
神农架林区				**56**	**31**	

渔业工业和建筑业产值、增加值

指标名称	渔业工和建筑业产值合计	增加值合计	水产品加工		渔机	
			产值	增加值	产值	增加值
全省合计	**1475373**	**595352**	**1276937**	**528088**	**10956**	**5675**
武汉市	**111691**	**43229**	**94799**	**35350**	**2**	**1**
武汉市辖区	43012	11973	40235	10889	2	1
蔡甸区	10679	7762	8909	6886		
江夏区	19560	10708	9315	5589		
黄陂区	13180	7872	11080	7072		
新洲区	13180	7872	11080	7072		
黄石市	**28642**	**12791**	**22932**	**10747**		
黄石市辖区						
大冶市	16922	7861	16212	7458		
阳新县	11720	4930	6720	3289		
十堰市	**16610**	**5800**	**14000**	**4900**	**2500**	**875**
十堰市辖区						
丹江口市	16500	5775	14000	4900	2500	875
郧县						
郧西县	110	25				
竹山县						
竹溪县						
房县						
荆州市	**244954**	**90858**	**205939**	**76323**		
荆州市辖区	42400	14955	39400	14605		
江陵县	3887	545	2000	290		
松滋市	2000	350	2000	350		
公安县	17300	5220	7500	3500		
石首市	3600	686	350	70		
监利县	41950	6630	36150	6000		
洪湖市	133817	62472	118539	51508		
宜昌市	**104183**	**49348**	**85670**	**42430**	**281**	**95**
宜昌市辖区						
夷陵区						
宜都市	61920	36120	60000	35000		
枝江市	29430	9651	15380	5290	100	26
当阳市	1362	368				
远安县						
兴山县						
秭归县	471	209	290	140	181	69
长阳县	11000	3000	10000	2000		
五峰县						
襄阳市	**9449**	**3714**	**3771**	**1957**		
襄阳市辖区	391	161				
老河口市	3610	1977	3000	1617		
襄阳区	300	160				
枣阳市	3660	980	720	330		
宜城市	300	150				
南漳县	130	70				
谷城县	1018	196	51	10		
保康县	40	20				

续表1

指标名称	渔业工业和建筑业产值合计	增加值合计	水产品加工		渔机	
			产值	增加值	产值	增加值
鄂州市	204220	93735	195910	90427		
荆门市	285166	136424	249936	123663	5	3
荆门市辖区	26525	10643	18320	7850	5	3
沙洋县	126225	62859	115910	58961		
钟祥市	112016	49203	102096	45643		
京山县	20400	13719	13610	11209		
沙洋农场						
孝感市	59724	18255	56112	17459	580	40
孝南区	62	51	62	51		
孝昌县						
大悟县	177	109				
安陆县						
云梦县	24300	14288	24300	14288		
应城县	6185	2667	4400	2170		
汉川县	29000	1140	27350	950	580	40
黄冈市	105364	37441	62269	23907	150	50
黄州区	5700	1005	3500			
团风县						
红安县	160	110	126	84		
麻城市	5503	1915	5418	1880		
罗田县	875	395	675	305		
英山县	141	15				
浠水县	35459	13706	28374	11349		
蕲春县	3765	640	3765	640		
武穴市	16531	7301	13011	6245		
黄梅县	28630	10324	5000	2354	150	50
龙感湖区	8600	2030	2400	1050		
咸宁市	37234	20706	31739	18150	310	96
咸安区	14925	12670	12840	11430		
嘉鱼县	9520	1540	9520	1540		
赤壁市	8500	5100	6590	3954	10	6
通城县						
崇阳县	789	426	789	426		
通山县	3500	970	2000	800	300	90
随州市	21480	7981	21480	7981		
曾都区	11280	1280	11280	1280		
随县						
广水市	10200	6701	10200	6701		
恩施州						
恩施市						
建台县						
巴东县						
利川市						
宣恩县						
咸丰县						
来凤县						
鹤峰县						
仙桃市	73364	16970	47566	2415	7128	4515
天门市	59882	22407	54814	20829		
潜江市	243410	96582	230000	91550		
神农架林区						

续表2

指标名称	渔用饲料		渔用药物		建筑		其它	
	产值	增加值	产值	增加值	产值	增加值	产值	增加值
全省合计	**97978**	**30267**	**7480**	**3366**	**78936**	**27213**	**3086**	**743**
武汉市	**1730**	**851**	**1610**	**803**	**13550**	**6224**		
武汉市辖区	200	80	20	8	2555	995		
蔡甸区	260	131	210	105	1300	640		
江夏区	1270	640	1380	690	7595	3789		
黄陂区					2100	800		
新洲区					2100	800		
黄石市	**5580**	**1966**	**130**	**78**				
黄石市辖区								
大冶市	580	325	130	78				
阳新县	5000	1641						
十堰市					**110**	**25**		
十堰市辖区								
丹江口市								
郧县								
郧西县					110	25		
竹山县								
竹溪县								
房县								
荆州市	**24465**	**8767**	**530**	**4308**	**14020**	**1460**		
荆州市辖区	3000	350						
江陵县	1575	121			312	134		
松滋市								
公安县	3200	1020			6600	700		
石首市	1250	406			2000	210		
监利县	1800	230			4000	400		
洪湖市	13640	6640	530	4308	1108	16		
宜昌市	**5396**	**2115**			**12716**	**4638**	**120**	**70**
宜昌市辖区								
夷陵区								
宜都市	1200	700			600	350	120	70
枝江市	3820	1265			10130	3070		
当阳市	376	150			986	218		
远安县								
兴山县								
秭归县								
长阳县					1000	1000		
五峰县								
襄阳市	**2675**	**563**			**2703**	**1034**	**300**	**160**
襄阳市辖区	15	3			376	158		
老河口市					610	360		
襄阳区							300	160
枣阳市	2660	560			280	90		
宜城市					300	150		
南漳县					130	70		
谷城县					967	186		
保康县					40	20		

续表3

指标名称	渔用饲料		渔用药物		建筑		其它	
	产值	增加值	产值	增加值	产值	增加值	产值	增加值
鄂州市			**1281**	**527**	**7029**	**2781**		
荆门市	**33825**	**12308**	**1400**	**450**				
荆门市辖区	8200	2790						
沙洋县	10315	3898						
钟祥市	8520	3110	1400	450				
京山县	6790	2510						
沙洋农场								
孝感市	**1220**	**448**	**45**	**15**	**1675**	**238**	**92**	**55**
孝南区								
孝昌县								
大悟县					95	58	82	51
安陆县								
云梦县								
应城县	830	348	45	15	900	130	10	4
汉川县	390	100			680	50		
黄冈市	**32547**	**9690**	**460**	**180**	**7477**	**2483**	**2461**	**1131**
黄州区	200	80			500	225	1500	700
团风县								
红安县	34	26						
麻城市	85	35						
罗田县					200	90		
英山县					31	10	110	5
浠水县	508	213			5726	1718	851	426
蕲春县								
武穴市	3520	1056						
黄梅县	22000	7300	460	180	1020	440		
龙感湖区	6200	980						
咸宁市	**2100**	**1200**			**3085**	**1260**		
咸安区					2085	1240		
嘉鱼县								
赤壁市	1900	1140						
通城县								
崇阳县								
通山县	200	60			1000	20		
随州市								
曾都区								
随县								
广水市								
恩施州								
恩施市								
建台县								
巴东县								
利川市								
宣恩县								
咸丰县								
来凤县								
鹤峰县								
仙桃市	**12080**	**6153**	**924**	**539**	**5666**	**3348**		
天门市	**800**	**304**			**4155**	**1247**	**113**	**27**
潜江市	**5560**	**1982**	**1100**	**350**	**6750**	**2700**		
神农架林区								

渔业流通和服务业产值、增加值

单位:万元

指标名称	渔业流通和服务业产值合计	增加值合计	水产流通	
			产值	增加值
全省合计	**2752212**	**826107**	**2354332**	**640530**
武汉市	**753258**	**359294**	**719286**	**341293**
武汉市辖区	705228	337842	698800	334130
蔡甸区	10612	4522	3948	790
江夏区	19018	4522	11230	3931
黄陂区	11200	6673	2350	963
新洲区	7200	3600	2958	1479
黄石市	**19212**	**7681**	**9626**	**2386**
黄石市辖区	300	20		
大冶市	7100	3233	2146	573
阳新县	11812	4428	7480	1813
十堰市	**33069**	**8655**	**20375**	**4842**
十堰市辖区	6100	610	5900	530
丹江口市	26150	7825	13800	4140
郧县	202	71	115	40
郧西县	263	48	210	32
竹山县	4	1		
竹溪县	350	100	350	100
房县				
荆州市	**931780**	**90999**	**836178**	**83585**
荆州市辖区	35425	4442	17280	1911
江陵县	6939	744	4939	684
松滋市	8800	980	4800	600
公安县	15080	1113	8300	810
石首市	13500	1520	6500	920
监利县	385036	37239	362786	36190
洪湖市	467000	44961	431573	42470
宜昌市	**152580**	**36865**	**135510**	**29639**
宜昌市辖区	12600	2700	12000	2400
夷陵区	2100	850	550	200
宜都市	26500	15870	25000	15000
枝江市	59145	8949	51750	5030
当阳市	48176	7681	45110	6839
远安县	960	370		
兴山县				
秭归县	199	80		
长阳县	2900	365	1100	170
五峰县				
襄阳市	**62864**	**19271**	**42524**	**10003**
襄阳市辖区	6541	1545	4246	778
老河口市	5442	2487	2800	1110
襄阳区	9395	5331	4050	2492
枣阳市	6440	2560	3650	1220
宜城市	29110	5476	25400	3810
南漳县	3090	845	1000	300
谷城县	2776	992	1318	263
保康县	70	35	60	30

续表1　　　　　　　　　　　　　　　　　　　　　　　　　　　　　　单位:万元

指标名称	渔业流通和服务业产值合计	增加值合计	水产流通	
			产值	增加值
鄂州市	**227700**	**85334**	**140345**	**41458**
荆门市	**136592**	**46264**	**89928**	**19601**
荆门市辖区	31224	10971	19550	4182
沙洋县	42828	14078	30518	6710
钟祥市	42880	14905	26610	5845
京山县	17500	5840	11090	2394
沙洋农场	2160	470	2160	470
孝感市	**151646**	**38380**	**116384**	**23545**
孝南区	53050	13392	52000	13000
孝昌县				
大悟县				
安陆县	33389	5507	27710	4157
云梦县	25006	14703	8186	4813
应城县	11701	2678	5888	675
汉川县	28500	2100	22600	900
黄冈市	**81019**	**29374**	**45699**	**12526**
黄州区	13697	6937	4817	2000
团风县	6525	2610	4200	1680
红安县	800	580	300	210
麻城市	2772	1091	1650	660
罗田县	635	321	35	21
英山县	460	135		
浠水县	12457	6195	4384	1329
蕲春县	2010	482	1090	281
武穴市	19743	5803	15623	3125
黄梅县	11920	4270	8300	2800
龙感湖区	10000	950	5300	420
咸宁市	**90997**	**52503**	**74286**	**44353**
咸安区	5680	1435	2795	765
嘉鱼县	74877	46104	69491	42788
赤壁市	6880	2772	1500	600
通城县	1000	700		
崇阳县	1560	1092		
通山县	1000	400	500	200
随州市	**17455**	**3678**	**17455**	**3678**
曾都区	200	50		
随县	20140	4409	17035	3407
广水市	1380	912	420	271
恩施州	**3824**	**868**	**2793**	**559**
恩施市	570	139	320	64
建台县	228	52	160	32
巴东县	380	82	320	64
利川市	1090	242	850	170
宣恩县	258	61	168	34
咸丰县	303	69	215	43
来凤县	825	186	620	124
鹤峰县	170	37	140	28
仙桃市	**33199**	**17044**	**19543**	**9382**
天门市	**62390**	**11797**	**55000**	**8250**
潜江市	**42055**	**16400**	**19400**	**5430**
神农架林区	**24**	**7**		

续表2 单位:万元

指标名称	水产(仓储)运输		休闲渔业		其它	
	产值	增加值	产值	增加值	产值	增加值
全省合计	**87572**	**29029**	**302175**	**153560**	**8133**	**2988**
武汉市	**3798**	**1757**	**29452**	**15809**	**722**	**435**
武汉市辖区	3798	393	5490	3213	210	106
蔡甸区			6152	3403	512	329
江夏区	1240	434	6548	2292		
黄陂区	350	190	8500	5520		
新洲区	1480	740	2762	1381		
黄石市	**1588**	**641**	**7998**	**4654**		
黄石市辖区			300	20		
大冶市	386	97	4568	2563		
阳新县	1202	544	3130	2071		
十堰市	**12077**	**3618**	**513**	**144**	**104**	**51**
十堰市辖区			200	80		
丹江口市	12000	3600	250	35	100	50
郧县	47	12	40	19		
郧西县	30	6	23	10		
竹山县					4	1
竹溪县						
房县						
荆州市	**12226**	**2278**	**83085**	**5090**	**291**	**46**
荆州市辖区			17885	2501	260	30
江陵县			2000	60		
松滋市			4000	380		
公安县	360	28	6400	270	20	5
石首市			7000	600		
监利县	5450	900	16800	149		
洪湖市	6416	1350	29000	1130	11	11
宜昌市	**5904**	**1957**	**10266**	**4959**	**900**	**310**
宜昌市辖区			600	300		
夷陵区			1250	500	300	150
宜都市	800	450	500	300	200	120
枝江市	2855	1130	4540	2789		
当阳市	1062	231	2004	611		
远安县			960	370		
兴山县						
秭归县	87	26	112	54		
长阳县	1100	120	300	35	400	40
五峰县						
襄阳市	**3577**	**814**	**15563**	**7907**	**1200**	**547**
襄阳市辖区	1040	291	1195	455	60	21
老河口市	275	67	1917	1083	450	227
襄阳区	302	180	4783	2570	260	89
枣阳市	300	70	2130	1110	360	160
宜城市	1560	156	2100	1470	50	40
南漳县	80	40	2000	500	10	5
谷城县	20	10	1428	714	10	5
保康县			10	5		

续表3　　　　　　　　　　　　　　　　　　　　　　　　　　　　　　单位:万元

指标名称	水产(仓储)运输		休闲渔业		其它	
	产值	增加值	产值	增加值	产值	增加值
鄂州市	**12975**	**5000**	**74380**	**38876**		
荆门市	**3610**	**1752**	**43054**	**24911**		
荆门市辖区	2100	1260	9574	5529		
沙洋县			12310	7368		
钟祥市	1510	492	14760	8568		
京山县			6410	3446		
沙洋农场						
孝感市	**8153**	**1580**	**26038**	**13125**	**1071**	**130**
孝南区			870	317	180	75
孝昌县						
大悟县						
安陆县	2843	500	2836	850		
云梦县			16820	9890		
应城县	1510	80	4292	1918	11	5
汉川县	3800	1000	1220	150	880	50
黄冈市	**6478**	**1206**	**27578**	**14975**	**1264**	**667**
黄州区	380	180	8000	4500	500	257
团风县	240	96	2000	800	85	34
红安县			420	300	80	70
麻城市	132	35	990	396		
罗田县			600	300		
英山县	30	10	420	120	10	5
浠水县	1096	335	6908	4490	69	41
蕲春县			920	201		
武穴市			4120	2678		
黄梅县	1100	230	2000	980	520	260
龙感湖区	3500	320	1200	210		
咸宁市	**3706**	**2189**	**11445**	**5756**	**1560**	**205**
咸安区			1425	525	1460	145
嘉鱼县	3276	2017	2110	1299		
赤壁市	330	132	4950	1980	100	60
通城县			1000	700		
崇阳县			1560	1092		
通山县	100	40	400	160		
随州市	**230**	**148**	**4035**	**1495**		
曾都区			200			
随县			3105	1002		
广水市	230	148	730	493		
恩施州			**1031**	**309**		
恩施市			250	75		
建台县			68	20		
巴东县			60	18		
利川市			240	72		
宣恩县			90	27		
咸丰县			88	26		
来凤县			205	62		
鹤峰县			30	9		
仙桃市	**7720**	**3879**	**5130**	**3283**	**806**	**500**
天门市	**1375**	**550**	**5800**	**2900**	**215**	**97**
潜江市	**4155**	**1660**	**18500**	**9310**		
神农架林区			**24**	**7**		

渔民家庭当年收支情况调查表(一)

单位:元

调查单位(个人)名称	一、全年总收入	(一)家庭经营收入			(二)工资性收入			(三)财产性收入						(四)转移性收入						(五)其他收入
		小计	其中1.出售水产品	2.其他家庭经营	小计	1.渔业	2.其他行业	小计	其中:1.利息\股息\红利	2.租金收入	3.土地或水面转包收入	4.土地征用补偿	5.其他财产性收入	小计	1.家庭非常住人口寄回或带回	2.亲友赠送	3.救济金\救灾款\抚恤金	4.生产补贴	5.其他转移性收入	
合计	9254.09	8725	7479.16	1219.84	211.6	29.8	171.8	31.08	10.8		6.4	0.8	13.43	175.56	124.88	13.7	0.6	18.65	17.33	67.85
新洲区	873.2	773	680.5	92.5	37	15.8	21.2	24.8	7.6		6		11.2	38.4	20.4	6		5	7	
长阳县	2467.05	2407.74	2102.14	305.6	56.95		56.95							2.36				2.36		
黄州区	1861	1701	1574	101	53	9	34	2				0.8	1.55	36	17	7.4	0.5	2	8.7	26
应城市	856.76	736	617	119	28.6	1.1	27.5	1.28	0.2		0.4		0.68	62.08	58.2	0.3		1.95	1.63	28.8
鄂州市	1367.20	1314.76	1199.52	115.24	24.05		24.05							25.04	22.48			2.56		3.35
洪湖市	1828.88	1792.5	1306	486.5	12	3.9	8.1	3	3					11.68	6.8		0.1	4.78		9.7

渔民家庭当年收支情况调查表(二)

单位:元

调查单位(个人)名称	二、全年总支出	(一)生产费用支出	1.家庭经营费用支出	(1)渔业生产支出					(2)固定资产折旧支出		(3)其他家庭经营费用支出	2.购置生产性固定资产支出	(二)税费支出		(三)财产性支出	(四)转移性支出	(五)生活支出		(六)其他支出
				小计	其中:燃料及冰费用	雇工费用	饲料及苗种费用	其他生产支出	小计	其中:渔业固定资产折旧			小计	#渔业税费支出			小计	#食物支出	
合计	6694.5	5215.6	5041.4	4475.8	299.6	480.8	3516	179.4	153.34	142.7	412.3	174.2	278.4	271.4	67.1	49.59	881.4	696.8	202.4
新洲区	671	421	316	246	39		187	20	25	25	45	105	74	74	62	41	56	56	17
长阳县	2085.5	1672	1672	1532		87	1432	13	37	36	103		4.5	4.5			322	243	87
黄州区	617.6	358.6	315.6	231.6	16.8	58.8	82	74	43	41	41	43	122	122	2	4	106	97	25
应城市	1000.59	791.5	777.7	611.7	2	42	535	32.7	12	7.6	154	13.8	4.3	2.1	0.2	1.59	146	136	57
鄂州市	1252.6	1091.8	1088	1026	214	284	507	21	25	22	37	3.8	40	36.8			108	90	12.8
洪湖市	1067.24	880.735	872.135	828.5	27.8	9	773	18.7	11.335	11.1	32.3	8.6	33.6	32	2.9	3	143.4	74.8	3.6

二0一0年渔业灾情(一)

单位:水产品数量-吨;损失价值:万元

	一、水产品损失												人员损失(人)		
	总量	损失小计	#台风、洪涝		#病害		#干旱		#污染		#其它		失踪	死亡	重伤
			数量	价值	数量	价值	数量	价值	数量	价值	数量	价值			
合计	163501	270438	102894	204876	45128	48746	2701	2209	3868	3343	8910	11264		1	
武汉	14209	17429	9897	10010	1899	2324			640	583	1773	4512			
黄石	15528	11291	10781	8480	2874	1824	670	418	358	264	845	305			
十堰	3330	3199	2674	2986	656	213									
荆州	97300	81541	85012	65993	11936	15093					352	455			
宜昌	15853	18132	7245	8780	7091	7843			22	90	1495	1419			
襄阳	11596	10137	5858	4857	3065	3062	1728	1477	889	658	56	83			
鄂州	34582	29444	31977	27363	2580	2062			25	19					
荆门	5079	5718	3216	3657	1613	1500	25	109	180	100	45	352			
孝感	18180	17732	12549	12909	3946	3177	278	205	313	365	1094	1076			
黄冈	28385	30062	23729	26936	2745	1811			616	321	1295	994			
咸宁	52719	60976	47518	55361	3198	3597			203	188	1800	1830		1	
恩施															
随州	12929	11912	12829	11862	100	50									
仙桃	5485	14988	3863	9903	1050	4255			517	672	55	158			
天门	1709	1504	1650	1452	59	52									
潜江	6604	6358	4083	4312	2316	1883			105	83	100	80			
林区	13	15	13	15											

二0一0年渔业灾情(二)

单位:经济损失价值-万元

	二、渔 业 设 施 损 毁(台风、洪涝)																
	经济损失总计	池塘		网箱		围栏		沉船		船损		泵站		涵闸		堤坝	
		公顷	价值	个	价值	千米	价值	艘	价值	艘	价值	座	价值	座	价值	米	价值
合计	151957	56185	68147	1115634	35756	40211	5662	161	49	701	723	294	1686	2297	1850	366358	15449
武汉	13036	3065	6224	8100	304	159	760			12	2	28	217	133	156	22950	650
黄石	546			411	56	13	23					13	95	21	40	5060	208
十堰	4284	72	328	5186	2934	607	655	1	2	33	149						
荆州	24272	5410	19475	59786	2311	5020	48					18	168	110	480	16850	187
宜昌	3068	891	473	3020	329					9	35	1	3	58	104	16625	1078
襄阳	5389	3227	4039	56	13	1350	32			68	70	37	63	67	46	3961	346
鄂州	8885	10180	7845	193	26							24	40	3	2	35806	42
荆门	24723	2350	2586	1519	20156	108	1048			52	28	6	13	15	143	30990	423
孝感	5823	4371	3389			9157	202			4	3	5	16	125	190	16163	978
黄冈	22978	13857	9072	23466	4279	215	519			191	166	45	622	46	574	78600	2608
咸宁	27305	7784	9764	17197	353	21831	2001	146	45	312	263	102	290	74	52	1E+05	8708
恩施																	
随州	2576	2956	975	500	30	105	156	14	2	20	7					14700	160
仙桃	7169	1031	3566	610800	3355	1600	180					7	37	15	30	1300	1
天门	486	550	165	1200	12	30	36					8	122	1630	33	3800	57
潜江	1858	430	246	384200	1577	5	2									1008	3
林区	21	11			21	11											

二0一0年渔业灾情(三)

单位:经济损失价值-万元

	二、渔业设施损毁(续)											三、受灾养殖面积(公顷)					
	码头		护岸		防波堤		工厂化养殖		苗种繁育场		其它设施损失价值	小计	台风、洪涝	病害	干旱	污染	其它
	米	价值	米	价值	米	价值	座	价值	个	价值							
合计	3459	637	143544	3190	118916	2267	15	57	47	1562	14922	246630	166188	65300	3134	9049	2959
武汉			22000	450	13810	528			2	40	3705	16871	13202	2717			45
黄石			278	44	562	74			2	6		14995	7177	4920	1126	1520	252
十堰	200	140	1000	10	820	21	1	45				980	949	31			
荆州			6710	49	52532	836			2	30	229	54754	43327	11343		8	76
宜昌	4	420	7500	156	2230	100			4	130	240	13207	3693	8978			536
襄阳	455	15	2686	46	1729	35			8	547	134	9515	4100	2729	1659	867	160
鄂州			8000	16	21600	38					876	11957		1750		27	
荆门			3000	30	1200	19			1	25	252	6413	1592	4168	118	80	455
孝感			18090	635	2433	246					164	10820	7598	2611	231	219	161
黄冈	800	32	64280	1734	10200	331			21	471	2570	42797	32738	9009		650	400
咸宁	2000	30	10000	20	5000	9			3	270	5500	41438	29162	11082		320	874
恩施																	
随州					6800	30					1216	623	623				
仙桃												15012	7136	3545		4331	
天门							14	12	3	13	36	1079	1000	79			
潜江									1	30		4313	3705	488		120	
林区												6	6				

可养水面分类

单位:公顷

单位	合计	湖泊	水库	塘堰	精养池	河沟	其它
全省合计	656717	196168	110772	87435	252957	5713	3672
武汉	104393	55509	5011	13840	28842	267	
黄石	43917	24553	2626	2483	13988		
十堰	11453		10139	1003	311	5135	2412
荆州	146619	37239	4575	6279	90979	160.4	97
宜昌	26240	1959	12407	2258	9358	1011	723
襄樊	47859		20818	11812	13495	712	
鄂州	41300	20624	868	848	18248	3113	
荆门	73735	9597	20388	12213	28424	4213	207
孝感	67022	8034	9784	17246	27538	2375	982
黄冈	84188	20088	18877	16945	24921	989	1610
咸宁	53166	20318	9044	3278	17927	18	
恩施	1979		1132	612	217	291	6
随州	25111		14292	7083	3439	1317	
仙桃	35081	2733		310	30721	644	
天门	13602	2252	339	2290	8077	627	346
潜江	10321	1089		1769	6490		
林区	235	40	188	7			

2010年全国渔业主要省份统计指标对比分析(淡水)

项　目	居全国位次	占全国比重(%)	全国数据	湖北2010	湖北2009
1.淡水产品总产量(万吨)	1	13.7%	2575	353	333.9
2.河蟹养殖(吨)	3	12.9%	593296	76819	75621
3.甲鱼养殖(吨)	3	9.1%	265721	24100	20475
4.鳜鱼养殖(吨)	5	10.0%	252622	25140	18743
5.珍珠养殖(公斤)	5	8.6%	3108385	268000	262688
6.乌龟养殖(吨)	5	6.4%	25095	1616	1524
7.青虾养殖(吨)	3	9.4%	225645	21253	12427
8.克氏螯虾养殖(吨)	1	54.7%	563281	308249	244579
9.鳝鱼养殖(吨)	1	40.6%	272939	110694	99620
10.黄颡鱼养殖(吨)	1	27.8%	184281	51261	42362
11.鮰鱼养殖(吨)	2	18.7%	217303	40623	40365
面积(万亩) 内陆养殖总面积	1	11.8%	8347	985	975
池塘养殖面积	2	14.3%	3565	511	500
湖泊养殖面积	3	19.5%	1511	294	294
水库养殖面积	5	6.3%	2639	166	166
单产(公斤/亩) 内陆养殖平均单产	9		264	309	297
池塘养殖单产	11		462	492	466
湖泊养殖单产	11		112	112	113
水库养殖单产	11		120	120	119
1.淡水渔业产值(现价亿元)	2	13.3%	3454	458	413
2.水产行业第二产业产值(加工等)	7	4.8%	3089	148	113
3.水产行业第三产业产值(流通\服务等)	6	8.9%	3089	275	221
4.苗种产值	3	13.2%	375	50	32
5渔民人均纯收入(元)	15		8963	7700	7200
6.渔业人口(万人)	2	9.1%	2081	190	189
7.渔业从业人员(万人)	3	9.3%	1399	130	129
8.淡水鱼苗产量(亿尾)	1	20.8%	3606	750	690
9.淡水鱼种产量(万吨)	1	2.7%	3086	82	77

续表1

项　目	同比增、减	增减幅度	内陆省份2010年相关数据			沿海省份2010年相关数据		
			安徽	江西	湖南	广东	江苏	浙江
1.淡水产品总产量(万吨)	19	5.7%	193	215	198	729	460	478
2.河蟹养殖(吨)	1198	1.6%	90184	11657	6321	4650	286736	10021
3.甲鱼养殖(吨)	3625	17.7%	11342	15334	7820	31843	22455	116891
4.鳜鱼养殖(吨)	6397	34.1%	31952	37794	12873	96040	27090	9910
5.珍珠养殖(公斤)	5312	2.0%	469711	985300	950407		407415	1552
6.乌龟养殖(吨)	92	6.0%	2567	3170	1264	1730	1427	11485
7.青虾养殖(吨)	8826	71.0%	41894	19725	4402	2315	105214	20964
8.克氏螯虾养殖(吨)	63670	26.0%	85214	51687	1656	4	93779	5665
9.鳝鱼养殖(吨)	11074	11.1%	36453	71129	27006	2698	7521	730
10.黄颡鱼养殖(吨)	8899	21.0%	17259	31133	13128	15988	14529	4746
11.鮰鱼养殖(吨)	258	0.6%	20096	27241	22370	11670	21225	3137
面积(万亩) 内陆养殖总面积	10	1.0%	793	638	591	546	836	328
池塘养殖面积	11	2.2%	279	223	280	408	535	108
湖泊养殖面积	0	0.0%	304	156	135	4	141	5
水库养殖面积	0	0.0%	125	231	173	116	35	148
单产(公斤/亩) 内陆养殖平均单产	12	4.0%	195	282	296	582	316	177
池塘养殖单产	26	5.6%	333	453	508	706	376	369
湖泊养殖单产	–1	–0.9%	112	170	82	329	166	126
水库养殖单产	1	0.8%	113	195	104	159	196	54
1.淡水渔业产值(现价亿元)	45	10.9%	277	256	217	392	598	156
2.水产行业第二产业产值(加工等)	35	31.0%	32	147	11	289	175	477
3.水产行业第三产业产值(流通\服务等)	54	24.4%	93	84	4	563	272	327
4.苗种产值	18	55.7%	18	42	16	22	26	15
5渔民人均纯收入(元)	500	6.9%	7731	7620	5800	9698	11110	13350
6.渔业人口(万人)	1	0.5%	92	155	130	245	160	117
7.渔业从业人员(万人)	1	0.8%	71	96	84	134	119	81
8.淡水鱼苗产量(亿尾)	60	8.7%	330	262	288	394	418	133
9.淡水鱼种产量(万吨)	5	6.5%	26	22	33	27	31	5

7 农业机械化

拖拉机分机型表(一)

拖拉机型号	每台折千瓦	全省合计		武汉市		黄石市	
		台	千瓦	台	千瓦	台	千瓦
总计		1118119	11097760.59	25180	359266.53	8374	193640.16
一、大中型合计		127103	4120793.67	7922	208711.335	4731	152424.3
1、链轨式		5208	284644.185	332	20442.555	404	23395.05
140型	102.90	189	19448.1				
135型	99.23	10	992.25	1	99.225		
120型	88.20	132	11642.4	11	970.2	4	352.8
100型	73.50	463	34030.5	101	7423.5	149	10951.5
90型	66.15	157	10385.55	23	1521.45		
80型	58.80	801	47098.8	74	4351.2	26	1528.8
75型	55.13	1113	61354.125	54	2976.75		
70型	51.45	722	37146.9	15	771.75	145	7460.25
60型	44.10	319	14067.9	51	2249.1	2	88.2
54型	39.69	214	8493.66	2	79.38	50	1984.5
50型	36.75	1088	39984			28	1029
轮式		121895	3836149.485	7590	188268.78	4327	129029.25
100型	73.50	245	18007.5	7	514.5		
90型	66.15	897	59336.55	59	3902.85	5	330.75
80型	58.80	3352	197097.6	109	6409.2	70	4116
75型	55.13	5112	281799	245	13505.625	35	1929.375
70型	51.45	6809	350323.05	219	11267.55	119	6122.55
65型	47.78	5795	276856.125	277	13233.675	144	6879.6
60型	44.10	1970	86877	39	1719.9		
55型	40.43	10862	439096.35	354	14310.45	242	9782.85
50型	36.75	13479	495353.25	159	5843.25	311	11429.25
48型	35.28	2129	75111.12	48	1693.44	252	8890.56
45型	33.08	7981	263971.575	60	1984.5	512	16934.4
40型	29.40	7984	234729.6	133	3910.2	399	11730.6
35型	25.73	4242	109125.45	177	4553.325	1189	30587.025
30型	22.05	5430	119731.5	92	2028.6	122	2690.1
28型	20.58	3148	64785.84	298	6132.84	273	5618.34
25型	18.38	38037	698929.875	5209	95715.375	646	11870.25
20型	14.70	4423	65018.1	105	1543.5	8	117.6
二、小型		991016	6976966.92	17258	150555.195	3643	41215.86
18型	13.23	24334	321938.82	574	7594.02	1624	21485.52
15型	11.03	45282	499234.05	2761	30440.025	1250	13781.25
12型	8.82	198687	1752419.34	8277	73003.14	437	3854.34
10型	7.35	234178	1721208.3	4691	34478.85	178	1308.3
8型	5.88	397523	2337435.24	593	3486.84	73	429.24
6型	4.41	52487	231467.67	332	1464.12	81	357.21
4型	2.94	38525	113263.5	30	88.2		

续表1

拖拉机型号	十堰市		荆州市		宜昌市		襄阳市		鄂州市	
	台	千瓦	台	千瓦	台	千瓦	台	千瓦	台	千瓦
总计	11327	140088.795	94283	1353196.74	73817	703135.545	362299	2967464.745	5793	74633.37
一、大中型合计	3055	83859.09	16263	740009.76	9385	257386.71	24702	812554.995	1936	40108.95
1、链轨式	157	8069.565	1215	70252.77	88	5409.6	1521	66749.025	117	7051.59
140型	8	823.2	97	9981.3			21	2160.9	2	205.8
135型			2	198.45						
120型	7	617.4	17	1499.4			6	529.2	7	617.4
100型	10	735	10	735	25	1837.5	36	2646	4	294
90型	4	264.6	41	2712.15	18	1190.7	24	1587.6	3	198.45
80型	16	940.8	80	4704	11	646.8	106	6232.8	86	5056.8
75型	15	826.875	540	29767.5	16	882	125	6890.625	2	110.25
70型			282	14508.9	12	617.4	143	7357.35	3	154.35
60型	30	1323	85	3748.5	2	88.2	35	1543.5	4	176.4
54型	26	1031.94	53	2103.57			45	1786.05	6	238.14
50型	41	1506.75	8	294	4	147	980	36015		
轮式	2898	75789.525	15048	669756.99	9297	251977.11	23181	745805.97	1819	33057.36
100型			21	1543.5	13	955.5	66	4851	11	808.5
90型	1	66.15	251	16603.65	19	1256.85	330	21829.5	17	1124.55
80型	29	1705.2	1774	104311.2	50	2940	491	28870.8	5	294
75型	52	2866.5	1506	83018.25	195	10749.375	1413	77891.625	8	441
70型	11	565.95	1366	70280.7	431	22174.95	1715	88236.75	5	257.25
65型			4019	192007.725	217	10367.175	221	10558.275	8	382.2
60型	22	970.2	447	19712.7	316	13935.6	364	16052.4	7	308.7
55型	241	9742.425	1794	72522.45	407	16452.975	2111	85337.175	20	808.5
50型	94	3454.5	1534	56374.5	738	27121.5	1959	71993.25	8	294
48型			41	1446.48	2	70.56	1253	44205.84	2	70.56
45型	155	5126.625	341	11278.575	480	15876	1653	54672.975		
40型	366	10760.4	385	11319	753	22138.2	1812	53272.8	30	882
35型	646	16618.35	81	2083.725	284	7305.9	489	12579.525	17	437.325
30型	83	1830.15	133	2932.65	518	11421.9	1678	36999.9	34	749.7
28型	50	1029	92	1893.36	170	3498.6	966	19880.28	170	3498.6
25型	1137	20892.375	1051	19312.125	4507	82816.125	5625	103359.375	269	4942.875
20型	11	161.7	212	3116.4	197	2895.9	1035	15214.5	1208	17757.6
二、小型	8272	56229.705	78020	613186.98	64432	445748.835	337597	2154909.75	3857	34524.42
18型	692	9155.16	2400	31752	2984	39478.32	3841	50816.43	662	8758.26
15型	223	2458.575	5720	63063	1701	18753.525	7826	86281.65	408	4498.2
12型	884	7796.88	32284	284744.88	3840	33868.8	39670	349889.4	940	8290.8
10型	1705	12531.75	13732	100930.2	22340	164199	87786	645227.1	1460	10731
8型	2218	13041.84	19947	117288.36	28418	167097.84	132732	780464.16	367	2157.96
6型	2550	11245.5	2608	11501.28	4907	21639.87	33299	146848.59	20	88.2
4型			1329	3907.26	242	711.48	32443	95382.42		

续表2

拖拉机型号	荆门市		孝感市		黄冈市		咸宁市		恩施自治州	
	台	千瓦	台	千瓦	台	千瓦	台	千瓦	台	千瓦
总计	253691	2251060.245	31444	542308.725	26789	373811.445	14274	214592.805	8441	142185.015
一、大中型合计	16701	552903.015	11092	351933.435	8969	214869.9	4253	127282.155	3383	83912.01
1、链轨式	387	25591.965	206	11859.225	393	23563.365	107	6067.425	1	58.8
140型	45	4630.5			10	1029				
135型	7	694.575								
120型	31	2734.2	1	88.2	16	1411.2				
100型	56	4116	16	1176	8	588	8	588		
90型			6	396.9	38	2513.7				
80型	10	588	60	3528	252	14817.6	28	1646.4	1	58.8
75型	198	10914.75	93	5126.625	21	1157.625	49	2701.125		
70型	24	1234.8	30	1543.5	14	720.3	22	1131.9		
60型	10	441			2	88.2				
54型	6	238.14			21	833.49				
50型					11	404.25				
轮式	16314	527311.05	10886	340074.21	8576	191306.535	4146	121214.73	3382	83853.21
100型	46	3381	6	441	3	220.5	4	294		
90型	11	727.65	1	66.15	1	66.15	9	595.35		
80型	39	2293.2	22	1293.6	19	1117.2	47	2763.6	3	176.4
75型	485	26735.625	164	9040.5	41	2260.125	365	20120.625		
70型	1164	59887.8	523	26908.35	153	7871.85	147	7563.15	18	926.1
65型	201	9602.775	207	9889.425	50	2388.75	165	7882.875	3	143.325
60型	428	18874.8	108	4762.8	11	485.1	74	3263.4		
55型	1837	74260.725	1450	58616.25	194	7842.45	490	19808.25		
50型	3112	114366	1725	63393.75	704	25872	174	6394.5	857	31494.75
48型	133	4692.24	85	2998.8	99	3492.72	15	529.2	37	1305.36
45型	1661	54937.575	1697	56128.275	154	5093.55	115	3803.625	70	2315.25
40型	1913	56242.2	1138	33457.2	137	4027.8	68	1999.2	238	6997.2
35型	359	9235.275	414	10650.15	251	6456.975	80	2058	81	2083.725
30型	767	16912.35	304	6703.2	460	10143	33	727.65	286	6306.3
28型	257	5289.06	67	1378.86	148	3045.84	171	3519.18	85	1749.3
25型	3409	62640.375	2888	53067	5579	102514.125	2099	38569.125	1444	26533.5
20型	492	7232.4	87	1278.9	572	8408.4	90	1323	260	3822
二、小型	236990	1698157.23	20352	190375.29	17820	158941.545	10021	87310.65	5058	58273.005
18型	3591	47508.93	1778	23522.94	1148	15188.04	204	2698.92	2512	33233.76
15型	5808	64033.2	5940	65488.5	5075	55951.875	2680	29547	1497	16504.425
12型	52364	461850.48	8681	76566.42	5330	47010.6	3923	34600.86	784	6914.88
10型	74830	550000.5	2093	15383.55	3275	24071.25	1732	12730.2	105	771.75
8型	92892	546204.96	1106	6503.28	2436	14323.68	820	4821.6	97	570.36
6型	4418	19483.38	472	2081.52	518	2284.38	657	2897.37	63	277.83
4型	3087	9075.78	282	829.08	38	111.72	5	14.7		

续表3

拖拉机型号	随州市		仙桃市		天门市		潜江市		神农架林区	
	台	千瓦	台	千瓦	台	千瓦	台	千瓦	台	千瓦
总计	117520	828762.48	20419	231261.87	31769	378774.165	32613	341997.705	86	1580.25
一、大中型合计	6631	166681.095	2246	87473.82	3733	139245.015	2015	99857.835	86	1580.25
1、链轨式	112	5358.15	13	764.4			155	10010.7		
140型	6	617.4								
135型										
120型							32	2822.4		
100型	5	367.5					35	2572.5		
90型										
80型	1	58.8	13	764.4			37	2175.6		
75型										
70型	6	308.7					26	1337.7		
60型	73	3219.3					25	1102.5		
54型	5	198.45								
50型	16	588								
轮式	6519	161322.945	2233	86709.42	3733	139245.015	1860	89847.135	86	1580.25
100型	13	955.5			7	514.5	48	3528		
90型			7	463.05	31	2050.65	155	10253.25		
80型	5	294	71	4174.8	125	7350	493	28988.4		
75型	4	220.5	85	4685.625	202	11135.25	312	17199		
70型	28	1440.6	424	21814.8	221	11370.45	265	13634.25		
65型	15	716.625	189	9029.475	58	2770.95	21	1003.275		
60型	41	1808.1	15	661.5	42	1852.2	56	2469.6		
55型	620	25063.5	558	22557.15	480	19404	64	2587.2		
50型	851	31274.25	276	10143	923	33920.25	54	1984.5		
48型	141	4974.48			21	740.88				
45型	121	4002.075	94	3109.05	868	28709.1				
40型	89	2616.6	40	1176	447	13141.8	36	1058.4		
35型	4	102.9	20	514.5	87	2238.075	63	1620.675		
30型	838	18477.9	8	176.4	11	242.55	63	1389.15		
28型	293	6029.94	4	82.32	22	452.76	82	1687.56		
25型	3413	62713.875	442	8121.75	160	2940	73	1341.375	86	1580.25
20型	43	632.1			28	411.6	75	1102.5		
二、小型	110889	662081.385	18173	143788.05	28036	239529.15	30598	242139.87		
18型	70	926.1	7	92.61	826	10927.98	1421	18799.83		
15型	651	7177.275	198	2182.95	822	9062.55	2722	30010.05		
12型	389	3430.98	9942	87688.44	20695	182529.9	10247	90378.54		
10型	3591	26393.85	4601	33817.35	2404	17669.4	9655	70964.25		
8型	106105	623897.4	3335	19609.8	3289	19339.32	3095	18198.6		
6型	8	35.28	90	396.9			2464	10866.24		
4型	75	220.5					994	2922.36		

拖拉机分机型表(二)

拖拉机型号	每台折千瓦	台	千瓦
总计		1118119	11097760.59
一、大中型合计		127103	4120793.67
1、链轨式		5208	284644.185
140 型	102.90	189	19448.1
135 型	99.23	10	992.25
120 型	88.20	132	11642.4
100 型	73.50	463	34030.5
90 型	66.15	157	10385.55
80 型	58.80	801	47098.8
75 型	55.13	1113	61354.125
70 型	51.45	722	37146.9
60 型	44.10	319	14067.9
54 型	39.69	214	8493.66
50 型	36.75	1088	39984

续表1

拖拉机型号	每台折千瓦	台	千瓦
轮式		121895	3836149.485
100型	73.50	245	18007.5
90型	66.15	897	59336.55
80型	58.80	3352	197097.6
75型	55.13	5112	281799
70型	51.45	6809	350323.05
65型	47.78	5795	276856.125
60型	44.10	1970	86877
55型	40.43	10862	439096.35
50型	36.75	13479	495353.25
48型	35.28	2129	75111.12
45型	33.08	7981	263971.575
40型	29.40	7984	234729.6
35型	25.73	4242	109125.45

续表2

拖拉机型号	每台折千瓦	台	千瓦
30型	22.05	5430	119731.5
28型	20.58	3148	64785.84
25型	18.38	38037	698929.875
20型	14.70	4423	65018.1
二、小型		991016	6976966.92
18型	13.23	24334	321938.82
15型	11.03	45282	499234.05
12型	8.82	198687	1752419.34
10型	7.35	234178	1721208.3
8型	5.88	397523	2337435.24
6型	4.41	52487	231467.67
4型	2.94	38525	113263.5

农业机械年末拥有量(一)

单位名称	农业机械总动力(千瓦)				大中型拖拉机		其中：轮式拖拉机	
	合计	柴油发动机动力	汽油发动机动力	电动机动力	台	千瓦	台	千瓦
全省合计	**33710036**	**24035766**	**662482**	**9011788**	**127103**	**4120793**	**121895**	**3836147**
武汉市	**2213160**	**1471426**	**32206**	**709528**	**7922**	**208711**	**7590**	**188269**
市郊区	665846	546629	12967	106250	1749	56512	1605	47995
蔡甸区	320602	163797	2428	154377	681	23049	671	22443
江夏区	355737	223321	2706	129710	1009	28911	963	26559
黄陂区	452137	253208	2710	196219	2079	49545	1972	42158
新洲区	418838	284471	11395	122972	2404	50694	2379	49114
黄石市	**723389**	**379176**	**5855**	**338358**	**4731**	**152424**	**4327**	**129029**
市郊区	26830	14728	180	11922	126	2827	103	2085
大冶市	333578	156072	2712	174794	2519	67200	2424	62144
阳新县	362981	208376	2963	151642	2086	82397	1800	64800
十堰市	**1453290**	**945853**	**9204**	**498233**	**3055**	**83859**	**2898**	**75789**
市郊区	80752	58010	221	22521	82	2414	77	2091
丹江口市	240052	188704	1592	49756	144	6446	144	6446
郧 县	290544	176534	2420	111590	526	14036	418	8478
郧西县	234519	117407	1100	116012	282	6909	277	6439
竹山县	189621	146673	1790	41158	455	12282	432	11260
竹溪县	211582	114967	1010	95605	120	3234	120	3234
房 县	206220	143558	1071	61591	1446	38538	1430	37841
荆州市	**4629727**	**3153575**	**153686**	**1322466**	**16263**	**740010**	**15048**	**669759**
市郊区	553988	377730	19906	156352	1896	84796	1696	73669
江陵县	419035	292335	21014	105686	1632	76369	1335	60805
松滋区	415846	226314	24712	164820	1789	60321	1744	57326
公安县	657462	410915	37285	209262	2173	85653	2025	78017
石首市	401808	263075	21503	117230	900	37651	605	22035
监利县	1204850	944177	19120	241553	5360	280061	5168	264843
洪湖市	976738	639029	10146	327563	2513	115159	2475	113064
宜昌市	**2449817**	**1638955**	**81434**	**729428**	**9385**	**257389**	**9297**	**251979**
市郊区	92614	60540	10476	21598	95	1819	91	1672
宜昌县	257743	141395	8352	107996	515	10647	513	10507
宜都市	185976	136922	8268	40786	937	19612	937	19612
枝江市	703745	472414	25587	205744	2764	94860	2709	91361
当阳市	476735	411096	10820	54819	2488	80646	2461	79022
远安县	195924	146539	723	48662	563	11980	563	11980
兴山县	97805	54918	2519	40368	318	5871	318	5871
秭归县	156894	81151	5546	70197	1205	22443	1205	22443
长阳县	159928	90555	2427	66946	316	5829	316	5829
五峰县	122453	43425	6716	72312	184	3682	184	3682

续表1

单位名称	农业机械总动力(千瓦)				大中型拖拉机		其中:轮式拖拉机	
	合计	柴油发动机动力	汽油发动机动力	电动机动力	台	千瓦	台	千瓦
襄阳市	**5063486**	**4379610**	**31921**	**651955**	**24702**	**812555**	**23181**	**745805**
市郊区	477183	437446	1190	38547	1951	47079	1939	46602
老河口市	518699	469608	5491	43600	3249	116751	3186	113252
襄阳区	1006365	950290	5898	50177	5310	189690	5124	178474
枣阳市	1213497	1008486	5428	199583	6088	223583	4976	180055
宜城市	782932	694123	2682	86127	4379	127341	4361	126422
南漳县	494458	428966	5880	59612	1754	58051	1685	54898
谷城县	262154	181707	2440	78007	1300	29838	1300	29838
保康县	276578	179600	2696	94282	468	9897	468	9897
襄北农场	31620	29384	216	2020	203	10325	142	6367
鄂州市	**557391**	**261761**	**9075**	**286555**	**1936**	**40109**	**1819**	**33057**
荆门市	**3525617**	**3065892**	**48449**	**411276**	**16701**	**552901**	**16314**	**527310**
市郊区	576221	513955	6595	55671	1672	47652	1672	47652
钟祥市	1449276	1255811	9896	183569	6181	198101	6067	191931
京山县	823701	736928	9362	77411	6093	204233	5871	188763
沙洋县	591876	493656	19301	78919	2261	80369	2261	80369
沙洋农场	28212	19998	206	8008	176	10169	125	6218
五三农场	56331	45544	3089	7698	318	12377	318	12377
孝感市	**2131591**	**1337922**	**45782**	**747887**	**11092**	**351932**	**10886**	**340073**
市郊区	325676	200962	14212	110502	1615	60425	1534	55897
孝昌县	241800	126878	2265	112657	1464	38482	1453	37814
大悟县	184383	101255	2033	81095	1142	26772	1132	26133
安陆市	301575	205584	3651	92340	1619	51595	1608	50867
云梦县	240756	144471	4517	91768	1436	45430	1436	45430
应城市	270295	183444	5012	81839	1869	57244	1776	51948
汉川市	567106	375328	14092	177686	1947	71984	1947	71984

续表2

单位名称	农业机械总动力(千瓦)				大中型拖拉机		其中：轮式拖拉机	
	合计	柴油发动机动力	汽油发动机动力	电动机动力	台	千瓦	台	千瓦
黄冈市	**2481445**	**1569065**	**65885**	**846495**	**8969**	**214870**	**8576**	**191306**
市郊区	105877	44989	3853	57035	566	12872	566	12872
团风县	175510	108859	6301	60350	663	18995	614	16394
红安县	210047	127817	2678	79552	1521	32490	1449	27227
麻城市	319448	189251	4215	125982	1512	30281	1491	29288
罗田县	210777	141797	1350	67630	495	9467	495	9467
英山县	243176	116011	10910	116255	530	10415	530	10415
浠水县	297329	189988	6363	100978	1546	29286	1546	29286
蕲春县	290005	221787	2238	65980	566	12219	560	11690
武穴市	219460	140131	6262	73067	501	12903	500	12829
黄梅县	409816	288435	21715	99666	1069	45942	825	31838
咸宁市	**1442174**	**973790**	**15836**	**452548**	**4253**	**127283**	**4146**	**121213**
咸安区	287815	212082	1910	73823	792	26589	792	26589
嘉鱼县	255943	160818	1118	94007	1160	43827	1072	38964
赤壁市	398433	276288	4009	118136	1430	31470	1426	31234
通城县	215478	152464	4933	58081	469	11393	469	11393
崇阳县	151133	84617	3138	63378	173	5687	173	5687
通山县	133372	87521	728	45123	229	8317	214	7346
恩施自治州	**1755586**	**874165**	**24428**	**856993**	**3383**	**83912**	**3382**	**83854**
恩施市	344416	210624	4243	129549	71	2106	71	2106
建始县	203216	85709	418	117089	397	7533	397	7533
巴东县	243001	83091	903	159007	698	12946	698	12946
利川市	240035	131229	6152	102654	460	8541	459	8483
宣恩县	170449	74369	1368	94712	567	20433	567	20433
咸丰县	168185	103912	3090	61183	259	9518	259	9518
来凤县	125451	63781	1956	59714	630	16525	630	16525
鹤峰县	260833	121450	6298	133085	301	6310	301	6310
随州市	**1780097**	**1551505**	**12226**	**216366**	**6631**	**166681**	**6519**	**161323**
曾都区	414649	359169	3307	52173	1313	30667	1313	30667
广水市	322078	228765	1539	91774	2199	52529	2199	52529
随县	1043370	963571	7380	72419	3119	83485	3007	78127
仙桃市	**1157136**	**786345**	**34258**	**336533**	**2246**	**87474**	**2233**	**86709**
天门市	**1418856**	**1054677**	**51972**	**312207**	**3733**	**139245**	**3733**	**139245**
潜江市	**851266**	**572883**	**39615**	**238768**	**2015**	**99858**	**1860**	**89847**
神农架林区	**76008**	**19166**	**650**	**56192**	**86**	**1580**	**86**	**1580**

续表3

单位名称	小型拖拉机		其中： 小四轮拖拉机		耕整机	
	台	千瓦	台	千瓦	台	千瓦
全省合计	**991016**	**6976966**	**41213**	**467112**	**261591**	**1379916**
武汉市	**17258**	**150554**	**1169**	**12686**	**18800**	**96410**
市郊区	4180	33557	113	1130	8939	44352
蔡甸区	1476	12364	32	409	3101	17562
江夏区	4179	38141	196	2008	2538	12975
黄陂区	3679	33252	598	6578	1507	6642
新洲区	3744	33240	230	2561	2715	14879
黄石市	**3643**	**41216**	**1881**	**22539**	**2023**	**16432**
市郊区	47	542	1	13	203	1176
大冶市	812	7266	40	446	968	5032
阳新县	2784	33408	1840	22080	852	10224
十堰市	**8272**	**56229**	**906**	**11121**	**13780**	**69819**
市郊区	124	1076			616	2587
丹江口市	5680	31737			1800	7938
郧　县	642	5762	192	2279	7019	36308
郧西县	499	3394	40	419	1895	8050
竹山县	574	7100	574	7100	900	4500
竹溪县	100	1323	100	1323	1200	8650
房　县	653	5837			350	1786
荆州市	**78020**	**613186**	**2400**	**31749**	**49977**	**199908**
市郊区	16306	132481	161	2129	879	3516
江陵县	13244	96813	158	2090	960	3840
松滋区	5190	48106	1502	19871	993	3972
公安县	7222	53483	215	2844	22050	88200
石首市	2065	15939	140	1852	7396	29584
监利县	10840	97435	136	1799	11903	47612
洪湖市	23153	168929	88	1164	5796	23184
宜昌市	**64432**	**445750**	**3652**	**43879**	**31061**	**174116**
市郊区	157	1425	39	268	908	4642
宜昌县	2355	21666	41	342	4837	24513
宜都市	747	5586			2287	12293
枝江市	19974	148966	2974	37583	2217	10092
当阳市	35209	225255	197	2478	382	2438
远安县	3573	24154			9659	67477
兴山县	1540	11404			1383	6129
秭归县	220	1617			2719	12982
长阳县	56	415			5986	29930
五峰县	601	5262	401	3208	683	3620

续表4

单位名称	小型拖拉机		其中：小四轮拖拉机		耕整机	
	台	千瓦	台	千瓦	台	千瓦
襄阳市	**337597**	**2154910**	**11589**	**122195**	**6631**	**33770**
市郊区	28126	211244	83	1003		
老河口市	25781	189311	1533	15606		
襄阳区	69569	529109	3293	37441		
枣阳市	100845	476038	2633	17623	2265	4137
宜城市	63435	387299	172	2027		
南漳县	36214	256275	3735	46688	2224	10008
谷城县	8316	62918	116	1490	91	608
保康县	5249	42337	22	291	1915	11066
襄北农场	62	379	2	26	136	7951
鄂州市	**3857**	**34524**	**619**	**3702**	**2578**	**13406**
荆门市	**236990**	**1698156**	**3236**	**42626**	**2737**	**30037**
市郊区	44390	309444	27	297		
钟祥市	107643	696887	8	96		
京山县	40942	344272	3104	41066	2715	29947
沙洋县	42138	334017	96	1156	22	90
沙洋农场	7	49	1	11		
五三农场	1870	13487				
孝感市	**20352**	**190375**	**1634**	**20198**	**16120**	**95476**
市郊区	1620	15865	174	2307	1091	5724
孝昌县	3756	33453	836	10196	456	4949
大悟县	2033	15532	42	463	996	7597
安陆市	694	7054	222	2442	10492	59820
云梦县	1344	14439	34	375	673	3162
应城市	5007	44867	77	1121	1008	5837
汉川市	5898	59165	249	3294	1404	8387

续表5

单位名称	小型拖拉机		其中：小四轮拖拉机		耕整机	
	台	千瓦	台	千瓦	台	千瓦
黄冈市	**17820**	**158942**	**3511**	**40622**	**30422**	**171098**
市郊区	812	7219	257	2635	791	4011
团风县	1027	9348	183	2057	2812	15699
红安县	819	8064	368	3931	2766	13987
麻城市	981	8672	255	2721	3680	22589
罗田县	1385	15031	885	12850	2920	17520
英山县	348	3837	68	748	1665	7794
浠水县	4615	40427	1290	13333	4465	28142
蕲春县	3700	29190	109	1203	2775	19216
武穴市	312	2876	11	138	1057	4248
黄梅县	3821	34278	85	1006	7491	37892
咸宁市	**10021**	**87310**	**4179**	**39095**	**21047**	**91609**
咸安区	1241	11509	530	5351	1182	7830
嘉鱼县	3396	27360	455	4068	2566	8358
赤壁市	2209	19670	891	8821	4027	19733
通城县	2303	20855	2303	20855	9646	40519
崇阳县	410	3586			3560	12461
通山县	462	4330			66	2708
恩施自治州	**5058**	**58275**	**3709**	**44287**	**13503**	**72319**
恩施市	142	1566			1539	7949
建始县	140	1666	110	1394	1603	9689
巴东县	210	1875			2916	16335
利川市	1146	12578	465	5457	2249	11539
宣恩县	192	1874	110	970	1236	6599
咸丰县	1911	25283	1911	25283	1729	7262
来凤县	1035	10469	1035	10469	1551	6714
鹤峰县	282	2964	78	714	680	6232
随州市	**110889**	**662082**	**654**	**7234**	**40234**	**239535**
曾都区	26422	158046	76	838		
广水市	448	4966	448	4966	14634	89007
随县	84019	499070	130	1430	25600	150528
仙桃市	**18173**	**143788**	**99**	**1036**	**9590**	**55544**
天门市	**28036**	**239529**	**1652**	**20030**	**1087**	**6469**
潜江市	**30598**	**242140**	**323**	**4113**	**1892**	**10122**
神农架林区					**109**	**3846**

续表6

单位名称	机耕船		机动插秧机		其中:乘座式	
	台	千瓦	台	千瓦	台	千瓦
全省合计	**19406**	**177774**	**16529**	**48763**	**895**	**7264**
武汉市	**2583**	**26731**	**372**	**1686**	**48**	**483**
市郊区	581	5889	18	139	5	55
蔡甸区	285	3440	77	500	13	169
江夏区	1531	15695	96	273	5	30
黄陂区	10	90	63	188	15	108
新洲区	176	1617	118	586	10	121
黄石市	**1834**	**22090**	**675**	**1352**	**5**	**25**
市郊区	158	1978	2	6		
大冶市	492	5904	254	508	3	15
阳新县	1184	14208	419	838	2	10
十堰市			**216**	**448**		
市郊区						
丹江口市			56	112		
郧 县			65	130		
郧西县			15	33		
竹山县			15	33		
竹溪县			25	50		
房 县			40	90		
荆州市	**4925**	**29550**	**2505**	**8093**	**321**	**2478**
市郊区	37	222	391	1139	26	200
江陵县	51	306	255	908	49	378
松滋区	12	72	88	309	16	124
公安县	188	1128	442	1435	58	448
石首市	920	5520	164	494	14	108
监利县	2463	14778	661	2075	73	564
洪湖市	1254	7524	504	1733	85	656
宜昌市	**3**	**33**	**543**	**1809**	**22**	**179**
市郊区						
宜昌县			78	405		
宜都市			77	140	4	12
枝江市	1	13	175	536	3	24
当阳市	2	20	150	422	15	143
远安县			57	296		
兴山县			2	3		
秭归县			2	3		
长阳县			1	2		
五峰县			1	2		

续表7

单位名称	机耕船		机动插秧机		其中:乘座式	
	台	千瓦	台	千瓦	台	千瓦
襄阳市			**1593**	**3643**	**33**	**264**
市郊区			22	60		
老河口市			122	311	1	3
襄阳区			175	386	2	16
枣阳市			505	1074	9	68
宜城市			320	703	7	77
南漳县			296	653	11	65
谷城县			129	397	1	13
保康县			22	37		
襄北农场			2	22	2	22
鄂州市	**760**	**11172**	**140**	**338**	**3**	**23**
荆门市	124	821	4506	11754	88	543
市郊区			300	897	2	6
钟祥市			1168	3135	11	120
京山县	74	470	2148	5367	52	156
沙洋县	50	351	785	2023	5	54
沙洋农场			68	206	16	191
五三农场			37	126	2	16
孝感市	**1498**	**15775**	**1404**	**4436**	**63**	**634**
市郊区	182	1972	201	995	20	264
孝昌县			164	619	18	175
大悟县	24	260	82	237	3	21
安陆市			297	594	8	56
云梦县	361	3184	59	185	4	24
应城市	3	22	396	1204	4	28
汉川市	928	10337	205	602	6	66

续表8

单位名称	机耕船		机动插秧机		其中:乘座式	
	台	千瓦	台	千瓦	台	千瓦
黄冈市	**3006**	**29621**	**1070**	**2895**	**76**	**637**
市郊区	57	516	52	82		
团风县	191	1956	81	206	4	34
红安县	33	296	172	464	4	21
麻城市			132	430	9	81
罗田县	75	851	75	95	1	3
英山县	93	801	26	80		
浠水县	528	3262	122	366	3	35
蕲春县	1190	13096	101	203	5	18
武穴市	335	3526	86	429	9	255
黄梅县	504	5317	223	540	41	190
咸宁市	1346	14984	471	1383	19	142
咸安区	108	1024	78	266		
嘉鱼县	377	3622	67	278	4	32
赤壁市	817	9926	72	253	8	63
通城县	3	33	160	281	2	12
崇阳县	36	324	50	156	3	15
通山县	5	55	44	149	2	20
恩施自治州	**3**	**15**	**135**	**651**	**1**	**14**
恩施市			15	90		
建始县	1	6	3	10		
巴东县			5	22		
利川市			53	227		
宣恩县			25	206		
咸丰县			18	48	1	14
来凤县	2	9	16	48		
鹤峰县						
随州市			**643**	**1439**	**12**	**101**
曾都区			120	396		
广水市			172	400	8	44
随县			351	643	4	57
仙桃市	**2934**	**23624**	**789**	**2532**	**31**	**250**
天门市	**300**	**2645**	**1295**	**5432**	**31**	**399**
潜江市	**90**	**713**	**172**	**872**	**142**	**1092**
神农架林区						

农业机械年末拥有量(二)

单位名称	大中型拖拉机配套农具(部)						
	合计	机引犁	旋耕机	机引耙	机引播种机		
					小计	其中:	
						免耕播种机	精少量播种机
全省合计	**214927**	**61536**	**90866**	**32400**	**6372**	**630**	**3812**
武汉市	**9228**	**2371**	**4813**	**835**	**142**	**13**	**20**
市郊区	2257	863	839	193	62	3	9
蔡甸区	967	198	542	108	6		1
江夏区	1392	379	316	146	30		2
黄陂区	3735	658	2702	222	20	6	7
新洲区	877	273	414	166	24	4	1
黄石市	**5567**	**1863**	**2365**	**997**	**1**	**1**	
市郊区	129	55	70	4			
大冶市	3083	1017	1495	505	1	1	
阳新县	2355	791	800	488			
十堰市	**5548**	**1607**	**1640**	**727**	**14**		**14**
市郊区	81	18	2	11			
丹江口市	240	85	65	85	5		5
郧　县	2060	417	423	396	9		9
郧西县	347	115	92	65			
竹山县	500	60	150	30			
竹溪县	175	50	40	25			
房　县	2145	862	868	115			
荆州市	**25119**	**5085**	**15048**	**3797**	**116**	**37**	**20**
市郊区	2799	567	1696	315	13	11	2
江陵县	2975	735	1335	735	68		13
松滋区	2415	299	1744	143	31		
公安县	3767	745	2025	763	4	2	4
石首市	1095	317	605	122			
监利县	7643	1376	5168	988			
洪湖市	4425	1046	2475	731		24	1
宜昌市	**15345**	**4432**	**6744**	**2501**	**38**	**1**	**37**
市郊区	12	7	4	1			
宜昌县	275	133	142				
宜都市	2121	553	620	47			
枝江市	7221	2044	3534	1342	4		4
当阳市	5002	1576	2102	1006	34	1	33
远安县	468	90	294	84			
兴山县	26		19	7			
秭归县	18	6	6	6			
长阳县	6	3	3				
五峰县	196	20	20	8			
襄阳市	**61450**	**19850**	**18042**	**11094**	**4261**	**189**	**2589**
市郊区	2701	1928	458	285	30		30
老河口市	7400	2550	2700	1680	420		420
襄阳区	13819	4787	4051	3428	1253		395
枣阳市	15783	3686	4236	1557	1784	186	1598
宜城市	13314	4361	4361	2180	654		
南漳县	4189	1011	1348	987			29
谷城县	2362	959	414	637	43	3	40
保康县	1301	454	385	202	12		12
襄北农场	581	114	89	138	65		65

续表1

单位名称	大中型拖拉机配套农具(部)						
	合计	机引犁	旋耕机	机引耙	机引播种机		
					小计	其中：	
						免耕播种机	精少量播种机
鄂州市	**3848**	**494**	**2045**	**511**	**156**	**100**	**56**
荆门市	**27468**	**8839**	**11881**	**4750**	**538**	**164**	**359**
市郊区	2991	1102	1304	257	1		
钟祥市	10960	3532	4841	1999	409	144	251
京山县	8465	2253	3320	1976	22		22
沙洋县	3802	1556	2058	102	75		75
沙洋农场	296	78	40	98	31	20	11
五三农场	954	318	318	318			
孝感市	**19554**	**5796**	**8873**	**2769**	**364**	**91**	**206**
市郊区	2253	687	867	458	104	75	28
孝昌县	3517	1080	1185	871	65		53
大悟县	2111	725	537	346			
安陆市	2302	629	1190	448	14	14	
云梦县	2885	705	2112	36	26	2	
应城市	3292	1084	1567	455	130		115
汉川市	3194	886	1415	155	25		10
黄冈市	**12818**	**2726**	**6595**	**847**	**66**	**5**	**42**
市郊区	349	28	314	3	4		4
团风县	583	139	358	23	5	1	4
红安县	2538	642	1261	264			
麻城市	1343	373	530	139			
罗田县	660	330	200	130			
英山县	682	184	136	69			
浠水县	3432	420	2336	118	4		4
蕲春县	737	72	297	63	5	3	2
武穴市	419	63	135	38	42		23
黄梅县	2075	475	1028		6	1	5
咸宁市	**6099**	**1397**	**2674**	**947**	**42**	**21**	**25**
咸安区	898	262	554	63	17	17	
嘉鱼县	1467	525	539	379			
赤壁市	2473	323	716	412	18		18
通城县	659	85	502	58	7		7
崇阳县	248	74	173			4	
通山县	354	128	190	35			
恩施自治州	**1532**	**564**	**519**	**160**	**5**		**5**
恩施市	92	45	37	10			
建始县	502	166	232	104			
巴东县	64	33	31				
利川市	436	38	101	8	5		5
宣恩县	6	3	3				
咸丰县	154	81	35	38			
来凤县	119	54	65				
鹤峰县	159	144	15				
随州市	**5987**	**2073**	**1950**	**1012**	**10**	**4**	**6**
曾都区	1659	423	285	313	5	2	3
广水市	1410	687	714	9			
随县	2918	963	951	690	5	2	3
仙桃市	**5033**	**1450**	**2850**	**138**	**42**		**42**
天门市	**6704**	**1678**	**3695**	**573**	**543**	**4**	**375**
潜江市	**3627**	**1311**	**1132**	**742**	**34**		**16**
神农架林区							

续表2

单位名称	大中型拖拉机配套农具(部)					
	地膜覆盖机	秸秆粉碎还田机	化肥深施机	深松机	水稻直播机	其它
全省合计	**318**	**6405**	**2942**	**224**	**242**	**13622**
武汉市	**10**	**379**	**72**	**1**	**16**	**589**
市郊区	6	118	24			152
蔡甸区		102	1	1	1	8
江夏区	4	44	42		15	416
黄陂区		115	5			13
新洲区						
黄石市		**4**	**94**		**211**	**32**
市郊区						
大冶市		4	18		11	32
阳新县			76		200	
十堰市	**35**	**30**	**75**			**1420**
市郊区			50			
丹江口市						
郧　县	20					795
郧西县						75
竹山县		10				250
竹溪县	15	20	25			
房　县						300
荆州市	**13**	**1024**		**5**		**31**
市郊区		184		5		19
江陵县	13	89				
松滋区		198				
公安县		218				12
石首市		51				
监利县		111				
洪湖市		173				
宜昌市	**84**	**225**	**205**			**1116**
市郊区						
宜昌县						
宜都市		191	132			578
枝江市		2				295
当阳市		31	10			243
远安县						
兴山县						
秭归县						
长阳县						
五峰县	84	1	63			
襄阳市	**158**	**3337**	**762**	**2**		**3944**
市郊区						
老河口市		40	10			
襄阳区			300			
枣阳市	158	2393				1969
宜城市		872	436			450
南漳县						843
谷城县		4				305
保康县		20	12			216
襄北农场		8	4	2		161

续表3

单位名称	大中型拖拉机配套农具(部)					
	地膜覆盖机	秸秆粉碎还田机	化肥深施机	深松机	水稻直播机	其它
鄂州市		**20**	**17**	**90**		**515**
荆门市		**306**	**342**	**123**	**4**	**685**
市郊区		8				319
钟祥市		179				
京山县		106	329	123		336
沙洋县		5				6
沙洋农场		8	13		4	24
五三农场						
孝感市		**255**	**503**			**994**
市郊区		137				
孝昌县		31	14			271
大悟县						503
安陆市		21				
云梦县		6				
应城市		4	42			10
汉川市		56	447			210
黄冈市		**307**	**4**			**2273**
市郊区						
团风县		32				26
红安县		18				353
麻城市						301
罗田县						
英山县		33				260
浠水县		168				386
蕲春县						300
武穴市		45	3			93
黄梅县		11	1			554
咸宁市	**7**	**211**	**345**		**1**	**475**
咸安区			2			
嘉鱼县		24				
赤壁市		186	343			475
通城县	7					
崇阳县		1				
通山县					1	
恩施自治州	**1**	**1**			**7**	**275**
恩施市						
建始县						
巴东县						
利川市	1	1			7	275
宣恩县						
咸丰县						
来凤县						
鹤峰县						
随州市	**2**	**49**	**324**		**1**	**566**
曾都区		47	24		1	561
广水市						
随县	2	2	300			5
仙桃市		**93**				**460**
天门市	**8**	**106**	**11**	**3**	**2**	**85**
潜江市		**58**	**188**			**162**
神农架林区						

农业机械年末拥有量(三)

单位名称	小型拖拉机配套农具(部)						
	合计	机引犁	旋耕机	机引耙	机引播种机		
					小计	其中:	
						免耕播种机	精少量播种机
全省合计	**2046553**	**808510**	**426931**	**609385**	**27256**	**1498**	**9499**
武汉市	**20495**	**5692**	**8817**	**1888**	**403**	**45**	**208**
市郊区	5279	1949	2622	311	7		1
蔡甸区	1772	714	918	123			
江夏区	4616	1701	1288	743	14		
黄陂区	2684	415	1921	348			
新洲区	6144	913	2068	363	382	45	207
黄石市	**4836**	**1512**	**2215**	**876**	**6**	**6**	
市郊区	751	207	251	152			
大冶市	1118	294	688	130	6	6	
阳新县	2967	1011	1276	594			
十堰市	**23887**	**7892**	**4550**	**6840**	**18**		**28**
市郊区	657	73	523	11			
丹江口市	12740	5680		5680			
郧 县	1736	407	439	314	18		18
郧西县	3969	540	1465	450			10
竹山县	1250	110	800	50			
竹溪县	2235	520	860	160			
房 县	1300	562	463	175			
荆州市	**192681**	**78020**	**78020**	**25089**	**253**	**31**	**106**
市郊区	38658	16306	16306	5268	1	1	
江陵县	40294	13244	13244	13244			
松滋区	11263	5190	5190	483			
公安县	17496	7222	7222	1879	118	1	1
石首市	5095	2065	2065	290			
监利县	31328	10840	10840	2448	63		63
洪湖市	48547	23153	23153	1477	71	29	42
宜昌市	**200331**	**79311**	**55417**	**39850**	**1895**	**3**	**1186**
市郊区	338	117	109	112			
宜昌县	5232	2192	2192	212	1		
宜都市	2247	577	610	96			
枝江市	50545	29852	12893	4478	713		12
当阳市	100550	33290	23171	25399	1181	3	1174
远安县	25254	10895	5241	9118			
兴山县	4766	1577	1603	419			
秭归县	2725		2725				
长阳县	7229	307	5986				
五峰县	1445	504	887	16			
襄阳市	**663970**	**266642**	**102864**	**226214**	**18497**		**3198**
市郊区	8447	8225	137	85			
老河口市	62040	21800	17900	22300	40		40
襄阳区	134009	63547	8423	54724	7315		635
枣阳市	192487	69528	39486	57145	4382		2167
宜城市	172180	63477	22419	63477	5668		33
南漳县	68219	28971	9054	21728	976		207
谷城县	15541	7309	1784	5953	90		90
保康县	10917	3725	3661	742	26		26
襄北农场	130	60		60			

续表1

单位名称	小型拖拉机配套农具(部)						
	合计	机引犁	旋耕机	机引耙	机引播种机		
					小计	其中：免耕播种机	其中：精少量播种机
鄂州市	**9292**	**1960**	**3282**	**516**	**156**	**136**	**20**
荆门市	**432488**	**186546**	**57486**	**159665**	**4548**	**1126**	**3671**
市郊区	95803	37038	11188	30420			249
钟祥市	206835	101205	7155	92134	4356	1126	3230
京山县	46135	15188	17300	13055	91		91
沙洋县	78105	31245	19973	22186	101		101
沙洋农场							
五三农场	5610	1870	1870	1870			
孝感市	**61520**	**19043**	**20616**	**16413**	**601**	**114**	**368**
市郊区	3069	850	1331	591	211	90	121
孝昌县	9247	2980	2608	2637	68		38
大悟县	5997	1420	1340	1494	5		5
安陆市	27695	10643	4967	10865	65	23	42
云梦县	2356	801	1473		82	1	36
应城市	6302	1168	4273	784	65		21
汉川市	6854	1181	4624	42	105		105
黄冈市	**37202**	**9743**	**15744**	**3709**	**201**	**30**	**189**
市郊区	559	27	472	3	7	4	3
团风县	3754	601	3049	51	25	7	18
红安县	1914	792	391	523			
麻城市	1921	481	855	161			
罗田县	2750	1550	680	520			
英山县	3920	2400					
浠水县	8204	1132	4492	273	10		10
蕲春县	2932	577	2200	107	18		18
武穴市	3262	827	849	760	121		121
黄梅县	7986	1356	2756	1311	20	19	19
咸宁市	**15970**	**4517**	**7445**	**2211**	**20**	**5**	**15**
咸安区	1792	647	930	208	5	5	
嘉鱼县	4061	1209	1202	1107			
赤壁市	6221	1785	2472	723	12		12
通城县	3081	648	2273	157	3		3
崇阳县	521	111	410				
通山县	294	117	158	16			
恩施自治州	**11287**	**1532**	**7118**	**836**			
恩施市	802	41	638	18			
建始县	1391	156	789	186			
巴东县	2160	317	1576	51			
利川市	2132	292	1017	222			
宣恩县	1681		1351				
咸丰县	1468	267	876	231			
来凤县	940	217	511	128			
鹤峰县	713	242	360				
随州市	**299697**	**124050**	**31281**	**115532**			
曾都区	67952	24447	4875	21408			
广水市	57356	14461	25267	12546			
随县	174389	85142	1139	81578			
仙桃市	**6887**	**2683**	**3405**	**658**	**16**		**16**
天门市	**28750**	**8677**	**13126**	**2744**	**569**	**2**	**464**
潜江市	**36718**	**10690**	**15274**	**6073**	**73**		**30**
神农架林区	**542**		**271**	**271**			

续表2

单位名称	小型拖拉机配套农具(部)					
	地膜覆盖机	秸秆粉碎还田机	化肥深施机	深松机	水稻直播机	其它
全省合计	**2206**	**10346**	**14863**	**1796**	**10135**	**135125**
武汉市	**13**	**17**	**1766**	**11**	**20**	**1868**
市郊区	11		52			327
蔡甸区						17
江夏区	2	11	5	1	20	831
黄陂区						
新洲区		6	1709	10		693
黄石市	**141**		**86**			
市郊区	141					
大冶市						
阳新县			86			
十堰市	**192**	**35**	**615**		**50**	**3695**
市郊区					50	
丹江口市						1380
郧 县	22		35			501
郧西县	20		30			1464
竹山县			40			250
竹溪县	150	35	510			
房 县						100
荆州市		**67**	**1257**	**28**	**9057**	**890**
市郊区			408		297	72
江陵县			259		303	
松滋区					400	
公安县		4	19	28	1000	4
石首市			275		400	
监利县			291		6032	814
洪湖市		63	5		625	
宜昌市	**1002**	**197**	**1367**		**15**	**21277**
市郊区						
宜昌县						635
宜都市		196	209			559
枝江市	120		3		15	2471
当阳市	421		1155			15933
远安县						
兴山县	424					743
秭归县						
长阳县						936
五峰县	37	1				
襄阳市	**247**	**8953**	**419**	**1260**		**38874**
市郊区						
老河口市						
襄阳区						
枣阳市		8953	383			12610
宜城市				1260		15879
南漳县	247					7243
谷城县						405
保康县			36			2727
襄北农场						10

续表3

单位名称	小型拖拉机配套农具(部)					
	地膜覆盖机	秸秆粉碎还田机	化肥深施机	深松机	水稻直播机	其它
鄂州市		**82**	**460**	**182**	**9**	**2645**
荆门市				**110**		**24133**
市郊区						17157
钟祥市						1985
京山县				110		391
沙洋县						4600
沙洋农场						
五三农场						
孝感市	**10**	**298**	**2209**		**12**	**2318**
市郊区	10	28	48			
孝昌县		270	329			355
大悟县						1738
安陆市			1155			
云梦县						
应城市					12	
汉川市			677			225
黄冈市	**3**	**37**	**241**		**870**	**6654**
市郊区			1			49
团风县	3	7	4		1	13
红安县						208
麻城市					103	321
罗田县						
英山县						1520
浠水县		30	38		183	2046
蕲春县					30	
武穴市			141		3	561
黄梅县			57		550	1936
咸宁市		**632**	**506**		**2**	**637**
咸安区					2	
嘉鱼县		40	503			
赤壁市		592				637
通城县						
崇阳县						
通山县			3			
恩施自治州	**477**		**2**	**205**		**1117**
恩施市	2					103
建始县			2			258
巴东县	16			100		100
利川市	426					175
宣恩县	33			105		192
咸丰县						94
来凤县						84
鹤峰县						111
随州市						**28834**
曾都区						17222
广水市						5082
随县						6530
仙桃市						**125**
天门市	**46**		**3310**		**100**	**178**
潜江市	**75**	**28**	**2625**			**1880**
神农架林区						

农业机械年末拥有量(四)

单位名称	农用排灌动力						农用水泵	节水灌溉类机械
	合计		柴油机		电动机			
	台	千瓦	台	千瓦	台	千瓦	台	套
全省合计	**852564**	**6639189**	**250963**	**2257335**	**601601**	**4381854**	**854954**	**25175**
武汉市	**45381**	**606829**	**18408**	**164614**	**26973**	**442215**	**40549**	**1574**
市郊区	8703	101420	3916	46011	4787	55409	11545	275
蔡甸区	4458	124605	1209	11363	3249	113242	5578	8
江夏区	8232	104045	3516	31053	4716	72992	6802	870
黄陂区	12699	167799	6073	35300	6626	132499	9283	141
新洲区	11289	108960	3694	40887	7595	68073	7341	280
黄石市	**18443**	**235392**	**2164**	**19920**	**16279**	**215472**	**17844**	**1945**
市郊区	1810	11714	192	1885	1618	9829	1618	1272
大冶市	8607	115335	838	8396	7769	106939	10109	257
阳新县	8026	108343	1134	9639	6892	98704	6117	416
十堰市	**44600**	**276636**	**16784**	**80385**	**27816**	**196251**	**28531**	**911**
市郊区	1894	14078	20	183	1874	13895	2637	220
丹江口市	4132	44124	1051	21693	3081	22431	4368	113
郧 县	3420	35120	219	6412	3201	28708	2917	388
郧西县	6989	40946	114	1490	6875	39456	7182	86
竹山县	2968	21571	1018	5985	1950	15586	370	19
竹溪县	22060	91330	13500	35480	8560	55850	8965	85
房 县	3137	29467	862	9142	2275	20325	2092	
荆州市	**118997**	**1280288**	**55892**	**503028**	**63105**	**777260**	**116110**	**407**
市郊区	8387	99456	396	3564	7991	95892	13784	155
江陵县	5209	77171	1779	16011	3430	61160	3737	5
松滋区	9788	110964	2164	19476	7624	91488	16673	
公安县	18915	206058	6974	62766	11941	143292	12112	
石首市	9666	100257	5245	47205	4421	53052	9650	24
监利县	27808	283167	16843	151587	10965	131580	20495	6
洪湖市	39224	403215	22491	202419	16733	200796	39659	217
宜昌市	**92785**	**285317**	**7391**	**55940**	**85394**	**229377**	**104879**	**3645**
市郊区	5522	10215	97	406	5425	9809	9842	2249
宜昌县	26515	34678	239	4077	26276	30601	26515	36
宜都市	6368	35487	3630	23249	2738	12238	7624	28
枝江市	28324	126850	1044	16060	27280	110790	28198	1282
当阳市	5195	34355	246	2543	4949	31812	10895	26
远安县	12163	20948	219	1896	11944	19052	12132	2
兴山县	1223	3475	758	2018	465	1457	1308	
秭归县	5819	13084	587	2793	5232	10291	7422	4
长阳县	1461	5607	562	2849	899	2758	708	15
五峰县	195	618	9	49	186	569	235	3
襄阳市	**32344**	**465063**	**9260**	**123544**	**23084**	**341519**	**50341**	**4692**
市郊区	4048	57998	2268	33682	1780	24316	3418	45
老河口市	2700	34100	1100	12400	1600	21700	6000	3000
襄阳区	4210	39370	783	11745	3427	27625	6683	
枣阳市	6649	160768	2394	29029	4255	131739	15638	858
宜城市	3278	58193	368	5667	2910	52526	7418	315
南漳县	3041	28782	1047	13857	1994	14925	3241	47
谷城县	3852	50928	550	5899	3302	45029	3553	252
保康县	4415	32293	714	10580	3701	21713	4343	147
襄北农场	151	2631	36	685	115	1946	47	28

续表1

单位名称	农用排灌动力						农用水泵	节水灌溉类机械
	合计		柴油机		电动机			
	台	千瓦	台	千瓦	台	千瓦	台	套
鄂州市	**11436**	**191497**	**3241**	**34220**	**8195**	**157277**	**14276**	**415**
荆门市	**27392**	**301459**	**8477**	**74723**	**18915**	**226736**	**71767**	**507**
市郊区	4706	44359	1769	13677	2937	30682	31074	
钟祥市	11888	126740	4118	33726	7770	93014	20287	47
京山县	6837	79940	2574	26840	4263	53100	8247	172
沙洋县	3785	39242			3785	39242	11948	
沙洋农场	96	6156	16	480	80	5676	88	240
五三农场	80	5022			80	5022	123	48
孝感市	**187135**	**727036**	**25318**	**210038**	**161817**	**516998**	**192247**	**2654**
市郊区	51639	84019	2841	14205	48798	69814	61151	1738
孝昌县	36789	98943	4221	26762	32568	72181	37062	98
大悟县	23175	50097	606	12832	22569	37265	25314	284
安陆市	5128	68778	418	3674	4710	65104	5317	273
云梦县	24229	74007	492	4339	23737	69668	22278	261
应城市	18357	80630	3438	21518	14919	59112	19986	
汉川市	27818	270562	13302	126708	14516	143854	21139	
黄冈市	**46433**	**567348**	**18793**	**216839**	**27640**	**350509**	**56598**	**2155**
市郊区	1436	26446	125	1634	1311	24812	4116	2
团风县	5956	43470	942	20736	5014	22734	6252	155
红安县	4179	39538	2202	11796	1977	27742	4185	1048
麻城市	4955	83690	3483	36510	1472	47180	5218	95
罗田县	4060	29030	380	4180	3680	24850	350	
英山县	2777	25992	210	2399	2567	23593	13190	420
浠水县	6831	85723	3047	30448	3784	55275	7755	230
蕲春县	5598	69313	2309	39013	3289	30300	5806	
武穴市	5113	85736	3581	40680	1532	45056	4373	80
黄梅县	5528	78410	2514	29443	3014	48967	5353	125
咸宁市	**33242**	**432943**	**12827**	**173963**	**20415**	**258980**	**35552**	**626**
咸安区	8645	65560	2147	19400	6498	46160	10095	3
嘉鱼县	5671	98235	2487	26278	3184	71957	4966	187
赤壁市	6540	199577	3888	109637	2652	89940	4569	435
通城县	9589	33650	3774	12286	5815	21364	9722	
崇阳县	2488	28877	437	3992	2051	24885	2488	
通山县	309	7044	94	2370	215	4674	3712	1
恩施自治州	**14307**	**57256**	**2293**	**24057**	**12014**	**33199**	**22457**	**1000**
恩施市	346	2265	121	1210	225	1055	174	
建始县	460	2590	73	627	387	1963	3707	
巴东县	2884	4025	106	992	2778	3033	2779	60
利川市	5233	12951	300	2932	4933	10019	5900	214
宣恩县	1511	2656	129	1135	1382	1521	1216	19
咸丰县	1509	8584	547	5500	962	3084	2693	257
来凤县	542	4257	161	1393	381	2864	5304	38
鹤峰县	1822	19928	856	10268	966	9660	684	412
随州市	**81891**	**137465**	**3479**	**34269**	**78412**	**103196**	**57606**	**3658**
曾都区	13764	39467	974	7448	12790	32019	15893	242
广水市	62993	61681	361	3984	62632	57697	8361	64
随县	5134	36317	2144	22837	2990	13480	33352	3352
仙桃市	**50248**	**449130**	**41038**	**297075**	**9210**	**152055**	**10961**	
天门市	**31298**	**388394**	**18412**	**169332**	**12886**	**219062**	**21951**	**553**
潜江市	**16334**	**235820**	**7148**	**75054**	**9186**	**160766**	**13179**	**335**
神农架林区	**298**	**1316**	**38**	**334**	**260**	**982**	**106**	**98**

续表2

单位名称	联合收获机					割晒机	机动脱粒机
	台	千瓦	其中:半喂入	玉米联合收获机			
				台	千瓦	台	台
全省合计	**50509**	**2060181**	**6160**	**326**	**15787**	**15782**	**180925**
武汉市	**1088**	**45154**	**178**	**66**	**3819**	**1111**	**9400**
市郊区	177	9374	25	18	1088	20	1227
蔡甸区	190	8229	28	39	2301		2120
江夏区	330	13523	10	8	395	83	1714
黄陂区	150	5513	75			377	1422
新洲区	241	8515	40	1	35	631	2917
黄石市	**590**	**27621**	**46**	**2**	**88**	**41**	**6695**
市郊区	10	399				8	178
大冶市	206	9270	27	1	40	12	5068
阳新县	374	17952	19	1	48	21	1449
十堰市	**279**	**9469**	**100**			**156**	**34839**
市郊区	24	397	3				770
丹江口市	65	2145	3				3300
郧　县	10	372	6			113	13687
郧西县	28	840	8			10	8960
竹山县	30	1200	5			13	3160
竹溪县	15	850	10				650
房　县	107	3665	65			20	4312
荆州市	**8649**	**376231**	**916**	**40**	**1357**	**344**	**5145**
市郊区	637	26650	139	3	56		705
江陵县	799	29248	26				250
松滋区	866	36206	198	13	520	33	737
公安县	1574	58419	218	3	130	4	1185
石首市	487	19021	51	8	320		532
监利县	3267	159030	111			100	334
洪湖市	1019	47657	173	13	331	207	1402
宜昌市	**1695**	**62809**	**349**	**29**	**1044**	**676**	**15478**
市郊区							
宜昌县	28	1048	13				3634
宜都市	35	991	19			21	1915
枝江市	455	18134	169	1	66	655	9
当阳市	925	32865	129	28	978		245
远安县	238	8965	17				
兴山县							3376
秭归县							
长阳县	4	146	2				6299
五峰县	10	660					
襄阳市	**12183**	**508128**	**129**	**134**	**6264**	**654**	**14428**
市郊区	578	21360	8	2	124		
老河口市	1500	62000	19	40	1070		1500
襄阳区	2071	97337	6	86	4761		20
枣阳市	4659	174670	45			625	2667
宜城市	1773	78189	7				
南漳县	896	43800	11	5	275		1592
谷城县	482	20097	30			19	1175
保康县	153	5288	2	1	34	10	7470
襄北农场	71	5387	1				4

续表3

单位名称	联合收获机					割晒机	机动脱粒机
	台	千瓦	其中:半喂入	玉米联合收获机			
				台	千瓦	台	台
鄂州市	**148**	**8216**	**20**	**1**	**48**	**18**	**5937**
荆门市	**9217**	**379007**	**211**	**8**	**376**	**113**	**2548**
市郊区	1614	63605	68				902
钟祥市	3153	139861	8	1	40		654
京山县	2209	81770	53			109	838
沙洋县	1780	69196	74			4	152
沙洋农场	51	4895					2
五三农场	410	19680	8	7	336		
孝感市	**3093**	**118761**	**798**	**12**	**674**	**775**	**9242**
市郊区	196	7262	175	2	114	8	1217
孝昌县	213	8563	81	1	56	150	233
大悟县	138	5464	71				3320
安陆市	572	20194	154			447	2746
云梦县	190	7410	133	8	441		354
应城市	859	31330	88				19
汉川市	925	38538	96	1	63	170	1353
黄冈市	**2127**	**81707**	**388**	**15**	**707**	**6765**	**26303**
市郊区	60	2732	7				209
团风县	130	5262	13			4	972
红安县	66	2682	7			65	3488
麻城市	244	8500	72	1	46		5552
罗田县	146	5460	35			350	3880
英山县	123	4005	30			475	2370
浠水县	193	5984	23			5599	5599
蕲春县	148	5078	17			96	2485
武穴市	301	12513	46	8	353	60	1185
黄梅县	716	29491	138	6	308	116	563
咸宁市	**2170**	**77911**	**188**	**10**	**704**	**564**	**5850**
咸安区	289	10863	23	1	58	17	765
嘉鱼县	347	12516	2	1	46		960
赤壁市	292	8468				332	1286
通城县	502	15546	55				639
崇阳县	396	14546	79				1880
通山县	344	15972	29	8	600	215	320
恩施自治州	**236**	**6677**	**61**			**632**	**32617**
恩施市	21	1050	1				2396
建始县	29	843	18			10	2415
巴东县	1	35	1				3908
利川市	111	2812	19				9100
宣恩县	8	259	4				2650
咸丰县	11	241	1			484	3772
来凤县	45	1107	17			138	3916
鹤峰县	10	330					4460
随州市	**3260**	**118956**	**625**			**3692**	**1742**
曾都区	676	19117	244			358	575
广水市	466	17694	161			1778	650
随县	2118	82145	220			1556	517
仙桃市	**835**	**29225**	**175**	**6**	**420**		**3536**
天门市	**3766**	**159868**	**1864**	**3**	**286**	**196**	**1795**
潜江市	**1173**	**50441**	**112**			**45**	**5370**
神农架林区							

农业机械年末拥有量(五)

单位名称	保鲜储藏设备	种子加工机械	谷物烘干机	动力喷雾(粉)机		饲草料加工机械		畜牧饲养机械	
	台套	台	台	部	千瓦	台	千瓦	台	千瓦
全省合计	**3796**	**724**	**1407**	**435601**	**576736**	**355000**	**751679**	**4701**	**36777**
武汉市	**4**	**93**	**12**	**20535**	**30131**	**2992**	**21154**	**738**	**4015**
市郊区	2			6729	12821	243	1746	16	
蔡甸区				1028	1924	185	1643	7	35
江夏区		3	3	1763	2302	619	3237	1	15
黄陂区			9	1821	2412	1341	10056	357	1632
新洲区	2	90		9194	10672	604	4472	357	2333
黄石市		**28**	**29**	**4819**	**4326**	**1383**	**9390**	**421**	**1263**
市郊区				169	174	52	156	87	261
大冶市		13	22	1420	2130	681	4086	138	414
阳新县		15	7	3230	2022	650	5148	196	588
十堰市	**94**	**60**	**587**	**3617**	**5703**	**34512**	**76538**	**525**	**6049**
市郊区				43	134	556	2038	22	198
丹江口市				568	1136	2034	6102		
郧　县	11	20	3	595	1241	4547	34161	64	480
郧西县	25	5	2	1256	950	9980	12160	89	871
竹山县				580	1547	6120	7344		
竹溪县	40	25	560	150	180	8500	9125	350	4500
房　县	18	10	22	425	515	2775	5608		
荆州市	**20**	**9**	**3**	**121324**	**145589**	**4985**	**43106**	**18**	**152**
市郊区				15639	18767	689	9343	18	152
江陵县			2	16755	20106	314	1634		
松滋区				20336	24403	807	5244		
公安县	20	3		29875	35850	663	6610		
石首市		6	1	17504	21005	499	1680		
监利县				14204	17045	1611	17768		
洪湖市				7011	8413	402	827		
宜昌市	**80**	**13**	**11**	**58265**	**67975**	**27565**	**55566**	**86**	**4950**
市郊区	3			6568	10203	35	214	4	4800
宜昌县				2284	5096	1404	5369		
宜都市				5375	6374	3206	3944	79	108
枝江市		13	11	26508	25051	1520	12800	3	42
当阳市	1			9007	10394	389	1279		
远安县				830	414	2476	12380		
兴山县	8			1215	2430	1336	1330		
秭归县				3870	5457	5130	4796		
长阳县	68			2242	2242	69	254		
五峰县				366	314	12000	13200		
襄阳市	**13**	**167**	**276**	**15336**	**25074**	**5899**	**23041**	**230**	**1344**
市郊区			2	406	1130	140	1548	108	1094
老河口市				3800	5180	1200			
襄阳区				3279	5512	498	3673	20	
枣阳市		156	265	2182	3915	1843	4826	64	235
宜城市	10	8		1221	1979	578	2890	33	
南漳县			6	2427	4854	704	6209		
谷城县	3		3	660	880	50	375	5	15
保康县				1199	1430	879	3446		
襄北农场		3		162	194	7	74		

续表1

单位名称	保鲜储藏设备	种子加工机械	谷物烘干机	动力喷雾(粉)机		饲草料加工机械		畜牧饲养机械	
	台套	台	台	部	千瓦	台	千瓦	台	千瓦
鄂州市	**21**	**6**	**7**	**6968**	**8570**	**1710**	**18810**	**73**	**365**
荆门市	**134**	**149**	**85**	**23546**	**36695**	**1572**	**12305**	**620**	**8680**
市郊区	4			2839	5698	77	600		
钟祥市		8	6	3612	6761	383	3482	598	8372
京山县	122	116	20	2856	3995	962	4713		
沙洋县	8	2	6	13054	17278	120	2400	22	308
沙洋农场		13	23			10	370		
五三农场		10	30	1185	2963	20	740		
孝感市		**16**	**58**	**31842**	**41187**	**3736**	**21264**	**46**	**472**
市郊区				8802	13207	823	9053	8	32
孝昌县		8	4	1975	1617	619	2540	5	15
大悟县				1079	1676	1985	6489		
安陆市			10	2550	3057	277	2770		
云梦县				2888	4332				
应城市		8	44	3106	3808	32	412	33	425
汉川市				11442	13490				
黄冈市	**286**	**167**	**206**	**44277**	**55911**	**21613**	**84660**	**1764**	**8825**
市郊区	2			3203	3670	56	465		
团风县	2	5	7	4487	5298	238	2696	938	4966
红安县	19	8	15	1413	1246	846	15651	50	960
麻城市				2677	2945	2121	21466	172	331
罗田县				960	1150	880	4500		
英山县	260	150	180	2300	7030	16280	29190	515	1768
浠水县				4055	5840	654	5142	20	340
蕲春县	1			1799	1860	343	3313		
武穴市	1	2		3979	5787			20	340
黄梅县	1	2	4	19404	21085	195	2237	49	120
咸宁市	**6**		**75**	**8766**	**13109**	**4858**	**21826**		
咸安区	3			487	1211	143	931		
嘉鱼县				420	840	375	3833		
赤壁市			75	1892	3581	433	961		
通城县				3418	4443	2336	7341		
崇阳县				2320	2784	1270	6350		
通山县	3			229	250	301	2410		
恩施自治州	**3108**	**6**	**10**	**13674**	**14794**	**238138**	**329358**	**180**	**662**
恩施市	298			2697	3206	26306	66376		
建始县	83	1		300	398	54553	43594		
巴东县	800			683	774	62275	69522		
利川市	600	5	10	3364	4227	6630	15537	141	257
宣恩县	276			1608	805	33130	49695	4	66
咸丰县	80			2183	2880	18670	37340		
来凤县	51			1595	1882	10150	18269	35	339
鹤峰县	920			1244	622	26424	29025		
随州市	**7**	**7**	**46**	**8239**	**10601**	**117**	**1040**		
曾都区		2		1374	2893	47	470		
广水市				1035	1121	26	130		
随县	7	5	46	5830	6587	44	440		
仙桃市				**22668**	**31726**				
天门市	**3**	**3**	**2**	**25856**	**46540**	**533**	**5863**		
潜江市				**25828**	**38743**	**647**	**6410**		
神农架林区	**20**			**41**	**62**	**4740**	**21348**		

续表2

单位名称	剪羊毛机		挤奶机		挖坑机		果树修剪机		茶叶修剪机		投饵机		增氧机	
	台	千瓦	台	千瓦	台	千瓦	台	千瓦	台	千瓦	台	千瓦	台	千瓦
全省合计			**88**	**678**	**607**	**23418**	**3316**	**4740**	**21510**	**24167**	**113334**	**138304**	**174177**	**421368**
武汉市			**4**	**8**	**21**	**616**	**21**	**51**	**124**	**221**	**7533**	**5883**	**15945**	**42659**
市郊区			3		4	235			2	7	3286	526	8806	23630
蔡甸区			1	8	1	50	2	4			237	318	931	2659
江夏区					7	258			20	74	228	442	1320	3504
黄陂区					2	38	1	1	71	71	76	81	1397	4191
新洲区					7	35	18	46	31	69	3706	4516	3491	8675
黄石市					**33**	**1043**	**545**	**163**	**41**	**12**	**4581**	**725**	**10740**	**32182**
市郊区											313	111	369	1069
大冶市					20	588	242	72			3805	475	5390	16170
阳新县					13	455	303	91	41	12	463	139	4981	14943
十堰市			**5**	**15**	**297**	**11561**	**182**	**398**	**1657**	**2111**			**572**	**1154**
市郊区			5	15					42	80			61	188
丹江口市									170	340			126	151
郧　县							115	244	196	427			115	325
郧西县					5	30	5	15	50	82			85	105
竹山县					65	1105			175	210				
竹溪县					185	9250			856	750			150	180
房　县					42	1176	62	139	168	222			35	205
荆州市					**1**	**10**	**5**	**4**			**44901**	**28201**	**57775**	**115550**
市郊区					1	10					7445	4311	7128	14256
江陵县											3111	2460	3111	6222
松滋区											1266	2532	1244	2488
公安县											2810	2283	3500	7000
石首市							5	4			791	816	676	1352
监利县											1785	7847	9369	18738
洪湖市											27693	7952	32747	65494
宜昌市							**6**	**6**	**10908**	**10531**	**3703**	**5211**	**9243**	**24679**
市郊区									342	257	102	125	194	557
宜昌县									1443	2733				
宜都市							6	6	1353	1128	65	46	136	271
枝江市											2531	3972	7397	20311
当阳市									2	4	1005	1068	1439	3309
远安县									13	13			77	231
兴山县									38	76				
秭归县									54	57				
长阳县									183	183				
五峰县									7480	6080				
襄阳市					67	274	861	1232	1103	1827	919	829	1873	4022
市郊区													124	691
老河口市													200	300
襄阳区													133	242
枣阳市					67	274	82	253	48	186	229	484	382	436
宜城市											690	345	729	1749
南漳县									169	373			256	512
谷城县							3	9	783	1139			49	92
保康县							776	970	103	129				
襄北农场														

续表3

单位名称	剪羊毛机		挤奶机		挖坑机		果树修剪机		茶叶修剪机		投饵机		增氧机	
	台	千瓦	台	千瓦	台	千瓦	台	千瓦	台	千瓦	台	千瓦	台	千瓦
鄂州市					**9**	**572**	**2**	**36**	**4**	**72**	**12864**	**1544**	**6820**	**16368**
荆门市			**23**	**69**	**19**	**4217**					**5611**	**4129**	**17183**	**51185**
市郊区			1	3							245	490	2041	4972
钟祥市					14	4076					5297	3631	8712	23618
京山县					4	45					27	3	5009	7515
沙洋县											42	5	1289	14716
沙洋农场					1	96								
五三农场			22	66									132	364
孝感市					**28**	**715**			**186**	**159**	**4164**	**733**	**12332**	**35892**
市郊区					8	280			12	10	468	373	4264	12156
孝昌县					10	211			41	29	48	6	276	828
大悟县					1	59			133	120			44	119
安陆市													141	267
云梦县													2453	9812
应城市					9	165					588	46	1076	1645
汉川市											3060	308	4078	11065
黄冈市			**34**	**569**	**97**	**3124**	**1577**	**2695**	**1046**	**2453**	**9409**	**9131**	**14124**	**35670**
市郊区			1	12			80	101			669	120	4027	12033
团风县			7	91			591	743	38	54	2985	358	2529	5944
红安县			9	318	8	239	70	240	212	280	108	84	113	141
麻城市							456	820	11	20	45	5	183	546
罗田县			2	80			60	90	15	15			450	650
英山县			4	12	88	2870	150	610	715	1875	51	212	70	210
浠水县			8	6					6	18	668	1377	1021	2301
蕲春县									19	146	1319	1827	1063	2505
武穴市							140	46			10	10	1240	3720
黄梅县			3	50	1	15	30	45	30	45	3554	5138	3428	7620
咸宁市			**22**	**17**			**55**	**100**	**304**	**583**	**2058**	**8138**	**3081**	**8210**
咸安区			22	17					51	195	153	300	540	1577
嘉鱼县											222	222	833	2079
赤壁市									26	27	461	1002	480	2477
通城县									82	92	63	5116	175	411
崇阳县									92	138	1038	1428	900	1330
通山县							55	100	53	131	121	70	153	336
恩施自治州					**7**	**241**	**62**	**55**	**5812**	**5705**	**19**	**56**	**383**	**408**
恩施市									649	785				
建始县					1	129			6	8			7	2
巴东县					4	60			84	91				
利川市					2	52	38	43	1122	911	2	22	182	247
宣恩县							24	12	628	314			8	9
咸丰县									95	95	17	34	56	85
来凤县									18	15				
鹤峰县									3210	3486			130	65
随州市					**20**	**869**			**25**	**43**	**604**	**1022**	**2529**	**4113**
曾都区					11	605			6	18	188	536	484	987
广水市					9	264			9	18	196	244	296	502
随县									10	7	220	242	1749	2624
仙桃市											**13500**	**67500**	**16380**	**41480**
天门市					**8**	**176**					**3305**	**4957**	**1958**	**2937**
潜江市											**163**	**245**	**3239**	**4859**
神农架林区									**300**	**450**				

农业机械年末拥有量(六)

单位名称	农副产品加工动力					
	合计		柴油机		电动机	
	台	千瓦	台	千瓦	台	千瓦
全省合计	**873645**	**4549389**	**135916**	**1268261**	**737729**	**3281128**
武汉市	**23471**	**258534**	**4806**	**64940**	**18665**	**193594**
市郊区	3197	33026	599	8087	2598	24939
蔡甸区	3390	49671	698	13199	2692	36472
江夏区	6216	58163	770	8643	5446	49520
黄陂区	4970	62475	913	14715	4057	47760
新洲区	5698	55199	1826	20296	3872	34903
黄石市	**12906**	**85936**	**1544**	**6610**	**11362**	**79326**
市郊区	233	1595	94	1099	139	496
大冶市	5403	50056	584	3346	4819	46710
阳新县	7270	34285	866	2165	6404	32120
十堰市	**57857**	**382827**	**20846**	**164601**	**37011**	**218226**
市郊区	1140	7711	163	1524	977	6187
丹江口市	5916	42732	2404	21660	3512	21072
郧　县	8413	67373	2116	19457	6297	47916
郧西县	14107	110950	4970	47530	9137	63420
竹山县	9770	57448	6670	39220	3100	18228
竹溪县	9450	30450	800	4500	8650	25950
房　县	9061	66163	3723	30710	5338	35453
荆州市	**59047**	**569622**	**24874**	**211425**	**34173**	**358197**
市郊区	2263	34666	276	2268	1987	32398
江陵县	2852	38520	431	4310	2421	34210
松滋区	7253	72408	734	9340	6519	63068
公安县	8060	70884	2069	20807	5991	50077
石首市	10245	101750	4922	41420	5323	60330
监利县	21721	187276	15159	121656	6562	65620
洪湖市	6653	64118	1283	11624	5370	52494
宜昌市	**152124**	**524245**	**14930**	**114600**	**137194**	**409645**
市郊区	999	6713	42	620	957	6093
宜昌县	15714	81652	868	9626	14846	72026
宜都市	7051	47967	2509	23788	4542	24179
枝江市	9302	65815	1259	7986	8043	57829
当阳市	2109	19678	282	2327	1827	17351
远安县	5024	23733	430	6734	4594	16999
兴山县	14409	54168	5122	16587	9287	37581
秭归县	34442	59579	524	4469	33918	55110
长阳县	24766	105690	3796	41756	20970	63934
五峰县	38308	59250	98	707	38210	58543
襄阳市	**73559**	**379068**	**9597**	**97868**	**63962**	**281200**
市郊区	3756	42964	2611	32066	1145	10898
老河口市	3900	32500	1040	10900	2860	21600
襄阳区	3093	22384	425	3747	2668	18637
枣阳市	7594	73491	1348	11628	6246	61863
宜城市	3879	41173	1308	12556	2571	28617
南漳县	4969	45046	786	7080	4183	37966
谷城县	6447	39664	720	7168	5727	32496
保康县	39921	81846	1359	12723	38562	69123
襄北农场						

续表1

单位名称	农副产品加工动力					
	合计		柴油机		电动机	
	台	千瓦	台	千瓦	台	千瓦
鄂州市	**11483**	**123329**	**2602**	**31138**	**8881**	**92191**
荆门市	**13218**	**139613**	**2534**	**31441**	**10684**	**108172**
市郊区	1963	22366	368	3442	1595	18924
钟祥市	4937	58471	710	7019	4227	51452
京山县	2960	28790	1240	16710	1720	12080
沙洋县	2671	22248			2671	22248
沙洋农场	605	6232	216	4270	389	1962
五三农场	82	1506			82	1506
孝感市	**23322**	**207690**	**3299**	**35162**	**20023**	**172528**
市郊区	2258	24532	485	5458	1773	19074
孝昌县	5131	40250	327	3163	4804	37087
大悟县	4556	45404	565	8182	3991	37222
安陆市	2976	29968	628	5769	2348	24199
云梦县	1749	15106	213	2818	1536	12288
应城市	2747	25153	535	4954	2212	20199
汉川市	3905	27277	546	4818	3359	22459
黄冈市	**55922**	**488442**	**12936**	**131311**	**42986**	**357131**
市郊区	1791	19823	9	230	1782	19593
团风县	4435	33108	816	9547	3619	23561
红安县	3475	41398	821	6742	2654	34656
麻城市	8364	89697	3288	33243	5076	56454
罗田县	5760	51110	1150	13560	4610	37550
英山县	12855	72805	1055	11535	11800	61270
浠水县	8358	49170	2488	12633	5870	36537
蕲春县	2515	46994	618	18959	1897	28035
武穴市	3703	35857	1148	11916	2555	23941
黄梅县	4666	48480	1543	12946	3123	35534
咸宁市	**22642**	**193198**	**3970**	**37821**	**18672**	**155377**
咸安区	3484	31846	737	7008	2747	24838
嘉鱼县	2342	19677	422	3761	1920	15916
赤壁市	3598	35842	1231	12086	2367	23756
通城县	4904	30611	727	6762	4177	23849
崇阳县	3458	33366	393	3981	3065	29385
通山县	4856	41856	460	4223	4396	37633
恩施自治州	**299148**	**631946**	**14725**	**138636**	**284423**	**493310**
恩施市	13873	104698	5030	42580	8843	62118
建始县	68338	76441	381	4911	67957	71530
巴东县	79556	95410	963	8958	78593	86452
利川市	36540	83924	790	7352	35750	76572
宣恩县	29152	45881	205	2460	28947	43421
咸丰县	7426	42818	2512	22178	4914	20640
来凤县	10543	40158	224	1916	10319	38242
鹤峰县	53720	142616	4620	48281	49100	94335
随州市	**24067**	**210118**	**9901**	**103123**	**14166**	**106995**
曾都区	5301	44308	2761	26147	2540	18161
广水市	7428	67431	3423	34230	4005	33201
随县	11338	98379	3717	42746	7621	55633
仙桃市	**5806**	**79813**	**350**	**4315**	**5456**	**75498**
天门市	**12810**	**136904**	**5395**	**57516**	**7415**	**79388**
潜江市	**10764**	**103626**	**3537**	**37138**	**7227**	**66488**
神农架林区	**15499**	**34478**	**70**	**616**	**15429**	**33862**

续表2

单位名称	农副产品加工机械(部)						
	合计	粮食加工机械	油料加工机械	棉花加工机械	果蔬加工机械	茶叶加工机械	其它
全省合计	**957436**	**661530**	**43965**	**14631**	**5070**	**30776**	**201464**
武汉市	**15566**	**7303**	**1721**	**664**	**100**	**658**	**5120**
市郊区	2134	943	217	118		59	797
蔡甸区	1074	851	50	57	7	1	108
江夏区	6333	2422	304	90		94	3423
黄陂区	3514	1653	833	156	2	420	450
新洲区	2511	1434	317	243	91	84	342
黄石市	**11304**	**7814**	**1749**	**484**	**11**	**24**	**1222**
市郊区	161	77	17	4			63
大冶市	4466	3210	483	216	11	5	541
阳新县	6677	4527	1249	264		19	618
十堰市	**83215**	**46376**	**6640**	**545**	**471**	**2778**	**26405**
市郊区	1453	758	46			573	76
丹江口市	13359	4649	676	89	39	252	7654
郧 县	11861	7162	539	40	22	611	3487
郧西县	22963	8136	845	21	75	346	13540
竹山县	9850	8700	392	360	85	140	173
竹溪县	11050	6523	3652			350	525
房 县	12679	10448	490	35	250	506	950
荆州市	**42115**	**4121**	**3512**	**1822**	**31**	**36**	**32593**
市郊区	1179	132	75	147	2		823
江陵县	1551	322	152	53			1024
松滋区	4660	805	1493	183	22		2157
公安县	5700	682	423	347	7	26	4215
石首市	7435	601	408	292		10	6124
监利县	18284	726	773	535			16250
洪湖市	3306	853	188	265			2000
宜昌市	**176256**	**155002**	**3387**	**716**	**420**	**5078**	**11653**
市郊区	1361	19	69		33	6	1234
宜昌县	24381	21500	469	33	135	1108	1136
宜都市	8291	2856	228	18	104	1315	3770
枝江市	7286	3222	1425	558			2081
当阳市	1663	1053	107	59	10		434
远安县	656	541	90		1	24	
兴山县	15885	14131	266		7	254	1227
秭归县	55216	53020	341	48	48	608	1151
长阳县	20956	19518	285		10	523	620
五峰县	40561	39142	107		72	1240	
襄阳市	**78471**	**48489**	**9663**	**2492**	**316**	**3647**	**13864**
市郊区	652	377	235	40			
老河口市	7170	4900	1500	710			60
襄阳区	2844	1733	566	195			350
枣阳市	6746	2595	2638	731	248	66	468
宜城市	5792	3684	1787	278	34	5	4
南漳县	6900	4230	494	436	34	237	1469
谷城县	4226	2137	324	92		1011	662
保康县	44141	28833	2119	10		2328	10851
襄北农场							

续表3

单位名称	农副产品加工机械(部)						
	合计	粮食加工机械	油料加工机械	棉花加工机械	果蔬加工机械	茶叶加工机械	其它
鄂州市	**8745**	**3618**	**409**	**306**	**22**	**32**	**4358**
荆门市	**8743**	**5432**	**1609**	**740**	**52**	**88**	**822**
市郊区	1757	1229	345	95	22	66	
钟祥市	2934	1893	696	229	30	22	64
京山县	2285	1231	329	278			447
沙洋县	1390	817	229	33			311
沙洋农场	240	240					
五三农场	137	22	10	105			
孝感市	**21819**	**7918**	**3588**	**1221**	**853**	**2325**	**5914**
市郊区	2337	1441	413	122		65	296
孝昌县	5368	1299	719	300		320	2730
大悟县	7440	2839	1439	451	822	1889	
安陆市	2722	1024	395	169			1134
云梦县	384	193	191				
应城市	2700	853	280	88	31	51	1397
汉川市	868	269	151	91			357
黄冈市	**59752**	**40261**	**4499**	**3252**	**411**	**2379**	**8950**
市郊区	253	161	34	58			
团风县	2066	1345	118	51	7	183	362
红安县	3047	1587	664	133		272	391
麻城市	6477	5195	819	264		67	132
罗田县	10190	8160	730	50		50	1200
英山县	21015	14800	445	70	390	1410	3900
浠水县	6401	4590	620	235		211	745
蕲春县	1986	1039	409	308		79	151
武穴市	3618	1665	397	721	4	21	810
黄梅县	4699	1719	263	1362	10	86	1259
咸宁市	**26279**	**19781**	**1221**	**412**	**41**	**919**	**3905**
咸安区	3451	2183	295	50		122	801
嘉鱼县	1804	827	226	93	39	45	574
赤壁市	3639	2876	180	56		126	401
通城县	5177	4510	364	126		177	
崇阳县	3790	3405	75	47		58	205
通山县	8418	5980	81	40	2	391	1924
恩施自治州	**380964**	**281653**	**2253**	**31**	**2173**	**12457**	**82397**
恩施市	48409	42988	251		369	4801	
建始县	36229	34197	320	2	263	310	1137
巴东县	89606	78553	796		231	262	9764
利川市	68907	39155	260		400	2115	26977
宣恩县	52710	28366	28		122	1011	23183
咸丰县	17308	11916	403		180	1105	3704
来凤县	11717	8450	67	29	408	131	2632
鹤峰县	56078	38028	128		200	2722	15000
随州市	**7852**	**3498**	**1260**	**451**	**169**	**143**	**2331**
曾都区	3140	861	354	94	163	87	1581
广水市	1812	931	449	197			235
随县	2900	1706	457	160	6	56	515
仙桃市	**5441**	**4800**	**350**	**136**			**155**
天门市	**8211**	**5725**	**339**	**847**			**1300**
潜江市	**6979**	**4227**	**1765**	**512**			**475**
神农架林区	**15724**	**15512**				**212**	

续表4

单位名称	设施农业设备				
	水稻工厂化育秧(套)	温室(万平方米)			
		小计	连栋温室	日光温室	塑料大棚
全省合计	**92**	**18054.28**	**127.21**	**158.08**	**17768.99**
武汉市	**3**	**2758.67**	**32.2**		**2726.47**
市郊区		2171.45	31.08		2140.37
蔡甸区		68.62	0.12		68.5
江夏区		230	1		229
黄陂区	1	288.2			288.2
新洲区	2	0.4			0.4
黄石市	**1**	**187.91**	**4.46**		**183.45**
市郊区		123.11	0.66		122.45
大冶市	1	64.8	3.8		61
阳新县					
十堰市		**803.24**	**5.36**	**36.57**	**761.31**
市郊区		195.11	1.36	12.67	181.08
丹江口市					
郧 县		40	4	18	18
郧西县		315		5	310
竹山县					
竹溪县		250			250
房 县		3.13		0.9	2.23
荆州市	**19**	**8392**	**6**		**8386**
市郊区	2	1983			1983
江陵县	2	1318			1318
松滋区		650			650
公安县	4	696			696
石首市		2330			2330
监利县		719	6		713
洪湖市	11	696			696
宜昌市	**7**	**0.25**	**0.05**	**0.03**	**0.17**
市郊区					
宜昌县					
宜都市	2	0.04			0.04
枝江市	3	0.03	0.03		
当阳市	2	0.18	0.02	0.03	0.13
远安县					
兴山县					
秭归县					
长阳县					
五峰县					
襄阳市	**15**	**32.74**	**0.6**	**0.13**	**32.01**
市郊区		0.01			0.01
老河口市	1	30			30
襄阳区	2	1.5			1.5
枣阳市	1	0.03		0.03	
宜城市	1	0.7	0.6	0.1	
南漳县	1				
谷城县	8				
保康县	1	0.5			0.5
襄北农场					

续表5

单位名称	设施农业设备				
	水稻工厂化育秧(套)	温室(万平方米)			
		小计	连栋温室	日光温室	塑料大棚
鄂州市	**2**	**211.9**	**1.5**	**3.4**	**207**
荆门市	**5**	**2351.59**	**1.5**	**104.63**	**2245.46**
市郊区		106.98	1	4.63	101.35
钟祥市	1	872.6		100	772.6
京山县		1070			1070
沙洋县		281.5			281.5
沙洋农场	4	0.5	0.5		
五三农场		20.01			20.01
孝感市	**16**	**268.57**	**12**	**1.32**	**255.25**
市郊区		175			175
孝昌县	12	12	12		
大悟县					
安陆市	4				
云梦县					
应城市		81.57		1.32	80.25
汉川市					
黄冈市	**14**	**1882**	**5**		**1877**
市郊区	1	800	5		795
团风县	3	78			78
红安县	1	1			1
麻城市	2				
罗田县	2	2			2
英山县	1	123			123
浠水县	1				
蕲春县	1				
武穴市		800			800
黄梅县	2	78			78
咸宁市	**1**	**184.21**	**0.3**	**6**	**177.91**
咸安区		116.71	0.3		116.41
嘉鱼县		8.5			8.5
赤壁市					
通城县	1				
崇阳县					
通山县		59		6	53
恩施自治州	**4**	**100.2**	**41.24**		**58.96**
恩施市		31.08	2.28		28.8
建始县		11.47	2.33		9.14
巴东县		4.26			4.26
利川市	4	7.13	3.27		3.86
宣恩县		3.72	0.72		3
咸丰县		29.22	28.04		1.18
来凤县		0.72			0.72
鹤峰县		12.6	4.6		8
随州市	**1**	**45**	**17**	**6**	**22**
曾都区		7			7
广水市		8			8
随县	1	30	17	6	7
仙桃市					
天门市	**4**	**4**			**4**
潜江市		**734**			**734**
神农架林区		**98**			**98**

农业机械年末拥有量(七)

单位名称	农业机械原值(万元)		农业机械净值(万元)	低速载货汽车	
	合计	其中:当年购买农机所用资金		辆	千瓦
全省合计	**2646945.59**	**330175.53**	**1987366.59**	**100368**	**3302198**
武汉市	**127214.76**	**17420.52**	**93551.03**	**12178**	**480745**
市郊区	33693.02	5775.05	24152.4	4779	216261
蔡甸区	22257.51	2601.06	15226.31	1348	65463
江夏区	22143	2739	17493	1276	51581
黄陂区	25981.61	2537.21	23111.55	2738	78033
新洲区	23139.62	3768.2	13567.77	2037	69407
黄石市	**54056.32**	**7560.77**	**38025.32**	**932**	**49189**
市郊区	6372.32	922.77	4647.32	113	3164
大冶市	16559	2309	11591	462	18536
阳新县	31125	4329	21787	357	27489
十堰市	**92348.5**	**21846.7**	**75072.8**	**6126**	**198851**
市郊区	4528.5	965.7	3770.8	548	40004
丹江口市	16330	3665	14697	865	34600
郧　县	23890	6875	21490	791	34998
郧西县	17300	3200	11070	1387	22540
竹山县	8500	2741	8000	960	14484
竹溪县	14000	1800	9800	650	18000
房　县	7800	2600	6245	925	34225
荆州市	**606161.11**	**53625.81**	**454620.83**	**8495**	**261277**
市郊区	72896.57	14314.68	54672.43	2524	87852
江陵县	52065.56	5654	39049.17	1065	25486
松滋区	52657.76	5235	39493.32	1201	38222
公安县	86868.91	6600	65151.68	573	19330
石首市	50670.55	5455.53	38002.91	1344	35023
监利县	161694.17	9283.6	121270.63	1150	35960
洪湖市	129307.59	7083	96980.69	638	19404
宜昌市	**226388.2**	**25570.8**	**193657.9**	**14289**	**391598**
市郊区	10692.1	2425.7	8854.3	628	34919
宜昌县	15560	2540	12385	2398	53798
宜都市	10775	2205	5587	1455	33402
枝江市	98880.1	2517.1	95146.6	3767	129937
当阳市	41013	8155	30498	1139	34144
远安县	11319	1265	10314	633	25304
兴山县	4558	960	4378	316	11008
秭归县	14301	1055	10390	2841	33461
长阳县	7627	1361	7094	309	6180
五峰县	11663	3087	9011	803	29445
襄阳市	**341619.65**	**41674.09**	**247200.18**	**11759**	**260558**
市郊区	32595	2115	28415.32	620	22849
老河口市	48170	6280	34100	1200	27410
襄阳区	81423	6760	55997	821	32965
枣阳市	57026	8341	28513	1238	38745
宜城市	60066.04	8887	51179.04	5551	65209
南漳县	27763	4150	25091	214	11770
谷城县	24031.59	2560.19	15736.6	610	23525
保康县	8400	2000	6500	1505	38085
襄北农场	2145.02	580.9	1668.22		

续表1

单位名称	农业机械原值(万元)		农业机械净值(万元)	低速载货汽车	
	合计	其中:当年购买农机所用资金		辆	千瓦
鄂州市	**69306**	**10120**	**51980**	**1783**	**55273**
荆门市	**251341.41**	**24721.45**	**190292.93**	**2742**	**139187**
市郊区	35732.41	4385.56	26477.93	857	47732
钟祥市	101223	7585	71486	1517	77860
京山县	51460	5335	46065	367	13560
沙洋县	51131	5626.89	39496		
沙洋农场	5875	856	3512	1	35
五三农场	5920	933	3256		
孝感市	**157739.12**	**24747.22**	**120712.89**	**6618**	**199479**
市郊区	34465	3954	24085	2627	78029
孝昌县	12079	2897	11476	154	4082
大悟县	11346.55	2560.32	9984.88	198	4673
安陆市	31089	3856	21045.2	883	33699
云梦县	22013.57	3630.9	12834.81	1224	35985
应城市	17305	3995	13434	209	6624
汉川市	29441	3854	27853	1323	36387
黄冈市	**209701.48**	**31473.67**	**153513.99**	**8807**	**276785**
市郊区	6187.46	1141.36	4239.49	341	9264
团风县	11829	2150	9679	612	11786
红安县	11164.22	2873.25	7498.6	598	15400
麻城市	22135	3577	16604	1225	28105
罗田县	13760	2720	9650	985	55250
英山县	31400	3000	23800	1310	55390
浠水县	25231	3669.56	15465.2	944	19728
蕲春县	23800	2976.7	14280	942	28141
武穴市	15727	3047	14155	210	11803
黄梅县	48467.8	6318.8	38142.7	1640	41918
咸宁市	**67686**	**13642**	**65367**	**5485**	**218765**
咸安区	14599	2503	12650	1733	88470
嘉鱼县	1183	1183	9129	193	6399
赤壁市	11439	2421	9113	1592	41373
通城县	18005	3850	16205	1169	31679
崇阳县	12315	1585	9740	171	11970
通山县	10145	2100	8530	627	38874
恩施自治州	**95573.29**	**15621.2**	**77105.55**	**8743**	**360969**
恩施市	7489	1942	6359	2314	111045
建始县	10008.07	1671.4	7497.74	668	26912
巴东县	7618.42	1374.42	4370.9	639	18539
利川市	15886.23	3538.65	13296.01	2238	74966
宣恩县	7564	1808	5726	755	35123
咸丰县	8007	1787	7208	897	30426
来凤县	10690.57	1567.73	7491.9	555	19953
鹤峰县	28310	1932	25156	677	44005
随州市	**144434.75**	**13043.3**	**73498.77**	**4942**	**120858**
曾都区	28777.75	3178.75	21474	1861	73038
广水市	27456	4333	21725.12	378	10069
随县	88201	5531.55	30299.65	2703	37751
仙桃市	**62513**	**7440**	**37414.4**	**3778**	**119394**
天门市	**79387**	**14500**	**65409**	**3225**	**141900**
潜江市	**55745**	**6468**	**45882**	**347**	**21247**
神农架林区	**5730**	**700**	**4062**	**119**	**6123**

续表2

单位名称	三轮汽车		农用挂车(台)		推土机		挖掘机	
	辆	千瓦	大中型	小型	台	千瓦	台	千瓦
全省合计	**115403**	**1512254**	**61465**	**726004**	**8331**	**476674**	**4950**	**267010**
武汉市	**7978**	**135897**	**5725**	**9561**	**1399**	**78980**	**166**	**10433**
市郊区	3879	97464	1861	2134	496	26545	22	1343
蔡甸区	152	1525	334	766	124	6438	7	771
江夏区	607	8957	379	2234	201	13227	6	287
黄陂区	1711	10266	1781	2442	277	14958	34	1504
新洲区	1629	17685	1370	1985	301	17812	97	6528
黄石市	**1055**	**9162**	**1248**	**390**	**181**	**12388**	**37**	**924**
市郊区	71	919	42	32	5	267	6	168
大冶市	398	4434	380	40	113	8971	30	732
阳新县	586	3809	826	318	63	3150	1	24
十堰市	**13343**	**165839**	**666**	**3634**	**392**	**31281**	**627**	**37887**
市郊区	216	4114	145	15	15	794	48	2307
丹江口市	4872	47305	89	3078	45	3375	65	8125
郧 县	2943	38154	102	211	79	4342	99	7475
郧西县	980	13820	265	286	43	3084	155	7056
竹山县	2920	42924	65	44	132	13464	48	384
竹溪县	850	10530			40	4200	120	8400
房 县	562	8992			38	2022	92	4140
荆州市	**7149**	**72778**	**1445**	**44075**	**1664**	**90618**	**756**	**34020**
市郊区	2927	23122	193	10252	185	9232	53	2385
江陵县	808	11543	91	10718	297	15564	218	9810
松滋区	449	6693	86	2591	60	3000	10	450
公安县	284	5094	217	3611	148	7637	119	5355
石首市	1026	9480	90	1032	295	15617	121	5445
监利县	919	9345	517	5844	192	15218	84	3780
洪湖市	736	7501	251	10027	487	24350	151	6795
宜昌市	**7572**	**91857**	**5306**	**49806**	**387**	**23515**	**189**	**15970**
市郊区	274	6560			40	3592	52	5597
宜昌县	1291	12736	505	2456	47	3284		
宜都市	1412	16274	937	747	16	779	18	452
枝江市	2351	34470	2001	10188	125	6740	51	4426
当阳市	1558	13283	955	28524	159	9120	65	5292
远安县			274	6295				
兴山县	174	1816	318	1540			1	85
秭归县	282	3268					2	118
长阳县	230	3450	316	56				
五峰县								
襄阳市	**26918**	**334061**	**16554**	**266489**	**448**	**25779**	**238**	**16069**
市郊区	2275	67638	905	9860	4	235	3	485
老河口市	6000	50100	3100	25500				
襄阳区	8500	76178	3968	64313			103	8149
枣阳市	3944	34693	3846	57573	165	8352	75	3487
宜城市	375	10350	1585	61283	146	7512		
南漳县	764	22920	1473	35073	54	4860	3	345
谷城县	1950	25532	1120	7578	20	1171	43	2494
保康县	3110	46650	468	5249	10	480	11	1109
襄北农场			89	60	49	3169		

续表3

单位名称	三轮汽车		农用挂车(台)		推土机		挖掘机	
	辆	千瓦	大中型	小型	台	千瓦	台	千瓦
鄂州市	**1034**	**12277**	**649**	**2542**	**245**	**13230**	**36**	**2736**
荆门市	**6002**	**87112**	**3538**	**137440**	**707**	**39349**	**434**	**14791**
市郊区	808	9959	659	44378	129	7778	49	3844
钟祥市	4240	69698	796	48160	306	18019	55	5397
京山县	954	7455	211	2812	71	3915	111	5550
沙洋县			1802	42076	180	9633		
沙洋农场			54	14		4	204	
五三农场			16		21		15	
孝感市	**5118**	**57710**	**6056**	**20130**	**648**	**36471**	**201**	**11929**
市郊区			217	705	84	4691	52	3016
孝昌县	258	3337	1293	3220	27	1556	18	588
大悟县	1718	17695	1132	1099	27	1617	6	320
安陆市	591	6923	1037	7733	122	6927	68	4730
云梦县	890	12201	430	521	199	11701	30	1800
应城市	465	5120	1183	3318	87	4675	14	820
汉川市	1196	12434	764	3534	102	5304	13	655
黄冈市	**12496**	**160016**	**4838**	**6501**	**642**	**36298**	**795**	**53407**
市郊区	296	4644	248	271	31	1438	9	408
团风县	811	11093	263	523	49	2602	27	837
红安县	1248	21000	1027	489	90	5669	82	7694
麻城市	1615	18272	1384	478	37	2177	22	902
罗田县	1650	16500	355	720	23	1268	30	2150
英山县	609	8180	300	282	15	825	116	5630
浠水县	759	9688	760	1313	80	4195	53	3926
蕲春县	388	5100			86	4999	323	26033
武穴市	2260	35440	470	65	37	1974	45	814
黄梅县	2860	30099	31	2360	194	11151	88	5013
咸宁市	**4825**	**74503**	**1963**	**3968**	**575**	**30552**	**286**	**22431**
咸安区	394	4480	590	734	196	12966	135	13852
嘉鱼县	1182	20361	924	2172	118	5086	4	240
赤壁市	1563	18694			63	2715	63	2278
通城县	603	8180	318	852	64	3520	28	1061
崇阳县	825	19874	103	197	81	3687	29	2030
通山县	258	2914	28	13	53	2578	27	2970
恩施自治州	**8844**	**101666**	**1629**	**4234**	**132**	**4833**	**417**	**15000**
恩施市	3138	35498			69	1380	150	4500
建始县	2167	30626	307	148	5	435	20	984
巴东县	1373	15043	688	30	51	2764	58	3087
利川市	449	4564	378	1030	7	254	67	4593
宣恩县	503	6036		300			7	336
咸丰县	389	1504	256	1626			114	1470
来凤县	621	5335		1000			1	30
鹤峰县	204	3060		100				
随州市	**6389**	**71979**	**5043**	**101819**	**169**	**13006**	**292**	**13311**
曾都区	2901	31957	686	17262	29	1506	62	5113
广水市	733	8400	1238	538	46	2546	160	4443
随县	2755	31622	3119	84019	94	8954	70	3755
仙桃市	**1455**	**8730**	**1048**	**15552**	**193**	**9694**	**137**	**1765**
天门市	**3329**	**110099**	**2115**	**28076**	**271**	**14830**	**220**	**9680**
潜江市	**1505**	**13407**	**3642**	**31787**	**258**	**15115**	**98**	**5886**
神农架林区	**391**	**5161**			**20**	**735**	**21**	**771**

续表4

单位名称	装载机		平地机		开沟机		清淤机	
	台	千瓦	台	千瓦	台	千瓦	台	千瓦
全省合计	**3262**	**145759**	**97**	**5484**	**2264**	**29507**	**5988**	**27875**
武汉市	**51**	**1466**	**33**	**1235**	**137**	**3658**	**59**	**968**
市郊区	2	40	1	20	14	551	24	388
蔡甸区			1	44	8	160	5	140
江夏区	3	44			1	26		
黄陂区	8	280	10	324	97	2425	22	323
新洲区	38	1102	21	847	17	496	8	117
黄石市	**240**	**14472**	**6**	**264**	**56**	**1603**	**286**	**2810**
市郊区	8	224					13	80
大冶市	197	13268	6	264	25	735	213	2130
阳新县	35	980			31	868	60	600
十堰市	**515**	**33127**	**5**	**750**	**110**	**2170**	**5**	**25**
市郊区	46	2610						
丹江口市	46	3680						
郧　县	105	9218						
郧西县	48	1694	5	750	30	220		
竹山县	35	2800			20	1200	5	25
竹溪县	140	9800			60	750		
房　县	95	3325						
荆州市	**307**	**10745**	**10**	**350**	**18**	**775**	**4191**	**9584**
市郊区	30	1050	5	100	3	150	20	332
江陵县	55	1925	5	250	9	540	18	320
松滋区	11	385					3	71
公安县	55	1925			6	85	63	953
石首市	20	700					30	470
监利县	69	2415					960	5300
洪湖市	67	2345					3097	2138
宜昌市	**68**	**3856**	**1**	**90**	**6**	**46**	**9**	**110**
市郊区	9	870	1	90				
宜昌县								
宜都市	16	450			4	30	2	16
枝江市	12	676					3	54
当阳市	31	1860			2	16	4	40
远安县								
兴山县								
秭归县								
长阳县								
五峰县								
襄阳市	**115**	**5865**			**500**	**5689**		
市郊区	5	808						
老河口市					40	736		
襄阳区	16	1220						
枣阳市					433	3465		
宜城市								
南漳县								
谷城县	48	2457						
保康县	46	1380						
襄北农场					27	1488		

续表5

单位名称	装载机		平地机		开沟机		清淤机	
	台	千瓦	台	千瓦	台	千瓦	台	千瓦
鄂州市	**27**	**1288**			**4**	**59**	**407**	**3541**
荆门市	**118**	**8374**			**489**	**5183**	**96**	**475**
市郊区	90	5859			115	845		
钟祥市	28	2515			227	2652		
京山县					147	1686	95	475
沙洋县								
沙洋农场								
五三农场							1	
孝感市	**349**	**7677**	**22**	**1965**	**295**	**3245**	**38**	**719**
市郊区	33	1089	2	90	238	2618	19	209
孝昌县	19	472	2	88	57	627	2	81
大悟县	4	147	3	96			3	9
安陆市	113	3729	10	1470				
云梦县	161	1781	5	221				
应城市	13	268						
汉川市	6	191					14	420
黄冈市	**650**	**29833**	**2**	**118**	**127**	**2935**	**112**	**1958**
市郊区	1	21						
团风县	36	828	2	118	1	11	1	41
红安县	14	1441					16	140
麻城市								
罗田县	12	560						
英山县	53	2120					7	210
浠水县	36	1533					53	710
蕲春县	403	20743						
武穴市	29	834					18	604
黄梅县	66	1753			126	2924	17	253
咸宁市	**221**	**12236**	**16**	**592**	**439**	**3081**	**8**	**471**
咸安区	124	7925			2	71	3	95
嘉鱼县					437	3010		
赤壁市	14	238						
通城县	11	226					3	246
崇阳县	51	1887	16	592				
通山县	21	1960					2	130
恩施自治州	**244**	**7093**	**2**	**120**	**9**	**100**	**8**	**201**
恩施市	87	1740						
建始县	29	1272			1	4	1	21
巴东县	49	2457						
利川市	40	746	2	120			7	180
宣恩县	1	18			8	96		
咸丰县	28	530						
来凤县	10	330						
鹤峰县								
随州市	**84**	**6049**			**10**	**194**	**42**	**593**
曾都区	61	4836			6	96	42	593
广水市	16	579			3	54		
随县	7	634			1	44		
仙桃市	**168**	**1368**			**2**	**96**	**508**	**4253**
天门市	**105**	**2310**					**98**	**1078**
潜江市					**62**	**673**	**121**	**1089**
神农架林区								

农业机械年末拥有量(八)

单位名称	其他收获机械									
	大豆收获机		油菜籽收获机		马铃薯收获机		花生收获机		蔬菜收获机	
	台	千瓦	台	千瓦	台	千瓦	台	千瓦	台	千瓦
全省合计	**4**	**433**	**2059**	**95388**	**41**	**773**	**111**	**1069**		
武汉市	**2**	**338**	**89**	**5079**	**1**	**9**	**10**	**114**		
市郊区	2	338	28	1817						
蔡甸区			38	2356						
江夏区			1	55			10	114		
黄陂区			18	665						
新洲区			4	186	1	9				
黄石市			**34**	**1288**						
市郊区										
大冶市			21	924						
阳新县			13	364						
十堰市			**4**	**136**						
市郊区			2	70						
丹江口市			2	66						
郧 县										
郧西县										
竹山县										
竹溪县										
房 县										
荆州市			**388**	**15838**						
市郊区			51	1812						
江陵县			76	3800						
松滋区			16	823						
公安县			29	1151						
石首市			10	450						
监利县			84	4079						
洪湖市			122	3723						
宜昌市			**41**	**1512**	**17**					
市郊区										
宜昌县										
宜都市			4	84						
枝江市			12	642						
当阳市			25	786	17					
远安县										
兴山县										
秭归县										
长阳县										
五峰县										
襄阳市			**305**	**17746**						
市郊区			58	3190						
老河口市										
襄阳区			235	14040						
枣阳市										
宜城市										
南漳县										
谷城县			10	448						
保康县			2	68						
襄北农场										

续表1

单位名称	其他收获机械									
	大豆收获机		油菜籽收获机		马铃薯收获机		花生收获机		蔬菜收获机	
	台	千瓦	台	千瓦	台	千瓦	台	千瓦	台	千瓦
鄂州市	**1**	**48**	**16**	**768**						
荆门市			**222**	**8994**			**26**	**203**		
市郊区			50	2250						
钟祥市			17	788						
京山县			73	2409			26	203		
沙洋县			74	3163						
沙洋农场										
五三农场			8	384						
孝感市			**217**	**11295**	**4**	**128**				
市郊区			21	1074						
孝昌县			11	540						
大悟县			10	520						
安陆市			22	971						
云梦县			25	1375	1					
应城市			5	165	2	88				
汉川市			123	6650	1	40				
黄冈市			**51**	**2283**			**21**	**158**		
市郊区			8	393						
团风县			11	485						
红安县							21	158		
麻城市										
罗田县										
英山县										
浠水县			5	214						
蕲春县										
武穴市			1	44						
黄梅县			26	1147						
咸宁市			**188**	**8298**	**14**	**581**				
咸安区			20	862	1	22				
嘉鱼县			9	324						
赤壁市			9	317						
通城县			23	1361	7	334				
崇阳县			15	562	6	225				
通山县			112	4872						
恩施自治州			**10**	**355**						
恩施市										
建始县			4	160						
巴东县										
利川市										
宣恩县										
咸丰县			3	75						
来凤县			3	120						
鹤峰县										
随州市			**58**	**2158**						
曾都区			1	68						
广水市			27	988						
随县			30	1102						
仙桃市										
天门市	**1**	**47**	**184**	**8298**	**5**	**55**	**54**	**594**		
潜江市			**252**	**11340**						
神农架林区										

续表2

单位名称	其他收获机械								
	茶叶采摘机		青饲料收获机		秸秆捡拾打捆机		玉米收获专用割台	大豆收获专用割台	油菜籽收获专用割台
	台	千瓦	台	千瓦	台	千瓦	台	台	台
全省合计	**5768**	**8076**	**325**	**713**	**197**	**3648**	**307**	**146**	**1150**
武汉市	**65**	**117**	**176**	**314**			**33**	**9**	**35**
市郊区							5		
蔡甸区							23	9	27
江夏区	19	57					5		
黄陂区	38	38							
新洲区	8	22	176	314					
黄石市	**1**	**2**			**36**	**1008**	**1**		**21**
市郊区									
大冶市	1	2					1		21
阳新县					36	1008			
十堰市	**196**	**544**					**1**		**5**
市郊区	3	7							5
丹江口市	2	4							
郧　县	126	378					1		
郧西县	10	20							
竹山县									
竹溪县	15	30							
房　县	40	105							
荆州市			**2**	**80**			**64**	**8**	**145**
市郊区									10
江陵县							27		76
松滋区							14		
公安县			2	80			1		7
石首市									10
监利县									26
洪湖市							22	8	16
宜昌市	**1257**	**1113**			**44**	**1276**	**18**		**6**
市郊区	25	16							
宜昌县	48	118							
宜都市	826	620							
枝江市									3
当阳市					43	1247	18		3
远安县					1	29			
兴山县	10	10							
秭归县	28	29							
长阳县									
五峰县	320	320							
襄阳市	**71**	**145**			**70**	**540**	**143**	**49**	**348**
市郊区									
老河口市							30		
襄阳区					3	150	26		135
枣阳市					15	385	54	49	82
宜城市					51		15		59
南漳县							17		50
谷城县	12	15							
保康县	59	130			1	5	1		22
襄北农场									

续表3

单位名称	其他收获机械								
	茶叶采摘机		青饲料收获机		秸秆捡拾打捆机		玉米收获专用割台	大豆收获专用割台	油菜籽收获专用割台
	台	千瓦	台	千瓦	台	千瓦	台	台	台
鄂州市	**31**	**59**					**1**	**1**	**16**
荆门市					**4**	**118**	**33**	**56**	**76**
市郊区					4	118			50
钟祥市							20	50	26
京山县									
沙洋县									
沙洋农场							10	6	
五三农场							3		
孝感市					**17**	**493**	**2**		**196**
市郊区					1	29	2		21
孝昌县					16	464			11
大悟县									
安陆市									
云梦县									
应城市									164
汉川市									
黄冈市	**855**	**1931**	**12**	**41**	**9**	**162**	**7**		**69**
市郊区									
团风县									11
红安县	291	448	10	15	9	162			
麻城市									
罗田县									
英山县	500	1315							
浠水县	45	139	2	26					2
蕲春县	19	29							8
武穴市							1		22
黄梅县							6		26
咸宁市	**445**	**661**	**135**	**278**			**4**		**81**
咸安区	59	238					1		20
嘉鱼县									
赤壁市	151	148							
通城县	54	117	132	158					23
崇阳县	40	60							15
通山县	141	98	3	120			3		23
恩施自治州	**2648**	**3223**			**17**	**51**		**1**	**57**
恩施市	133	162						1	57
建始县	2	2			17	51			
巴东县	14	16							
利川市	821	744							
宣恩县	61	31							
咸丰县	67	67							
来凤县	13	11							
鹤峰县	1537	2190							
随州市	**130**	**143**							
曾都区									
广水市									
随县	130	143							
仙桃市									
天门市								**22**	**95**
潜江市									
神农架林区	**69**	**138**							

农机化作业情况(一)

单位:千公顷

单位名称	农机化作业总体情况				
	机耕面积	机播面积	机电灌溉面积	机械植保面积	机收面积
全省合计	**4517.14**	**815.61**	**3152.65**	**4074.38**	**2780.52**
武汉市	**225.09**	**35.79**	**282.05**	**319.11**	**100.88**
市郊区	55.01	8.78	59.18	61.87	16.57
蔡甸区	30.00	4.80	40.68	32.01	17.34
江夏区	43.68	5.55	70.09	67.43	24.33
黄陂区	45.16	7.16	66.80	77.30	17.56
新洲区	51.24	9.50	45.30	80.50	25.08
黄石市	**91.93**	**7.54**	**42.21**	**60.47**	**54.21**
市郊区	2.49	0.34	0.91	0.37	0.72
大冶市	39.65	3.49	15.30	18.10	18.16
阳新县	49.79	3.71	26.00	42.00	35.33
十堰市	**81.30**	**20.77**	**45.35**	**140.40**	**43.43**
市郊区	1.40	0.10	0.95	1.00	
丹江口市	11.00	3.20	8.00	24.00	9.50
郧　县	23.30	3.67	7.30	27.00	10.00
郧西县	11.00	1.90	6.70	24.70	5.33
竹山县	10.00	7.90	6.70	18.70	6.00
竹溪县	10.50	2.00	7.00	20.00	5.00
房　县	14.10	2.00	8.70	25.00	7.60
荆州市	**730.58**	**148.58**	**724.13**	**817.88**	**502.58**
市郊区	106.90	19.86	61.62	71.35	79.69
江陵县	66.20	15.72	64.40	64.40	48.68
松滋区	50.52	18.62	37.20	46.20	45.21
公安县	126.10	24.42	71.42	89.12	68.22
石首市	57.10	14.02	55.72	62.97	34.00
监利县	217.86	32.84	312.57	431.02	144.03
洪湖市	105.90	23.10	121.20	52.82	82.75
宜昌市	**211.17**	**32.53**	**112.19**	**277.16**	**108.40**
市郊区	12.22	0.53	0.36	6.93	0.20
宜昌县	23.72	0.66	7.11	23.90	4.21
宜都市	12.06	2.04	9.48	30.05	6.15
枝江市	54.00	7.63	36.40	56.00	38.67
当阳市	57.76	13.68	36.80	71.00	48.34
远安县	16.02	7.20	8.16	13.60	10.50
兴山县	9.38	0.09	1.00	9.55	
秭归县	7.22		9.65	35.00	
长阳县	11.29		3.23	24.13	0.13
五峰县	7.50	0.70		7.00	0.20
襄阳市	**700.36**	**235.92**	**270.89**	**399.61**	**484.15**
市郊区	45.70	19.76	12.60	7.00	39.66
老河口市	61.70	19.50	30.00	67.00	45.20
襄阳区	178.80	63.60	120.00	105.00	121.20
枣阳市	176.20	70.90	41.20	75.40	123.40
宜城市	95.87	29.92	29.00	32.00	56.60
南漳县	67.10	13.43	12.47	30.14	50.52
谷城县	35.76	8.40	15.30	39.20	30.66
保康县	25.72	0.86	2.50	35.00	8.10
襄北农场	13.51	9.55	7.82	8.87	8.81

续表1

单位名称	农机化作业总体情况				
	机耕面积	机播面积	机电灌溉面积	机械植保面积	机收面积
鄂州市	**40.10**	**5.61**	**47.60**	**47.40**	**23.70**
荆门市	**468.11**	**102.29**	**214.13**	**356.15**	**318.46**
市郊区	54.79	6.70	19.69	36.58	47.00
钟祥市	186.49	37.64	26.00	104.41	85.00
京山县	96.50	29.70	90.20	91.50	81.13
沙洋县	102.34	16.20	75.73	105.52	85.08
沙洋农场	10.53	10.00	1.51	6.14	9.23
五三农场	17.46	2.05	1.00	12.00	11.02
孝感市	**362.00**	**55.15**	**272.10**	**303.64**	**226.53**
市郊区	60.94	16.46	30.41	28.26	26.23
孝昌县	38.19	6.10	28.04	26.02	32.02
大悟县	16.48	2.94	20.16	14.48	11.12
安陆市	44.70	5.80	22.30	36.00	41.20
云梦县	46.66	8.12	24.49	20.61	34.42
应城市	48.23	7.43	82.70	69.27	33.08
汉川市	106.80	8.30	64.00	109.00	48.46
黄冈市	**532.92**	**59.81**	**449.15**	**430.67**	**294.62**
市郊区	17.00	1.50	7.30	40.11	6.50
团风县	33.75	4.60	24.30	9.34	16.23
红安县	34.28	6.36	25.15	22.30	7.40
麻城市	92.50	5.50	38.20	25.70	36.40
罗田县	24.00	3.80	8.00	16.00	9.00
英山县	36.00	4.50	8.00	38.00	16.00
浠水县	77.70	15.30	180.10	85.00	47.70
蕲春县	38.90	3.50	23.30	36.00	35.50
武穴市	86.00	6.80	40.70	53.00	55.07
黄梅县	92.79	7.95	94.10	105.22	64.82
咸宁市	**146.59**	**13.09**	**70.40**	**141.28**	**129.88**
咸安区	23.00	2.23	17.84	17.00	18.60
嘉鱼县	25.16	3.00		26.80	35.80
赤壁市	42.40	2.00	35.00	43.00	31.00
通城县	25.86	3.71	9.21	18.48	22.37
崇阳县	18.58	1.46	6.35	35.00	14.04
通山县	11.59	0.69	2.00	1.00	8.07
恩施自治州	**123.24**	**11.06**	**33.20**	**156.75**	**44.39**
恩施市	15.70	7.00		67.10	5.22
建始县	31.00	0.10	2.81	15.03	3.02
巴东县	4.13	0.05	2.47	8.40	2.78
利川市	15.41	0.02	8.22	19.26	12.82
宣恩县	12.08	0.84	7.00	9.09	5.34
咸丰县	12.54	0.19	2.90	21.70	7.71
来凤县	17.90	0.30	4.30	5.50	6.40
鹤峰县	14.48	2.56	5.50	10.67	1.10
随州市	**298.47**	**10.84**	**67.05**	**140.16**	**169.65**
曾都区	49.75	1.65	11.16	26.35	36.02
广水市	51.81	1.65	22.49	37.81	35.59
随县	196.91	7.54	33.40	76.00	98.04
仙桃市	**194.00**	**13.20**	**198.00**	**171.00**	**77.20**
天门市	**199.80**	**45.53**	**193.50**	**182.00**	**125.38**
潜江市	**111.48**	**17.90**	**130.70**	**130.70**	**77.06**
神农架林区					

续表2

单位名称	主要农作物农机化作业情况							
	小麦			水稻				
	机耕面积	机播面积	机收面积	机耕面积	机械种植面积			机收面积
					小计	机播面积	机插面积	
全省合计	**879.31**	**269.37**	**838.95**	**1870.80**	**405.37**	**78.96**	**367.03**	**1706.10**
武汉市	**18.59**	**5.36**	**16.14**	**116.50**	**16.18**	**5.79**	**16.03**	**67.09**
市郊区	2.51	0.69	2.62	2.60	0.35		0.35	3.53
蔡甸区	1.87	0.67	2.00	14.66	2.80		2.80	12.80
江夏区	3.93	0.61	2.51	34.35	3.40	0.10	3.63	21.36
黄陂区	1.95	0.73	4.63	36.71	3.93	3.40	5.84	9.43
新洲区	8.33	2.66	4.38	28.18	5.70	2.29	3.41	19.97
黄石市	**3.54**		**4.94**	**62.62**	**3.92**		**7.41**	**49.08**
市郊区	0.14		0.14	0.72	0.34		0.34	0.58
大冶市	1.60		1.60	25.90			3.49	16.50
阳新县	1.80	0.00	3.20	36.00	3.58		3.58	32.00
十堰市	**26.50**	**9.90**	**20.06**	**25.50**	**5.96**	**1.00**	**5.86**	**22.67**
市郊区	0.30			0.10	0.10			
丹江口市	6.00	1.50	4.50	4.00	1.70		1.70	5.00
郧 县	10.00	0.70	6.00	4.70	1.86		1.86	4.00
郧西县	4.00		3.33	3.00	0.10		0.10	2.00
竹山县	2.50	6.70	2.33	4.00	1.20		1.20	3.67
竹溪县	1.00	1.00	1.00	3.00		1.00		4.00
房 县	2.70		2.90	6.70	1.00		1.00	4.00
荆州市	**98.81**	**16.24**	**101.01**	**326.97**	**124.32**	**49.10**	**75.22**	**359.19**
市郊区	18.48	1.60	22.24	46.35	17.52	7.00	10.52	52.65
江陵县	14.00	2.00	14.00	23.00	13.00	1.00	12.00	27.80
松滋区	11.22	3.00	11.33	20.65	13.00	1.00	12.00	31.45
公安县	19.51	5.00	19.11	44.15	18.70	6.70	12.00	45.60
石首市	2.56	0.20	1.80	23.02	13.40	6.70	6.70	28.20
监利县	11.87	1.02	10.68	125.83	31.30	20.00	11.30	127.35
洪湖市	21.17	3.42	21.85	43.97	17.40	6.70	10.70	46.14
宜昌市	**27.97**	**5.40**	**33.07**	**85.58**	**19.25**	**4.94**	**14.20**	**62.85**
市郊区				4.80	0.53	0.33		0.20
宜昌县				12.01	0.66		0.66	3.47
宜都市	0.87	0.35	0.89	4.20	1.66		1.66	4.26
枝江市	10.70	1.80	15.45	24.90	5.30	0.11	5.19	21.40
当阳市	11.16	3.25	15.30	25.83	3.90		3.90	24.32
远安县	2.01		1.43	8.67	7.20	4.50	2.70	9.07
兴山县				2.16			0.09	
秭归县	2.00			2.00				
长阳县	0.61			0.69				0.13
五峰县	0.62			0.32				
襄阳市	**288.53**	**164.01**	**291.44**	**196.50**	**54.83**	**0.40**	**54.03**	**173.60**
市郊区	16.40	10.20	25.80	18.10	9.40		9.40	10.80
老河口市	33.50	14.80	32.00	13.40	3.50		3.50	11.40
襄阳区	75.00	48.60	73.00	40.00	12.00		12.00	43.00
枣阳市	79.50	55.60	76.60	49.60	11.20		11.20	44.90
宜城市	28.13	16.55	27.50	30.13	8.40		8.40	28.00
南漳县	26.15	6.70	27.84	21.66	6.73		6.73	20.37
谷城县	16.95	5.40	18.20	14.16	3.00		2.60	12.06
保康县	7.40	0.66	5.00	5.32	0.20		0.20	3.00
襄北农场	5.50	5.50	5.50	4.13	0.40	0.40		0.07

续表3

单位名称	主要农作物农机化作业情况							
	小麦			水稻				
	机耕面积	机播面积	机收面积	机耕面积	机械种植面积			机收面积
					小计	机播面积	机插面积	
鄂州市	**3.60**	**1.50**	**3.40**	**28.10**	**3.31**	**0.01**	**3.30**	**19.00**
荆门市	**101.81**	**18.01**	**99.26**	**160.51**	**65.73**	**1.18**	**64.55**	**170.47**
市郊区	7.41	0.18	6.80	24.35	5.04		5.04	24.46
钟祥市	35.33	9.33	35.20	43.06	15.73		15.73	41.27
京山县	31.60		30.10	44.00	28.40		28.40	48.13
沙洋县	15.40	2.20	16.30	42.83	13.60	0.20	13.40	50.72
沙洋农场	4.60	4.97	3.00	3.40	2.29	0.98	1.31	2.87
五三农场	7.47	1.33	7.86	2.87	0.67		0.67	3.02
孝感市	**72.22**	**15.49**	**55.53**	**172.99**	**23.40**	**0.11**	**23.41**	**156.14**
市郊区	10.28	3.11	8.69	36.53	2.67		2.67	17.32
孝昌县	10.85	1.51	11.81	18.32	4.16	0.01	4.00	20.16
大悟县	2.21	0.39	2.38	8.92	2.38		2.67	8.74
安陆市	13.30	1.00	13.20	22.30	3.60		4.06	26.80
云梦县	6.56	3.65	2.63	21.85	2.59		1.87	21.66
应城市	9.02	2.03	4.82	27.07	4.30	0.10	4.20	27.46
汉川市	20.00	3.80	12.00	38.00	3.70		3.94	34.00
黄冈市	50.60	4.79	45.80	306.22	41.16	12.69	32.03	240.31
市郊区	6.00	0.47	3.40	6.80	0.75		0.75	2.75
团风县	3.53	0.27	2.87	22.27	3.44		3.44	13.07
红安县	2.14	1.00	1.50	13.00	3.85	1.20	2.65	5.10
麻城市	15.40		10.50	47.20	5.00	0.70	4.30	25.60
罗田县			1.50	14.50	3.40		3.40	7.50
英山县	4.20	1.20	3.50	12.20		1.40	1.50	9.80
浠水县	4.20	0.78	4.50	49.70	12.96	8.76	4.20	41.20
蕲春县	2.30		1.80	31.05	1.93	0.20	1.73	33.29
武穴市	5.00	1.00	4.60	56.00	3.60		3.60	50.00
黄梅县	7.83	0.07	11.63	53.50	6.23	0.43	6.46	52.00
咸宁市	**2.99**	**3.00**	**5.40**	**97.97**	**5.03**	**2.13**	**9.20**	**113.95**
咸安区	0.20		0.20	12.15	1.26	0.01	1.25	17.95
嘉鱼县		3.00	3.00				1.40	25.80
赤壁市	1.50		1.50	37.50		2.00	1.60	28.00
通城县	0.09		0.07	25.02	3.33		3.33	21.70
崇阳县	0.50		0.21	17.10	0.00		1.30	13.40
通山县	0.70		0.42	6.20	0.44	0.12	0.32	7.10
恩施自治州	**3.55**		**1.47**	**36.43**	**1.15**	**0.98**	**7.76**	**39.77**
恩施市	2.10			7.52			7.00	5.22
建始县	1.30			3.17	0.10		0.10	3.02
巴东县			1.47		0.05		0.05	1.31
利川市	0.15			8.01	0.02		0.02	9.67
宣恩县				5.09	0.16	0.68	0.07	5.34
咸丰县				3.34	0.19		0.19	7.71
来凤县				6.70	0.30	0.30		6.40
鹤峰县				2.60	0.33		0.33	1.10
随州市	**97.17**	**2.82**	**75.67**	**117.72**	**7.68**	**0.48**	**7.20**	**93.47**
曾都区	20.99	0.25	16.88	25.60	1.40		1.40	19.14
广水市	14.18	0.18	9.25	28.32	1.47		1.47	26.34
随县	62.00	2.39	49.54	63.80	4.81	0.48	4.33	47.99
仙桃市	**21.40**	**1.80**	**21.40**	**54.80**	**10.70**		**10.70**	**54.80**
天门市	**39.00**	**17.50**	**40.00**	**54.00**	**22.75**	**0.15**	**22.60**	**52.20**
潜江市	**23.03**	**3.55**	**24.36**	**28.39**			**13.53**	**31.51**
神农架林区								

续表4

单位名称	主要农作物农机化作业情况					
	玉米			大豆		
	机耕面积	机播面积	机收面积	机耕面积	机播面积	机收面积
全省合计	**197.44**	**27.38**	**21.75**	**101.81**	**10.85**	**12.69**
武汉市	**12.54**	**3.36**	**6.15**	**3.36**	**0.90**	**1.12**
市郊区	7.47	3.00	4.28	2.41	0.65	1.12
蔡甸区	2.84		1.87	0.63		
江夏区	1.33	0.36		0.05	0.05	
黄陂区	0.90					
新洲区				0.27	0.20	
黄石市	**1.44**			**0.70**		
市郊区	0.04					
大冶市	0.20			0.10		
阳新县	1.20			0.60		
十堰市	**14.80**	**2.71**		**1.50**		
市郊区	0.10					
丹江口市	1.00					
郧 县	6.70	1.11				
郧西县	1.00	0.60				
竹山县	2.00					
竹溪县	4.00			1.50		
房 县		1.00				
荆州市	**2.56**		**1.17**	**3.59**	**1.24**	
市郊区	0.12		0.10	1.52		
江陵县						
松滋区	0.52		0.52	0.20		
公安县	0.32			0.60		
石首市	0.20					
监利县						
洪湖市	1.40		0.55	1.27	1.24	
宜昌市	**39.74**	**1.07**	**1.57**	**2.13**	**0.49**	
市郊区	3.55					
宜昌县	10.77					
宜都市	3.60					
枝江市	5.70			0.56		
当阳市	1.62	1.07	1.57	1.57	0.49	
远安县						
兴山县	5.01					
秭归县						
长阳县	2.99					
五峰县	6.50					
襄阳市	**54.13**	**12.28**	**8.32**	**9.32**	**3.39**	**3.39**
市郊区	1.00				0.16	0.16
老河口市	8.80	1.20	1.80			
襄阳区	15.00	3.00	3.00	2.30		
枣阳市	5.50	3.20	1.50	1.80	0.30	0.10
宜城市	6.73	4.17	0.50	0.55		0.20
南漳县	4.20		1.21	1.37		
谷城县	1.19			0.10		
保康县	11.00					
襄北农场	0.71	0.71	0.31	3.00	2.93	2.93

续表5

单位名称	主要农作物农机化作业情况					
	玉米			大豆		
	机耕面积	机播面积	机收面积	机耕面积	机播面积	机收面积
鄂州市	**0.10**			**1.00**		
荆门市	**14.91**	**2.95**	**0.89**	**43.29**	**4.59**	**5.33**
市郊区						
钟祥市	7.90	2.50	0.40	41.06	2.96	3.70
京山县	4.40					
沙洋县						
沙洋农场	0.40	0.40	0.49	1.63	1.63	1.63
五三农场	2.21	0.05				
孝感市	**2.52**	**1.51**	**1.51**	**10.39**		
市郊区						
孝昌县	0.01			0.39		
大悟县						
安陆市						
云梦县	1.51	1.51	1.51			
应城市						
汉川市	1.00			10.00		
黄冈市	**3.38**	**0.07**	**0.14**	**4.16**	**0.04**	**0.06**
市郊区						
团风县	0.20					
红安县						
麻城市				2.30		
罗田县						
英山县	2.50			1.80		
浠水县						
蕲春县	0.01		0.01			
武穴市						
黄梅县	0.67	0.07	0.13	0.06	0.04	0.06
咸宁市	**1.12**		**0.20**	**0.50**		
咸安区						
嘉鱼县						
赤壁市	0.30					
通城县	0.02					
崇阳县						
通山县	0.80		0.20	0.30		
恩施自治州	**39.91**	**2.23**		**0.81**		
恩施市	5.40					
建始县	9.69					
巴东县	4.11					
利川市	4.19					
宣恩县	3.06			0.81		
咸丰县	7.76					
来凤县	2.60					
鹤峰县	3.10	2.23				
随州市	**2.32**			**8.18**		**0.29**
曾都区	0.15			0.08		
广水市	0.51			0.60		
随县	1.66			7.50		0.29
仙桃市	**4.80**		**0.30**	**6.00**		
天门市	**2.50**	**1.20**	**1.50**	**4.20**	**0.20**	**2.50**
潜江市	**0.67**			**2.68**		
神农架林区						

农机化作业情况(二)

单位名称	主要农作物农机化作业情况					
	油菜			马铃薯		
	机耕面积	机播面积	机收面积	机耕面积	机播面积	机收面积
全省合计	**817.55**	**41.39**	**171.87**	**57.60**	**2.14**	**1.89**
武汉市	**21.69**	**5.24**	**6.01**	**0.12**	**0.03**	
市郊区	2.18		0.85	0.07		
蔡甸区	4.33	1.33	0.67			
江夏区	3.07	0.72	0.26	0.05	0.03	
黄陂区	4.50	2.50	3.50			
新洲区	7.61	0.69	0.73			
黄石市	**18.56**	**0.13**	**0.06**			
市郊区	0.83					
大冶市	8.00		0.06			
阳新县	9.73	0.13				
十堰市	**10.30**			**0.60**		
市郊区	0.10			0.10		
丹江口市						
郧 县	1.50					
郧西县	2.00					
竹山县	1.00			0.50		
竹溪县	1.00					
房 县	4.70		0.70			
荆州市	**200.37**	**4.78**	**41.21**	**0.53**		
市郊区	21.91	0.74	4.70	0.33		
江陵县	19.20	0.72	6.88			
松滋区	14.21	0.62	1.91			
公安县	30.48	0.72	3.51	0.20		
石首市	20.52	0.42	4.00			
监利县	62.90	0.52	6.00			
洪湖市	31.15	1.04	14.21			
宜昌市	**39.26**	**0.99**	**9.94**	**2.02**		**0.03**
市郊区	1.26					
宜昌县						
宜都市	3.00	0.03	1.00	0.36		
枝江市	7.20	0.53	1.82	0.12		
当阳市	13.35	0.43	7.12	0.04		0.03
远安县	5.20			0.07		
兴山县	2.21					
秭归县	3.00					
长阳县	5.30			1.43		
五峰县						
襄阳市	**68.22**	**1.41**	**7.40**	**11.03**		
市郊区	3.70		2.90			
老河口市	6.00					
襄阳区	17.00		2.20	5.00		
枣阳市	14.50	0.60	0.30	4.90		
宜城市	16.80	0.80	0.40	0.13		
南漳县	7.67		1.10			
谷城县	1.54		0.40			
保康县	1.00		0.10	1.00		
襄北农场	0.01	0.01				

续表1

单位名称	主要农作物农机化作业情况					
	油菜			马铃薯		
	机耕面积	机播面积	机收面积	机耕面积	机播面积	机收面积
鄂州市	**5.30**	**0.80**	**1.30**	**1.00**		
荆门市	**111.49**	**8.00**	**36.04**	**0.08**		
市郊区	21.06	1.20	14.50			
钟祥市	39.13	5.40	4.40	0.08		
京山县	13.80	1.30	2.30			
沙洋县	36.87		14.60			
沙洋农场	0.10	0.10	0.10			
五三农场	0.53		0.14			
孝感市	**61.33**	**8.02**	**6.53**	**0.75**	**0.25**	
市郊区	11.82	4.20	0.22			
孝昌县	5.64	0.43	0.05	0.05		
大悟县	2.93	0.17				
安陆市	8.90	1.20	1.20			
云梦县	5.59	0.12	1.80	0.40	0.25	
应城市	7.45	1.10	0.80			
汉川市	19.00	0.80	2.46	0.30		
黄冈市	**102.70**	**6.72**	**5.09**	**2.01**		
市郊区	3.80	0.07	0.13			
团风县	4.07	0.75	0.29	0.04		
红安县	3.23	0.69	0.80			
麻城市	17.30	0.10	0.30			
罗田县	4.50					
英山县	3.20	0.50		1.50		
浠水县	17.00	1.50	2.00			
蕲春县	3.87	0.70	0.10	0.47		
武穴市	22.00	1.20	0.47			
黄梅县	23.73	1.21	1.00			
咸宁市	**23.39**	**1.40**	**9.97**	**1.11**	**0.36**	**0.36**
咸安区	10.65	0.97	0.45			
嘉鱼县	7.00		7.00			
赤壁市	2.00		1.50			
通城县	0.47	0.13	0.35	0.26	0.25	0.25
崇阳县	0.63	0.05	0.32	0.35	0.11	0.11
通山县	2.64	0.25	0.35	0.50		
恩施自治州	**12.25**			**23.65**		
恩施市						
建始县	4.20			10.87		
巴东县	0.00					
利川市	0.49			1.65		
宣恩县	0.28			2.57		
咸丰县	0.68			0.76		
来凤县	3.20			3.40		
鹤峰县	3.40			4.40		
随州市	**22.50**	**0.20**	**0.10**	**10.47**		
曾都区	1.43			0.77		
广水市	2.97					
随县	18.10	0.20	0.10	9.70		
仙桃市	**42.00**	**0.70**	**0.53**	**1.40**		
天门市	**48.00**	**2.20**	**26.50**	**2.50**	**1.50**	**1.50**
潜江市	**30.19**	**0.80**	**21.19**	**0.33**		
神农架林区						

续表2

单位名称	主要农作物农机化作业情况					
	花生			棉花		
	机耕面积	机播面积	机收面积	机耕面积	机播面积	机收面积
全省合计	**75.38**	**1.74**	**0.38**	**353.78**	**9.07**	**0.12**
武汉市	**2.39**	**0.28**	**0.20**	**19.66**	**2.45**	
市郊区	0.20			8.43	2.10	
蔡甸区	1.07			4.60		
江夏区	0.70	0.28	0.20	0.20	0.10	
黄陂区						
新洲区	0.42			6.43	0.25	
黄石市	**0.63**			**0.13**		
市郊区	0.01					
大冶市	0.23			0.06		
阳新县	0.39			0.07		
十堰市	**0.40**					
市郊区						
丹江口市						
郧县	0.40					
郧西县						
竹山县						
竹溪县						
房县						
荆州市	**0.17**			**97.58**	**2.00**	
市郊区	0.07			18.12		
江陵县				10.00		
松滋区				3.72	2.00	
公安县	0.10			30.74		
石首市				10.80		
监利县				17.26		
洪湖市				6.94		
宜昌市	**1.16**			**7.95**	**4.54**	
市郊区						
宜昌县						
宜都市				0.03		
枝江市	0.10			4.72		
当阳市	0.99			3.20	4.54	
远安县	0.07					
兴山县						
秭归县						
长阳县						
五峰县						
襄阳市	**26.40**			**40.52**		
市郊区	1.15			0.55		
老河口市						
襄阳区	11.50			13.00		
枣阳市	5.20			15.20		
宜城市	5.53			7.87		
南漳县	2.30			3.75		
谷城县	0.72					
保康县						
襄北农场				0.15		

续表3

单位名称	主要农作物农机化作业情况					
	花生			棉花		
	机耕面积	机播面积	机收面积	机耕面积	机播面积	机收面积
鄂州市				**1.00**		
荆门市	**8.03**	**0.40**		**27.13**		
市郊区	0.90			1.07		
钟祥市	6.43			13.50		
京山县				2.70		
沙洋县	0.40	0.40		6.24		
沙洋农场	0.30			0.10		
五三农场				3.52		
孝感市	**6.92**			**25.17**		
市郊区	1.01			1.30		
孝昌县	2.43			0.50		
大悟县	2.42					
安陆市						
云梦县	0.56			5.78		
应城市				2.59		
汉川市	0.50			15.00		
黄冈市	**7.72**	**0.82**		**25.51**		
市郊区				0.40		
团风县	0.21			3.43		
红安县	2.51	0.82		1.38		
麻城市	5.00			5.30		
罗田县						
英山县						
浠水县				6.80		
蕲春县				1.20		
武穴市						
黄梅县				7.00		
咸宁市	**0.65**			**0.70**		
咸安区						
嘉鱼县						
赤壁市	0.20					
通城县						
崇阳县						
通山县	0.45					
恩施自治州	**0.34**					
恩施市						
建始县						
巴东县						
利川市	0.07					
宣恩县	0.27					
咸丰县						
来凤县						
鹤峰县						
随州市	**16.57**	**0.06**		**23.54**	**0.08**	**0.12**
曾都区	0.24			0.49		
广水市	2.78			2.45		
随县	13.55	0.06		20.60	0.08	0.12
仙桃市	**0.60**			**22.80**		
天门市	**2.50**	**0.18**	**0.18**	**36.80**		
潜江市	**0.90**			**25.29**		
神农架林区						

续表4

单位名称	单项农机化作业情况						
	机械深耕面积	机械深松面积	机械化免耕播种面积		保护性耕作面积	精少量播种面积	机械深施化肥面积
			小计	机械化免耕覆盖播种面积			
全省合计	**532.69**	**131.92**	**30.50**	**28.98**	**101.74**	**69.61**	**181.11**
武汉市	**68.63**	**5.41**	**0.03**	**0.03**	**0.04**	**1.98**	**5.60**
市郊区	17.92					0.40	4.37
蔡甸区	1.70	1.70				0.02	0.03
江夏区							
黄陂区	41.71					1.10	
新洲区	7.30	3.71	0.03	0.03	0.04	0.46	1.20
黄石市	**2.00**						**3.00**
市郊区							
大冶市							
阳新县	2.00						3.00
十堰市	**15.70**	**1.00**			**3.00**	**0.20**	**5.10**
市郊区					0.20		0.10
丹江口市	11.00						
郧 县	0.70				2.80	0.20	1.50
郧西县	2.00						0.50
竹山县	2.00	1.00					
竹溪县							3.00
房 县							
荆州市	**134.81**	**8.23**			**4.20**	**2.44**	**12.37**
市郊区	3.45	2.70			1.50	0.44	2.70
江陵县	6.50					2.00	2.70
松滋区	0.03	0.03					0.10
公安县	54.50	5.50					0.10
石首市					0.20		1.00
监利县	65.50				2.50		1.44
洪湖市	4.83						4.33
宜昌市	**6.38**	**3.40**	**0.43**	**0.43**	**0.53**	**10.31**	**4.48**
市郊区							
宜昌县							
宜都市							1.33
枝江市	4.80	3.40			0.53	0.53	
当阳市			0.43	0.43		9.78	3.15
远安县							
兴山县							
秭归县							
长阳县							
五峰县	1.58						
襄阳市	**120.10**	**0.15**	**0.20**	**0.33**	**0.27**	**40.30**	**21.10**
市郊区	0.70						
老河口市						11.00	0.30
襄阳区	73.00					11.00	12.00
枣阳市	34.60				0.20	16.50	1.90
宜城市	5.50					1.80	1.80
南漳县							
谷城县			0.20	0.20			
保康县							0.30
襄北农场	6.30	0.15		0.13	0.07		4.80

续表5

单位名称	单项农机化作业情况						
	机械深耕面积	机械深松面积	机械化免耕播种面积		保护性耕作面积	精少量播种面积	机械深施化肥面积
			小计	机械化免耕覆盖播种面积			
鄂州市	**12.00**	**5.00**	**1.00**	**1.00**	**2.00**	**0.80**	**12.00**
荆门市	**18.10**	**0.50**	**7.16**	**7.00**	**4.80**	**4.14**	**11.36**
市郊区							
钟祥市							
京山县							
沙洋县	11.20	0.50	5.10	5.10		1.34	2.68
沙洋农场	6.90		2.06	1.90	4.80	2.80	8.68
五三农场							
孝感市	**76.00**		**2.65**	**2.06**			**62.67**
市郊区							0.63
孝昌县			0.59				2.04
大悟县			0.56	0.56			
安陆市			1.50	1.50			
云梦县							
应城市							
汉川市	76.00						60.00
黄冈市	**11.32**		**10.40**	**10.00**	**2.40**	**2.52**	**1.22**
市郊区			0.87	0.47		0.47	
团风县	0.20		0.05	0.05	2.40		
红安县	2.02						
麻城市	4.10						
罗田县	5.00						
英山县							
浠水县							
蕲春县			8.33	8.33		0.67	
武穴市							
黄梅县			1.15	1.15		1.38	1.22
咸宁市	**4.10**		**0.41**		**0.33**	**2.43**	**3.50**
咸安区							
嘉鱼县							
赤壁市	3.50					2.30	3.50
通城县						0.13	
崇阳县							
通山县	0.60		0.41		0.33		
恩施自治州	**24.30**	**14.70**	**8.00**	**8.00**	**81.39**		
恩施市	13.40	13.70	8.00	8.00	81.39		
建始县	4.00	1.00					
巴东县							
利川市							
宣恩县	0.50						
咸丰县							
来凤县							
鹤峰县	6.40						
随州市	**6.45**	**3.53**	**0.22**	**0.13**	**2.78**	**1.05**	**0.41**
曾都区	1.40	1.64	0.01	0.01	2.75	0.16	
广水市							
随县	5.05	1.89	0.21	0.12	0.03	0.89	0.41
仙桃市	**2.40**					**0.84**	
天门市		**90.00**				**1.20**	**0.50**
潜江市	**30.40**					**1.40**	**37.80**
神农架林区							

农机化作业情况(三)

单位名称	单项农机化作业情况											
	机械铺膜面积(千公顷)	农田机械节水灌溉面积(千公顷)	机械化秸秆还田面积(千公顷)	机械脱粒粮食数量(万吨)	机械烘干粮食数量(万吨)	机械初加工农产品数量(万吨)						
						合计	加工粮食数量	加工油料数量	加工棉花数量	加工果蔬数量	加工茶叶数量	其他农产品
全省合计	16.75	280.01	445.9	2024.1	27.79	3572.33	2093.68	264.46	116.12	368.34	19.98	709.75
武汉市	1.54	24.64	17.57	135.71	1.9	202.16	103.67	16.16	8.05	6.61	0.84	66.83
黄石市	0.32	15.736	6.2	65.11	7	76.64	57.27	2.06	0.26		0.02	17.03
十堰市	5	19.8	19.6	55.66	2.1	99.08	68.82	9.06	0.02	4.7	1.77	14.71
荆州市	1.5	32.68	7.33	309.69	4	305.81	254.7	37.54	4.47	8.05		1.05
宜昌市	1.68	13.24	5.21	81.41	2	278.49	143.51	33.82	14.78	57.68	3.23	25.47
襄阳市	0.88	53.28	65.51	342.62	2	358.14	286.19	43.82	19.05	1.87	2.34	4.87
鄂州市		8.2	1.6	60		68.01	55	5	1	2	0.01	5
荆门市	0.05	5.8	15.76	194.5	3.7	213.96	190.25	18.44	1.96	1.6	0.01	1.7
孝感市	0.06	27.604	43.92	148.51	1	149.84	126.24	19.39	3.69		0.52	
黄冈市	1.81	50.7	110.99	192.99	0.81	1162.43	417.39	35.43	36.65	151.74	1.89	519.33
咸宁市	0.85	1.1	16.3	92.9	0.1	126.24	98.81	15.1	2.04	0.4	3.85	6.04
恩施自治州	0.86	7.49	3.88	65.65	1.08	232.84	119.19	7.18	0.01	67.02	5.34	34.1
随州市	1.8	6.54	21.83	138.35	0.6	67.94	48.44	3.86	4.84	1.87	0.11	8.82
仙桃市			82.2	60.5		70.5	65	2.5	3			
天门市	0.4	13	7	38.5	1.5	25.5	15.5	4.2	2.3			3.5
潜江市			21	42		130	40.5	10.4	14	64.8		0.3
神农架林区		0.2				4.75	3.2	0.5			0.05	1

续表1

单位名称	单项农机化作业情况											
	机械化饲草料加工数量(万吨)		农机运输作业量(万吨·公里)		农田基本建设作业量	农机跨区作业面积(千公顷)						
									跨区机收面积			
	小计	机械化青贮秸秆数量	小计	农业运输作业量		小计	跨区机耕面积	跨区机播面积	小计	小麦	水稻	玉米
全省合计	1655.23	1513.36	565848.85	403776.18	433877.3	994.829	162.957	18.12	605.352	271.637	330.445	3.11
武汉市	3.8		87240	72635	455.46	40.13	13.29	0.53	26.31	8.52	16.46	1.17
黄石市			1287.55	1169.55		1.36	0.16		1.2	0.2	1	
十堰市	35.45	20.12	16570	13580	156.5	224.4	5.4		13.8	5.9	7.9	
荆州市	10.51	6.77	13158.1	9917.6	231.05	224.32	54.17	2.5	167.65	44.54	122.47	0.64
宜昌市	1156.36	1122	45970	33473	16783	38.66	12.35	0.47	25.84	10.93	14.91	
襄阳市	5.5		141689.8	104130.9	29.25	93.72	9.21	4.3	80.21	59.99	19.22	1
鄂州市	2	2	3100	2100	3.6	3.3	1	1	1.3	0.5	0.7	0.1
荆门市	1	1	36780.85	26290.31	366378.7	69.52	6.75	0.1	62.67	42.69	19.98	
孝感市	8.01	8	38314.37	27508.96	4171.32	33.429	8.717	1.22	23.492	11.717	11.775	
黄冈市	332.61	329.72	73689.9	40460.04	39659.7	66.36	20.5	6	39.86	11.34	28.52	
咸宁市	7.16	5.39	10665.3	4727.3	398.4	40.73	13.12		25.51	13.9	11.41	0.2
恩施自治州	92.42	17.95	24297.46	13721.3	4937.52	8.79	1.22		7.57	1.14	6.43	
随州市	0.41	0.41	26824.52	24826.22	666	112.61	9.67		101.84	46.17	55.67	
仙桃市			479	479		7.5	4		3.5	2	1.5	
天门市			24544	13897		16.4	2.3	2	12.1	6.8	5.3	
潜江市			21238	14860	6.8	13.6	1.1		12.5	5.3	7.2	
神农架林区												

农机化系统机构及人员情况

单位名称	农机管理局			农机化技术推广机构			农机安全监理机构			农机化学校		
	机构数(个)	人数(人)	其中：科技人员	机构数(个)	人数(人)	其中：科技人员	机构数(个)	人数(人)	其中：科技人员	机构数(个)	人数(人)	其中：教师(人)
全省合计	102	1287	718	99	983	725	107	1242	659	58	808	514
武汉市	7	121	71	7	77	58	10	69	30	4	26	19
黄石市	3	36	27	4	75	52	3	28	16	1	28	12
十堰市	9	116	54	9	53	39	9	76	60	5	35	22
荆州市	10	124	65	10	72	59	10	171	79	5	95	59
宜昌市	10	59	38	11	73	57	11	79	58	3	35	24
襄阳市	11	145	96	10	125	81	12	187	69	5	124	89
鄂州市	1	18	15	1	5	5	1	10	8	1	5	5
荆门市	7	73	54	6	88	62	7	85	59	2	45	24
孝感市	8	121	71	8	78	60	8	128	56	7	80	51
黄冈市	12	205	93	11	153	114	12	142	78	10	182	101
咸宁市	7	172	91	7	70	46	7	77	27	5	31	23
恩施自治州	9	29	16	7	22	18	9	62	40	7	76	50
随州市	4	27	8	4	24	20	4	37	27	1	19	16
仙桃市	1	10	6	1	6	5	1	14	8			
天门市	1	9	5	1	11	8	1	35	15	1	22	15
潜江市	1	14	8	1	46	41	1	38	29			
神农架林区	1	8		1	5		1	4		1	5	4

农机化服务组织及人员(一)

单位名称	乡(镇)农机管理综合站			独立的乡(镇)农机管理站		
	机构数(个)	人数(人)	其中科技人员(人)	机构数(个)	人数(人)	其中科技人员(人)
全省合计	613	1127	693	335	1123	566
武汉市	67	119	43	15	112	34
黄石市	23	31	25	15	57	1
十堰市	36	70	70	55	130	115
荆州市	61	72	55	29	29	28
宜昌市	50	78	60	4	18	18
襄阳市	35	115	14	53	375	81
鄂州市	23	29	10			
荆门市	4	6	3	10	30	
孝感市	112	174	94	1	2	1
黄冈市	37	97	89	88	140	92
咸宁市	40	59	30	16	20	16
恩施自治州	65	216	167	24	139	135
随州市	12	13	13	25	71	45
仙桃市	21	21				
天门市	27	27	20			
潜江市						
神农架林区						

续表1

单位名称	农机化作业服务组织及农机户															
	农机化作业服务组织(个)								农机户							
	小计		原值20–50万元(含20万元)		原值50万元(含50万元)以上的		农机专业合作社		小计		原值20–50万元(含20万元)		原值50万元(含50万元)以上的		农机化作业服务专业户	
	机构数(个)	人数(人)	机构数(个)	人数(人)	机构数(个)	人数(人)	机构数(个)	人数(人)	户数(个)	人数(人)	户数(个)	人数(人)	户数(个)	人数(人)	户数(个)	人数(人)
全省合计	6705	53148	2577	18298	671	10270	1176	21520	1500209	2178901	7627	21867	1216	3570	318322	485661
武汉市	2340	8246	103	1144	34	641	349	903	46939	58262	205	435	63	138	13484	21030
黄石市	32	609	13	86	1	26	17	494	38440	76880	152	456	23	62	1358	4580
十堰市	53	467	23	100	6	25	37	379	33582	57832	456	1728	83	484	27234	46903
荆州市	202	4476	105	1504	30	766	69	1540	270683	327265	996	3259	111	361	66933	84063
宜昌市	400	3272	157	1081	28	490	36	1562	150896	206434	640	1827	144	251	25001	34144
襄阳市	780	3925	695	2247	56	289	58	1679	402793	612881	1265	3690	24	104	15180	37902
鄂州市	36	384	10	62	6	65	20	130	579	2637	46	422			533	2095
荆门市	209	3365	69	436	81	1738	219	3656	242397	256528	370	813	50	151	4017	5721
孝感市	296	3010	174	534	52	1012	70	2041	78566	188074	987	2447	110	334	32446	52975
黄冈市	206	3580	214	1560	60	1304	118	2700	100510	177722	689	1625	192	454	24059	36904
咸宁市	177	1058	102	454	32	178	44	618	19842	36741	265	1082	83	231	15747	31748
恩施自治州	893	10212	310	4513	80	2420	36	2344	59210	79590	449	1360	98	377	58663	77853
随州市	68	446	34	93	3	14	31	339	25806	30329	415	669	10	27	9513	10799
仙桃市	184	1894	115	1095	56	672	13	127	16023	24058	35	70	2	9	15986	23979
天门市	227	4672	177	2031	4	65	46	2576	5242	15985	259	1036	8	32	4983	14949
潜江市	602	3532	276	1358	142	565	13	432	8698	27667	322	644	174	350	3182	
神农架林区									3	16	76	304	41	205	3	16

农机化服务组织及人员(二)

单位名称	农机经销机构				农机供油站(点)		拖拉机驾驶培训机构	
	农机经销企业		农机经销点					
	机构数(个)	人数(人)	机构数(个)	人数(人)	机构数(个)	人数(人)	机构数(个)	人数(人)
全省合计	511	2504	3363	8923	558	1362	80	1016
武汉市	4	26	177	365			4	28
黄石市	21	90	39	90			4	46
十堰市	164	418	276	763	7	32	8	67
荆州市	92	400	432	1323	53	107	6	335
宜昌市	26	90	183	387	17	40	10	85
襄阳市	30	225	542	1449	39	78	6	38
鄂州市	3	16	80	503			1	5
荆门市	92	263	352	675	277	528	4	55
孝感市	12	95	146	340	33	61	6	44
黄冈市	6	425	369	1030	6	14	11	159
咸宁市	5	129	197	553	40	181	6	42
恩施自治州	26	109	241	546	25	69	10	87
随州市	17	56	101	199				
仙桃市	2	13	141	495	60	249	1	8
天门市	5	82	42	95	1	3	1	5
潜江市	6	67	36	82			1	7
神农架林区			9	28			1	5

续表1

单位名称	乡村农机从业人员							
	合计	拖拉机驾驶员	联合收获机驾驶员	农用运输车驾驶员	农机维修人员	其他农机人员	其中:农机职业技能鉴定证书人员	
							小计	修理工
全省合计	2849667	721252	54308	173406	31715	1868986	3469	2588
武汉市	72898	23872	1117	12568	2171	33170	603	578
黄石市	77849	8544	618	2937	272	65478	168	168
十堰市	80014	9387	281	13299	3381	53666	78	83
荆州市	359451	94283	17298	15644	2806	229420	233	156
宜昌市	217267	42098	2286	20977	2742	149164	28	28
襄阳市	634975	274399	10906	27292	3685	318693	66	63
鄂州市	13748	4680	240	1873	1875	5080	70	50
荆门市	312191	5421	3032	8433	2024	293281	246	266
孝感市	247392	27912	3967	9882	2067	203564	46	36
黄冈市	196831	22695	2389	19286	3585	148876	1143	548
咸宁市	66087	15949	2474	12006	2255	33403	10	9
恩施自治州	168385	8558	555	11175	1577	146520	449	276
随州市	203707	106547	3132	6605	1679	85744	21	19
仙桃市	65877	18686	1195	4986	392	40618		
天门市	100170	32769	3953	4144	308	58996	308	308
潜江市	31884	25232	865	1789	685	3313		
神农架林区	941	220		510	211			

农机化经营效益情况

单位:万元

单位名称	总收入									
	合计	农机化作业收入						农机维修收入	其他收入	
		小计	田间作业收入		农产品初加工作业收入	农机运输收入			小计	其中:农机及油料经销收入
			小计	其中:跨区作业收入		小计	其中:农业运输收入			
全省合计	2259937.56	2013545.3	872588.95	71128.45	531802.88	609153.47	440192.03	69628.57	176763.69	127146.929
武汉市	142172.06	129283.65	46493.97	1899.6	6606.29	76183.39	63641.9	4191.38	8697.03	2692.189
黄石市	16549.99	15841.83	8812.99	585.4	273	6755.84	4615.84	418.76	289.4	229.4
十堰市	85559	63704	23115	1185	10215	30374	13642	7708	14147	6945
荆州市	605734.35	572459.45	228615.09	28038.3	306780	37064.36	28981.56	3039.6	30235.3	30227.4
宜昌市	121437.72	99478.82	35872.02	5164.6	25465.3	38141.5	26183.9	6431.1	15527.8	7566.2
襄阳市	293011.82	275484.19	159293.9	3886.1	14893.6	101296.69	88795.19	7375.07	10152.56	8365.5
鄂州市	49968	34351	13227	378	8024	13100	8143	5897	9720	5400
荆门市	171212.6	154689.1	71729.9	7906.9	30808	52151.2	41264.9	2703.5	13820	12357
孝感市	137269.86	118866.37	54147.28	2477.58	14960.72	49758.37	30352.52	6326.49	12077	1929
黄冈市	219227.86	207857.78	66813	4323.85	43536.48	97508.3	64439.6	6000.43	5369.65	2086.2
咸宁市	39112	34410	16223	679	3984	14203	6497	2147	2555	2313
恩施自治州	98045.65	84720.96	21156.65	479.12	33839.49	29724.82	16853.62	5070.74	8253.95	6725.04
随州市	69681.5	56167	33593	5474	9002	13572	10204	6457.5	7057	5735
仙桃市	77895	49530	30400	886	7830	11300	11300	215	28150	28150
天门市	71171.15	67006.15	41141.15	1476	3878	21987	14316	642	3523	3523
潜江市	58959	46885	21375	6289	11277	14233	9161	4885	7189	2903
神农架林区	2930	2810	580		430	1800	1800	120		

续表1

单位:万元

单位名称	成本与费用								利润总额
	合计	服务成本与费用				管理与财务费用	税金及附加	其他费用	
		小计	农机化作业能耗及维修费		农机维修耗材、能耗及设备维护费				
			小计	农机运输能耗及维修费					
全省合计	1468188.91	1169252.25	992473.81	396199.64	176778.44	172158.25	45461.87	81316.54	791748.65
武汉市	88105.63	78361.82	63163.47	38134.35	15198.35	2901.91	2609.03	4232.87	54066.43
黄石市	7691.21	6583.01	5265.11	2727.8	1317.9	131.6	229.6	747	8858.78
十堰市	61950	49364	41105	20286	8259	4982	3173	4431	23609
荆州市	489028.83	353522.84	282209.36	62865.92	71313.48	126738.19	3429.6	5338.2	116705.52
宜昌市	68155.7	54840.95	43144.79	29480.5	11696.16	1356.16	1673.79	10284.8	53282.02
襄阳市	229004.8	199996.56	193114.55	83224.02	6882.01	2052.6	4729	22226.64	64007.02
鄂州市	32898	27021	24667	10249	2354	3175	1050	1652	17070
荆门市	78369.72	71648.6	66865.85	31402.05	4782.75	3001.8	1838	1881.32	92842.88
孝感市	75152.22	64869.71	59329.07	34440.62	5540.64	4659.6	2134.3	3488.61	62117.64
黄冈市	92946.06	77607.52	67473.17	30204.47	10134.35	3007.49	8257.65	4073.4	126281.8
咸宁市	23667	19272	18117	6923	1155	1123	1761	1511	15445
恩施自治州	54211.74	41159.24	28383.44	16724.91	12775.8	4841.9	3778.9	4431.7	43833.91
随州市	40624	28169	19660	8782	8509	729	673	11053	29057.5
仙桃市	41311	30852	28542	6785	2310	5813	4646		36584
天门市	40786	31275	30688	7687	587	5438	2658	1415	30385.15
潜江市	44287	34709	20746	6283	13963	2207	2821	4550	14672
神农架林区									2930

农机化经营效益情况(农机户)

单位:万元

单位名称	总收入									
	合计	农机化作业收入						农机维修收入	其他收入	
		小计	田间作业收入		农产品初加工作业收入	农机运输收入			小计	其中:农机及油料经销收入
			小计	其中:跨区作业收入		小计	其中:农业运输收入			
全省合计	1893402.19	1686281.28	817355.24	63666.69	273017.36	595908.68	428117.19	64151.58	142969.33	95974.01
武汉市	134268.99	123453.1	44084.19	1815.04	6394.31	72974.6	60935.11	3956.02	6859.87	1732.37
黄石市	16549.99	15841.83	8812.99	585.4	273	6755.84	4615.84	418.76	289.4	229.4
十堰市	85559	63704	23115	1185	10215	30374	13642	7708	14147	6945
荆州市	351393.96	326855.66	220869.86	25599.3	68921.44	37064.36	28887.56	3039.1	21499.2	21492.2
宜昌市	121437.72	99478.82	35872.02	5164.6	25465.3	38141.5	26183.9	6431.1	15527.8	7566.2
襄阳市	265655.82	253464.19	139908.9	3599.1	13701.6	99853.69	87623.19	6750.07	5441.56	3908.5
鄂州市	49968	34351	13227	378	8024	13100	8143	5897	9720	5400
荆门市	166495.8	150095.3	67275.3	6492.9	30808	52012	41132.5	2623.5	13777	12317
孝感市	134332.66	116632.37	53190.28	2411.58	14819.72	48622.37	29753.52	6260.29	11440	1316
黄冈市	217647.85	206370.3	65749.9	4323.65	43155.1	97465.3	64345.95	5914	5363.55	1964.3
咸宁市	38826	34146	15959	676	3984	14203	6497	2147	2533	2313
恩施自治州	76352.25	67594.56	11238.65	479.12	27768.89	28587.02	16747.62	2304.74	6452.95	4924.04
随州市	65856	52726	31550	4192	8395	12781	9586	6425	6705	5654
仙桃市	60095	41700	30400	886		11300	11300	215	18180	18180
天门市	66394.15	65752.15	41141.15	1476	2624	21987	12312	642		
潜江市	42569	34116	14961	4403	8468	10687	6412	3420	5033	2032
神农架林区										

续表1

单位:万元

单位名称	成本与费用								利润总额
	合计	服务成本与费用				管理与财务费用	税金及附加	其他费用	
		小计	农机化作业能耗及维修费		农机维修耗材、能耗及设备维护费				
			小计	农机运输能耗及维修费					
全省合计	1195207.53	967804.51	831037.69	360295.81	136766.82	110460.03	39636.26	77306.73	698194.66
武汉市	84410.08	75262.72	61195.97	36244.11	14066.75	2576.47	2476.85	4094.04	49858.91
黄石市	7691.21	6583.01	5265.11	2727.8	1317.9	131.6	229.6	747	8858.78
十堰市	61950	49364	41105	20286	8259	4982	3173	4431	23609
荆州市	271915.6	194585.34	155382.51	36621.2	39202.83	68581.46	3424.6	5324.2	79478.36
宜昌市	68155.7	54840.95	43144.79	29480.5	11696.16	1356.16	1673.79	10284.8	53282.02
襄阳市	207570.8	182540.66	176231.65	82309.02	6309.01	1323.5	3177	20529.64	58085.02
鄂州市	32898	27021	24667	10249	2354	3175	1050	1652	17070
荆门市	75382.12	69110	64993.25	29873.65	4116.75	2927.2	1828	1516.92	91113.68
孝感市	73970.9	63758.29	58366.07	33958.62	5392.22	4645.36	2103.92	3463.33	60361.76
黄冈市	92035.88	76867.8	67057.2	29850.9	9810.6	2922.88	8171.8	4073.4	125611.97
咸宁市	23616	19235	18080	6923	1155	1117	1755	1509	15210
恩施自治州	49093.74	36385.24	24114.14	14397.01	12271.1	4788.9	3687.2	4232.4	27258.51
随州市	38727.5	26538.5	18294	8505	8244.5	570.5	593.5	11025	27128.5
仙桃市	37681	30142	27932	6785	2210	5613	1926		22414
天门市	39111	31275	30688	7687	587	4205	2392	1239	27283.15
潜江市	30998	24295	14521	4398	9774	1544	1974	3185	11571
神农架林区									

农机化管理服务及修理情况

单位名称	农机化培训(人次)						农机监理装备			
	合计	培训农机管理人员	培训农机技术人员	培训农机监理人员	培训农机操作人员	培训其他人员	监理车辆(辆)		安全检测设备(套)	
							小计	摩托车	小计	拖拉机检测设备
全省合计	256817	3388	35370	1371	146734	76092	212	100	74	68
武汉市	19229	132	3095	75	13620	2307	6		5	4
黄石市	2153	96	517	27	1295	218	1		1	
十堰市	21637	123	6005	334	8355	6820	12	5	8	8
荆州市	56218	350	14532	176	27135	14025	35	22	5	6
宜昌市	14523	157	918	99	8848	4501	11	1	7	7
襄阳市	16383	166	1501	109	11513	3094	66	40	3	3
鄂州市	4088	112	1200	56	1860	860	1		2	2
荆门市	36136	82	150	59	21417	14428	9	1	6	6
孝感市	13306	177	1938	89	5129	5973	8	2	9	7
黄冈市	30070	358	1446	106	16093	12067	11	3	11	11
咸宁市	6680	30	1985	20	3300	1345	11	6	9	6
恩施自治州	17039	1090	264	2	11810	3873	5		1	1
随州市	4377	136	1261	10	5372	3736	2			
仙桃市	3768	64	28	26	3650		23	20	3	3
天门市	9300	190	530	35	6100	2445	5		1	1
潜江市	1510	125		148	1237		5		1	1
神农架林区	400					400	1		2	2

续表1

单位名称	农机维修厂及维修点										农机维修（台次）					
	合计		一级维修点		二级维修点		三级维修点		专项维修点		合计	维修拖拉机	维修联合收割机	维修水稻插秧机	维修运输机械	维修其他农机具
	机构数(个)	人数(人)	机构数(个)	人数(人)	机构数(个)	人数(人)	机构数(个)	人数(人)	机构数(个)	人数(人)						
全省合计	7138	21215	29	410	491	1526	2824	7382	3673	11458	1468513	461231	31392	4987	190209	780694
武汉市	534	1647	2	7	76	236	251	633	205	771	63570	8871	536	125	9820	44218
黄石市	77	393	1	76	27	125	29	112	20	80	10549	4206	147	392	640	5164
十堰市	668	2446	5	12	16	31	206	607	441	1796	34627	4936	145	102	8248	21196
荆州市	353	1291	8	12	18	104	32	132	295	1043	93580	31991	7346	581	9458	44204
宜昌市	737	2189	2	26	5	24	286	527	444	1612	118369	56486	1962	599	18375	40947
襄阳市	995	2849	6	45	22	113	571	1712	296	719	462412	150216	4770	613	24942	281871
鄂州市	184	813			96	289	83	412	5	13	53205	5260	145	160	5640	42000
荆门市	1075	1645			29	88	496	752	550	805	96566	44731	4360	827	8940	37708
孝感市	347	1155	1	7	1	8	197	562	148	578	109593	29084	2384	501	8663	68961
黄冈市	766	2215	1	181	168	294	281	948	295	712	165405	41334	3211	476	54191	66193
咸宁市	323	1214	3	44	26	178	70	341	224	651	33040	8975	1253	140	6785	15887
恩施自治州	469	1216			1	8	146	241	322	967	93873	9229	330	5	24734	59575
随州市	256	1394					17	51	239	1343	78075	45539	1715	148	4732	25941
仙桃市											14185	6150	450	85	2650	4850
天门市	176	308					1	7	175	301	27627	4328	2351	148	452	20348
潜江市	166	380			6	28	158	345	2	7	13067	9738	287	85	1634	1323
神农架林区	12	60							12	60	770	157			305	308

农机化投入情况表

单位:万元

单位名称	资金用途						
	合计	行政事业	基本建设	科研	推广培训	农机购置	其他
全省合计	359944.35	10675.46	5076.5	61.5	2011.02	339918.71	2201.16
武汉市	20812.11	1457.16	561	7	126	18660.95	
黄石市	7165.18	6.45	193		24	6941.73	
十堰市	24288.2	913	669	3	67.5	22205.7	430
荆州市	54678.71	880.3	10		62.6	53625.81	100
宜昌市	26865.96	1062.54	78.8		79.5	25558.92	86.2
襄阳市	44962.15	823.19	2.3	3.5	95.08	43776.8	261.28
鄂州市	10969.57	163.57	95	32	109	10565	5
荆门市	25669.3	313.47	350		20.7	24721.45	263.68
孝感市	32176.69	1046.69	1827		89	28706	508
黄冈市	34618.99	1141.6	597.4	10	243.7	32582.29	44
咸宁市	15719.49	591.39	106	6	43.1	14698	275
恩施自治州	16778.64	1125.48	37		273.4	15271.76	71
随州市	13834.36	165.62			621.44	13043.3	4
仙桃市	7708	160			10	7440	98
天门市	16615	250	550		115	15700	
潜江市	5911	435			31	5390	55
神农架林区	1171	140				1031	

农机化投入情况表

单位:万元

单位名称	资金用途						
	合计	行政事业	基本建设	科研	推广培训	农机购置	其他
合计	359944.35	10675.46	5076.5	61.5	2011.02	339918.71	2201.16
一、财政投入	89082.26	10447.56	994.6	50	1693.12	75156.82	740.16
1、中央财政	74137.4		50	10	221.3	73856.1	
2、地方财政	14944.86	10447.56	944.6	40	1471.82	1300.72	740.16
二、单位和集体投入	4020.67	227.9	1274.9	11.5	150.4	2033.97	322
三、农民个人投入	264581.7		1286.8		107.5	262067.4	1120
四、其他投入	2259.72		1520.2		60	660.52	19

8 农村用电及化肥施用

农村电气化

指标名称	乡、村办水电站数			农村用电量（万千瓦小时）
	个	装机容量（万千瓦）	发电量（万千瓦小时）	
湖北省	**600**	**1564.83**	**133671.4**	**1097790**
武汉市	**1**	**0.08**	**94**	**132826**
武汉市辖区				29156
蔡甸区				19810
江夏区				9164
黄陂区	1	0.08	94	58614
新洲区				16082
黄石市	**32**	**0.88**	**3038**	**94255.8**
黄石市辖区				6134.8
大冶市	5	0.08	26	58135
阳新县	27	0.8	3012	29986
十堰市	**141**	**32.06**	**62346.2**	**37174.18**
十堰市辖区				2548.7
丹江口市	2	0.03	40	6242
郧县	15	0.59	59.2	8631
郧西县	7	1.25	390	6395
竹山县	12	4	820	3331.48
竹溪县	39	20.57	57692	3589
房县	66	5.62	3345	6437
荆州市	**1**	**0.15**	**270**	**121780**
荆州市辖区				23115
江陵县				8160
松滋市	1	0.15	270	15492
公安县				23827
石首市				8687
监利县				24062
洪湖市				18437
宜昌市	**168**	**69.99**	**50628**	**66413**
宜昌市辖区	168	69.99	50628	66413
夷陵区	27	33.6	6121	11904
宜都市	7	1.05	2662	7675
枝江市				7409
当阳市				7906
远安县	13	0.6	2478	4296
兴山县	21	2.25	7009	3239
秭归县				4425
长阳县	43	21.94	6354	5675
五峰县	56	10.55	26004	3507
襄阳市	**16**	**156.69**	**5132**	**69454.94**
襄阳市辖区				16703.66
老河口市	6	0.21	548	4274
襄阳区	1	0.12	1016	10802
枣阳市				17691
宜城市				7623
南漳县	1	80	58	4570
谷城县	1	75	10	4749.28
保康县	7	1.36	3500	3042
鄂州市				**39670**
鄂州市辖区				39670

续表

指标名称	乡、村办水电站			农村用电量（万千瓦小时）
	个	装机容量（万千瓦）	发 电 量（万千瓦小时）	
荆门市	**11**	**14.13**	**587**	**57263.94**
荆门市辖区	1	0.03	69	2380.99
沙洋县				22326.45
钟祥市	4	5.44	431	17885
京山县	6	8.66	87	14671.5
沙洋农场				1884.45
孝感市	**1**	**0.03**	**24**	**60914.94**
孝感市辖区				13357.08
孝昌县				6451
大悟县				9254
安陆市				4053.86
云梦县				8239
应城市	1	0.03	24	1154
汉川市				18406
随州市	**23**	**0.84**	**475.5**	**32965**
曾都区	2	0.02		9396
随县	15	0.17	83.5	14263
广水县	6	0.65	392	9306
黄冈市	**115**	**25.52**	**3523.61**	**241526.7**
黄冈市辖区				14159
团风县	3	1	180	12769
红安县	23	0.16	109	15268
麻城市	5	0.21		20467
罗田县	39	0.52	1436	95230
英山县	16	0.31	621.61	6829.77
浠水县	13	0.17	330	13544
蕲春县	4	1.15	507	27564
武穴市				11365
黄梅县	12	22	340	17578
龙感湖农场				6753
咸宁市	**83**	**4.19**	**6543.1**	**36973**
咸安区	13	0.35	216	5483
嘉鱼县				8320
赤壁市	9	1.59	1243	6854
通城县	25	0.73	1404	5498
崇阳县	11	0.2	610.1	5168
通山县	25	1.32	3070	5650
恩施自治州	**1**	**1260**	**756**	**36041.31**
恩施市				7534.84
利川市				6982.42
建始县				4537.45
巴东县	1	1260	756	4811.6
宣恩县				3436
咸丰县				2938
来凤县				1995
鹤峰县				3806
仙桃市				**38919**
天门市	**5**	**0.19**	**254**	**18981.49**
潜江市				**11659.53**
神农架林区	**2**	**0.08**		**972**

农村用电化肥施用

单位:吨

指标名称	农用化肥施用量	氮 肥	磷 肥	钾 肥	复合肥
湖北省	**3507694**	**1563773**	**657930**	**303285**	**982706**
武汉市	**164387**	**64579**	**25731**	**18350**	**55727**
武汉市辖区	28684	8089	4356	2416	13823
蔡甸区	14895	5560	2304	1387	5644
江夏区	22506	7256	4088	2030	9132
黄陂区	54779	20263	7142	8455	18919
新洲区	43523	23411	7841	4062	8209
黄石市	**47344**	**24543**	**8674**	**4367**	**9760**
黄石市辖区	590	170	105	70	245
大冶市	22494	12478	3974	2512	3530
阳新县	24260	11895	4595	1785	5985
十堰市	**128408**	**57368**	**20360**	**8466**	**42214**
十堰市辖区	4077	1184	412	455	2026
丹江口市	16879	10449	3311	265	2854
郧县	27142	11741	5017	1557	8827
郧西县	38645	10463	7271	3571	17340
竹山县	13714	8623	1729	1240	2122
竹溪县	14961	8400	1099	788	4674
房县	12990	6508	1521	590	4371
荆州市	**373666**	**177027**	**70670**	**45509**	**80460**
荆州市辖区	58696	25484	9284	10189	13739
江陵县	36320	18568	7733	3621	6398
松滋市	50627	24756	7411	5466	12994
公安县	66119	32218	13452	7907	12542
石首市	26573	10341	5139	3491	7602
监利县	77220	35591	15954	10059	15616
洪湖市	58111	30069	11697	4776	11569
宜昌市	**357315**	**141842**	**68778**	**27533**	**119162**
宜昌市辖区	357315	141842	68778	27533	119162
夷陵区	58602	22008	8491	3133	24970
宜都市	18627	7635	1764	1978	7250
枝江市	71066	25209	12634	6202	27021
当阳市	91756	39668	25928	8468	17692
远安县	8555	4413	1259	670	2213
兴山县	6670	1958	819	402	3491
秭归县	33113	13051	6041	2254	11767
长阳县	24150	9439	2375	836	11500
五峰县	27359	12960	6334	1873	6192
襄阳市	**532081**	**268468**	**108464**	**23793**	**131356**
襄阳市辖区	112419	67083	18572	4806	21958
老河口市	31510	12960	3491	1169	13890
襄阳区	114453	54222	28597	7475	24159
枣阳市	102365	46027	8579	2202	45557
宜城市	53064	25711	17499	2240	7614
南漳县	47900	23567	16389	3208	4736
谷城县	56349	31945	14326	1922	8156
保康县	14021	6953	1011	771	5286
鄂州市	**120151**	**53062**	**32812**	**13009**	**21268**
鄂州市辖区	120151	53062	32812	13009	21268

续表 单位:吨

指标名称	农用化肥施用量	氮 肥	磷 肥	钾 肥	复合肥
荆门市	**293163**	**104465**	**63594**	**29442**	**95662**
荆门市辖区	22885	18136	13367	3481	6037
沙洋县	94331	26085	10707	8557	48982
钟祥市	102189	40436	31064	9952	20737
京山县	55622	19808	8456	7452	19906
沙洋农场	9099	2559	304	988	5248
孝感市	**217830**	**114520**	**42338**	**18858**	**42114**
孝感市辖区	35672	16888	6153	2937	9694
孝昌县	36443	17489	7601	3417	7936
大悟县	14194	9252	1199	561	3182
安陆市	37392	19707	8424	3154	6107
云梦县	13806	7403	1940	1394	3069
应城市	25093	11448	6047	2671	4927
汉川市	55230	32333	10974	4724	7199
随州市	**164689**	**87189**	**42253**	**11541**	**23706**
曾都区	45398	27174	9443	3418	5363
随县	90635	43172	25473	6158	15832
广水县	28656	16843	7337	1965	2511
黄冈市	496762	208140	73599	38900	176123
黄冈市辖区	**21401**	**10428**	**3918**	**2240**	**4815**
团风县	29512	15150	6278	2512	5572
红安县	56014	23317	10765	3674	18258
麻城市	31403	18598	5867	3012	3926
罗田县	13415	6388	1051	1347	4629
英山县	6945	2409	664	504	3368
浠水县	43036	24504	2271	791	15470
蕲春县	40016	21834	5272	1991	10919
武穴市	80264	39713	16668	7589	16294
黄梅县	170135	44615	20608	14795	90117
龙感湖农场	4621	1184	237	445	2755
咸宁市	113892	41791	22256	12369	37476
咸安区	**33277**	**12184**	**7042**	**2981**	**11070**
嘉鱼县	25715	7421	4376	3304	10614
赤壁市	12986	6057	3359	1421	2149
通城县	16421	5782	2155	1829	6655
崇阳县	19655	7694	4455	2434	5072
通山县	5838	2653	869	400	1916
恩施自治州	250767	118486	36495	22836	72950
恩施市	**45539**	**23560**	**5004**	**3204**	**13771**
利川市	56071	28289	8434	5674	13674
建始县	23758	10228	4315	2803	6412
巴东县	36203	18288	3223	1984	12708
宣恩县	20552	7949	3304	2989	6310
咸丰县	23238	11390	3833	2230	5785
来凤县	12866	5199	2159	2100	3408
鹤峰县	32540	13583	6223	1852	10882
仙桃市	73273	39342	8688	2925	22318
天门市	**75961**	**29554**	**9158**	**10698**	**26551**
潜江市	**95165**	**32645**	**23681**	**14577**	**24262**
神农架林区	**2840**	**752**	**379**	**112**	**1597**

9 农业技术推行及应用

全省35种高效种养模式推广面积

单位：千公顷

	面 积		面 积
一、旱地立体种植模式	285.25	19、稻田养蟹	8.21
1、菜/棉或麦/菜/棉	50.39	20、马铃薯/青菜-玉米-后季稻	1.48
2、菜/椒/棉	18.48	21、草莓/西瓜-后季稻	2.82
3、菜/瓜/棉	22.05	22、马铃薯-中稻(杂交中稻)	33.30
4、麦/玉/豆/玉/豆	9.33	23、小麦-地膜花生-杂交晚稻	1.63
5、油/玉/豆/玉/绿豆	9.52	24、春马铃薯-杂交中稻-秋马铃薯	1.80
6、马铃薯/春玉米/黄豆/秋玉米	12.56	三、果园立体种植模式	30.62
7、小麦/冬菜/玉米/芝麻	3.98	25、柑橘园/大蒜和白菜	16.12
8、玉米/包菜	36.14	26、果园(柑、梨、桃)/草莓	1.43
9、早黄豆/春玉米-秋玉米-大白菜	1.33	27、板栗园/小麦和花生	9.19
10、地膜玉米-秋玉米-大白菜	2.05	四、林地立体开发模式	10.23
11、小麦-棉花/地膜花生	7.15	28、林、菇周年生产模式	4.29
12、小麦-棉花/西瓜/红苕	11.06	29、杉木/天麻	0.62
13、洋葱/棉花/辣椒	0.33	五、蔬菜立体种植模式	64.60
14、玉米/魔芋	18.82	32、早辣椒/晚辣椒-白菜	32.14
15、马铃薯-玉米(-魔芋)/红苕	69.71	33、马铃薯/番茄/大蒜	16.03
二、水田立体种养模式	219.64	六、庭院立体农业模式	2.24
16、麦/瓜-稻	33.11	34、庭院葡萄/天麻	0.49
17、垄稻/沟鱼/埂菜	4.88	35、竹荪/平菇/苦瓜	0.45
18、稻鸭共育	120.47		

2010年高效种养模式

单位:千公顷

	旱地立体种植模式	菜/棉或麦/菜/棉	菜/椒/棉	菜/瓜/棉	马铃薯/春玉米/黄豆/秋玉米	玉米/包菜	小麦-棉花/西瓜/红苕	玉米/魔芋	马铃薯-玉米(-魔芋)/红苕
全省合计	**285.25**	**50.39**	**18.48**	**22.05**	**12.56**	**36.14**	**11.06**	**18.82**	**69.71**
武汉市	**11.92**	**2.30**	**3.96**	**1.02**	**0.63**	**0.86**			
武汉市辖区	5.64		3.56	0.42	0.33	0.13			
蔡甸区	0.30					0.30			
江夏区	1.18	0.10			0.20	0.33			
黄陂区	0.40				0.10	0.10			
新洲区	4.40	2.20	0.40	0.60					
黄石市	**5.25**	**0.95**	**0.01**	**0.51**	**0.41**	**0.11**	**0.02**		**0.17**
黄石市辖区									
大冶市	1.30				0.35	0.10			0.10
阳新县	3.95	0.95	0.01	0.51	0.06	0.01	0.02		0.07
十堰市	**16.99**				**0.70**	**0.90**		**3.85**	**7.15**
十堰市辖区	0.49								
丹江口市	2.90				0.10	0.13			
郧　县	0.48				0.10			0.10	0.05
郧西县	0.37					0.37			
竹山县									
竹溪县	10.10					0.20		3.30	6.60
房　县	2.65				0.50	0.20		0.45	0.50
荆州市	**31.71**	**19.22**	**3.59**	**4.91**	**0.02**	**0.31**	**0.61**		
荆州市辖区	10.61	9.50	0.41	0.20			0.10		
江陵县	1.40	0.50	0.20	0.20			0.50		
松滋市	1.13	0.32	0.35	0.43					
公安县	11.72	4.00	2.20	3.00	0.02				
石首市	1.41	0.67	0.20	0.50			0.01		
监利县	4.18	3.60	0.23	0.35					
洪湖市	1.26	0.63		0.23		0.31			
宜昌市	**30.08**	**3.67**	**0.25**	**0.38**	**1.05**	**1.52**	**0.10**	**3.66**	**19.13**
宜昌市辖区	0.48				0.05	0.22		0.01	0.20
夷陵区	6.90					1.30		0.20	5.40
宜都市	1.33								1.33
枝江市	5.00	3.50	0.15	0.25	1.00		0.10		
当阳市	0.40	0.17	0.10	0.13					
远安县	0.30								0.10
兴山县	0.17							0.15	
秭归县	5.10							2.00	3.00
长阳县	1.00								1.00
五峰县	9.40							1.30	8.10
襄阳市	**32.69**	**5.33**	**2.40**	**7.25**	**0.10**	**1.55**	**4.35**	**0.30**	**0.68**
襄阳市辖区	4.80	0.10	0.20	0.20	0.10	0.20	2.10		
老河口市	7.00	2.00					2.00		
襄州区	10.00		2.00	2.00		0.50			
枣阳市	3.70	1.50		2.00			0.20		
宜城市	5.20	1.60	0.20	3.00		0.40			
南漳县	0.90	0.10		0.05		0.10	0.05	0.10	0.20
谷城县	0.03	0.03							
保康县	1.06					0.35		0.20	0.48
鄂州市	**0.28**	**0.10**	**0.02**	**0.03**	**0.01**	**0.01**	**0.01**	**0.01**	**0.01**

续表1

单位：千公顷

	旱地立体种植模式								
		菜/棉或麦/菜/棉	菜/椒/棉	菜/瓜/棉	马铃薯/春玉米/黄豆/秋玉米	玉米/包菜	小麦–棉花/西瓜/红苕	玉米/魔芋	马铃薯–玉米(–魔芋)/红苕
荆门市	**12.00**	**6.00**	**6.00**						
荆门市辖区									
沙洋县	6.00	3.00	3.00						
钟祥市	4.00	2.00	2.00						
京山县	4.00	1.00	1.00						
孝感市	**6.48**	**1.79**	**0.11**	**1.40**	**0.22**	**0.01**	**2.61**		
孝南区	0.15	0.06	0.02	0.03					
孝昌县	0.29	0.04	0.03		0.22				
大悟县	0.16	0.01	0.01	0.01		0.01	0.05		
安陆市	0.15	0.10	0.05						
云梦县	0.20	0.10							
应城市	0.33	0.18		0.06			0.06		
汉川市	5.20	1.30		1.30			2.50		
黄冈市	**9.03**	**2.83**	**1.04**	**1.11**	**0.27**	**0.31**	**1.06**	**0.10**	**0.04**
黄州区	1.22	0.67	0.18	0.22		0.05	0.05		
团风县	0.86	0.21		0.15		0.24	0.26		
红安县	1.94	0.05		0.04			0.62		0.02
麻城市	0.66	0.10	0.56						
罗田县	0.20		0.10					0.10	
英山县	0.12				0.07	0.02			0.02
浠水县	1.50			0.30	0.20				
蕲春县	1.30	1.10		0.20					
武穴市	0.50	0.40	0.10						
黄梅县	0.60	0.30	0.10	0.20					
龙感湖	0.13						0.13		
咸宁市	**7.26**	**0.87**	**0.20**	**0.38**	**0.55**	**3.93**		**0.04**	**0.48**
咸安区	0.90	0.12			0.22	0.11			0.10
嘉鱼县	4.80	0.30	0.20	0.20		3.80			
赤壁市	0.66	0.40		0.13					0.03
通城县	0.53				0.33				0.20
崇阳县	0.05	0.05							
通山县	0.32			0.05		0.02		0.04	0.15
随州市	**2.70**	**0.30**		**1.40**			**1.00**		
曾都区	2.20			1.20			1.00		
随　县									
广水市	0.50	0.30		0.20					
恩施自治州	**99.45**				**8.60**	**26.63**		**10.86**	**42.00**
恩施市	18.84				8.60	0.12		0.01	1.00
利川市	34.60					20.00		1.30	13.30
建始县	11.30					0.30		5.00	6.00
巴东县	21.50					5.50		2.50	13.50
宣恩县	3.10					0.50		0.60	2.00
咸丰县	6.76					0.21		0.45	4.10
来凤县	0.25								
鹤峰县	3.10							1.00	2.10
仙桃市	**5.50**	**1.70**	**0.20**	**2.30**			**1.00**		
天门市	**11.13**	**4.00**	**0.40**	**0.31**			**0.30**		
潜江市	**2.73**	**1.33**	**0.30**	**1.05**					
神农架林区	**0.05**								**0.05**

续表2

单位：千公顷

	水田立体种养模式	麦/瓜-稻	稻鸭共育	马铃薯-中稻（中杂）	果园立体种植模式	柑橘园/大蒜白菜	蔬菜立体种植模式	早辣椒/晚辣椒-白菜	马铃薯/番茄/大蒜
全省合计	**219.64**	**33.11**	**120.47**	**33.30**	**30.62**	**16.12**	**64.60**	**32.14**	**16.03**
武汉市	**7.08**	**0.33**		**0.80**	**1.37**	**1.17**	**15.26**	**1.33**	**0.13**
武汉市辖区	0.33	0.33			0.07	0.07	1.46	1.33	0.13
蔡甸区									
江夏区	3.85				1.10	1.10	1.50		
黄陂区	0.80			0.50					
新洲区	2.10			0.30	0.20		12.30		
黄石市	**1.30**	**0.23**	**0.65**	**0.21**	**0.52**	**0.24**	**4.61**	**2.61**	**2.00**
黄石市辖区									
大冶市	0.60		0.30	0.20			3.30	1.60	1.70
阳新县	0.70	0.23	0.35	0.01	0.52	0.24	1.31	1.01	0.30
十堰市	**4.63**	**0.91**	**0.43**	**0.19**	**1.30**	**0.40**	**2.50**	**1.07**	**1.20**
十堰市辖区	0.20	0.20							
丹江口市	0.33		0.33						
郧　县	0.80	0.71		0.09	0.50	0.20	0.70	0.50	
郧西县									
竹山县									
竹溪县	2.80		0.10		0.40	0.10	1.50	0.50	1.00
房　县	0.50			0.10	0.40	0.10	0.30	0.07	0.20
荆州市	**46.10**	**2.41**	**36.13**	**0.72**	**0.11**	**0.11**	**2.50**	**2.30**	**0.20**
荆州市辖区	0.58	0.32	0.07	0.07	0.03	0.03	0.52	0.52	
江陵县					0.01	0.01	0.25	0.25	
松滋市	4.80	0.38	3.72	0.53			0.21	0.13	0.08
公安县	2.01	1.00	1.00						
石首市	0.68		0.01				0.50	0.50	
监利县	20.28		17.33	0.12	0.07	0.07			
洪湖市	17.75	0.71	14.00				1.02	0.90	0.12
宜昌市	**7.14**	**0.31**	**3.33**	**2.45**	**7.21**	**7.16**	**7.42**	**6.32**	**1.10**
宜昌市辖区					1.65	1.65	1.30	0.80	0.50
夷陵区	0.75								
宜都市	1.33			1.33	3.33	3.33	0.67	0.67	
枝江市	0.40	0.20			1.50	1.50	2.50	2.50	
当阳市	3.40		3.33	0.07	0.13	0.13			
远安县	0.11	0.01		0.10			0.20	0.10	0.10
兴山县	0.25			0.25	0.60	0.55	0.75	0.35	0.40
秭归县	0.90	0.10		0.70			2.00	1.90	0.10
长阳县									
五峰县									
襄阳市	**5.83**	**0.80**	**1.60**	**1.40**	**1.40**	**0.65**	**2.50**	**1.60**	**0.50**
襄阳市辖区	0.80	0.20	0.10	0.20	0.50	0.10	1.00	0.40	0.20
老河口市	2.70		1.00						
襄州区	1.00			1.00					
枣阳市	0.51	0.50			0.55	0.40			
宜城市	0.12	0.10			0.20	0.10	0.30	0.20	0.10
南漳县	0.70		0.50	0.20	0.15	0.05	0.20		0.20
谷城县							0.80	0.80	
保康县							0.20	0.20	
鄂州市	**0.14**	**0.01**	**0.02**	**0.01**	**0.06**	**0.04**	**0.06**	**0.05**	**0.01**

续表3 单位：千公顷

	水田立体种养模式	麦/瓜-稻	稻鸭共育	马铃薯-中稻（中杂）	果园立体种植模式	柑橘园/大蒜白菜	蔬菜立体种植模式	早辣椒/晚辣椒-白菜	马铃薯/番茄/大蒜
荆门市	**17.00**	**4.00**	**13.00**						
荆门市辖区	4.00	1.00	3.00						
沙洋县	5.00	1.00	4.00						
钟祥市	4.00	1.00	3.00						
京山县	4.00	1.00	3.00						
孝感市	**8.25**	**0.76**	**4.78**	**1.96**	**1.92**	**0.02**	**8.14**	**4.05**	**2.69**
孝南区	1.56	0.09	1.38	0.06			0.04	0.01	0.03
孝昌县	0.47	0.07	0.37	0.03			0.80	0.03	0.05
大悟县	0.44	0.18	0.05		1.58		2.45	1.25	1.20
安陆市	0.80			0.67			0.05	0.05	
云梦县	1.36	0.10	0.33	0.60	0.02	0.02	3.00	2.00	1.00
应城市	0.32	0.15		0.12	0.32	0.00	1.10	0.41	0.01
汉川市	3.30	0.17	2.65	0.48			0.70	0.30	0.40
黄冈市	**28.19**	**3.59**	**7.10**	**8.99**	**4.49**	**0.31**	**6.73**	**5.26**	**1.47**
黄州区	0.73	0.20					0.85	0.80	0.05
团风县	1.13	0.24		0.46	0.97	0.16	1.21	0.96	0.25
红安县	2.49	0.45							
麻城市	1.18		1.00		0.10	0.10	2.20	1.70	0.50
罗田县	2.50	2.00		0.50	1.00		0.50	0.50	
英山县	3.27			3.10	0.40	0.05	0.02		0.02
浠水县	4.10	0.50	0.95	0.52	2.02		1.60	1.10	0.50
蕲春县	7.50	0.20	1.60	4.00					
武穴市	1.80		1.20				0.35	0.20	0.15
黄梅县	3.47		2.33	0.41					
龙感湖	0.02		0.02						
咸宁市	**13.28**	**1.50**	**4.98**	**3.13**	**0.81**	**0.59**	**2.25**	**1.30**	**0.63**
咸安区	0.88			0.51			0.15		0.08
嘉鱼县	2.65	1.50	0.10	0.45	0.30	0.30	0.55	0.40	0.15
赤壁市	6.10		4.68	0.24			0.35	0.10	
通城县	1.87		0.20	1.33	0.40	0.20	1.00	0.67	0.33
崇阳县	1.63			0.60					
通山县	0.15				0.11	0.09	0.20	0.13	0.07
随州市	**24.25**	**16.50**	**0.80**	**6.95**					
曾都区	18.10	16.20	0.80	1.10					
随　县	5.45			5.45					
广水市	0.70	0.30		0.40					
恩施自治州	**17.62**		**10.95**	**6.19**	**11.03**	**5.03**	**11.98**	**5.90**	**5.80**
恩施市							8.53	4.95	3.50
利川市	10.70		10.00	0.70					
建始县					0.50		0.20	0.10	0.10
巴东县	0.50			0.25	5.00	3.00	0.25	0.15	0.10
宣恩县	1.52			1.50	0.30	0.30	0.10	0.10	
咸丰县	2.24		0.60	1.64	3.28	0.13	0.40	0.20	
来凤县	2.66		0.35	2.10	1.95	1.60	2.50	0.40	2.10
鹤峰县									
仙桃市	**16.70**		**16.70**						
天门市	**20.51**	**0.51**	**20.00**		**0.30**	**0.30**			
潜江市	**1.62**	**1.25**		**0.30**	**0.10**	**0.10**	**0.65**	**0.35**	**0.30**
神农架林区									

全省耕作制度状况

单位:千公顷

	面 积		面 积
一、三熟制耕地面积	568.04	(二)旱地二熟制面积	707.87
(一)水田三熟制面积	310.47	1、小麦棉	124.37
1、油稻稻	198.54	2、大麦棉	11.42
其中:油杂杂	95.73	3、蚕豆棉	3.61
2、麦稻稻	9.51	4、油菜棉	112.11
3、蚕豆稻稻	1.02	5、蔬菜棉	16.99
4、油豆稻	2.51	6、麦 玉	74.40
5、油瓜稻	10.49	7、蚕豆玉	4.33
6、油杂再生	21.26	8、芋 玉	50.51
7、芋稻稻	1.94	9、油 玉	43.24
8、其 它	65.20	10、油花生	34.18
(二)旱地三熟制面积	257.57	11、麦 豆	14.64
1、麦玉豆	20.45	12、麦 苕	14.46
2、麦玉苕	19.73	13、麦 烟	5.69
3、麦豆苕	6.11	14、油 苕	16.40
4、芋玉豆	20.37	15、麦 芝	22.20
5、麦豆棉	7.67	16、蚕豆芝	1.86
6、麦菜棉	11.90	17、油 芝	19.49
7、麦棉菜	9.17	18、麦花生	40.36
8、菜豆棉	6.46	19、其 它	97.61
9、菜瓜菜	24.25	三、一熟制耕地面积	196.17
10、其 它	131.46	(一)水田一熟制面积	152.28
二、二熟制耕地面积	1886.53	1、肥 稻	14.26
(一)水田二熟制面积	1178.66	2、冬泡稻	32.52
1、麦 稻	442.87	3、冬闲稻	61.46
2、油 稻	463.32	4、其 它	44.05
3、蚕豆稻	7.49	(二)旱地一熟制面积	43.89
4、花生稻	9.02	1、高山油菜	2.95
5、玉 稻	10.28	2、高山玉米	13.53
6、大豆稻	8.12	3、高山洋芋	6.42
7、芋 稻	13.24	4、其 它	20.99
8、中杂再生	17.91	1、纯种麻类面积	6.39
9、瓜 稻	15.83	2、纯种蔬菜面积	139.23
10、菜 稻	41.68	其中:高山纯蔬菜	13.17
11、藕 稻	4.98	3、农民自留地菜地面积	37.48
12、鱼 稻	7.45	4、冬泡田	49.85
13、肥稻稻	25.68	5、冬板田	28.67
14、其 它	110.79	6、冬炕田	31.13

2010年耕作制度状况

单位:千公顷

	三熟制耕地面积	水田三熟制	油稻稻	油杂	油瓜稻	油杂再生	旱地三熟制	麦玉豆	麦玉苕	芋玉豆
全省合计	**568.04**	**310.47**	**198.54**	**95.73**	**10.49**	**21.26**	**257.57**	**20.45**	**19.73**	**20.37**
武汉市	**62.03**	**37.05**	**27.04**	**6.87**	**2.49**		**24.98**	**0.77**	**0.10**	
武汉市辖区	5.37	0.20			0.20		5.17	0.13		
蔡甸区	3.54	1.64	0.97		0.27		1.90	0.34		
江夏区	7.07	5.87	2.57	1.87			1.20	0.30	0.10	
黄陂区	12.81	12.02	8.00	3.30	1.00		0.79			
新洲区	33.24	17.32	15.50	1.70	1.02		15.92			
黄石市	**28.45**	**22.20**	**21.50**	**18.10**	**0.10**	**0.10**	**6.25**	**2.19**	**2.83**	
黄石市辖区	0.41	0.30	0.30	0.30			0.11	0.05	0.03	
大冶市	13.50	11.80	11.80	11.00			1.70	0.10	1.00	
阳新县	14.54	10.10	9.40	6.80	0.10	0.10	4.44	2.04	1.80	
十堰市	**38.88**						**38.88**	**11.40**	**8.70**	**6.17**
十堰市辖区										
丹江口市	1.60						1.60	0.80	0.80	
郧　县	7.50						7.50	2.30	2.50	
郧西县	9.25						9.25	3.58	1.90	0.67
竹山县	11.03						11.03	2.67	2.36	2.63
竹溪县	4.80						4.80	0.50	0.80	2.60
房　县	4.70						4.70	1.55	0.34	0.27
荆州市	**84.98**	**62.32**	**35.41**	**11.58**	**1.93**	**5.76**	**22.66**	**0.37**	**0.23**	
荆州市辖区	11.96	7.32	2.25	2.25	0.00	0.00	4.64	0.05	0.00	0.00
江陵县	0.95	0.10					0.85			
松滋市	15.95	11.34	10.07	2.20	1.17	0.00	4.61	0.20	0.23	0.00
公安县	13.63	12.83	7.15		0.48		0.80			
石首市	4.85	4.80	3.00	3.00	0.13	0.00	0.05	0.00	0.00	0.00
监利县	20.75	14.26	11.52	4.13	0.15		6.49			
洪湖市	16.89	11.67	1.42			5.76	5.22	0.12		
宜昌市	**33.46**	**5.59**	**3.90**	**1.34**			**27.87**	**0.31**	**2.22**	**5.40**
宜昌市辖区	0.45						0.45			0.05
夷陵区	3.80	1.50					2.30			1.50
宜都市	1.93						1.93		0.33	0.60
枝江市	6.28	4.00	3.90	1.34			2.28			
当阳市	2.00						2.00			
远安县	0.46	0.04					0.42	0.03	0.20	0.05
兴山县	3.20						3.20	0.15	0.35	0.50
秭归县	0.48	0.05					0.43	0.03	0.23	0.05
长阳县	10.30						10.30	0.10	0.90	1.35
五峰县	4.56						4.56		0.21	1.30
襄阳市	**22.25**	**1.50**					**20.75**	**0.01**	**0.96**	
襄阳市辖区										
老河口市										
襄州区	7.80						7.80		0.16	
枣阳市	1.60	0.80					0.80			
宜城市	8.48	0.70					7.78			
南漳县	2.93						2.93			
谷城县	0.34						0.34	0.01	0.30	
保康县	1.10						1.10		0.50	
鄂州市	**19.02**	**17.20**	**8.00**	**8.00**	**2.00**	**6.00**	**1.82**	**0.02**		

续表1

单位:千公顷

	三熟制耕地面积	水田三熟制	油稻稻	油杂杂	油瓜稻	油杂再生	旱地三熟制	麦玉豆	麦玉苕	芋玉豆
荆门市	**7.82**	**2.90**		**0.68**	**0.20**		**4.92**	**0.27**	**0.20**	
荆门市辖区										
沙洋县	1.78						1.78			
钟祥市	2.54	0.53					2.01	0.07		
京山县	3.50	2.37	2.17	0.68	0.20		1.13	0.20	0.20	
孝感市	**16.30**	**12.99**	**9.32**	**0.49**	**0.40**		**3.31**	**0.16**		
孝南区	4.19	2.84	1.75	0.12	0.30		1.35	0.16		
孝昌县	1.94	1.56	0.76	0.13	0.10		0.38			
大悟县	0.67	0.25					0.42			
安陆市	0.30						0.30			
云梦县	2.60	2.31	1.11				0.29			
应城市	6.36	5.79	5.46				0.57			
汉川市	0.24	0.24	0.24	0.24						
黄冈市	**128.59**	**116.49**	**73.90**	**36.23**	**0.93**	**9.40**	**12.10**	**0.29**	**0.40**	**0.05**
黄州区	3.75	2.40	1.45	1.45	0.15		1.35			
团风县	9.56	9.08	6.65	4.69	0.16	0.35	0.48	0.04	0.02	
红安县	9.29	8.69	5.93	2.51	0.02		0.60		0.09	
麻城市	9.29	8.97	8.84	2.43		0.13	0.32		0.03	
罗田县	1.10	0.80	0.20				0.30	0.10		
英山县	1.84	1.03	0.70	0.70			0.81	0.15	0.16	0.05
浠水县	25.63	22.60	13.20		0.20	2.80	3.03		0.10	
蕲春县	31.21	26.82	7.66	6.82	0.20	5.56	4.39			
武穴市	18.02	17.71	16.85	10.11	0.20	0.56	0.31			
黄梅县	18.90	18.39	12.42	7.52			0.51			
龙感湖										
咸宁市	**32.08**	**24.84**	**13.24**	**12.44**	**0.51**		**7.24**	**0.46**	**0.35**	**0.05**
咸安区	12.07	9.61	1.76	1.76	0.39		2.46	0.08		
嘉鱼县	2.45	1.24	0.68	0.68			1.21			
赤壁市	6.29	5.70	5.00	4.30	0.12		0.59	0.03		
通城县	5.19	3.69	2.50	2.50			1.50	0.32	0.31	0.05
崇阳县	5.46	4.30	3.20	3.20			1.16			
通山县	0.62	0.30	0.10				0.32	0.03	0.04	
随州市	**0.03**	**0.01**	**0.00**	**0.00**	**0.00**	**0.00**	**0.02**	**0.00**	**0.00**	**0.00**
曾都区										
随　县										
广水市	0.03	0.01					0.02			
恩施自治州	**73.84**	**1.38**	**0.00**	**0.00**	**0.00**	**0.00**	**72.46**	**3.40**	**3.74**	**8.70**
恩施市	21.66						21.66	0.50	1.64	
利川市	6.98						6.98			4.87
建始县	12.40						12.40	1.10	1.30	
巴东县	17.50						17.50	1.80	0.80	0.30
宣恩县	1.85						1.85			1.00
咸丰县	3.30						3.30			1.72
来凤县	1.14	0.83					0.31			0.21
鹤峰县	9.01	0.55					8.46			0.60
仙桃市	**3.56**	**1.46**	**0.73**		**0.73**		**2.10**			
天门市	**8.83**	**4.53**	**3.33**		**1.20**		**4.30**	**0.80**		
潜江市	**7.92**	**0.01**					**7.91**			
神农架林区										

续表2

单位：千公顷

	旱地三熟制（续）		二熟制							
	麦菜棉	菜瓜菜	耕地面积	水田二熟制	麦稻	油稻	玉稻	芋稻	中杂再生	瓜稻
全省合计	**11.90**	**24.25**	**1886.53**	**1178.66**	**442.87**	**463.32**	**10.28**	**13.24**	**17.91**	**15.83**
武汉市	**2.47**	**4.63**	**62.69**	**41.13**	**1.30**	**12.73**	**0.95**			**2.61**
武汉市辖区		2.68	5.54	1.84	0.63	0.22				0.54
蔡甸区	0.89	0.67	7.90	4.75		0.60	0.65			
江夏区		0.65	17.74	11.73		1.01	0.30			1.10
黄陂区		0.13	19.55	13.13	0.67	8.00				0.67
新洲区	1.58	0.50	11.96	9.68		2.90				0.30
黄石市		**0.41**	**25.18**	**11.48**	**3.62**	**7.01**			**0.10**	**0.06**
黄石市辖区		0.01	0.39	0.16	0.02	0.11				0.01
大冶市		0.30	10.97	6.60	3.50	3.00				0.05
阳新县		0.10	13.82	4.72	0.10	3.90			0.10	
十堰市			**107.15**	**33.64**	**11.49**	**14.84**		**2.01**		**0.64**
十堰市辖区			1.11	0.45	0.30					
丹江口市			15.42	6.36	3.49	2.87				
郧　县			25.50	6.70	3.80	0.60		0.14		0.55
郧西县			15.44	3.15	2.20	0.80				
竹山县			19.15	6.50		4.74				0.09
竹溪县			16.29	5.54	0.30	2.82		1.60		
房　县			14.24	4.94	1.40	3.01		0.27		
荆州市	**3.03**	**5.03**	**292.80**	**193.14**	**37.52**	**93.33**	**0.77**		**4.80**	**2.70**
荆州市辖区	0.69	0.46	26.64	16.88	6.65	3.98	0.10	0.00	0.00	0.36
江陵县	0.25	0.40	28.50	24.00	10.50	13.50				
松滋市	0.30	1.88	41.98	21.61	2.01	17.79	0.50			0.65
公安县		0.55	49.26	24.90	2.00	14.85	0.10			0.43
石首市	0.02	0.01	18.58	9.74	0.00	6.58	0.00	0.00	0.00	0.67
监利县	1.38	1.73	81.52	61.17	4.30	22.00				0.48
洪湖市	0.39		46.32	34.84	12.06	14.63	0.07		4.80	0.11
宜昌市	**0.20**	**1.44**	**134.73**	**64.85**	**13.55**	**40.74**	**1.87**	**0.20**		**0.60**
宜昌市辖区			3.87	0.85	0.30	0.30				
夷陵区			19.68	10.58		5.10				0.30
宜都市			8.05	1.72		0.33	0.67			
枝江市	0.20	0.48	26.70	12.20	2.40	8.50				0.30
当阳市		0.94	40.00	26.76	10.00	16.76				
远安县		0.02	8.27	6.00	0.40	4.70	0.60	0.10		
兴山县			8.93	2.17	0.05	1.70				
秭归县			5.25	2.05	0.20	1.05	0.60	0.10		
长阳县			7.28	2.22	0.20	2.00				
五峰县			6.70	0.30		0.30				
襄阳市		**5.18**	**289.40**	**165.45**	**130.95**	**28.57**				**0.07**
襄阳市辖区										
老河口市			33.73	14.03	9.03	5.00				
襄州区		1.00	74.48	44.30	40.00	0.40				
枣阳市			76.89	48.74	45.75	2.89				
宜城市		4.18	42.66	26.69	14.09	11.96				
南漳县			23.89	12.07	8.50	3.30				0.07
谷城县			23.21	16.50	12.50	3.00				
保康县			14.54	3.12	1.08	2.02				
鄂州市	**0.30**		**5.01**	**2.91**	**0.50**	**0.40**	**0.80**		**0.60**	

续表3 单位:千公顷

	旱地三熟制(续)		二熟制耕地面积							
	麦菜棉	菜瓜菜		水田二熟制	麦稻	油稻	玉稻	芋稻	中杂再生	瓜稻
荆门市	**1.30**	**0.48**	**162.53**	**115.04**	**34.12**	**65.15**	**1.67**			**3.01**
荆门市辖区			18.36	17.75	4.51	12.58				0.23
沙洋县		0.28	44.48	37.48	9.20	25.00				0.28
钟祥市	1.27	0.20	67.21	35.20	16.55	17.47				
京山县	0.03		32.48	24.61	3.86	10.10	1.67			2.50
孝感市	**0.20**	**1.67**	**196.16**	**151.11**	**68.38**	**52.62**	**0.30**	**3.70**		**1.69**
孝南区		0.45	24.09	20.91	5.42	9.90		1.50		0.29
孝昌县		0.23	26.95	22.08	10.42	6.52	0.05	0.60		0.67
大悟县		0.39	23.45	17.63	9.80	5.20	0.01			
安陆市	0.20	0.10	30.37	26.44	17.20	7.00		0.80		
云梦县		0.25	17.21	13.84	6.31	4.14	0.24	0.80		0.08
应城市		0.25	24.25	20.47	5.00	10.50				0.15
汉川市			49.84	29.74	14.23	9.36				0.50
黄冈市	**0.20**	**1.46**	**145.90**	**102.65**	**23.52**	**41.84**	**0.04**	**2.42**	**12.41**	**0.83**
黄州区		0.12	5.71	2.58		1.20				0.25
团风县		0.12	5.64	3.95	0.96	0.74	0.03		1.21	0.03
红安县			12.67	8.05	0.72	2.17	0.01			0.02
麻城市		0.29	31.21	22.23	7.35	11.24			0.15	
罗田县		0.20	19.60	19.00	4.00	4.00			8.00	
英山县		0.02	11.55	10.45	4.50	5.20				
浠水县	0.10	0.30	9.03	4.23		1.09			0.80	0.15
蕲春县	0.10	0.20	8.36	7.68	0.10	3.86		1.72	1.80	
武穴市			8.01	5.08		4.24			0.45	0.38
黄梅县		0.21	30.35	16.31	2.80	8.10		0.70		
龙感湖			3.77	3.09	3.09					
咸宁市		**3.51**	**77.98**	**60.73**	**1.77**	**18.87**	**3.08**	**0.07**		**1.60**
咸安区		1.73	16.68	14.09		11.56	0.05			0.10
嘉鱼县		0.41	16.55	13.31	1.67	3.25	1.52			0.75
赤壁市		0.50	16.02	12.50	0.07	2.60	0.08	0.07		
通城县		0.10	8.53	7.72		0.18				0.15
崇阳县		0.56	14.43	10.61	0.03	0.88	1.03			0.60
通山县		0.21	5.77	2.50		0.40	0.40			
随州市	**0.00**	**0.00**	**113.57**	**99.84**	**80.32**	**10.76**				
曾都区			25.02	21.34	16.38	1.05				
随　县			58.19	52.05	46.14	5.91				
广水市			30.36	26.45	17.80	3.80				
恩施自治州	**0.00**	**0.44**	**86.68**	**29.78**	**0.12**	**11.54**		**4.84**		**0.15**
恩施市		0.13	8.86	8.86		4.58		1.20		
利川市			30.98	5.95	0.02	0.25				0.13
建始县			2.60	2.40		2.20				
巴东县		0.10	15.50	1.20	0.10	0.80		0.20		
宣恩县		0.05	10.38	4.02		1.20		1.50		0.02
咸丰县		0.06	11.94	5.22		1.26		1.89		
来凤县		0.10	0.40	0.25		0.15		0.05		
鹤峰县			6.02	1.88		1.10				
仙桃市	**0.70**		**53.62**	**39.45**	**5.30**	**30.68**				**1.46**
天门市	**3.50**		**74.85**	**34.57**	**16.69**	**16.97**	**0.80**			
潜江市			**56.94**	**32.85**	**13.72**	**17.23**				**0.41**
神农架林区			**1.35**	**0.04**		**0.04**				

续表4

单位:千公顷

	水田二熟制（续）		二熟制面积（续）							
	菜稻	肥稻稻	旱地二熟制	小麦棉	大麦棉	油菜棉	蔬菜棉	麦玉	芋玉	油玉
全省合计	**41.68**	**25.68**	**707.87**	**124.37**	**11.42**	**112.11**	**16.99**	**74.40**	**50.51**	**43.24**
武汉市	**3.30**	**2.08**	**21.56**	**1.68**		**2.16**	**2.66**	**0.93**		**1.73**
武汉市辖区		0.04	3.70	0.20		0.06	2.33			
蔡甸区	1.80		3.15	0.55				0.70		1.60
江夏区	0.50	1.57	6.01					0.10		
黄陂区	1.00	0.33	6.42	0.33		1.00	0.33	0.13		0.13
新洲区		0.14	2.28	0.60		1.10				
黄石市	**0.07**	**0.32**	**13.70**	**1.52**		**0.90**		**0.55**		**0.80**
黄石市辖区	0.02		0.23	0.02				0.05		
大冶市	0.05		4.37	0.30				0.50		
阳新县		0.32	9.10	1.20		0.90				0.80
十堰市	**2.78**		**73.51**	**0.13**			**0.01**	**15.39**	**4.91**	**5.75**
十堰市辖区			0.66					0.11		0.18
丹江口市			9.06	0.07				4.24		0.37
郧　县	1.07		18.80	0.06				4.00	0.14	1.82
郧西县	0.15		12.29					3.74	0.67	
竹山县	0.87		12.65						1.10	
竹溪县	0.60		10.75					0.30	2.40	1.20
房　县	0.09		9.30				0.01	3.00	0.60	2.18
荆州市	**2.28**	**9.41**	**99.66**	**24.34**	**2.39**	**39.15**	**4.27**	**3.52**	**0.06**	**1.16**
荆州市辖区	0.51	0.00	9.76	5.74	0.24	0.20	0.32	0.10	0.06	0.12
江陵县			4.50	1.00		3.50				
松滋市	0.00	0.17	20.37	7.13	2.03	4.25		2.76		0.99
公安县	1.31		24.36	3.01		15.34	2.36			0.05
石首市	0.00	1.11	8.84	0.00	0.00	2.60	0.67	0.00	0.00	0.00
监利县	0.46	7.55	20.35	4.20	0.10	11.10	0.75	0.20		
洪湖市		0.58	11.48	3.26	0.02	2.16	0.17	0.46		
宜昌市	**2.81**	**0.20**	**69.88**	**12.40**	**0.90**	**3.30**	**1.70**	**3.06**	**13.46**	**11.40**
宜昌市辖区			3.02						0.01	0.59
夷陵区	2.16		9.10						4.20	2.40
宜都市			6.33					0.20	0.33	1.00
枝江市	0.40	0.20	14.50	8.40	0.50	2.30	1.30	0.51	0.20	0.30
当阳市			13.24	4.00	0.40	1.00	0.40		1.12	2.66
远安县			2.27					0.40	0.50	0.80
兴山县	0.25		6.76					0.65	3.60	1.55
秭归县			3.20					0.80	0.50	0.80
长阳县			5.06					0.50		
五峰县			6.40						3.00	1.30
襄阳市	**0.01**		**123.95**	**12.66**	**4.20**	**5.85**	**1.00**	**46.15**		**5.11**
襄阳市辖区										
老河口市			19.70	4.26		1.00		7.84		
襄州区			30.18	1.00	2.17	2.00	1.00	1.00		
枣阳市			28.15	3.85	2.03			18.10		1.20
宜城市			15.97	3.31		2.85		2.84		
南漳县			11.82	0.24				8.54		0.29
谷城县			6.71					3.60		0.20
保康县	0.01		11.42					4.23		3.42
鄂州市			**2.10**	**0.10**	**0.20**	**1.00**				

续表5

单位:千公顷

	水田二熟制(续)		二熟制面积(续)							
	菜稻	肥稻稻	旱地二熟制	小麦棉	大麦棉	油菜棉	蔬菜棉	麦玉	芋玉	油玉
荆门市	**3.57**	**2.00**	**47.49**	**9.49**	**0.04**	**6.58**	**0.28**	**1.64**		**3.40**
荆门市辖区			0.61	0.40		0.21				
沙洋县	3.00		7.00	1.50		1.50				
钟祥市			32.01	4.59	0.04	4.45	0.16	1.52		3.33
京山县	0.57	2.00	7.87	3.00		0.42	0.12	0.12		0.07
孝感市	**5.87**	**0.65**	**45.05**	**10.44**	**0.52**	**8.60**	**2.74**	**0.47**	**0.71**	**0.45**
孝南区	1.45	0.01	3.18	0.28	0.34	0.33	0.85			
孝昌县	1.50	0.05	4.87	0.24	0.03	0.22	0.04			
大悟县	1.20		5.82	0.01	0.01	0.03	0.03			
安陆市	0.20		3.93	0.30		0.10	0.10	0.01		0.01
云梦县			3.37	0.66		0.77	0.20		0.71	
应城市	0.02	0.25	3.78	1.20		0.80	0.02	0.04		0.04
汉川市	1.50	0.34	20.10	7.75	0.14	6.35	1.50	0.42		0.40
黄冈市	**1.31**	**0.09**	**43.25**	**13.17**	**0.16**	**9.56**	**0.99**	**0.46**	**0.09**	**0.10**
黄州区	0.15		3.13	1.90		0.05	0.08	0.05		
团风县	0.11		1.69	0.48	0.05	0.32	0.04	0.01		0.01
红安县			4.62	0.32	0.11	0.46				
麻城市		0.08	8.98	2.85		1.90				
罗田县	1.00		0.60	0.10						
英山县	0.05		1.10	0.15				0.20	0.09	0.09
浠水县			4.80	0.32		0.80	0.50	0.20		
蕲春县			0.68			0.20				
武穴市		0.01	2.93	2.00		0.60	0.07			
黄梅县			14.04	4.70		4.90	0.30			
龙感湖			0.68	0.35		0.33				
咸宁市	**4.47**	**10.82**	**17.25**	**0.26**		**0.82**	**0.20**	**0.76**	**1.01**	**2.02**
咸安区	0.12	0.14	2.59				0.10	0.10		0.51
嘉鱼县	1.80	0.66	3.24	0.24		0.65		0.45		0.55
赤壁市	0.45	0.24	3.52			0.07		0.02	0.10	0.08
通城县		5.60	0.81							
崇阳县	1.60	3.95	3.82	0.02		0.10	0.10	0.07		0.50
通山县	0.50	0.23	3.27					0.12	0.91	0.38
随州市	**5.01**		**13.73**	**5.29**	**0.11**	**2.81**	**0.50**	**0.31**		
曾都区	2.71		3.68	0.97	0.10	0.80	0.20	0.31		
随　县			6.14	3.52		1.21				
广水市	2.30		3.91	0.80	0.01	0.80	0.30			
恩施自治州	**8.73**		**56.90**					**0.40**	**30.27**	**10.11**
恩施市	2.30									
利川市	3.68		25.03					0.08	15.10	4.45
建始县	0.20		0.20							0.20
巴东县			14.30					0.30	6.10	4.50
宣恩县	0.80		6.36					0.02	5.26	0.20
咸丰县	1.35		6.72						3.28	0.76
来凤县			0.15						0.15	
鹤峰县	0.40		4.14						0.38	
仙桃市	**1.23**		**14.17**	**2.07**	**1.47**	**9.33**	**1.30**			
天门市		**0.11**	**40.28**	**21.40**	**1.16**	**12.00**				
潜江市	**0.24**		**24.09**	**9.42**	**0.27**	**10.05**	**1.33**	**0.76**		**1.20**
神农架林区			**1.31**							**0.01**

续表6

	旱地二熟制（续）						
	油花生	麦豆	麦苕	油苕	麦芝	油芝	麦花生
全省合计	**34.18**	**14.64**	**14.46**	**16.40**	**22.20**	**19.49**	**40.36**
武汉市	**2.23**	**1.26**	**0.90**	**1.60**	**2.08**	**2.00**	**1.00**
武汉市辖区		0.20			0.08	0.08	
蔡甸区		0.30					
江夏区	2.10	0.33	0.23	1.00	1.00	1.25	
黄陂区	0.13	0.43	0.67	0.60	1.00	0.67	1.00
新洲区							
黄石市	**1.20**	**0.55**	**1.81**	**0.51**	**0.57**	**3.88**	**0.16**
黄石市辖区			0.01	0.01	0.02	0.03	0.01
大冶市		0.55	0.50	0.50	0.25	0.65	0.05
阳新县	1.20		1.30		0.30	3.20	0.10
十堰市	**6.48**	**1.69**	**5.51**	**2.68**	**5.98**	**4.13**	**2.60**
十堰市辖区	0.08	0.09	0.15			0.03	
丹江口市			0.81	0.76	1.90		0.91
郧　县		0.50	3.10		1.50	1.20	
郧西县			0.98		0.67	1.33	0.67
竹山县	6.03			0.15	1.21	0.25	0.35
竹溪县	0.20	0.30	0.20	1.20	0.50	0.80	0.40
房　县	0.17	0.80	0.27	0.57	0.20	0.52	0.27
荆州市	**0.17**	**0.15**	**0.37**	**0.27**	**2.60**	**1.54**	**0.45**
荆州市辖区	0.05	0.10			0.02	0.05	0.05
江陵县							
松滋市	0.12	0.05	0.37	0.27	0.35	0.09	0.21
公安县							
石首市							
监利县						1.40	0.10
洪湖市					2.23		0.09
宜昌市	**1.97**	**1.12**	**0.60**	**4.42**	**0.71**	**0.57**	**1.35**
宜昌市辖区	0.07			0.30			
夷陵区	0.30			2.20			
宜都市							
枝江市		0.29	0.20		0.20		0.30
当阳市		0.60		0.70	0.50	0.50	0.85
远安县	0.20			0.10		0.02	
兴山县						0.01	
秭归县	0.60	0.03	0.10	0.10		0.02	
长阳县	0.80	0.20	0.30	0.02	0.01	0.02	0.20
五峰县				1.00			
襄阳市	**5.25**	**0.72**	**1.40**	**0.07**	**4.67**	**1.80**	**19.54**
襄阳市辖区							
老河口市		0.72			3.12		2.58
襄州区	2.00		0.50		1.00		13.00
枣阳市			0.80			1.35	0.09
宜城市	2.80						2.32
南漳县					0.20	0.31	0.43
谷城县			0.10	0.07	0.21	0.14	0.89
保康县	0.45				0.14		0.23
鄂州市			**0.50**		**0.30**		

续表7

	旱地二熟制（续）						
	油花生	麦豆	麦苕	油苕	麦芝	油芝	麦花生
荆门市	**5.02**	**2.66**	**0.23**	**0.12**	**0.77**	**1.30**	**5.23**
荆门市辖区							
沙洋县	1.00			0.00		1.00	1.25
钟祥市	3.72	2.46	0.05	0.05	0.57		1.78
京山县	0.30	0.20	0.18	0.07	0.20	0.30	2.20
孝感市	**2.71**	**3.82**	**0.17**	**0.07**	**2.34**	**1.03**	**5.11**
孝南区	0.16	0.10		0.01	0.51	0.06	0.37
孝昌县	1.25	0.20	0.03	0.01	0.43	0.26	1.36
大悟县	0.55	0.83			0.19	0.05	2.35
安陆市	0.30	1.00	0.10	0.05	0.50	0.05	0.50
云梦县	0.13	0.35	0.01		0.26		0.16
应城市	0.22	0.50			0.20	0.36	0.30
汉川市	0.10	0.84	0.03		0.25	0.25	0.07
黄冈市	**2.98**	**1.94**	**2.21**	**1.01**	**1.47**	**0.49**	**2.87**
黄州区		0.15	0.06		0.22	0.06	0.08
团风县	0.05	0.01	0.01	0.21	0.06	0.12	0.09
红安县	1.39		0.15	0.61	0.10	0.15	0.71
麻城市		1.23	0.90		0.75	0.10	1.25
罗田县		0.50					
英山县	0.03		0.36			0.02	0.16
浠水县	1.10						0.20
蕲春县	0.10			0.10			
武穴市	0.12	0.05		0.01	0.02	0.04	
黄梅县	0.19		0.73	0.08	0.32		0.38
龙感湖							
咸宁市	**0.58**	**0.63**	**0.44**	**2.93**	**0.03**	**0.53**	**0.07**
咸安区				0.50		0.46	
嘉鱼县		0.42	0.10	0.03			
赤壁市	0.11	0.05	0.03	0.20			
通城县		0.10	0.10		0.03		0.07
崇阳县	0.07		0.20	1.70			
通山县	0.40	0.06	0.01	0.50		0.07	
随州市	**0.20**	**0.10**	**0.32**		**0.40**	**0.70**	**1.73**
曾都区			0.32			0.30	0.38
随　县					0.40		0.85
广水市	0.20	0.10				0.40	0.50
恩施自治州	**1.92**			**2.72**	**0.28**		**0.25**
恩施市							
利川市	0.62			1.28			0.04
建始县							
巴东县	1.20			0.25	0.28		0.21
宣恩县	0.10			0.40			
咸丰县				0.79			
来凤县							
鹤峰县							
仙桃市							
天门市	**3.47**					**1.52**	
潜江市							
神农架林区							

续表8　　　　单位:千公顷

	一熟制耕地面积	水田一熟制	水田一熟制(续)			旱地一熟制	
			肥稻	冬泡稻	冬闲稻		高山玉米
全省合计	**196.17**	**152.28**	**14.26**	**32.52**	**61.46**	**43.89**	**13.53**
武汉市	**5.68**	**5.55**	**1.28**	**2.37**	**1.47**	**0.13**	
武汉市辖区	0.31	0.31	0.31				
蔡甸区							
江夏区	2.63	2.63	0.60	0.80	0.80		
黄陂区	2.74	2.61	0.37	1.57	0.67	0.13	
新洲区							
黄石市	**0.80**	**0.80**	**0.20**	**0.60**			
黄石市辖区							
大冶市							
阳新县	0.80	0.80	0.20	0.60			
十堰市	**10.07**	**2.04**	**0.14**	**0.19**	**0.96**	**8.03**	**4.49**
十堰市辖区	0.18					0.18	0.18
丹江口市	0.80	0.25				0.55	
郧　县	1.11	0.01				1.10	0.05
郧西县	0.85					0.85	0.43
竹山县	1.21					1.21	1.21
竹溪县	1.82	0.15				1.67	1.30
房　县	4.10	1.63	0.14	0.19	0.96	2.47	1.32
荆州市	**37.98**	**36.12**	**4.58**	**6.43**	**11.71**	**1.86**	
荆州市辖区	1.96	1.96	0.04	0.10	0.90	0.00	0.00
江陵县							
松滋市	1.75	0.67	0.20	0.22	0.25	1.08	0.00
公安县	7.35	6.80	2.00	1.85	1.20	0.55	
石首市	0.72	0.72	0.36	0.00	0.36	0.00	0.00
监利县	25.31	25.31	1.58	4.20	9.00		
洪湖市	0.89	0.66	0.40	0.06		0.23	
宜昌市	**5.42**	**4.08**	**0.95**	**0.01**	**2.02**	**1.34**	**0.46**
宜昌市辖区							
夷陵区	0.11					0.11	
宜都市							
枝江市	0.35	0.35	0.35				
当阳市	1.52	1.34	0.34			0.18	
远安县	2.30	1.80	0.15		1.60	0.50	0.14
兴山县	0.14	0.14	0.11	0.01	0.02		
秭归县	0.50	0.20			0.15	0.30	0.07
长阳县	0.50	0.25			0.25	0.25	0.25
五峰县							
襄阳市	**10.68**	**3.45**	**0.68**	**0.10**	**0.94**	**7.23**	**2.10**
襄阳市辖区							
老河口市							
襄州区	3.00	0.50			0.50	2.50	
枣阳市	0.80					0.80	
宜城市	2.95	1.51	0.54		0.10	1.44	
南漳县	1.00	1.00	0.04	0.10	0.20	0.00	
谷城县	0.30	0.30	0.10				
保康县	2.63	0.14			0.14	2.49	2.10
鄂州市							

续表9

单位:千公顷

	一熟制耕地面积	水田一熟制	水田一熟制(续)			旱地一熟制	
			肥稻	冬泡稻	冬闲稻		高山玉米
荆门市	**10.03**	**8.31**	**1.16**	**1.40**	**2.89**	**1.72**	
荆门市辖区	2.93	2.33			1.75	0.60	
沙洋县	0.67	0.66	0.66			0.01	
钟祥市	3.59	2.93		0.01	0.64	0.66	
京山县	2.84	2.39	0.50	1.39	0.50	0.45	
孝感市	**36.71**	**34.87**	**0.44**	**5.01**	**14.26**	**1.84**	
孝南区	2.11	2.11	0.08	0.03	1.60		
孝昌县	2.05	1.83		0.63	0.68	0.22	
大悟县	11.81	10.19	0.10	1.20	3.18	1.62	
安陆市	1.85	1.85			0.25		
云梦县	2.53	2.53	0.06	1.09			
应城市	5.67	5.67	0.20	0.06	2.75		
汉川市	10.69	10.69		2.00	5.80		
黄冈市	**13.06**	**7.43**	**0.85**	**0.61**	**5.23**	**5.63**	**0.03**
黄州区							
团风县	0.55	0.54	0.12	0.21	0.18	0.01	
红安县	2.80	2.24	0.08		2.06	0.56	
麻城市	0.10	0.10	0.08		0.02		
罗田县	2.99	0.92			0.92	2.07	
英山县	0.80	0.80	0.40		0.40		
浠水县	3.47	1.75	0.17	0.30	0.67	1.72	
蕲春县							
武穴市	1.03	0.60		0.10	0.50	0.43	0.03
黄梅县	1.32	0.48			0.48	0.84	
龙感湖							
咸宁市	**23.29**	**20.23**	**3.44**	**3.27**	**7.03**	**3.06**	**0.26**
咸安区	2.77	2.77	0.04		2.73		
嘉鱼县	3.36	2.73	0.20	1.60	0.80	0.63	
赤壁市	6.09	5.58	0.03	0.27	1.10	0.51	0.01
通城县	3.68	2.38	0.25	0.30	0.40	1.30	
崇阳县	2.35	2.05	1.00	0.10	0.20	0.30	0.01
通山县	5.04	4.72	1.92	1.00	1.80	0.32	0.24
随州市							
曾都区							
随　县							
广水市							
恩施自治州	**40.84**	**29.20**	**0.54**	**12.53**	**14.95**	**11.64**	**6.15**
恩施市	0.72	0.72		0.72			
利川市	19.84	16.20	0.41	8.88	6.81	3.64	3.33
建始县	2.20	1.20		0.10	1.10	1.00	
巴东县	1.20					1.20	0.45
宣恩县	8.16	4.89		2.00	2.89	3.27	1.50
咸丰县	7.26	6.06		0.83	4.15	1.20	0.27
来凤县	0.60					0.60	0.60
鹤峰县	0.86	0.13	0.13			0.73	
仙桃市							
天门市							
潜江市	**0.20**	**0.20**					
神农架林区	**1.41**					**1.41**	**0.04**

续表10

单位:千公顷

	附报:					
	纯种蔬菜面积	高山纯蔬菜	农民自留地菜地	冬泡田	冬板田	冬炕田
全省合计	**139.23**	**13.17**	**37.48**	**49.85**	**28.67**	**31.13**
武汉市	**17.80**		**4.10**	**3.57**	**1.00**	**1.00**
武汉市辖区	4.40		0.70			
蔡甸区	5.50		0.83			
江夏区	4.80		0.70	2.00	1.00	1.00
黄陂区	2.40		1.27	1.57		
新洲区	0.70		0.60			
黄石市	**2.75**	**0.10**	**0.90**	**2.60**	**1.20**	**1.20**
黄石市辖区						
大冶市						
阳新县	2.75	0.10	0.90	2.60	1.20	1.20
十堰市	**5.61**	**1.68**	**3.73**	**0.83**	**0.66**	**0.65**
十堰市辖区	0.70	0.20	0.06			
丹江口市	0.93		1.07	0.07		
郧　县	0.90	0.20	0.07	0.01		
郧西县	0.08	0.08	0.07	0.15	0.14	
竹山县						
竹溪县	1.50	0.50	1.04	0.10		0.05
房　县	1.50	0.70	1.42	0.50	0.52	0.60
荆州市	**6.48**	**0.00**	**4.13**	**9.08**	**0.95**	**1.20**
荆州市辖区	2.18	0.00	0.10	0.74	0.05	0.05
江陵县	1.00		0.40			
松滋市			0.00	0.22	0.12	0.13
公安县	3.00		1.55	3.50	0.45	0.35
石首市	0.30	0.00	2.08	0.33	0.33	0.67
监利县				4.20		
洪湖市				0.09		
宜昌市	**6.84**	**1.18**	**2.91**	**0.01**	**0.01**	**0.01**
宜昌市辖区	0.80		0.20			
夷陵区	2.00	0.60	1.00			
宜都市	0.20		0.53			
枝江市	3.26		1.18			
当阳市						
远安县						
兴山县	0.58	0.58		0.01	0.01	0.01
秭归县						
长阳县						
五峰县						
襄阳市	**7.45**	**2.38**	**5.40**	**0.20**		**2.30**
襄阳市辖区						
老河口市	1.40		2.00			
襄州区	1.50		1.20			0.50
枣阳市	0.40	0.10	0.80			0.80
宜城市	0.87		0.70			1.00
南漳县				0.20		
谷城县						
保康县	3.28	2.28	0.70			
鄂州市						

续表11

单位:千公顷

	附报:					
	纯种蔬菜面积	高山纯蔬菜	农民自留地菜地	冬泡田	冬板田	冬炕田
荆门市	**3.63**		**2.30**	**1.80**	**0.10**	**0.10**
荆门市辖区	0.58		1.00	0.40		
沙洋县			0.41			
钟祥市	3.05			0.01		
京山县			0.89	1.39	0.10	0.10
孝感市	**11.74**			**8.05**	**6.95**	**9.97**
孝南区	1.10			0.03		
孝昌县	0.63			0.65	0.75	0.62
大悟县	0.72			2.20	1.70	1.65
安陆市	1.00				0.10	0.10
云梦县	2.68			1.09	0.10	0.80
应城市	1.26			0.08	2.80	0.80
汉川市	4.35			4.00	1.50	6.00
黄冈市	**2.75**	**0.06**	**0.42**	**1.14**	**0.35**	**0.41**
黄州区	1.20					
团风县			0.42	0.46	0.35	0.41
红安县						
麻城市						
罗田县						
英山县	0.40	0.06				
浠水县	1.15			0.53		
蕲春县						
武穴市				0.15		
黄梅县						
龙感湖						
咸宁市	**8.17**	**0.35**	**3.29**	**5.74**	**4.71**	**3.03**
咸安区	1.97	0.05	0.20			
嘉鱼县	2.95		0.70	2.60	0.70	0.80
赤壁市	0.90		0.80	0.27	1.10	0.30
通城县	1.20		0.50	1.27	1.21	0.33
崇阳县	0.45	0.10	0.33	0.10	0.20	
通山县	0.70	0.20	0.76	1.50	1.50	1.60
随州市	**10.30**		**0.70**	**4.20**	**0.10**	**1.30**
曾都区						
随　县	9.00			4.00		1.00
广水市	1.30		0.70	0.20	0.10	0.30
恩施自治州	**36.60**	**6.32**	**6.72**	**12.63**	**12.64**	**9.96**
恩施市	6.45	5.00	3.00	0.72		
利川市				8.88	6.81	7.76
建始县			1.50	0.10		
巴东县						
宣恩县	2.00	1.20	2.10	2.00	2.09	0.80
咸丰县	0.33	0.12	0.12	0.83	2.74	1.20
来凤县						
鹤峰县				0.10	1.00	0.20
仙桃市	**15.00**		**1.50**			
天门市						
潜江市	**2.96**	**0.00**	**1.33**			
神农架林区	**1.15**	**1.10**	**0.05**			

全省经济特产作物技术推广情况

	计量单位	数 值		计量单位	数 值
一、低产园改造面积	公顷	53011	九、果品商品化处理	—	×
1、果树低产园改造面积	公顷	27478	1、商品化处理生产线	条	534
其中:柑 桔	公顷	17971	2、时处理能力	吨/小时	9315
2、茶树低产园改造面积	公顷	23599	3、商品化处理数量	吨	1309829
3、桑树低产园改造面积	公顷	1934	十、果汁加工生产线	条	71
二、育苗面积	公顷	4494	生产量	吨	22069
1、果树育苗面积	公顷	899	十一、水果罐头加工生产线	条	29
其中:柑 桔	公顷	432	生产量	吨	231500
2、茶树无性系育苗面积	公顷	1394	其中:桔瓣罐头加工生产线	条	19
其中:苗 圃	公顷	631	生产量	吨	178500
母本园	公顷	652	十二、茶园行间覆草面积	公顷	31761
3、桑树育苗面积	公顷	610	十三、机械化采摘和修剪茶园面积	公顷	62324
4、中药材育苗面积	公顷	1143	十四、采茶机数量	台	11309
5、花卉育苗面积	公顷	448	十五、修剪机数量	台	24804
三、出圃苗数	万株	103419.99	十六、茶叶冷藏保鲜库	立方米	19104
1、果树出圃苗数	万株	8778.57	十七、名优茶机械数量	台	39618
(1)柑 桔	万株	3750.10	十八、名优茶产量	吨	59767
(2)桃 子	万株	3004.06	其中:机制名优茶	吨	44440
(3)梨 子	万株	750.41	十九、有机茶园面积	公顷	17448
(4)其 它	万株	1274.00	有机茶产量	吨	5437
2、茶树出圃苗数	万株	42531.32	二十、中药深加工厂	个	57
(1)福鼎大白茶	万株	11854.82	中药材加工产量	吨	11780
(2)鄂茶1号	万株	4052.20	二十一、遮阳网覆盖面积	公顷	7344
(3)鄂茶10号	万株	5765.00	二十二、大棚面积(不含蔬菜瓜类花卉)	公顷	1859
(4)金观音	万株	820.00	其中:水果	公顷	118
(5)金萱	万株		茶叶	公顷	160
(6)黄棪	万株	750.00	二十三、花卉保护地栽培	公顷	134
(7)其它	万株	19289.30	1、温室	公顷	67
3、桑苗出圃苗数	万株	2149.51	2、大中小棚	公顷	66
其中:湖 桑	万株	560.50	3、遮荫棚	公顷	1
杂交桑	万株	1520.01	二十四、花卉生产经营实体	—	×
4、中药材出圃苗数	万株	44463.15	1、花卉市场	个	14
其中:木 本	万株	10454.25	2、花卉企业	个	92
草 本	万株	29728.90	其中:大型企业	个	7
5、花卉出圃苗数	万株	5497.44	3、花农	户	2641
四、果树高接换种	万株	11762.79	4、从业人员	人	6820
其中:柑 桔	万株	438.55	其中:专业技术人员	人	214
梨	万株	11180.92	二十五、秸秆覆盖栽培面积	公顷	28827
五、柑桔园覆草栽培面积	公顷	37594	其中:果园	公顷	19805
六、柑桔贮藏保鲜量	吨	372541	二十六、省力化养蚕张数	万张	505.35
其中:通风库贮藏	吨	290270	产量	吨	2154
冷库贮藏	吨	40676	二十七、小蚕共育张数	万张	2.46
七、果树设施栽培面积	公顷	1092	产量	吨	839
八、果实套袋数	万个	8799.88	二十八、方格簇应用片数	万片	12365.10

2010年经技推广情况

单位:公顷、万株

	低产园改造面积	果园	柑桔园	茶园	育苗面积	出圃苗数	果树	柑桔	桃
全省合计	**53011**	**27478**	**17971**	**23599**	**4494**	**103419.99**	**8778.57**	**3750.10**	**3004.06**
武汉市	**1347**	**1134**	**134**	**213**	**6**	**947.00**	**82.00**	**52.00**	**10.00**
武汉市辖区						500.00			
蔡甸区	1	1	1						
江夏区					6	447.00	82.00	52.00	10.00
黄陂区									
新洲区	1346	1133	133	213					
黄石市						**28.60**	**15.60**	**5.20**	**1.10**
黄石市辖区									
大冶市									
阳新县						28.60	15.60	5.20	1.10
十堰市	**6259**	**3909**	**3483**	**2350**	**160**	**1550.00**	**800.00**	**415.00**	**25.00**
十堰市辖区	140	90	30	50		220.00	200.00		
丹江口市	2067	1733	1400	334	114	180.00	150.00	130.00	
郧　县	2000	2000	2000			500.00	350.00	245.00	5.00
郧西县	199	66	33	133					
竹山县					4	300.00			
竹溪县	1333			1333					
房　县	520	20	20	500	42	350.00	100.00	40.00	20.00
荆州市	**1031**	**1031**	**1021**		**47**	**757.95**	**380.96**	**361.00**	**14.86**
荆州市辖区						11.76	1.96		0.86
江陵县									
松滋市	1000	1000	1000		15	530.00	220.00	220.00	
公安县	1	1	1			106.00	96.00	90.00	3.00
石首市						60.00	60.00	50.00	10.00
监利县	30	30	20		32	43.00	3.00	1.00	1.00
洪湖市						7.19			
宜昌市	**13828**	**8506**	**8336**	**5032**	**471**	**9627.21**	**1357.70**	**1244.50**	**42.50**
宜昌市辖区	110	110	80			1.01	0.50	0.50	
夷陵区	2033	700	700	1333	12	530.00	30.00	30.00	
宜都市	2740	2000	2000	700	65	1110.00	110.00	100.00	10.00
枝江市	13	13	13		7	420.00	420.00	400.00	10.00
当阳市	1333	1333	1333		10	107.00	102.00	100.00	2.00
远安县	2616	2100	2000	266	110	3866.20	226.20	225.00	0.50
兴山县	650	250	210	400	250	974.00	50.00	30.00	10.00
秭归县	3000	2000	2000	1000		399.00	199.00	159.00	10.00
长阳县						220.00	220.00	200.00	
五峰县	1333			1333	17	2000.00			
襄阳市	**4224**	**2712**	**610**	**1001**	**487**	**13786.80**	**3082.30**	**134.90**	**2245.50**
襄阳市辖区	1				2	213.50	210.00		50.00
老河口市	2	2			1	250.00	250.00	100.00	150.00
襄州区	2000	2000			50	12.00	12.00		2.00
枣阳市						2500.00	2500.00		2000.00
宜城市	110	110	110		5	26.00	26.00	26.00	
南漳县	1000	500	500	200	182	925.00			
谷城县	1			1	2	3236.50	36.50	1.00	20.00
保康县	1110	100		800	245	6623.80	47.80	7.90	23.50
鄂州市	**4**	**4**	**3**		**1**	**35.00**	**23.00**	**20.00**	**1.00**

续表1

单位:公顷、万株

	低产园改造面积	果园	柑桔园	茶园	育苗面积	出圃苗数	果树	柑桔	桃
荆门市	**610**	**508**	**507**	**102**	**9**	**750.05**	**155.00**	**37.50**	**45.60**
荆门市辖区	9	7	7	2		95.05	95.00	17.50	45.60
沙洋县						250.00			
钟祥市	1	1							
京山县	600	500	500	100	9	405.00	60.00	20.00	
孝感市	**5239**	**1175**	**122**	**4064**	**767**	**2716.32**	**143.50**	**15.00**	**58.00**
孝南区	302	150	30	152	590	1031.50	31.50	10.00	20.00
孝昌县	2012	980	82	1032	139	252.82	82.00		28.00
大悟县	2800			2800	13	1300.00			
安陆市	75	25	10	50	25	32.00	30.00	5.00	10.00
云梦县						100.00			
应城市	50	20		30					
汉川市									
黄冈市	**5718**	**1869**	**1057**	**2849**	**574**	**12796.00**	**1153.00**	**991.00**	**122.00**
黄州区	105	100	50	5	2	5.00			
团风县	120	66	38	54	1	780.00	780.00	780.00	
红安县	400	100		300					
麻城市	1200			200	530	1716.00	216.00	100.00	100.00
罗田县					1	4020.00			
英山县	2000			2000	2	5683.00			
浠水县	550	400		150		118.00	83.00	72.00	4.00
蕲春县	120	100	50	20	12	415.00	15.00	5.00	8.00
武穴市	1020	1000	866	20	13	50.00	50.00	25.00	10.00
黄梅县	200	100	50	100					
龙感湖	3	3	3		13	9.00	9.00	9.00	
咸宁市	**2751**	**2261**	**1686**	**490**	**270**	**2611.06**	**456.51**	**180.00**	**37.50**
咸安区	336	76	21	260	94	533.00			
嘉鱼县	80	50	30	30	30	30.00	30.00	10.00	5.00
赤壁市	300	200		100	40	472.00	72.00	45.00	10.00
通城县						1248.00	48.00	25.00	10.00
崇阳县	1530	1500	1300	30	30	200.00	200.00		10.00
通山县	505	435	335	70	76	128.06	106.51	100.00	2.50
随州市	**2887**	**1831**		**1056**	**47**	**940.00**	**300.00**		**200.00**
曾都区									
随　县	1900	1200		700	47	940.00	300.00		200.00
广水市	987	631		356					
恩施自治州	**8271**	**1828**	**760**	**6309**	**472**	**56829.00**	**819.00**	**292.00**	**195.00**
恩施市	1680	250		1430	60	8840.00			
利川市	667	333		333	86	28609.00	59.00		
建始县	300	100	100	200	20	400.00			
巴东县	2126	660	660	1333	34	5060.00	60.00	60.00	
宣恩县	1333	333		1000	107	7120.00	50.00	50.00	
咸丰县	1333			1333	150	2250.00			
来凤县						2650.00	650.00	182.00	195.00
鹤峰县	832	152		680	15	1900.00			
仙桃市	**60**	**60**	**60**		**350**	**30.00**	**10.00**	**2.00**	**6.00**
天门市	**649**	**649**	**192**						
潜江市						**15.00**			
神农架林区	**133**			**133**	**833**				

续表2

单位:万株

	出圃苗数(续)								
	茶树	福鼎大白茶	鄂茶1号	鄂茶10号	桑苗	中药材	木本	草本	花卉
全省合计	**42531.32**	**11854.82**	**4052.20**	**5765.00**	**2149.51**	**44463.15**	**10454.25**	**29728.90**	**5497.44**
武汉市	**315.00**	**152.00**		**53.00**					**550.00**
武汉市辖区									500.00
蔡甸区									
江夏区	315.00	152.00		53.00					50.00
黄陂区									
新洲区									
黄石市						**3.00**	**1.40**	**1.60**	**10.00**
黄石市辖区									
大冶市									
阳新县						3.00	1.40	1.60	10.00
十堰市	**300.00**			**300.00**	**110.00**	**245.00**	**40.00**	**185.00**	**95.00**
十堰市辖区						20.00			
丹江口市						5.00		5.00	25.00
郧县					110.00				40.00
郧西县									
竹山县	300.00			300.00					
竹溪县									
房县						220.00	40.00	180.00	30.00
荆州市									**376.99**
荆州市辖区									9.80
江陵县									
松滋市									310.00
公安县									10.00
石首市									
监利县									40.00
洪湖市									7.19
宜昌市	**5150.50**	**1110.50**	**90.00**		**0.01**	**2205.00**	**44.00**	**2111.00**	**914.00**
宜昌市辖区	0.50	0.50			0.01				
夷陵区	500.00								
宜都市	1000.00	300.00							
枝江市									
当阳市									5.00
远安县	600.00					2140.00	40.00	2100.00	900.00
兴山县	900.00	750.00				15.00	4.00	11.00	9.00
秭归县	150.00	60.00	90.00			50.00			
长阳县									
五峰县	2000.00								
襄阳市	**5183.00**	**1403.00**	**901.00**	**2.00**	**86.50**	**4555.00**	**3375.00**	**1180.00**	**880.00**
襄阳市辖区	3.00		1.00	2.00	0.50				
老河口市									
襄州区									
枣阳市									
宜城市									
南漳县	900.00		900.00		20.00	5.00	5.00		
谷城县	800.00	3.00				2000.00	1500.00	500.00	400.00
保康县	3480.00	1400.00			66.00	2550.00	1870.00	680.00	480.00
鄂州市						**2.00**	**1.00**	**1.00**	**10.00**

续表3 单位：万株

	出圃苗数（续）								
	茶树	福鼎大白茶	鄂茶1号	鄂茶10号	桑苗	中药材	木本	草本	花卉
荆门市	**25.00**	**25.00**				**240.00**	**110.00**	**130.00**	**330.05**
荆门市辖区									0.05
沙洋县									250.00
钟祥市									
京山县	25.00	25.00				240.00	110.00	130.00	80.00
孝感市	**2452.82**	**1552.32**	**310.20**	**100.00**					**120.00**
孝南区	1000.00	300.00	200.00	100.00					
孝昌县	152.82	52.32	10.20						18.00
大悟县	1300.00	1200.00	100.00						
安陆市									2.00
云梦县									100.00
应城市									
汉川市									
黄冈市	**5544.00**	**3342.00**	**1456.00**		**1503.00**	**4410.00**	**80.00**	**120.00**	**186.00**
黄州区									5.00
团风县									
红安县									
麻城市					1500.00				
罗田县	20.00					4000.00			
英山县	5292.00	3120.00	1452.00			210.00	0.00	0.00	181.00
浠水县	32.00	22.00	4.00		3.00				
蕲春县	200.00	200.00				200.00	80.00	120.00	
武穴市									
黄梅县									
龙感湖									
咸宁市	**471.00**	**50.00**	**65.00**	**30.00**		**1013.15**	**1002.85**	**10.30**	**670.40**
咸安区	171.00	50.00	45.00						362.00
嘉鱼县									
赤壁市	100.00		20.00	30.00					300.00
通城县	200.00					1000.00	1000.00		
崇阳县									
通山县						13.15	2.85	10.30	8.40
随州市						**320.00**	**100.00**	**220.00**	**320.00**
曾都区									
随　县						320.00	100.00	220.00	320.00
广水市									
恩施自治州	**23090.00**	**4220.00**	**1230.00**	**5280.00**	**450.00**	**31470.00**	**5700.00**	**25770.00**	**1000.00**
恩施市	8840.00	3000.00							
利川市	2550.00		300.00	1450.00		25000.00	5000.00	20000.00	1000.00
建始县	400.00		50.00	150.00					
巴东县						5000.00	500.00	4500.00	
宣恩县	5600.00		600.00	3580.00		1470.00	200.00	1270.00	
咸丰县	2250.00	250.00							
来凤县	1550.00	970.00	280.00	100.00	450.00				
鹤峰县	1900.00								
仙桃市									**20.00**
天门市									
潜江市									**15.00**
神农架林区									

续表4　　　　单位：吨

	果树高接换种(万株)		柑桔园覆草栽培面积(公顷)	柑桔贮藏保鲜量		果实套袋数(万个)	果品商品化处理		
		梨			通风库贮藏		生产线(条)	时处理能力	处理数量
全省合计	**11762.79**	**11180.92**	**37594**	**372541**	**290270**	**8799.88**	**534**	**9315**	**1309829**
武汉市	**6.00**	**2.00**				**1000.00**			
武汉市辖区						1000.00			
蔡甸区									
江夏区	6.00	2.00							
黄陂区									
新洲区									
黄石市	**0.30**		**1**	**500**	**500**	**100.00**			
黄石市辖区									
大冶市									
阳新县	0.30		1	500	500	100.00			
十堰市	**29.50**		**1260**	**1580**	**1580**	**16.50**	**31**	**6008**	**1500**
十堰市辖区									
丹江口市	12.00		260	100	100		28	6000	
郧　县	16.50		1000	980	980	16.50	3	8	1500
郧西县									
竹山县									
竹溪县									
房　县	1.00			500	500				
荆州市	**13.03**	**0.61**	**37**	**1000**		**15.00**	**15**	**100**	**60000**
荆州市辖区				0	0				
江陵县									
松滋市	10.00		37	1000		15.00	15	100	60000
公安县									
石首市	0.03	0.01							
监利县	3.00	0.60							
洪湖市									
宜昌市	**323.50**	**20.00**	**32369**	**338900**	**266200**	**3305.50**	**329**	**3101**	**1234200**
宜昌市辖区	0.30		100	7500	7000		16	65	53000
夷陵区	60.00		20000	26000	19000		68	500	360000
宜都市							90	270	420000
枝江市	100.00	20.00	200	25000	20000	3000.00	90	1000	220000
当阳市			6666	200000	180000		12	800	150000
远安县	0.20		200			50.00	1	8	5000
兴山县	13.00		5200			250.00	5	250	25000
秭归县	150.00		3	40000		5.50	46	200	
长阳县				40000	40000				
五峰县				400	200		1	8	1200
襄阳市	**132.40**	**111.62**	**295**	**500**	**500**	**873.50**	**3**		
襄阳市辖区	80.00	80.00				200.00			
老河口市	30.00	30.00				500.00	2		
襄州区						20.00			
枣阳市	3.00					110.00			
宜城市									
南漳县	1.80		200	500	500	1.50			
谷城县	2.00	1.50				26.00			
保康县	15.60	0.12	95			16.00	1		
鄂州市	**2.00**	**1.00**	**1**	**18000**	**10000**	**100.00**			

续表5

单位:吨

	果树高接换种(万株)	梨	柑桔园覆草栽培面积(公顷)	柑桔贮藏保鲜量	通风库贮藏	果实套袋数(万个)	果品商品化处理		
							生产线(条)	时处理能力	处理数量
荆门市	**52.39**	**29.21**		**300**	**200**	**1.60**	**2**		
荆门市辖区	0.13	0.05				0.10			
沙洋县									
钟祥市	0.26	0.16							
京山县	52.00	29.00		300	200	1.50	2		
孝感市	**13.32**	**8.18**	**320**	**1420**	**1284**	**49.24**			**9**
孝南区	5.00	3.00							9
孝昌县	1.32	0.18	320	1420	1284	4.24			
大悟县									
安陆市	7.00	5.00							
云梦县									
应城市						45.00			
汉川市									
黄冈市	**1.00**		**1010**	**2906**	**2726**	**308.44**	**150**	**50**	**2000**
黄州区									
团风县				171					
红安县						8.44			
麻城市									
罗田县							150	50	2000
英山县									
浠水县				35	26				
蕲春县			10	700	700	300.00			
武穴市	1.00		1000	2000	2000				
黄梅县									
龙感湖									
咸宁市	**43.50**	**0.50**	**1900**	**1135**	**1130**	**410.10**	**1**	**6**	**1500**
咸安区			50	15	10				
嘉鱼县			50			5.00			
赤壁市	40.00		600	10	10	150.00			
通城县									
崇阳县	1.60	0.10		600	600	250.00			
通山县	1.90	0.40	1200	510	510	5.10	1	6	1500
随州市	**56.00**					**160.00**			
曾都区									
随　县	56.00					160.00			
广水市									
恩施自治州	**11087.85**	**11007.30**	**341**	**6300**	**6150**	**2450.00**	**3**	**50**	**10620**
恩施市	1.60	0.00				5.00			
利川市	11000.00	11000.00	2	300	150	1000.00			
建始县	4.00					300.00	1		620
巴东县	56.00			6000	6000				
宣恩县			333			950.00	2	50	10000
咸丰县									
来凤县	25.00	7.00				180.00			
鹤峰县	1.25	0.30	6			15.00			
仙桃市	**2.00**	**0.50**	**60**			**10.00**			
天门市									
潜江市									
神农架林区									

续表6

单位：公顷、吨

	果汁加工		水果罐头加工		茶园行间覆草面积	机械化采摘和修剪茶园面积	采茶机数量（台）	修剪机数量（台）	茶叶冷藏保鲜库(立方米)
	生产线(条)	生产量	生产线(条)	生产量					
全省合计	**71**	**22069**	**29**	**231500**	**31761**	**62324**	**11309**	**24804**	**19104**
武汉市							**7**	**12**	
武汉市辖区									
蔡甸区									
江夏区							7	12	
黄陂区									
新洲区									
黄石市									
黄石市辖区									
大冶市									
阳新县									
十堰市					**3820**	**4700**	**140**	**356**	**338**
十堰市辖区									
丹江口市					930			60	10
郧　县					1000		17	17	17
郧西县									
竹山县					500	3500		151	50
竹溪县					1300	400	112	85	161
房　县					90	800	11	43	100
荆州市	**1**	**1000**							
荆州市辖区									
江陵县									
松滋市	1	1000							
公安县									
石首市									
监利县									
洪湖市									
宜昌市	**2**	**500**	**16**	**205000**	**9161**	**12954**	**6315**	**7748**	**6172**
宜昌市辖区			1		10	20	20	30	2
夷陵区			3	50000	1000	3333	48	1143	5000
宜都市			4	50000	700	5000	5000	2500	50
枝江市	1		4	10000					
当阳市			2	50000					
远安县			1	30000	100	100	10	10	20
兴山县					350	500	15	35	
秭归县	1	500	1	15000	1	1	60	20	100
长阳县							200	200	
五峰县					7000	4000	962	3810	1000
襄阳市	**1**	**20000**	**1**	**20000**	**4005**	**561**	**120**	**268**	**506**
襄阳市辖区									
老河口市	1	20000	1	20000					
襄州区									
枣阳市							30	45	
宜城市									
南漳县					300	100	20	40	500
谷城县					5	1	20	80	
保康县					3700	460	50	103	6
鄂州市	**1**	**20**			**1**	**1**	**15**	**10**	**90**

续表7

单位:公顷、吨

	果汁加工		水果罐头加工		茶园行间覆草面积	机械化采摘和修剪茶园面积	采茶机数量(台)	修剪机数量(台)	茶叶冷藏保鲜库(立方米)
	生产线(条)	生产量	生产线(条)	生产量					
荆门市									**6**
荆门市辖区									5
沙洋县									1
钟祥市									
京山县									
孝感市	**65**	**49**			**3517**	**10996**	**60**	**7162**	**2152**
孝南区	65	49							
孝昌县					2687	4816		77	
大悟县					800	6000		7000	2000
安陆市					30	60	60	80	2
云梦县									
应城市						120		5	150
汉川市									
黄冈市					**1061**	**416**	**61**	**886**	**1587**
黄州区									
团风县						20	5	10	
红安县						1	26	20	2
麻城市					1000	350	12	50	20
罗田县									
英山县					1	4	4	751	1450
浠水县									55
蕲春县					20	2	2	40	60
武穴市					10	20	10	12	
黄梅县					30	20	2	3	
龙感湖									
咸宁市					**3200**	**3407**	**130**	**93**	**930**
咸安区					150	382		7	22
嘉鱼县					100			11	
赤壁市					300	300	50	10	100
通城县					2000	2000	50	50	800
崇阳县						600	30	15	8
通山县					650	125			
随州市			**12**	**6500**	**1200**	**1500**	**11**	**82**	**618**
曾都区									
随　县			12	6500	1200	1500	11	82	600
广水市									18
恩施自治州	**1**	**500**			**5797**	**27233**	**4448**	**8172**	**6705**
恩施市					1000	8000	150	750	2500
利川市					30	2000	300	450	1000
建始县						400	400	25	
巴东县					200	666		60	5
宣恩县	1	500			1667	2667	90	263	1600
咸丰县					2500	5500	500	1600	100
来凤县							8	24	
鹤峰县					400	8000	3000	5000	1500
仙桃市									
天门市									
潜江市									
神农架林区						**556**	**2**	**15**	

续表8　　　　　　　　　　　　　　　　　　　　　　　　　　　　　　　　　　单位:公顷、吨

	名优茶机械数量(台)	名优茶产量	机制名优茶	中药材深加工厂		秸秆覆盖栽培面积		省力化养蚕		方格簇应用(万片)
				加工厂(个)	加工量		果园	张数(万张)	产量	
全省合计	**39618**	**59767**	**44440**	**57**	**11780**	**28827**	**19805**	**505.35**	**2154**	**12365.10**
武汉市	**200**	**13**								
武汉市辖区										
蔡甸区										
江夏区	200									
黄陂区										
新洲区		13								
黄石市		**40**				**922**	**922**			
黄石市辖区										
大冶市										
阳新县		40				922	922			
十堰市	**5530**	**2717**	**2707**	**6**	**420**	**1130**	**1130**	**0.50**	**138**	**2310.00**
十堰市辖区										
丹江口市	120	60	60	1	70	130	130			
郧　县	75	65	60	2		1000	1000			2300.00
郧西县	30	25	20					0.50	138	10.00
竹山县	102	645	645							
竹溪县	5153	1672	1672	3	350					
房　县	50	250	250							
荆州市	**5**					**2202**	**2200**	**0.01**		
荆州市辖区						1				
江陵县										
松滋市						2200	2200			
公安县										
石首市	5					1		0.01		
监利县										
洪湖市										
宜昌市	**7880**	**17714**	**17110**			**11297**	**11197**	**502.80**	**1208**	**55.00**
宜昌市辖区	5	25	20							
夷陵区	600	5170	5170					0.30	120	45.00
宜都市	700	3000	3000			4330	4330			
枝江市										
当阳市						6667	6667			
远安县	265	320	280			300	200	2.50	1060	10.00
兴山县	30	250	200							
秭归县	80	300	240					500.00	28	
长阳县	1200	440								
五峰县	5000	8209	8200							
襄阳市	**481**	**3565**	**2350**	**3**		**4204**	**160**			
襄阳市辖区				1						
老河口市										
襄州区										
枣阳市										
宜城市										
南漳县	10	600	400							
谷城县	445	1285	900			4				
保康县	26	1680	1050	2		4200	160			
鄂州市	**10**	**150**	**130**			**3000**	**150**			

续表9 单位:公顷、吨

	名优茶机械数量(台)	名优茶产量	机制名优茶	中药材深加工厂 加工厂(个)	加工量	秸杆覆盖栽培面积	果园	省力化养蚕 张数(万张)	产量	方格簇应用(万片)
荆门市		**29**								
荆门市辖区		15								
沙洋县		1								
钟祥市										
京山县		13								
孝感市	**5045**	**2647**	**2495**			**1292**	**986**			
孝南区		0								
孝昌县		311	245			1232	986			
大悟县	5000	2226	2200							
安陆市	30	50	25			60				
云梦县										
应城市	15	60	25							
汉川市										
黄冈市	**15108**	**9875**	**523**	**36**	**9810**	**1031**	**1010**	**2.00**	**800**	**10000.00**
黄州区										
团风县	15	28	23							
红安县	423	488	236							
麻城市	60	60	55							
罗田县	100	40	20	20	1500			2.00	800	10000.00
英山县	13600	8900		2	1310	1				
浠水县	35	130	60							
蕲春县	400	160	120	14	7000	30	10			
武穴市	25	18	9			1000	1000			
黄梅县	450	51								
龙感湖										
咸宁市	**1120**	**6622**	**3014**	**1**	**100**	**1650**	**1550**			
咸安区	420	650	628							
嘉鱼县	80	110	80			200	200			
赤壁市	300	4610	1500			200	100			
通城县	300	1245	800	1	100					
崇阳县	20	7	6							
通山县						1250	1250			
随州市	**60**	**342**	**271**	**2**	**250**	**1200**				
曾都区										
随　县	50	275	250	2	250	1200				
广水市	10	67	21							
恩施自治州	**4178**	**15993**	**15780**	**7**	**1200**	**900**	**500**	**0.04**	**8**	**0.10**
恩施市	2300	4963	4900							
利川市	340	2400	2400	5	1000	200				
建始县										
巴东县	50	300	200	2	200			0.04	8	0.10
宣恩县	420	3500	3500							
咸丰县	250	330	330							
来凤县	18									
鹤峰县	800	4500	4450			700	500			
仙桃市										
天门市										
潜江市										
神农架林区	**1**	**60**	**60**	**2**						

全省主要油料作物良种面积、产量

单位:千公顷、吨

	面 积	产 量		面 积	产 量
油料良种合计	1415.14	—	(一)“双低”优质油菜	1121.25	2240690
一、花生良种	164.39	—	1、华油杂4号	21.60	34957
1、鄂花4号	7.14	—	2、华油杂6号	53.86	126097
2、鄂花5号	6.75	—	3、华油杂8号	37.93	85427
3、鄂花6号	19.25	—	4、华油杂9号	130.18	280713
4、中花4号	16.39	—	5、华油杂12号	57.01	125158
5、中花5号	15.21	—	6、华油杂13号	28.00	59210
6、中花6号	17.25	—	7、中油杂2号	61.69	109699
7、中花7号	8.84	—	8、中油杂4号	42.24	89351
8、中花8号	12.34	—	9、中油杂8号	31.85	63241
9、中花16	5.92	—	10、中油杂11号	81.58	156828
10、天府11号	18.70	—	11、中油杂12号	47.29	91688
11、其它	36.60	—	12、中双7号	11.91	23290
二、芝麻良种	73.08	—	13、中双9号	107.37	197825
1、鄂芝1号	6.32	—	14、中双10号	112.09	195767
2、鄂芝2号	2.51	—	15、华双4号	30.04	58832
3、鄂芝3号	5.74	—	16、华双5号	15.68	28669
4、中芝9号	9.80	—	17、广源58	6.33	11974
5、中芝10号	19.69	—	18、大地55	5.35	14122
6、其 它	29.02	—	19、其它	239.25	487843
三、油菜良种	1171.14	2317231	(二)其它良种油菜	49.89	76541

2010年主要油料良种

单位:千公顷

	油料良种面积合计	花生	鄂花6号	中花4号	中花5号	中花6号	天府11号
全省合计	**1415.14**	**164.39**	**19.25**	**16.39**	**15.21**	**17.25**	**18.70**
武汉市	**78.29**	**10.68**	**0.74**	**2.70**	**1.10**	**1.95**	**0.90**
武汉市辖区	4.10	0.17	0.08				
蔡甸区	3.97						
江夏区	18.21	2.68		1.20	1.10		
黄陂区	24.60	5.95		1.50		1.20	0.90
新洲区	27.41	1.88	0.66			0.75	
黄石市	**50.59**	**3.15**		**0.36**	**0.60**	**0.91**	
黄石市辖区	0.80	0.08				0.06	
大冶市	21.46	1.42		0.36		0.85	
阳新县	28.33	1.65			0.60		
十堰市	**73.85**	**16.42**	**5.45**	**0.02**		**0.03**	**0.50**
十堰市辖区	0.42	0.07					
丹江口市	6.81	0.91					
郧　县	11.53	1.81					
郧西县	10.56	2.28					
竹山县	21.23	8.25	4.95				
竹溪县	14.10	2.00	0.50				0.50
房　县	9.20	1.10		0.02		0.03	
荆州市	**250.63**	**1.10**	**0.08**	**0.38**	**0.18**		
荆州市辖区	22.70	0.05					
江陵县	22.40	0.32		0.32			
松滋市	36.00	0.33		0.06	0.18		
公安县	38.94	0.07	0.07				
石首市	25.45	0.01	0.01				
监利县	72.96	0.23					
洪湖市	32.18	0.09					
宜昌市	**107.30**	**10.12**		**1.31**	**1.57**	**0.35**	
宜昌市辖区	1.79	0.30					
夷陵区	11.16	0.90			0.22		
宜都市	9.18	0.73					
枝江市	22.23	1.54			0.80		
当阳市	31.08	3.46			0.35	0.35	
远安县	6.70	0.20					
兴山县	4.46	0.21		0.21			
秭归县	7.57	1.26		1.10			
长阳县	9.15	1.20			0.20		
五峰县	3.98	0.32					
襄阳市	**71.78**	**26.82**	**1.71**	**0.20**	**2.90**	**2.82**	**2.30**
襄阳市辖区							
老河口市	2.06	2.06	0.40	0.20	0.30	0.20	
襄州区	18.69	13.20			2.50	0.50	2.00
枣阳市	12.88	4.09	1.10			1.05	
宜城市	25.12	6.59				0.92	0.30
南漳县	4.84	0.40			0.10		
谷城县							
保康县	8.19	0.48	0.21			0.15	
鄂州市	**22.00**						

续表1　　　　单位:千公顷

	油料良种面积合计	花生	鄂花6号	中花4号	中花5号	中花6号	天府11号
荆门市	**140.18**	**16.63**	**3.03**	**3.27**	**1.09**	**0.58**	**1.00**
荆门市辖区	24.22	2.94		1.94			
沙洋县	47.28	3.32		1.00			1.00
钟祥市	46.37	6.42	0.03	0.33	1.09	0.26	
京山县	22.31	3.95	3.00			0.32	
孝感市	**109.02**	**22.92**	**0.67**	**0.29**	**0.67**	**4.39**	**9.73**
孝南区	15.87	1.18	0.01	0.05	0.06	0.12	0.24
孝昌县	15.42	3.55	0.06		0.40	0.56	0.48
大悟县	20.03	15.65				3.60	9.00
安陆市	10.10	1.37	0.47				
云梦县	7.00	0.29		0.22			
应城市	19.91	0.71	0.12	0.00	0.18	0.10	
汉川市	20.69	0.17	0.01	0.02	0.03	0.01	0.01
黄冈市	**217.84**	**32.70**	**5.63**	**7.43**	**4.40**	**1.95**	**1.85**
黄州区	4.28	0.14		0.08			
团风县	11.68	1.55		0.43	0.27	0.39	
红安县	27.93	14.31	3.93	1.62	1.49	0.71	1.55
麻城市	39.69	9.00	1.50	5.00		0.50	
罗田县	11.00	1.20		0.10	0.20		0.10
英山县	7.40	0.70			0.24		
浠水县	33.46	3.66			2.20		
蕲春县	24.28	1.00	0.20	0.20		0.20	
武穴市	28.19	0.55				0.15	0.20
黄梅县	29.60	0.59					
龙感湖	0.33						
咸宁市	68.64	5.88	0.18	0.13	0.75		
咸安区	27.62	2.54			0.75		
嘉鱼县	6.47	0.18	0.18				
赤壁市	18.59	0.79					
通城县	4.13	0.86					
崇阳县	8.06	0.98					
通山县	3.77	0.53		0.13			
随州市	**28.53**	**8.37**			**1.85**	**3.15**	**1.00**
曾都区	2.82	0.37					
随　县	11.81	3.00			1.05	1.95	
广水市	13.90	5.00			0.80	1.20	1.00
恩施自治州	**51.04**	**5.29**	**0.30**	**0.30**	**0.10**	**0.40**	**0.42**
恩施市	8.90	0.50					
利川市	5.80	0.50					
建始县	7.98	0.50		0.30			
巴东县	11.60	2.00	0.30			0.40	
宣恩县	3.40	0.70			0.10		0.20
咸丰县	4.71	0.50					
来凤县	5.42	0.37					0.22
鹤峰县	3.23	0.22					
仙桃市	**50.30**	**0.71**	**0.33**			**0.25**	
天门市	**58.46**	**3.47**	**1.00**			**0.47**	**1.00**
潜江市	**36.43**	**0.13**	**0.13**				
神农架林区	**0.26**						

续表2 单位:千公顷

	芝 麻	油 菜			"双低"优质油菜	
		中芝10号	面 积	产 量	面 积	产 量
全省合计	**73.08**	**19.69**	**1171.14**	**2317231**	**1121.25**	**2240690**
武汉市	**11.20**	**3.58**	**56.19**	**100934**	**52.50**	**94836**
武汉市辖区	2.52		1.41	3078	1.41	3078
蔡甸区			3.97	7490	3.97	7490
江夏区	5.80	2.50	9.73	15909	9.05	14989
黄陂区	1.65	0.60	16.80	32760	15.00	29250
新洲区	1.23	0.48	24.28	41697	23.07	40029
黄石市	**8.03**	**3.53**	**38.96**	**61653**	**35.41**	**55637**
黄石市辖区	0.18		0.48	1192	0.48	1192
大冶市	3.09		16.56	28040	13.01	22024
阳新县	4.76	3.53	21.92	32421	21.92	32421
十堰市	**13.06**	**1.62**	**43.15**	**62930**	**37.87**	**52002**
十堰市辖区	0.05		0.30	312	0.30	312
丹江口市	1.90		4.00	5879	4.00	5879
郧 县	3.51		5.07	7347	4.17	6042
郧西县	2.19		6.01	7786	6.01	7786
竹山县	1.81		11.17	15651	7.80	8548
竹溪县	2.60	1.60	9.50	15227	8.50	12777
房 县	1.00	0.02	7.10	10728	7.09	10658
荆州市	**5.96**	**1.33**	**242.97**	**530409**	**232.32**	**520348**
荆州市辖区			22.05	64967	22.05	64967
江陵县	0.73	0.73	21.35	62827	21.35	62827
松滋市	0.44	0.35	35.23	65240	35.23	65240
公安县	0.18	0.16	38.69	102264	38.69	102264
石首市	0.09	0.09	25.35	53864	25.35	53864
监利县	1.76		70.97	106573	60.32	96512
洪湖市	2.76		29.33	74674	29.33	74674
宜昌市	**2.39**	**0.39**	**94.41**	**196249**	**88.19**	**186839**
宜昌市辖区	0.05		1.44	2604	1.44	2604
夷陵区			10.26	19244	9.26	17320
宜都市	0.03		8.42	17613	8.42	17613
枝江市	0.69	0.39	20.00	50935	20.00	50935
当阳市	1.00		26.62	59485	26.62	59485
远安县			6.50	12540	6.50	12540
兴山县	0.11		3.85	6440	3.45	5800
秭归县	0.49		5.82	10845	5.82	10845
长阳县			7.95	11493	3.84	5687
五峰县	0.02		3.55	5050	2.84	4010
襄阳市	**3.93**	**0.75**	**40.75**	**107894**	**40.39**	**105683**
襄阳市辖区						
老河口市						
襄州区	1.00	0.10	4.49	14062	4.49	14062
枣阳市	1.35	0.30	7.44	22538	7.44	22538
宜城市	0.92	0.20	17.61	50812	17.25	48601
南漳县	0.51	0.15	3.90	8964	3.90	8964
谷城县						
保康县	0.15		7.31	11518	7.31	11518
鄂州市			**22.00**	**44000**	**22.00**	**44000**

续表3 单位:千公顷

	芝 麻	油 菜			“双低”优质油菜	
		中芝10号	面 积	产 量	面 积	产 量
荆门市	**5.40**	**2.80**	**118.15**	**284301**	**117.79**	**283372**
荆门市辖区	0.67	0.17	20.61	52424	20.54	52246
沙洋县	1.62	0.82	42.34	114050	42.10	113404
钟祥市	0.74	0.44	39.21	84104	39.21	84104
京山县	2.37	1.37	15.99	33723	15.94	33618
孝感市	**4.36**	**0.71**	**80.24**	**143138**	**77.43**	**140537**
孝南区	0.60	0.20	14.09	21856	12.43	20885
孝昌县	0.94	0.24	10.93	18527	10.72	18171
大悟县	0.06	0.02	4.32	6366	4.32	6366
安陆市	1.13		6.10	13414	6.10	13414
云梦县	0.26		6.45	15871	6.45	15871
应城市	0.87	0.25	18.33	29512	18.00	28990
汉川市	0.50		20.02	37592	19.41	36840
黄冈市	**6.24**	**0.99**	**178.24**	**331077**	**170.65**	**318127**
黄州区	0.28		3.86	5725	3.86	5725
团风县	1.14	0.16	8.99	17272	4.99	9625
红安县			13.62	21607	13.62	21607
麻城市			30.69	48530	27.60	44162
罗田县	0.80		8.50	16035	8.00	15100
英山县	0.50		6.04	12325	6.04	12325
浠水县	1.20	0.10	28.60	52983	28.60	52983
蕲春县	1.00	0.20	22.28	38515	22.28	38515
武穴市	0.61	0.15	27.03	62773	27.03	62773
黄梅县	0.71	0.38	28.30	54812	28.30	54812
龙感湖			0.33	500	0.33	500
咸宁市	**3.70**	**1.23**	**58.14**	**62491**	**58.12**	**62471**
咸安区	1.50	0.45	23.58	27698	23.58	27698
嘉鱼县	0.97	0.47	5.32	7585	5.32	7585
赤壁市	1.00	0.31	15.88	18269	15.88	18269
通城县	0.03		3.24	2147	3.22	2127
崇阳县	0.07		7.01	3834	7.01	3834
通山县	0.13		3.11	2958	3.11	2958
随州市	**3.29**	**1.90**	**16.57**	**26431**	**14.22**	**21778**
曾都区	0.30		2.15	4298		
随 县	1.69	1.20	7.12	9178	7.12	9178
广水市	1.30	0.70	7.30	12955	7.10	12600
恩施自治州	**0.50**		**45.25**	**59671**	**40.36**	**52705**
恩施市			8.40	10067	8.40	10067
利川市			5.30	6875	5.30	6875
建始县			7.48	9600	6.48	8650
巴东县	0.50		9.10	11860	8.10	10649
宣恩县			2.70	3847	2.20	3157
咸丰县			4.21	7950	3.23	5498
来凤县			5.05	6072	4.12	4954
鹤峰县			3.01	3400	2.53	2855
仙桃市	**2.33**	**0.58**	**47.26**	**110368**	**47.26**	**110368**
天门市	**1.52**		**53.47**	**93250**	**51.35**	**89552**
潜江市	**1.17**	**0.28**	**35.13**	**102099**	**35.13**	**102099**
神农架林区			**0.26**	**336**	**0.26**	**336**

续表4 单位:千公顷、吨

	“双低”优质油菜(续)							
	华油杂4号		华油杂6号		华油杂8号		华油杂9号	
	面积	产量	面积	产量	面积	产量	面积	产量
全省合计	**21.60**	**34957**	**53.86**	**126097**	**37.93**	**85427**	**130.18**	**280713**
武汉市	**2.10**	**3620**	**0.80**	**1446**	**0.20**	**390**	**2.19**	**4023**
武汉市辖区	0.10	350						
蔡甸区							1.34	2527
江夏区	2.00	3270						
黄陂区	2.00	3270	0.20	390	0.20	390		
新洲区			0.60	1056			0.85	1496
黄石市			**0.18**	**467**			**1.31**	**2217**
黄石市辖区			0.18	467				
大冶市							1.31	2217
阳新县								
十堰市	**6.95**	**8634**	**1.17**	**1880**	**1.50**	**2100**	**0.50**	**1000**
十堰市辖区								
丹江口市			0.67	980				
郧　县	0.70	1014						
郧西县	2.35	3105						
竹山县	3.90	4515						
竹溪县								
房　县			0.50	900	1.50	2100	0.50	1000
荆州市	**1.02**	**1890**	**26.88**	**68981**	**4.91**	**13197**	**78.93**	**183056**
荆州市辖区			3.54	10280	3.31	9907	0.90	2432
江陵县							21.35	62827
松滋市	1.02	1890	3.76	6960	1.14	2120	6.28	11630
公安县			19.40	51277			19.29	50987
石首市								
监利县							25.40	40640
洪湖市			0.18	464	0.46	1170	5.71	14540
宜昌市	**5.81**	**12549**	**8.40**	**20502**			**4.20**	**8930**
宜昌市辖区	0.39	804						
夷陵区	0.12	225					0.90	1700
宜都市								
枝江市			5.40	13752				
当阳市			3.00	6750			2.50	5630
远安县							0.80	1600
兴山县	2.50	4200						
秭归县	2.60	7020						
长阳县								
五峰县	0.20	300						
襄阳市			**2.20**	**5052**	**2.40**	**6823**	**1.60**	**4580**
襄阳市辖区								
老河口市								
襄州区			1.00	3132				
枣阳市							1.10	3400
宜城市					2.40	6823		
南漳县							0.50	1180
谷城县								
保康县			1.20	1920				
鄂州市								

	“双 低” 优 质 油 菜 (续)							
	华油杂4号		华油杂6号		华油杂8号		华油杂9号	
	面 积	产 量	面 积	产 量	面 积	产 量	面 积	产 量
荆门市	**0.07**	**142**	**2.11**	**6700**	**17.68**	**47606**	**3.87**	**10634**
荆门市辖区					4.00	11000		
沙洋县					9.00	25951		
钟祥市	0.07	142	2.11	6700	0.68	1593	3.87	10634
京山县					4.00	9062		
孝感市	**1.30**	**2206**	**3.63**	**6230**	**0.74**	**1212**	**6.81**	**12955**
孝南区	0.45	756					0.41	688
孝昌县					0.24	407	1.00	1695
大悟县								
安陆市			0.40	931			1.50	3285
云梦县								
应城市	0.60	966	3.00	4837	0.50	805	0.40	645
汉川市	0.25	484	0.23	462			3.50	6642
黄冈市	**1.61**	**2618**	**2.67**	**4476**	**2.21**	**4006**	**0.26**	**516**
黄州区			0.30	495	0.30	490		
团风县	0.26	510	0.13	256	0.90	1736	0.26	516
红安县	1.35	2108	1.74	2855	1.01	1780		
麻城市								
罗田县								
英山县								
浠水县								
蕲春县			0.50	870				
武穴市								
黄梅县								
龙感湖								
咸宁市	**0.53**	**502**	**0.24**	**235**	**1.82**	**1235**	**6.93**	**8317**
咸安区							5.15	6103
嘉鱼县							1.12	1598
赤壁市								
通城县					1.82	1235		
崇阳县								
通山县	0.53	502	0.24	235			0.66	616
随州市			**1.30**	**2307**	**4.22**	**5984**		
曾都区								
随　县					3.10	3996		
广水市			1.30	2307	1.12	1988		
恩施自治州	**2.21**	**2796**	**0.89**	**1070**	**2.25**	**2874**	**1.80**	**2224**
恩施市							0.90	1078
利川市					2.00	2510		
建始县								
巴东县	1.00	1341						
宣恩县					0.25	364	0.25	364
咸丰县								
来凤县	1.21	1455	0.89	1070			0.65	782
鹤峰县								
仙桃市							**4.75**	**11360**
天门市			**2.67**	**4656**			**16.00**	**27904**
潜江市			**0.72**	**2095**			**1.03**	**2997**
神农架林区								

续表6 单位:千公顷、吨

	“双低”优质油菜(续)					
	华油杂12号		华油杂13号		中油杂2号	
	面积	产量	面积	产量	面积	产量
全省合计	**57.01**	**125158**	**28.00**	**59210**	**61.69**	**109699**
武汉市	**1.48**	**2767**	**0.13**	**252**	**2.40**	**4604**
武汉市辖区						
蔡甸区	0.93	1761	0.13	252		
江夏区						
黄陂区	0.20	390			2.00	3900
新洲区	0.35	616			0.40	704
黄石市						
黄石市辖区						
大冶市						
阳新县						
十堰市	**0.80**	**950**			**4.57**	**6244**
十堰市辖区						
丹江口市					0.67	980
郧县					0.70	1014
郧西县					3.20	4250
竹山县						
竹溪县						
房县	0.80	950				
荆州市	**13.76**	**36359**	**4.55**	**8430**	**0.92**	**1732**
荆州市辖区	6.87	20309			0.05	122
江陵县						
松滋市	2.03	3750	4.55	8430	0.87	1610
公安县						
石首市	0.53	1280				
监利县						
洪湖市	4.33	11020				
宜昌市	**6.69**	**14557**	**3.00**	**6750**	**0.44**	**640**
宜昌市辖区						
夷陵区						
宜都市						
枝江市	1.40	3565				
当阳市	2.47	5600	3.00	6750		
远安县	1.20	2380				
兴山县						
秭归县	1.62	3012				
长阳县					0.44	640
五峰县						
襄阳市	**2.95**	**8063**	**0.70**	**2120**	**4.60**	**10277**
襄阳市辖区						
老河口市						
襄州区						
枣阳市	0.60	1815	0.70	2120		
宜城市	1.55	4356			2.20	6485
南漳县	0.80	1892				
谷城县						
保康县					2.40	3792
鄂州市					**22.00**	**44000**

续表7　　　　　　　　　　　　　　　　　　　　　　　　单位:千公顷、吨

	“双低”优质油菜(续)					
	华油杂12号		华油杂13号		中油杂2号	
	面积	产量	面积	产量	面积	产量
荆门市	**5.13**	**13394**	**2.31**	**5427**	**3.20**	**8344**
荆门市辖区	1.00	2750			1.00	2750
沙洋县	2.00	5767			1.00	2883
钟祥市	1.13	2611	2.31	5427	0.20	445
京山县	1.00	2266			1.00	2266
孝感市	**6.91**	**12164**	**3.66**	**6651**	**1.87**	**2755**
孝南区	0.44	738				
孝昌县	1.57	2661	1.46	2475		
大悟县					1.87	2755
安陆市	1.50	3285				
云梦县						
应城市	3.40	5480				
汉川市			2.20	4176		
黄冈市	**10.96**	**20160**	**8.38**	**14275**	**5.68**	**8994**
黄州区	0.54	815	1.86	2845		
团风县	0.42	820			0.45	870
红安县			1.52	2167	1.33	1987
麻城市					2.50	3261
罗田县						
英山县					1.20	2528
浠水县	10.00	18525	5.00	9263		
蕲春县					0.20	348
武穴市						
黄梅县						
龙感湖						
咸宁市	**1.63**	**2226**			**5.00**	**6457**
咸安区	0.38	443				
嘉鱼县	1.25	1783			2.13	3036
赤壁市					2.38	2950
通城县						
崇阳县						
通山县					0.49	471
随州市	**1.15**	**2041**				
曾都区						
随　县						
广水市	1.15	2041				
恩施自治州	**0.75**	**899**			**7.68**	**9845**
恩施市	0.75	899			2.38	2853
利川市						
建始县						
巴东县						6555
宣恩县					0.30	437
咸丰县						
来凤县						
鹤峰县						
仙桃市	**4.80**	**11578**				
天门市					**3.33**	**5807**
潜江市			**5.27**	**15305**		
神农架林区						

续表8　　单位：千公顷、吨

	"双低"优质油菜（续）					
	中油杂4号		9、中油杂8号面积		10、中油杂11号面积	
	面积	产量	面积	产量	面积	产量
全省合计	**42.24**	**89351**	**31.85**	**63241**	**81.58**	**156828**
武汉市	**0.70**	**1327**			**0.56**	**1056**
武汉市辖区						
蔡甸区					0.56	1056
江夏区						
黄陂区	0.50	975				
新洲区	0.20	352				
黄石市	**5.57**	**9468**			**13.56**	**20932**
黄石市辖区	0.10	208			0.20	517
大冶市	5.47	9260			3.06	5181
阳新县					10.30	15234
十堰市	**1.03**	**1454**	**4.00**	**4153**	**3.16**	**4650**
十堰市辖区						
丹江口市	0.33	475				
郧　县	0.40	579				
郧西县						
竹山县			3.90	4033		
竹溪县					3.00	4370
房　县	0.30	400	0.10	120	0.16	280
荆州市	**3.95**	**11690**	**4.62**	**11260**	**22.62**	**40079**
荆州市辖区	3.60	10800			2.65	7809
江陵县						
松滋市			0.72	1330	1.27	2350
公安县						
石首市						
监利县					18.70	29920
洪湖市	0.35	890	3.90	9930		
宜昌市	**4.85**	**7488**	**4.90**	**10021**	**7.57**	**16659**
宜昌市辖区					0.45	800
夷陵区					0.92	1750
宜都市						
枝江市	1.60	4075	1.10	2801	1.70	4329
当阳市			2.00	4500	3.50	7880
远安县					1.00	1900
兴山县	0.65	1100				
秭归县	1.60	813				
长阳县	0.80	1200	1.50	2220		
五峰县	0.20	300	0.30	500		
襄阳市	**1.00**	**3132**	**4.96**	**12329**	**4.50**	**12790**
襄阳市辖区						
老河口市						
襄州区	1.00	3132	1.00	3132		
枣阳市					1.90	5746
宜城市			2.45	6751	1.90	5461
南漳县					0.70	1583
谷城县						
保康县			1.51	2446		
鄂州市						

续表9 单位:千公顷、吨

	“双低”优质油菜（续）					
	中油杂4号		9、中油杂8号面积		10、中油杂11号面积	
	面积	产量	面积	产量	面积	产量
荆门市	**12.98**	**35461**	**1.78**	**4536**	**2.13**	**4750**
荆门市辖区	4.00	11000				
沙洋县	6.00	17301				
钟祥市	0.98	2629	1.78	4536	2.13	4750
京山县	2.00	4531				
孝感市	**3.87**	**6686**	**6.95**	**13367**	**4.18**	**7044**
孝南区	1.56	2621	0.35	588	1.20	2016
孝昌县			0.87	1475	0.93	1576
大悟县	0.78	1149			1.45	2138
安陆市			0.80	1752	0.60	1314
云梦县	0.53	1305	0.53	1305		
应城市	1.00	1611	0.40	645		
汉川市			4.00	7602		
黄冈市	**3.50**	**6632**	**0.71**	**1055**	**2.29**	**4131**
黄州区						
团风县	0.17	326	0.21	403	0.19	370
红安县	1.23	2112				
麻城市			0.50	652		
罗田县	1.00	1875				
英山县	1.10	2319				
浠水县						
蕲春县						
武穴市						
黄梅县					2.10	3761
龙感湖						
咸宁市	**0.51**	**495**				
咸安区						
嘉鱼县						
赤壁市						
通城县						
崇阳县						
通山县	0.51	495				
随州市	**4.02**	**5182**	**0.68**	**1207**		
曾都区						
随　县	4.02	5182				
广水市			0.68	1207		
恩施自治州			**0.58**	**657**	**7.14**	**9465**
恩施市					1.94	2325
利川市					3.30	4365
建始县						
巴东县					1.10	1442
宣恩县					0.40	582
咸丰县					0.40	751
来凤县						
鹤峰县			0.58	657		
仙桃市					**4.22**	**11091**
天门市			**2.67**	**4656**	**3.33**	**5807**
潜江市					**6.32**	**18374**
神农架林区	**0.26**	**336**				

续表10

单位：千公顷、吨

	“双低”优质油菜（续）							
	11、中油杂12号面积		12、中双7号面积		13、中双9号面积		14、中双10号面积	
	面积	产量	面积	产量	面积	产量	面积	产量
全省合计	**47.29**	**91688**	**11.91**	**23290**	**107.37**	**197825**	**112.09**	**195767**
武汉市	**1.72**	**3186**	**1.71**	**3093**	**18.14**	**32899**	**10.84**	**19415**
武汉市辖区	0.15	269	0.36	747	0.36	747		
蔡甸区	0.47	885						
江夏区					2.30	3854	3.50	5823
黄陂区	0.50	976	0.20	391	5.80	11310	4.40	8580
新洲区	0.60	1056	1.15	1955	9.68	16988	2.94	5012
黄石市					**3.60**	**5325**	**4.60**	**6804**
黄石市辖区								
大冶市								
阳新县					3.60	5325	4.60	6804
十堰市	**3.60**	**5309**			**3.03**	**4485**	**0.05**	**100**
十堰市辖区								
丹江口市					1.53	2254		
郧　县					1.30	1881		
郧西县								
竹山县								
竹溪县	3.50	5159						
房　县	0.10	150			0.20	350	0.05	100
荆州市	**7.60**	**18350**	**1.53**	**3980**	**14.95**	**32135**	**20.53**	**41247**
荆州市辖区			1.00	3000				
江陵县								
松滋市	1.44	2670	0.53	980	5.01	9280	3.16	5850
公安县								
石首市					7.88	17615	12.37	27397
监利县							5.00	8000
洪湖市	6.16	15680			2.06	5240		
宜昌市	**8.57**	**18351**	**2.10**	**4506**	**9.72**	**22902**	**1.50**	**3080**
宜昌市辖区			0.60	1000				
夷陵区					0.62	1150		
宜都市	4.07	8521						
枝江市			1.20	3056	6.90	17572		
当阳市	3.50	7880			0.70	1580	0.70	1580
远安县	1.00	1950			1.00	1800	0.80	1500
兴山县					0.30	500		
秭归县								
长阳县								
五峰县			0.30	450	0.20	300		
襄阳市	**3.10**	**9187**			**2.40**	**5534**	**1.40**	**3790**
襄阳市辖区								
老河口市								
襄州区							0.50	1566
枣阳市	2.10	6355			0.80	2430		
宜城市	1.00	2832			0.30	895	0.50	1327
南漳县					0.20	438	0.40	897
谷城县								
保康县					1.10	1771		
鄂州市								

续表11

单位:千公顷、吨

	“双 低” 优 质 油 菜 (续)							
	11、中油杂12号面积		12、中双7号面积		13、中双9号面积		14、中双10号面积	
	面 积	产 量	面 积	产 量	面 积	产 量	面 积	产 量
荆门市			**0.53**	**1110**	**5.20**	**13699**	**0.25**	**602**
荆门市辖区					1.00	2750		
沙洋县					2.00	5767		
钟祥市			0.53	1110	1.00	2463	0.25	602
京山县					1.20	2719		
孝感市	**6.60**	**11556**	**4.76**	**8753**	**2.48**	**4957**	**3.40**	**5588**
孝南区	0.31	521			0.35	587	1.45	2436
孝昌县	1.16	1966	0.36	610	0.47	797	0.53	898
大悟县							0.22	324
安陆市	0.60	1314						
云梦县	0.53	1305			1.06	2608		
应城市	4.00	6450	0.20	320	0.60	965	1.20	1930
汉川市			4.20	7823				
黄冈市	**1.18**	**2177**	**0.50**	**910**	**31.54**	**54958**	**43.33**	**84214**
黄州区					0.23	345	0.16	245
团风县	0.18	346	0.20	392	0.21	396	0.21	380
红安县					1.30	2108	1.36	1990
麻城市					6.20	8192	4.70	6250
罗田县					1.00	1875	2.00	3750
英山县					0.80	1601	2.60	5198
浠水县	0.80	1483			6.00	11115	6.80	12597
蕲春县	0.20	348	0.30	518	6.50	11213	6.00	10350
武穴市							13.30	31450
黄梅县					9.10	17813	6.10	11814
龙感湖					0.20	300	0.10	190
咸宁市	**3.08**	**3332**			**11.14**	**10753**	**20.54**	**20906**
咸安区					6.95	8195	5.22	6112
嘉鱼县								
赤壁市	2.38	2950					11.12	12369
通城县							1.40	892
崇阳县	0.70	382			3.51	1919	2.80	1533
通山县					0.68	639		
随州市	**0.38**	**674**					**0.70**	**1242**
曾都区								
随 县								
广水市	0.38	674					0.70	1242
恩施自治州	**7.57**	**10186**	**0.78**	**938**	**2.41**	**3102**	**1.73**	**2361**
恩施市					1.40	1678	1.03	1234
利川市								
建始县	6.48	8650						
巴东县								
宣恩县					0.40	564	0.30	423
咸丰县	0.40	754			0.61	860	0.40	704
来凤县			0.78	938				
鹤峰县	0.69	782						
仙桃市	**3.89**	**9380**			**1.36**	**3052**	**1.55**	**3506**
天门市							**1.67**	**2912**
潜江市					**1.40**	**4024**		
神农架林区								

续表12

单位：千公顷、吨

	"双 低" 优 质 油 菜（续）						其它良种油菜	
	15、华双4号面积		16、华双5号面积		其 它			
	面 积	产 量	面 积	产 量	面 积	产 量	面 积	产 量
全省合计	**30.04**	**58832**	**15.68**	**28669**	**250.93**	**513939**	**49.89**	**76541**
武汉市	**3.27**	**5643**	**3.03**	**5151**	**3.23**	**5964**	**3.69**	**6098**
武汉市辖区					0.44	965		
蔡甸区					0.54	1009		
江夏区					1.25	2042	0.68	920
黄陂区					1.00	1948	1.80	3510
新洲区	3.27	5643	3.03	5151			1.21	1668
黄石市	**3.42**	**5058**	**3.17**	**5366**			**3.55**	**6016**
黄石市辖区								
大冶市			3.17	5366			3.55	6016
阳新县	3.42	5058						
十堰市	**1.55**	**2164**	**0.57**	**718**	**5.39**	**8161**	**5.28**	**10928**
十堰市辖区			0.30	312				
丹江口市	0.53	784	0.27	406				
郧　县	0.42	580			0.65	974	0.90	1305
郧西县					0.46	431		
竹山县							3.37	7103
竹溪县					2.00	3248	1.00	2450
房　县	0.60	800			2.28	3508	0.01	70
荆州市	**1.03**	**2620**	**1.35**	**2540**	**23.17**	**42802**	**10.65**	**10061**
荆州市辖区					0.13	308		
江陵县								
松滋市			1.35	2540	2.10	3850		
公安县								
石首市					4.57	7572		
监利县					11.22	17952	10.65	10061
洪湖市	1.03	2620			5.15	13120		
宜昌市	**0.10**	**200**	**1.00**	**2345**	**19.34**	**37359**	**6.22**	**9410**
宜昌市辖区								
夷陵区					6.70	12495	1.00	1924
宜都市					4.35	9092		
枝江市			0.30	765	0.40	1020		
当阳市			0.70	1580	4.55	9755		
远安县					0.70	1410		
兴山县							0.40	640
秭归县								
长阳县					1.10	1627	4.11	5806
五峰县	0.10	200			1.54	1960	0.71	1040
襄阳市	**1.20**	**2686**	**0.20**	**401**	**7.18**	**18919**	**0.36**	**2211**
襄阳市辖区								
老河口市								
襄州区	0.50	1566			0.49	1534		
枣阳市					0.24	672		
宜城市					4.95	13671	0.36	2211
南漳县			0.10	241	1.20	2733		
谷城县								
保康县	0.70	1120	0.10	160	0.30	309		
鄂州市								

续表13

单位：千公顷、吨

	"双 低"优 质 油 菜（续）						其它良种油菜	
	15、华双4号面积		16、华双5号面积		其 它			
	面 积	产 量	面 积	产 量	面 积	产 量	面 积	产 量
荆门市	**0.17**	**361**			**60.38**	**130606**	**0.36**	**929**
荆门市辖区					9.54	21996	0.07	178
沙洋县					22.10	55735	0.24	646
钟祥市	0.17	361			22.00	40101	0.00	0
京山县					6.74	12774	0.05	105
孝感市	**0.50**	**800**	**1.92**	**3614**	**17.85**	**33999**	**2.81**	**2601**
孝南区					5.91	9934	1.66	971
孝昌县			0.89	1509	1.24	2102	0.21	356
大悟县								
安陆市					0.70	1533		
云梦县			0.53	1305	3.27	8043		
应城市	0.50	800	0.50	800	1.70	2736	0.33	522
汉川市					5.03	9651	0.61	752
黄冈市	**17.98**	**38132**	**2.35**	**4097**	**35.50**	**66777**	**7.59**	**12950**
黄州区					0.47	490		
团风县	0.16	312	0.14	286	0.90	1706	4.00	7647
红安县	0.92	1475	0.78	1223	1.08	1802		
麻城市	1.00	1400			12.70	24407	3.09	4368
罗田县					4.00	7600	0.50	935
英山县					0.34	679		
浠水县								
蕲春县	2.40	4140	1.20	2070	4.98	8659		
武穴市	13.50	30805	0.23	518				
黄梅县					11.00	21424		
龙感湖					0.03	10		
咸宁市	**0.82**	**1168**			**5.88**	**6845**	**0.02**	**20**
咸安区					5.88	6845		
嘉鱼县	0.82	1168						
赤壁市								
通城县							0.02	20
崇阳县								
通山县								
随州市					**1.77**	**3141**	**2.35**	**4653**
曾都区							2.15	4298
随　县								
广水市					1.77	3141	0.20	355
恩施自治州			**0.40**	**706**	**4.17**	**5582**	**4.89**	**6966**
恩施市								
利川市								
建始县							1.00	950
巴东县					1.00	1311	1.00	1211
宣恩县					0.30	423	0.50	690
咸丰县			0.40	706	1.02	1723	0.98	2452
来凤县					0.59	709	0.93	1118
鹤峰县					1.26	1416	0.48	545
仙桃市					**26.69**	**60401**		
天门市			**1.00**	**1744**	**20.68**	**36066**	**2.12**	**3698**
潜江市			**0.69**	**1987**	**19.70**	**57317**		
神农架林区								

全省主要粮食作物优质专用品种生产情况

单位:千公顷、吨

	面 积	产 量		面 积	产 量
粮食作物优质专用品种	3205.99	20024530	3、晚稻	363.01	2596647
其中:优质水稻合计	1826.08	14293742	(1)鄂晚15	6.21	41453
1、早稻	323.78	2031428	(2)鄂晚17	26.69	180263
(1)鄂早18	65.13	416096	(3)金优38	17.51	120232
(2)嘉育948	21.30	150890	(4)金优207	34.58	291766
(3)金优402	48.55	300802	(5)金优928	88.06	655155
(4)两优287	70.41	455682	(6)荆楚优148	28.13	201187
(5)两优42	14.06	92195	(7)中9优288	58.95	389867
(6)其 它	104.33	615765	(8)其 它	102.88	716724
2、中稻	1139.29	9665667	优质专用小麦	821.49	3506939
(1)扬两优6号	180.25	1572117	1、强筋小麦	575.98	2506368
(2)鉴真2号	14.07	119768	其中:郑麦9023	548.24	2381700
(3)丰两优香1号	174.20	1517639	2、中筋小麦	209.46	879339
(4)两优培九	150.51	1397559	其中:鄂麦15	18.22	95334
(5)鄂荆糯7号	3.83	21860	鄂麦18	75.40	363778
(6)丰两优1号	16.23	133333	鄂麦19	2.59	6339
(7)黄华占	15.06	113691	鄂麦23	58.43	273689
(8)珞优8号	61.77	496422	3、弱筋小麦	36.05	121233
(9)鄂中5号	12.59	100415	优质专用玉米	196.86	853815
(10)Q优6号	72.74	583557	优质专用大豆	61.19	158693
(11)鄂香1号	5.45	50069	脱毒薯类	124.05	523513
(12)其 它	432.59	3559238	其中:马铃薯	110.60	433199

2010年主要优质粮食

单位：千公顷、吨

	优质专用粮食合计		优质水稻					
					早稻			
							鄂早18	
	面积	产量	面积	产量	面积	产量	面积	产量
全省合计	**3205.99**	**20024530**	**1826.08**	**14293742**	**323.78**	**2031428**	**65.13**	**416096**
武汉市	**151.70**	**1002845**	**114.64**	**774694**	**34.23**	**202298**	**12.98**	**81748**
武汉市辖区	3.93	23103	0.72	6354	0.06	430	0.06	430
蔡甸区	14.38	99882	10.79	79036	1.20	7619		835
江夏区	33.55	211509	25.44	157911	7.53	31641	1.00	6390
黄陂区	51.90	391598	38.10	281743	12.50	84388	3.20	22440
新洲区	47.94	276753	39.59	249650	12.94	78220	8.72	51653
黄石市	**124.68**	**630458**	**84.10**	**472421**	**32.31**	**175851**	**0.85**	**4664**
黄石市辖区	1.70	7925	0.91	5377	0.36	1765		
大冶市	58.81	280810	40.10	215586	16.25	89163	0.85	4664
阳新县	64.17	341723	43.09	251458	15.70	84923		
十堰市	**140.84**	**537727**	**27.05**	**180832**				
十堰市辖区	0.70	2380	0.24	1156				
丹江口市	16.96	74000	3.30	23000				
郧　县	53.75	212206	6.48	40626				
郧西县	8.20	28019						
竹山县	12.03	45110	5.83	26150				
竹溪县	26.10	101112	4.50	43000				
房　县	23.10	74900	6.70	46900				
荆州市	**486.24**	**3330002**	**365.56**	**2882970**	**69.97**	**493442**	**4.38**	**28162**
荆州市辖区	33.05	244500	17.13	156223	1.95	16620	0.02	171
江陵县	45.16	353493	28.95	290021	0.10	782		
松滋市	61.19	342924	43.74	287886	10.24	62345	2.22	13515
公安县	84.21	541291	60.92	467669	15.09	102825		
石首市	33.47	254490	30.31	242423	6.80	45252	1.62	10781
监利县	165.08	1240710	143.98	1181637	31.83	241058		
洪湖市	64.08	352594	40.53	257111	3.96	24560	0.52	3695
宜昌市	**149.19**	**885924**	**66.41**	**546696**	**6.00**	**47200**	**2.20**	**17307**
宜昌市辖区	1.80	9460	0.40	2950				
夷陵区	8.58	77850	5.88	43750				
宜都市	3.42	24479	3.00	23175				
枝江市	44.12	258085	21.62	170076	6.00	47200	2.20	17307
当阳市	42.94	314448	26.34	239000				
远安县	5.70	43980	5.00	41250				
兴山县	8.70	31450	0.95	5700				
秭归县	17.00	82896	2.45	16652				
长阳县	7.83	20991	0.67	3658				
五峰县	9.10	22285	0.10	485				
襄阳市	**553.97**	**3893877**	**164.77**	**1688430**				
襄阳市辖区	48.20	320321	12.00	184018				
老河口市	47.61	295583	10.23	95690				
襄州区	124.33	985337	43.33	452114				
枣阳市	174.88	1309438	48.74	481353				
宜城市	73.24	557284	24.53	254941				
南漳县	55.43	300415	22.65	196535				
谷城县								
保康县	30.28	125499	3.29	23779				
鄂州市	**15.50**	**91600**	**11.50**	**80400**	**4.00**	**24000**	**3.00**	**18000**

续表1　　　　　　单位：千公顷、吨

	优质专用粮食合计		优质水稻		早稻		鄂早18	
	面积	产量	面积	产量	面积	产量	面积	产量
荆门市	**146.60**	**1115127**	**86.49**	**855202**	**5.30**	**44124**	**1.00**	**8220**
荆门市辖区	16.58	123861	11.00	96972				
沙洋县	28.80	229324	17.30	172684	0.30	3024		
钟祥市	39.03	358202	20.00	274000				
京山县	62.19	403740	38.19	311546	5.00	41100	1.00	8220
孝感市	**270.02**	**1784952**	**172.18**	**1454190**	**21.12**	**134086**	**7.24**	**48285**
孝南区	42.63	228315	26.86	171159	3.40	21652	1.20	7634
孝昌县	34.46	248719	25.12	218700	3.05	17200	2.30	16836
大悟县	10.12	66525	4.98	49315	0.39	2110	0.02	114
安陆市	26.44	194943	15.70	152842				
云梦县	36.52	246307	22.42	194425	4.25	28333		
应城市	46.30	317970	34.67	278150	7.67	50945	3.20	20640
汉川市	73.55	482173	42.43	389599	2.36	13846	0.52	3061
黄冈市	**369.78**	**2460683**	**311.39**	**2283790**	**103.58**	**644118**	**20.04**	**129842**
黄州区	14.65	74119	7.34	53877	2.39	13878	0.05	266
团风县	21.37	119018	17.26	103180	7.19	30140	0.61	2557
红安县	25.36	153784	24.03	150002	6.82	33012	1.63	7842
麻城市	49.43	383481	40.93	350471	14.83	105369	2.10	17500
罗田县	13.30	88370	10.10	78470	0.20	1350		
英山县	30.77	148877	14.20	115470	0.75	5307		
浠水县	54.71	396743	51.53	386779	21.20	127212	0.80	4806
蕲春县	51.80	353253	46.80	332666	16.50	96348	5.60	31248
武穴市	54.89	372514	51.60	358959	20.42	128002	6.45	40323
黄梅县	50.37	347324	44.47	330716	13.28	103500	2.80	25300
龙感湖	3.13	23200	3.13	23200				
咸宁市	**155.91**	**948714**	**135.87**	**881318**	**34.12**	**181335**	**7.51**	**41745**
咸安区	28.14	172222	26.13	166949	1.76	8779		
嘉鱼县	28.77	186166	19.50	140353	2.94	14052		
赤壁市	31.68	198286	31.46	197624	8.47	44846	4.21	22290
通城县	30.38	195490	28.34	193527	13.00	73948	2.50	14220
崇阳县	28.43	151894	24.29	146215	7.42	37220	0.80	5235
通山县	8.51	44656	6.15	36650	0.53	2490		
随州市	**172.29**	**989226**	**91.69**	**615824**				
曾都区	29.81	177257	13.29	112633				
随　县	106.98	533248	57.90	289090				
广水市	35.50	278721	20.50	214101				
恩施自治州	**203.72**	**644708**	**43.86**	**262221**				
恩施市	54.83	198878	9.58	49674				
利川市	10.00	60000	10.00	60000				
建始县	43.34	63666	3.69	25466				
巴东县	42.80	80278	1.90	10647				
宣恩县	7.20	31770	3.00	18450				
咸丰县	5.15	29110	5.15	29110				
来凤县	28.60	134327	8.99	58622				
鹤峰县	11.80	46679	1.55	10252				
仙桃市	**89.71**	**698087**	**61.40**	**588939**	**2.88**	**19946**	**0.93**	**6463**
天门市	**112.34**	**619138**	**56.11**	**440893**	**10.27**	**65028**	**5.00**	**31660**
潜江市	**63.50**	**391462**	**33.06**	**284922**				
神农架林区								

续表2

单位：千公顷、吨

	优质早稻（续）							
	嘉育948		金优402		两优287		两优42	
	面积	产量	面积	产量	面积	产量	面积	产量
全省合计	**21.30**	**150890**	**48.55**	**300802**	**70.41**	**455682**	**14.06**	**92195**
武汉市	**0.90**	**5673**	**5.07**	**33989**	**8.23**	**53653**	**0.28**	**1609**
武汉市辖区								
蔡甸区		115	0.20	1136	0.22	1219	0.28	1609
江夏区	0.50	3195	1.06	6773	2.00	12780		
黄陂区			3.20	22420	2.80	19110		
新洲区	0.40	2363	0.61	3660	3.21	20544		
黄石市	**0.30**	**1623**	**6.30**	**34077**	**1.30**	**7132**		
黄石市辖区					0.10	548		
大冶市					1.20	6584		
阳新县	0.30	1623	6.30	34077				
十堰市								
十堰市辖区								
丹江口市								
郧　县								
郧西县								
竹山县								
竹溪县								
房　县								
荆州市	**13.41**	**99857**	**2.57**	**19408**	**28.87**	**203155**	**6.95**	**51769**
荆州市辖区	0.10	852	1.40	12003	0.20	1650	0.20	1700
江陵县					0.10	782		
松滋市	2.34	14250	0.89	5415	2.07	12605	0.65	3955
公安县					15.09	102825		
石首市	2.15	18318			0.51	3475		
监利县	8.02	60752			9.30	70448	5.90	44693
洪湖市	0.80	5685	0.28	1990	1.60	11370	0.20	1421
宜昌市			**2.20**	**17300**	**1.20**	**9440**	**0.40**	**3153**
宜昌市辖区								
夷陵区								
宜都市								
枝江市			2.20	17300	1.20	9440	0.40	3153
当阳市								
远安县								
兴山县								
秭归县								
长阳县								
五峰县								
襄阳市								
襄阳市辖区								
老河口市								
襄州区								
枣阳市								
宜城市								
南漳县								
谷城县								
保康县								
鄂州市			**1.00**	**6000**				

续表3　　单位：千公顷、吨

	优质早稻（续）							
	嘉育948		金优402		两优287		两优42	
	面积	产量	面积	产量	面积	产量	面积	产量
荆门市	**2.00**	**16440**			**1.00**	**8220**		
荆门市辖区								
沙洋县								
钟祥市								
京山县	2.00	16440			1.00	8220		
孝感市	**1.55**	**9725**	**1.15**	**8019**	**1.46**	**9741**		
孝南区	1.21	7682			0.07	454		
孝昌县								
大悟县	0.02	2	0.25	1425	0.10	569		
安陆市								
云梦县	0.32	2041	0.69	5175	0.40	3000		
应城市			0.11	832	0.27	2080		
汉川市			0.10	587	0.62	3638		
黄冈市	**0.20**	**1110**	**23.81**	**147180**	**17.13**	**99004**	**6.02**	**33463**
黄州区			0.57	2975	0.23	1260		
团风县			0.36	1509	3.10	12995	3.12	13079
红安县			3.44	16652	1.23	5982		
麻城市			6.24	47300	1.25	850		
罗田县			0.10	675			0.10	675
英山县			0.10	624	0.35	2545	0.30	2138
浠水县			6.00	36045	3.00	18023	1.50	9011
蕲春县	0.20	1110	6.50	38025	2.60	16575	0.20	1200
武穴市			0.50	3375	3.70	25644		
黄梅县					1.67	15130	0.80	7360
龙感湖								
咸宁市	**1.98**	**9790**	**6.45**	**34829**	**7.55**	**41482**	**0.41**	**2201**
咸安区			0.90	4492	0.43	2171		
嘉鱼县			0.34	1620				
赤壁市	1.33	7042	0.53	2806	2.40	12708		
通城县			4.00	22753	4.20	23900		
崇阳县	0.65	2748	0.37	1708	0.52	2703	0.41	2201
通山县			0.31	1450				
随州市								
曾都区								
随　县								
广水市								
恩施自治州								
恩施市								
利川市								
建始县								
巴东县								
宣恩县								
咸丰县								
来凤县								
鹤峰县								
仙桃市	**0.96**	**6672**						
天门市					**3.67**	**23855**		
潜江市								
神农架林区								

	中稻		扬两优6号		鉴真2号		丰两优香1号	
	面积	产量	面积	产量	面积	产量	面积	产量
全省合计	**1139.29**	**9665667**	**180.25**	**1572117**	**14.07**	**119768**	**174.20**	**1517639**
武汉市	**35.80**	**274789**	**11.33**	**84947**	**0.20**	**2070**	**1.10**	**7029**
武汉市辖区	0.59	5434	0.20	2381				
蔡甸区	8.50	64011	4.60	33679		660		
江夏区	6.00	39238	1.10	7029			0.60	3834
黄陂区	15.00	121012	4.20	33150			0.50	3195
新洲区	5.71	45094	1.23	8708	0.20	1410		
黄石市	**18.87**	**120292**					**0.02**	**274**
黄石市辖区	0.25	2090					0.02	274
大冶市	6.79	38462						
阳新县	11.83	79740						
十堰市	**27.05**	**180832**	**0.67**	**7400**			**0.40**	**2507**
十堰市辖区	0.24	1156						
丹江口市	3.30	23000	0.67	7400				
郧　县	6.48	40626					0.40	2507
郧西县								
竹山县	5.83	26150						
竹溪县	4.50	43000						
房　县	6.70	46900						
荆州市	**217.36**	**1792106**	**36.05**	**280623**	**0.10**	**956**	**79.77**	**648630**
荆州市辖区	13.61	126567	0.50	4780	0.10	956	1.00	9500
江陵县	28.75	288483					28.75	288483
松滋市	22.09	155157	3.93	27608			0.66	4635
公安县	28.96	239433						
石首市	16.13	142703	3.92	34692	0.00		3.96	34753
监利县	74.92	638370	13.70	82768			32.80	299489
洪湖市	32.90	201393	14.00	130775			12.60	11770
宜昌市	**52.13**	**440210**	**3.80**	**32630**			**5.75**	**49756**
宜昌市辖区	0.40	2950						
夷陵区	5.88	43750						
宜都市	3.00	23175						
枝江市	7.34	63590	0.80	6930			5.42	46956
当阳市	26.34	239000	1.00	9200			0.13	1200
远安县	5.00	41250	2.00	16500			0.20	1600
兴山县	0.95	5700						
秭归县	2.45	16652						
长阳县	0.67	3658						
五峰县	0.10	485						
襄阳市	**164.77**	**1688430**	**8.66**	**83530**	**1.33**	**13877**	**6.80**	**64390**
襄阳市辖区	12.00	184018						
老河口市	10.23	95690	1.00	8521			2.00	17042
襄州区	43.33	452114	2.00	20868	1.33	13877	2.00	20868
枣阳市	48.74	481353	2.30	22713			1.40	13780
宜城市	24.53	254941	1.30	12987				
南漳县	22.65	196535	1.80	16425			1.40	12700
谷城县								
保康县	3.29	23779	0.26	2016				
鄂州市	**5.00**	**37800**						

续表5　　　　　　　　　　　　　　　　　　　　　　　　　　　　　单位：千公顷、吨

	中稻		扬两优6号		鉴真2号		丰两优香1号	
	面积	产量	面积	产量	面积	产量	面积	产量
荆门市	**75.08**	**755778**	**13.30**	**145605**	**10.68**	**86100**	**27.40**	**302550**
荆门市辖区	11.00	96972					7.00	61710
沙洋县	17.00	169660	5.30	52920			10.40	103840
钟祥市	20.00	274000	5.00	68500			10.00	137000
京山县	27.08	215146	3.00	24185	10.68	86100		
孝感市	**127.88**	**1144323**	**16.07**	**150576**	**1.55**	**15340**	**7.52**	**69939**
孝南区	19.44	126088	1.95	12654			0.45	2573
孝昌县	18.95	173427						
大悟县	4.34	45492	1.40	15266	0.30	3450	0.67	6300
安陆市	15.70	152842	3.30	32126			1.30	12656
云梦县	13.36	130417	1.24	13950				
应城市	18.67	160160	2.40	21600			0.20	1800
汉川市	37.42	355897	5.78	54980	1.25	11890	4.90	46610
黄冈市	**94.91**	**808204**	**18.60**	**158021**	**0.20**	**1425**	**1.99**	**17076**
黄州区	2.37	20313	0.68	6300			0.13	1260
团风县	3.94	30033	2.36	18606			0.03	237
红安县	7.56	63602	2.06	17336			0.62	5228
麻城市	16.96	182813					0.20	1650
罗田县	9.40	73515	1.00	7880	0.10	675		
英山县	11.39	97986	2.10	19872			0.41	3526
浠水县	4.80	43200	4.50	40500				
蕲春县	12.20	104768	1.50	13275	0.10	750	0.60	5175
武穴市	7.46	60458	1.20	10890				
黄梅县	15.70	108316	3.10	22387				
龙感湖	3.13	23200	0.10	975				
咸宁市	**62.76**	**431388**	**11.58**	**81877**			**5.23**	**37662**
咸安区	22.41	146944	1.56	10199				
嘉鱼县	13.61	103519	3.51	26690			3.10	23570
赤壁市	13.37	92842	6.00	41664			0.53	4185
通城县	1.51	12472	0.11	908			0.10	825
崇阳县	6.65	43900						
通山县	5.21	31711	0.40	2416			1.50	9082
随州市	**91.69**	**615824**	**13.32**	**120025**			**4.03**	**11272**
曾都区	13.29	112633	5.32	45087			1.33	11272
随　县	57.90	289090	7.50	69716			2.70	
广水市	20.50	214101	0.50	5222				
恩施自治州	**43.86**	**262221**			**0.01**			
恩施市	9.58	49674						
利川市	10.00	60000						
建始县	3.69	25466			0.01			
巴东县	1.90	10647						
宣恩县	3.00	18450						
咸丰县	5.15	29110						
来凤县	8.99	58622						
鹤峰县	1.55	10252						
仙桃市	**54.62**	**538363**	**19.04**	**187530**			**9.95**	**99106**
天门市	**34.46**	**290321**	**12.30**	**105534**			**10.40**	**88192**
潜江市	**33.05**	**284786**	**15.53**	**133819**			**13.84**	**119256**
神农架林区								

续表6　　单位：千公顷、吨

	优质中稻（续）							
	两优培九		丰两优1号		黄华占		珞优8号	
	面积	产量	面积	产量	面积	产量	面积	产量
全省合计	**150.51**	**1397559**	**16.23**	**133333**	**15.06**	**113691**	**61.77**	**496422**
武汉市	**8.01**	**61612**	**0.50**	**3863**	**0.20**	**1416**	**2.58**	**19400**
武汉市辖区	0.39	3053						
蔡甸区	3.90	28561						
江夏区	0.70	4473					0.80	5112
黄陂区	2.20	19047	0.50	3863			1.35	10733
新洲区	0.82	6478			0.20	1416	0.43	3555
黄石市	**10.57**	**64022**	**3.40**	**22918**			**0.98**	**5551**
黄石市辖区	0.23	1816						
大冶市	4.08	23111					0.98	5551
阳新县	6.26	39095	3.40	22918				
十堰市	**1.30**	**8900**					**1.80**	**12133**
十堰市辖区								
丹江口市								
郧　县	1.00	6000					0.50	3133
郧西县								
竹山县								
竹溪县	0.30	2900						
房　县							1.30	9000
荆州市	**36.20**	**297936**	**3.02**	**21210**	**2.43**	**19824**	**5.20**	**39208**
荆州市辖区	2.80	26918			0.01	96	1.20	10098
江陵县								
松滋市	4.21	29572	3.02	21210	0.95	6670	3.45	24235
公安县	28.96	239433						
石首市	0.23	2013		0	1.47	13058	0.55	4875
监利县								
洪湖市								
宜昌市	**2.05**	**17031**			**0.67**	**6000**	**5.32**	**40147**
宜昌市辖区								
夷陵区							0.66	5000
宜都市							3.00	23175
枝江市	0.50	4331					0.32	2772
当阳市	1.00	9200			0.67	6000	1.34	9200
远安县	0.20	1700						
兴山县	0.35	1800						
秭归县								
长阳县								
五峰县								
襄阳市	**37.21**	**439881**	**4.30**	**43376**	**1.20**	**11934**	**8.61**	**90753**
襄阳市辖区	12.00	184018						
老河口市	1.00	8521					2.00	25563
襄州区	14.00	146076	2.00	20868	1.00	10434	2.00	20868
枣阳市	4.10	40180	2.30	22508			3.60	35640
宜城市	6.11	61086						
南漳县					0.20	1500	1.00	8610
谷城县								
保康县							0.01	72
鄂州市	**4.00**	**30000**						

续表7

单位:千公顷、吨

	优质中稻(续)							
	两优培九		丰两优1号		黄华占		珞优8号	
	面积	产量	面积	产量	面积	产量	面积	产量
荆门市	**14.00**	**141193**						
荆门市辖区	4.00	35262						
沙洋县								
钟祥市	5.00	68500						
京山县	5.00	37431						
孝感市	**2.85**	**25818**	**0.20**	**1800**	**1.08**	**9770**	**14.92**	**115039**
孝南区	0.67	4348					0.40	2883
孝昌县							5.20	21845
大悟县	0.67	6300						
安陆市	1.20	11682					3.30	32126
云梦县	0.31	3488			0.72	6403	0.62	6975
应城市			0.20	1800	0.10	892	0.30	2700
汉川市					0.26	2475	5.10	48510
黄冈市	**11.55**	**97577**	**1.40**	**10630**	**9.44**	**64571**	**4.45**	**36792**
黄州区	0.16	1464						
团风县	0.09	710			0.21	1020	0.05	
红安县	0.50	4200	1.20	8875				
麻城市	1.30	11900					0.30	2746
罗田县	2.00	15760			0.30	1900	2.00	15780
英山县	1.80	15521					1.50	12903
浠水县	0.30	2700						
蕲春县	1.80	15930	0.20	1755			0.50	4388
武穴市	1.50	13905			1.00	6930		
黄梅县	2.10	15487			5.10	34184		
龙感湖					2.83	20537	0.10	975
咸宁市	**2.15**	**15205**	**0.68**	**4438**			**11.32**	**76529**
咸安区	0.12	781	0.68	4438			6.48	42573
嘉鱼县	0.50	3800					2.00	15250
赤壁市	0.28	1953					0.80	5555
通城县	0.20	1651					0.04	330
崇阳县	1.05	7020					1.00	6670
通山县							1.00	6151
随州市	**2.10**	**20439**	**2.73**	**25098**			**5.92**	**55188**
曾都区							1.32	11280
随　县	1.30	12084	2.73	25098			3.60	33464
广水市	0.80	8355					1.00	10444
恩施自治州	**0.02**	**132**			**0.02**			
恩施市								
利川市								
建始县					0.02			
巴东县								
宣恩县								
咸丰县								
来凤县	0.02	132						
鹤峰县								
仙桃市	**15.30**	**150677**						
天门市	**3.20**	**27136**			**0.02**	**176**	**0.67**	**5682**
潜江市								
神农架林区								

续表8

单位：千公顷、吨

	优质中稻(续)		晚稻					
	Q优6号				鄂晚17		金优38	
	面积	产量	面积	产量	面积	产量	面积	产量
全省合计	**72.74**	**583557**	**363.01**	**2596647**	**26.69**	**180263**	**17.51**	**120232**
武汉市	**1.32**	**10738**	**44.61**	**297607**	**16.60**	**106038**	**0.50**	**3137**
武汉市辖区			0.07	490				
蔡甸区			1.09	7406				
江夏区	0.20	1278	11.91	87032			0.30	1917
黄陂区	0.80	6900	10.60	76343	4.20	30398		
新洲区	0.32	2560	20.94	126336	12.40	75640	0.20	1220
黄石市			**32.92**	**176278**			**3.50**	**18267**
黄石市辖区			0.30	1522				
大冶市			17.06	87961			2.60	13260
阳新县			15.56	86795			0.90	5007
十堰市	**2.88**	**23581**						
十堰市辖区								
丹江口市	0.67	4600						
郧　县	0.38	2381						
郧西县								
竹山县								
竹溪县	1.50	14400						
房　县	0.33	2200						
荆州市	**4.27**	**30557**	**78.23**	**597422**	**1.04**	**9978**		
荆州市辖区	0.30	2490	1.57	13036	0.01	97		
江陵县			0.10	756				
松滋市	3.87	27182	11.41	70384				
公安县			16.87	125411				
石首市	0.10	885	7.38	54468	1.03	9881		
监利县			37.23	302209				
洪湖市			3.67	31158				
宜昌市	**1.82**	**14884**	**8.28**	**59286**			**0.98**	**7017**
宜昌市辖区								
夷陵区	0.62	4650						
宜都市								
枝江市			8.28	59286			0.98	7017
当阳市	1.00	9200						
远安县								
兴山县								
秭归县								
长阳县	0.10	549						
五峰县	0.10	485						
襄阳市	**10.25**	**98558**						
襄阳市辖区								
老河口市								
襄州区	2.00	20868						
枣阳市	5.90	58410						
宜城市								
南漳县	2.20	18200						
谷城县								
保康县	0.15	1080						
鄂州市			**2.50**	**18600**			**1.00**	**7200**

续表9　　单位:千公顷、吨

	优质中稻(续)		晚稻					
	Q优6号				鄂晚17		金优38	
	面积	产量	面积	产量	面积	产量	面积	产量
荆门市	**0.98**	**7630**	**6.11**	**55300**			**1.11**	**9300**
荆门市辖区								
沙洋县								
钟祥市								
京山县	0.98	7630	6.11	55300			1.11	9300
孝感市	**18.14**	**130339**	**23.18**	**175781**	**4.75**	**36101**	**0.79**	**6299**
孝南区			4.02	23419	1.05	5821		
孝昌县	8.22	32412	3.12	28073	2.01	18083	0.10	900
大悟县	1.30	14176	0.25	1713			0.15	1028
安陆市	3.30	32126						
云梦县	0.62	6975	4.81	35675	0.70	5109		
应城市	0.10	900	8.33	67045	0.94	6710	0.40	3285
汉川市	4.60	43750	2.65	19856	0.05	378	0.14	1086
黄冈市	**8.00**	**73416**	**112.90**	**831468**	**4.30**	**28146**	**5.83**	**42509**
黄州区			2.58	19686				
团风县	1.20	9460	6.13	43007			0.31	2174
红安县			9.65	53388	0.80	4521	1.22	6742
麻城市	2.50	27460	9.14	62289	3.50	23625	0.70	4800
罗田县	1.00	7880	0.50	3605				
英山县	2.50	21536	2.06	12177			0.10	593
浠水县			25.53	216367			2.00	16950
蕲春县	0.80	7080	18.10	131550			1.50	11250
武穴市			23.72	170499				
黄梅县			15.49	118900				
龙感湖								
咸宁市	**14.30**	**98355**	**38.99**	**268595**			**3.12**	**21329**
咸安区	6.86	44952	1.96	11226			0.32	1908
嘉鱼县	4.00	30400	2.95	22782				
赤壁市	0.24	1674	9.62	59936				
通城县	0.10	829	13.83	107107			1.15	8912
崇阳县	3.10	20500	10.22	65095			1.65	10509
通山县			0.41	2449				
随州市	**9.69**	**89817**						
曾都区	1.99	16865						
随　县	6.50	60420						
广水市	1.20	12532						
恩施自治州	**0.42**							
恩施市								
利川市								
建始县								
巴东县	0.42							
宣恩县								
咸丰县								
来凤县								
鹤峰县								
仙桃市			**3.90**	**30630**				
天门市	**0.67**	**5682**	**11.38**	**85544**			**0.67**	**5038**
潜江市			**0.01**	**136**			**0.01**	**136**
神农架林区								

续表10

单位:千公顷、吨

	优质晚稻(续)							
	金优207		金优928		荆楚优148		中9优288	
	面积	产量	面积	产量	面积	产量	面积	产量
全省合计	**34.58**	**291766**	**88.06**	**655155**	**28.13**	**201187**	**58.95**	**389867**
武汉市	**0.80**	**5621**	**5.43**	**40873**	**0.04**	**280**	**1.82**	**11775**
武汉市辖区			0.03	210	0.04	280		
蔡甸区	0.80	5621	0.29	1669				
江夏区			5.01	38404			1.00	6773
黄陂区								
新洲区			0.10	590			0.82	5002
黄石市	**4.60**	**61943**	**6.47**	**34419**			**12.13**	**44029**
黄石市辖区			0.17	802			0.13	720
大冶市	0.80	40801	4.60	24150			4.50	1580
阳新县	3.80	21142	1.70	9467			7.50	41729
十堰市								
十堰市辖区								
丹江口市								
郧　县								
郧西县								
竹山县								
竹溪县								
房　县								
荆州市	**2.48**	**16365**	**44.81**	**346342**	**6.23**	**42241**	**5.72**	**39332**
荆州市辖区	0.50	4150	1.00	8250	0.01	123		
江陵县			0.10	756				
松滋市	1.98	12215	2.16	13326	3.42	21100	2.47	15237
公安县			16.87	125411				
石首市			2.14	15315	1.58	10660	2.25	15605
监利县			21.84	177341				
洪湖市			0.70	5943	1.22	10358	1.00	8490
宜昌市	**5.00**	**35800**	**0.70**	**5012**	**0.60**	**4296**	**1.00**	**7161**
宜昌市辖区								
夷陵区								
宜都市								
枝江市	5.00	35800	0.70	5012	0.60	4296	1.00	7161
当阳市								
远安县								
兴山县								
秭归县								
长阳县								
五峰县								
襄阳市								
襄阳市辖区								
老河口市								
襄州区								
枣阳市								
宜城市								
南漳县								
谷城县								
保康县								
鄂州市			**0.50**	**3900**	**0.50**	**3800**		

续表11　　单位：千公顷、吨

	优质晚稻（续）							
	金优207		金优928		荆楚优148		中9优288	
	面积	产量	面积	产量	面积	产量	面积	产量
荆门市	**4.00**	**36800**	**1.00**	**9200**				
荆门市辖区								
沙洋县								
钟祥市								
京山县	4.00	36800	1.00	9200				
孝感市	**0.60**	**4795**	**4.10**	**33700**	**0.92**	**6965**	**0.50**	**3885**
孝南区					0.22	1220		
孝昌县								
大悟县	0.10	685						
安陆市								
云梦县								
应城市	0.50	4110	4.10	33700	0.70	5745	0.20	1635
汉川市							0.30	2250
黄冈市	**10.68**	**87549**	**13.42**	**101176**	**7.36**	**56866**	**26.11**	**197351**
黄州区	0.25	1875	0.55	4248			1.26	9450
团风县			0.36	2526	1.01	7086	4.45	31221
红安县			2.21	12266				
麻城市			0.50	3428	0.29	1988		
罗田县	0.20	1440	0.20	1440			0.10	725
英山县	1.00	6010	0.60	3567	0.06	354		
浠水县	9.23	78224	6.80	57630	2.50	21188	5.00	42375
蕲春县					3.50	26250	7.50	56250
武穴市			2.20	16071			7.80	57330
黄梅县								
龙感湖								
咸宁市	**6.42**	**42893**	**7.30**	**47984**	**9.48**	**64179**	**9.83**	**72006**
咸安区	0.55	3149			0.16	922	0.62	3739
嘉鱼县			1.50	11514			1.45	11268
赤壁市	1.73	10779	3.50	21808	3.96	24670	0.43	2679
通城县	2.00	15489			3.24	25084	5.55	42982
崇阳县	1.87	11910	2.20	14014	2.12	13503	1.78	11338
通山县	0.27	1566	0.10	648				
随州市								
曾都区								
随　县								
广水市								
恩施自治州								
恩施市								
利川市								
建始县								
巴东县								
宣恩县								
咸丰县								
来凤县								
鹤峰县								
仙桃市							**1.17**	**9290**
天门市			**4.33**	**32549**	**3.00**	**22560**	**0.67**	**5038**
潜江市								
神农架林区								

续表12 单位:千公顷、吨

	优质专用小麦		强筋小麦		郑麦9023		中筋小麦	
	面积	产量	面积	产量	面积	产量	面积	产量
全省合计	**821.49**	**3506939**	**575.98**	**2506368**	**548.24**	**2381700**	**209.46**	**879339**
武汉市	**11.17**	**38423**	**5.43**	**19386**	**5.43**	**19386**	**5.14**	**17339**
武汉市辖区	2.17	8544	1.52	6626	1.52	6626	0.65	1918
蔡甸区								
江夏区								
黄陂区	2.80	12274	1.25	5531	1.25	5531	1.55	6743
新洲区	6.20	17605	2.66	7229	2.66	7229	2.94	8678
黄石市	**12.51**	**29907**	**12.51**	**29907**	**8.90**	**29907**		
黄石市辖区	0.20	504	0.20	504	0.20	504		
大冶市	5.60	13166	5.60	13166	5.60	13166		
阳新县	6.71	16237	6.71	16237	3.10	16237		
十堰市	54.57	184606	31.17	104297	31.07	104297	15.25	54154
十堰市辖区	0.46	1224					0.46	1224
丹江口市	12.00	43000	6.67	23900	6.67	23900	5.33	19100
郧　县	21.81	72373	6.30	20218	6.20	20218	7.36	26000
郧西县	8.20	28019	8.20	28019	8.20	28019		
竹山县	6.20	18960	6.20	18960	6.20	18960		
竹溪县	3.10	12530	1.80	7200	1.80	7200	1.30	5330
房　县	2.80	8500	2.00	6000	2.00	6000	0.80	2500
荆州市	**103.11**	**332595**	**80.99**	**273371**	**80.47**	**272009**	**18.57**	**48938**
荆州市辖区	14.13	49564	9.92	40006	9.92	40006	3.65	7325
江陵县	14.20	55918	14.20	55918	14.20	55918		
松滋市	14.23	37023	7.85	20428	7.33	19066	3.59	9340
公安县	21.78	65285	21.78	65285	21.78	65285		
石首市	1.22	4470	0.32	1094	0.32	1094	0.70	2578
监利县	15.85	38237	8.22	19892	8.22	19892	7.63	18345
洪湖市	21.70	82098	18.70	70748	18.70	70748	3.00	11350
宜昌市	**37.32**	**129731**	**24.66**	**85265**	**23.70**	**81814**	**4.78**	**15730**
宜昌市辖区	0.40	880					0.40	880
夷陵区								
宜都市	0.42	1304	0.42	1304	0.42	1304		
枝江市	13.40	42921	13.40	42921	13.00	41640		
当阳市	15.24	67198	8.00	35280	7.62	33600	2.67	11750
远安县	0.70	2730	0.40	1560	0.40	1560	0.20	820
兴山县	0.90	2410	0.50	1350	0.32	860	0.22	580
秭归县	3.03	7738						
长阳县	2.83	3750	1.64	2250	1.64	2250	1.19	1500
五峰县	0.40	800	0.30	600	0.30	600	0.10	200
襄阳市	255.15	1532865	189.92	1139732	178.92	1058040	64.57	388773
襄阳市辖区								
老河口市	27.40	146890	21.90	116470	21.90	116470	5.50	30420
襄州区	76.00	507150	60.00	400382	60.00	400382	16.00	106768
枣阳市	83.06	551585	55.80	372100	44.80	298368	26.60	175125
宜城市	32.27	212160	30.00	157930	30.00	157930	2.27	54230
南漳县	32.78	103880	18.60	81680	18.60	73720	14.18	22200
谷城县								
保康县	3.64	11200	3.62	11170	3.62	11170	0.02	30
鄂州市	**4.00**	**11200**	**1.00**	**3000**	**1.00**	**3000**	**3.00**	**8200**

续表13 单位：千公顷、吨

	优质专用小麦							
	面 积	产 量	强筋小麦				中筋小麦	
					郑麦9023			
			面 积	产 量	面 积	产 量	面 积	产 量
荆门市	**59.91**	**257525**	**53.11**	**227822**	**53.11**	**227822**	**6.80**	**29703**
荆门市辖区	5.58	26889	5.00	24094	5.00	24094	0.58	2795
沙洋县	11.30	54240	10.00	48000	10.00	48000	1.30	6240
钟祥市	19.03	84202	17.11	75712	17.11	75712	1.92	8490
京山县	24.00	92194	21.00	80016	21.00	80016	3.00	12178
孝感市	**73.81**	**246178**	**34.20**	**115928**	**28.18**	**98319**	**34.64**	**115692**
孝南区	5.92	20679	4.46	15785	4.46	15785	1.46	4894
孝昌县	8.54	27926	1.63	5330	1.25	4120	6.13	20045
大悟县	5.14	17210	3.80	12723	3.80	12723	1.34	4487
安陆市	8.60	35604	2.00	8280	2.00	8280	6.60	27324
云梦县	8.75	32551	7.07	26200	7.07	26200	1.68	6351
应城市	11.06	37171	7.90	26600	7.50	25200	3.16	10571
汉川市	25.80	75037	7.34	21010	2.10	6011	14.27	42020
黄冈市	**37.70**	**116676**	**22.33**	**69910**	**21.01**	**66553**	**12.05**	**36836**
黄州区	6.19	15179	4.96	12127	4.10	10147	1.23	3052
团风县	2.79	8298	2.16	6424	1.72	5115	0.63	1874
红安县	1.33	3782	1.02	2900	1.02	2900	0.31	882
麻城市	8.50	33010	6.20	24154	6.20	24154	2.30	8856
罗田县	3.00	9450	2.00	6300	2.00	6300	1.00	3150
英山县	6.43	19412	2.30	7347	2.30	7347	1.20	3623
浠水县	1.47	4498	0.47	1438	0.47	1438	1.00	3060
蕲春县	0.50	1687	0.30	1012	0.30	1012	0.20	675
武穴市	3.09	9955	0.82	2765	0.80	2697	1.88	5702
黄梅县	4.40	11405	2.10	5443	2.10	5443	2.30	5962
龙感湖								
咸宁市	**7.19**	**13169**	**5.18**	**11109**	**5.18**	**11099**	**2.01**	**2060**
咸安区	0.22	434	0.11	219	0.11	209	0.11	215
嘉鱼县	3.79	9017	3.79	9017	3.79	9017		
赤壁市								
通城县	1.80	1713					1.80	1713
崇阳县	1.21	1783	1.21	1783	1.21	1783		
通山县	0.17	222	0.07	90	0.07	90	0.10	132
随州市	**77.17**	**348216**	**52.91**	**238038**	**48.95**	**221381**	**21.07**	**95158**
曾都区	16.28	63296	13.41	52138	12.45	48405	2.87	11158
随　县	45.89	220300	31.50	151436	31.50	151436	11.20	53844
广水市	15.00	64620	8.00	34464	5.00	21540	7.00	30156
恩施自治州	**3.81**	**13745**	**1.61**	**4498**	**1.36**	**3968**	**0.80**	**5534**
恩施市	0.16	750	0.11	520	0.11	520	0.05	230
利川市								
建始县								
巴东县	3.65	12995	1.50	3978	1.25	3448	0.75	5304
宣恩县								
咸丰县								
来凤县								
鹤峰县								
仙桃市	**16.64**	**50862**	**16.64**	**50862**	**16.64**	**50862**		
天门市	**42.39**	**123512**	**22.80**	**66439**	**22.80**	**66439**	**17.26**	**50296**
潜江市	**25.04**	**77729**	**21.52**	**66803**	**21.52**	**66803**	**3.52**	**10926**
神农架林区								

续表14

单位：千公顷、吨

	中筋小麦（续）						弱筋小麦	
	鄂麦15		鄂麦18		鄂麦23			
	面积	产量	面积	产量	面积	产量	面积	产量
全省合计	**18.22**	**95334**	**75.40**	**363778**	**58.43**	**273689**	**36.05**	**121233**
武汉市	**0.68**	**2007**	**2.86**	**9490**	**1.60**	**5842**	**0.60**	**1698**
武汉市辖区			0.65	1918				
蔡甸区								
江夏区								
黄陂区			0.75	3263	0.80	3480		
新洲区	0.68	2007	1.46	4309	0.80	2362	0.60	1698
黄石市								
黄石市辖区								
大冶市								
阳新县								
十堰市	**3.96**	**14000**	**8.83**	**31770**	**2.00**	**7160**	**8.15**	**26155**
十堰市辖区								
丹江口市			3.33	11940	2.00	7160		
郧　县	3.96	14000	3.40	12000			8.15	26155
郧西县								
竹山县								
竹溪县			1.30	5330				
房　县			0.80	2500				
荆州市			**4.59**	**14890**	**2.98**	**7750**	**3.55**	**10286**
荆州市辖区			1.59	3540			0.56	2233
江陵县								
松滋市					2.98	7750	2.79	7255
公安县								
石首市							0.20	798
监利县								
洪湖市			3.00	11350				
宜昌市	**1.53**	**6310**	**1.39**	**4970**	**1.86**	**4450**	**7.88**	**28736**
宜昌市辖区	0.20	460	0.20	420				
夷陵区								
宜都市								
枝江市								
当阳市	1.33	5850	0.67	2950	0.67	2950	4.57	20168
远安县			0.20	820			0.10	350
兴山县			0.22	580			0.18	480
秭归县							3.03	7738
长阳县					1.19	1500		
五峰县			0.10	200				
襄阳市	**10.00**	**66730**	**15.49**	**151619**	**24.10**	**156829**	**0.66**	**4360**
襄阳市辖区								
老河口市				15210	1.00	15210		
襄州区	10.00	66730	3.00	20019	3.00	20019		
枣阳市			8.20	54530	16.10	107000	0.66	4360
宜城市			2.27	54230				
南漳县			2.00	7600	4.00	14600		
谷城县								
保康县			0.02	30				
鄂州市			**1.00**	**2700**	**1.00**	**2700**		

续表15 单位：千公顷、吨

	中筋小麦（续）						弱筋小麦	
	鄂麦15		鄂麦18		鄂麦23			
	面积	产量	面积	产量	面积	产量	面积	产量
荆门市	**0.10**	**400**	**5.70**	**24718**	**1.00**	**4585**		
荆门市辖区					0.58	2795		
沙洋县			1.30	6240				
钟祥市	0.10	400	1.40	6300	0.42	1790		
京山县			3.00	12178				
孝感市	**0.80**	**2291**	**10.93**	**38131**	**10.75**	**32459**	**4.97**	**14558**
孝南区			1.46	4894				
孝昌县			0.75		2.45	2027	0.78	2551
大悟县			1.34	4487				
安陆市			3.30	13662	3.30	13662		
云梦县			0.18	680	0.50	1890		
应城市			0.80	2665	1.40	3130		
汉川市	0.80	2291	3.10	11743	3.10	11750	4.19	12007
黄冈市	**1.15**	**3596**	**8.68**	**26627**	**1.29**	**3450**	**3.32**	**9930**
黄州区			0.26	630	0.54	1325		
团风县	0.15	446	0.30	892	0.18			
红安县			0.24	682	0.07	200		
麻城市			1.80	6931	0.50	1925		
罗田县	1.00	3150						
英山县			1.20	3623			2.93	8442
浠水县			0.50	1530				
蕲春县			0.20	675				
武穴市			1.88	5702			0.39	1488
黄梅县			2.30	5962				
龙感湖								
咸宁市			**1.96**	**1962**	**0.05**	**98**		
咸安区			0.06	117	0.05	98		
嘉鱼县								
赤壁市								
通城县			1.80	1713				
崇阳县								
通山县			0.10	132				
随州市			**10.51**	**47522**	**8.06**	**36866**	**3.19**	**15020**
曾都区			1.91	7426	0.96	3732		
随　县			6.10	29326	5.10	24518	3.19	15020
广水市			2.50	10770	2.00	8616		
恩施自治州			**0.30**		**0.05**	**230**	**1.40**	**3713**
恩施市					0.05	230		
利川市								
建始县								
巴东县			0.30				1.40	3713
宣恩县								
咸丰县								
来凤县								
鹤峰县								
仙桃市								
天门市			**2.33**	**6803**	**1.00**	**2920**	**2.33**	**6777**
潜江市			**0.83**	**2576**	**2.69**	**8350**		
神农架林区								

续表16 单位:千公顷、吨

	优质专用玉米		优质专用大豆		脱毒薯类			
							马铃薯	
	面 积	产 量	面 积	产 量	面 积	产 量	面 积	产 量
全省合计	**196.86**	**853815**	**61.19**	**158693**	**124.05**	**523513**	**110.60**	**433199**
武汉市	**0.91**	**8189**	**3.25**	**10783**	**3.22**	**21116**	**2.95**	**16148**
武汉市辖区			0.02	63	0.02	176	0.02	176
蔡甸区								
江夏区	0.60	5200	1.60	6500	0.30	1400	0.24	1400
黄陂区	0.31	2989	1.33	3382	1.20	12000	0.99	7032
新洲区			0.30	838	1.70	7540	1.70	7540
黄石市	**7.59**	**29574**	**1.68**	**4284**	**2.11**	**6969**	**2.11**	**6969**
黄石市辖区	0.13	480	0.09	261	0.03	161	0.03	161
大冶市					0.31	1365	0.31	1365
阳新县	7.46	29094	1.59	4023	1.77	5443	1.77	5443
十堰市	**34.93**	**70872**	**10.66**	**20496**	**13.63**	**68391**	**5.14**	**22399**
十堰市辖区								
丹江口市					1.66	8000	0.07	500
郧 县	16.43	60572	2.86	4996	6.17	33639	0.57	2147
郧西县								
竹山县								
竹溪县	10.50	7300	4.00	9000	4.00	16752	4.00	16752
房 县	8.00	3000	3.80	6500	1.80	10000	0.50	3000
荆州市	**5.42**	**40729**	**7.63**	**26008**	**2.74**	**41620**	**2.11**	**35456**
荆州市辖区	0.80	7331	0.62	3347	0.19	27707	0.19	26188
江陵县	0.09	533	1.00	3500	0.08	401	0.08	401
松滋市	2.32	14635	0.30	805	0.60	2575	0.35	1340
公安县	0.15	1107	0.90	3188	0.41	3670	0.05	372
石首市	0.28	2298	0.42	1136	0.53	1903	0.51	1791
监利县	1.01	6440	3.59	10974	0.65	3422	0.65	3422
洪湖市	0.77	8385	0.80	3058	0.28	1942	0.28	1942
宜昌市	**22.02**	**104464**	**2.11**	**4327**	**19.28**	**70902**	**17.88**	**62850**
宜昌市辖区					0.50	2800	0.10	560
夷陵区	1.85	12490			0.85	3213	0.85	3213
宜都市								
枝江市	5.50	28194	0.60	1928	2.00	10389	1.00	4577
当阳市	1.33	8000			0.03	250	0.03	250
远安县								
兴山县	1.70	7350	0.40	490	4.20	11500	4.20	11500
秭归县	10.31	44197	1.11	1909	0.10	12400	0.10	12400
长阳县	1.33	4233			3.00	9350	3.00	9350
五峰县					8.60	21000	8.60	21000
襄阳市	**57.96**	**338952**	**3.73**	**9882**	**2.44**	**27952**	**0.55**	**8498**
襄阳市辖区								
老河口市	7.90	44732	0.58	1810	1.09	6461		
襄州区	3.00	22230	2.00	3843				
枣阳市	35.56	213360	1.15	4229	1.35	21491	0.55	8498
宜城市								
南漳县								
谷城县								
保康县	11.50	58630						
鄂州市								

续表17 单位:千公顷、吨

	优质专用玉米		优质专用大豆		脱毒薯类			
							马铃薯	
	面 积	产 量	面 积	产 量	面 积	产 量	面 积	产 量
荆门市	**0.10**	**1200**	**0.10**	**1200**				
荆门市辖区								
沙洋县	0.10	1200	0.10	1200				
钟祥市								
京山县								
孝感市	**1.80**	**12512**	**4.48**	**13388**	**7.39**	**30417**	**7.28**	**29277**
孝南区			0.38	1300	1.50	9800	1.50	9800
孝昌县			0.45	675	0.35	1418	0.27	608
大悟县								
安陆市	0.07	265	1.19	2945	0.88	3287	0.88	3287
云梦县	0.95	6404	0.91	3223	3.49	9704	3.48	9606
应城市					0.57	2649	0.57	2649
汉川市	0.78	5843	1.55	5245	0.60	3559	0.58	3327
黄冈市	**3.47**	**11784**	**1.37**	**4068**	**9.35**	**41884**	**9.22**	**41440**
黄州区	0.57	1403	0.14	359	0.13	822	0.13	822
团风县					1.32	7540	1.32	7540
红安县								
麻城市								
罗田县					0.20	450	0.20	450
英山县	0.74	3355	1.18	3326	2.00	7312	2.00	7312
浠水县	1.66	5083	0.05	383				
蕲春县					4.50	18900	4.50	18900
武穴市					0.20	3600	0.20	3600
黄梅县	0.50	1943			1.00	3260	0.87	2816
龙感湖								
咸宁市	**6.61**	**43214**	**1.07**	**1684**	**5.17**	**9107**	**5.04**	**8557**
咸安区	0.26	1193	0.02	41	1.51	3605	1.51	3605
嘉鱼县	4.65	34681	0.42	945	0.41	1170	0.28	620
赤壁市			0.22	440				
通城县					0.24	250	0.24	250
崇阳县					2.93	3896	2.93	3896
通山县	1.70	7340	0.41	258	0.08	186	0.08	186
随州市					**3.43**	**25186**	**3.43**	**25186**
曾都区					0.24	1328	0.24	1328
随　县					3.19	23858	3.19	23858
广水市								
恩施自治州	**46.93**	**134368**	**7.96**	**9935**	**50.65**	**148734**	**50.25**	**145184**
恩施市	21.13	100513	5.96	6891	18.00	41050	17.60	37500
利川市								
建始县					10.00	38200	10.00	38200
巴东县	21.00	10800	2.00	3044	13.00	42792	13.00	42792
宣恩县	1.20	5220			3.00	8100	3.00	8100
咸丰县								
来凤县								
鹤峰县	3.60	17835			6.65	18592	6.65	18592
仙桃市	**4.51**	**29242**	**5.57**	**19586**	**1.59**	**9458**	**1.59**	**9458**
天门市	**2.65**	**13379**	**8.69**	**23586**	**2.50**	**17768**	**2.50**	**17768**
潜江市	**1.96**	**15336**	**2.89**	**9466**	**0.55**	**4009**	**0.55**	**4009**
神农架林区								

全省主要经作良种生产情况

单位:千公顷、吨

	面 积	产 量		面 积	产 量
一、茶叶无性系良种	78.40		2、魔芋加工量		133345
1、福鼎大白茶	33.16		(1)芋角		20711
2、鄂茶1号	8.10		(2)精粉		72155
3、鄂茶10号	4.99		(3)食品		25240
4、金观音	0.19		(4)保健品		5
5、金萱	0.01		(5)其它		15234
6、黄棪	0.04		3、加工产值(万元)		60946.28
7、其它	31.90		4、出口量		200
二、水果面积	320.62	4055184	创汇额(万美元)		175
(一)柑桔园	206.70	2921029	五、桑园	9.64	
其中:温州蜜柑	97.72	1452865	其中:湖桑	3.68	
椪柑	55.72	815733	六、养蚕发种量(万张)	519.26	5600
锦橙	1.91	12233	1、春蚕	13.27	2669
脐橙	11.61	110984	2、夏蚕	501.19	489
其中:纽荷尔	6.83	59685	3、秋蚕	4.81	2442
夏橙	1.63	17294	七、一代杂交蚕种(万张)	507.11	
桃叶橙	0.19	929	八、中药材	79.60	1558851
柚	8.57	47607	1、黄连留存	7.19	6976
(二)梨园	25.38	348375	2、党参留存	2.50	3102
其中:丰水梨	3.63	14028	3、贝母留存	0.63	393
华梨	2.29	52708	4、茯苓留存	3.44	20020
黄花梨	4.87	89871	5、天麻留存	1.66	9561
金水梨	1.26	14875	6、黄姜	6.29	61482
湘南梨	2.26	53642	7、麦冬	0.14	222
(三)其它果园	88.54	785780	8、白术	3.51	13785
其中:苹果园	1.23	6479	9、杜仲(万株)	2496.25	8323
桃园	40.53	475705	10、厚朴(万株)	1958.53	4228
其中:油桃	5.79	66140	11、黄柏(万株)	708.51	1132
猕猴桃	2.18	5730	12、其它	54.24	1429627
葡萄	4.57	119566	九、中药材出口创汇额(万美元)		46.50
枣园	1.10	19705	十、食用菌产销情况		
其中:冬枣	0.12	69	(一)干鲜混合		144579
李园	1.54	3153	1、干菌		30420
柿	2.79	32369	(1)香菇		22519
其中:甜柿	0.30	3198	(2)黑木耳		7890
三、果用瓜	78.32	2495137	(3)白木耳		12
其中:西瓜	65.50	2143352	2、鲜菌		114159
其中:无籽西瓜	19.75	599361	(1)蘑菇		59368
特种西瓜	1.90	52055	(2)平菇		526
甜瓜	11.50	321675	(3)金针菇		1061
草莓	0.71	8523	(4)其它		1114
四、魔芋产加销情况			(二)出口量		7016
1、魔芋	19.58	487145	创汇额(万美元)		19760

2010年主要特产良种

单位:公顷、吨

	茶叶无性系良种面积	福鼎大白茶	水果(不含果用瓜)		柑橘		温州蜜柑	
			面积	产量	面积	产量	面积	产量
全省合计	**78396**	**33165**	**320618**	**4055184**	**206697**	**2921029**	**97716**	**1452865**
武汉市	**925**	**539**	**6391**	**49610**	**3314**	**24527**	**2**	**340**
武汉市辖区	27		659	13033	14	206		
蔡甸区								
江夏区			3448	24107	3021	22809	2	340
黄陂区								
新洲区	898	539	2284	12470	279	1512		
黄石市	**1239**	**400**	**5813**	**29963**	**4426**	**27980**		
黄石市辖区			143	732	81	487		
大冶市								
阳新县	1239	400	5670	29231	4345	27493		
十堰市	**2806**	**2386**	**51453**	**314822**	**33745**	**291411**	**30840**	**273686**
十堰市辖区			959	2564	351	919	351	919
丹江口市	480	330	22692	246772	22543	245534	21873	235759
郧　县	1000	1000	24393	54582	10077	38591	8010	30675
郧西县			66	33				
竹山县			677	2251	76	838	76	838
竹溪县	1276	1006	337	895	130	102	100	98
房　县	50	50	2329	7725	568	5427	430	5397
荆州市	**449**	**18**	**21205**	**358422**	**18848**	**272586**	**812**	**10993**
荆州市辖区			1495	57582	914	44490		73
江陵县	3		145	2452	51	1749		964
松滋市	44		14159	135633	13429	126830	460	2908
公安县	35	18	4207	129339	3751	74571	352	7048
石首市	366		771	26454	539	21769		
监利县			372	6109	128	2624		
洪湖市	1		56	853	36	553		
宜昌市	**7991**	**4088**	**100316**	**1948184**	**96649**	**1899560**	**44669**	**966641**
宜昌市辖区	500	230	4040	122540	4000	122240	2000	90000
夷陵区	2340	800	21880	445400	21880	445400	19610	318900
宜都市	700	130	20314	421578	20207	420239	17000	400497
枝江市			13551	347680	12281	314846	352	8983
当阳市			21360	283597	20971	276469	5237	114810
远安县	30	15	3086	9085	2768	7696		
兴山县	100	60	5752	63545	5259	60959	270	3100
秭归县	4	3	1262	201277	1180	200697		
长阳县	1650	850	8611	51294	7813	49612		29391
五峰县	2667	2000	460	2188	290	1402	200	960
襄阳市	**2675**	**351**	**19926**	**398538**	**1565**	**28807**	**795**	**15662**
襄阳市辖区								
老河口市			677	31300				
襄州区			3003	86415	31	308		
枣阳市	504	90	14597	245211	120	718		
宜城市								
南漳县	1500		1339	27327	1260	24720	795	15662
谷城县	1	1	120	5367	30	2347		
保康县	670	260	190	2918	124	714		
鄂州市			**200**	**3000**	**200**	**3000**		

续表1

单位:公顷、吨

	茶叶无性系良种面积	福鼎大白茶	水果(不含果用瓜)面积	水果(不含果用瓜)产量	柑橘面积	柑橘产量	温州蜜柑面积	温州蜜柑产量
荆门市	**188**	**178**	**23221**	**377151**	**11448**	**149580**	**8616**	**107466**
荆门市辖区			9030	87379	7350	73063	5850	58151
沙洋县			1318	24832	669	16114	382	9211
钟祥市			7720	196372	2357	36514	1918	29720
京山县	188	178	5153	68568	1072	23889	466	10384
孝感市	**15485**	**8720**	**14064**	**140898**	**1332**	**8460**	**139**	**1752**
孝南区	390	320	1835	13043	97	1005	97	1005
孝昌县	3030	1250	8323	73846	1097	5623		75
大悟县	11500	6800						
安陆市	230	230	1775	11281	42	672	42	672
云梦县			928	16424	30	46		
应城市	335	120	737	14921	39	313		
汉川市			466	11383	27	801		
黄冈市	**3479**	**449**	**15227**	**87664**	**4842**	**46406**	**2672**	**22947**
黄州区	11		186	1220	127	904	127	904
团风县	260	210	2642	2452	260	1182		
红安县			1062	1960	14	148		
麻城市	125	80	1971	3723	66	100		
罗田县	250	100	905	4877	152	412		
英山县	2820	51	163	2054				
浠水县			1585	17675	867	12500		
蕲春县	13	8	3628	27423	815	9654	734	3654
武穴市			2322	21836	2135	19364	1811	18389
黄梅县			746	3664	403	2022		
龙感湖			17	780	3	120		
咸宁市	**5202**	**2420**	**21535**	**44077**	**8717**	**21957**	**4576**	**11246**
咸安区	290	130	962	2611	282	759	269	660
嘉鱼县	200	100	480	3478	245	2370	197	1980
赤壁市	500	250	3560	10626	1460	3890	920	2450
通城县	3442	1800	3341	3006	2643	2208		
崇阳县	100		7694	10945	1443	2698	1090	1827
通山县	670	140	5498	13411	2644	10032	2100	4329
随州市	**949**	**333**	**10666**	**74234**	**863**	**5872**		
曾都区	419		1211	3397	43	379		
随　县			8748	57329	725	4182		
广水市	530	333	707	13508	95	1311		
恩施自治州	**37009**	**13283**	**28862**	**165802**	**20115**	**126731**	**4195**	**33724**
恩施市	10980	4500	3447	12562	2440	10167	1511	7723
利川市	8794	650	1740	14063	25	563	10	225
建始县	200		1077	10265	547	3760	200	1020
巴东县	470	150	8012	43212	6779	37373	130	5152
宣恩县	4333	1933	7762	61013	7120	53777	295	5767
咸丰县	5200	2050	2193		420		213	
来凤县	1165	1000	3157	21556	1865	19216	1221	12584
鹤峰县	5867	3000	1474	3131	919	1875	615	1253
仙桃市			**1016**	**24502**	**434**	**9123**	**400**	**8408**
天门市			**649**	**14886**	**192**	**2922**		
潜江市			**74**	**23431**	**7**	**2107**		
神农架林区								

续表2　　　　单位:公顷、吨

	水果良种(续)							
	柑橘良种(续)		梨		其它水果			
	柑						桃	
	面积	产量	面积	产量	面积	产量	面积	产量
全省合计	**55723**	**815733**	**25377**	**348375**	**88544**	**785780**	**40530**	**475705**
武汉市			**1355**	**13065**	**1722**	**12018**	**400**	**4954**
武汉市辖区			154	1727	491	11100	242	4467
蔡甸区								
江夏区			49	380	378	918	158	487
黄陂区								
新洲区			1152	10958	853			
黄石市	**215**	**1740**	**296**	**602**	**1091**	**1381**	**348**	**504**
黄石市辖区			11	60	51	185	8	52
大冶市								
阳新县	215	1740	285	542	1040	1196	340	452
十堰市	**1400**	**630**	**72**	**185**	**17636**	**23226**	**1008**	**5553**
十堰市辖区			2	18	606	1627	161	596
丹江口市			3	13	146	1225	25	428
郧　县	1400	630	29	30	14287	15961	401	3013
郧西县					66	33		
竹山县			32	97	569	1316	136	531
竹溪县					207	793	40	178
房　县			6	27	1755	2271	245	807
荆州市	**11758**	**124917**	**756**	**10867**	**1601**	**74969**	**519**	**6799**
荆州市辖区	144	7190	87	3090	494	10002	98	2533
江陵县		415	27	226	67	477	44	130
松滋市	11614	115761	384	2697	346	6106	134	472
公安县			110	978	346	53790	50	490
石首市		1551	48	1575	184	3110	135	1931
监利县			86	2146	158	1339	53	1135
洪湖市			14	155	6	145	5	108
宜昌市	**33701**	**640461**	**1082**	**20012**	**2585**	**28612**	**1252**	**21785**
宜昌市辖区	800	30000			40	300	40	300
夷陵区	1340	120900						
宜都市	2540	15380	10	27	97	1312	80	706
枝江市	11334	290841	593	15634	677	17200	553	14645
当阳市	15467	159892	127	2669	262	4459	202	3894
远安县	2100	6096	66	292	252	1097	133	686
兴山县	70	810	72	727	421	1859	73	719
秭归县			19	63	63	517	33	370
长阳县		16302	159	385	639	1297	138	465
五峰县	50	240	36	215	134	571		
襄阳市			**1819**	**37335**	**16542**	**332396**	**15092**	**281635**
襄阳市辖区								
老河口市					677	31300		
襄州区			823	22430	2149	63677	1751	53626
枣阳市			944	13965	13533	230528	13232	224667
宜城市								
南漳县			49	907	30	1700	29	1652
谷城县					90	3020	80	1100
保康县			3	33	63	2171		590
鄂州市								

续表 3 单位:公顷、吨

	水 果 良 种 (续)							
	柑橘良种(续)		梨		其它水果			
	椪 柑						桃	
	面 积	产 量	面 积	产 量	面 积	产 量	面 积	产 量
荆门市			**6879**	**166863**	**4894**	**60708**	**2911**	**41743**
荆门市辖区			397	5358	1283	8958	368	5967
沙洋县			361	3129	288	5589	234	5020
钟祥市			3610	132779	1753	27079	980	13301
京山县			2511	25597	1570	19082	1329	17455
孝感市		**40**	**1331**	**20220**	**11401**	**112218**	**5739**	**27021**
孝南区			57	527	1681	11511	1582	11170
孝昌县		40	101	1125	7125	67098	2787	
大悟县								
安陆市			417	982	1316	9627	932	7111
云梦县			273	6654	625	9724	298	6530
应城市			283	3646	415	10962	140	2210
汉川市			200	7286	239	3296		
黄冈市	**244**	**1116**	**1256**	**5360**	**9129**	**35898**	**4318**	**24800**
黄州区			18	80	41	236	33	160
团风县			48	177	2334	1093	218	356
红安县			199	490	849	1322	188	814
麻城市			258	730	1647	2893	555	1111
罗田县			69	230	684	4235		
英山县			121	552	42	1502	20	188
浠水县			188	780	530	4395	420	3600
蕲春县	30	300	118	816	2695	16953	2676	16828
武穴市	214	816	20	220	167	2252	90	1113
黄梅县			204	685	139	957	118	630
龙感湖			13	600	1	60		
咸宁市	**3056**	**3008**	**4572**	**6717**	**8246**	**15403**	**2979**	**6567**
咸安区			36	232	644	1620	482	1182
嘉鱼县					235	1108	75	835
赤壁市			380	1705	1720	5031	480	1490
通城县	2643	2208	51	52	647	746	339	693
崇阳县	203	788	3512	3214	2739	5033	1294	1955
通山县	210	12	593	1514	2261	1865	309	412
随州市			**782**	**7456**	**9021**	**60906**	**4743**	**45712**
曾都区			79	88	1089	2930	570	2434
随 县			619	5531	7404	47616	3672	33381
广水市			84	1837	528	10360	501	9897
恩施自治州	**5349**	**43821**	**4328**	**22142**	**4419**	**16929**	**1001**	**1864**
恩施市	119	967	378	953	629	1442	200	351
利川市	15	338	895	11250	820	2250		
建始县	200	1650	80	705	450	5800	77	237
巴东县	3038	12573	15	847	1218	4992	395	52
宣恩县	1322	23510	642	7236				
咸丰县			1773					
来凤县	415	4258	465	901	827	1439	94	467
鹤峰县	240	525	80	250	475	1006	235	757
仙桃市			**414**	**11413**	**168**	**3966**	**151**	**3624**
天门市			**380**	**10749**	**77**	**1215**	**64**	**1015**
潜江市			**55**	**15389**	**12**	**5935**	**5**	**2129**
神农架林区								

续表4

单位:千公顷、吨

	果用瓜(含草莓)		西瓜				魔芋	
					无籽西瓜			
	面积	产量	面积	产量	面积	产量	面积	鲜芋产量
全省合计	**78.32**	**2495137**	**65.50**	**2143352**	**19.75**	**599361**	**19.58**	**487145**
武汉市	**12.43**	**348486**	**10.16**	**285118**	**3.55**	**106167**		
武汉市辖区	3.63	103620	2.63	76570				
蔡甸区	2.76	69967	1.86	45405	1.55	38962		
江夏区	4.11	125110	3.78	113727	1.50	54000		
黄陂区								
新洲区	1.93	49789	1.89	49416	0.50	13205		
黄石市	**1.37**	**28889**	**1.30**	**28513**				
黄石市辖区	0.02	138	0.01	85				
大冶市								
阳新县	1.35	28751	1.29	28428				
十堰市	**1.61**	**37631**	**1.42**	**35366**			**6.13**	**65796**
十堰市辖区	0.04	259						
丹江口市	0.08	2814	0.08	2814				
郧　县	1.35	32741	1.24	31459			0.00	21000
郧西县							0.35	4000
竹山县								
竹溪县	0.02	461	0.02	461			5.33	32580
房　县	0.12	1356	0.08	632			0.45	8216
荆州市	**15.98**	**656770**	**12.69**	**520724**	**2.76**	**101523**		
荆州市辖区	3.83	188115	2.25	105026	0.10	4161		
江陵县	1.07	65490	0.99	61955				
松滋市	3.70	130544	3.46	126644	2.66	97362		
公安县	1.53	66337	1.31	59455				
石首市	1.42	70558	1.08	53597				
监利县	2.89	114718	2.14	94572				
洪湖市	1.54	21008	1.46	19475				
宜昌市	3.62	93962	2.76	74419	0.49	12002	4.46	88969
宜昌市辖区								
夷陵区								
宜都市	0.07	1070	0.03	555	0.03	555		
枝江市	1.86	44027	1.16	28617	0.46	11447		
当阳市	1.52	46146	1.42	42623				
远安县	1.52							
兴山县	0.06	1060	0.06	1045			0.20	2549
秭归县	0.07	1186	0.06	1142			0.00	28300
长阳县	0.04	473	0.03	437			2.67	40000
五峰县							1.60	18120
襄阳市	**0.04**	**2341**	**0.04**	**2341**				
襄阳市辖区								
老河口市	0.04	2341	0.04	2341				
襄州区								
枣阳市								
宜城市								
南漳县								
谷城县								
保康县								
鄂州市	**1.52**	**3400**	**1.00**	**3000**	**0.80**	**2000**		

续表5 单位:千公顷、吨

	果用瓜(含草莓)						魔芋	
			西瓜					
					无籽西瓜			鲜芋
	面积	产量	面积	产量	面积	产量	面积	产量
荆门市	**6.74**	**203772**	**6.04**	**188770**	**3.03**	**94380**		
荆门市辖区	1.72	49577	1.42	43520	0.71	21760		
沙洋县	0.69	24296	0.62	22406	0.31	11200		
钟祥市	1.56	45988	1.47	45783	0.74	22890		
京山县	2.77	83911	2.53	77061	1.27	38530		
孝感市	**7.52**	**279452**	**6.12**	**254721**	**1.25**	**50804**		
孝南区	1.36	54240	1.20	49452	0.20	6833		
孝昌县	1.06	21556	0.48	17181				
大悟县	0.78	14318	0.60	11396	0.15	2845		
安陆市	0.91	41166	0.76	36369	0.33	15790		
云梦县	0.33	11938	0.28	10259				
应城市	1.47	80317	1.25	76410	0.25	15260		
汉川市	1.61	55917	1.55	53654	0.32	10076		
黄冈市	**4.57**	**140174**	**3.36**	**112979**	**0.06**	**980**		
黄州区	0.73	22395	0.52	13077				
团风县	0.31	8572	0.28	7837	0.06	980		
红安县	0.23	5758	0.21	5229				
麻城市	0.40	15330	0.30	15262				
罗田县	0.37	6555	0.26	4720				
英山县	0.04	343	0.04	343				
浠水县	0.71	27651	0.51	19986				
蕲春县	0.67	14681	0.48	11425				
武穴市	0.58	18470	0.47	15994				
黄梅县	0.44	15492	0.20	14179				
龙感湖	0.09	4927	0.09	4927				
咸宁市	**8.37**	**233821**	**7.94**	**227958**	**4.46**	**126181**		
咸安区	2.62	73405	2.55	72629				
嘉鱼县	1.54	49095	1.36	45910	1.20	40600		
赤壁市	2.52	62508	2.38	61277	2.38	61277		
通城县	0.25	3176	0.23	2944	0.12	1200		
崇阳县	1.23	42555	1.23	42423	0.60	20694		
通山县	0.21	3082	0.19	2775	0.16	2410		
随州市	**2.92**	**116253**	**2.46**	**95366**	**0.40**	**8824**		
曾都区	0.99	24614	0.82	17654	0.40	8824		
随　县	0.92	37573	0.83	32957				
广水市	1.01	54066	0.81	44755				
恩施自治州	**0.71**	**17449**	**0.65**	**9297**			**8.98**	**332380**
恩施市	0.13	1783	0.12	1645			4.45	59217
利川市	0.10	1420	0.10	1420			0.01	30000
建始县							0.01	90000
巴东县	0.17	7090	0.17				3.98	110943
宣恩县	0.07	1296	0.07	1296			0.00	30000
咸丰县							0.53	12220
来凤县	0.20	5223	0.15	4299				
鹤峰县	0.04	637	0.04	637				
仙桃市	**3.00**	**62523**	**2.00**	**45148**				
天门市	**2.02**	**55893**	**1.71**	**46981**	**1.20**	**32887**		
潜江市	**5.90**	**214321**	**5.85**	**212651**	**1.75**	**63613**		
神农架林区								

续表6 单位:万张、吨

	养蚕		夏蚕		一代杂交蚕种生产张数	中药材		杜仲	
	发种量	产茧量	发种量	产茧量		面积(千公顷)	总产量	总株数(万株)	产量
全省合计	**519.26**	**5600**	**501.19**	**489**	**507.11**	**79.60**	**1558851**	**2496.25**	**8323**
武汉市									
武汉市辖区									
蔡甸区									
江夏区									
黄陂区									
新洲区									
黄石市									
黄石市辖区									
大冶市									
阳新县									
十堰市	**0.90**	**523**	**0.08**	**69**		**10.69**	**80523**	**120.00**	**2595**
十堰市辖区									
丹江口市						0.16	70		
郧　县	0.40	350	0.08	59		0.01			
郧西县	0.50	138				3.38	44930		
竹山县						0.54			
竹溪县		35		10		2.12	2946		
房　县						4.48	32577	120.00	2595
荆州市									
荆州市辖区									
江陵县									
松滋市									
公安县									
石首市									
监利县									
洪湖市									
宜昌市	**505.62**	**2281**	**500.59**	**234**	**500.50**	**0.32**	**4396**		**122**
宜昌市辖区									
夷陵区	0.60	240	0.10	40					
宜都市	1.00	426	0.09	26			122		122
枝江市									
当阳市									
远安县	4.02	1587	0.40	140	0.50				
兴山县									
秭归县	500.00	28	500.00	28	500.00	0.04			
长阳县						0.28	4274		
五峰县									
襄阳市						**1.35**	**1322**		
襄阳市辖区						0.04	222		
老河口市									
襄州区						1.10	1100		
枣阳市						0.21			
宜城市									
南漳县									
谷城县									
保康县									
鄂州市									

续表7

单位:万张、吨

	养蚕				一代杂交蚕种生产张数	中药材			
	发种量	产茧量	夏蚕			面积(千公顷)	总产量	杜仲	
			发种量	产茧量				总株数(万株)	产量
荆门市						**0.82**	**3712**		
荆门市辖区						0.27	3702		
沙洋县									
钟祥市						0.54	10		
京山县						0.01			
孝感市						**2.24**	**7203**		
孝南区						0.87	4507		
孝昌县						0.72	1791		
大悟县						0.45	43		
安陆市						0.07	226		
云梦县									
应城市						0.03	132		
汉川市						0.10	504		
黄冈市	**12.31**	**2698**	**0.40**	**165**	**6.61**	**23.39**	**1287783**	**500.00**	**1400**
黄州区									
团风县						0.33	910		
红安县									
麻城市									
罗田县	4.50	1600	0.40	165	2.00	5.67	49320		
英山县	7.81	1098			4.61	6.82	27137		
浠水县									
蕲春县						10.57	1210416	500.00	1400
武穴市									
黄梅县									
龙感湖									
咸宁市						**0.44**	**1996**		
咸安区						0.04	190		
嘉鱼县									
赤壁市						0.03	200		
通城县						0.07	220		
崇阳县						0.17	1176		
通山县						0.13	210		
随州市						**0.02**	**6053**		
曾都区						0.02	6053		
随　县									
广水市									
恩施自治州	0.43	98	0.12	21		39.33	165194	1796.25	4130
恩施市						9.55	12166	302.60	1812
利川市						7.80	3550	800.00	400
建始县						2.80		300.00	
巴东县	0.03	11	0.01	3		5.71	118016	9.19	1838
宣恩县						5.61	5173	156.46	
咸丰县						2.10	3207	228.00	80
来凤县	0.40	87	0.11	18		1.26	15766		
鹤峰县						4.50	2496		
仙桃市									
天门市									
潜江市									
神农架林区						**1.00**	**669**	**80.00**	**76**

2010年主要农产品成本收益

主要种植业产品生产成本、收益与劳动生产率

调查项目			计算单位	小 麦	稻谷	早 稻	中 稻	晚 稻	玉 米	油菜籽	大 豆	棉 花	花 生	马铃薯
调查村数				127	305	72	166	67	37	181	55	69	62	18
调查户数			户	811	1952	448	1075	429	241	1205	246	509	357	96
调查面积			亩	4354	8512	1232	6099	1181	241	4600	233	2186	348	93
一、成本与收益														
亩	产量	主产品	斤	541	889	789	1065	814	757	273	304	388	423	2220
		副产品	斤	415	683	593	793	662	967	282	421	688	373	1570
	产值	合 计	元	494.30	983.40	777.31	1201.05	971.83	775.30	535.20	726.11	2047.67	1156.64	1564.82
		主产品	元	461.90	930.36	734.21	1142.18	914.70	698.45	510.06	684.33	1997.51	1123.57	1490.21
		副产品	元	32.41	53.04	43.11	58.87	57.14	76.85	25.14	41.79	50.16	33.07	74.61
	物质费用		元	233.19	341.79	297.27	370.45	357.64	218.39	181.41	188.70	418.13	253.36	479.12
	人工成本		元	100.99	168.14	164.92	176.31	163.18	181.01	139.12	123.77	490.88	207.35	344.78
	家庭用工	成本	元	100.55	163.08	159.61	168.69	160.93	179.53	138.80	123.71	490.31	207.35	344.78
		标准用工量	个	4.6	7.5	7.4	7.8	7.4	8.3	6.4	5.7	22.6	9.6	15.9
		劳动日工价	元	21.66	21.66	21.66	21.66	21.66	21.66	21.66	21.66	21.66	21.66	21.66
	雇工	成本	元	0.43	5.06	5.31	7.62	2.25	1.48	0.32	0.06	0.58		
		数量	个	0.08	0.25	0.25	0.33	0.18	0.20	0.06		0.14		
		工价	元	5.10	19.01	21.56	22.81	12.66	7.55	4.88	18.28	4.17		
	土地成本	合计	元		4.56		5.31	8.37		0.64		8.22		2.86
		自营地折租	元											
		流转地租金	元		4.56		5.31	8.37		0.64		8.22		2.86
	总成本		元	334.17	514.48	462.19	552.07	529.19	399.39	321.17	312.47	917.23	460.71	826.76
	现金成本		元	233.62	351.31	302.58	383.09	368.26	219.86	182.37	188.76	426.93	253.36	481.98
	现金收益		元	260.68	632.09	474.73	817.96	603.57	555.44	352.83	537.35	1620.74	903.29	1082.84
	净产值		元	261.11	641.61	480.04	830.60	614.19	556.92	353.79	537.41	1629.54	903.29	1085.70
	纯收益		元	160.13	468.91	480.04	648.98	442.64	375.91	214.03	413.64	1130.44	695.93	738.06
	成本纯收益率		%	47.92	89.79	68.18	117.55	83.64	94.12	66.64	132.38	123.24	151.06	89.27

续表1

调查项目			计算单位	小 麦	稻谷	早 稻	中 稻	晚 稻	玉 米	油菜籽	大 豆	棉 花	花 生	马铃薯
每百元产 值		物质费用	元	47.18	35.30	38.24	30.84	36.80	28.17	33.90	25.99	20.42	21.90	30.62
		生产成本	元	67.61	52.86	59.46	45.52	53.59	51.51	59.89	43.03	44.39	39.83	52.65
每百斤主产品		物资费用	元	43.11	38.80	37.66	34.79	43.94	28.86	66.41	62.04	107.72	59.84	21.58
		生产成本	元	19.45	19.47	21.16	16.57	20.69	24.82	53.16	42.55	132.15	51.23	16.25
		平均出售价格	元	85.39	104.22	93.02	107.25	112.39	92.30	186.74	224.99	514.60	265.37	67.12
		净产值	元	48.27	71.43	60.82	77.99	75.47	73.60	129.53	176.69	419.81	213.34	48.90
每 一劳动日		主产品产量	斤	114	114	104	131	107	89	42	53	17	44	139
		净产值	元	55.24	82.01	63.04	102.27	80.73	65.64	54.66	94.04	71.55	94.36	68.21
每亩主产品出售量			斤	481	644	581	776	576	548	222	247	348	330	1431
商品率			%	88.9	72.4	73.5	72.9	70.8	72.5	81.1	81.3	89.7	77.9	64.5
每亩主产品出售价值			元	410.71	673.32	540.00	832.60	647.36	506.15	413.82	556.52	1791.97	875.07	960.47
附报	每亩补贴收入	小计	元	48.87	67.42	64.56	68.65	69.05	52.21	18.23	4.31	11.81	6.39	6.24
		#粮食直补	元	13.33	13.28	13.04	13.73	13.09	14.32		2.12		3.72	
		良种补贴	元	8.62	13.05	10.00	14.71	14.44	7.21	9.72	0.00	10.81	1.25	
		农资综合补贴	元	19.59	39.98	38.20	40.22	41.51	25.66	7.44	2.19	1.00		6.24
		购机补贴	元	6.56	1.11	38.20			5.01	0.91			1.41	
	每亩成本外支出		元	1.79	2.14	1.92	2.99	1.52	3.00	1.07	2.87	1.68	0.16	
	每亩成本外用工		个	0.07	0.03		0.09	0.01	0.25	0.02	0.15	0.14		

续表2

调查项目	计算单位	小 麦	稻谷	早 稻	中 稻	晚 稻	玉 米	油菜籽	大 豆	棉 花	花 生	马铃薯
二、每亩物质费用	元	233.19	341.79	297.27	370.45	357.64	218.39	181.41	188.70	418.13	253.36	479.12
(一)直接生产费用	元	221.44	331.25	286.96	358.46	348.32	207.96	172.96	180.16	399.03	245.45	464.34
1、种子、种苗费	元	39.16	48.89	44.87	52.14	49.66	37.29	19.07	43.01	46.66	111.77	236.43
种籽种苗费用所占比例		16.8%	14.3%	15.1%	14.1%	13.9%	17.1%	10.5%	22.8%	11.2%	44.1%	49.3%
2、农家肥费	元	2.22	1.08	1.21	1.52	0.51	3.37	2.96	1.29	7.70	3.37	24.05
3、化肥费	元	75.59	104.11	91.44	111.86	109.03	95.45	78.99	56.91	204.62	65.53	115.43
4、塑料薄膜费	元		2.38	5.08	2.05					4.56	1.88	33.76
5、农药费	元	13.69	44.24	25.79	48.03	58.88	11.50	13.98	10.22	76.30	16.52	5.88
6、畜力费	元	10.34	32.46	35.90	27.93	33.55	18.85	22.47	37.47	20.74	26.01	42.10
7、机械作业费	元	76.45	80.21	68.11	89.62	82.89	36.02	32.21	29.45	25.44	17.75	5.91
8、排灌费	元	1.16	13.01	9.01	18.32	11.69	3.11	1.76	0.72	4.24	0.78	
9、燃料动力费	元	1.68	1.86	3.91	1.65		0.91	0.91		1.10	0.75	
10、棚架材料费	元		0.21	0.23	0.39					1.28		
11、其它直接生产费	元	1.15	2.81	1.40	4.93	2.11	1.47	0.62	1.09	6.39	1.08	0.77
(二)间接生产费用	元	11.75	10.54	10.31	11.99	9.32	10.43	8.45	8.54	19.10	7.91	14.79
1、固定资产折旧费	元	3.16	2.28	1.59	2.95	2.28	3.98	2.76	3.75	4.27	2.91	2.33
2、初期生产费用分摊	元	0.18	0.62	0.40	0.82	0.63		0.23		1.69	0.23	
3、小农具购置和修理费	元	2.46	3.31	3.75	3.44	2.74	3.66	2.08	2.53	4.56	2.74	2.19
4、管理及其它间接生产费	元	3.51	2.22	2.42	2.42	1.81	1.74	1.59	1.24	6.11	0.67	1.90
5、销售费用	元	2.44	2.12	2.14	2.36	1.85	1.05	1.79	1.03	2.47	1.35	8.36

续表3

调查项目			计算单位	小 麦	稻谷	早 稻	中 稻	晚 稻	玉 米	油菜籽	大 豆	棉 花	花 生	马铃薯
附报	1、每亩种子用量		斤	22.92	6.51	12.52	2.50	4.50	4.25	0.80	13.11	0.65	29.08	237.99
	2、每亩化肥混合施用量		斤	118.7	144.3	152.8	139.1	141.0	158.2	112.2	81.7	240.6	97.8	80.2
	氮肥	小计	斤	50.3	58.8	66.2	55.0	55.2	83.5	45.1	20.1	105.8	25.3	5.6
		# 尿素	斤	10.5	16.8	17.1	15.8	17.3	14.1	12.9	4.6	40.2	3.4	3.8
		碳酸氢铵	斤	39.6	41.8	49.6	39.8	35.8	68.5	32.1	15.6	66.7	21.9	1.8
		硫铵	斤		0.3	0.9								
	磷肥	小计	斤	20.4	20.1	34.1	15.2	10.9	29.8	17.0	10.2	28.2	18.2	
		# 过磷酸钙	斤	15.0	18.5	32.7	14.4	8.3	19.5	16.6	8.6	28.6	13.9	
		钙镁磷肥	斤	5.4	1.7	1.4	3.1	0.6	10.6	2.5	1.6	0.2	4.3	
	钾肥	小计	斤	1.1	4.5	1.9	3.6	8.0		1.0		24.4		7.2
		# 氯化钾	斤	0.9	4.4	0.9	4.6	7.7		0.8		23.8		
		磷酸二氢钾	斤	0.2	0.4	1.1	0.2		0.2	0.2		0.8		7.2
	复合肥		斤	38.9	50.5	45.7	51.6	54.3	27.2	38.6	40.5	68.9	52.5	47.3
	复混肥		斤	8.0	10.4	4.8	13.6	12.7	17.8	10.5	10.9	13.3	1.9	20.1
	3、每亩塑料薄膜用量		斤		0.3	0.6	0.3					0.6	0.4	5.7
	4、每亩畜工用量		个	0.1	0.6	0.6	0.4	0.6	0.3	0.4	0.6	0.7	0.4	0.8
三、每亩劳动用工			个	4.6	7.5	7.4	7.8	7.4	8.3	6.4	5.7	22.6	9.6	15.9
(一)直接生产用工			个	3.9	6.9	6.7	7.0	6.9	7.8	5.9	5.5	20.7	9.0	13.0
1、播种前翻耕整地用工			个	0.7	1.2	1.2	1.1	1.2	0.9	1.0	1.1	1.0	1.2	2.4
2、种子准备与播种用工			个	0.6	1.1	1.1	1.2	1.1	1.2	0.9	0.9	2.0	1.7	3.5
3、施肥用工			个	0.4	0.4	0.4	0.5	0.4	0.6	0.4	0.2	1.7	0.3	0.6
4、排灌用工			个	0.2	0.6	0.6	0.7	0.6	0.2	0.2		0.7	0.1	0.3
5、田间管理用工			个	1.0	1.5	1.2	1.8	1.5	1.7	1.3	1.2	5.9	1.4	1.7
6、收获用工			个	0.9	1.7	1.9	1.4	1.9	2.8	1.9	1.7	8.8	4.0	4.3
7、初制加工用工			个	0.1	0.1		0.1	0.1	0.2	0.1	0.3	0.1	0.1	
8、其它直接生产用工			个	0.1	0.3	0.3	0.3	0.2	0.2	0.1	0.1	0.5	0.1	0.2
(二)间接生产用工			个	0.7	0.6	0.6	0.8	0.5	0.5	0.5	0.2	1.9	0.6	2.9
1、初期生产用工分摊			个		0.1	0.1	0.1	0.1	0.1			0.2	0.1	
2、积肥用工			个	0.1	0.1	0.1	0.1		0.1	0.1		0.3	0.1	0.4
3、经营管理用工			个	0.1	0.2	0.2	0.1	0.1		0.1	0.1	0.2		0.1
4、义务工与积累工			个	0.2			0.1		0.1	0.1		0.3		
5、其它间接生产用工			个	0.1	0.1	0.1	0.2	0.1	0.1	0.1		0.4	0.2	
6、销售用工			个	0.2	0.2	0.2	0.2	0.2	0.1	0.2	0.1	0.4	0.2	2.4

全省主要粮食作物良种面积

单位:千公顷

	面 积		面 积
一、水稻	2150.57	(3)Ⅱ优725	44.35
(一)常规品种	367.89	(4)绵Ⅱ优838	34.79
1、早 稻	171.90	(5)两优培九	150.51
(1)鄂早18	65.13	(6)新两优6号	36.40
(2)嘉育948	21.30	(7)丰两优香1号	174.20
(3)鄂早16	10.92	(8)冈优725	37.27
(4)舟903	3.67	(9)D优202	20.36
(5)鄂早13	3.98	(10)金优725	28.72
(6)鄂早14	7.42	(11)红莲优6号	22.30
(7)鄂早11	4.25	(12)天两优616	10.81
(8)华矮837	1.97	(13)珞优8号	61.77
(9)中鉴100	4.61	(14)培两优1108	3.65
(10)其 它	48.65	(15)Q优6号	72.74
2、中 稻	112.44	(16)培两优3076	34.78
(1)扬稻6号	5.80	(17)天优8号	5.19
(2)鉴真2号	14.07	(18)其它	307.79
(3)鄂荆糯6号	19.55	3、晚 稻	324.93
(4)鄂荆糯7号	3.83	(1)荆楚优148	28.13
(5)鄂中5号	12.59	(2)金优207	34.58
(6)黄华占	15.06	(3)金优928	88.06
(7)其 它	41.54	(4)金优12	2.64
3、晚 稻	83.55	(5)金优38	17.51
(1)鄂晚5号	2.30	(6)金优桂99	2.20
(2)鄂晚9号	1.77	(7)金优77	4.50
(3)鄂晚10号	4.06	(8)金优晚3	1.80
(4)鄂晚11	7.53	(9)中9优288	58.95
(5)鄂晚15	6.21	(10)汕优晚3	0.92
(6)鄂晚17	26.69	(11)协优64	1.71
(7)其 它	34.99	(12)荆优928	0.90
(二)杂交组合	1782.68	(13)新香优96	1.72
1、早 稻	205.24	(14)鄂粳杂1号	12.10
(1)两优42	14.06	(15)鄂粳杂3号	6.06
(2)金优152	8.35	(16)鄂籼杂1号	2.20
(3)金优402	48.55	(17)其 它	60.95
(4)金优928	9.32	二、小 麦	949.03
(5)两优287	70.41	1、鄂恩6号	27.22
(6)其它	54.55	2、宛麦369	10.37
2、中 稻	1252.51	3、鄂麦14	35.56
(1)扬两优6号	180.25	4、鄂麦15	18.22
(2)Ⅱ优明86	26.63	5、鄂麦18	75.40

续表

续表单位:千公顷

	面 积		面 积
6、鄂麦23	58.43	六、马铃薯良种	222.00
7、鄂麦24	9.77	1、鄂马铃薯1号	3.29
8、华麦13	29.19	2、鄂马铃薯3号	52.12
9、郑麦9023	548.24	3、鄂马铃薯4号	15.02
10、鄂恩5号	21.35	4、鄂马铃薯5号	71.06
11、襄麦25	37.52	5、鄂芋一号	3.08
12、其 它	77.76	6、南中552	11.84
三、大麦良种	17.62	7、其 它	65.59
1、鄂大麦6号	3.69	七、红薯良种	138.92
2、鄂大麦7号	3.41	1、鄂薯1号	16.80
3、鄂大麦8号	2.73	2、鄂薯2号	6.76
4、华大麦1号	0.55	3、鄂薯3号	8.13
5、华大麦2号	0.37	4、鄂薯407	2.52
5、华大麦3号	1.98	5、鄂薯603	1.58
6、鄂啤5号	1.18	6、恩薯1号	21.42
7、西引2号	0.59	7、徐薯18	32.57
8、其 它	3.12	8、其 它	49.14
四、玉米良种	487.43	八、大豆良种	132.69
1、华玉4号	17.18	1、猴子毛	8.14
2、农大108	29.56	2、六月爆	25.37
3、鄂玉9号	14.75	3、鄂豆6号	9.72
4、鄂玉10号	20.77	4、鄂豆7号	5.32
5、鄂玉23	12.44	5、鄂豆8号	16.10
6、鄂玉25	3.88	6、中豆8号	12.73
7、鄂玉26	8.96	7、中豆29	5.15
8、蠡玉16	15.31	8、中豆30	8.25
9、宜单629	9.85	9、中豆33	6.30
10、鄂玉16	9.99	10、中豆34	5.75
11、鄂玉17	13.20	10、其 它	29.86
12、鄂玉18	22.64	九、蚕豆良种	26.74
13、雅玉2号	15.98	1、启豆50号	4.66
14、登海9号	42.34	2、青皮豆	9.47
15、华甜玉3号	15.87	3、78-2	1.74
16、掖单13	30.07	4、其 它	10.87
17、其 它	204.64	十、豌豆良种	11.98
五、高粱良种	1.55	1、中豌6号	6.63
1、辽杂10号	0.50	2、秦选1号	1.91
2、晋杂12号	0.50	3、其它	3.44
3、其 它	0.55		

2010年主要粮食良种

单位：千公顷

	水稻良种面积合计	常规水稻	早稻	鄂早18	嘉育948	中稻	鉴真2号	鄂荆糯6号	黄华占
全省合计	**2150.57**	**367.89**	**171.90**	**65.13**	**21.30**	**112.44**	**14.07**	**19.55**	**15.06**
武汉市	**141.63**	**68.09**	**30.32**	**12.98**	**0.90**	**4.39**	**0.20**	**1.33**	**0.20**
武汉市辖区	0.72	0.06	0.06	0.06					
蔡甸区	13.38								
江夏区	25.44	4.22	3.47	1.00	0.50				
黄陂区	55.24	29.22	11.00	3.20		3.48		1.33	
新洲区	46.85	34.59	15.79	8.72	0.40	0.91	0.20		0.20
黄石市	**84.10**	**4.82**	**2.67**	**0.85**	**0.30**	**1.00**		**0.50**	
黄石市辖区	0.91								
大冶市	40.10	2.92	2.27	0.85					
阳新县	43.09	1.90	0.40		0.30	1.00		0.50	
十堰市	**35.64**	**0.87**				**0.87**		**0.44**	
十堰市辖区	0.24								
丹江口市	6.36	0.33				0.33			
郧　县	6.48								
郧西县	3.15								
竹山县	5.83								
竹溪县	5.30	0.10				0.10			
房　县	8.28	0.44				0.44		0.44	
荆州市	**385.98**	**36.25**	**30.69**	**4.38**	**13.41**	**4.08**	**0.10**	**0.98**	**2.43**
荆州市辖区	26.66	1.45	0.18	0.02	0.10	1.01	0.10	0.50	0.01
江陵县	28.95								
松滋市	43.74	7.91	6.63	2.22	2.34	1.28		0.33	0.95
公安县	60.92								
石首市	30.31	8.64	5.63	1.62	2.15	1.79		0.15	1.47
监利县	143.98	16.63	16.63		8.02				
洪湖市	51.42	1.62	1.62	0.52	0.80				
宜昌市	**86.26**	**6.22**	**2.81**	**2.20**		**3.41**		**0.30**	**0.67**
宜昌市辖区	0.40								
夷陵区	9.42								
宜都市	4.73	0.00	0.00			0.00			
枝江市	28.43	3.41	2.81	2.20		0.60		0.30	
当阳市	28.10	2.81				2.81			0.67
远安县	7.70								
兴山县	2.20								
秭归县	2.45								
长阳县	2.53								
五峰县	0.30								
襄阳市	**165.18**	**5.58**				**5.58**	**1.33**		**1.20**
襄阳市辖区	12.00								
老河口市	10.64								
襄州区	43.33	3.33				3.33	1.33		1.00
枣阳市	48.74								
宜城市	24.53								
南漳县	22.65	2.25				2.25			0.20
谷城县									
保康县	3.29								
鄂州市	**29.90**	**13.90**	**10.00**	**3.00**		**0.90**			

续表1

单位:千公顷

	水稻良种面积合计	常规水稻	早稻	鄂早18	嘉育948	中稻	鉴真2号	鄂荆糯6号	黄华占
荆门市	**166.94**	**36.53**	**5.70**	**1.00**	**2.00**	**29.83**	**10.68**	**5.30**	
荆门市辖区	26.00								
沙洋县	48.36	12.06	0.33			11.73		5.30	
钟祥市	43.02								
京山县	49.56	24.47	5.37	1.00	2.00	18.10	10.68		
孝感市	**204.69**	**70.16**	**19.77**	**7.24**	**1.55**	**37.13**	**1.55**	**9.99**	**1.08**
孝南区	27.14	10.94	3.56	1.20	1.21	4.12		1.76	
孝昌县	25.12	10.06	2.80	2.30		4.53			
大悟县	17.93	0.85	0.05	0.02	0.02	0.80	0.30	0.30	
安陆市	28.60	3.30				3.30			
云梦县	22.42	13.79	3.16		0.32	7.17		4.73	0.72
应城市	41.05	27.66	8.66	3.20		15.33		3.20	0.10
汉川市	42.43	3.56	1.54	0.52		1.88	1.25		0.26
黄冈市	**381.87**	**101.58**	**48.47**	**20.04**	**0.20**	**22.84**	**0.20**	**0.11**	**9.44**
黄州区	7.34	0.24	0.24	0.05					
团风县	23.81	2.32	1.64	0.61		0.24		0.01	0.21
红安县	45.52	13.88	8.76	1.63					
麻城市	53.30	11.57	4.80	2.10		0.80			
罗田县	20.81	1.51	0.36			0.55	0.10		0.30
英山县	14.20								
浠水县	54.50	1.00	0.80	0.80		0.20			
蕲春县	53.77	12.57	7.67	5.60	0.20	1.67	0.10	0.10	
武穴市	51.60	15.58	10.95	6.45		3.01			1.00
黄梅县	53.89	39.98	13.25	2.80		13.44			5.10
龙感湖	3.13	2.93				2.93			2.83
咸宁市	**143.16**	**12.20**	**12.19**	**7.51**	**1.98**				
咸安区	26.73								
嘉鱼县	19.50								
赤壁市	32.46	6.54	6.54	4.21	1.33				
通城县	28.34	3.70	3.69	2.50					
崇阳县	26.66	1.96	1.96	0.80	0.65				
通山县	9.47								
随州市	**111.10**								
曾都区	22.15								
随　县	57.90								
广水市	31.05								
恩施自治州	**63.48**	**2.38**				**2.38**	**0.01**	**0.60**	**0.02**
恩施市	9.58								
利川市	17.30	2.00				2.00		0.60	
建始县	3.69	0.05				0.05	0.01		0.02
巴东县	1.94								
宣恩县	8.91	0.13				0.13			
咸丰县	10.70	0.20				0.20			
来凤县	8.99								
鹤峰县	2.37								
仙桃市	**61.40**	**2.88**	**2.88**	**0.93**	**0.96**				
天门市	**56.11**	**6.43**	**6.40**	**5.00**		**0.03**			**0.02**
潜江市	**33.06**								
神农架林区	**0.07**								

续表2

单位：千公顷

	常规水稻良种(续)		杂交水稻						
	晚稻	鄂晚17		早稻	两优42	金优402	两优287	中稻	扬两优6号
全省合计	**83.55**	**26.69**	**1782.68**	**205.24**	**14.06**	**48.55**	**70.41**	**1252.51**	**180.25**
武汉市	**33.38**	**16.60**	**73.54**	**16.34**	**0.28**	**5.07**	**8.23**	**34.82**	**11.33**
武汉市辖区			0.66					0.59	0.20
蔡甸区			13.38	1.20	0.28	0.20	0.22	11.00	4.60
江夏区	0.75		21.22	4.06		1.06	2.00	6.00	1.10
黄陂区	14.74	4.20	26.02	6.80		3.20	2.80	12.30	4.20
新洲区	17.89	12.40	12.26	4.28		0.61	3.21	4.93	1.23
黄石市	**1.15**		**79.28**	**29.64**		**6.30**	**1.30**	**17.87**	
黄石市辖区			0.91	0.36			0.10	0.25	
大冶市	0.65		37.18	13.98			1.20	6.79	
阳新县	0.50		41.19	15.30		6.30		10.83	
十堰市			**34.77**					**34.77**	**0.67**
十堰市辖区			0.24					0.24	
丹江口市			6.03					6.03	0.67
郧　县			6.48					6.48	
郧西县			3.15					3.15	
竹山县			5.83					5.83	
竹溪县			5.20					5.20	
房　县			7.84					7.84	
荆州市	**1.48**	**1.04**	**349.73**	**40.14**	**6.95**	**2.57**	**28.87**	**230.09**	**36.05**
荆州市辖区	0.26	0.01	25.21	2.23	0.20	1.40	0.20	20.70	0.50
江陵县			28.95	0.10			0.10	28.75	
松滋市			35.83	3.61	0.65	0.89	2.07	20.81	3.93
公安县			60.92	15.09			15.09	28.96	
石首市	1.22	1.03	21.67	1.17			0.51	14.34	3.92
监利县			127.35	15.20	5.90		9.30	74.92	13.70
洪湖市			49.80	2.74	0.20	0.28	1.60	41.61	14.00
宜昌市			**80.04**	**4.22**	**0.40**	**2.20**	**1.20**	**67.53**	**3.80**
宜昌市辖区			0.40					0.40	
夷陵区			9.42					9.42	
宜都市			4.73					4.72	
枝江市			25.02	4.22	0.40	2.20	1.20	12.52	0.80
当阳市			25.29					25.29	1.00
远安县			7.70					7.70	2.00
兴山县			2.20					2.20	
秭归县			2.45					2.45	
长阳县			2.53					2.53	
五峰县			0.30					0.30	
襄阳市			**159.60**					**159.60**	**8.66**
襄阳市辖区			12.00					12.00	
老河口市			10.64					10.64	1.00
襄州区			40.00					40.00	2.00
枣阳市			48.74					48.74	2.30
宜城市			24.53					24.53	1.30
南漳县			20.40					20.40	1.80
谷城县									
保康县			3.29					3.29	0.26
鄂州市	**3.00**		**16.00**	**4.00**		**1.00**		**8.00**	

续表3

单位:千公顷

	常规水稻良种(续)		杂交水稻	早稻				中稻	
	晚稻	鄂晚17			两优42	金优402	两优287		扬两优6号
荆门市	**1.00**		**130.41**	**2.00**			**1.00**	**122.30**	**13.30**
荆门市辖区			26.00					26.00	
沙洋县			36.30					36.30	5.30
钟祥市			43.02					43.02	5.00
京山县	1.00		25.09	2.00			1.00	16.98	3.00
孝感市	**13.26**	**4.75**	**134.53**	**3.13**		**1.15**	**1.46**	**119.29**	**16.07**
孝南区	3.26	1.05	16.20	0.12			0.07	15.32	1.95
孝昌县	2.73	2.01	15.06	0.25				14.42	
大悟县			17.08	0.45		0.25	0.10	16.02	1.40
安陆市			25.30					25.30	3.30
云梦县	3.46	0.70	8.63	1.09		0.69	0.40	6.19	1.24
应城市	3.67	0.94	13.39	0.40		0.11	0.27	6.50	2.40
汉川市	0.14	0.05	38.87	0.82		0.10	0.62	35.54	5.78
黄冈市	**30.27**	**4.30**	**280.29**	**76.41**	**6.02**	**23.81**	**17.13**	**97.97**	**18.60**
黄州区			7.10	2.15		0.57	0.23	2.37	0.68
团风县	0.44		21.49	7.37	3.12	0.36	3.10	4.55	2.36
红安县	5.12	0.80	31.64	9.12		3.44	1.23	9.68	2.06
麻城市	5.97	3.50	41.73	10.40		6.24	1.25	20.00	
罗田县	0.60		19.30	0.30	0.10	0.10		18.50	1.00
英山县			14.20	0.75	0.30	0.10	0.35	11.39	2.10
浠水县			53.50	21.30	1.50	6.00	3.00	6.67	4.50
蕲春县	3.23		41.20	12.20	0.20	6.50	2.60	11.80	1.50
武穴市	1.62		36.02	9.47		0.50	3.70	4.45	1.20
黄梅县	13.29		13.91	3.35	0.80		1.67	8.36	3.10
龙感湖			0.20					0.20	0.10
咸宁市	**0.01**		**130.96**	**25.49**	**0.41**	**6.45**	**7.55**	**65.90**	**11.58**
咸安区			26.73	1.90		0.90	0.43	22.46	1.56
嘉鱼县			19.50	2.94		0.34		13.61	3.51
赤壁市			25.92	2.93		0.53	2.40	13.37	6.00
通城县	0.01		24.64	9.31		4.00	4.20	1.51	0.11
崇阳县			24.70	7.83	0.41	0.37	0.52	6.65	
通山县			9.47	0.58		0.31		8.30	0.40
随州市			**111.10**					**111.10**	**13.32**
曾都区			22.15					22.15	5.32
随　县			57.90					57.90	7.50
广水市			31.05					31.05	0.50
恩施自治州			**61.10**					**61.10**	
恩施市			9.58					9.58	
利川市			15.30					15.30	
建始县			3.64					3.64	
巴东县			1.94					1.94	
宣恩县			8.78					8.78	
咸丰县			10.50					10.50	
来凤县			8.99					8.99	
鹤峰县			2.37					2.37	
仙桃市			**58.52**					**54.62**	**19.04**
天门市			**49.68**	**3.87**			**3.67**	**34.43**	**12.30**
潜江市			**33.06**					**33.05**	**15.53**
神农架林区			**0.07**					**0.07**	

续表4

单位：千公顷

	杂交中稻良种面积(续)								
	Ⅱ优明86	Ⅱ优725	绵Ⅱ优838	两优培九	新两优6号	丰两优香1号	冈优725	D优202	金优725
全省合计	**26.63**	**44.35**	**34.79**	**150.51**	**36.40**	**174.20**	**37.27**	**20.36**	**28.72**
武汉市	**0.48**	**0.40**		**8.01**	**0.41**	**1.10**	**1.06**	**0.27**	**1.32**
武汉市辖区				0.39					
蔡甸区				3.90					
江夏区		0.20		0.70		0.60	1.00		1.30
黄陂区				2.20		0.50			
新洲区	0.48	0.20		0.82	0.41		0.06	0.27	0.02
黄石市				**10.57**		**0.02**	**0.80**		**1.00**
黄石市辖区				0.23		0.02			
大冶市				4.08					
阳新县				6.26			0.80		1.00
十堰市	**3.80**	**3.00**	**1.33**	**1.30**	**0.70**	**0.40**	**1.98**	**0.35**	**6.35**
十堰市辖区									
丹江口市			1.33				0.67		1.33
郧　县	0.40	1.70		1.00	0.70	0.40	0.50		
郧西县									0.30
竹山县	1.80						0.31		2.92
竹溪县		1.30		0.30			0.50		0.30
房　县	1.60							0.35	1.50
荆州市	**0.70**		**4.71**	**36.20**	**2.18**	**79.77**	**0.60**	**0.10**	**1.03**
荆州市辖区	0.70		4.51	2.80	1.00	1.00	0.50	0.10	1.03
江陵县						28.75			
松滋市				4.21	0.48	0.66			
公安县				28.96					
石首市			0.20	0.23	0.30	3.96	0.10		
监利县						32.80			
洪湖市					0.40	12.60			
宜昌市	**3.18**	**0.64**	**0.34**	**2.05**	**0.30**	**5.75**	**2.40**	**0.53**	**1.65**
宜昌市辖区							0.20	0.15	0.05
夷陵区		0.34					0.52		0.48
宜都市	1.33								
枝江市	0.60			0.50	0.30	5.42		0.38	
当阳市	0.50		0.34	1.00		0.13	0.40		
远安县	0.50	0.30		0.20		0.20	0.50		0.20
兴山县	0.25			0.35			0.45		0.25
秭归县									
长阳县							0.33		0.67
五峰县									
襄阳市	**4.00**	**10.62**	**1.50**	**37.21**	**2.01**	**6.80**	**7.60**	**4.60**	**3.21**
襄阳市辖区				12.00					
老河口市	1.00	1.00		1.00		2.00			0.50
襄州区	1.00	3.00	1.00	14.00		2.00	3.00		
枣阳市	1.70	5.50	0.00	4.10	0.50	1.40	3.10	3.80	1.50
宜城市				6.11					
南漳县	0.30	1.00	0.50		1.50	1.40	1.50	0.80	1.20
谷城县									
保康县		0.12			0.01				0.01
鄂州市				**4.00**	**1.00**				**2.00**

续表5　　　　单位:千公顷

	杂交中稻良种面积(续)								
	Ⅱ优明86	Ⅱ优725	绵Ⅱ优838	两优培九	新两优6号	丰两优香1号	冈优725	D优202	金优725
荆门市		**9.30**	**13.00**	**14.00**	**7.00**	**27.40**	**4.60**		**5.00**
荆门市辖区			8.00	4.00		7.00	2.00		
沙洋县		9.30				10.40	2.60		
钟祥市			5.00	5.00		10.00			5.00
京山县				5.00	7.00				
孝感市	**2.55**	**6.48**	**7.54**	**2.85**	**9.32**	**7.52**	**6.08**	**11.47**	**1.56**
孝南区	1.38	1.45	2.27	0.67		0.45	1.88		1.56
孝昌县									
大悟县	0.67	2.67	1.67	0.67	1.30	0.67	2.00	2.67	
安陆市		1.30	3.30	1.20	1.20	1.30	1.50	3.30	
云梦县	0.30	0.30	0.30	0.31	0.62		0.30		
应城市	0.20	0.50			0.60	0.20	0.40		
汉川市		0.26			5.60	4.90		5.50	
黄冈市	**2.50**	**1.70**	**1.85**	**11.55**	**4.39**	**1.99**	**1.28**	**2.25**	**3.67**
黄州区				0.16	0.36	0.13			
团风县				0.09	0.07	0.03			
红安县		0.69		0.50		0.62		1.34	0.67
麻城市		0.01	0.35	1.30	0.60	0.20	0.28		2.00
罗田县	2.50	1.00	0.50	2.00	1.00		1.00	0.50	1.00
英山县			1.00	1.80	0.26	0.41		0.41	
浠水县				0.30					
蕲春县				1.80	1.60	0.60			
武穴市				1.50					
黄梅县				2.10	0.50				
龙感湖									
咸宁市	**0.22**			**2.15**	**3.21**	**5.23**	**0.10**	**0.79**	**0.23**
咸安区	0.22			0.12	1.60		0.10	0.31	0.23
嘉鱼县				0.50		3.10			
赤壁市				0.28		0.53			
通城县				0.20	0.70	0.10		0.03	
崇阳县				1.05	0.91			0.45	
通山县						1.50			
随州市	**7.90**	**12.21**	**4.50**	**2.10**	**2.20**	**4.03**	**10.72**		
曾都区	1.10	2.21			2.20	1.33	2.22		
随　县	4.80	10.00	3.50	1.30		2.70	8.50		
广水市	2.00		1.00	0.80					
恩施自治州	**1.30**			**0.02**					**1.70**
恩施市	1.30								1.50
利川市									
建始县									
巴东县									0.20
宣恩县									
咸丰县									
来凤县				0.02					
鹤峰县									
仙桃市				**15.30**		**9.95**			
天门市				**3.20**		**10.40**			
潜江市					**3.68**	**13.84**			
神农架林区			**0.02**				**0.05**		

续表6 单位：千公顷

	杂交水稻良种面积(续)								
	杂交中稻良种面积(续)				晚稻	荆楚优148	金优207	金优928	金优38
	红莲优6号	珞优8号	Q优6号	培两优3076					
全省合计	**22.30**	**61.77**	**72.74**	**34.78**	**324.93**	**28.13**	**34.58**	**88.06**	**17.51**
武汉市	**1.29**	**2.58**	**1.32**	**0.50**	**22.38**	**0.04**	**0.80**	**5.43**	**0.50**
武汉市辖区					0.07	0.04		0.03	
蔡甸区					1.18		0.80	0.29	
江夏区		0.80	0.20		11.16			5.01	0.30
黄陂区	1.25	1.35	0.80	0.50	6.92				
新洲区	0.04	0.43	0.32		3.05			0.10	0.20
黄石市	**0.70**	**0.98**			**31.77**		**4.60**	**6.47**	**3.50**
黄石市辖区					0.30			0.17	
大冶市		0.98			16.41		0.80	4.60	2.60
阳新县	0.70				15.06		3.80	1.70	0.90
十堰市	**0.80**	**1.80**	**2.88**						
十堰市辖区									
丹江口市			0.67						
郧　县		0.50	0.38						
郧西县									
竹山县	0.80								
竹溪县			1.50						
房　县		1.30	0.33						
荆州市	**0.80**	**5.20**	**4.27**	**6.80**	**79.50**	**6.23**	**2.48**	**44.81**	
荆州市辖区	0.20	1.20	0.30	5.13	2.28	0.01	0.50	1.00	
江陵县					0.10			0.10	
松滋市		3.45	3.87	0.78	11.41	3.42	1.98	2.16	
公安县					16.87			16.87	
石首市		0.55	0.10	0.89	6.16	1.58		2.14	
监利县					37.23			21.84	
洪湖市	0.60				5.45	1.22		0.70	
宜昌市	**0.53**	**5.32**	**1.82**	**4.34**	**8.29**	**0.60**	**5.00**	**0.70**	**0.98**
宜昌市辖区									
夷陵区		0.66	0.62						
宜都市		3.00			0.01				
枝江市		0.32		4.00	8.28	0.60	5.00	0.70	0.98
当阳市		1.34	1.00	0.34					
远安县	0.20								
兴山县									
秭归县									
长阳县	0.33		0.10						
五峰县			0.10						
襄阳市	**2.30**	**8.61**	**10.25**	**12.60**					
襄阳市辖区									
老河口市		2.00							
襄州区	2.00	2.00	2.00	5.00					
枣阳市	0.30	3.60	5.90	3.50					
宜城市									
南漳县		1.00	2.20	4.10					
谷城县									
保康县		0.01	0.15						
鄂州市	**1.00**				**4.00**	**0.50**		**0.50**	**1.00**

续表7

单位:千公顷

	杂交水稻良种面积(续)								
	杂交中稻良种面积(续)				晚稻	荆楚优148	金优207	金优928	金优38
	红莲优6号	珞优8号	Q优6号	培两优3076					
荆门市	**12.00**		**0.98**		**6.11**		**4.00**	**1.00**	**1.11**
荆门市辖区	2.00								
沙洋县	4.00								
钟祥市	5.00								
京山县	1.00		0.98		6.11		4.00	1.00	1.11
孝感市	**0.68**	**14.92**	**18.14**	**5.27**	**12.11**	**0.92**	**0.60**	**4.10**	**0.79**
孝南区	0.68	0.40		0.97	0.76	0.22			
孝昌县		5.20	8.22		0.39				0.10
大悟县			1.30		0.61		0.10		0.15
安陆市		3.30	3.30	0.50					
云梦县		0.62	0.62		1.35				
应城市		0.30	0.10		6.49	0.70	0.50	4.10	0.40
汉川市		5.10	4.60	3.80	2.51				0.14
黄冈市	**2.20**	**4.45**	**8.00**	**4.47**	**105.91**	**7.36**	**10.68**	**13.42**	**5.83**
黄州区					2.58		0.25	0.55	
团风县		0.05	1.20	0.06	9.57	1.01		0.36	0.31
红安县					12.84			2.21	1.22
麻城市		0.30	2.50	0.60	11.33	0.29		0.50	0.70
罗田县	2.00	2.00	1.00	0.50	0.50		0.20	0.20	
英山县		1.50	2.50	1.41	2.06	0.06	1.00	0.60	0.10
浠水县	0.20				25.53	2.50	9.23	6.80	2.00
蕲春县		0.50	0.80	1.60	17.20	3.50			1.50
武穴市					22.10			2.20	
黄梅县				0.30	2.20				
龙感湖		0.10							
咸宁市		**11.32**	**14.30**		**39.57**	**9.48**	**6.42**	**7.30**	**3.12**
咸安区		6.48	6.86		2.37	0.16	0.55		0.32
嘉鱼县		2.00	4.00		2.95			1.50	
赤壁市		0.80	0.24		9.62	3.96	1.73	3.50	
通城县		0.04	0.10		13.82	3.24	2.00		1.15
崇阳县		1.00	3.10		10.22	2.12	1.87	2.20	1.65
通山县		1.00			0.59		0.27	0.10	
随州市		**5.92**	**9.69**						
曾都区		1.32	1.99						
随　县		3.60	6.50						
广水市		1.00	1.20						
恩施自治州			**0.42**	**0.80**					
恩施市									
利川市									
建始县									
巴东县			0.42	0.80					
宣恩县									
咸丰县									
来凤县									
鹤峰县									
仙桃市					**3.90**				
天门市		**0.67**	**0.67**		**11.38**	**3.00**		**4.33**	**0.67**
潜江市					**0.01**				**0.01**
神农架林区									

续表8　　　　单位:千公顷

	晚杂良种(续)	小 麦							
	中9优288		鄂恩6号	鄂麦14	鄂麦15	鄂麦18	鄂麦23	华麦13	郑麦9023
全省合计	**58.95**	**949.03**	**27.22**	**35.56**	**18.22**	**75.40**	**58.43**	**29.19**	**548.24**
武汉市	**1.82**	**12.41**	**0.60**		**0.68**	**2.86**	**1.60**	**0.40**	**5.43**
武汉市辖区		2.17				0.65			1.52
蔡甸区									
江夏区	1.00								
黄陂区		3.00				0.75	0.80		1.25
新洲区	0.82	7.24	0.60		0.68	1.46	0.80	0.40	2.66
黄石市	**12.13**	**13.89**							**8.90**
黄石市辖区	0.13	0.20							0.20
大冶市	4.50	6.98							5.60
阳新县	7.50	6.71							3.10
十堰市		**73.56**		**1.90**	**3.96**	**8.83**	**2.00**		**31.07**
十堰市辖区		0.46							
丹江口市		13.02				3.33	2.00		6.67
郧　县		22.95		0.90	3.96	3.40			6.20
郧西县		16.98							8.20
竹山县		8.35							6.20
竹溪县		3.30				1.30			1.80
房　县		8.50		1.00		0.80			2.00
荆州市	**5.72**	**104.43**	**4.83**			**4.59**	**2.98**	**2.41**	**80.47**
荆州市辖区		14.27	2.70			1.59			9.92
江陵县		14.20							14.20
松滋市	2.47	14.23	1.04				2.98		7.33
公安县		21.78							21.78
石首市	2.25	1.22	0.28						0.32
监利县		15.85						2.41	8.22
洪湖市	1.00	22.88	0.81			3.00			18.70
宜昌市	**1.00**	**41.19**	**0.92**	**1.00**	**1.53**	**1.39**	**1.86**	**0.20**	**23.70**
宜昌市辖区		0.40			0.20	0.20			
夷陵区									
宜都市		0.99	0.34						0.42
枝江市	1.00	15.40		1.00					13.00
当阳市		15.24	0.33		1.33	0.67	0.67		7.62
远安县		0.90				0.20		0.20	0.40
兴山县		1.42				0.22			0.32
秭归县		3.03							
长阳县		2.98	0.15				1.19		1.64
五峰县		0.83	0.10			0.10			0.30
襄阳市		**267.27**	**1.52**	**8.23**	**10.00**	**15.49**	**24.10**	**0.30**	**178.92**
襄阳市辖区									
老河口市		27.40					1.00		21.90
襄州区		84.00		2.00	10.00	3.00	3.00		60.00
枣阳市		83.06		3.60		8.20	16.10	0.30	44.80
宜城市		32.27				2.27			30.00
南漳县		32.78		1.00		2.00	4.00		18.60
谷城县									
保康县		7.76	1.52	1.63		0.02			3.62
鄂州市		**5.00**	**1.00**			**1.00**	**1.00**	**1.00**	**1.00**

续表9

单位:千公顷

	晚杂良种(续)	小麦							
	中9优288		鄂恩6号	鄂麦14	鄂麦15	鄂麦18	鄂麦23	华麦13	郑麦9023
荆门市		**79.83**	**3.30**	**0.59**	**0.10**	**5.70**	**1.00**	**1.79**	**53.11**
荆门市辖区		6.58	1.00				0.58		5.00
沙洋县		16.60	1.30			1.30			10.00
钟祥市		28.08		0.59	0.10	1.40	0.42	1.79	17.11
京山县		28.57	1.00			3.00			21.00
孝感市	**0.50**	**95.68**	**5.91**	**12.02**	**0.80**	**10.93**	**10.75**	**7.78**	**28.18**
孝南区		8.85	0.55	1.76		1.46			4.46
孝昌县		11.50	0.46	1.64		0.75	2.45	0.68	1.25
大悟县		9.80		1.52		1.34			3.80
安陆市		19.84		6.60		3.30	3.30	1.80	2.00
云梦县		8.75	0.50			0.18	0.50		7.07
应城市	0.20	11.06	0.16			0.80	1.40	0.20	7.50
汉川市	0.30	25.88	4.24	0.50	0.80	3.10	3.10	5.10	2.10
黄冈市	**26.11**	**59.30**	**4.64**	**9.95**	**1.15**	**8.68**	**1.29**	**1.17**	**21.01**
黄州区	1.26	6.19	0.31			0.26	0.54		4.10
团风县	4.45	3.30		0.32	0.15	0.30	0.18	0.17	1.72
红安县		1.77				0.24	0.07		1.02
麻城市		16.30		6.80		1.80	0.50	1.00	6.20
罗田县	0.10	7.00	1.00		1.00				2.00
英山县		6.43		2.83		1.20			2.30
浠水县	5.00	1.47				0.50			0.47
蕲春县	7.50	0.82				0.20			0.30
武穴市	7.80	3.09				1.88			0.80
黄梅县		10.70	1.80			2.30			2.10
龙感湖		2.23	1.53						
咸宁市	**9.83**	**7.77**				**1.96**	**0.05**	**0.34**	**5.18**
咸安区	0.62	0.22				0.06	0.05		0.11
嘉鱼县	1.45	3.79							3.79
赤壁市	0.43	0.20							
通城县	5.55	2.14				1.80		0.34	
崇阳县	1.78	1.21							1.21
通山县		0.21				0.10			0.07
随州市		**88.85**		**1.20**		**10.51**	**8.06**	**2.47**	**48.95**
曾都区		18.36				1.91	0.96	0.97	12.45
随　县		50.37				6.10	5.10	1.50	31.50
广水市		20.12		1.20		2.50	2.00		5.00
恩施自治州		**9.35**	**3.98**			**0.30**	**0.05**		**1.36**
恩施市		2.54	1.50				0.05		0.11
利川市		0.13	0.13						
建始县		2.40	1.70						
巴东县		4.15	0.60			0.30			1.25
宣恩县		0.13	0.05						
咸丰县									
来凤县									
鹤峰县									
仙桃市	**1.17**	**20.92**							**16.64**
天门市	**0.67**	**42.39**		**0.67**		**2.33**	**1.00**	**10.00**	**22.80**
潜江市		**26.89**	**0.52**			**0.83**	**2.69**	**1.33**	**21.52**
神农架林区		**0.30**							

续表10　　单位:千公顷

	小麦良种面积(续)		大 麦	玉 米	华玉4号	农大108	鄂玉9号	鄂玉10号	蠡玉16
	鄂恩5号	襄麦25							
全省合计	**21.35**	**37.52**	**17.62**	**487.43**	**17.18**	**29.56**	**14.75**	**20.77**	**15.31**
武汉市			**0.89**	**17.18**	**0.50**				
武汉市辖区			0.19	9.53					
蔡甸区				4.94					
江夏区				2.37	0.50				
黄陂区			0.67	0.31					
新洲区			0.03	0.03					
黄石市		**3.61**	**0.07**	**10.00**	**2.86**	**0.15**	**2.10**		
黄石市辖区				0.13	0.05				
大冶市			0.07	2.41	0.81	0.15			
阳新县		3.61		7.46	2.00		2.10		
十堰市	**11.78**	**5.15**		**80.23**	**1.53**	**9.57**	**0.80**	**12.30**	**6.00**
十堰市辖区				0.39		0.10			
丹江口市				6.30	1.33	0.67			
郧　县	3.00	5.15		16.43				7.30	
郧西县	8.78			16.56		8.50			4.00
竹山县				15.80			0.80	4.50	
竹溪县				10.50					2.00
房　县				14.25	0.20	0.30		0.50	
荆州市	**1.07**	**1.03**	**3.53**	**9.10**	**0.22**	**2.03**	**0.19**		**0.10**
荆州市辖区			0.45	0.80		0.30	0.10		0.10
江陵县			0.55	0.09			0.09		
松滋市	1.07	0.73	1.99	4.81		1.13			
公安县				0.15					
石首市		0.30	0.28	0.28	0.10				
监利县			0.24	1.01					
洪湖市			0.02	1.96	0.12	0.60			
宜昌市	**1.00**		**1.99**	**100.20**	**1.78**	**6.03**	**1.80**	**2.35**	**1.00**
宜昌市辖区				1.10				0.60	
夷陵区				16.10	0.48	0.18			
宜都市				10.14					
枝江市	1.00		0.28	6.54	1.10	1.00			
当阳市			1.11	15.57		0.50			
远安县			0.60	3.40		0.20	0.20		
兴山县				7.40	0.20	0.55		0.15	
秭归县				10.31		2.93	1.60	1.60	
长阳县				15.97		0.67			
五峰县				13.67					1.00
襄阳市		**7.60**	**4.16**	**90.25**	**4.80**	**3.30**	**1.00**	**3.22**	**3.90**
襄阳市辖区									
老河口市				9.30					
襄州区			2.00	19.09	1.00	1.00	1.00	2.00	
枣阳市		5.60	2.03	35.56	1.20	2.30		1.20	3.20
宜城市									
南漳县		2.00	0.13	14.10					0.70
谷城县									
保康县				12.20	2.60			0.02	
鄂州市				**0.90**		**0.20**			

续表11

单位:千公顷

	小麦良种面积(续)		大 麦	玉 米					
	鄂恩5号	襄麦25			华玉4号	农大108	鄂玉9号	鄂玉10号	蠡玉16
荆门市	**0.48**	**11.96**	**0.01**	**17.39**	**1.34**		**1.14**	**0.18**	
荆门市辖区				2.05					
沙洋县		4.00		1.60					
钟祥市	0.48	5.39	0.01	7.28	0.34		0.14	0.18	
京山县		2.57		6.46	1.00		1.00		
孝感市	**4.73**	**2.95**	**1.48**	**2.27**	**0.09**	**0.15**	**0.01**	**0.08**	**0.10**
孝南区			0.36	0.16	0.05	0.05		0.01	
孝昌县	0.38	1.91	0.33	0.05					
大悟县			0.58	0.09				0.04	
安陆市		1.04	0.06	0.07	0.03	0.03	0.01		
云梦县				0.95					
应城市				0.17		0.05		0.03	
汉川市	4.35		0.15	0.78	0.01	0.02			0.10
黄冈市	**0.70**	**1.26**	**1.22**	**4.68**	**0.52**	**0.22**			**0.01**
黄州区				0.57					
团风县				0.13					
红安县		0.44							
麻城市			0.90						
罗田县				0.20					
英山县			0.30	0.74		0.02			0.01
浠水县		0.50	0.02	1.66	0.50	0.20			
蕲春县		0.32		0.20					
武穴市				0.30	0.02				
黄梅县				0.88					
龙感湖	0.70								
咸宁市	**0.04**			**16.31**	**0.41**	**0.97**	**1.28**		**1.10**
咸安区				2.69	0.21				
嘉鱼县				4.65			1.25		1.10
赤壁市				0.35					
通城县				0.68					
崇阳县				5.14					
通山县	0.04			2.80	0.20	0.97	0.03		
随州市		**3.96**	**0.44**	**1.66**					
曾都区		0.96	0.10	0.31					
随 县				1.31					
广水市		3.00	0.34	0.04					
恩施自治州	**1.55**			**125.47**	**3.13**	**4.91**	**6.39**	**2.61**	**3.10**
恩施市	0.50			21.13		1.70	0.90		
利川市				28.60			1.30	1.30	
建始县				17.50					
巴东县	1.00			22.26	3.00	3.00	3.00	1.00	1.00
宣恩县	0.05			9.37					
咸丰县				10.62					
来凤县				6.54	0.13	0.21	1.19	0.31	2.10
鹤峰县				9.45					
仙桃市			**2.40**	**5.45**		**1.25**			
天门市			**1.16**	**2.65**					
潜江市			**0.27**	**1.96**		**0.68**			
神农架林区				**1.73**		**0.10**	**0.04**	**0.03**	

续表12　　　　　　　　　　　　　　　　　　　　　　　　　　　　　　　单位:千公顷

	玉米良种面积(续)						马铃薯	鄂马铃薯3号	鄂马铃薯4号
	鄂玉17	鄂玉18	雅玉2号	登海9号	华甜玉3号	掖单13			
全省合计	**13.20**	**22.64**	**15.98**	**42.34**	**15.87**	**30.07**	**222.00**	**52.12**	**15.02**
武汉市		**0.01**		**9.98**	**4.31**	**1.00**	**3.96**	**0.30**	**1.31**
武汉市辖区				5.88	1.89	1.00	0.02		
蔡甸区				3.80	1.10				
江夏区				0.30	1.10		0.24		0.10
黄陂区					0.21		0.99	0.30	
新洲区		0.01			0.01		2.71	0.00	1.21
黄石市		0.60		0.40	1.40	1.14	2.11		
黄石市辖区						0.08	0.03		
大冶市		0.60				0.25	0.31		
阳新县				0.40	1.40	0.81	1.77		
十堰市	**2.50**	**10.70**	**1.30**		**0.10**	**3.23**	**14.47**	**0.60**	**3.70**
十堰市辖区					0.10	0.19			
丹江口市						1.34	0.10		
郧　县						1.70	0.57	0.50	
郧西县							3.12		
竹山县		5.20					4.18		3.70
竹溪县		2.00					4.00		
房　县	2.50	3.50	1.30				2.50	0.10	
荆州市			**0.10**		**0.64**	**0.62**	**2.36**	**0.52**	**0.20**
荆州市辖区							0.19		
江陵县							0.08		
松滋市							0.60	0.22	
公安县					0.15		0.05		0.05
石首市			0.10				0.51	0.10	0.15
监利县						0.62	0.65		
洪湖市					0.49		0.28	0.20	
宜昌市	**1.93**	**1.52**	**3.60**	**3.60**	**1.10**	**0.80**	**31.40**	**15.47**	**0.70**
宜昌市辖区			0.20			0.10	0.15	0.10	
夷陵区							3.40	3.00	
宜都市							3.83	2.13	
枝江市			0.40	2.50		0.70	1.05	0.50	
当阳市				0.50	0.30		1.57		0.30
远安县		0.30					0.90	0.10	0.10
兴山县	0.25	0.55		0.60			5.01	2.10	
秭归县	1.68						0.10	0.04	
长阳县		0.67	3.00		0.80		5.00	2.50	0.30
五峰县							10.39	5.00	
襄阳市	**1.50**	**2.30**	**4.03**	**15.80**	**1.12**	**10.50**	**0.55**	**0.55**	
襄阳市辖区									
老河口市				1.00					
襄州区			2.00	4.00		4.00			
枣阳市	1.50	2.30	1.20	10.30		6.50	0.55	0.55	
宜城市									
南漳县			0.80	0.50					
谷城县									
保康县			0.03		1.12				
鄂州市		**0.20**					**0.80**		**0.30**

续表13　　　　　　　　　　　　　　　　　　　　　　　　　　　　　　　　单位:千公顷

	玉米良种面积(续)						马铃薯		
	鄂玉17	鄂玉18	雅玉2号	登海9号	华甜玉3号	掖单13		鄂马铃薯3号	鄂马铃薯4号
荆门市		**0.03**	**4.20**	**0.06**	**3.58**	**6.67**	**1.51**		
荆门市辖区			1.20		0.85		0.46		
沙洋县						1.60	0.24		
钟祥市		0.03	1.04	0.06	0.23	5.07	0.17		
京山县			1.96		2.50		0.64		
孝感市	**0.05**	**0.01**	**0.01**	**0.73**	**0.64**	**0.18**	**8.61**	**0.35**	**0.82**
孝南区		0.01			0.01	0.02	1.85	0.35	0.50
孝昌县							0.80		
大悟县						0.03	0.45		
安陆市							0.88		0.30
云梦县				0.70	0.10	0.10	3.48		
应城市				0.03	0.01	0.03	0.57		
汉川市	0.05		0.01		0.52		0.58		0.02
黄冈市				**0.06**	**1.00**	**1.30**	**25.62**	**4.40**	**1.96**
黄州区				0.05	0.27	0.10	0.13		
团风县					0.06	0.02	1.32		
红安县							0.03		
麻城市							4.00	1.10	1.06
罗田县						0.10	0.70		0.20
英山县				0.01	0.01	0.60	6.24		0.40
浠水县					0.16		3.33	1.50	
蕲春县							7.20	0.80	
武穴市						0.20	0.97	0.20	
黄梅县					0.50	0.28	1.70	0.80	0.30
龙感湖									
咸宁市				**6.14**	**0.30**	**3.93**	**8.69**	**0.10**	**0.40**
咸安区				1.95		0.50	1.51		
嘉鱼县				1.00	0.30		0.28		
赤壁市						0.20	1.50		
通城县						0.68	1.97		
崇阳县				2.12		2.02	2.93		
通山县				1.07		0.53	0.50	0.10	0.40
随州市				**0.50**		**0.60**	**7.24**		
曾都区							0.81		
随　县				0.50		0.60	6.37		
广水市							0.06		
恩施自治州	**6.02**	**6.97**	**2.74**	**2.14**	**0.92**	**0.10**	**109.16**	**29.40**	**5.33**
恩施市	3.90	4.80					22.57	4.00	3.10
利川市							23.80	10.30	
建始县			0.50				20.00		
巴东县	2.00	2.00	2.00	2.00	0.80		15.50	6.00	
宣恩县							7.40	2.00	
咸丰县		0.13					5.32	2.10	
来凤县	0.12	0.04	0.24	0.14	0.12	0.10	7.32		2.23
鹤峰县							7.25	5.00	
仙桃市				**2.15**			**1.81**		**0.30**
天门市					**0.65**		**2.76**	**0.20**	
潜江市				**0.78**	**0.11**		**0.95**	**0.23**	
神农架林区	**1.20**	**0.30**							

续表14

单位:千公顷

	良种 鄂马铃薯5号	红薯	鄂薯1号	恩薯1号	徐薯18	大豆	六月爆	鄂豆8号	蚕豆
全省合计	**71.06**	**138.92**	**16.80**	**21.42**	**32.57**	**132.69**	**25.37**	**16.10**	**26.74**
武汉市	**1.38**	**4.01**	**0.46**		**0.50**	**8.34**	**2.43**	**0.70**	**2.26**
武汉市辖区		0.03				1.76	0.13		0.23
蔡甸区									0.50
江夏区		1.39				4.29	2.00		0.57
黄陂区	0.30	1.40			0.50	1.41	0.30	0.30	0.66
新洲区	1.08	1.19	0.46			0.88		0.40	0.30
黄石市		**9.26**	**2.31**	**3.10**	**0.90**	**3.76**	**0.09**	**0.83**	**1.27**
黄石市辖区		0.05	0.02			0.09	0.01	0.03	0.02
大冶市		3.11	1.20			2.08	0.08	0.80	0.80
阳新县		6.10	1.09	3.10	0.90	1.59			0.45
十堰市	**1.50**	**22.20**	**0.10**	**2.60**	**9.20**	**20.83**	**0.45**	**1.70**	**1.43**
十堰市辖区		0.13			0.13				
丹江口市		2.44			1.67	0.74			0.11
郧　县		5.60			2.50	2.86	0.30		
郧西县		6.81			4.50	3.71			0.82
竹山县		5.42		2.60		5.72			
竹溪县	1.50					4.00		1.50	0.20
房　县		1.80	0.10		0.40	3.80	0.15	0.20	0.30
荆州市	**0.33**	**1.47**	**0.13**	**0.28**	**0.20**	**10.10**	**1.84**	**1.00**	**6.12**
荆州市辖区	0.10					0.62	0.30	0.10	
江陵县	0.08					1.17			0.12
松滋市		1.08	0.13	0.27	0.20	0.65	0.06		0.84
公安县		0.36				0.90		0.90	0.74
石首市	0.15	0.02				0.42	0.10		0.40
监利县						3.59			3.01
洪湖市		0.01		0.01		2.75	1.38		1.01
宜昌市	**5.25**	**23.99**	**1.50**	**1.10**	**6.97**	**7.66**	**0.75**	**1.01**	**0.48**
宜昌市辖区		0.80	0.30	0.10	0.20	0.05			
夷陵区	0.20	2.40	0.20		0.30				
宜都市		4.04			2.67				
枝江市		1.30	1.00			0.61			0.00
当阳市	0.40	1.38				2.01		0.50	0.15
远安县	0.10	0.50			0.10	0.20	0.10		0.15
兴山县	0.25	0.60			0.40	0.82	0.15		0.18
秭归县		4.02		1.00	1.00	1.11		0.11	
长阳县	0.80	5.90	0.00	0.00	1.20	1.50	0.30	0.40	
五峰县	3.50	3.05			1.10	1.36	0.20		
襄阳市		**5.82**	**0.75**	**0.50**	**0.20**	**8.39**	**1.30**	**1.33**	
襄阳市辖区		0.20				0.21		0.21	
老河口市		2.18				0.68		0.05	
襄州区		0.66				4.00	1.00	1.00	
枣阳市		0.80	0.25	0.20	0.20	1.15	0.30		
宜城市		0.59	0.50			0.64			
南漳县		0.21				0.15		0.05	
谷城县									
保康县		1.18		0.30		1.56		0.02	
鄂州市	**0.20**								

续表15

单位:千公顷

	良种鄂马铃薯5号	红薯				大豆			蚕豆
			鄂薯1号	恩薯1号	徐薯18		六月爆	鄂豆8号	
荆门市	**1.51**	**2.84**	**2.84**			**15.73**	**4.47**	**0.57**	**1.75**
荆门市辖区	0.46	1.18	1.18			0.59	0.18		0.16
沙洋县	0.24	0.23	0.23			5.28	3.43		0.37
钟祥市	0.17	0.21	0.21			7.40	0.56	0.57	0.55
京山县	0.64	1.22	1.22			2.46	0.30		0.67
孝感市	**0.80**	**2.84**	**0.47**	**0.02**	**0.83**	**6.66**	**1.43**	**0.57**	**3.50**
孝南区	0.50	0.16	0.03			0.40	0.25	0.07	0.51
孝昌县		0.08				0.56	0.06		0.60
大悟县		2.09	0.24		0.83	0.52			0.20
安陆市	0.30	0.47	0.20			1.19	0.60		0.45
云梦县		0.01				0.91	0.30	0.50	0.12
应城市						1.53	0.22		0.67
汉川市		0.03		0.02		1.55			0.95
黄冈市	**0.80**	**7.15**	**0.46**		**1.88**	**6.06**	**2.61**	**0.40**	**1.51**
黄州区		0.09				0.14	0.10		0.08
团风县		0.25	0.06			0.27	0.21		0.13
红安县		0.13			0.08				
麻城市									
罗田县		1.20	0.10			1.50	0.50		
英山县	0.50	1.98			1.60	1.18	0.80		0.01
浠水县		0.50				0.05			0.25
蕲春县	0.30	2.00	0.30		0.20	1.40	0.30	0.20	0.40
武穴市						0.89	0.40	0.20	
黄梅县		1.00				0.63	0.30		0.64
龙感湖									
咸宁市		**10.06**	**2.02**		**4.29**	**5.70**	**1.22**	**0.10**	**3.24**
咸安区		1.42	0.10		0.85	0.97	0.18		0.49
嘉鱼县		0.13				0.42	0.22	0.10	1.01
赤壁市		0.50				0.80	0.00		0.20
通城县		0.84	0.84			0.88	0.40		0.33
崇阳县		4.02			2.02	2.00	0.10		0.81
通山县		3.15	1.08		1.42	0.63	0.32		0.40
随州市		**2.03**	**1.30**			**1.10**	**0.50**		**0.25**
曾都区		0.34				0.10			
随　县		1.69	1.30			0.50	0.50		0.25
广水市						0.50			
恩施自治州	**58.39**	**46.75**	**4.00**	**13.82**	**7.60**	**20.06**	**6.36**	**1.81**	**2.77**
恩施市	11.40	10.70		3.12	2.10	5.96	1.60		0.50
利川市	10.00	11.00		5.00	4.00	3.20	0.80	1.80	0.80
建始县	18.00	3.50				2.00			0.20
巴东县	8.00	8.54	4.00	4.00		3.50	1.50		1.00
宣恩县	3.00	4.80		1.20	1.00	1.90	1.10		0.05
咸丰县	2.98	2.01				2.08	1.06		
来凤县	5.01	4.35				0.62	0.20	0.01	0.22
鹤峰县		1.85		0.50	0.50	0.80	0.10		
仙桃市	**0.40**	**0.07**	**0.03**			**5.57**		**1.92**	**1.20**
天门市	**0.50**	**0.30**	**0.30**			**8.69**	**1.33**	**2.00**	**0.73**
潜江市		**0.13**	**0.13**			**2.89**	**0.59**	**2.16**	**0.23**
神农架林区						**1.15**			

全省粮、棉、油杂交生产情况

单位:千公顷、吨

	面 积	产 量
一、杂交水稻		
1、推广	1844.52	14775479
(1)早稻	207.88	1343248
(2)中稻	1309.72	11120376
(3)晚稻	326.92	2311855
2、制种	2.75	12620
其中:春制	1.94	9544
夏制	0.60	2747
3、亲繁	0.31	817
二、杂交玉米		
1、推广	480.34	2490056
2、制种	0.80	6000
三、杂交棉花	369.95	477336
四、杂交油菜		
1、推广	894.79	1801902
2、制种	1.17	1520
五、再生稻	54.40	468494

续表1

单位：千公顷、吨

	杂交水稻		杂交早稻		杂交中稻		杂交晚稻	
	推广面积	产量	面积	产量	面积	产量	面积	产量
全省合计	**1844.52**	**14775479**	**207.88**	**1343248**	**1309.72**	**11120376**	**326.92**	**2311855**
武汉市	**74.54**	**512662**	**16.51**	**92254**	**35.19**	**275036**	**22.84**	**145372**
武汉市辖区	0.66	5004			0.59	4514	0.07	490
蔡甸区	14.38	99882	1.37	7619	11.37	83173	1.64	9090
江夏区	21.22	136890	4.06	17800	6.00	45530	11.16	73560
黄陂区	26.02	189515	6.80	41820	12.30	103320	6.92	44375
新洲区	12.26	81371	4.28	25015	4.93	38499	3.05	17857
黄石市	**81.82**	**446144**	**30.84**	**161386**	**17.87**	**113552**	**33.11**	**171206**
黄石市辖区	0.91	5377	0.36	1765	0.25	2090	0.30	1522
大冶市	37.18	199780	13.98	76708	6.79	38462	16.41	84610
阳新县	43.73	240987	16.50	82913	10.83	73000	16.40	85074
十堰市	**34.77**	**268182**			**34.77**	**268182**		
十堰市辖区	0.24	1156			0.24	1156		
丹江口市	6.03	41580			6.03	41580		
郧　县	6.48	40626			6.48	40626		
郧西县	3.15	26052			3.15	26052		
竹山县	5.83	50768			5.83	50768		
竹溪县	5.20	53000			5.20	53000		
房　县	7.84	55000			7.84	55000		
荆州市	**349.73**	**2881935**	**40.14**	**335618**	**230.09**	**1936339**	**79.50**	**609978**
荆州市辖区	25.21	135332	2.23	18559	20.70	97349	2.28	19424
江陵县	28.95	290021	0.10	782	28.75	288483	0.10	756
松滋市	35.83	240384	3.61	22000	20.81	148000	11.41	70384
公安县	60.92	467669	15.09	102825	28.96	239433	16.87	125411
石首市	21.67	195708	1.17	9893	14.34	140291	6.16	45524
监利县	127.35	1098399	15.20	162088	74.92	634102	37.23	302209
洪湖市	49.80	454422	2.74	19471	41.61	388681	5.45	46270
宜昌市	**80.43**	**649927**	**4.22**	**33197**	**67.92**	**557389**	**8.29**	**59341**
宜昌市辖区	0.68	4523			0.68	4523		
夷陵区	9.42	72309			9.42	72309		
宜都市	4.73	36555			4.72	36500	0.01	55
枝江市	25.02	196665	4.22	33197	12.52	104182	8.28	59286
当阳市	25.29	230000			25.29	230000		
远安县	7.81	62158			7.81	62158		
兴山县	2.20	14206			2.20	14206		
秭归县	2.45	16652			2.45	16652		
长阳县	2.53	15418			2.53	15418		
五峰县	0.30	1441			0.30	1441		
襄阳市	**191.80**	**1471977**			**191.80**	**1471977**		
襄阳市辖区	19.10	185579			19.10	185579		
老河口市	13.30	113637			13.30	113637		
襄州区	40.00	41800			40.00	41800		
枣阳市	48.74	481353			48.74	481353		
宜城市	30.97	319004			30.97	319004		
南漳县	20.40	180000			20.40	180000		
谷城县	16.00	126825			16.00	126825		
保康县	3.29	23779			3.29	23779		
鄂州市	**17.00**	**118700**	**5.00**	**37500**	**8.00**	**54000**	**4.00**	**27200**

续表2

单位：千公顷、吨

	杂交水稻		杂交早稻		杂交中稻		杂交晚稻	
	推广面积	产量	面积	产量	面积	产量	面积	产量
荆门市	**143.43**	**1473162**	**2.00**	**15888**	**135.29**	**1412494**	**6.14**	**44780**
荆门市辖区	26.05	225792			26.05	225792		
沙洋县	46.25	447189			46.22	446957	0.03	232
钟祥市	43.02	589513			43.02	589513		
京山县	28.11	210668	2.00	15888	20.00	150232	6.11	44548
孝感市	**141.46**	**1281314**	**3.40**	**25471**	**125.79**	**1162463**	**12.27**	**93379**
孝南区	16.20	106792	0.12	765	15.32	102148	0.76	3879
孝昌县	17.42	153295	0.37	2708	16.60	147408	0.45	3179
大悟县	21.65	230074	0.60	3420	20.34	221790	0.71	4864
安陆市	25.30	245891			25.30	245891		
云梦县	8.63	87938	1.09	8175	6.19	69638	1.35	10125
应城市	13.39	114689	0.40	3120	6.50	58454	6.49	53115
汉川市	38.87	342635	0.82	7283	35.54	317134	2.51	18217
黄冈市	**280.29**	**2090196**	**76.41**	**482161**	**97.97**	**835458**	**105.91**	**772577**
黄州区	7.10	52599	2.15	12600	2.37	20313	2.58	19686
团风县	21.49	137905	7.37	34891	4.55	35873	9.57	67141
红安县	31.64	196049	9.12	43495	9.68	81350	12.84	71204
麻城市	41.73	352331	10.40	86658	20.00	187666	11.33	78007
罗田县	19.30	151274	0.30	2025	18.50	145687	0.50	3562
英山县	14.20	115472	0.75	5307	11.39	97986	2.06	12179
浠水县	53.50	400030	21.30	127200	6.67	61135	25.53	211695
蕲春县	41.20	305745	12.20	73200	11.80	103545	17.20	129000
武穴市	36.02	268897	9.47	65429	4.45	41252	22.10	162216
黄梅县	13.91	108919	3.35	31356	8.36	59676	2.20	17887
龙感湖	0.20	975			0.20	975		
咸宁市	**130.96**	**855691**	**25.49**	**135268**	**65.90**	**448711**	**39.57**	**271712**
咸安区	26.73	170102	1.90	9475	22.46	147249	2.37	13378
嘉鱼县	19.50	140353	2.94	14052	13.61	103519	2.95	22782
赤壁市	25.92	168295	2.93	15517	13.37	92842	9.62	59936
通城县	24.64	172572	9.31	53000	1.51	12472	13.82	107100
崇阳县	24.70	149429	7.83	40434	6.65	43900	10.22	65095
通山县	9.47	54940	0.58	2790	8.30	48729	0.59	3421
随州市	**111.10**	**1067533**			**111.10**	**1067533**		
曾都区	22.15	187715			22.15	187715		
随　县	57.90	562518			57.90	562518		
广水市	31.05	317300			31.05	317300		
恩施自治州	**65.86**	**403554**			**65.86**	**403554**		
恩施市	9.58	49674			9.58	49674		
利川市	20.00	130000			20.00	130000		
建始县	3.70	17676			3.70	17676		
巴东县	1.94	10871			1.94	10871		
宣恩县	8.78	54326			8.78	54326		
咸丰县	10.50	66315			10.50	66315		
来凤县	8.99	58622			8.99	58622		
鹤峰县	2.37	16070			2.37	16070		
仙桃市	**58.52**	**568993**			**54.62**	**538363**	**3.90**	**30630**
天门市	**49.68**	**400122**	**3.87**	**24505**	**34.43**	**290073**	**11.38**	**85544**
潜江市	**33.06**	**284922**			**33.05**	**284786**	**0.01**	**136**
神农架林区	**0.07**	**466**			**0.07**	**466**		

续表3

单位:千公顷、吨

	杂交玉米		杂交棉花		杂交油菜		再生稻	
	推广面积	产量	推广面积	产量	推广面积	产量	推广面积	产量
全省合计	**480.34**	**2490056**	**369.95**	**477336**	**894.79**	**1801902**	**54.40**	**468494**
武汉市	**13.28**	**95167**	**11.53**	**16528**	**28.17**	**56476**	**4.02**	**22256**
武汉市辖区	6.55	46886	1.98	3550	0.40	1210		
蔡甸区	4.68	33864	2.54	3599	3.97	7490		
江夏区	1.74	11428			10.30	18413	1.70	5100
黄陂区	0.31	2989	2.34	3713	13.50	29363	0.30	1193
新洲区			4.67	5666			2.02	15963
黄石市	**9.40**	**9687**	**4.22**	**5309**	**36.00**	**56593**	**0.20**	**1000**
黄石市辖区	0.13	480	0.09	126	0.48	1192		
大冶市	1.81	9177	1.24	1628	13.60	22980		
阳新县	7.46	30	2.89	3555	21.92	32421	0.20	1000
十堰市	**75.65**	**379456**	**0.13**	**54**	**41.44**	**62185**		
十堰市辖区	0.39	1448						
丹江口市	6.30	26891	0.07	16	4.00	5870		
郧　县	16.43	60572	0.06	38	5.07	7347		
郧西县	15.56	69092			6.01	7786		
竹山县	11.52	83382			9.63	15227		
竹溪县	11.20	78000			9.63	15227		
房　县	14.25	60071			7.10	10728		
荆州市	**8.91**	**65162**	**100.46**	**130696**	**201.23**	**442735**	**16.49**	**236680**
荆州市辖区	0.88	5364	13.06	18284	7.19	37158	0.57	4825
江陵县	0.09	533	7.92	10014	21.35	62827		
松滋市	4.81	30341	14.39	16001	25.18	47530	0.15	675
公安县	0.15	1107	27.63	34505	38.69	102264		
石首市	0.01	34	10.00	16900	21.26	40993	0.01	30
监利县	1.01	6440	18.50	24288	58.23	77289	5.20	58500
洪湖市	1.96	21343	8.96	10704	29.33	74674	10.56	172650
宜昌市	**101.42**	**500944**	**21.27**	**30684**	**78.35**	**165940**		
宜昌市辖区	2.78	12905			1.44	2604		
夷陵区	16.10	92152			10.26	19244		
宜都市	10.14	62784			8.42	17613		
枝江市	6.00	30756	14.90	21800	19.20	48897		
当阳市	15.57	93417	6.37	8884	19.97	44950		
远安县	3.48	19116			5.00	10600		
兴山县	7.40	31994			1.60	2700		
秭归县	10.31	44197			5.82	10845		
长阳县	15.97	55111			3.84	5687		
五峰县	13.67	58512			2.80	2800		
襄阳市	**97.81**	**535050**	**29.27**	**35099**	**48.93**	**124649**		
襄阳市辖区								
老河口市	9.35	53120	4.20	4718	6.64	15351		
襄州区	19.09	141446	8.00	10500	4.49	14062		
枣阳市	26.30	157800	8.20	10315	7.00	20728		
宜城市	8.36	23750	8.77	9366	16.38	47255		
南漳县	14.00	60900	0.10	200	3.70	8520		
谷城县	8.00	37198			3.41	7215		
保康县	12.71	60836			7.31	11518		
鄂州市	**0.10**	**300**	**4.50**	**4980**	**6.00**	**9000**	**6.60**	**25000**

续表4

单位:千公顷、吨

	杂交玉米		杂交棉花		杂交油菜		再生稻	
	推广面积	产量	推广面积	产量	推广面积	产量	推广面积	产量
荆门市	**17.51**	**104125**	**25.94**	**30605**	**95.42**	**232310**		
荆门市辖区	1.93	10625	2.71	3095	14.08	38719		
沙洋县	1.60	9280	5.60	7240	28.95	83475		
钟祥市	7.59	57824	12.83	14600	39.19	80210		
京山县	6.39	26396	4.80	5670	13.20	29906		
孝感市	**1.99**	**12853**	**22.67**	**25527**	**68.57**	**126273**		
孝南区	0.04	432	2.67	3650	11.68	19741		
孝昌县	0.05	175	0.75	754	9.20	15594		
大悟县	0.07	899	0.11	148	5.83	8589		
安陆市	0.07	265	0.94	798	7.60	16699		
云梦县	0.95	6404	2.43	2916	6.45	15871		
应城市	0.17	959	3.34	5085	15.20	24624		
汉川市	0.64	3719	12.43	12176	12.61	25155		
黄冈市	**2.75**	**11271**	**48.93**	**64583**	**74.76**	**135735**	**27.09**	**183558**
黄州区	0.57	1403	4.90	6692	3.86	5725		
团风县	0.10	680	1.93	2798	4.99	11587	1.56	10698
红安县			0.04	65	6.91	10816	0.22	989
麻城市			7.53	9662	6.85	8572	0.28	
罗田县	0.20	617			3.00	7875	8.00	18000
英山县	0.74	3355	0.15	81	2.30	5531		
浠水县			9.11	10800	28.60	52910	5.60	41900
蕲春县	0.26	956	3.20	4464	3.50	6300	9.33	81171
武穴市			6.60	8947			1.10	9800
黄梅县	0.88	4260	14.40	19734	14.75	26419	1.00	21000
龙感湖			1.07	1340				
咸宁市	15.99	83901	1.90	2328	51.81	59019		
咸安区	2.72	12272	0.19	173	23.58	27698		
嘉鱼县	4.65	34681	0.89	1188	5.32	7585		
赤壁市	0.30	1445	0.60	762	15.88	18269		
通城县	0.17	490			3.22	2127		
崇阳县	5.14	23206	0.22	205	0.70	382		
通山县	3.01	11807			3.11	2958		
随州市	**0.99**	**5617**	**7.76**	**11007**	**16.57**	**26440**		
曾都区	0.31	2037	2.10	2862	2.15	4298		
随　县	0.68	3580	2.60	3485	7.12	9178		
广水市			3.06	4660	7.30	12964		
恩施自治州	**125.42**	**628566**	**0.02**	**35**	**44.11**	**57259**		
恩施市	21.13	100513	0.02	35	9.85	11807		
利川市	28.60	140000			5.30	6785		
建始县	17.27	101300			7.47	10900		
巴东县	22.26	107900			9.11	11940		
宣恩县	9.37	40671			2.34	3299		
咸丰县	10.80	62792			2.52	3671		
来凤县	6.54	29299			5.05	6072		
鹤峰县	9.45	46091			2.47	2785		
仙桃市	**4.51**	**29242**	**21.70**	**26000**	**42.39**	**102370**		
天门市	**2.65**	**13379**	**40.28**	**50200**	**28.00**	**48830**		
潜江市	**1.96**	**15336**	**29.37**	**43701**	**33.04**	**96088**		
神农架林区								

2010年农信体系情况

农业信息体系建设基本情况

单位：个

	全省合计	武汉市	黄石市	十堰市	荆州市	宜昌市	襄阳市	鄂州市	荆门市	孝感市	黄冈市	咸宁市	随州市	恩施自治州	仙桃市	天门市	潜江市	神农架林区
一、信息服务机构	11367	1858	367	178	1102	1399	1151	67	299	396	1139	155	272	1806	64	901	134	79
1、市、州	184	165		1		4	5	2	1		1		1		1	1	1	1
2、县、市	367	46	4	24	17	34	48	3	6	16	49	9	3	108				
3、乡、镇	1689	421	38	95	114	76	109	12	62	92	153	51	45	253	18	22	120	8
4、村组	6294	1203	168	10	591	887	776	20		144	636	27	189	771	25	778	3	66
5、中介龙头	2833	23	157	48	380	398	213	30	230	144	300	68	34	674	20	100	10	4
二、农村信息员	35143	1997	888	726	7287	6460	1754	76	1770	2397	2748	1275	188	5275	580	980	647	95
1、市、州	598	280		85		75		1	5			41			80	30		1
2、县、市	1838	104	6	73	127	338	196	3	10	66	176	122	1	550		44	22	
3、乡、镇	6659	83	68	283	1245	1841	403	22	106	311	943	258	9	501	300		278	8
4、村组	21572	1492	410	89	5015	3534	894	20	1644	1639	1313	665	154	3266	150	884	337	66
5、中介龙头	4476	38	404	196	900	672	261	30	5	381	316	189	24	958	50	22	10	20
三、信息网站	542	39	6	65	63	70	64	6	37	22	58	32	2	46	1	25	5	1
1、农业信息网	87	8	1	6	5	15	9	1	5	7	8	11	1	6	1	1	1	1
2、农业专业网	140	22	2	25	2	20	13		17	10	12	6		6		4	1	
3、涉农信息网	315	9	3	34	56	35	42	5	15	5	38	15	1	34		20	3	

全省农业技术推广面积

单位:千公顷

	面 积
一、水稻育秧生产技术(大田)	
1、早稻保温育秧面积	169.56
其中:地膜育秧面积	112.48
2、杂交稻两段育秧面积	148.30
其中:旱育抛寄两段秧	68.30
3、水稻旱育秧面积	425.20
(1)早稻旱育秧	44.99
(2)中稻旱育秧	362.43
(3)晚稻旱育秧	17.78
4、壮秧剂应用面积	281.49
二、水稻抛栽面积	277.47
1、早稻抛栽	45.89
2、中稻抛栽	213.47
3、晚稻抛栽	18.11
三、水稻少免耕技术应用面积	210.55
其中:少免耕直播	157.12
少免耕抛栽	33.94
四、再生稻生产面积(大田)	36.09
其中:旱抛再面积	3.32
五、小麦精量半精量播种面积	424.97
六、小麦旱稀肥控栽培面积	208.09
七、玉米预留行面积	225.87
其中:冬套蔬菜面积	26.41
小麦预留行面积	61.40
八、稻、棉轮作面积	27.01
九、吨粮田面积	627.50
十、双百棉面积	133.75
十一、棉田套种情况	—
1、套种粮食面积	33.25
其中:套种早黄豆	12.30
套种玉米或高粱	11.95
2、套种油料面积	10.59
其中:套种花生	4.15
套种芝麻	3.28
3、间作套种蔬菜	51.47
其中:春季套种	16.11
夏季套种	15.27
冬季预留行套菜	7.71
4、套种瓜类面积	25.69
其中:套种西瓜	22.19
套种甜瓜	2.79
十二、棉花营养钵移栽面积	311.40
其中:麦林套栽面积	116.21
麦油豆后移栽面积	147.74
十三、油菜育苗移栽面积	593.19
十四、油菜秋冬发高产栽培面积	517.17
十五、脱毒薯类栽培面积	155.62
其中:脱毒马铃薯	133.83
十六、微机优化模式栽培面积	206.40
1、小 麦	13.41
2、杂交水稻	66.70
3、杂交玉米	11.35
4、棉 花	25.00
5、油 菜	68.09
6、其 它	21.85
十七、地膜覆盖栽培面积	680.50
1、水 稻	50.79
2、小 麦	5.27
3、玉 米	192.73
其中:大田地膜玉米	69.93
地膜育苗移栽	89.75
塑盘育苗移栽	21.53
4、棉 花	115.59
其中:移栽地膜棉	100.52
直播地膜棉	14.05
5、花 生	34.64
6、烟 叶	46.94
7、蔬 菜	181.61
8、其 它	52.93
十八、秸秆覆盖栽培面积	162.20
其中:麦田	79.92
油菜田	33.78
棉田	19.58
十九、秸秆还田面积	874.73
二十、蔬菜遮阳网覆盖面积	38.91
二十一、蔬菜防虫网覆盖面积	12.15
二十二、作物棚栽面积	167.56
1、大棚栽培面积	68.56
其中:蔬菜	52.13
食用菌	6.06
果用瓜	6.62
其中:西瓜	4.67
甜瓜	1.63
2、中棚栽培面积	41.21
其中:蔬菜	33.88
3、小拱棚栽培面积	57.79
其中:蔬菜	50.41
二十三、蔬菜良种繁育面积	51.46
二十四、配方施肥面积	4755.56
1、小 麦	697.26
2、早 稻	280.87
3、中稻一晚	1080.50
4、双 晚	298.11
5、玉 米	345.03
6、薯 类	207.20
7、棉 花	317.77
8、油 菜	830.44
9、花 生	76.15
10、芝 麻	23.22
11、麻 类	4.83
12、蔬 菜	446.32
13、其 它	147.85
二十五、化肥深施面积	1233.95
二十六、使用微量元素肥面积	3192.51
1、专用配合微肥	1154.99
其中:小 麦	277.16

续表1 单位:千公顷

	面积
水稻	441.20
棉花	191.05
蔬菜	189.82
2、硼肥	1230.66
其中:小麦	44.11
水稻	60.09
棉花	196.72
油菜	825.95
花生	49.96
芝麻	10.23
3、锌肥	660.32
其中:水稻	487.02
玉米	89.35
棉花	77.03
4、钼肥	90.68
其中:小麦	21.29
大豆	17.76
花生	33.32
5、其它	55.86
二十七、喷施磷酸二氢钾	2171.71
1、小麦	430.17
2、水稻	796.19
3、棉花	266.84
4、油菜	415.76
5、花生	24.38
6、芝麻	6.23
7、蔬菜	137.03
8、其它	95.11
二十八、化学调控面积	2698.48
1、缩节安(助壮素)	388.43
其中:小麦	69.58
棉花	289.23
2、多效唑	1083.88
其中:小麦	92.77
水稻	425.80
棉花	50.05
油菜	302.49
花生	29.20
3、乙烯利	80.65
其中:棉花催熟	65.90
4、802	194.75
其中:棉花	144.22
5、生物有机肥	497.14
其中:小麦	89.71
水稻	171.91
玉米	49.99
棉花	50.66
油菜	95.19
6、棉花应用调节安面积	120.63
7、棉花应用壮苗素、床草净	103.39
8、2.4-D	44.36
9、坐果灵	53.23
10、赤霉素	68.68

	面积
11、其它	63.34
二十九、种子包衣面积	1081.08
1、小麦	170.09
2、水稻	178.34
3、玉米	300.04
4、棉花	342.41
5、油菜	62.62
6、其它	27.57
三十、化学除草剂使用面积	4193.97
1、小麦	724.27
2、水稻	1687.58
3、玉米	244.83
4、棉花	289.98
5、油菜	750.98
6、花生	93.14
7、芝麻	31.26
8、麻类	2.01
9、蔬菜	209.24
10、其它	160.67
三十一、生物农药施用面积	1063.58
三十二、灯光诱蛾防治面积	521.77
其中:优质稻大田应用面积	186.76
棉田应用面积	106.48
蔬菜田(地)应用面积	82.33
三十三、节水灌溉技术面积	396.62
三十四、各种技术承包人数(人)	59026
1、行政干部	3051
2、技术干部	5940
3、农民技术员	44976
4、其它	5059
三十五、各种技术承包面积	1949.73
1、种子	211.89
2、植保	651.76
3、栽培	517.93
4、土肥	373.64
5、蔬菜	132.51
6、其它	62.00
三十六、科技示范园(场)个数	758
面积	73.41
1、县(市)科技示范园个数	214
面积	34.59
2、乡镇科技示范场个数	544
面积	38.82
三十七、科技示范户(户)	280980
1、小麦	39043
2、水稻	98769
3、玉米	16285
4、棉花	29020
5、油菜	35115
6、蔬菜	30578
7、中药材	12080
8、其它	20090

2010年农技推广情况

单位:千公顷

	水稻育秧生产技术推广面积(大田)								壮秧剂应用面积
	早稻保温育秧	地膜育秧	杂交稻两段育秧	旱育抛寄	水稻旱育秧	早稻	中稻	晚稻	
全省合计	**169.56**	**112.48**	**148.30**	**68.30**	**425.20**	**44.99**	**362.43**	**17.78**	**281.49**
武汉市	**18.01**	**17.41**			**21.83**	**4.72**	**13.37**	**3.74**	**5.88**
武汉市辖区									
蔡甸区	1.37	1.37			14.38	1.37	11.37	1.64	
江夏区									
黄陂区	3.60	3.00			0.10	0.05	0.05		
新洲区	13.04	13.04			7.35	3.30	1.95	2.10	5.88
黄石市	**24.40**	**6.30**	**2.80**	**0.10**	**0.11**	**0.10**	**0.01**		**20.00**
黄石市辖区									
大冶市	7.50				0.01		0.01		20.00
阳新县	16.90	6.30	2.80	0.10	0.10	0.10			
十堰市			**17.06**	**1.89**	**16.25**		**16.25**		**8.03**
十堰市辖区			0.10	0.10	0.30		0.30		
丹江口市			5.33	1.33	5.33		5.33		
郧　县			6.48	0.06	0.02		0.02		0.03
郧西县			2.75		0.40		0.40		
竹山县					1.80		1.80		2.00
竹溪县			0.40	0.40	5.10		5.10		2.80
房　县			2.00		3.30		3.30		3.20
荆州市	**37.89**	**32.36**			**84.81**	**17.84**	**59.41**	**7.56**	**42.49**
荆州市辖区	2.40	2.40			5.91	0.70	5.01	0.20	11.59
江陵县					14.20	0.10	14.10		
松滋市	2.68	2.15			9.07	2.34	3.55	3.18	10.24
公安县	10.00	5.00			16.35	5.45	8.53	2.37	
石首市	2.00	2.00			1.00	0.50	0.50	0.00	5.10
监利县	18.20	18.20			12.40	7.00	4.20	1.20	12.40
洪湖市	2.61	2.61			25.88	1.75	23.52	0.61	3.16
宜昌市	**5.20**	**3.50**	**5.30**	**3.40**	**31.71**	**1.76**	**29.15**	**0.80**	**33.70**
宜昌市辖区					0.55		0.55		
夷陵区					9.42		9.42		5.00
宜都市			3.00	3.00	0.33		0.33		4.00
枝江市	5.20	3.50	2.30	0.40	9.66	1.76	7.10	0.80	17.00
当阳市					4.00		4.00		2.40
远安县					3.50		3.50		5.00
兴山县					2.20		2.20		
秭归县					0.55		0.55		
长阳县					1.20	0.00	1.20		0.30
五峰县					0.30		0.30		
襄阳市			**33.00**	**5.00**	**104.44**		**104.44**		**66.25**
襄阳市辖区					3.00		3.00		5.00
老河口市			3.00		11.04		11.04		
襄州区			30.00	5.00	13.33		13.33		3.00
枣阳市					45.00		45.00		40.00
宜城市					16.00		16.00		4.30
南漳县					15.50		15.50		13.50
谷城县									
保康县					0.57		0.57		0.45
鄂州市	**0.00**	**0.00**			**0.08**	**0.02**	**0.02**	**0.04**	**0.06**

附表1

单位:千公顷

	水稻育秧生产技术推广面积(大田)								壮秧剂应用面积
	早稻保温育秧	地膜育秧	杂交稻两段育秧	旱育抛寄	水稻旱育秧	早稻	中稻	晚稻	
荆门市	**1.00**	**0.63**			**39.83**	**0.30**	**39.00**	**0.53**	**51.00**
荆门市辖区					8.00		8.00		8.00
沙洋县	0.40	0.20			25.23	0.20	25.00	0.03	25.00
钟祥市									
京山县	0.60	0.43			6.60	0.10	6.00	0.50	18.00
孝感市	**19.92**	**16.65**	**7.57**	**7.27**	**8.10**	**0.32**	**7.35**	**0.43**	**13.12**
孝南区	3.63	3.26			0.55	0.10	0.22	0.23	3.78
孝昌县	1.26	0.69	3.82	3.52	0.31	0.03	0.28		1.14
大悟县	0.07	0.05	3.75	3.75	1.32	0.01	1.23	0.08	
安陆市					0.67		0.67		3.40
云梦县	3.60	3.60			0.10			0.10	
应城市	9.06	6.75			4.80	0.18	4.60	0.02	4.80
汉川市	2.30	2.30			0.35		0.35		
黄冈市	**29.45**	**22.85**	**3.00**	**2.80**	**34.28**	**13.74**	**16.77**	**3.77**	**17.98**
黄州区	2.00	0.50			0.13	0.13			
团风县	1.31	1.31	0.00		0.60	0.20	0.40		1.25
红安县	0.74	0.74			3.89	0.91	2.37	0.61	3.92
麻城市	1.45	1.40			5.30	3.00	2.10	0.20	
罗田县	0.10	0.10			0.30		0.30		0.10
英山县	0.75	0.00	0.00		6.56	0.40	5.20	0.96	6.80
浠水县	9.80	6.00	3.00	2.80	3.60	2.50	1.10		0.90
蕲春县	3.10	2.60			12.00	5.50	5.00	1.50	3.50
武穴市	0.40	0.40			1.90	1.10	0.30	0.50	1.51
黄梅县	9.80	9.80							
龙感湖									
咸宁市	**23.42**	**12.78**	**12.33**	**0.67**	**5.61**	**4.39**	**0.31**	**0.91**	**3.72**
咸安区	0.10	0.04			0.20	0.12	0.08		0.25
嘉鱼县	2.94	2.94			2.94	2.94			3.37
赤壁市	1.06				2.00	1.00	0.20	0.80	
通城县	11.33	2.00	12.33	0.67	0.36	0.33	0.03		0.10
崇阳县	7.80	7.80							
通山县	0.19				0.11			0.11	
随州市			**49.50**	**30.50**	**9.45**		**9.45**		**1.60**
曾都区			15.50		6.65		6.65		
随　县			3.50		1.60		1.60		1.60
广水市			30.50	30.50	1.20		1.20		
恩施自治州			**16.67**	**16.67**	**56.35**		**56.35**		**16.61**
恩施市					7.98		7.98		2.58
利川市			16.67	16.67	22.07		22.07		6.88
建始县					3.60		3.60		
巴东县					1.20		1.20		0.35
宣恩县					8.50		8.50		2.20
咸丰县					8.65		8.65		1.10
来凤县					2.10		2.10		2.70
鹤峰县					2.25		2.25		0.80
仙桃市			**1.07**		**0.27**		**0.27**		**1.05**
天门市	**10.27**				**1.80**	**1.80**			
潜江市					**10.28**		**10.28**		
神农架林区									

附表2

单位:千公顷

	水稻抛栽面积	早稻	中稻	晚稻	水稻少免耕技术应用	少免耕直播	少免耕抛栽	再生稻生产(大田)	小麦精量半精量播种
全省合计	**277.47**	**45.89**	**213.47**	**18.11**	**210.55**	**157.12**	**33.94**	**36.09**	**424.97**
武汉市	**15.23**	**3.04**	**10.25**	**1.94**	**30.36**	**23.76**			**5.72**
武汉市辖区									
蔡甸区	12.38	1.37	9.37	1.64					
江夏区									
黄陂区	0.60		0.30	0.30	23.30	16.70			1.30
新洲区	2.25	1.67	0.58		7.06	7.06			4.42
黄石市	**0.11**	**0.10**	**0.01**		**17.90**	**17.80**	**0.10**	**0.20**	**1.55**
黄石市辖区									
大冶市	0.01		0.01		0.50	0.50			1.55
阳新县	0.10	0.10			17.40	17.30	0.10	0.20	
十堰市	**2.21**		**2.21**		**4.44**	**1.20**	**1.83**		**23.08**
十堰市辖区	0.10		0.10		0.20	0.10			
丹江口市	1.33		1.33		1.67	0.33	1.33		3.00
郧　县	0.10		0.10						
郧西县									12.68
竹山县	0.18		0.18		0.37	0.07	0.30		3.10
竹溪县	0.50		0.50		0.20		0.20		3.30
房　县					2.00	0.70			1.00
荆州市	**65.90**	**17.98**	**41.01**	**6.91**	**11.77**	**7.90**	**0.75**	**15.76**	**30.74**
荆州市辖区	3.65	0.27	3.09	0.29	0.06	0.04	0.02		5.20
江陵县	0.05		0.05						2.50
松滋市	10.44	1.85	5.26	3.33	1.38	0.65	0.73		11.57
公安县	11.53	5.35	4.41	1.77	0.60	0.58			
石首市	4.00	2.00	2.00						
监利县	12.40	7.00	4.20	1.20	6.63	6.63		5.20	
洪湖市	23.83	1.51	22.00	0.32	3.10			10.56	11.47
宜昌市	45.97	1.50	44.47		4.87	1.34	3.53		17.16
宜昌市辖区	0.35		0.35						
夷陵区	8.45		8.45		0.20		0.20		
宜都市	3.00		3.00						
枝江市	6.50	1.50	5.00		1.00	0.30	0.70		15.00
当阳市	18.67		18.67		0.67	0.34	0.33		
远安县	5.00		5.00		1.20	0.70	0.50		
兴山县	1.80		1.80		1.80		1.80		1.40
秭归县	1.00		1.00						0.76
长阳县	1.20		1.20						
五峰县									
襄阳市	**16.41**		**16.41**		**5.00**	**2.56**	**2.44**		**194.12**
襄阳市辖区									17.50
老河口市	2.00		2.00		2.00		2.00		28.87
襄州区	4.00		4.00		2.00	2.00			64.00
枣阳市	7.20		7.20		0.50	0.50			52.00
宜城市	1.20		1.20		0.30	0.05	0.25		9.50
南漳县	2.00		2.00		0.20	0.01	0.19		21.50
谷城县									
保康县	0.01		0.01						0.75
鄂州市	**0.03**	**0.01**	**0.01**	**0.01**				**1.00**	**0.50**

附表3

单位:千公顷

	水稻抛栽面积	早稻	中稻	晚稻	水稻少免耕技术应用	少免耕直播	少免耕抛栽	再生稻生产(大田)	小麦精量半精量播种
荆门市	**23.10**		**23.00**	**0.10**	**5.00**	**2.50**	**2.50**		**1.45**
荆门市辖区	5.00		5.00		2.00	1.00	1.00		
沙洋县	10.00		10.00		1.00		1.00		
钟祥市									
京山县	8.10		8.00	0.10	2.00	1.50	0.50		1.45
孝感市	**10.00**	**0.35**	**9.62**	**0.03**	**28.92**	**26.03**	**2.89**		**31.70**
孝南区	1.14	0.27	0.85	0.02	0.28	0.08	0.20		
孝昌县	0.07	0.03	0.04		0.36	0.29	0.07		
大悟县	6.57	0.05	6.51	0.01	2.28	1.06	1.22		7.83
安陆市	1.67		1.67		4.00	3.00	1.00		5.30
云梦县					10.00	10.00			6.00
应城市	0.40		0.40		12.00	11.60	0.40		8.80
汉川市	0.15		0.15						3.77
黄冈市	**32.01**	**9.72**	**17.02**	**5.27**	**72.42**	**63.07**	**5.41**	**19.13**	**8.17**
黄州区	0.05			0.05	0.05	0.05			
团风县	2.53	1.21	1.32						3.20
红安县	5.93	1.74	3.05	1.14	0.24	0.23	0.01		0.87
麻城市	7.90	3.20	2.80	1.90	7.70	7.20	0.50		
罗田县	1.00		1.00		8.00	8.00		8.00	2.00
英山县	6.21	0.15	5.10	0.96	0.90	0.06			
浠水县	1.20	0.80	0.40		4.50	0.90	0.50		
蕲春县	6.60	2.20	3.30	1.10	18.70	15.40	3.30	9.33	
武穴市	0.59	0.42	0.05	0.12	10.20	9.10	1.10	0.80	2.10
黄梅县					19.00	19.00		1.00	
龙感湖					3.13	3.13			
咸宁市	**14.50**	**6.19**	**4.46**	**3.85**	**5.96**	**4.54**	**0.42**		**0.14**
咸安区	4.77	0.82	3.57	0.38	1.75	0.71	0.04		
嘉鱼县	2.94	2.94							
赤壁市	2.00	1.00	0.21	0.79					
通城县	3.00	1.13	0.20	1.67	0.66	0.53	0.13		
崇阳县	1.57	0.30	0.26	1.01					
通山县	0.22		0.22		3.55	3.30	0.25		0.14
随州市	**8.34**		**8.34**		**6.20**	**0.50**	**5.70**		**47.10**
曾都区	5.54		5.54		4.40		4.40		3.80
随　县	2.80		2.80		1.80	0.50	1.30		40.80
广水市									2.50
恩施自治州	**26.39**		**26.39**		**13.04**	**3.25**	**6.37**		**0.41**
恩施市	4.13		4.13		3.60		1.60		
利川市	8.66		8.66		5.67	3.25	1.32		0.01
建始县	2.40		2.40		0.50		0.50		0.40
巴东县	1.00		1.00						
宣恩县	4.00		4.00		0.70		0.70		
咸丰县	1.94		1.94		1.92		1.60		
来凤县	2.40		2.40		0.60		0.60		
鹤峰县	1.86		1.86		0.05		0.05		
仙桃市	**1.67**		**1.67**						**15.55**
天门市	**13.00**	**7.00**	**6.00**		**4.00**	**2.00**	**2.00**		**42.39**
潜江市	**2.60**		**2.60**		**0.67**	**0.67**			**5.19**
神农架林区									

附表4

单位:千公顷

	小麦旱稀肥控栽培面积	玉米预留行面积	冬套蔬菜面积	小麦预留行面积	稻、棉轮作面积	吨粮田面积	双百棉面积	棉田套种情况	
								套种粮食	间作套种蔬菜
全省合计	**208.09**	**225.87**	**26.41**	**61.40**	**27.01**	**627.50**	**133.75**	**33.25**	**51.47**
武汉市	**5.00**	**2.91**		**2.74**	**1.45**	**7.30**	**2.40**	**4.43**	**2.80**
武汉市辖区								3.23	
蔡甸区	0.67	2.61		2.61	0.50	0.60		0.65	1.70
江夏区									
黄陂区	0.30	0.30		0.13	0.70	3.40	0.70	0.20	
新洲区	4.03				0.25	3.30	1.70	0.35	1.10
黄石市		**4.96**	**0.66**	**4.30**		**11.90**	**0.50**	**0.10**	
黄石市辖区									
大冶市		0.36	0.36			8.70			
阳新县		4.60	0.30	4.30		3.20	0.50	0.10	
十堰市	**12.23**	**26.66**	**5.00**	**19.93**		**14.17**			**2.10**
十堰市辖区	0.60	0.60	0.30	0.30					2.10
丹江口市	3.33	2.53		2.00		2.67			
郧　县	1.60	2.40		2.40		8.20			
郧西县		1.83		1.13					
竹山县	2.80	8.10		8.10					
竹溪县	3.10	5.20	3.20	2.00		2.80			
房　县	0.80	6.00	1.50	4.00		0.50			
荆州市	**11.79**	**0.84**		**0.80**	**9.75**	**85.63**	**47.28**	**4.39**	**23.59**
荆州市辖区	2.04	0.84		0.80	0.51	10.50	7.32		4.81
江陵县					2.50	2.50	2.60		1.72
松滋市	5.62				0.99	5.37	1.03	0.53	2.77
公安县						39.50	27.63	3.15	8.97
石首市	0.67				2.00	0.67	1.30	0.10	0.67
监利县					1.50	10.00	3.58		3.30
洪湖市	3.46				2.25	17.09	3.82	0.61	1.35
宜昌市	**17.70**	**55.00**	**5.33**	**5.10**	**0.40**	**36.46**	**9.83**	**2.11**	**1.80**
宜昌市辖区		0.50	0.50						
夷陵区		10.00	1.60						
宜都市		10.00	1.33	0.40		0.66			
枝江市	13.40	2.50	0.40	1.50	0.40	10.00	8.50	1.50	1.60
当阳市						7.00	1.33	0.61	0.20
远安县	0.90	1.50							
兴山县	1.20	6.50	1.50	1.20		1.80			
秭归县	2.00					12.00			
长阳县	0.20	12.50		2.00		5.00			
五峰县		11.50							
襄阳市	**78.32**	**24.56**	**0.20**	**17.84**	**3.20**	**137.04**	**16.40**	**3.60**	**3.60**
襄阳市辖区	3.00	2.10		0.50		16.00			0.80
老河口市	14.00	2.20	0.20	2.00		14.04	4.20		
襄州区	2.00						3.00		1.00
枣阳市	46.00					61.00	5.20	0.30	0.60
宜城市	2.00	2.90		1.80	3.20	31.00	4.00	3.30	1.20
南漳县	10.80	13.54		13.54		15.00			
谷城县									
保康县	0.52	3.82							
鄂州市	**0.30**	**0.50**	**0.30**	**0.20**	**0.10**	**0.02**	**0.20**	**0.07**	**0.80**

附表5

单位:千公顷

	小麦旱稀肥控栽培面积	玉米预留行面积	冬套蔬菜面积	小麦预留行面积	稻、棉轮作面积	吨粮田面积	双百棉面积	棉田套种情况	
								套种粮食	间作套种蔬菜
荆门市	**19.74**	**1.92**	**0.94**	**0.98**	**0.46**	**48.53**	**7.10**	**2.11**	**0.69**
荆门市辖区	3.63	0.19	0.09	0.10	0.35	2.70	0.87	1.28	
沙洋县	8.00					21.30	3.60	0.20	0.35
钟祥市									
京山县	8.11	1.73	0.85	0.88	0.11	24.53	2.63	0.63	0.34
孝感市	**14.36**	**0.33**	**0.04**	**0.28**	**0.98**	**54.21**	**5.66**	**0.69**	**1.07**
孝南区	2.54	0.01	0.01			3.98	1.05	0.02	0.41
孝昌县					0.10	4.20	0.06	0.01	0.01
大悟县	1.12	0.05	0.03	0.02		8.65			
安陆市	6.70	0.02		0.01	0.33	6.67		0.26	
云梦县	2.00				0.20	7.00	1.00	0.10	0.50
应城市					0.20	23.50	2.85	0.10	0.15
汉川市	2.00	0.25		0.25	0.15	0.21	0.70	0.20	
黄冈市	**10.85**	**0.73**	**0.20**	**0.45**	**4.72**	**119.23**	**23.45**	**3.04**	**5.05**
黄州区	5.20	0.05		0.05		2.50	0.50	0.53	1.10
团风县	3.10					17.20	1.19	0.51	1.23
红安县					0.62			0.40	0.04
麻城市					0.90				
罗田县	1.00				0.20	2.00			
英山县	0.60	0.08				2.03			0.08
浠水县	0.65	0.60	0.20	0.40	1.80	25.50	3.60	0.80	
蕲春县	0.30				1.20	25.90	1.50	0.60	1.40
武穴市						38.00	6.71	0.20	1.20
黄梅县						6.10	9.62		
龙感湖							0.33		
咸宁市		**2.90**	**1.86**	**0.24**		**5.83**			
咸安区		0.20	0.16			1.12			
嘉鱼县						0.41			
赤壁市						2.30			
通城县		0.20	0.10	0.10		2.00			
崇阳县									
通山县		2.50	1.60	0.14					
随州市	**11.60**	**0.40**			**3.00**	**77.90**	**5.00**	**0.20**	**0.40**
曾都区						6.20	0.50		
随　县	8.60	0.40			2.20	50.70	4.50	0.20	0.40
广水市	3.00				0.80	21.00			
恩施自治州	**0.01**	**101.66**	**11.88**	**8.54**		**17.78**			
恩施市		21.13	5.00	2.54		8.20			
利川市	0.01	22.35	5.68	0.08					
建始县		17.00		2.40		0.60			
巴东县		21.50		3.50		7.00			
宣恩县		6.63	0.30	0.02		0.10			
咸丰县		3.25							
来凤县		1.25							
鹤峰县		8.55	0.90			1.88			
仙桃市	**4.86**					**0.73**	**13.33**	**5.00**	**2.07**
天门市	**21.33**				**1.00**	**10.27**		**6.00**	**6.00**
潜江市					**1.95**	**0.50**	**2.60**	**1.51**	**1.50**
神农架林区		**2.50**							

附表6

单位:千公顷

	棉田套种瓜类面积	棉花营养钵移栽	麦林套栽	麦油豆后移栽	油菜育苗移栽	油菜秋冬发高产栽培	脱毒薯类栽培	脱毒马铃薯	微机优化模式栽培
全省合计	**25.69**	**311.40**	**116.21**	**147.74**	**593.19**	**517.17**	**155.62**	**133.83**	**206.40**
武汉市	**2.39**	**7.12**	**3.85**	**2.06**	**21.11**	**29.29**	**3.72**	**3.18**	**7.13**
武汉市辖区	0.73	1.19	0.30	0.23	0.34	0.09	0.02	0.02	
蔡甸区	1.20	0.30			0.70				0.40
江夏区									
黄陂区	0.10	0.55		0.30	5.50	19.00	0.99	0.99	0.03
新洲区	0.36	5.08	3.55	1.53	14.57	10.20	2.71	2.17	6.70
黄石市	**0.02**	**1.50**			**28.10**	**20.10**	**0.25**	**0.05**	
黄石市辖区									
大冶市	0.02				13.10	13.30	0.05	0.05	
阳新县		1.50			15.00	6.80	0.20		
十堰市		**0.11**	**0.10**		**32.62**	**25.63**	**19.16**	**8.67**	
十堰市辖区					0.33	0.33	0.15		
丹江口市		0.07	0.07		1.33	1.07	2.33	0.10	
郧　县		0.04	0.03		2.85	2.75	0.45	0.45	
郧西县					6.01	3.38	9.93	3.12	
竹山县					7.80	5.60			
竹溪县					9.30	8.50	4.50	4.50	
房　县					5.00	4.00	1.80	0.50	
荆州市	**6.06**	**86.16**	**25.43**	**47.05**	**126.60**	**135.19**	**1.58**	**1.00**	**35.52**
荆州市辖区	1.48	13.06	8.00	1.13	5.00	13.55	0.15	0.15	35.52
江陵县	0.50	7.92	5.20		9.50	2.50	0.01		
松滋市	2.23	14.39	7.02	7.37	9.36	22.88	0.53	0.32	
公安县		27.63	3.18	24.45	38.69	38.69	0.41	0.05	
石首市	0.42				12.76	13.50			
监利县	1.05	14.20	0.80	12.70	37.80	33.00	0.20	0.20	
洪湖市	0.38	8.96	1.23	1.40	13.49	11.07	0.28	0.28	
宜昌市	**0.51**	**19.20**	**11.60**	**5.60**	**52.46**	**52.33**	**19.85**	**15.53**	**31.32**
宜昌市辖区					0.50	0.33	0.30	0.10	
夷陵区					3.60	3.20	0.85	0.85	
宜都市					8.33	5.33	2.00	2.00	
枝江市	0.50	14.10	11.20	0.90	18.00	19.00	0.70	0.70	30.00
当阳市	0.01	5.10	0.40	4.70	7.93	12.00	0.03	0.03	
远安县					3.00	2.50			
兴山县					3.10	3.20	3.95	3.85	
秭归县					2.00	3.00	4.02		1.32
长阳县					4.20	2.00	3.00	3.00	
五峰县					1.80	1.77	5.00	5.00	
襄阳市	**7.95**	**28.50**	**10.90**	**13.30**	**11.11**	**28.26**	**1.32**		
襄阳市辖区		1.00	0.90	0.10		2.10			
老河口市		4.20			3.50	3.50	1.00		
襄州区		10.00	6.00	4.00					
枣阳市	1.70	7.80	1.60	6.20	0.30	6.60			
宜城市	6.25	5.50	2.40	3.00	2.00	10.00			
南漳县						3.10			
谷城县									
保康县					5.31	2.96	0.32		
鄂州市		**3.00**	**2.50**	**0.50**	**15.00**	**6.00**	**1.00**	**1.00**	

附表7

单位:千公顷

	棉田套种瓜类面积	棉花营养钵移栽	麦林套栽	麦油豆后移栽	油菜育苗移栽	油菜秋冬发高产栽培	脱毒薯类栽培	脱毒马铃薯	微机优化模式栽培
荆门市	**0.41**	**12.50**	**5.00**	**6.80**	**7.27**	**4.39**	**0.15**		
荆门市辖区	0.30	2.00	1.00	1.00	1.87	0.69			
沙洋县	0.08	7.00	2.00	4.50	1.90	2.70			
钟祥市							0.15		
京山县	0.03	3.50	2.00	1.30	3.50	1.00			
孝感市	**0.52**	**15.79**	**5.72**	**9.62**	**22.60**	**26.85**	**2.88**	**2.15**	**1.18**
孝南区	0.18	0.54	0.15	0.34	5.00	1.95			1.18
孝昌县	0.03	0.30	0.12	0.18	0.60	2.80			
大悟县					4.20	1.10	1.13	0.40	
安陆市		0.60	0.30	0.30	0.60	3.30	0.88	0.88	
云梦县		2.00	0.70	1.30	2.50	4.30	0.30	0.30	
应城市	0.10	3.35	1.45	1.50	0.20	12.00	0.57	0.57	
汉川市	0.21	9.00	3.00	6.00	9.50	1.40			
黄冈市	**0.77**	**34.18**	**11.06**	**13.80**	**133.17**	**94.05**	**13.28**	**12.45**	**106.40**
黄州区	0.20	3.85	1.80		2.25	1.56	0.11	0.11	
团风县	0.28	2.30	0.81	0.24	8.12	7.18	1.32	1.32	
红安县	0.02	0.36		0.02	12.14		0.03	0.03	0.50
麻城市					20.00	12.00			
罗田县		0.10			8.00	2.00	0.67	0.67	7.00
英山县		0.03	0.00	0.03	4.00	2.10	1.60	1.60	
浠水县		2.80	0.20	0.40	23.60	22.20	3.60	3.00	24.70
蕲春县	0.03	3.50	0.20	3.20	15.30	15.30	4.50	4.50	74.20
武穴市	0.18	6.60	3.00	3.60	19.46	24.60	0.35	0.35	
黄梅县		13.78	4.70	5.80	20.30	6.91	1.10	0.87	
龙感湖	0.06	0.86	0.35	0.51		0.20			
咸宁市		**1.48**		**1.09**	**23.33**	**19.54**	**8.14**	**7.61**	
咸安区		0.19			7.00	7.07	1.94	1.94	
嘉鱼县		0.89		0.89	5.01	5.01	0.41	0.28	
赤壁市		0.40		0.20	3.21	2.80	0.70	0.70	
通城县					2.50	1.33	1.76	1.76	
崇阳县					3.01	1.03	2.93	2.93	
通山县					2.60	2.30	0.40		
随州市	**0.70**	**9.84**	**5.00**	**3.32**	**5.50**	**4.70**	**4.34**	**3.34**	
曾都区		2.10	0.50	1.60			0.24	0.24	
随　县	0.30	5.30	3.90	1.40	4.30	3.90	4.10	3.10	
广水市	0.40	2.44	0.60	0.32	1.20	0.80			
恩施自治州					**33.16**	**21.37**	**75.31**	**74.21**	**24.85**
恩施市					8.86	3.67	18.00	17.50	
利川市					4.85	4.60	23.30	23.30	2.08
建始县					6.60	5.50	10.00	10.00	
巴东县					5.50	1.80	15.00	14.40	
宣恩县					2.00	1.20	3.00	3.00	
咸丰县					2.30	1.40	4.51	4.51	
来凤县					1.25	0.90	1.50	1.50	
鹤峰县					1.80	2.30			22.77
仙桃市	**3.00**	**22.09**	**6.70**	**13.30**	**32.97**	**30.15**	**1.59**	**1.59**	
天门市	**1.50**	**40.28**	**18.00**	**12.00**	**33.40**		**2.50**	**2.50**	
潜江市	**1.86**	**29.65**	**10.35**	**19.30**	**14.51**	**19.32**	**0.55**	**0.55**	
神农架林区					**0.28**				

附表8

单位:千公顷

	杂交水稻	棉花	油菜	地膜覆盖栽培面积	水稻	玉米	大田地膜玉米	地膜育苗移栽	塑盘育苗移栽
全省合计	**66.70**	**25.00**	**68.09**	**680.50**	**50.79**	**192.73**	**69.93**	**89.75**	**21.53**
武汉市		**1.40**	**3.20**	**19.43**		**4.87**	**4.76**	**0.11**	
武汉市辖区				11.46		4.53	4.53		
蔡甸区									
江夏区									
黄陂区				1.66		0.31	0.21	0.10	
新洲区		1.40	3.20	6.31		0.03	0.02	0.01	
黄石市				**14.82**	**6.30**	**1.42**	**1.40**	**0.02**	
黄石市辖区									
大冶市				4.22		0.12	0.10	0.02	
阳新县				10.60	6.30	1.30	1.30		
十堰市				**68.42**	**9.13**	**32.47**	**7.83**	**17.80**	**5.70**
十堰市辖区				2.37	0.20	0.20	0.10	0.10	
丹江口市				2.93	0.33	1.34	0.33	1.00	
郧　县				7.05	0.10	0.33			
郧西县				5.96	0.10	0.70	0.50	0.20	
竹山县				13.10	3.20	8.10	1.70	5.60	0.80
竹溪县				17.01	2.20	10.80	2.70	4.60	3.50
房　县				20.00	3.00	11.00	2.50	6.30	1.40
荆州市		**9.00**	**16.32**	**62.24**	**2.00**	**3.82**	**0.54**	**1.63**	**0.20**
荆州市辖区		9.00	16.32	4.49	1.50	0.03	0.03		
江陵县				0.50	0.50				
松滋市				10.59		1.62	0.17		
公安县				18.60					
石首市				7.54		0.01	0.01		
监利县				17.34		0.20			0.20
洪湖市				3.18		1.96	0.33	1.63	
宜昌市	**18.00**	**10.00**	**2.56**	**95.71**	**13.00**	**41.91**	**18.53**	**14.93**	**8.40**
宜昌市辖区				0.65		0.25	0.20		
夷陵区				4.60		4.60	2.80	1.30	0.50
宜都市				7.67		5.66	0.33	5.33	
枝江市	18.00	10.00	2.00	21.20	11.00	2.20	2.00	0.20	
当阳市				7.94		1.10	0.30	0.40	0.40
远安县				0.20		0.20	0.20		
兴山县				13.74	2.00	6.00	2.00	3.50	0.50
秭归县			0.56	11.31		3.00	1.50		1.50
长阳县				17.50		11.90	4.20	4.20	3.50
五峰县				10.90		7.00	5.00		2.00
襄阳市				**63.66**	**0.03**	**9.10**	**6.10**	**1.40**	**0.80**
襄阳市辖区				14.20		2.10	0.10	0.40	0.80
老河口市				11.98		3.88	2.90	0.98	
襄州区				4.00					
枣阳市				7.57		0.50	0.50		
宜城市				19.50		0.60	0.60		
南漳县				2.00		2.00	2.00		
谷城县									
保康县				4.41	0.03	0.02		0.02	
鄂州市				**1.59**	**0.05**	**0.08**	**0.06**	**0.01**	**0.01**

附表9

单位:千公顷

	杂交水稻	棉花	油菜	地膜覆盖栽培面积	水稻	玉米	大田地膜玉米	地膜育苗移栽	塑盘育苗移栽
荆门市				**12.34**	**1.65**	**0.47**			**0.10**
荆门市辖区				1.24					
沙洋县				1.67		0.37			
钟祥市									
京山县				9.43	1.65	0.10			0.10
孝感市			**0.66**	**30.63**	**0.50**	**0.30**	**0.24**	**0.03**	
孝南区			0.66	3.95	0.17	0.01	0.01		
孝昌县				1.90					
大悟县				16.15	0.33	0.01		0.01	
安陆市				1.03		0.03			
云梦县				2.60		0.10	0.10		
应城市				1.40		0.05	0.03	0.02	
汉川市				3.60		0.10	0.10		
黄冈市	**45.50**	**4.60**	**43.85**	**53.02**	**4.00**	**1.16**	**0.39**	**0.12**	**0.01**
黄州区				8.02	0.30	0.22	0.22		
团风县				6.18		0.12	0.10		
红安县			0.15	16.50					
麻城市				2.05					
罗田县	5.00		1.00	1.30	0.10				
英山县				3.15		0.20	0.07	0.12	0.01
浠水县		1.00	22.20	2.30		0.60			
蕲春县	40.50	3.60	20.50	13.30	3.60				
武穴市				0.22		0.02			
黄梅县									
龙感湖									
咸宁市				**19.81**	**1.22**	**4.48**	**4.29**	**0.19**	
咸安区				2.45		0.51	0.36	0.15	
嘉鱼县				11.29	0.94	0.35	0.35		
赤壁市				1.00		0.07	0.03	0.04	
通城县				0.33		0.20	0.20		
崇阳县				1.80		1.60	1.60		
通山县				2.94	0.28	1.75	1.75		
随州市				**12.21**		**0.51**	**0.31**		
曾都区				2.41		0.31	0.31		
随　县				7.30		0.20			
广水市				2.50					
恩施自治州	**3.20**		**1.50**	**166.04**	**12.91**	**86.81**	**20.90**	**52.86**	**6.31**
恩施市				35.90	9.58	15.20	4.30	3.70	0.56
利川市	0.83		0.15	38.04		22.95	1.10	20.95	0.80
建始县				25.50		17.20	4.00	12.00	1.20
巴东县				36.80		22.00	6.00	14.00	2.00
宣恩县				5.77	0.10	1.67	1.33	0.29	0.05
咸丰县				5.53		0.31	0.31		
来凤县				6.40	3.20	1.30		0.80	0.50
鹤峰县	2.37		1.35	12.10	0.03	6.18	3.86	1.12	1.20
仙桃市				**7.30**		**0.60**	**0.60**		
天门市				**12.65**		**2.65**	**2.65**		
潜江市				**37.87**		**0.72**	**0.08**	**0.64**	
神农架林区				**2.76**		**1.36**	**1.25**	**0.01**	

附表10

单位：千公顷

						秸秆覆盖栽培面积			
	棉花	移栽地膜棉	花生	烟叶	蔬菜		麦田	油菜田	棉田
全省合计	**115.59**	**100.52**	**34.64**	**46.94**	**181.61**	**162.20**	**79.92**	**33.78**	**19.58**
武汉市	**2.60**	**1.30**	**1.35**		**10.41**	**0.20**	**0.10**	**0.10**	
武汉市辖区	1.85	0.65			5.08				
蔡甸区									
江夏区									
黄陂区	0.75	0.65	0.60			0.20	0.10	0.10	
新洲区			0.75		5.33				
黄石市	**0.20**	**0.10**	**0.50**		**4.90**	**5.50**	**1.30**	**4.00**	**0.20**
黄石市辖区									
大冶市			0.50		2.10	5.30	1.30	4.00	
阳新县	0.20	0.10			2.80	0.20			0.20
十堰市	**0.07**	**0.07**	**1.60**	**3.85**	**16.77**	**1.64**	**0.87**	**0.77**	
十堰市辖区					1.87				
丹江口市	0.07	0.07	0.20	0.69	0.30	0.44	0.37	0.07	
郧　县			0.20	0.09	5.90				
郧西县				0.46	3.30				
竹山县			0.90	0.50	0.40				
竹溪县			0.20	0.81	2.50	0.60	0.20	0.40	
房　县			0.10	1.30	2.50	0.60	0.30	0.30	
荆州市	**33.38**	**26.79**	**0.12**		**22.43**	**10.98**	**0.11**	**4.03**	**4.84**
荆州市辖区	2.92	1.66			0.03	6.71	0.11	0.40	4.20
江陵县						1.50		1.50	
松滋市	2.30	2.30	0.12		6.40				
公安县	9.80	9.80			8.80				
石首市	4.60	4.60			2.60				
监利县	12.54	7.21			4.60				
洪湖市	1.22	1.22				2.77		2.13	0.64
宜昌市	**2.50**	**1.40**	**1.04**	**5.73**	**26.85**	**22.13**	**3.98**	**5.35**	**0.80**
宜昌市辖区					0.40				
夷陵区									
宜都市					1.33	0.33	0.13	0.20	
枝江市	2.00	1.30			6.00	8.90	3.50	4.60	0.80
当阳市	0.50	0.10	0.67		5.67	12.00			
远安县						0.20	0.20		
兴山县				2.04	3.50	0.70	0.15	0.55	
秭归县			0.37	1.49	5.45				
长阳县				0.30	2.50				
五峰县				1.90	2.00				
襄阳市	13.60	11.70	3.50	3.96	19.47	31.61	27.90	1.91	1.00
襄阳市辖区	1.00	0.80	1.00		3.70	3.10	2.10	0.20	
老河口市	2.60	1.60	1.00	0.18	4.32	5.00	3.00	1.00	1.00
襄州区	1.00	0.80			2.00				
枣阳市	3.00	3.00		0.47	2.60	18.80	18.30	0.50	
宜城市	6.00	5.50	1.50		6.20	3.70	3.50	0.20	
南漳县						1.00	1.00		
谷城县									
保康县				3.31	0.65	0.01		0.01	
鄂州市	**1.40**	**0.60**			**0.06**	**0.03**	**0.01**	**0.01**	**0.01**

附表11

单位:千公顷

	棉花	移栽地膜棉	花生	烟叶	蔬菜	秸秆覆盖栽培面积	麦田	油菜田	棉田
荆门市	**4.34**	**4.00**			**2.92**	**10.53**	**4.30**		
荆门市辖区	0.37	0.23			0.87	1.23	0.30		
沙洋县	0.37	0.27			0.80	5.30			
钟祥市									
京山县	3.60	3.50			1.25	4.00	4.00		
孝感市	**3.56**	**2.70**	**12.94**		**12.12**	**5.79**	**3.38**	**2.05**	**0.36**
孝南区	1.20	0.69	0.13		2.26	1.27	0.52	0.39	0.36
孝昌县	0.01				1.60				
大悟县	0.02		12.30		3.30	1.75	1.39	0.36	
安陆市			0.50			1.97	0.67	1.30	
云梦县					2.50	0.80	0.80		
应城市	0.03	0.01	0.01		1.26				
汉川市	2.30	2.00			1.20				
黄冈市	**7.23**	**5.85**	**11.49**		**17.35**	**21.59**	**6.08**	**9.03**	**4.13**
黄州区	3.50	3.50			4.00				
团风县			0.29		2.12	4.40	1.26	2.13	1.01
红安县	0.03	0.01	10.30		4.03	0.12		0.10	0.02
麻城市	2.05	1.50							
罗田县					1.00	3.00	2.00	1.00	
英山县	0.05	0.04			1.30	2.80	2.20	0.60	
浠水县	0.80		0.60		0.30	0.57	0.32		
蕲春县	0.80	0.80	0.30		4.40	10.20	0.30	5.20	2.60
武穴市					0.20	0.50			0.50
黄梅县									
龙感湖									
咸宁市	**0.46**	**0.46**	**0.52**		**11.76**	**4.86**	**0.24**	**0.40**	
咸安区	0.14	0.14	0.22		0.73	0.15		0.12	
嘉鱼县	0.32	0.32			9.68				
赤壁市					0.41	2.51			
通城县					0.13	0.20	0.09	0.11	
崇阳县					0.20				
通山县			0.30		0.61	2.00	0.15	0.17	
随州市	**4.90**	**4.20**	**0.80**		**3.10**	**10.90**	**10.10**	**0.80**	
曾都区	2.10	2.10							
随　县	2.80	2.10	0.30		2.10	10.90	10.10	0.80	
广水市			0.50		1.00				
恩施自治州			**0.72**	**33.40**	**22.20**	**1.15**		**0.33**	
恩施市			0.22	5.80	5.10	0.05		0.03	
利川市			0.50	4.67	6.67				
建始县				5.30	2.00				
巴东县				4.50	6.00				
宣恩县				3.00	0.50				
咸丰县				4.21	0.61	0.80			
来凤县				1.10	0.80				
鹤峰县				4.82	0.52	0.30		0.30	
仙桃市	**6.70**	**6.70**							
天门市	**5.00**	**5.00**			**5.00**	**30.00**	**20.00**	**5.00**	**5.00**
潜江市	**29.65**	**29.65**	**0.06**		**5.67**	**5.29**	**1.55**		**3.24**
神农架林区					**0.60**				

附表12

单位:千公顷

	秸秆还田面积	蔬菜遮阳网覆盖面积	作物棚栽面积	大棚栽培	蔬菜	中棚栽培	蔬菜	小拱棚栽培	蔬菜
全省合计	**874.73**	**38.91**	**167.56**	**68.56**	**52.13**	**41.21**	**33.88**	**57.79**	**50.41**
武汉市	**11.52**	**2.76**	**15.36**	**8.44**	**7.31**	**4.36**	**4.23**	**2.56**	**1.96**
武汉市辖区	4.00	0.83	6.88	5.34	4.74	0.48	0.38	1.06	0.56
蔡甸区									
江夏区									
黄陂区	6.70	0.26	0.98	0.40	0.37	0.38	0.35	0.20	0.10
新洲区	0.82	1.67	7.50	2.70	2.20	3.50	3.50	1.30	1.30
黄石市	**45.00**	**6.00**	**6.01**	**2.52**	**2.35**	**1.48**	**0.24**	**2.01**	**2.01**
黄石市辖区									
大冶市	29.00	1.20	4.79	1.32	1.16	1.47	0.23	2.00	2.00
阳新县	16.00	4.80	1.22	1.20	1.19	0.01	0.01	0.01	0.01
十堰市	**24.87**	**1.46**	**6.07**	**2.62**	**1.87**	**1.07**	**0.95**	**2.38**	**2.13**
十堰市辖区			0.05			0.05	0.04		
丹江口市	6.67		0.07	0.01	0.01	0.03	0.03	0.03	0.03
郧　县	0.20	0.12	1.60	0.80	0.65			0.80	0.80
郧西县			0.45			0.15	0.15	0.30	0.30
竹山县		0.33	0.90	0.81	0.61	0.04	0.04	0.05	0.05
竹溪县	13.50	1.00	2.00	0.70	0.40	0.50	0.40	0.80	0.60
房　县	4.50	0.01	1.00	0.30	0.20	0.30	0.29	0.40	0.35
荆州市	**91.16**	**1.55**	**16.69**	**6.19**	**5.29**	**4.13**	**3.91**	**6.37**	**4.97**
荆州市辖区	16.05	0.21	0.82	0.60	0.30	0.06	0.06	0.16	0.06
江陵县	4.50	0.50	0.80	0.50	0.50	0.20	0.20	0.10	0.10
松滋市	20.55	0.70	2.72	0.30	0.18	0.72	0.72	1.70	1.70
公安县			1.50	0.66	0.33	0.42	0.42	0.42	0.42
石首市	0.67	0.01	1.55	0.68	0.67	0.67	0.50	0.20	0.10
监利县	8.30	0.03	4.42	0.92	0.90	0.20	0.20	3.30	2.10
洪湖市	41.09	0.10	4.88	2.53	2.41	1.86	1.81	0.49	0.49
宜昌市	**88.43**	**2.89**	**17.87**	**7.26**	**7.13**	**4.51**	**4.20**	**6.10**	**5.90**
宜昌市辖区		0.33	0.60	0.30	0.30	0.20	0.20	0.10	0.10
夷陵区	3.00		0.60	0.20	0.10			0.40	0.40
宜都市	1.33	1.00	1.00	0.40	0.40	0.34	0.34	0.26	0.26
枝江市	19.50	1.00	5.90	1.00	1.00	1.20	0.90	3.70	3.50
当阳市	41.60	0.20	2.33	0.27	0.27	0.67	0.67	1.39	1.39
远安县	7.00	0.01	0.03	0.02	0.01	0.01			
兴山县	13.50	0.35	0.39	0.05	0.03	0.09	0.09	0.25	0.25
秭归县	2.50		7.00	5.00	5.00	2.00	2.00		
长阳县			0.02	0.02	0.02				
五峰县									
襄阳市	**182.90**	**2.10**	**16.26**	**4.61**	**1.70**	**4.57**	**4.44**	**7.08**	**6.93**
襄阳市辖区	20.00	1.20	1.60	0.80	0.20	0.30	0.30	0.50	0.50
老河口市	15.00	0.10	3.00	2.00	0.50	0.50	0.50	0.50	0.50
襄州区	90.00		1.20	0.50	0.40	0.50	0.50	0.20	0.20
枣阳市	34.00	0.30	2.10	1.10	0.50	0.50	0.50	0.50	0.50
宜城市	19.00	0.50	8.20	0.15	0.08	2.70	2.60	5.35	5.20
南漳县	4.50								
谷城县									
保康县	0.40		0.16	0.06	0.02	0.07	0.04	0.03	0.03
鄂州市	**2.00**	**0.50**	**1.62**	**1.55**	**1.00**	**0.04**	**0.03**	**0.03**	**0.03**

附表13

单位:千公顷

	秸秆还田面积	蔬菜遮阳网覆盖面积	作物棚栽面积	大棚栽培	蔬菜	中棚栽培	蔬菜	小拱棚栽培	蔬菜
荆门市	**8.00**		**6.45**	**2.14**	**2.14**	**2.10**	**1.43**	**2.21**	**2.06**
荆门市辖区			0.05	0.04	0.04			0.01	0.01
沙洋县			3.50	1.30	1.30	1.30	0.93	0.90	0.85
钟祥市			0.80	0.80	0.80				
京山县	8.00		2.10			0.80	0.50	1.30	1.20
孝感市	**64.97**	**3.31**	**9.30**	**4.55**	**4.26**	**1.49**	**1.33**	**3.26**	**3.14**
孝南区	6.82	0.27	0.75	0.09	0.08	0.27	0.24	0.39	0.35
孝昌县	6.45	0.33	0.64	0.10	0.10	0.34	0.34	0.20	0.18
大悟县	3.10	0.80	1.08	0.36	0.26	0.46	0.45	0.26	0.26
安陆市	5.30	0.30	0.55	0.20	0.10	0.20	0.10	0.15	0.15
云梦县	10.00	1.50	4.40	2.40	2.40			2.00	2.00
应城市	33.30	0.06	0.78	0.30	0.22	0.22	0.20	0.26	0.20
汉川市		0.05	1.10	1.10	1.10				
黄冈市	**112.96**	**5.47**	**12.76**	**4.85**	**3.95**	**4.70**	**3.49**	**3.21**	**1.74**
黄州区	2.45	0.67	1.87	0.77	0.67	0.50	0.33	0.60	0.15
团风县	12.30	0.92	3.45	0.69	0.49	1.31	0.82	1.45	0.68
红安县	1.62	0.25	0.29	0.24	0.22	0.04	0.04	0.01	0.01
麻城市		0.15	0.97	0.67	0.67	0.30	0.30		
罗田县	12.00	0.10	0.92	0.12	0.10	0.50	0.50	0.30	0.30
英山县	3.50	0.03	0.60	0.15		0.35	0.35	0.10	0.10
浠水县	24.60	2.80	2.20	1.40	1.20	0.55		0.25	
蕲春县	36.00								
武穴市		0.10	0.76	0.26	0.25	0.20	0.20	0.30	0.30
黄梅县	17.36	0.45	1.50	0.35	0.35	0.95	0.95	0.20	0.20
龙感湖	3.13		0.20	0.20					
咸宁市	**28.97**	**4.65**	**20.48**	**7.06**	**4.26**	**3.50**	**2.64**	**9.92**	**8.80**
咸安区	6.97	0.43	0.95	0.32	0.22	0.18	0.18	0.45	0.37
嘉鱼县		1.00	12.71	6.11	3.87	2.90	2.20	3.70	3.51
赤壁市		0.01	1.52	0.30		0.10		1.12	1.12
通城县	20.00	0.50	2.50					2.50	2.50
崇阳县		0.01	1.14	0.03	0.02	0.01	0.01	1.10	1.10
通山县	2.00	2.70	1.66	0.30	0.15	0.31	0.25	1.05	0.20
随州市	**36.90**	**3.27**	**12.71**	**4.23**	**2.60**	**3.32**	**2.82**	**5.16**	**4.16**
曾都区	6.10	1.80	4.60	0.40	0.40	1.60	1.10	2.60	1.60
随　县	30.80	0.80	6.90	3.70	2.10	1.20	1.20	2.00	2.00
广水市		0.67	1.21	0.13	0.10	0.52	0.52	0.56	0.56
恩施自治州	**39.43**	**1.70**	**4.33**	**2.23**	**1.44**	**1.59**	**0.36**	**0.51**	**0.45**
恩施市	3.20	0.20	0.54	0.33	0.26	0.08	0.08	0.13	0.13
利川市			1.38	0.08	0.03	1.25	0.02	0.05	0.01
建始县	1.20	0.20	0.20	0.20	0.13				
巴东县	20.50	1.20	0.40			0.20	0.20	0.20	0.20
宣恩县	2.20	0.05	0.08	0.04	0.03	0.02	0.02	0.02	0.02
咸丰县	1.83	0.05	0.12	0.05	0.04	0.01	0.01	0.06	0.04
来凤县			1.00	1.00	0.90				
鹤峰县	10.50		0.61	0.53	0.05	0.03	0.03	0.05	0.05
仙桃市	**4.29**		**12.20**	**6.50**	**4.20**	**1.50**	**1.50**	**4.20**	**3.90**
天门市	**103.00**	**3.00**	**3.66**	**2.13**	**1.33**	**1.33**	**1.33**	**0.20**	**0.20**
潜江市	**30.33**	**0.25**	**4.19**	**1.68**	**1.30**	**0.62**	**0.48**	**1.89**	**1.63**
神农架林区			**1.60**			**0.90**	**0.50**	**0.70**	**0.40**

附表14

单位：千公顷

	蔬菜良种繁育面积	配方施肥面积	小麦	早稻	中稻一晚	双晚	玉米	薯类	棉花
全省合计	**51.46**	**4755.56**	**697.26**	**280.87**	**1080.50**	**298.11**	**345.03**	**207.20**	**317.77**
武汉市	**0.16**	**111.82**	**6.51**	**18.10**	**6.45**	**18.84**	**3.88**	**3.12**	**6.79**
武汉市辖区	0.01	15.74			1.25		3.86		1.96
蔡甸区									
江夏区									
黄陂区									
新洲区	0.15	96.08	6.51	18.10	5.20	18.84	0.02	3.12	4.83
黄石市	**0.30**	**166.98**	**8.10**	**31.75**	**17.09**	**31.38**	**7.70**	**3.80**	**2.51**
黄石市辖区									
大冶市	0.30	61.72	2.20	16.45	6.79	17.28	1.50		
阳新县		105.26	5.90	15.30	10.30	14.10	6.20	3.80	2.51
十堰市	**0.26**	**243.51**	**64.94**		**31.84**		**48.94**	**18.80**	**0.06**
十堰市辖区	0.01	3.17			0.24		0.39	0.13	
丹江口市		33.13	12.67		6.00		5.33	0.67	
郧　县		59.26	22.00		6.30		15.00	4.50	0.06
郧西县		22.00	16.67						
竹山县	0.05	23.80	3.50		5.80		7.70		
竹溪县	0.20	62.95	3.30		5.50		11.52	10.50	
房　县		39.20	6.80		8.00		9.00	3.00	
荆州市	**1.50**	**687.17**	**62.20**	**54.33**	**199.40**	**54.77**	**0.80**	**0.19**	**88.37**
荆州市辖区	1.50	57.79	3.34	2.05	22.40				11.00
江陵县		72.46	14.00	0.10	28.00		0.09		7.92
松滋市		96.58	6.52	7.53	20.14	8.70	0.28	0.13	12.98
公安县		158.49	21.78	15.09	28.96	16.87	0.15	0.05	27.63
石首市		21.90		1.80	5.60	1.80			4.00
监利县		217.74	8.20	26.20	68.30	26.20	0.28	0.01	19.20
洪湖市		62.21	8.36	1.56	26.00	1.20			5.64
宜昌市	**3.92**	**395.01**	**26.81**	**6.50**	**66.67**	**8.20**	**78.20**	**34.11**	**19.20**
宜昌市辖区	0.60	3.35			0.55		0.80		
夷陵区	0.10	38.90			8.50		11.80	3.00	
宜都市	2.67	30.01	0.13		4.67		10.00	6.67	
枝江市		100.00	13.70	6.50	12.70	8.20	5.40	0.20	14.00
当阳市	0.20	90.90	7.53		28.10		11.00		5.20
远安县		13.20	0.50		7.70		2.00		
兴山县	0.35	28.31	1.35		2.15		7.20	5.30	
秭归县		10.50	0.50				4.00	1.50	
长阳县		48.10	2.50		2.30		14.00	9.00	
五峰县		31.74	0.60				12.00	8.44	
襄阳市	**4.20**	**561.41**	**220.32**		**148.35**		**68.80**	**1.00**	**27.23**
襄阳市辖区		38.50	11.00		12.00		3.00		1.00
老河口市	2.00	37.00	10.00		10.00		2.00	0.50	3.00
襄州区		170.00	80.00		40.00		15.00		9.00
枣阳市	2.20	152.78	68.00		41.00		22.00	0.50	9.23
宜城市		75.00	21.00		22.00		5.00		5.00
南漳县		61.30	25.00		20.50		12.00		
谷城县									
保康县		26.83	5.32		2.85		9.80		
鄂州市	**2.00**	**21.74**	**0.20**	**0.60**	**3.00**	**2.00**	**0.50**	**0.50**	**2.30**

附表15

单位：千公顷

	蔬菜良种繁育面积	配方施肥面积	小麦	早稻	中稻一晚	双晚	玉米	薯类	棉花
荆门市	**0.36**	**354.77**	**60.65**	**7.70**	**121.33**	**2.03**	**12.90**	**0.15**	**22.43**
荆门市辖区	0.10	44.89	5.77		10.80	0.00	1.10	0.15	1.82
沙洋县	0.10	90.82	10.60	0.40	36.70	0.03	0.09		4.00
钟祥市		137.62	34.96		42.48		7.59		13.40
京山县	0.16	81.44	9.32	7.30	31.35	2.00	4.12		3.21
孝感市	**0.55**	**436.21**	**83.76**	**18.69**	**131.17**	**23.29**	**0.13**	**7.59**	**23.06**
孝南区		51.21	7.58	3.22	13.44	5.03	0.01		0.93
孝昌县	0.32	63.52	13.88	3.27	20.43	3.76	0.04	0.99	0.95
大悟县	0.20	63.22	10.80	0.40	16.20	0.10	0.02	2.35	0.08
安陆市	0.03	64.06	18.80		27.10		0.06	0.80	0.70
云梦县		60.90	8.50	4.25	13.00	4.80		3.45	2.50
应城市		40.00	4.00	6.00	10.00	8.00			3.00
汉川市		93.30	20.20	1.55	31.00	1.60			14.90
黄冈市	**0.94**	**633.10**	**41.07**	**108.43**	**101.66**	**120.29**	**2.50**	**18.03**	**37.51**
黄州区	0.06	29.11	4.50	2.10	2.00	1.85	0.57	0.11	4.80
团风县	0.12	47.23	3.30	9.01	4.79	10.01	0.13	1.32	2.41
红安县		54.16	0.92	10.25	7.31	9.14		0.50	0.45
麻城市		74.50	5.00	15.00	11.00	17.00			3.80
罗田县	0.50	35.57	6.00	0.60	19.00	0.67	0.20	1.00	
英山县		35.93	6.40	0.75	11.00	1.50	0.50	5.30	0.08
浠水县	0.25	83.30		14.50	5.00	21.20	0.50		5.00
蕲春县		106.80	0.80	19.80	13.40	20.10	0.20	9.80	4.30
武穴市	0.01	78.21	3.09	20.42	7.46	23.72			6.00
黄梅县		80.00	7.33	16.00	17.57	15.10	0.40		9.60
龙感湖		8.29	3.73		3.13				1.07
咸宁市	**1.12**	**200.12**	**5.13**	**28.10**	**37.96**	**30.64**	**8.62**	**5.61**	**0.60**
咸安区	0.01	30.97	0.12	1.34	12.76	2.01	0.40	0.68	
嘉鱼县	1.10	56.60	3.00	2.00	12.00	2.00	4.00	0.20	0.60
赤壁市	0.01	25.60		7.10		6.00			
通城县		29.10	1.67	10.00	0.50	10.06	0.20	0.33	
崇阳县		35.96	0.20	7.20	6.00	10.00	2.10	0.80	
通山县		21.89	0.14	0.46	6.70	0.57	1.92	3.60	
随州市	**6.15**	**217.74**	**68.55**		**94.83**		**1.51**	**7.67**	**9.30**
曾都区	6.10	44.41	13.40		18.60		0.31	1.30	2.10
随　县	0.05	140.03	50.37		57.90		1.20	6.37	5.20
广水市		33.30	4.78		18.33				2.00
恩施自治州	**30.00**	**414.21**	**7.14**		**54.31**		**106.40**	**104.03**	
恩施市		44.77	2.54		9.58		20.30	4.65	
利川市	29.00	137.96	0.10		20.30		25.33	32.00	
建始县	1.00	47.50			3.50		17.00	20.00	
巴东县		69.65	4.50		1.85		21.00	21.00	
宣恩县		27.00			6.00		6.00	8.00	
咸丰县		25.20			3.50		3.31	1.60	
来凤县		23.85			7.23		4.48	5.78	
鹤峰县		38.28			2.35		8.98	11.00	
仙桃市		**77.28**			**20.00**				**22.09**
天门市		**100.00**	**20.00**	**6.67**	**16.67**	**6.66**			**26.67**
潜江市		**127.81**	**21.52**		**29.75**	**0.01**	**1.70**	**0.80**	**29.65**
神农架林区		**6.68**	**0.36**		**0.02**		**2.45**	**1.80**	

附表16

单位：千公顷

	油菜	花生	芝麻	蔬菜	化肥深施面积	使用微量元素肥面积	专用配合微肥	小麦	水稻
全省合计	**830.44**	**76.15**	**23.22**	**446.32**	**1233.95**	**3192.51**	**1154.99**	**277.16**	**441.20**
武汉市	**23.43**	**1.50**	**0.74**	**22.05**	**6.90**	**104.51**	**35.60**	**2.80**	**1.80**
武汉市辖区	0.33			8.33	1.70	3.87			
蔡甸区									
江夏区						44.00	25.00		
黄陂区									
新洲区	23.10	1.50	0.74	13.72	5.20	56.64	10.60	2.80	1.80
黄石市	**34.60**	**1.10**	**4.30**	**18.08**	**45.40**	**82.20**	**43.00**	**1.50**	**18.30**
黄石市辖区									
大冶市	14.50			2.00	33.00	58.70	39.50	1.50	17.00
阳新县	20.10	1.10	4.30	16.08	12.40	23.50	3.50		1.30
十堰市	**33.05**	**2.80**	**4.75**	**23.83**	**102.20**	**108.57**	**42.10**	**18.70**	**9.30**
十堰市辖区	0.29	0.07	0.05	2.00	1.40				
丹江口市	4.00	0.13	1.00	3.33	20.00	10.67			
郧　县	2.70	0.30	1.60	5.80	32.00	22.00	17.50	12.50	5.00
郧西县	5.33					2.80	1.80		
竹山县	6.60			0.20	14.80	11.00	3.80		
竹溪县	9.63	2.00	2.00	6.50	9.00	28.50	12.00	3.00	3.50
房　县	4.50	0.30	0.10	6.00	25.00	33.60	7.00	3.20	0.80
荆州市	**179.41**	**0.20**	**0.86**	**45.02**	**207.26**	**566.19**	**135.80**	**38.58**	**37.44**
荆州市辖区	19.00				40.07	78.88	12.70	1.20	3.10
江陵县	21.35			1.00	25.00	101.45	52.10	14.20	28.00
松滋市	28.22	0.08	0.20	11.80	12.33	57.28	6.28		2.40
公安县	38.69	0.07	0.18	9.02	98.85	123.66	49.41	21.78	
石首市	6.30			2.40	29.37	38.40	8.00		
监利县	49.80	0.05	0.48	18.00		77.70			
洪湖市	16.05			2.80	1.64	88.82	7.31	1.40	3.94
宜昌市	**75.02**	**3.26**	**0.70**	**48.75**	**171.45**	**264.05**	**96.48**	**14.90**	**39.13**
宜昌市辖区	0.50			1.20	0.55	0.83	0.50	0.10	0.10
夷陵区	8.50	1.60		5.30		24.90	14.50		8.70
宜都市	6.67				10.00	11.32	5.33		3.33
枝江市	19.20	1.00	0.60	8.50	55.00	142.90	62.50	13.50	27.00
当阳市	23.00			6.40	82.40	56.67	8.00		
远安县	3.00					5.50			
兴山县	3.65	0.16	0.10	5.85	8.50	4.33	0.35		
秭归县	1.00	0.50		3.00	15.00	5.00	3.00	1.00	
长阳县	6.30			12.00		12.60	2.30	0.30	
五峰县	3.20			6.50					
襄阳市	**37.22**	**19.70**	**2.05**	**25.71**	**167.21**	**334.94**	**194.10**	**99.64**	**58.81**
襄阳市辖区	2.30	0.50	0.20	3.50					
老河口市	4.00	2.00	0.50	5.00	20.00	91.10	32.00	10.00	10.00
襄州区	3.00	12.00		8.00	3.00	49.60	32.00	20.00	8.00
枣阳市	4.50	2.20	1.35	2.00	77.00	143.14	122.00	68.00	40.00
宜城市	14.00	3.00		5.00	24.00	27.00	6.50	1.50	
南漳县	3.30					16.04			
谷城县									
保康县	6.12			2.21	43.21	8.06	1.60	0.14	0.81
鄂州市	**10.00**	**0.30**	**0.30**	**2.00**	**12.00**	**13.04**	**2.40**	**0.40**	**0.50**

附表17

单位:千公顷

					化肥深施面积	使用微量元素肥面积			
	油菜	花生	芝麻	蔬菜			专用配合微肥	小麦	水稻
荆门市	**96.36**	**0.46**	**1.28**	**28.00**	**0.15**	**109.33**	**48.92**	**12.85**	**6.64**
荆门市辖区	14.31	0.46	0.15	10.00	0.15	20.53	9.53	1.00	0.33
沙洋县	29.00			10.00		41.72	20.97	5.00	4.67
钟祥市	39.19					8.00			
京山县	13.86		1.13	8.00		39.08	18.42	6.85	1.64
孝感市	**60.06**	**21.57**	**2.20**	**56.64**	**68.69**	**222.44**	**50.03**	**11.01**	**20.08**
孝南区	8.77	0.46	0.35	7.97	8.71	23.39	11.53	2.71	3.86
孝昌县	8.89	1.21	0.68	5.42	31.48	30.24	9.80	1.80	5.12
大悟县	4.20	18.60	0.07	9.80	21.50	52.31	13.60	5.90	5.10
安陆市	7.60	1.30	1.10	6.60		8.10	0.50		
云梦县	6.40			18.00		12.40	5.00		
应城市	8.00			1.00	7.00	29.50	9.60	0.60	6.00
汉川市	16.20			7.85		66.50			
黄冈市	**134.34**	**16.45**	**3.02**	**36.35**	**229.65**	**542.00**	**216.88**	**13.75**	**140.99**
黄州区	3.80	0.10	0.28	6.50	24.00	32.27	17.00	0.62	6.50
团风县	8.99	1.55	1.14	3.32	41.36	65.36	22.34	1.32	14.29
红安县	12.10	12.60			1.99	62.12	16.52	1.31	9.99
麻城市	18.50			4.20	14.00	46.51	10.40	2.00	2.60
罗田县	6.00	0.60	0.50	1.00	2.00	21.20	17.50	5.00	12.00
英山县	5.80	0.40	0.10	3.80	20.30	21.49	7.62	2.70	4.81
浠水县	26.60			7.20	3.20	60.70	29.00	0.80	20.60
蕲春县	22.00	1.20	1.00	9.00	26.20	114.30	62.60		48.20
武穴市	16.22			1.30	14.20	75.82	27.00		22.00
黄梅县	14.00				78.10	36.60	5.80		
龙感湖	0.33			0.03	4.30	5.63	1.10		
咸宁市	**30.38**	**1.00**	**0.08**	**49.55**	**89.18**	**107.97**	**48.75**	**3.48**	**15.86**
咸安区	10.92	0.12	0.08	2.39	5.65	26.31	0.17		0.11
嘉鱼县	4.80			28.00	24.33	41.17	32.60	3.00	6.00
赤壁市	3.20			7.20	24.00	10.03	2.55	0.01	2.50
通城县	2.60	0.33		3.41	30.00	11.52	3.66	0.33	1.00
崇阳县	6.01			3.45	5.20	7.30	1.50		1.00
通山县	2.85	0.55		5.10		11.64	8.27	0.14	5.25
随州市	**13.40**	**5.49**	**1.99**	**14.80**	**7.00**	**41.60**	**8.00**	**2.10**	**2.90**
曾都区	1.80	0.30	0.30	6.10		5.70			
随　县	7.10	1.50	1.69	8.70	7.00	28.80	8.00	2.10	2.90
广水市	4.50	3.69				7.10			
恩施自治州	**31.53**	**2.22**		**48.78**	**126.86**	**171.37**	**24.66**	**2.20**	**12.10**
恩施市	5.20			2.50	22.80	34.70	15.50	2.20	3.80
利川市	5.33			30.00	10.80	60.80	7.80		7.80
建始县	6.80			0.10	5.00	16.40			
巴东县	5.80	1.80		7.20	45.00	17.85			
宣恩县	1.80	0.20		3.00	12.00	11.20			
咸丰县	2.30			4.21	0.86	7.40			
来凤县	1.45			1.77		6.67	0.51		0.50
鹤峰县	2.85	0.22			30.40	16.35	0.85		
仙桃市	**20.19**			**15.00**		**118.06**	**5.30**		
天门市	**23.33**					**234.91**	**151.20**	**42.39**	**56.11**
潜江市	**28.12**	**0.10**	**0.95**	**10.61**		**171.33**	**51.77**	**12.86**	**21.24**
神农架林区				**1.15**					

附表18

单位：千公顷

	使用微量元素肥面积(续)								
	专用配合微肥(续)		硼　肥						锌　肥
	棉　花	蔬　菜		小　麦	水　稻	棉　花	油　菜	花　生	
全省合计	**191.05**	**189.82**	**1230.66**	**44.11**	**60.09**	**196.72**	**825.95**	**49.96**	**660.32**
武汉市	**2.50**	**3.50**	**46.37**			**6.80**	**35.88**	**2.68**	**14.80**
武汉市辖区			2.17			1.80	0.37		1.70
蔡甸区									
江夏区			15.00				11.31	2.68	3.00
黄陂区									
新洲区	2.50	3.50	29.20			5.00	24.20		10.10
黄石市	**0.70**	**6.50**	**30.20**				**29.60**		**5.30**
黄石市辖区									
大冶市		5.00	16.00				16.00		2.00
阳新县	0.70	1.50	14.20				13.60		3.30
十堰市		**14.10**	**28.17**	**0.10**	**2.40**		**22.00**	**2.67**	**10.80**
十堰市辖区									
丹江口市			4.87				4.00	0.87	5.00
郧　县			4.50		1.70		1.60	0.20	
郧西县		1.80	1.00				1.00		
竹山县		3.80	3.90				3.90		0.80
竹溪县		5.50	10.50				9.00	1.50	2.00
房　县		3.00	3.40	0.10	0.70		2.50	0.10	3.00
荆州市	**51.27**	**8.51**	**286.48**	**2.98**	**8.67**	**74.86**	**187.70**	**0.30**	**141.72**
荆州市辖区	7.80	0.60	41.05	0.25	2.37	12.82	14.04		23.69
江陵县	7.90	2.00	21.35				21.35		28.00
松滋市	2.83	1.05	46.11			10.18	35.23	0.30	4.77
公安县	27.63		65.69			27.00	38.69		8.56
石首市	4.00	4.00	21.20				21.20		9.20
监利县			47.70			19.20	28.50		30.00
洪湖市	1.11	0.86	43.38	2.73	6.30	5.66	28.69		37.50
宜昌市	**14.00**	**28.45**	**119.41**	**1.50**	**13.00**	**17.33**	**71.04**	**3.20**	**44.93**
宜昌市辖区		0.30	0.33				0.33		
夷陵区		5.80	7.00				6.00	1.00	2.30
宜都市		2.00	5.33				5.33		0.66
枝江市	14.00	8.00	47.00	1.00	13.00	14.00	19.00		32.70
当阳市		8.00	42.00			3.33	23.33	2.00	6.67
远安县			4.50				4.50		1.00
兴山县		0.35	3.55				3.55		0.20
秭归县		2.00	2.00	0.50			1.50		
长阳县		2.00	7.70				7.50	0.20	1.40
五峰县									
襄阳市	**18.30**	**14.15**	**80.91**	**20.00**	**12.00**	**5.94**	**37.17**	**4.20**	**45.33**
襄阳市辖区									
老河口市	4.00	8.00	40.10	20.00	10.00	3.20	4.90	1.00	15.00
襄州区	4.00								12.60
枣阳市	8.50	5.50	12.54			2.50	7.44	2.00	4.00
宜城市	1.80		17.00				16.00	1.00	2.50
南漳县			6.04		2.00	0.24	3.60	0.20	10.00
谷城县									
保康县		0.65	5.23				5.23		1.23
鄂州市	**0.60**	**0.90**	**5.30**	**0.60**	**2.00**	**0.60**	**2.00**	**0.04**	**3.40**

附表19

单位:千公顷

	使用微量元素肥面积(续)								
	专用配合微肥(续)		硼肥						锌肥
	棉花	蔬菜		小麦	水稻	棉花	油菜	花生	
荆门市	**9.43**	**20.00**	**38.19**	**4.17**	**8.72**	**11.00**	**6.28**	**4.42**	**11.85**
荆门市辖区	1.20	7.00	6.85	0.67	2.30	2.00	0.07	0.64	3.01
沙洋县	5.30	6.00	11.75	0.67	4.30	3.00		2.00	3.50
钟祥市			6.00				6.00		2.00
京山县	2.93	7.00	13.59	2.83	2.12	6.00	0.21	1.78	3.34
孝感市	**2.84**	**16.10**	**107.15**	**1.77**	**1.77**	**14.19**	**72.59**	**12.49**	**39.55**
孝南区	0.61	4.35	10.57	0.02		0.54	9.85	0.07	0.22
孝昌县	0.23	2.65	11.53	0.41	0.26	0.62	8.99	1.12	1.49
大悟县		2.60	18.35	1.34	1.51	0.03	4.15	11.30	3.74
安陆市	0.50		7.60				7.60		
云梦县		5.00	6.40				6.40		1.00
应城市	1.50	1.50	17.50				17.50		1.80
汉川市			35.20			13.00	18.10		31.30
黄冈市	**28.51**	**30.48**	**210.25**	**7.05**	**9.35**	**23.86**	**146.44**	**18.20**	**82.67**
黄州区	4.10	5.56	8.71			4.43	3.86	0.14	6.43
团风县	2.41	3.32	12.62			2.10	7.98	1.41	26.31
红安县	0.38	4.71	36.27	1.05	7.55	0.23	14.87	12.25	
麻城市	4.00	1.80	32.70	6.00	1.80	5.60	17.00	2.00	2.23
罗田县		0.50	0.50				0.50		2.00
英山县	0.05	0.06	5.80				5.80		3.60
浠水县	5.60	2.00	27.00			0.50	25.00	1.50	3.40
蕲春县	3.60	9.00	26.10				22.28	0.70	17.10
武穴市	4.50	0.50	33.42			6.00	27.02	0.20	15.40
黄梅县	2.80	3.00	26.80			5.00	21.80		2.00
龙感湖	1.07	0.03	0.33				0.33		4.20
咸宁市	**0.60**	**28.80**	**43.39**	**0.06**			**35.62**	**0.51**	**11.21**
咸安区		0.06	21.97				21.97		2.05
嘉鱼县	0.60	23.00	4.50				4.50		3.77
赤壁市		0.03	7.20						0.08
通城县		2.33	3.12	0.06			3.00	0.06	3.34
崇阳县		0.50	3.50				3.50		1.80
通山县		2.88	3.10				2.65	0.45	0.17
随州市	**1.70**	**1.30**	**19.20**	**0.30**		**4.50**	**14.40**		**13.20**
曾都区			1.10				1.10		4.60
随　县	1.70	1.30	11.00	0.30		3.60	7.10		8.60
广水市			7.10			0.90	6.20		
恩施自治州		**1.96**	**33.79**	**0.20**	**2.18**		**29.53**	**0.54**	**106.77**
恩施市		1.10	2.10	0.20	0.90		1.00		17.10
利川市			5.20				5.20		47.80
建始县			7.40				7.40		9.00
巴东县			7.00				7.00		8.85
宣恩县			3.00				2.50	0.50	8.00
咸丰县			2.66				2.01		4.13
来凤县		0.01	2.04		0.08		1.92	0.04	3.79
鹤峰县		0.85	4.39		1.20		2.50		8.10
仙桃市	**5.30**		**54.23**			**4.00**	**47.10**	**0.71**	**58.53**
天门市	**40.28**	**12.42**	**60.24**			**6.77**	**53.47**		**20.00**
潜江市	**15.02**	**2.65**	**67.38**	**5.38**		**26.87**	**35.13**		**50.26**
神农架林区									

附表20

单位:千公顷

	使用微量元素肥面积(续)							喷施磷酸二氢钾	
	使用锌肥面积(续)			钼肥					小麦
	水稻	玉米	棉花		小麦	大豆	花生		
全省合计	**487.02**	**89.35**	**77.03**	**90.68**	**21.29**	**17.76**	**33.32**	**2171.71**	**430.17**
武汉市	**10.10**		**1.70**	**7.74**	**5.80**		**0.94**	**89.66**	**7.36**
武汉市辖区			1.70					6.63	0.13
蔡甸区									
江夏区				1.00					
黄陂区									
新洲区	10.10			6.74	5.80		0.94	83.03	7.23
黄石市	**5.30**			**2.50**		**1.90**	**0.60**	**43.80**	**1.50**
黄石市辖区									
大冶市	2.00							35.00	1.50
阳新县	3.30			2.50		1.90	0.60	8.80	
十堰市	**8.03**	**1.97**		**16.50**		**5.00**	**1.50**	**88.28**	**32.70**
十堰市辖区								1.71	0.30
丹江口市	3.33	1.67		0.80		0.40	0.40	26.67	8.00
郧　县								11.50	5.50
郧西县								16.80	13.30
竹山县	0.50	0.30		2.50		2.50		9.10	1.60
竹溪县	2.00			3.00		2.00	1.00	15.50	3.00
房　县	2.20			10.20		0.10	0.10	7.00	1.00
荆州市	**115.11**	**2.93**	**23.18**	**1.74**	**0.40**	**1.00**	**0.20**	**403.68**	**47.79**
荆州市辖区	13.90	0.73	8.56	1.04	0.40	0.30	0.20	33.25	1.73
江陵县	28.00							73.90	14.00
松滋市	3.05	1.00	0.72	0.12		0.12		53.09	5.39
公安县	8.56							87.71	21.78
石首市	6.60		2.60					4.00	
监利县	20.00		10.00					84.30	4.40
洪湖市	35.00	1.20	1.30	0.58		0.58		67.43	0.49
宜昌市	**26.46**	**4.77**	**12.34**	**3.18**		**0.54**	**2.64**	**128.93**	**20.37**
宜昌市辖区								0.90	0.10
夷陵区	1.20	1.10		1.10			1.10	14.60	
宜都市	0.66							7.33	
枝江市	19.00	2.00	11.00	0.70		0.40	0.30	76.00	13.00
当阳市	4.00	0.67	1.34					10.00	6.67
远安县	1.00							1.00	
兴山县	0.20			0.18		0.14	0.04	2.00	0.20
秭归县								4.60	0.10
长阳县	0.40	1.00		1.20			1.20	12.50	0.30
五峰县									
襄阳市	**39.35**	**3.38**	**2.60**	**7.60**	**4.40**	**0.50**	**2.70**	**245.02**	**120.20**
襄阳市辖区									
老河口市	10.00	3.00	2.00	4.00	2.00	0.50	1.50	29.00	10.00
襄州区	12.00		0.60					70.00	35.00
枣阳市	4.00			2.60	2.40		0.20	101.50	51.00
宜城市	2.50			1.00			1.00	38.00	23.00
南漳县	10.00								
谷城县									
保康县	0.85	0.38						6.52	1.20
鄂州市	**1.80**	**0.70**	**0.90**	**1.94**	**0.90**	**1.00**	**0.04**	**4.68**	**0.60**

附表21

单位:千公顷

	使用微量元素肥面积(续)							喷施磷酸二氢钾	
	使用锌肥面积(续)			钼肥					小麦
	水稻	玉米	棉花		小麦	大豆	花生		
荆门市	**6.37**	**3.53**	**1.75**	**6.00**	**4.18**	**0.54**	**1.28**	**101.79**	**24.00**
荆门市辖区	0.11	1.90	0.80	1.03	0.97		0.06	23.97	5.00
沙洋县	3.50			2.00	2.00			39.27	11.00
钟祥市	2.00								
京山县	0.76	1.63	0.95	2.97	1.21	0.54	1.22	38.55	8.00
孝感市	**32.13**	**0.02**	**7.40**	**20.49**	**0.84**	**1.55**	**13.19**	**176.45**	**40.65**
孝南区	0.21		0.01	0.96	0.16	0.43	0.37	24.86	4.45
孝昌县	1.32		0.17	5.11		0.28	2.52	15.63	2.90
大悟县	3.70	0.02	0.02	14.02	0.68	0.54	10.20	27.56	8.20
安陆市								6.70	
云梦县	1.00							25.50	5.00
应城市	1.80			0.40		0.30	0.10	10.70	
汉川市	24.10		7.20					65.50	20.10
黄冈市	**72.09**	**1.05**	**9.25**	**9.80**	**4.17**	**2.14**	**2.43**	**307.24**	**12.53**
黄州区	3.45	0.38	2.60	0.13			0.10	19.60	0.50
团风县	23.81	0.12	2.10	1.92	0.45	0.24	1.20	35.65	1.65
红安县									
麻城市	2.10	0.05	0.08	1.18		0.70	0.48	32.10	3.40
罗田县	2.00			1.20	1.00		0.20	7.00	2.00
英山县	3.10	0.50	0.00	3.37	2.72	0.60	0.05	29.31	3.10
浠水县	3.40			1.00				13.50	
蕲春县	17.10			1.00		0.60	0.40	66.70	
武穴市	12.00		3.40					56.21	
黄梅县	2.00							44.22	
龙感湖	3.13		1.07					2.95	1.88
咸宁市	**11.13**			**4.62**	**0.00**	**1.07**	**3.35**	**44.47**	**0.85**
咸安区	2.05			2.12			2.12	8.33	
嘉鱼县	3.77			0.30		0.20	0.10	18.02	0.52
赤壁市				0.20				5.57	
通城县	3.34			1.40		0.67	0.73	6.79	0.33
崇阳县	1.80			0.50		0.20	0.30	3.38	
通山县	0.17			0.10			0.10	2.38	
随州市	**13.20**			**1.20**	**0.60**		**0.60**	**86.03**	**34.70**
曾都区	4.60							39.10	18.20
随　县	8.60			1.20	0.60		0.60	46.50	16.50
广水市								0.43	
恩施自治州	**39.42**	**66.65**		**1.98**		**0.67**	**0.31**	**64.46**	**3.50**
恩施市	4.80	12.30						5.80	
利川市	20.80	27.00						5.40	
建始县	1.50	6.80						5.00	2.00
巴东县	1.85	7.00		1.00				10.20	1.50
宣恩县	4.00	4.00		0.20		0.10	0.10	9.30	
咸丰县	2.03	2.10		0.30		0.30		10.70	
来凤县	2.59	1.20		0.32		0.27	0.05	4.26	
鹤峰县	1.85	6.25		0.16			0.16	13.80	
仙桃市	**53.48**	**4.35**	**0.70**					**84.55**	**14.36**
天门市	**20.00**			**3.47**			**3.47**	**184.34**	**42.39**
潜江市	**33.05**		**17.21**	**1.92**		**1.85**	**0.07**	**118.18**	**26.67**
神农架林区	**0.00**							**0.15**	

附表22

单位：千公顷

						化学调控面积			
	水稻	棉花	油菜	花生	蔬菜		缩节安(助壮素)	小麦	棉花
全省合计	**796.19**	**266.84**	**415.76**	**24.38**	**137.03**	**2698.48**	**388.43**	**69.58**	**289.23**
武汉市	**46.91**	**8.00**	**24.15**		**3.12**	**103.54**	**17.39**		**10.73**
武汉市辖区	0.11	3.00	0.15		3.12	4.16	3.31		3.31
蔡甸区									
江夏区									
黄陂区						37.86	9.00		2.34
新洲区	46.80	5.00	24.00			61.52	5.08		5.08
黄石市	**25.90**	**0.70**	**7.30**		**7.00**	**23.70**	**1.90**		**1.90**
黄石市辖区									
大冶市	24.00		6.00		3.50				
阳新县	1.90	0.70	1.30		3.50	23.70	1.90		1.90
十堰市	**10.28**		**22.27**	**0.62**	**7.20**	**136.45**	**2.40**	**2.10**	
十堰市辖区	0.15		0.03	0.02	1.20				
丹江口市	5.33		3.34			10.60	1.60	1.60	
郧　县	1.80		1.00		3.20	40.70			
郧西县			3.50						
竹山县			6.80			44.65			
竹溪县	2.00		5.00	0.50	2.50	29.80	0.80	0.50	
房　县	1.00		2.60	0.10	0.30	10.70			
荆州市	**139.36**	**70.90**	**114.35**	**0.09**	**23.77**	**665.86**	**108.60**	**7.72**	**90.99**
荆州市辖区	3.34	12.45	12.83		2.40	86.67	13.96	1.84	12.12
江陵县	28.00	7.90	21.00		3.00	86.91	7.90		7.90
松滋市	20.04	8.46	13.22	0.09	4.17	97.48	16.07	1.68	14.39
公安县	6.00	27.63	32.30			187.79	30.37		27.38
石首市					4.00	23.07	10.00		10.00
监利县	35.50	13.80	18.80		6.60	108.11	23.40	4.20	19.20
洪湖市	46.48	0.66	16.20		3.60	75.83	6.90		
宜昌市	**38.26**	**13.00**	**27.80**	**1.00**	**17.10**	**202.21**	**21.30**	**0.20**	**20.00**
宜昌市辖区	0.10		0.30	0.10		0.80	0.20	0.20	
夷陵区	6.00		5.80	0.90	1.10	8.40	1.10		
宜都市	3.33				2.00				
枝江市	24.00	13.00	18.00		8.00	157.00	14.00		14.00
当阳市	3.33					10.34	6.00		6.00
远安县	1.00					2.00			
兴山县	0.50		0.50		0.50	9.80			
秭归县			1.50		3.00				
长阳县			1.70		2.50	13.87			
五峰县									
襄阳市	**66.12**	**18.50**	**10.40**	**6.00**	**16.51**	**279.08**	**52.97**	**26.00**	**19.97**
襄阳市辖区									
老河口市	10.00	2.00	2.00	0.50	4.00	55.00	10.00	6.00	4.00
襄州区	15.00	8.00	3.00	3.00	3.00	39.50	10.00		3.00
枣阳市	25.40	8.50	5.00	2.50	5.50	126.73	29.23	20.00	9.23
宜城市	13.00				2.00	48.60	3.50		3.50
南漳县						6.74	0.24		0.24
谷城县									
保康县	2.72		0.40		2.01	2.51			
鄂州市	**1.70**	**0.50**	**1.00**	**0.03**	**0.80**	**6.46**			

附表23

单位：千公顷

	水稻	棉花	油菜	花生	蔬菜	化学调控面积	缩节安(助壮素)	小麦	棉花
荆门市	**22.84**	**12.00**	**24.00**	**6.00**	**1.61**	**96.61**	**2.00**		**2.00**
荆门市辖区	4.72	2.00	8.00	2.00	0.61	42.71			
沙洋县	4.67	6.00	10.00	2.00		39.00	1.00		1.00
钟祥市									
京山县	13.45	4.00	6.00	2.00	1.00	14.90	1.00		1.00
孝感市	**83.78**	**13.43**	**17.14**	**2.89**	**15.18**	**175.65**	**25.31**	**3.29**	**17.99**
孝南区	8.86	0.44	6.98	0.21	2.47	16.38	2.87	1.91	0.93
孝昌县	5.92	0.37	2.23	0.78	2.61	13.81	0.35		0.35
大悟县	12.50	0.02	2.33	1.90	1.70	37.28	0.69	0.68	0.01
安陆市	6.70					15.88			
云梦县	6.00	1.50	5.00		8.00	12.20	1.40	0.70	0.70
应城市	8.50	1.00	0.60		0.40	14.00	3.00		3.00
汉川市	35.30	10.10				66.10	17.00		13.00
黄冈市	**144.25**	**36.19**	**71.65**	**1.98**	**15.16**	**367.26**	**42.33**	**6.77**	**34.92**
黄州区	3.50	4.43	3.76	0.13	5.00	20.46	4.43		4.43
团风县	19.05	0.96	8.09	1.55	2.01	65.72	3.10	0.66	2.31
红安县						2.57	0.06	0.01	0.04
麻城市	13.50	5.60	8.10		1.50	53.00	4.20	4.10	0.10
罗田县	3.00		1.00		1.00	22.10	2.00	2.00	
英山县	8.60		5.10		0.15	12.40			
浠水县			13.50			34.20	1.50		1.50
蕲春县	43.50	2.80	6.60	0.10	5.20	87.30	4.40		3.90
武穴市	27.00	6.71	22.00	0.20	0.30	43.26	6.71		6.71
黄梅县	26.10	14.62	3.50			19.01	14.86		14.86
龙感湖		1.07				7.24	1.07		1.07
咸宁市	**27.06**		**5.41**	**0.16**	**10.76**	**62.88**			
咸安区	6.22		2.11			4.41			
嘉鱼县	7.10		1.70		8.70	10.20			
赤壁市	3.34				2.00	18.81			
通城县	5.67		0.67	0.06	0.06	23.87			
崇阳县	2.98		0.40			3.91			
通山县	1.75		0.53	0.10		1.68			
随州市	**37.20**	**6.53**	**5.90**	**0.80**	**0.90**	**20.30**	**7.50**		**7.50**
曾都区	17.60	1.60	1.70			8.20			
随　县	19.60	4.50	4.20	0.80	0.90	9.80	5.20		5.20
广水市		0.43				2.30	2.30		2.30
恩施自治州	**22.57**		**11.46**	**2.03**	**8.81**	**89.81**	**1.00**	**1.00**	
恩施市	4.50		1.30			24.70			
利川市	2.50		2.90			2.50			
建始县	1.50		1.50			22.60			
巴东县	1.20		1.20	2.00	2.50	16.00	1.00	1.00	
宣恩县	5.00		0.80		1.50	8.60			
咸丰县	2.80		0.30		2.31	8.96			
来凤县	3.20		0.88	0.03		3.25			
鹤峰县	1.87		2.58		2.50	3.20			
仙桃市	**40.80**	**22.09**	**7.30**			**60.16**	**13.30**		**13.30**
天门市	**56.11**	**40.28**	**42.78**	**2.78**		**211.23**	**60.28**	**20.00**	**40.28**
潜江市	**33.05**	**24.72**	**22.83**		**9.03**	**196.68**	**31.85**	**2.20**	**29.65**
神农架林区			**0.02**		**0.08**	**0.60**	**0.30**	**0.30**	

附表24

单位:千公顷

	化学调控面积(续)								
	多效唑	小麦	水稻	棉花	油菜	花生	乙烯利	棉花	802
全省合计	**1083.88**	**92.77**	**425.80**	**50.05**	**302.49**	**29.20**	**80.65**	**65.90**	**194.75**
武汉市	**38.36**	**3.00**	**6.82**	**0.20**	**21.33**	**7.01**	**0.72**	**0.28**	**0.75**
武汉市辖区	0.35		0.12		0.23		0.50	0.20	
蔡甸区									
江夏区									
黄陂区	22.20	3.00	6.70	0.20	6.60	5.70	0.22	0.08	0.25
新洲区	15.81				14.50	1.31			0.50
黄石市	**20.80**		**18.90**		**1.90**		**0.10**	**0.10**	**0.60**
黄石市辖区									
大冶市									
阳新县	20.80		18.90		1.90		0.10	0.10	0.60
十堰市	**26.87**	**2.74**	**11.90**		**10.90**	**1.33**	**0.50**		
十堰市辖区									
丹江口市	2.67	2.34				0.33			
郧　县	4.50		3.80		0.70				
郧西县									
竹山县	9.50		4.10		5.40				
竹溪县	8.00		3.00		4.00	1.00	0.50		
房　县	2.20	0.40	1.00		0.80				
荆州市	**294.90**	**2.32**	**44.51**	**19.52**	**80.14**	**0.20**	**30.98**	**30.48**	**76.15**
荆州市辖区	17.28	2.32	2.10	0.52	11.70	0.20	0.60	0.10	11.45
江陵县	49.00		28.00		21.00				
松滋市	32.85		12.41		20.44		0.55	0.55	13.42
公安县	103.97						26.50	26.50	25.38
石首市	2.00		2.00						6.70
监利县	46.00			19.00	27.00		3.33	3.33	16.80
洪湖市	43.80								2.40
宜昌市	**54.23**	**1.50**	**26.10**		**20.30**	**1.93**	**1.20**	**0.80**	**15.00**
宜昌市辖区	0.30				0.30				
夷陵区	1.10				1.10				
宜都市									
枝江市	40.50	1.50	23.00		16.00		0.80	0.80	15.00
当阳市	4.33				2.60	1.73			
远安县	2.00		2.00						
兴山县	1.00		0.30		0.30		0.20		
秭归县									
长阳县	5.00		0.80			0.20	0.20		
五峰县									
襄阳市	**88.71**	**29.00**	**21.31**	**6.20**	**19.50**	**11.70**	**5.00**	**2.50**	**10.70**
襄阳市辖区									
老河口市	11.00	2.00	4.00	1.00	2.00	2.00			0.20
襄州区	14.00		5.00		3.00	5.00			
枣阳市	27.90	10.50	8.50	5.20	2.50	1.20	4.50	2.50	9.50
宜城市	34.30	16.00	2.80		12.00	3.50	0.50		1.00
南漳县	1.50	0.50	1.00						
谷城县									
保康县	0.01		0.01						
鄂州市	**2.60**	**0.50**	**0.50**	**0.60**	**0.60**	**0.40**			

附表25

单位：千公顷

	化学调控面积(续)								
	多效唑						乙烯利		802
		小麦	水稻	棉花	油菜	花生		棉花	
荆门市	**73.94**		**45.80**		**25.00**		**3.00**	**2.92**	**14.57**
荆门市辖区	27.14		15.00		10.00		1.00	0.92	14.57
沙洋县	36.00		21.00		15.00		1.00	1.00	
钟祥市									
京山县	10.80		9.80				1.00	1.00	
孝感市	**102.04**	**22.13**	**64.56**	**1.08**	**10.57**	**3.70**	**2.10**	**0.70**	**14.62**
孝南区	9.23	1.48	4.65	0.36	2.56	0.18	0.48	0.04	0.02
孝昌县	10.21	0.45	7.21	0.32	1.41	0.82	0.42	0.06	
大悟县	26.90	3.90	16.80		3.50	2.70			
安陆市	15.80	15.40		0.40					
云梦县	6.80	0.70	3.50		2.60		0.40		
应城市	2.90	0.20	2.20		0.50		0.80	0.60	1.50
汉川市	30.20		30.20						13.10
黄冈市	**162.74**	**6.96**	**98.61**	**1.75**	**44.30**	**1.70**	**7.42**	**0.98**	**16.19**
黄州区	10.13		7.00		3.00	0.13	0.50	0.50	2.20
团风县	22.10		15.61		2.69	0.78	0.82	0.48	2.13
红安县	1.15			0.25	0.21	0.69			
麻城市	20.00	3.00			17.00		5.80		6.20
罗田县	4.00	1.00	2.00		1.00				
英山县	7.60	1.30	3.20		3.10				
浠水县	31.50		30.00						
蕲春县	41.80		18.50	1.50	16.80	0.10	0.30		
武穴市	22.50	1.00	21.50						1.20
黄梅县	0.50				0.50				3.60
龙感湖	1.46	0.66	0.80						0.86
咸宁市	**33.85**		**23.29**		**10.25**	**0.20**	**0.35**		
咸安区	1.28		0.66		0.62				
嘉鱼县	7.22		2.22		5.00				
赤壁市	2.51				2.40				
通城县	20.73		19.00		1.53	0.20	0.10		
崇阳县	1.89		1.19		0.70				
通山县	0.22		0.22				0.25		
随州市	**4.90**	**3.20**	**0.40**	**0.70**	**0.60**		**0.90**		**5.10**
曾都区	4.50	3.20		0.70	0.60		0.90		2.40
随　县	0.40		0.40						2.70
广水市									
恩施自治州	**33.10**		**11.70**		**3.08**	**1.03**	**1.00**		
恩施市	6.50		6.50						
利川市									
建始县	12.00								
巴东县	3.50		1.50			1.00	1.00		
宣恩县	2.50		1.50		1.00				
咸丰县	5.01		0.40		0.32				
来凤县	1.24		0.95		0.26	0.03			
鹤峰县	2.35		0.85		1.50				
仙桃市	**16.86**		**11.36**		**5.50**				**10.00**
天门市	**80.00**	**20.00**	**20.00**	**20.00**	**20.00**				
潜江市	**49.98**	**1.42**	**20.04**		**28.52**		**27.38**	**27.14**	**31.07**
神农架林区									

附表26

单位:千公顷

	化学调控面积(续)								
	802(续)	生物有机肥						棉花应用调节安	棉花用壮苗素床草净
	棉花		小麦	水稻	玉米	棉花	油菜		
全省合计	**144.22**	**497.14**	**89.71**	**171.91**	**49.99**	**50.66**	**95.19**	**120.63**	**103.39**
武汉市	**0.65**	**20.40**	**0.70**	**9.30**		**0.80**	**9.60**	**6.41**	**0.90**
武汉市辖区									
蔡甸区									
江夏区									
黄陂区	0.15							1.33	0.90
新洲区	0.50	20.40	0.70	9.30		0.80	9.60	5.08	
黄石市	**0.60**							**0.30**	
黄石市辖区									
大冶市									
阳新县	0.60							0.30	
十堰市		**72.03**	**22.38**	**12.33**	**23.37**		**12.55**		
十堰市辖区									
丹江口市		4.33	1.33	2.33	0.67				
郧　县		29.20	19.05	3.90	5.50		0.75		
郧西县									
竹山县		20.00		2.10	11.70		6.20		
竹溪县		13.50	1.50	3.00	4.00		5.00		
房　县		5.00	0.50	1.00	1.50		0.60		
荆州市	**46.62**	**91.82**	**12.34**	**24.00**	**1.59**	**14.41**	**18.63**	**28.00**	**18.61**
荆州市辖区	9.70	20.00	1.25	1.50	0.50	5.50	10.60	9.15	4.40
江陵县		30.01	10.00	11.00	0.01	5.00	4.00		
松滋市	13.42	18.51	1.09	9.70	1.08	2.61	4.03	9.15	3.80
公安县									
石首市	6.70	2.30		1.00		1.30			1.00
监利县	16.80	0.80		0.80				8.00	9.00
洪湖市		20.20						1.70	0.41
宜昌市	**14.00**	**26.17**	**1.50**	**9.70**	**4.90**	**4.00**	**3.50**	**14.00**	**1.51**
宜昌市辖区		0.30			0.30				
夷陵区		6.20		1.20	4.10		0.90		
宜都市									
枝江市	14.00	15.20	1.20	8.00		4.00	2.00	14.00	1.50
当阳市									0.01
远安县									
兴山县		3.80	0.30	0.50	0.50		0.60		
秭归县									
长阳县		0.67							
五峰县									
襄阳市	**9.40**	**83.30**	**33.02**	**27.61**	**6.75**	**9.20**	**6.02**	**9.20**	**2.60**
襄阳市辖区									
老河口市	0.20	33.00	14.00	8.00	4.00	3.00	4.00	0.20	0.30
襄州区		6.00	1.00	1.00		3.00	0.30	2.50	1.00
枣阳市	8.20	34.80	17.50	12.20	2.50	2.20	0.40	6.50	0.80
宜城市	1.00	2.00	0.50	0.50		1.00			0.50
南漳县		5.00		5.00					
谷城县									
保康县		2.50	0.02	0.91	0.25		1.32		
鄂州市		**1.86**	**0.02**	**0.80**	**0.40**	**0.60**	**0.04**	**0.40**	**0.80**

附表27

单位:千公顷

	化学调控面积(续)								
	802(续)	生物有机肥						棉花应用调节安	棉花用壮苗素床草净
	棉花		小麦	水稻	玉米	棉花	油菜		
荆门市		**1.10**		**1.10**				**2.00**	
荆门市辖区									
沙洋县								1.00	
钟祥市									
京山县		1.10		1.10				1.00	
孝感市	**14.61**	**11.94**	**0.52**	**2.48**	**0.02**	**3.06**	**1.20**	**4.72**	**4.41**
孝南区	0.01	2.72	0.46	0.91		0.14	1.15	0.38	0.39
孝昌县		0.05		0.04		0.01		0.24	0.02
大悟县		5.09	0.06	0.43					
安陆市		0.08			0.02	0.01	0.05		
云梦县								1.10	
应城市	1.50	1.40		1.10		0.30		3.00	0.80
汉川市	13.10	2.60				2.60			3.20
黄冈市	**15.99**	**91.53**	**8.93**	**43.06**	**0.65**	**10.12**	**24.80**	**13.40**	**5.00**
黄州区	2.20	2.20			0.50	0.95	0.75		
团风县	1.93	30.12		18.92	0.10	1.82	8.35	2.41	0.84
红安县		0.88		0.21		0.03	0.40	0.02	0.01
麻城市	6.20	8.10	0.60	1.50		2.90	3.10	5.00	3.70
罗田县		14.00	5.00	6.00			3.00	0.10	
英山县		4.80	1.20	3.10			0.50		
浠水县		0.30					0.30	0.90	
蕲春县		15.80		7.00		0.80	5.20	3.90	0.10
武穴市	1.20	12.85	1.00	5.40	0.05	3.30	3.10		
黄梅县	3.60								0.05
龙感湖	0.86	2.48	1.13	0.93		0.32	0.10	1.07	0.30
咸宁市		**26.42**	**0.20**	**21.60**	**0.16**		**4.46**		
咸安区		3.13		1.88	0.10		1.15		
嘉鱼县		2.98		1.87			1.11		
赤壁市		16.30		15.20			1.10		
通城县		0.80	0.20	0.34	0.06		0.20		
崇阳县		2.00		1.10			0.90		
通山县		1.21		1.21					
随州市	**2.70**	**1.50**	**0.60**	**0.90**					
曾都区									
随　县	2.70	1.50	0.60	0.90					
广水市									
恩施自治州		**34.30**	**2.00**	**8.73**	**12.15**		**5.89**		
恩施市		12.00		4.50	6.00		1.50		
利川市		2.50		1.50	1.00				
建始县		8.00	1.50				3.50		
巴东县		5.00	0.50	0.50	3.50		0.50		
宣恩县		1.60		0.80	0.80				
咸丰县		2.85		0.32					
来凤县		1.50		0.90	0.50		0.10		
鹤峰县		0.85		0.21	0.35		0.29		
仙桃市	**10.00**							**8.70**	**11.30**
天门市		**0.67**				**0.67**		**30.00**	**40.28**
潜江市	**29.65**	**33.80**	**7.50**	**10.30**		**7.80**	**8.20**	**3.50**	**17.98**
神农架林区		**0.30**					**0.30**		

附表28

单位:千公顷

	棉花应用壮苗素、床草净(续)			种子包衣面积					
	2.4-D	坐果灵	赤霉素		小麦	水稻	玉米	棉花	油菜
全省合计	**44.36**	**53.23**	**68.68**	**1081.08**	**170.09**	**178.34**	**300.04**	**342.41**	**62.62**
武汉市	**0.33**	**2.10**	**15.98**	**56.20**	**4.95**	**14.10**	**6.05**	**9.85**	**20.34**
武汉市辖区				10.75	0.65		5.73	3.52	0.84
蔡甸区									
江夏区									
黄陂区	0.33	2.10	1.33	2.44			0.31	1.33	
新洲区			14.65	43.01	4.30	14.10	0.01	5.00	19.50
黄石市				**4.00**	**1.00**		**1.10**	**1.90**	
黄石市辖区									
大冶市				1.00	1.00				
阳新县				3.00			1.10	1.90	
十堰市		**7.00**	**6.55**	**84.25**	**17.06**	**9.00**	**46.99**		**5.20**
十堰市辖区				0.85	0.46		0.39		
丹江口市		2.00		6.30			6.30		
郧　县		5.00	1.00	13.80	10.20		3.60		
郧西县				4.20	0.40		3.80		
竹山县			0.05	15.10			15.10		
竹溪县			5.00	22.00	3.00	2.00	11.00		3.00
房　县			0.50	22.00	3.00	7.00	6.80		2.20
荆州市	**6.53**	**4.86**	**2.88**	**150.18**	**9.14**	**19.19**	**2.37**	**91.59**	**23.70**
荆州市辖区	3.51	3.02	1.90	21.82	7.80	0.00	0.67	12.35	0.00
江陵县				28.92				7.92	21.00
松滋市	1.45	1.09	0.28	28.46	1.34	7.51	1.70	14.39	2.70
公安县	0.52	0.25	0.40	27.63				27.63	
石首市	0.67	0.30	0.10	7.00				7.00	
监利县	0.38	0.20	0.20	27.20		6.20		19.20	
洪湖市				9.15		5.48		3.10	
宜昌市	**21.50**	**19.00**	**24.30**	**114.13**	**4.00**	**8.10**	**78.30**	**19.73**	**2.00**
宜昌市辖区				0.90	0.30		0.60		
夷陵区				10.20			10.20		
宜都市				10.00			10.00		
枝江市	19.00	17.00	20.00	17.20	0.50	0.20	2.50	14.00	
当阳市				24.53	1.50	0.50	14.80	5.73	
远安县				10.00		7.00	3.00		
兴山县	0.50	2.00	0.30	7.40			7.40		
秭归县				6.50	1.50		3.00		2.00
长阳县	2.00		4.00	15.60	0.20	0.40	15.00		
五峰县				11.80			11.80		
襄阳市	9.60	5.70	1.30	189.93	86.50	29.82	40.11	27.80	0.70
襄阳市辖区									
老河口市	0.10	0.10	0.10	34.20	11.50	8.40	8.90	4.70	0.70
襄州区	3.00	1.00		67.00	30.00	10.00	12.00	10.00	
枣阳市	6.50	4.50	1.00	65.40	45.00	8.60	3.60	8.20	
宜城市		0.10	0.20	8.30			3.50	4.80	
南漳县				2.10		2.00		0.10	
谷城县									
保康县				12.93		0.82	12.11		
鄂州市			**0.80**	**7.00**	**1.00**	**4.00**		**2.00**	

附表29

单位:千公顷

	棉花应用壮苗素、床草净(续)			种子包衣面积					
	2.4–D	坐果灵	赤霉素		小 麦	水 稻	玉 米	棉 花	油 菜
荆门市				**28.00**			**4.00**	**24.00**	
荆门市辖区				1.00				1.00	
沙洋县				7.00				7.00	
钟祥市				12.00				12.00	
京山县				8.00			4.00	4.00	
孝感市	**0.27**	**3.29**	**2.76**	**41.47**	**7.74**	**12.52**	**0.02**	**20.73**	**0.15**
孝南区	0.07	0.09	0.06	14.23	4.68	8.72	0.02	0.61	0.15
孝昌县		0.70	1.40	1.14				0.88	
大悟县		2.30	1.20	0.88	0.56	0.30		0.02	
安陆市				0.90				0.90	
云梦县				7.80	2.50	3.50		1.80	
应城市	0.20	0.20	0.10	3.52				3.52	
汉川市				13.00				13.00	
黄冈市	**1.30**	**5.00**	**7.21**	**61.04**	**2.95**	**8.72**	**0.09**	**42.16**	**3.50**
黄州区		1.00		7.90	0.10			4.50	3.30
团风县			4.01	2.76	0.17		0.08	2.41	
红安县				1.22					
麻城市									
罗田县									
英山县				0.03			0.01	0.02	
浠水县				9.20				9.20	
蕲春县	1.30	4.00	3.20	8.10		2.00		3.60	0.20
武穴市				14.23	0.80	6.72		6.71	
黄梅县				14.86				14.86	
龙感湖				2.74	1.88			0.86	
咸宁市	**0.67**	**0.57**	**1.02**	**7.98**	**0.88**	**2.13**	**2.44**	**1.07**	**1.37**
咸安区				1.03		0.56	0.33	0.08	
嘉鱼县				1.38	0.28		0.24	0.71	0.15
赤壁市				0.17	0.02		0.06	0.06	
通城县	0.67	0.57	1.00	1.73	0.33	0.67	0.06		0.67
崇阳县			0.02	0.42			0.20	0.22	
通山县				3.25	0.25	0.90	1.55		0.55
随州市		**0.40**		**11.26**		**1.40**	**0.30**	**9.56**	
曾都区		0.40		2.10				2.10	
随 县				6.80		1.40	0.30	5.10	
广水市				2.36				2.36	
恩施自治州	**3.30**	**5.10**	**5.83**	**176.34**		**54.11**	**114.42**		**2.85**
恩施市			4.20	27.35		8.23	18.12		
利川市				49.00		20.30	28.70		
建始县	0.30		0.30	18.00			18.00		
巴东县	3.00	1.00	0.50	24.05		1.80	22.25		
宣恩县		4.00	0.50	18.10		8.90	9.20		
咸丰县				12.84		4.61	7.92		
来凤县		0.10	0.33	9.15		7.95	1.20		
鹤峰县				17.85		2.32	9.03		2.85
仙桃市				**35.68**	**13.59**			**22.09**	
天门市				**40.28**				**40.28**	
潜江市	**0.86**	**0.21**	**0.05**	**70.34**	**20.98**	**15.25**	**1.15**	**29.65**	**2.81**
神农架林区				**3.00**	**0.30**	**0.00**	**2.70**		

附表30

单位:千公顷

	化学除草剂使用面积	小麦	水稻	玉米	棉花	油菜	花生	芝麻	蔬菜
全省合计	**4193.97**	**724.27**	**1687.58**	**244.83**	**289.98**	**750.98**	**93.14**	**31.26**	**209.24**
武汉市	**174.12**	**10.05**	**85.46**	**6.86**	**10.39**	**43.35**	**5.90**	**1.16**	**10.60**
武汉市辖区	14.58		1.43	6.53	4.21	0.16			2.20
蔡甸区									
江夏区									
黄陂区	68.99	2.85	41.33	0.31	1.10	18.90	4.20	0.30	
新洲区	90.55	7.20	42.70	0.02	5.08	24.29	1.70	0.86	8.40
黄石市	**109.02**	**8.40**	**68.62**	**1.90**	**1.50**	**18.30**	**2.40**	**6.80**	
黄石市辖区									
大冶市	66.72	7.00	40.52	0.20		15.00	1.00	3.00	
阳新县	42.30	1.40	28.10	1.70	1.50	3.30	1.40	3.80	
十堰市	**169.43**	**45.40**	**33.22**	**33.57**		**21.48**	**2.43**	**1.90**	**2.80**
十堰市辖区	0.22	0.10	0.02	0.10					
丹江口市	36.46	8.00	6.00	5.07		3.33	0.33	0.40	
郧　县	30.20	17.30	5.40	4.50					
郧西县	16.75	6.60	3.00	2.40		0.15			
竹山县	19.20	3.40	6.40	1.80		6.80	0.30	0.50	
竹溪县	35.90	3.00	5.40	9.00		9.00	1.50	1.00	2.00
房　县	30.70	7.00	7.00	10.70		2.20	0.30		0.80
荆州市	**684.87**	**61.35**	**320.24**	**1.92**	**74.51**	**188.01**	**0.16**	**1.51**	**32.43**
荆州市辖区	31.08	4.68	8.79	0.43	4.77	9.24	0.10	0.05	2.70
江陵县	71.71	14.20	28.00	0.09	7.92	21.00			0.50
松滋市	110.95	13.25	38.12	1.04	13.46	35.20		0.25	9.21
公安县	122.50	5.50	50.33	0.02	22.06	35.33	0.06	0.18	9.02
石首市	55.71	1.00	26.00	0.01	3.50	21.00			4.20
监利县	208.33	14.70	124.00	0.33	19.20	40.00			6.60
洪湖市	84.59	8.02	45.00		3.60	26.24		1.03	0.20
宜昌市	**329.95**	**33.23**	**75.10**	**63.18**	**19.00**	**65.16**	**3.77**	**0.85**	**22.50**
宜昌市辖区	1.33	0.33	0.50			0.20			0.30
夷陵区	23.90		9.00	6.20		8.10	0.60		
宜都市	16.00		4.00	6.67		3.33			
枝江市	77.40	13.50	26.00	5.00	13.90	19.00			
当阳市	114.27	15.00	28.10	14.01	5.10	21.33	2.77	0.80	16.00
远安县	6.00		3.00			3.00			
兴山县	17.45	0.90	2.00	6.50		3.20	0.10	0.05	4.20
秭归县	32.50	2.00		3.00		2.00			2.00
长阳县	34.30	1.50	2.50	15.00		5.00	0.30		
五峰县	6.80			6.80					
襄阳市	**530.39**	**226.94**	**146.55**	**46.05**	**21.80**	**34.52**	**20.30**	**5.02**	**20.21**
襄阳市辖区									
老河口市	77.20	27.40	13.30	8.90	4.70	6.30	2.30	2.80	11.50
襄州区	170.00	80.00	40.00	15.00	5.00	4.00	13.00	1.00	7.00
枣阳市	119.20	60.00	38.00	9.30	5.60	3.00	2.10	1.20	
宜城市	100.20	31.00	30.00	8.20	6.50	17.60	2.70		1.70
南漳县	52.70	25.00	22.30	2.00		3.20			
谷城县									
保康县	11.09	3.54	2.95	2.65		0.42	0.20	0.02	0.01
鄂州市	**0.95**	**0.60**	**0.30**		**0.05**				

附表31

单位：千公顷

	化学除草剂使用面积	小麦	水稻	玉米	棉花	油菜	花生	芝麻	蔬菜
荆门市	**201.05**	**33.51**	**97.76**	**3.73**	**8.10**	**49.63**	**3.12**	**3.21**	**0.54**
荆门市辖区	34.45	3.00	15.20	0.88	2.50	11.38	0.49	0.67	0.33
沙洋县	73.04	9.30	40.00		2.67	20.00		1.07	
钟祥市	35.00	15.00	10.00			10.00			
京山县	58.56	6.21	32.56	2.85	2.93	8.25	2.63	1.47	0.21
孝感市	**348.23**	**74.80**	**155.09**	**0.13**	**18.51**	**48.39**	**17.92**	**1.24**	**29.62**
孝南区	43.62	4.28	19.72	0.02	1.29	8.57	0.55	0.36	7.51
孝昌县	41.41	12.22	17.87	0.03	0.32	7.22	1.42	0.11	1.40
大悟县	53.79	11.20	18.60	0.02		4.60	15.10	0.07	4.11
安陆市	44.71	15.80	19.80	0.01	0.90	6.80	0.60	0.20	0.60
云梦县	38.00	5.00	18.00			5.00			10.00
应城市	57.80	6.00	25.50	0.05	3.00	16.20	0.25	0.50	6.00
汉川市	68.90	20.30	35.60		13.00				
黄冈市	**614.61**	**48.43**	**335.96**	**1.30**	**37.55**	**131.82**	**22.91**	**1.99**	**11.54**
黄州区	23.32	6.19	7.34	0.57	4.90	3.86	0.13	0.28	0.05
团风县	48.37	3.30	23.81	0.13	2.41	8.99	1.55	0.91	3.30
红安县	58.81	3.75	20.19		0.96	13.74	15.73		
麻城市	95.20	16.00	50.00		5.50	19.00	4.20		0.50
罗田县	19.00	1.00	16.00			2.00			
英山县	24.16	5.06	13.10	0.50		5.30	0.20		
浠水县	84.70	1.00	48.70		1.80	23.00	0.50		0.80
蕲春县	93.60	0.80	53.00	0.10	3.90	22.00	0.60	0.80	6.60
武穴市	72.64	2.67	46.80		6.71	16.20			0.26
黄梅县	86.49	4.90	53.89		10.30	17.40			
龙感湖	8.32	3.76	3.13		1.07	0.33			0.03
咸宁市	**183.15**	**3.74**	**110.12**	**6.01**	**1.17**	**21.59**	**3.83**	**2.67**	**31.50**
咸安区	41.40	0.10	20.62	0.45	0.18	12.55	2.30	1.40	3.50
嘉鱼县	44.95	1.79	13.50	2.65	0.89	2.32	0.18	0.97	20.68
赤壁市	21.42		18.69	0.12		1.71	0.40	0.30	
通城县	36.90	1.67	26.00	0.33		3.00	0.80		5.10
崇阳县	33.23		26.66	2.14	0.10	2.01	0.10		2.22
通山县	5.25	0.18	4.65	0.32			0.05		
随州市	**217.54**	**83.76**	**104.10**	**1.62**	**7.62**	**11.27**	**5.38**	**2.29**	**1.50**
曾都区	45.45	18.36	22.15	0.31	2.10	2.15	0.38		
随　县	128.41	50.37	57.90	1.31	5.52	7.12	3.00	1.69	1.50
广水市	43.68	15.03	24.05			2.00	2.00	0.60	
恩施自治州	**217.26**	**5.34**	**54.56**	**72.61**		**14.73**	**1.42**		**29.30**
恩施市	23.48	2.54	9.51	4.10		3.33			
利川市	61.00		16.70	20.00		4.30			20.00
建始县	18.20		3.70	8.00					2.00
巴东县	26.30	2.80	1.50	13.50		1.50	1.00		2.00
宣恩县	17.10		8.00	6.80		0.20			0.60
咸丰县	45.90		9.50	7.75		0.65	0.20		2.50
来凤县	11.67		3.30	4.20		2.20	0.02		1.95
鹤峰县	13.61		2.35	8.26		2.55	0.20		0.25
仙桃市	**64.93**	**19.44**	**11.36**		**20.00**	**14.13**			
天门市	**212.31**	**42.39**	**56.11**	**2.65**	**40.28**	**53.47**	**3.47**	**1.52**	**12.42**
潜江市	**134.55**	**26.89**	**33.00**	**1.80**	**29.50**	**35.13**	**0.13**	**1.10**	**4.20**
神农架林区	**1.61**		**0.03**	**1.50**					**0.08**

附表32

单位：千公顷

	生物农药施用面积	灯光诱蛾防治面积				节水灌溉技术面积	各种技术承包人数（人）		
			优质稻大田	棉田	蔬菜田（地）			技术干部	农民技术员
全省合计	**1063.58**	**521.77**	**186.76**	**106.48**	**82.33**	**396.62**	**59026**	**5940**	**44976**
武汉市	**28.17**	**7.26**	**0.72**	**2.13**	**2.87**	**28.10**	**15390**	**180**	**15010**
武汉市辖区	0.67	3.46	0.72	0.93	1.07				
蔡甸区									
江夏区							70	60	10
黄陂区						26.00			
新洲区	27.50	3.80		1.20	1.80	2.10	15320	120	15000
黄石市	**1.40**	**1.50**	**1.20**		**0.30**	**0.01**	**169**	**123**	**29**
黄石市辖区									
大冶市		0.90	0.90						
阳新县	1.40	0.60	0.30		0.30	0.01	169	123	29
十堰市	**46.00**	**22.70**	**4.67**		**7.43**	**44.12**	**11679**	**923**	**8583**
十堰市辖区	0.33	0.10			0.10	0.05	0		
丹江口市	6.67	5.00	0.67		0.53	1.67	290	120	170
郧　县	18.80	10.90			4.50	26.00	2000	220	1600
郧西县							630	160	380
竹山县	1.70	0.30				1.40	43	43	
竹溪县	8.00	6.00	4.00		2.00	2.00	7800	200	6000
房　县	10.50	0.40			0.30	13.00	916	180	433
荆州市	**225.59**	**199.45**	**64.11**	**39.44**	**10.46**	**15.73**	**3369**	**328**	**2757**
荆州市辖区	40.84	19.73		11.14	2.50	13.90	161	18	133
江陵县	1.00	9.00		7.00	2.00		1518	18	1500
松滋市	63.05	52.07	32.12	14.03	5.92		406	63	258
公安县		47.35					587	155	386
石首市	35.00	0.70		0.67	0.03	0.33	190	10	180
监利县	49.00	38.60	31.99	6.60	0.01				
洪湖市	36.70	32.00				1.50	507	64	300
宜昌市	**132.40**	**96.94**	**24.65**	**17.94**	**21.58**	**19.18**	**3595**	**634**	**2762**
宜昌市辖区	1.50	1.33			1.00		15	5	5
夷陵区	7.10	21.80	1.20		0.60				
宜都市		4.00			2.00		433	95	293
枝江市	25.00	50.00	21.62	14.94	8.00		2255	130	2100
当阳市	80.00	4.96	1.83	3.00	0.13	3.33			
远安县	0.30	4.50					46	46	
兴山县	3.50	4.35			4.35	5.85	173	43	50
秭归县						10.00	380	220	160
长阳县	15.00	6.00			5.50		293	95	154
五峰县									
襄阳市	**100.69**	**7.00**	**1.70**	**1.00**	**1.30**	**49.00**	**3979**	**570**	**2476**
襄阳市辖区									
老河口市	45.17	2.50	1.50		1.00	6.00	1000	200	500
襄州区									
枣阳市	30.00	1.00		0.80	0.20	35.00	1450	200	1200
宜城市	17.00	0.50	0.20	0.20	0.10	4.00	85	30	50
南漳县	8.00	3.00				4.00	778	58	340
谷城县									
保康县	0.52						666	82	386
鄂州市	**10.00**	**9.00**	**6.00**	**2.00**	**1.00**	**2.00**	**602**	**120**	**150**

附表33

单位：千公顷

	生物农药施用面积	灯光诱蛾防治面积				节水灌溉技术面积	各种技术承包人数（人）		
			优质稻大田	棉田	蔬菜田（地）			技术干部	农民技术员
荆门市	**48.93**	**10.50**	**7.00**		**3.50**	**3.00**			
荆门市辖区	11.38	1.50	1.00		0.50	1.00			
沙洋县	29.30	6.00	4.00		2.00	1.00			
钟祥市									
京山县	8.25	3.00	2.00		1.00	1.00			
孝感市	**51.01**	**17.30**	**1.70**	**3.56**	**6.49**	**35.76**	**2114**	**521**	**1295**
孝南区	1.26	5.58		1.16	0.69	5.76	924	281	505
孝昌县	8.52	0.32					70	18	37
大悟县	3.90	0.70	0.70			5.00	81	3	28
安陆市	0.33	3.30			1.80		200	60	100
云梦县	35.00	3.50	1.00		2.50	25.00	80	20	60
应城市	2.00						110	50	5
汉川市		3.90		2.40	1.50		649	89	560
黄冈市	**140.67**	**60.99**	**40.70**	**11.54**	**5.77**	**131.55**	**4356**	**629**	**2760**
黄州区	10.00	2.80		1.00	1.80	3.80			
团风县	21.69	1.16		0.24	0.81	11.21	1711	159	1031
红安县	19.68	0.23			0.11	3.44	90	22	42
麻城市	8.80	8.90	8.00	0.90		2.30	260	100	60
罗田县	5.00	2.00	2.00			10.00	550	40	500
英山县	23.50	1.80			0.05		316	132	161
浠水县	5.50						740	120	420
蕲春县	26.50	13.30	8.80	0.50	3.00	91.80			
武穴市	9.00	7.40	1.80	5.60		9.00	80	56	
黄梅县	6.80	23.30	20.00	3.30			581		518
龙感湖	4.20	0.10	0.10				28		28
咸宁市	**25.08**	**16.01**	**2.21**		**10.60**	**34.72**	**668**	**401**	**162**
咸安区	3.65	0.70					117	65	
嘉鱼县	7.61	9.90			9.90	23.00	78	60	
赤壁市	0.00	1.41	1.21		0.20		148	89	31
通城县	8.00	2.00	1.00		0.50	5.67	140	80	60
崇阳县	2.80	2.00					128	67	60
通山县	3.02					6.05	57	40	11
随州市	**37.00**	**1.60**	**0.80**	**0.70**	**0.10**	**18.60**	**401**	**70**	**303**
曾都区						18.60	386	58	301
随　县	25.00	1.00	0.80	0.10	0.10		8	5	2
广水市	12.00	0.60		0.60			7	7	
恩施自治州	**107.66**	**6.85**	**1.30**		**4.43**	**14.25**	**1030**	**356**	**195**
恩施市	10.00	2.00			2.00	0.27			
利川市	53.30	0.60	0.40		0.20	0.33	25		5
建始县	2.00	0.10			0.10				
巴东县	8.50	1.60	0.80		0.80	0.90	385	150	45
宣恩县	2.00	0.20	0.10		0.10	3.00	120	30	20
咸丰县	2.01	0.20			0.03	0.80	120	36	15
来凤县	3.25	1.20			1.20	2.20	230	40	110
鹤峰县	26.60	0.95				6.75	150	100	
仙桃市							**553**	**150**	**380**
天门市	**40.28**	**36.00**	**30.00**		**6.00**		**9080**	**800**	**7780**
潜江市	**68.70**	**28.67**		**28.17**	**0.50**	**0.60**	**541**	**135**	**334**
神农架林区							**1500**		

附表34

单位：千公顷

	各种技术承包面积	种子	植保	栽培	土肥	蔬菜	科技示范园（场）		县(市)科技示范园	
							个数	面积	个数	面积
全省合计	**1949.73**	**211.89**	**651.76**	**517.93**	**373.64**	**132.51**	**758.00**	**73.41**	**214.00**	**34.59**
武汉市	**48.60**	**1.20**	**12.60**	**10.20**	**15.40**	**8.50**	**63.00**	**6.70**	**23.00**	**4.10**
武汉市辖区										
蔡甸区										
江夏区							3.00	0.10	3.00	0.10
黄陂区										
新洲区	48.60	1.20	12.60	10.20	15.40	8.50	60.00	6.60	20.00	4.00
黄石市	**16.20**		**13.30**			**1.10**	**41.00**	**3.21**	**5.00**	**0.31**
黄石市辖区										
大冶市							1.00	0.11	1.00	0.11
阳新县	16.20		13.30			1.10	40.00	3.10	4.00	0.20
十堰市	**218.95**	**24.25**	**43.80**	**61.50**	**45.90**	**16.50**	**65.00**	**2.34**	**18.00**	**0.85**
十堰市辖区										
丹江口市	6.00		2.00	2.00			26.00	0.33	8.00	0.13
郧　县	61.00		19.00	10.00	24.00	5.00	4.00	0.03	1.00	0.01
郧西县	41.55	8.85	4.60	14.50	3.10	3.00	1.00	0.01	1.00	0.01
竹山县	23.20	9.60	7.60			3.50	1.00		1.00	
竹溪县	53.00	2.00	7.00	20.00	10.00	4.00	2.00	0.27	1.00	0.10
房　县	34.20	3.80	3.60	15.00	8.80	1.00	31.00	1.70	6.00	0.60
荆州市	**196.54**	**29.78**	**67.61**	**43.48**	**43.77**	**10.04**	**98.00**	**7.80**	**37.00**	**3.98**
荆州市辖区	35.00	5.20	6.80	1.50	20.00	1.50	18.00	0.24	8.00	0.11
江陵县							1.00		1.00	
松滋市	71.59	10.22	33.75	15.02	8.46	2.98	22.00	0.35	1.00	0.11
公安县	24.52	3.36	10.06	4.96	1.31	4.83	11.00	0.75	11.00	0.75
石首市	4.20	1.00	1.00	2.00		0.20	1.00	0.01	1.00	0.01
监利县										
洪湖市	61.23	10.00	16.00	20.00	14.00	0.53	45.00	6.45	15.00	3.00
宜昌市	**224.90**	**31.60**	**64.00**	**67.20**	**42.30**	**13.10**	**37.00**	**4.77**	**17.00**	**1.62**
宜昌市辖区	4.00		2.00			2.00	3.00	0.20	1.00	0.15
夷陵区							7.00	0.43		
宜都市	15.00		2.50	8.00	4.00	0.50	18.00	1.33	8.00	0.66
枝江市	90.00	12.00	39.00	16.00	19.00	4.00				
当阳市							1.00	2.00		
远安县	15.00			15.00			2.00	0.03	2.00	0.03
兴山县	17.90	1.60	3.50	4.20	2.80	3.60	3.00	0.70	3.00	0.70
秭归县	21.00	2.00	5.00	6.00	2.50	3.00	1.00	0.07	1.00	0.07
长阳县	62.00	16.00	12.00	18.00	14.00		2.00	0.01	2.00	0.01
五峰县										
襄阳市	**221.00**	**16.60**	**68.50**	**90.50**	**31.50**	**10.50**	**54.00**	**4.17**	**15.00**	**1.06**
襄阳市辖区							3.00	0.50	3.00	0.50
老河口市	18.00	1.00	5.00	5.00	6.00	0.00	11.00	3.50	1.00	0.50
襄州区										
枣阳市	118.00	12.00	30.00	45.00	25.00	5.00	4.00	0.04	3.00	0.03
宜城市	10.00	3.60	1.50	0.50	0.50	3.50	4.00	0.13	1.00	0.03
南漳县	75.00		32.00	40.00		2.00				
谷城县										
保康县							32.00		7.00	
鄂州市	**78.50**	**1.50**	**30.00**	**20.00**	**15.00**	**10.00**	**20.00**	**2.00**	**3.00**	**1.40**

附表35

单位：千公顷

	各种技术承包面积	种子	植保	栽培	土肥	蔬菜	科技示范园（场）		县(市)科技示范园	
							个数	面积	个数	面积
荆门市							**12.00**	**0.15**	**2.00**	**0.05**
荆门市辖区							1.00		1.00	
沙洋县										
钟祥市										
京山县							11.00	0.15	1.00	0.05
孝感市	**64.14**	**1.15**	**33.38**	**9.92**	**11.98**	**5.65**	**74.00**	**6.24**	**20.00**	**2.59**
孝南区	7.39	0.13	3.38	0.59	0.48	1.85	13.00	2.22	1.00	0.31
孝昌县							7.00	0.64	2.00	0.13
大悟县	2.13			0.13		1.20	25.00	0.48	8.00	0.08
安陆市							6.00	0.05	2.00	0.02
云梦县	23.00	1.00	15.00		5.00	2.00	6.00	2.00	6.00	2.00
应城市	20.92	0.02	10.00	8.00	2.00	0.60	17.00	0.85	1.00	0.05
汉川市	10.70		5.00	1.20	4.50					
黄冈市	**225.62**	**44.59**	**100.61**	**48.25**	**17.88**	**4.10**	**140.00**	**18.72**	**38.00**	**9.36**
黄州区							21.00	6.30	1.00	0.80
团风县	48.18		15.16	17.41	12.16	2.30	4.00	0.45	1.00	0.24
红安县	16.42		4.55	2.74	3.22	0.47	11.00		3.00	
麻城市							3.00	1.00	3.00	1.00
罗田县	30.00	1.00	15.00	12.00			26.00	3.00	12.00	1.00
英山县	11.89	1.59	5.30	2.10	1.50	0.80	46.00	5.60	10.00	5.30
浠水县	69.00	42.00	19.00	6.00	1.00		1.00	0.07	1.00	0.07
蕲春县										
武穴市	31.80		23.30	8.00		0.50	13.00	1.20	1.00	0.35
黄梅县	18.30		18.30				6.00	0.70	3.00	0.50
龙感湖	0.03					0.03	9.00	0.40	3.00	0.10
咸宁市	**106.19**	**8.56**	**42.97**	**19.43**	**16.18**	**15.57**	**81.00**	**4.47**	**14.00**	**2.37**
咸安区	12.21		9.85	0.66	1.28	0.32	4.00	0.18	4.00	0.18
嘉鱼县	21.50	0.45	5.32	4.13	3.00	8.60	10.00	1.80	2.00	0.80
赤壁市	14.20	0.51	5.20	3.00	1.60	0.51	7.00	1.09	7.00	1.09
通城县	26.50	0.50	10.00	10.00	5.00	1.00	12.00	0.90	1.00	0.30
崇阳县	10.78		6.80	1.64	2.10	0.24	12.00	0.40		
通山县	21.00	7.10	5.80		3.20	4.90	36.00	0.10		
随州市							**14.00**	**6.70**	**5.00**	**4.01**
曾都区										
随　县							10.00	6.67	4.00	4.00
广水市							4.00	0.03	1.00	0.01
恩施自治州	**123.09**	**22.66**	**25.99**	**37.45**	**26.73**	**7.45**	**25.00**	**2.95**	**10.00**	**2.47**
恩施市										
利川市	80.00	20.00	20.00	20.00	20.00		1.00	2.00	1.00	2.00
建始县										
巴东县	14.00		2.00	5.50	2.50	2.00	3.00			
宣恩县	3.00		0.80	0.50	0.50	1.20	4.00	0.15	4.00	0.15
咸丰县	9.20	0.31	1.21	5.20	0.22	1.95	2.00	0.20	2.00	0.20
来凤县	10.39	2.35	1.58	2.15	3.11	1.20	4.00	0.05	1.00	0.02
鹤峰县	6.50		0.40	4.10	0.40	1.10	11.00	0.55	2.00	0.10
仙桃市	**96.00**	**5.00**	**30.00**	**40.00**	**7.00**	**14.00**				
天门市	**218.00**		**80.00**	**50.00**	**80.00**	**8.00**	**27.00**	**2.00**	**5.00**	**0.20**
潜江市	**111.80**	**25.00**	**38.80**	**20.00**	**20.00**	**8.00**	**5.00**	**1.17**	**1.00**	**0.22**
神农架林区	**0.20**		**0.20**				**2.00**	**0.02**	**1.00**	

附表36

单位：千公顷

	乡镇科技示范场		科技示范户（户）	小麦	水稻	玉米	棉花	油菜	蔬菜
	个数	面积							
全省合计	**544.00**	**38.82**	**280980**	**39043**	**98769**	**16285**	**29020**	**35115**	**30578**
武汉市	**40.00**	**2.60**	**782**	**2**	**93**	**54**	**50**	**31**	**244**
武汉市辖区			336		15	40	32		107
蔡甸区									
江夏区			323		48	14		3	97
黄陂区									
新洲区	40.00	2.60	123	2	30		18	28	40
黄石市	**36.00**	**2.90**	**1507**	**79**	**876**	**32**	**40**	**320**	**98**
黄石市辖区									
大冶市			600	7	490	7	2	10	58
阳新县	36.00	2.90	907	72	386	25	38	310	40
十堰市	**47.00**	**1.49**	**31489**	**8940**	**3883**	**3996**		**1577**	**9218**
十堰市辖区			30	5	5	7		3	10
丹江口市	18.00	0.20	1300	1000					
郧　县	3.00	0.02	18925	6355	2410	1660		295	7380
郧西县			6500	1255	640	1200		355	1200
竹山县			134	25	28	29		24	28
竹溪县	1.00	0.17	3600	200	500	800		800	500
房　县	25.00	1.10	1000	100	300	300		100	100
荆州市	**61.00**	**3.82**	**34150**	**724**	**13470**	**201**	**10050**	**7076**	**2383**
荆州市辖区	10.00	0.13	19541		7098		6412	5235	796
江陵县			3100	500	1000		500	500	600
松滋市	21.00	0.24	2339	124	632	199	408	503	227
公安县			1000	50	400	2	500	38	10
石首市	0.00	0.00	2000		840		930		230
监利县			1170	50	500		300	200	120
洪湖市	30.00	3.45	5000		3000		1000	600	400
宜昌市	**20.00**	**3.15**	**12655**	**185**	**2085**	**1475**	**360**	**1925**	**1423**
宜昌市辖区	2.00	0.05	350						200
夷陵区	7.00	0.43	2000		660	720		500	120
宜都市	10.00	0.67	330		50	50		100	30
枝江市			960	40	250	40	210	250	70
当阳市	1.00	2.00	3550	100	1000	100	150	1000	200
远安县			1560		50				
兴山县			535	25	55	160		60	120
秭归县			2000	20	20	25		15	353
长阳县			1000			180			180
五峰县			370			200			150
襄阳市	**39.00**	**3.11**	**18090**	**6470**	**3720**	**150**	**1230**	**620**	**1695**
襄阳市辖区			1100						1000
老河口市	10.00	3.00	1000	1000					
襄州区			8000	3000	3000		1000		500
枣阳市	1.00	0.01	2000	1200	300		230		130
宜城市	3.00	0.10	2200	1000				620	
南漳县			1090	270	340	150			30
谷城县									
保康县	25.00		2700		80				35
鄂州市	**17.00**	**0.60**	**1473**	**200**	**500**	**20**	**50**	**100**	**600**

附表37

单位：千公顷

	乡镇科技示范场		科技示范户（户）	小麦	水稻	玉米	棉花	油菜	蔬菜
	个数	面积							
荆门市	**10.00**	**0.10**	**32671**	**1400**	**17300**	**3610**	**3500**	**4100**	**2500**
荆门市辖区			5971	200	3000	10	1000	1000	500
沙洋县			11600	100	6000	1500	1500	1500	1000
钟祥市									
京山县	10.00	0.10	15100	1100	8300	2100	1000	1600	1000
孝感市	**54.00**	**3.65**	**10110**	**385**	**5337**	**16**	**1562**	**778**	**1269**
孝南区	12.00	1.91	2885	285	1480	6	62	313	471
孝昌县	5.00	0.51	540		337			165	38
大悟县	17.00	0.40	385		20				10
安陆市	4.00	0.03	1000		1000				
云梦县			1300		500		100	100	500
应城市	16.00	0.80	1000	100	400	10	200	200	50
汉川市			3000		1600		1200		200
黄冈市	**102.00**	**9.36**	**70464**	**10958**	**22520**	**120**	**7228**	**14883**	**2712**
黄州区	20.00	5.50	1650	200	300	50	300	300	500
团风县	3.00	0.21	3500	50	1500		100	600	800
红安县	8.00		60		15		3	12	5
麻城市			25368	5482	7960		4780	6423	600
罗田县	14.00	2.00	27600	5000	8000		100	5000	
英山县	36.00	0.30	2100	110	800	30			130
浠水县			4280	60	1900	40	450	1210	355
蕲春县									
武穴市	12.00	0.85	3200		1000		1000	1000	200
黄梅县	3.00	0.20	2500		1000		450	300	100
龙感湖	6.00	0.30	206	56	45		45	38	22
咸宁市	**67.00**	**2.10**	**20503**	**150**	**13755**	**486**		**1675**	**3976**
咸安区			5445		3650	165		1000	420
嘉鱼县	8.00	1.00	3500		1500				2000
赤壁市			4083	50	3250	21		210	501
通城县	11.00	0.60	4500	100	4000	50		100	200
崇阳县	12.00	0.40	1900		1000	50		250	600
通山县	36.00	0.10	1075		355	200		115	255
随州市	**9.00**	**2.69**	**20970**	**9470**	**9300**		**2000**		**200**
曾都区			270	270					
随　县	6.00	2.67	20000	9000	9000		2000		
广水市	3.00	0.02	700	200	300				200
恩施自治州	**15.00**	**0.48**	**16796**		**2530**	**6060**		**1280**	**2230**
恩施市			3500						1000
利川市			1546		1000			534	
建始县			970		50	120		100	250
巴东县	3.00		1000		90	210		136	30
宣恩县			2000		500	500		300	300
咸丰县			1000		150	80		30	240
来凤县	3.00	0.03	670		240	150		80	110
鹤峰县	9.00	0.45	6110		500	5000		100	300
仙桃市			**660**	**30**	**350**	**40**	**90**	**100**	**50**
天门市	**22.00**	**1.80**	**5000**		**2000**		**2000**		**1000**
潜江市	**4.00**	**0.95**	**3660**	**50**	**1050**	**25**	**860**	**650**	**980**
神农架林区	**1.00**	**0.02**							

全省棉麻作物良种面积、产量

单位:千公顷、吨

	面 积	产 量
一、棉花良种	387.29	497250
其中:优质棉花	349.70	447309
1、鄂杂棉1号F1	15.61	18683
2、鄂杂棉5号F1	1.77	2168
3、鄂杂棉6号F1	2.51	3224
4、鄂杂棉10号F1	72.08	92264
5、鄂杂棉11 F1	58.99	77568
6、鄂杂棉13号F1	20.47	26648
7、鄂杂棉14号F1	2.01	2685
8、鄂杂棉15号F1	0.38	538
9、鄂杂棉16号F1	2.52	3322
10、鄂杂棉17 F1	9.58	11993
11、鄂杂棉18 F1	2.61	3433
12、鄂杂棉19 F1	4.43	5416
13、鄂杂棉21 F1	0.50	685
14、鄂杂棉23 F1	22.66	28396
15、鄂杂棉24 F1	6.32	7995
16、鄂杂棉26 F1	9.31	11017
17、鄂杂棉28 F1	6.82	9035
18、铜杂411 F1	11.77	15528
19、E K288 F1	10.67	13838
20、冈杂棉8号F1	10.31	13362
21、华杂棉H321	8.60	10361
22、其 它	107.37	139093
二、麻类良种	13.72	
其中:苎麻良种	13.31	
其中:华苎4号	4.60	
华苎5号	1.13	
湘苎2号	4.22	
中苎1号	0.55	

2010年棉麻作物良种

面积：千公顷、吨

	棉花良种		优质棉花		鄂杂棉1号F1		鄂杂棉10号F1	
	面 积	产 量			面 积	产 量	面 积	产 量
全省合计	**387.29**	**497250**	**349.70**	**447309**	**15.61**	**18683**	**72.08**	**92264**
武汉市	**11.53**	**15620**	**11.53**	**15620**	**0.33**	**450**	**1.75**	**2344**
武汉市辖区	1.98	3150	1.98	3150	0.33	450		
蔡甸区	2.54	3599	2.54	3599			1.05	1495
江夏区								
黄陂区	2.34	3713	2.34	3713				
新洲区	4.67	5158	4.67	5158			0.70	849
黄石市	**4.22**	5309	4.22	5309				
黄石市辖区	0.09	126	0.09	126				
大冶市	1.24	1628	1.24	1628				
阳新县	2.89	3555	2.89	3555				
十堰市	**0.13**	**54**			**0.07**	**16**		
十堰市辖区								
丹江口市	0.07	16			0.07	16		
郧　县	0.06	38						
郧西县								
竹山县								
竹溪县								
房　县								
荆州市	**107.46**	**136921**	**90.98**	**119503**	**0.50**	**671**	**29.87**	**38169**
荆州市辖区	13.06	18284	12.80	17774	0.50	671	2.50	3513
江陵县	7.92	10014	7.92	10014				
松滋市	14.39	16001					1.46	1620
公安县	27.63	34505	27.63	34505			13.82	17252
石首市	11.83	17807	10.00	16900			2.67	4021
监利县	23.67	29606	23.67	29606			7.80	9828
洪湖市	8.96	10704	8.96	10704			1.62	1935
宜昌市	**12.77**	**17801**	**10.23**	**14333**			**2.00**	**2800**
宜昌市辖区								
夷陵区								
宜都市	0.03	33	0.03	33				
枝江市	6.37	8884	5.10	7150			1.00	1400
当阳市	6.37	8884	5.10	7150			1.00	1400
远安县								
兴山县								
秭归县								
长阳县								
五峰县								
襄阳市	29.33	35635	27.72	33845	2.00	2609	5.00	5691
襄阳市辖区								
老河口市								
襄州区	10.11	13189	10.11	13189	2.00	2609	1.00	1304
枣阳市	9.23	11611	9.23	11611			1.20	1500
宜城市	9.75	10407	8.28	8845			2.80	2887
南漳县	0.24	428	0.10	200				
谷城县								
保康县								
鄂州市	**4.50**	**4980**					**1.00**	**803**

续表1　　　　面积：千公顷、吨

	棉花良种		优质棉花		鄂杂棉1号F1		鄂杂棉10号F1	
	面积	产量			面积	产量	面积	产量
荆门市	**36.42**	**43297**	**36.42**	**43297**	**6.49**	**7460**	**6.47**	**8225**
荆门市辖区	3.09	3529	3.09	3529	0.68	770	0.67	785
沙洋县	8.68	11222	8.68	11222	1.40	1810	1.40	1810
钟祥市	13.57	15479	13.57	15479	3.21	3500	3.20	4100
京山县	11.08	13067	11.08	13067	1.20	1380	1.20	1530
孝感市	**27.71**	**35300**	**25.17**	**29532**	**0.10**	**120**	**5.96**	**7648**
孝南区	3.77	4672	2.67	3650			0.21	225
孝昌县	0.94	943	0.27	271				
大悟县	0.11	148						
安陆市	0.94	798	0.94	798			0.50	424
云梦县	2.55	3058	2.55		0.10	120	0.65	779
应城市	3.52	5338	3.34	5085			1.20	1832
汉川市	15.88	20343	15.40	19728			3.40	4388
黄冈市	**48.53**	**64527**	**48.49**	**61661**	**5.82**	**6900**	**5.66**	**7600**
黄州区	4.90	6692	4.90	6692			1.20	1496
团风县	1.93	2798	1.93				0.46	710
红安县	0.04	65			0.02	27		
麻城市	5.84	7757	5.84	7757			0.53	702
罗田县	0.25	225	0.25	225				
英山县	0.23	109	0.23	109				
浠水县	9.11	10796	9.11	10796	5.80	6873		
蕲春县	4.30	5934	4.30	5931			0.20	276
武穴市	6.00	8476	6.00	8476			0.50	704
黄梅县	14.86	20335	14.86	20335			2.10	2873
龙感湖	1.07	1340	1.07	1340			0.67	839
咸宁市	2.21	2715	1.21	1446			0.48	592
咸安区	0.19	173	0.19	173			0.02	25
嘉鱼县	0.80	1068	0.80	1068			0.25	340
赤壁市	1.00	1269					0.10	127
通城县								
崇阳县	0.22	205	0.22	205			0.11	100
通山县								
随州市	**10.85**	**15190**	**2.10**	**2862**	**0.30**	**457**	**1.60**	**2236**
曾都区	2.10	2862	2.10	2862				
随　县	5.52	7400					1.10	1474
广水市	3.23	4928			0.30	457	0.50	762
恩施自治州								
恩施市								
利川市								
建始县								
巴东县								
宣恩县								
咸丰县								
来凤县								
鹤峰县								
仙桃市	**21.70**	**26000**	**21.70**	**26000**			**4.00**	**4800**
天门市	**40.28**	**50200**	**40.28**	**50200**			**3.85**	**4812**
潜江市	**29.65**	**43701**	**29.65**	**43701**			**4.44**	**6544**
神农架林区								

续表2

面积：千公顷、吨

	棉花良种（续）						麻类良种面积	
	鄂杂棉11 F1		鄂杂棉13号F1		鄂杂棉23 F1			苎麻
	面积	产量	面积	产量	面积	产量		
全省合计	**58.99**	**77568**	**20.47**	**26648**	**22.66**	**28396**	**13.72**	**13.31**
武汉市	**1.00**	**1504**	**0.67**	**937**	**0.90**	**1160**	**1.24**	**1.24**
武汉市辖区	0.53	934	0.30	493				
蔡甸区								
江夏区							1.24	1.24
黄陂区					0.20	320		
新洲区	0.47	570	0.37	444	0.70	840		
黄石市							**4.18**	**4.18**
黄石市辖区							0.07	0.07
大冶市							0.34	0.34
阳新县							3.77	3.77
十堰市								
十堰市辖区								
丹江口市								
郧　县								
郧西县								
竹山县								
竹溪县								
房　县								
荆州市	**29.08**	**36934**	**4.08**	**5089**	**2.93**	**3873**	**0.07**	**0.02**
荆州市辖区	2.33	3378	1.50	2013	0.80	1196		
江陵县	7.92	10014					0.01	
松滋市	1.35	1500	0.83	920	1.04	1160		
公安县	13.81	17253						
石首市	0.67	1009			0.67	1015	0.01	
监利县	3.00	3780	1.00	1260			0.02	0.02
洪湖市			0.75	896	0.42	502	0.03	
宜昌市	**3.00**	**4200**			**3.00**	**4200**		
宜昌市辖区								
夷陵区								
宜都市								
枝江市	1.50	2100			1.50	2100		
当阳市	1.50	2100			1.50	2100		
远安县								
兴山县								
秭归县								
长阳县								
五峰县								
襄阳市	**2.00**	**2270**	**2.60**	**2871**	**1.13**	**1214**	**0.13**	**0.13**
襄阳市辖区								
老河口市								
襄州区								
枣阳市	0.90	1126	1.50	1741	0.23	290		
宜城市	1.10	1144	1.10	1130	0.90	924		
南漳县							0.13	0.13
谷城县								
保康县								
鄂州市	**1.00**	**803**	**1.00**	**1205**				

	棉花良种(续)						麻类良种面积	
	鄂杂棉11 F1		鄂杂棉13号F1		鄂杂棉23 F1			苎麻
	面积	产量	面积	产量	面积	产量		
荆门市					**6.49**	**7460**		
荆门市辖区					0.68	770		
沙洋县					1.40	1810		
钟祥市					3.21	3500		
京山县					1.20	1380		
孝感市	**3.20**	**4190**	**0.79**	**861**	**1.22**	**1633**		
孝南区	0.22	338	0.25	367	0.20	273		
孝昌县					0.02	20		
大悟县	0.11	148						
安陆市			0.44	374				
云梦县			0.10	120				
应城市	0.12	182	0.00		0.25	380		
汉川市	2.75	3522			0.75	960		
黄冈市	**4.30**	**6195**	**1.57**	**2046**	**2.73**	**3627**	**0.17**	**0.15**
黄州区	0.20	300			0.35	450		
团风县	0.20	381	0.08	112				
红安县								
麻城市			0.39	517	0.47	633	0.03	0.01
罗田县							0.01	0.01
英山县							0.03	0.03
浠水县	1.80	2133	0.50	593	0.51	604		
蕲春县	0.30	414	0.30	414	0.40	552		
武穴市	1.00	1408			0.50	704	0.10	0.10
黄梅县	0.50	1184	0.30	410	0.50	684		
龙感湖	0.30	375						
咸宁市	**0.21**	**232**	**0.30**	**404**	**0.20**	**254**	**7.92**	**7.59**
咸安区			0.05	62			1.84	1.84
嘉鱼县			0.25	342			2.75	2.75
赤壁市	0.10	127			0.20	254	3.33	3.00
通城县								
崇阳县	0.11	105						
通山县								
随州市	**2.40**	**3383**						
曾都区								
随　县	1.50	2011						
广水市	0.90	1372						
恩施自治州								
恩施市								
利川市								
建始县								
巴东县								
宣恩县								
咸丰县								
来凤县								
鹤峰县								
仙桃市	**3.30**	**4000**	**1.00**	**1200**	**2.00**	**2400**	**0.01**	
天门市	**0.65**	**812**	**1.94**	**2425**	**2.06**	**2575**		
潜江市	**8.85**	**13045**	**6.52**	**9610**				
神农架林区								

10 水利建设

灌溉面积

单位：千公顷

	灌溉面积						有效实灌面积	旱涝保收面积
	合计	有效灌溉面积	林地灌溉面积	园地灌溉面积	牧草地灌溉面积	其他灌溉面积		
合 计	2522.47	2379.78	17.98	36.79	4.69	83.24	2132.66	1753.55
湖 北	2522.47	2379.78	17.98	36.79	4.69	83.24	2132.66	1753.55
武汉市	200.29	195.04				5.25	161.11	153.61
黄石市	57.81	57.22	0.02	0.36		0.21	51.78	30.09
十堰市	69.21	64.26	0.48	0.37		4.10	43.16	40.37
宜昌市	131.89	126.34	0.55	4.82		0.18	75.40	101.41
襄樊市	283.37	276.68	1.54	5.15			251.74	206.11
鄂州市	36.35	36.22	0.10	0.03			36.22	33.00
荆门市	199.28	180.33	7.03	4.60		7.32	160.37	132.79
孝感市	242.52	217.65	0.13	0.34		24.40	212.66	169.08
荆州市	407.51	392.52	3.55	6.90		4.54	357.40	318.94
黄冈市	275.34	272.28	1.83	1.24			263.75	182.06
咸宁市	113.85	105.98		0.98		6.89	83.24	66.49
随州市	122.94	111.91	1.54	4.20	4.69	0.60	110.60	51.62
恩施土家族苗族自治州	63.34	62.68	0.11	0.28		0.27	50.88	46.96
湖北省直辖行政单位								
仙桃市	106.10	93.80	0.80	1.90		9.60	90.21	76.10
潜江市	102.84	77.54		5.42		19.88	75.24	65.00
天门市	108.30	108.30					108.30	79.32
神农架林区	1.53	1.03	0.30	0.20			0.60	0.60

机电灌溉面积

单位:千公顷

	机电排灌面积	机电提灌面积					其中:纯排面积
		小计	机电井灌溉面积	固定站灌溉面积	流动机灌溉面积	喷滴灌灌溉面积	
合 计	1384.03	1108.72	142.10	773.66	182.77	10.18	275.31
湖 北	1384.03	1108.72	142.10	773.66	182.77	10.18	275.31
武汉市	162.20	133.66	5.09	110.92	15.65	2.00	28.54
黄石市	47.37	1.99		1.17	0.13	0.69	45.38
十堰市	8.97	4.41	3.18	0.91	0.09	0.23	4.56
宜昌市	68.94	26.14	7.21	18.15	0.66	0.12	42.80
襄阳市	112.60	112.60	26.37	78.68	6.48	1.07	
鄂州市	26.76	26.36		24.00	2.00	0.36	0.40
荆门市	110.41	95.92	26.33	58.59	11.00		14.49
孝感市	143.72	87.38	61.37	18.10	6.46	1.45	56.34
荆州市	356.70	313.02	0.62	226.11	83.37	2.92	43.68
黄冈市	72.90	69.90	10.30	45.48	13.67	0.45	3.00
咸宁市	58.65	53.30	1.63	35.36	16.22	0.09	5.35
随州市	15.40	15.40		13.82	1.58		
恩施土家族苗族自治州	3.37	3.17		1.45	1.51	0.21	0.20
湖北省直辖行政单位							
仙桃市	93.30	81.70		71.58	10.12		11.60
潜江市	48.52	48.52		34.10	13.83	0.59	
天门市	54.21	35.24		35.24			18.97
神农架林区							

除涝面积

单位:千公顷

	除涝面积				本年除涝面积	
	小 计	3～5年	5～10年	10年以上	新增	减少
合 计	1219.17	229.59	500.40	489.18	4.20	1.64
湖 北	1219.17	229.59	500.40	489.18	4.20	1.64
武汉市	99.70	17.15	45.62	36.93	1.71	
黄石市	31.40	9.86	19.67	1.87	1.10	
十堰市						
宜昌市	52.90	18.64	29.85	4.41		
襄阳市	29.64	10.36	18.48	0.80		
鄂州市	23.42	2.30	9.79	11.33	0.67	
荆门市	84.80	19.01	41.10	24.69	0.30	
孝感市	115.04	13.17	57.32	44.55	0.28	
荆州市	363.87	16.94	116.70	230.23		
黄冈市	101.49	32.08	27.80	41.61		1.54
咸宁市	44.60	12.58	14.08	17.94	0.10	0.10
随州市						
恩施土家族苗族自治州	18.86	15.06	2.68	1.12		
湖北省直辖行政单位						
仙桃市	94.10	9.60	37.00	47.50		
潜江市	66.90	22.40	28.30	16.20		
天门市	92.00	30.00	52.00	10.00		
神农架林区	0.46	0.44	0.01		0.04	

节水灌溉面积

单位:千公顷

	节水灌溉面积合计	喷灌面积	微灌面积	低压管灌面积	渠道防渗面积	其他工程节水面积
合 计	402.01	12.34	6.81	25.24	331.75	25.88
湖 北	402.01	12.34	6.81	25.24	331.75	25.88
武汉市	49.24	1.30	0.70	13.88	31.81	1.55
黄石市	7.15	0.69	0.09	0.66	5.71	
十堰市	38.23	1.14	0.50	1.28	27.36	7.95
宜昌市	35.83	0.57	0.31	0.73	30.31	3.91
襄阳市	37.89	1.86	0.51	0.71	34.63	0.18
鄂州市	0.99	0.24	0.14		0.61	
荆门市	35.40	0.61	0.33	3.93	29.73	0.80
孝感市	25.54	1.58	0.06	0.10	23.43	0.37
荆州市	22.24	0.83	2.09		12.99	6.33
黄冈市	30.96	1.14	0.08	0.30	28.53	0.91
咸宁市	19.74	0.08	1.43	0.13	17.83	0.27
随州市	24.33	1.76	0.25	0.13	18.66	3.53
恩施土家族苗族自治州	14.29	0.13	0.10	0.52	13.46	0.08
湖北省直辖行政单位						
仙桃市	6.28				6.28	
潜江市	37.66	0.37	0.22	2.87	34.20	
天门市	16.00				16.00	
神农架林区	0.25	0.04			0.21	

水土流失治理面积

单位:千公顷

	水土流失治理面积	其中:小流域治理面积	水土流失治理面积	
			新　增	减　少
合　计	4666.47	1821.12	217.49	0.70
湖 北	4666.47	1821.12	217.49	0.70
武汉市	131.24	55.53	1.12	0.25
黄石市	70.61	23.74	3.58	
十堰市	1124.79	408.91	121.13	
宜昌市	896.51	441.95	5.72	
襄阳市	439.41	280.87	34.30	
鄂州市	22.72	11.07	0.20	
荆门市	113.10	7.67	9.00	
孝感市	199.18	16.52	5.60	0.45
荆州市	38.36	15.59	0.10	
黄冈市	622.22	183.18	5.41	
咸宁市	213.88	34.38	3.40	
随州市	152.77	50.30	2.64	
恩施土家族苗族自治州	573.19	288.69	23.19	
湖北省直辖行政单位				
仙桃市	15.80			
潜江市	2.72	2.72		
天门市	1.60			
神农架林区	48.37		2.10	

农村饮水安全人口达标

单位:万人

	饮水安全达标人口		
	合　计	#只达到基本安全人口	本年新增
合　计	2428.41	452.31	492.67
湖 北	2428.41	452.31	492.67
武汉市	185.49	16.43	34.83
黄石市	65.84		12.22
十堰市	166.05	17.98	20.84
宜昌市	229.06	49.20	35.13
襄阳市	171.91	38.93	58.38
鄂州市	63.31		
荆门市	108.62		37.36
孝感市	155.13		60.92
荆州市	322.61	156.42	37.37
黄冈市	352.93	48.78	75.50
咸宁市	177.29		18.42
随州市	95.99	19.00	33.60
恩施土家族苗族自治州	171.64	26.82	42.37
湖北省直辖行政单位			
仙桃市	45.33		3.95
潜江市	40.08	4.00	2.78
天门市	74.75	74.75	18.96
神农架林区	2.37		0.04

农村饮水安全供水人口

单位:万人

	农村自来水供水人口	农村已建饮水工程供水人口				年末乡村人口
		小　计	集中式供水人口	联户供水人口	单户供水人口	
合　　计	1657.22	2171.90	1799.49	233.15	139.26	3799.38
湖 北	1657.22	2171.90	1799.49	233.15	139.26	3799.38
武汉市	156.20	175.46	175.46			294.53
黄石市	60.30	62.91	60.32	0.30	2.29	69.21
十堰市	142.59	175.51	137.21	21.98	16.32	249.30
宜昌市	80.25	227.56	156.72	44.10	26.75	269.15
襄阳市	123.40	188.65	159.20	23.36	6.09	364.31
鄂州市	42.45	63.31	42.45	3.05	17.81	71.45
荆门市	32.69	52.59	48.71	1.45	2.44	196.13
孝感市	168.28	168.30	146.45	21.85		363.67
荆州市	170.42	170.42	170.42			390.30
黄冈市	217.23	307.55	231.91	54.90	20.74	577.88
咸宁市	116.27	165.38	138.23	22.13	5.02	203.99
随州市	75.47	80.21	71.08	4.48	4.65	195.65
恩施土家族苗族自治州	109.28	171.64	98.93	35.56	37.15	302.08
湖北省直辖行政单位						
仙桃市	45.33	45.33	45.33			79.67
潜江市	40.08	40.08	40.08			67.23
天门市	74.75	74.75	74.75			100.00
神农架林区	2.24	2.24	2.24			4.83

万亩以上灌区

	设计灌溉面积达到万亩						
	灌区处数	设计灌溉面积	有效灌溉面积	合计		五十万亩以上灌区	
				处数	有效灌溉面积	处数	有效灌溉面积
合　计	382.00	2639.87	2085.70	363.00	2079.99	11.00	630.53
湖 北	382.00	2639.87	2085.70	363.00	2079.99	11.00	630.53
武汉市	37.00	130.46	103.42	36.00	102.85		
黄石市	12.00	60.11	55.52	12.00	55.52		
十堰市	14.00	17.72	10.57	7.00	8.97		
宜昌市	16.00	151.36	111.91	13.00	110.22	1.00	65.00
襄阳市	40.00	288.66	235.08	40.00	235.08	1.00	79.04
鄂州市	9.00	16.84	16.84	9.00	16.84		
荆门市	38.00	345.82	313.68	38.00	313.68	1.00	152.60
孝感市	31.00	212.05	185.37	31.00	185.37	1.00	28.39
荆州市	52.00	499.10	380.83	51.00	380.83	2.00	46.89
黄冈市	58.00	295.97	229.64	55.00	228.97	1.00	28.44
咸宁市	24.00	119.01	88.02	24.00	88.02		
随州市	27.00	112.73	89.84	24.00	89.14	1.00	30.51
恩施土家族苗族自治州	11.00	22.56	16.82	11.00	16.82		
湖北省直辖行政单位							
仙桃市	5.00	148.43	93.80	5.00	93.80	1.00	71.96
潜江市	4.00	102.84	77.54	4.00	77.54	1.00	57.70
天门市	4.00	116.21	76.82	3.00	76.34	1.00	70.00
神农架林区							

万亩以上灌区

	有效灌溉面积达到万亩					
	三十至五十万亩灌区		五至三十万亩灌区		一至五万亩灌区	
	处数	有效灌溉面积	处数	有效灌溉面积	处数	有效灌溉面积
合　计	21.00	392.50	101.00	680.33	230.00	376.63
湖 北	21.00	392.50	101.00	680.33	230.00	376.63
武汉市	2.00	35.94	2.00	24.32	32.00	42.59
黄石市	1.00	30.00	1.00	6.50	10.00	19.02
十堰市					7.00	8.97
宜昌市			4.00	32.14	8.00	13.08
襄阳市	4.00	63.58	7.00	38.68	28.00	53.78
鄂州市			1.00	7.65	8.00	9.19
荆门市	4.00	79.50	8.00	39.20	25.00	42.38
孝感市	1.00	10.67	13.00	103.50	16.00	42.81
荆州市	4.00	100.70	32.00	220.85	13.00	12.39
黄冈市	2.00	24.54	10.00	102.03	42.00	73.96
咸宁市	2.00	30.90	8.00	27.90	14.00	29.22
随州市	1.00	16.67	6.00	26.01	16.00	15.95
恩施土家族苗族自治州			1.00	6.00	10.00	10.82
湖北省直辖行政单位						
仙桃市			4.00	21.84		
潜江市			3.00	19.84		
天门市			1.00	3.87	1.00	2.47
神农架林区						

水 库

	已建成水库		大型	
	座 数	总库容	座 数	库 容
合 计	5847.00	5991486.15	62.00	4818384.00
湖 北	5847.00	5991486.15	62.00	4818384.00
武汉市	276.00	91921.00	3.00	55536.00
黄石市	271.00	257052.30	2.00	224900.00
十堰市	508.00	2332206.84	4.00	2266034.00
宜昌市	426.00	573241.00	5.00	471140.00
襄阳市	847.00	411253.00	10.00	177060.00
鄂州市	35.00	5410.00		
荆门市	551.00	468007.00	6.00	336511.00
孝感市	414.00	197584.00	3.00	104770.00
荆州市	69.00	80741.00	2.00	63360.00
黄冈市	1004.00	488493.91	12.00	313145.00
咸宁市	467.00	202630.00	4.00	135270.00
随州市	699.00	226879.00	7.00	130708.00
恩施土家族苗族自治州	255.00	150899.00	2.00	46350.00
湖北省直辖行政单位	2.00	493600.00	2.00	493600.00
仙桃市	0.00	0.00		
潜江市	0.00	0.00		
天门市	21.00	7538.10		
神农架林区	2.00	4030.00		

水 库

	中型		小型	
	座数	库容	座数	库容
合计	252.00	716420.00	5533.00	456682.15
湖北	252.00	716420.00	5533.00	456682.15
武汉市	6.00	18855.00	267.00	17530.00
黄石市	6.00	13098.00	263.00	19054.30
十堰市	17.00	40584.00	487.00	25588.84
宜昌市	23.00	61543.00	398.00	40558.00
襄阳市	57.00	154874.00	780.00	79319.00
鄂州市	1.00	1600.00	34.00	3810.00
荆门市	25.00	70496.00	520.00	61000.00
孝感市	14.00	52217.00	397.00	40597.00
荆州市	5.00	10664.00	62.00	6717.00
黄冈市	37.00	104020.00	955.00	71328.91
咸宁市	18.00	37702.00	445.00	29658.00
随州市	21.00	57953.00	671.00	38218.00
恩施土家族苗族自治州	19.00	83412.00	234.00	21137.00
湖北省直辖行政单位				
仙桃市				
潜江市				
天门市	2.00	6012.00	19.00	1526.10
神农架林区	1.00	3390.00	1.00	640.00

水利工程年供水能力

	年设计供水能力				
	小 计	蓄水工程	引水工程	取水泵站	配套机电井
合 计	5975697.85	3784224.65	1283020.69	861239.76	47212.75
湖 北	5975697.85	3784224.65	1283020.69	861239.76	47212.75
武汉市	317490.92	91922.80	90178.12	127527.00	7863.00
黄石市	223816.80	127040.80	61516.00	34980.00	280.00
十堰市	818267.15	744526.00	69537.90	3759.50	443.75
宜昌市	949691.20	699788.00	239242.90	9633.30	1027.00
襄阳市	619865.00	379457.00	135481.00	70921.00	34006.00
鄂州市	28631.00	7085.00		21546.00	
荆门市	368959.00	333497.00	21344.00	13080.00	1038.00
孝感市	221729.66	144226.22	37047.00	38072.44	2384.00
荆州市	690188.70	126902.70	213578.00	349550.00	158.00
黄冈市	550156.80	533588.00	5539.80	11016.00	13.00
咸宁市	369681.00	260257.00	77655.00	31769.00	
随州市	236001.00	187631.00	46600.00	1770.00	
恩施土家族苗族自治州	135944.62	134084.13	1568.97	291.52	
湖北省直辖行政单位					
仙桃市	213376.00		92052.00	121324.00	
潜江市	40000.00		19000.00	21000.00	
天门市	185000.00	10000.00	170000.00	5000.00	
神农架林区	6899.00	4219.00	2680.00		

水利工程年供水能力

	年实际供水能力				
	小 计	蓄水工程	引水工程	取水泵站	配套机电井
合 计	4686759.65	2900853.64	1019028.33	725554.34	41323.34
湖 北	4686759.65	2900853.64	1019028.33	725554.34	41323.34
武汉市	214857.99	75762.30	52185.00	82570.00	4340.69
黄石市	165384.00	90755.00	49215.00	25189.00	225.00
十堰市	625522.15	576433.00	44917.90	3741.00	430.25
宜昌市	791176.70	608033.00	174293.70	7823.00	1027.00
襄阳市	577226.00	363807.00	131749.00	49649.00	32021.00
鄂州市	26763.00	7085.00		19678.00	
荆门市	223484.00	210746.00	8658.00	3340.00	740.00
孝感市	144697.04	94427.12	21732.00	26168.02	2369.90
荆州市	657948.70	126902.70	202758.00	328130.00	158.00
黄冈市	302376.60	288699.30	4431.80	9234.00	11.50
咸宁市	279320.00	185228.00	63467.00	30625.00	
随州市	215277.00	182407.00	31100.00	1770.00	
恩施土家族苗族自治州	83106.47	81518.22	1361.93	226.32	
湖北省直辖行政单位					
仙桃市	175711.00		62300.00	113411.00	
潜江市	39500.00		18500.00	21000.00	
天门市	162000.00	9000.00	150000.00	3000.00	
神农架林区	2409.00	50.00	2359.00		

本年投资进度表

	本年计划投资	本年到位投资	本年完成资金	本年新增固定资产
合　计	831725.39	821219.00	722046.04	657528.29
一、项目类型	831725.39	821219.00	722046.04	657528.29
枢纽工程项目	1642.00	5204.00	9943.00	7850.00
防洪项目	139897.00	132435.41	168650.64	150608.21
灌溉项目	85548.09	71189.44	47726.65	40462.14
除涝项目	17195.00	15509.00	35799.00	38658.00
供水项目	257626.00	252224.00	247965.30	237960.30
水务项目	100.00	100.00	100.00	
水电开发利用	10684.00	10562.00	13067.00	10225.00
水保及生态	78098.00	81390.20	68045.80	62516.30
机构能力建设专项	1423.90	1423.90	1423.90	1529.90
其它水利项目	4135.00	5208.00	4935.00	4732.00
中小河流	53438.95	54938.95	24549.19	21731.19
小型病库	123162.00	129661.94	68625.36	54654.05
小型农田水利	58295.45	60892.16	30829.20	26215.20

项目投资规模及结构表

	计划总投资	中央政府投资	地方政府投资	企业和私人投资	银行贷款	利用外资	其他投资
合　计	2144440.42	1131353.78	873671.36	159.00	83091.00	39.00	56126.28
一、项目类型	2144440.42	1131353.78	873671.36	159.00	83091.00	39.00	56126.28
枢纽工程项目	31427.68	16014.00	15413.68				
防洪项目	756285.80	431816.52	320469.28		2000.00		2000.00
灌溉项目	422663.53	208046.80	207528.39				7088.34
除涝项目	142466.05	75064.15	66048.86				1353.04
供水项目	282604.00	119288.00	64503.30	159.00	67285.00		31368.70
水电开发利用	35901.70	11270.00	11319.00		8560.00		4752.70
水保及生态	193121.79	88277.00	96341.79		5246.00	39.00	3218.00
机构能力建设专项	1892.00	481.00	1411.00				
其它水利项目	5612.00	2118.00	3217.76				276.24
中小河流	100608.08	56042.31	43968.26				597.51
小型病库	116174.58	94579.00	21550.58				45.00
小型农田水利	55683.21	28357.00	21899.46				5426.75

11 农垦和监狱系统农场

农垦基本情况

指　标	单位	2009年	2010年	增减数	增减%
一、农场组织情况					
农场个数	个	53	53		
分场个数	个	189	192	3	1.6
国有及国有控股工业	个	99	101	2	2.0
国有及国有控股建筑业	个	124	144	20	16.1
国有及国有控股商业	个	20	20	0	0.0
生产队个数	个	2,148	2,184	36	1.7
二、乡(镇)情况					
乡(镇)政权数	个	7	7		
村民委员会数	个	138	138		
三、农垦人口与收入					
总户数	户	432,962	444,822	11,860	2.7
年末人口	人	1,373,063	1,399,035	25,972	1.9
年内平均人口	人	1,364,920	1,387,166	22,246	1.6
年内出生人口	人	9,364	13,846	4,482	47.9
年内死亡人口	人	4,822	5,749	927	19.2
年末住房面积	万平米	4,054	4,234	180	4.4
劳平纯收入	元	11,797	13,327	1,530	13.0
人平纯收入	元	6,630	7,610	980	14.8
四、农垦土地情况					
土地总面积	公顷	342,829	343,867	1,038	0.3
耕地	公顷	136,783	136,640	–143	–0.1
林地	公顷	51,848	51,721	–127	–0.2
水面	公顷	55,903	56,380	477	0.9
茶果桑园	公顷	6,578	6,522	–56	–0.9
五、农机及水利化肥					
农业机械总动力	千瓦	1,345,826	1,427,520	81,694	6.1
大中型拖拉机	台	5,863	6,315	452	7.7
小型拖拉机	台	36,213	40,297	4,084	11.3
联合收获机	台	1,987	2,502	515	25.9
当年实际机耕面积	公顷	141,660	139,411	–2,249	–1.6
当年实际机播面积	公顷	32,894	36,827	3,933	12.0
当年机械收割面积	公顷	108,198	117,309	9,111	8.4
农业用电量	万度	32,138	33,404	1,266	3.9
农药施用量	吨	8,127	6,908	–1,219	–15.0
化学除草面积	公顷	82,533	81,055	–1,478	–1.8
化肥施用折纯量	吨	148,180	152,952	4,772	3.2
有效灌溉面积	公顷	115,668	114,084	–1,584	–1.4
排灌站数量	座	899	948	49	5.5

续表

指　标	单位	2009年	2010年	增减数	增减%
六、工业及固定资产投资					
国有及规模以上工业企业	个	679	723	44	6.5
工业年末从业人数	人	95,731	127,002	31,271	32.7
固定资产原值年末数	万元	1,524,193	2,068,009	543,816	35.7
产品销售收入	万元	3,904,624	5,118,514	1,213,890	31.1
企业利润总额	万元	167,558	271,989	104,431	62.3
农垦固定资产投资	万元	1,685,936	2,350,638	664,702	39.4
第一产业	万元	143,640	215,289	71,649	49.9
第二产业	万元	1,086,171	1,469,557	383,386	35.3
第三产业	万元	456,025	665,792	209,767	46.0
七、农垦从业及社保情况					
社会平均从业人数	人	681,458	702,040	20,582	3.0
第一产业	人	348,333	349,642	1,309	0.4
第二产业	人	198,812	212,764	13,952	7.0
第三产业	人	134,313	139,636	5,323	4.0
国有经济从业人员	人	381,980	384,749	2,769	0.7
国有经济从业人员报酬	万元	442,399	516,261	73,862	16.7
参加社保缴费人数	人	327,308	342,168	14,860	4.5
参加社保领退休费人数	人	213,253	219,273	6,020	2.8
八、文教卫生及物质消耗					
科研单位	个	31	30	−1	−3.2
科技人员	人	459	321	−138	−30.1
科研经费	万元	3,230		−3,230	−100.0
学　校	个	295	287	−8	−2.7
普通中学	个	78	82	4	5.1
小学	个	210	199	−11	−5.2
教师人数	人	10,570	10,483	−87	−0.8
在校学生	人	152,791	146,147	−6,644	−4.3
医疗单位	个	471	569	98	20.8
医院	个	77	96	19	24.7
病床	张	4,682	5,566	884	18.9
医生	人	2,192	3,141	949	43.3
物资消耗					
钢材	吨	176,910	218,025	41,115	23.2
木材	立方米	140,829	322,635	181,806	129.1
水泥	吨	849,636	1,032,392	182,756	21.5
化肥	吨	453,768	519,678	65,910	14.5
电力	万度	104,008	178,882	74,874	72.0

农垦种植业生产情况

	播种面积(公顷)			总产量(吨)		
	2009年	2010年	增减 %	2009年	2010年	增减 %
农作物合计	303,528	317,271	4.5			
粮豆合计	157,626	157,061	–0.4	870,223	876,426	0.7
夏粮小计	78,772	81,969	4.1	286,735	327,304	14.1
小麦	74,748	78,252	4.7	273,015	317,702	16.4
大麦	1,871	1,545	–17.4	6,611	5,577	–15.6
蚕豆	1,400	1,865	33.2	2,537	3,275	29.1
秋粮小计	78,854	75,092	–4.8	583,488	549,122	–5.9
稻谷	47,393	44,855	–5.4	386,315	369,937	–4.2
早稻	1,839	2,448	33.1	11,802	16,711	41.6
中稻	42,645	39,230	–8.0	354,880	331,054	–6.7
晚稻	2,909	3,177	9.2	19,633	22,172	12.9
玉米	22,632	22,076	–2.5	159,958	144,167	–9.9
黄豆	6,349	5,397	–15.0	18,020	15,031	–16.6
棉花(皮花)	47,726	54,090	13.3	63,521	73,622	15.9
油料合计	37,823	38,638	2.2	97,127	106,128	9.3
花生	5,173	5,055	–2.3	25,439	30,309	19.1
芝麻	5,351	5,816	8.7	8,160	8,048	–1.4
菜籽	27,262	27,745	1.8	63,437	67,704	6.7
麻类	45	41	–8.9	88	80	–9.1
甘蔗	146	119	–18.5	10,395	9,535	–8.3
药材	407	380	–6.6	1,202	1,003	–16.6
蔬菜瓜类	48,236	52,672	9.2	1,582,428	1,666,136	5.3

农垦农作物播种面积

单位:公顷

单位名称	小麦 公顷	稻谷 公顷	玉米 公顷	棉花 公顷	油料 公顷	小麦 公顷	稻谷 公顷	玉米 公顷	棉花 公顷	油料 公顷
全省合计	78,252	44,855	22,076	54,090	38,616	1,272	1,147	208	11	127
东西湖	655	999	2,225	2,500	1,260	774	364	333	90	83
汉南	1,515	713	7,314	3,309	1,776	3,761	3,133		1,600	333
桐湖	415	100	180	150	360	872	2,230	21	156	828
涨渡湖	366	511		273	413	46	854		453	551
龙王咀	72	232	15	8	222	143	146	24	185	146
武湖	157	65	81	133	322	242	375		79	548
金水	107	1,050	20		81	62	279		14	153
人民大垸	6,467	1,931	287	4,745	2,018	433	835	120	394	372
大同湖	818	401	502	906	1,819	189	707	171	38	414
大沙湖	2,372	229	282	1,444	1,206	405	680	121	240	55
三湖	2,035	1,065		2,015	1,071	183	979	45	220	263
菱角湖	2,266	67	404	1,158	36					
六合垸	1,700	676	40	1,100	319					
太湖	1,984	1,192	306	1,472	935	67	478	2	2	263
荒湖	2,837	1,053	33	2,533	660	180	510	70	170	190
小港	109	420		13	853	120	680	80	110	490
沙市农场	83	161	39	260	313	3,097	809	305	2,500	181
总口	4,903	1,946	579	4,200	1,390	500	1,834	128	391	670
西大垸	2,000	1,368		1,733	666	459	390	51	447	355
运粮湖	2,893	1,156	19	1,892	279	8,026	3,057	3,223	3,844	2,159
熊口	2,082	610	166	1,733	893	1,624	173	187	1,244	773
后湖	2,207	1,811	85	1,252	1,299	1,614	1,266	19	445	371
周矶	288	300		333	389	2,202	186	283	1,548	1,233
王集	751	430	500	312	5,469	5,327	90	2,100	3,330	310
张集	5,972	3,577	1,360	1,500	2,918	567	834		1,500	538
车河	975	747	83	105	183	58	9	65		60

农垦畜牧、水产、林业生产情况

指　标	单 位	2009年	2010年	增减数	增减%
水 果					
年末茶园面积	公顷	867	966	99	11.4
干毛茶产量	吨	447	466	19	4.3
年末水果面积	公顷	5,555	5,598	43	0.8
当年水果总产量	吨	89,229	85,579	–3,650	–4.1
桃子	吨	22,384	22,641	257	1.1
梨子	吨	25,428	22,039	–3,389	–13.3
柑桔	吨	29,828	30,629	801	2.7
林 业					
当年造林面积(公顷)	公顷	4,305	4,681	376	8.7
木材采伐量	立方米	39,202	50,153	10,951	27.9
毛楠竹采伐量	万根	56	36	–20	–35.7
板栗	吨	424	455	31	7.3
油茶籽	吨	68	78	10	14.7
畜牧业					
年末大牲畜	头	54,954	49,265	–5,689	–10.4
#牛	头	54,953	49,265	–5,688	–10.4
肉类总产量	吨	161,513	171,384	9,871	6.1
年内出栏肥猪	头	1,731,870	1,817,667	85,797	5.0
猪肉	吨	138,549	145,413	6,864	5.0
牛肉	吨	5,076	5,018	–58	–1.1
羊肉	吨	820	938	118	14.4
禽肉	吨	17,023	19,981	2,958	17.4
牛奶	吨	35,849	33,050	–2,799	–7.8
禽蛋	吨	37,237	39,542	2,305	6.2
水产品					
水产养殖面积	公顷	43,200	44,075	875	2.0
#养鱼面积	公顷	38,763	38,604	–159	–0.4
水产品产量	吨	332,622	333,727	1,105	0.3
#鲜鱼产量	吨	310,195	310,698	503	0.2

农垦主要工业产品产量

指　标	单位	2009年	2010年	增减数	增减%
木 材	立方米	35,323	30,387	–4,936	–14.0
大 米	吨	703,205	939,421	236,216	33.6
小麦粉	吨	68,552	84,414	15,862	23.1
配合饲料	吨	627,676	671,561	43,885	7.0
混合饲料	吨	101,339	134,388	33,049	32.6
食用植物油	吨	470,475	451,857	–18,618	–4.0
盐 蛋	万枚	5,110	6,541	1,431	28.0
皮 蛋	万枚	8,115	8,534	419	5.2
糖 果	吨	15,452	27,562	12,110	78.4
酸 奶	吨	76,512	76,512		0.0
罐 头	吨	30,901	48,514	17,613	57.0
饮料酒	吨	388,153	363,838	–24,315	–6.3
#啤酒	吨	380,240	355,407	–24,833	–6.5
软饮料	吨	886,681	1,246,525	359,844	40.6
精制茶	吨	316	308	–8	–2.5
棉 纱	吨	119,457	146,669	27,212	22.8
棉 布	万 M^2	12,812	12,636	–176	–1.4
毛 巾	万条	30	35	5	16.7
服 装	万件	3,189	3,600	411	12.9
运动鞋	万双	7.8	6.6	–1	–15.4
机制纸及纸版	吨	16,238	26,182	9,944	61.2
磷肥折纯量	吨	13,031	16,167	3,136	24.1
塑料制品	吨	124,146	156,788	32,642	26.3
水 泥	吨	2,199,045	2,776,476	577,431	26.3
青红砖	万块	147,796	179,055	31,259	21.2
红 瓦	万块	3,006	3,872	866	28.8
石 灰	吨	73,501	81,335	7,834	10.7
工具车	万台	14.2	13.3	–0.9	–6.3
发电量	万度	17,116	13,420	–3,696	–21.6

农垦产值、增加值、出口情况

指　标	单位	2009年	2010年	增减数	增减%
农业总产值(现价)	万元	1,084,637	1,227,548	142,911	13.2
种植业产值(现价)	万元	538,909	626,232	87,323	16.2
林业产值(现价)	万元	13,425	14,685	1,260	9.4
牧业产值(现价)	万元	250,273	274,319	24,046	9.6
渔业产值(现价)	万元	260,763	288,242	27,479	10.5
工业企业合计(含个体私营)	个	2,223	2,304	81	3.6
现行价产值	万元	4,731,531	6,304,600	1,573,069	33.2
食品加工业	个	577	477	–100	–17.3
现行价产值	万元	1,136,592	1,254,985	118,393	10.4
食品制造业	个	160	148	–12	–7.5
现行价产值	万元	231,894	271,800	39,906	17.2
饮料制造业	个	114	144	30	26.3
现行价产值	万元	428,127	583,937	155,810	36.4
纺织业	个	150	193	43	28.7
现行价产值	万元	438,954	616,619	177,665	40.5
医药制造业	个	25	28	3	12.0
现行价产值	万元	102,006	127,927	25,921	25.4
非金属矿物制品业	个	175	174	–1	–0.6
现行价产值	万元	240,121	299,797	59,676	24.9
农垦生产总值(当年价)	万元	2,785,566	3,616,309	830,743	24.0
第一产业	万元	538,925	603,640	64,715	10.0
第二产业	万元	1,591,627	2,142,754	551,127	27.7
第三产业	万元	655,014	869,915	214,901	26.9
出口供货商品总金额	万元	140,131	164,427	24,296	17.3
直接出口金额	万元	43,912	108,425	64,513	146.9
出口工业品金额	万元	123,727	142,387	18,660	15.1
种子生产企业	个	13	14	1	
种子生产基地面积	公顷	3,000	3,540	540	
种子生产量	吨	5,200	5,920	720	
种畜禽场(站)	个	10	10		
认证的绿色食品	个	56	56		
认证的有机食品	个	5	5		
认证的无公害食品	个	16	16		
开发莫桑比克水稻生产	公顷	60	120	60	
开发津巴布韦烟叶生产	公顷		30	30	

2010年监狱系统农场基本情况

项目	单位	合计	其中:				
			沙洋办事处	襄北公司	江北公司	襄南公司	黄湖公司
职工人数	万人	1.99	1.18	0.29	0.26	0.23	0.03
农场科技人员	万人	0.13	0.08	0.01	0.01	0.01	0.01
#农业	万人	0.06	0.03	0.01	0.00	0.01	0.01
工程	万人	0.06	0.03	0.01	0.00	0.01	0.01
耕地面积	公顷	21612.00	11677	4000	3536	2332	67
#水田	公顷	10425.00	5859	596	3371	547	52
果园面积	公顷	72.00	17	9	12	34	
茶园面积	公顷	44.00	40	4			
养殖面积	公顷	4329.00	3084	268	635	262	80
固定资产投资	万元	21178.00	2469	1551	783	16375	
#生产性	万元	5552.00	1978	1232	753	1589	
在固定资产投资中							
拨款	万元	3959.80	209.8		150	3600	
贷款	万元	400.00				400	
自筹	万元	4787.90	2115.7	1325	558.2	789	
其他	万元	293.00	23			270	
农业机械总动力	万千瓦	5.42	2.54	1.64	0.83	0.37	0.03
农业用电量	万千瓦	1804.00	1192	206	344	58	4
农用动力机械	台	536.00	238	142	110	32	14
#电动机	台	501.00	236	106	110	32	17
柴油机	台	36.00		36			
农用排灌机械	台	254.00	99	68	64	9	14
农用加工机械	台	265.00	113	74	55	23	
大中型拖拉机	台	403.00	155	165	43	40	
小型拖拉机	台	80.00	11	2	7	60	
农用水泵	台	217.00	126	38	30	9	14
谷物烘干机	台	26.00	24		2		
大中型机引农具	台	1263.00	347	483	207	226	
联合收割机	台	118.00	31	51	19	17	
机动脱粒机	台	2.00		2			
农用运输车	辆	2.00	2				
机耕面积	公顷	18977.00	9871	4000	3536	1570	
机播面积	公顷	22228.00	11590	8238	1124	1276	
机收面积	公顷	28936.00	13000	8430	6573	933	
有效灌溉面积	公顷	14973.00	9282	1666	3302	663	60
机电排灌面积	公顷	14584.00	9444	1200	3189	726	25
旱涝保收面积	公顷	11707.00	6999	960	3055	663	30
水库	个	28.00	4	9		15	
化肥施用折纯量	吨	14808.00	8909	1030	4158	685	26
农药施用量	吨	760.00	604	42	111	3	

注:2003年起所有农场更名为公司,沙洋农场更名为楚垣集团公司沙洋办事处。

2010年监狱系统农场农业总产值、商品产值、增加值

单位:万元

项目	合计	其中:				
		沙洋办事处	襄北公司	江北公司	襄南公司	黄湖公司
按当年价格计算						
农林牧渔业总产值	74165.5	46149.0	11415.0	12537.5	3786.0	278.0
1、农业	45670.4	26658.0	7299.0	8951.4	2527	235
2、林业	1438.1	818.0	3.0	617.1		
3、牧业	19950.5	14137.0	3380.0	1186.5	1236	11
4、渔业	5503.0	3741.0	473.0	1257.0		32
5、农林牧渔服务业	1603.5	795.0	260.0	525.5	23	
按当年价格计算						
农林牧渔业增加值	33091.0	20438.0	6636.0	4502.0	1237.0	278.0
1、农业	25116.5	14804.0	5388.0	3678.5	1011	235
2、林业	925.0	663.0		262.0		
3、牧业	3572.7	2886.0	875.0	-409.3	210	11
4、渔业	2752.1	1762.0	243.0	715.1		32
5、农林牧渔服务业增加值	724.7	323.0	130.0	255.7	16	
分配法计算						
国内生产总值	77171.4	39630.9	11426.0	10497.1	14799.4	818.0
第一产业	33091.0	20438.0	6636.0	4502.0	1237	278
第二产业	31799.3	16560.6	2302.0	5469.3	6927.4	540
工业	30414.0	15324.4	2229.0	5393.2	6927.4	540
建筑业	1385.3	1236.2	73.0	76.1		
第三产业	12281.1	2632.3	2488.0	525.8	6635	
交通、邮电	97.0	53.0	31.0		13	
商贸业	1059.3	269.2	302.0	291.1	197	
其他	11124.8	2310.1	2155.0	234.7	6425	

注:2003年起所有农场更名为公司,沙洋农场更名为楚垣集团公司沙洋办事处。

2010年监狱系统农场生产情况

项目	单位	合计	其中:				
			沙洋办事处	襄北公司	江北公司	襄南公司	黄湖公司
全年农作物总播面	公顷	41976	24224	8430	7103	2103	116
全年粮食作物总播面	公顷	37925	21382	8430	6594	1403	116
全年粮食总产量	吨	181081	104274	31540	37506	6361	1400
#夏粮播面	公顷	19453	10706	4352	3486	863	46
夏粮产量	吨	90768	47041	24700	15001	3676	350
秋粮播面	公顷	18472	10676	4078	3108	540	70
秋粮产量	吨	90313	57233	6840	22505	2685	1050
棉花播面	公顷	1320	774		392	154	
棉花产量	吨	1296	748		392	156	
油料播面	公顷	1432	1176		110	146	
油料产量	吨	3643	3208		299	136	
#油菜籽播面	公顷	729	626		90	13	
油菜籽产量	吨	1485	1246		203	36	
茶叶产量	吨	3	3				
水果产量	吨	334	44	40	250		
水产品产量	吨	7484	4956	600	1388		540
大牲畜年末存栏	头	137	137				
#耕牛	头	137	137				
羊年末存栏	只						
家禽年末存栏	万只	2.14	0.14	2			
生猪年末存栏	头	96903	72723	17382	6668		130
肥猪出栏	头	163733	116406	26543	10667	9917	200
家禽出栏	万只	1		1			
肉类产量	吨	13116	9181	2006	1004	924	1
禽蛋产量	吨	89	25	64			
造林面积	公顷	3743	3227	294	222		
#当年造林面积	公顷	40	40				

注:2003年起所有农场更名为公司,沙洋农场更名为楚垣集团公司沙洋办事处。